教育部人文社会科学重点研究基地
南开大学中国社会史研究中心资助
中央高校基本科研业务费专项资金资助
中国社会科学引文索引（CSSCI）来源集刊

中国社会历史评论

Chinese Social History Review

第三十一卷·二〇二三

常建华 主编

天津出版传媒集团
天津古籍出版社

图书在版编目（CIP）数据

中国社会历史评论. 第三十一卷, 2023 / 常建华主编. — 天津：天津古籍出版社，2023.11
ISBN 978-7-5528-1432-3

Ⅰ.①中… Ⅱ.①常… Ⅲ.①史评－中国 Ⅳ.①K207

中国国家版本馆CIP数据核字(2023)第232585号

中国社会历史评论　第三十一卷　2023
ZHONGGUO SHEHUI LISHI PINGLUN

常建华/主编

出　　版	天津古籍出版社
出 版 人	张　玮
地　　址	天津市和平区西康路35号康岳大厦
邮政编码	300051
邮购电话	（022）23517902
责任编辑	柳　笛
封面设计	鞠佳美
印　　刷	北京虎彩文化传播有限公司
经　　销	新华书店
开　　本	787毫米×1092毫米 1/16
印　　张	20.25
字　　数	488千字
版次印次	2023年11月第1版　2023年11月第1次印刷
定　　价	138.00元

版权所有　侵权必究
图书如出现印装质量问题，请致电联系调换（022-23517902）

编辑委员会
（以姓名拼音字母为序）

顾问

冯尔康　李治安　张国刚　朱凤瀚

委员

卞　利　常建华　陈　絜　侯　杰　江　沛　李金铮
刘　毅　刘尊志　王利华　王力平　王先明　夏　炎
阎爱民　杨振红　余新忠　张荣明　张　思　朱彦民

编辑部

夏　炎　朱亦灵

主编

常建华

目　录

【生活与制度】

"门牌政治"的兴起
　　——近代上海的空间治理与城市转型 ………………………… 罗桂林（1）
传统与现代性之间：青岛台头村日常生活与社会治理的追踪考察 ………… 高思峰（14）

【死亡与社会】

论宋代丧仪中魂帛的渊源 ……………………………………………… 刘益民（29）
金革与出身：宋代小使臣丁忧制度探析 ……………………………… 夏文登（41）

【日常生活】

秦统一前后非地著人群的生计方式及人际网络 ……………………… 冉艳红（55）
游娱与竞技：宋代宴饮中的博戏 ……………………………………… 纪昌兰（70）
从考古出土烟具看明清时期吸烟习俗在中国的传播 ………………… 伍秋鹏（80）
清代蒙古地区商业活动中的成瘾性消费品
　　——以烟草贸易为个案 …………………………………………… 崔思朋（92）

【职业与社会】

从后周《李沼墓志》看北宋初文官世家的形成 ……………………… 陈立军（107）
国家制度与地方体系：元明清碑刻中的职业阴阳研究
　　——以山右碑刻为中心 ………………………………… 畅海桦　薛敬亚（118）
明代民众的推官崇拜研究 ……………………………………………… 张纪伟（131）

【宗族社会】

塑造"世家"：宋元四明陈氏的形成 …………………………………… 张　斌（143）
徽州小姓的家族建设：明末以降黄岗铺郑姓考察 ………… 郑小春　陶良琴（155）
"之罘在肘海当面"：一个滨海小县家族17世纪的历史 ……………… 马奏旦（169）
明清家族庙宇的运行、纠纷与家族组织
　　——以闽北邵武地区为例 ………………………………………… 李　军（185）

【地方社会】

安史乱后河东承天军的妒神崇祀与区域治理 ……………………………… 史正玉（203）
矿产、社会和生态：明清时期赣东北地区的矿业研究 ……………………… 夏方胜（220）
近代大矿与地方社会的矿权博弈
　　——以萍乡煤矿矿界案为中心 ………………………………… 刘　洋　郭　莹（235）

【研究评述】

从帝国礼制系统看四十年来的宋元明清神祀研究 …………………………… 杨　英（250）
我国家谱研究的热点问题、前沿演进与未来展望
　　——基于CiteSpace的知识图谱分析 …………………………… 曹大明　周　敏（265）

【书评】

历史人类学视野下的制度史研究
　　——以宋怡明《被统治的艺术：中华帝国晚期的日常政治》为中心 …… 吴舒岚（281）
中国前近代民众医疗生活的真正"传统"
　　——程国斌著《明清江南地区的医疗生活》评介与思考 ………………… 董晓艳（290）
史论结合　探微知著
　　——王善军《辽宋金社会史论集》读后 …………………………………… 米欣悦（297）

编后语 …………………………………………………………………………………（303）

英文摘要 ………………………………………………………………………………（305）

CONTENTS

【Life and Institution】

Rising of "House Numbering Politics": Spatial Governance and Urban Transformation in Modern Shanghai ················· Luo Guilin(1)
Between Tradition and Modernity: The Follow-up Investigation of Daily Life and Social Governance in Taitou Village, Qingdao ················· Gao Sifeng(14)

【Death and Society】

On the Origin of the Soul Drape in Funeral Rites of the Song Dynasty ············ Liu Yimin(29)
JinGe and Background: An Analysis on the Small Envoy's Filial Mourning in the Song Dynasty
················· Xia Wendeng(41)

【Everyday Life】

The Livelihood and Interpersonal Network of Non-settled Groups around the Centralization of the Qin Dynasty ················· Ran Yanhong(55)
Entertainment and Competition: Boxi in Banquets of the Song Dynasty ········· Ji Changlan(70)
On the Popularization of Smoking in China during Ming and Qing Dynasties by Inspecting Unearthed Smoking Utensils ················· Wu Qiupeng(80)
Addictive Consumer Products in Commercial Activities in Mongolia during the Qing Dynasty: Taking Tobacco Trade as a Case ················· Cui Sipeng(92)

【Occupation and Society】

The Formation of a Civil Official Family in the Early Northern Song Dynasty from the *Epitaph of Li Zhao* at the Later Zhou Dynasty ················· Chen Lijun(107)
National Institution and Local System: A Study of Professional Yin-yang in Yuan, Ming and Qing Dynasty Inscriptions — Centered on the Inscriptions in Shanxi
················· Chang Haihua, Xue Jingya(118)
Research on the Public Worship of Prefecture Judges in the Ming Dynasty
················· Zhang Jiwei(131)

【Lineage Society】

The Making of a "Great Family": Formation of the Chen Clan in Siming during Song-Yuan Era ………………………………………………………………………………… Zhang Bin(143)

Family Construction of Huizhou Small Clans: A Study on the Zheng Clan in Huanggangpu since Late Ming Dynasty ……………………………… Zheng Xiaochun, Tao Liangqin(155)

A Family Living by the Sea: The Wang Surname of Fushan in Seventeenth-Century China ………………………………………………………………………………… Ma Zoudan(169)

Operation and Disputes of Familial Temples and the Changes in Lineage Organizations during the Ming and Qing Dynasties: A Case Study of Shaowu Area in Northern Fujian Province ………………………………………………………………………………… Li Jun(185)

【Local Society】

The Worship of *Dushen* and Regional Governance of the Chengtian Army in Hedong after the An-Shi Rebellion ……………………………………………… Shi Zhengyu(203)

Mineral Resources, Society and Ecology: A Study of Mining in Northeast Jiangxi during the Ming and Qing Dynasties ………………………………………… Xia Fangsheng(220)

The Mining Right Game between Large Mines and Local Society: A Case Study of Pingxiang Coal Mine Boundary Dispute in Modern China ……………… Liu Yang, Guo Ying(235)

【Research Reviews】

A Review under the Sight of Chinese Imperial Li Institution into the Forty Years' Research in Folk God Sacrifice during the Song, Yuan, Ming and Qing Dynasties …………… Yang Ying(250)

Hot Issues, Frontier Evolution and Future Prospects of Genealogical Research in China: A Knowledge Graph Analysis Based on CiteSpace …………………… Cao Daming, Zhou Min(265)

【Book Reviews】

The Study of Institutional History in the Perspective of Historical Anthropology — Centered on Song Yiming's *The Art of Being Governed: Everyday Politics in Late Imperial China* ………………………………………………………………………………… Wu Shulan(281)

The Real "Tradition" of Medical Life of the Chinese in Pre-Modern Times: An Evaluation and Reflection on *Medical Life in Jiangnan Area of Ming and Qing Dynasties* by Cheng Guobin ………………………………………………………………………………… Dong Xiaoyan(290)

Combining History with Theory, Seeing a World in a Grain of Sand: On *Essays on Social History of Liao, Song and Jin Dynasties* by Wang Shanjun ……………… Mi Xinyue(297)

Afterword …………………………………………………………………………… (303)

Abstracts in English ………………………………………………………………… (305)

【生活与制度】

"门牌政治"的兴起*

——近代上海的空间治理与城市转型

罗桂林

【摘　要】 上海租界当局为扩大征税,首开编钉门牌之先河,并通过越界筑路向界外推广。华界在租界的刺激下,也积极引进门牌制度,促进门牌编钉在市区的全面覆盖。行政当局通过编钉门牌,建立起对城市空间网格化监控的技术基础,发展出对城市社会"数字化"治理的能力。但门牌推广虽然创造出"一视同仁"的监控技术,却无法弥合既有的社会不平等,反而强化甚至创造出更不平等的编码空间,形成楼房与棚户、租界与华界、洋人与华人之间的空间对立。近代上海门牌制度的发展,代表了近代中国空间治理数字化的发展倾向,展示出城市转型的某些新趋势。

【关键词】 上海；门牌；空间编码；网格治理；日常生活

现代社会是一种"全景敞式主义"规训社会,处于"可以计算和监视的繁复状态"中,通过"一种普遍监视的方案"进行运转。根据福柯的观察,这一趋势自17、18世纪开始形成。①"全景敞式主义"权力的形成,是以众多政治技术的发明和推广为基础的,其中就包括从18世纪兴起的代表"空间识别策略"和"治理知识"的门牌制度。门牌制度创自西欧,迅速发展至北美,并随着西方殖民活动而在全球的推广。②在印度等东方殖民地,西方在推广这套门牌制度的过程中,又遇见了新问题,形成了一些地方化特点。例如在印度孟买和加尔各答,殖民当局尽管努力通过门牌编号来创造清晰的管理空间,但是种族与阶级的区隔却限制了门牌编号在全市的推广,特别是大众更加倚赖地方性知识来定位城市空间。③在中国上海等口岸城市,租界也引入门牌编号的做法,形成了不同于华界的空间管理制度。这一制度又从租界向华界,从口岸向内地扩散,深刻地影响了地方政府的空间治理和广大民众的日常生活。

---

* 本文系国家社会科学基金一般项目"近代中国城市地名演变与社会转型研究"(项目号18BZS162)的阶段性成果。

① [法] 米歇尔·福柯：《规训与惩罚：监狱的诞生》,刘北成、杨远婴译,北京：生活·读书·新知三联书店,2012年,第225、235页。

② R. S. Rose-Redwood, "Indexing the Great Ledger of the Community: Urban House Numbering, City Directories, and the Production of Spatial Legibility", *Journal of Historical Geography*, Vol.34, No.2, Apr. 2008, pp.286-310.

③ Richard Harris and Robert Lewis, "Numbers Didn't Count: The Streets of Colonial Bombay and Calcutta", *Urban History*, Vol.39, No.4, Nov. 2012, pp. 639-658.

学界对中国历史上保甲门牌的研究由来已久,特别是对太平天国门牌与乡官制度[①]、清代门牌与户籍管理[②]、保甲门牌与基层管理[③]等问题的讨论已较充分,但对近代门牌制度的发展却不甚了了,目前仅有少数学者关注近代门牌制度的发展。谢进如从制度史视角出发,对国民政府时期门牌制度的设计、吴江县门牌制度的实施、门牌制度与基层管理等问题作了梳理。[④]顾哲铭考察了20世纪30年代前公共租界华洋分隔的二元门牌体系生成过程,分析了两种不同的门牌体系造成公共租界内门牌号码的混乱无序,探讨了20世纪30年代公共租界门牌体系的全面改革并与法租界、华界门牌体系的对接,最终实现了华洋二元门牌体系隐性空间不平等的修复。[⑤]本文尝试从社会史的视角出发,借鉴"治理性"(governance)等概念框架,追溯上海门牌制度从租界向华界扩散的过程,考察门牌的推广所造成的空间编码化和管理数字化等问题,关注门牌制度的推行对民众的日常生活如何造成影响,发现这一制度在楼房与棚户、租界与华界、洋人与华人之间造成的空间不平等,即使在租界接收之后也未能弥合。

一、租界的房屋编号系统

上海的租界包括公共租界和法租界,由英国、美国和法国的居留地演变而来。在华洋分居的居留地时代,旅沪洋人如何为门牌编号之详情已不可得,但根据公共租界市政机关工部局董事会的早期会议录,早在1854年,也就是在华人获准居住在租界之初,就有了成熟的房屋编号制度。工部局财务委员会于该年8月21日通过决议,"雇佣一名华人抄写员及其助手,从事编制租界内华人住房的门牌号,并查明彼等房租情况,登记入册"。门牌号"以中英文编写,贴于每户门上,并应与登记入册的编号相符"。[⑥]

工部局为华人房屋编号的直接目的,是向华人业主征收"房捐税"。1854年9月21日,工部局建议"租赁西人房屋和建筑物的华人,每年按他们租金的5%缴纳房捐"。后又根据

---

① 刘永长:《介绍太平天国门牌的新史料》,《历史研究》1957年第10期;罗尔纲:《太平天国文物图释》,北京:生活·读书·新知三联书店,1959年,第204—220页;王兴福:《关于太平天国门牌的若干问题》,《浙江学刊》1989年第5期;章义平:《从新发现的良民牌析太平天国在安徽实施的门牌户籍制度》,《安徽史学》1990年第2期;熊彤:《浙江省博物馆藏太平天国门牌初探》,《中国国家博物馆馆刊》2020年第7期。

② 陈铁生:《清道光年间萍乡的"业户门牌"》,《历史档案》1989年第4期;刘厚生、关景和:《清代吉林"旗户门牌"考释》,《历史档案》1994年第2期;倪锋:《清代常熟户籍档案——烟户门牌》,《档案与建设》2000年第8期。

③ 闫鸣:《门牌保甲与清代基层社会控制——以清代门牌原件为中心的考察》,《南京大学学报》(哲学·人文科学·社会科学版)2013年第2期;黄忠鑫:《明清婺源乡村行政组织的编排与运行——〈人清源约出晓起约叙记〉考述》,载中国明史学会、宁远县人民政府编:《第十六届明史国际学术研讨会暨建文帝国际学术研讨会论文集》,北京:九州出版社,2015年,第343—354页。

④ 谢进如:《南京国民政府门牌制度研究》,硕士学位论文,苏州大学,2006年。

⑤ 顾哲铭:《空间不平等的修复:近代上海公共租界门牌号体系变迁研究》,《史林》2022年第5期。

⑥ 上海市档案馆编译:《工部局董事会会议录》第1册,上海:上海古籍出版社,2001年,第571页。

"修正案"将房捐税率调整为8%。①为确保房捐税征收没有遗漏,工部局董事会后来又"编制一份在其管辖范围内的土地和房屋清单",在地图上"把土地和房屋系统地加以编号,并对每幢房屋进行访问,以便为工部局取得征收税款的细节"。②

工部局在向华人房产业主征税之前,已经在西人中开征"房捐",大量华人业主的加入,很快就分摊了西人房产业主的负担。工部局董事会1856年3月31日通过决议,"把向西人征收的地税和房捐减低一半",同时"按与去年相同的比率,继续收取华人房产捐税"。③至1862年,工部局董事会"华人捐税估价员"已对界内华人1,500幢房子进行估价,"并校准了它们的编号","估价额已达白银40,000两",数量相当可观。④

为了确保对房捐税基能清晰地掌握,工部局还经常性地对界内道路名称、房屋编号、住户情况等基础数据进行追踪和更新。例如工部局在1870年,"对各条道路上的房屋进行估价";1871年又"为征收房捐","重新制定房屋估价统计表,对房屋的路名、门牌、住户、房屋用途说明、原估价和现估价作了详尽说明"。⑤为防止门牌编号因房屋变化而出现混乱,工部局捐务部门密切关注界内建筑变化,及时地根据需要调整门牌号码,并向社会公布。例如公共租界工部局1930年12月10日公布,从1931年1月1日起将有数十处门牌号码变更,其中仅榆林路就有28个(表1)。

表1 上海公共租界榆林路1931年拟变更门牌号码表

住户名称	现时门牌号数	新改门牌号数
E. J. W. Loureiro	5	27
Mrs. R. Trevor-Smith	7	35
A. S. Braga	19	39
C. O. Bojesen	11	47
大阪商船株式会社	15	51
女童公学	17	59
I. Yabe	19	63
东亚烟草公司	21	71
同上	23	73
新裕盛	24A	街口门牌84 房屋门牌3
阿标	24B	街口门牌84 房屋门牌5
恒利洋行	24C	街口门牌84 房屋门牌7
新华公司	24D	街口门牌84 房屋门牌9
同上	24E	街口门牌84 房屋门牌11
同上	24F	街口门牌84 房屋门牌13
同上	24G	街口门牌84 房屋门牌15
同上	24H	街口门牌84 房屋门牌17

---

① 上海市档案馆编译:《工部局董事会会议录》第1册,第571页。
② 上海市档案馆编译:《工部局董事会会议录》第1册,第587页。
③ 上海市档案馆编译:《工部局董事会会议录》第1册,第584页。
④ 上海市档案馆编译:《工部局董事会会议录》第1册,第663页。
⑤ 上海市档案馆编:《上海租界志》,上海:上海社会科学院出版社,2001年,第560页。

续表

住户名称	现时门牌号数	新改门牌号数
同上	24I	街口门牌 84　房屋门牌 19
大华铁厂	48	178
花旗烟公司	50	200
美国烟业公司	52	218
烟业公司	60	258
P. Pandelis & Co.	70	342
叶正寿	73	369
European Salvage Co.	75	383
Mrs E. W. Turner	76	384
美商美迪洋行	150	620
Chinese Christian Day Nursery	61	299

资料来源：《捐务报告·门牌编号》，《上海公共租界工部局公报》第1期第9册，1930年。

工部局深谙门牌系统在房捐征收和治安维护方面所起的作用，因此制定了专门措施，确保在全租界得到推广。1860年，工部局在《关于华人房屋进行编号的通知》中，将门牌编号认定为"维护上海公共租界平静和良好秩序的一种较好办法"，宣布由工部局出资，"在每一家住所门前钉上一块马口铁皮，马口铁皮上清楚地编写号码，任何人不得对这项编号工作收取或支付不管是什么费用或开支"。门牌由业主或居民保管，"如果被拆除或遭涂毁，工部局将替换一新的铁皮，费用由该业主或居民负担"。①

工部局也重视将房屋编号与街道命名组合在一起，用以精确分割租界空间。工部局董事会在1854年7月的第二次会议上，决议"竖立路名牌，漆上马路名称，靠墙固定"。②1860年2月29日，工部局董事会又"决定对华人房屋和街道加以编号和定名，及时提出有关登记的报告，以便将来收取捐税时更易于查考"。③工部局在调整门牌号码的同时，也将房屋编号置于"各路及其附属街巷"之下，形成对城市空间的精确定位。④

公共租界经历了多次扩张，特别是通过"越界筑路"等方式，向沪西、沪北等地拓展，同时也将租界内的房屋编号制度推广到更大地域。例如1908年租界扩张至杨树浦北引翔港一带，工部局马上"将店铺居民等屋编钉门牌"，并命令当地"烟灯铺户十九家，自本月起，一律捐照"。⑤

法租界也实行相似的门牌编号制度。法租界公董局1869年决议，要"在整个法租界范围内编排门牌号码，并设立路名牌"。1900年法租界进一步扩张时，公董局也在新扩租界区推广门牌编号制度。⑥

---

① 上海市档案馆编译：《工部局董事会会议录》第1册，第600页。
② 上海市档案馆编译：《工部局董事会会议录》第1册，第570页。
③ 上海市档案馆编译：《工部局董事会会议录》第1册，第599页。
④ 《布告第四五六七号（为改编门牌号数事）》，《上海公共租界工部局公报》第6期第17册，1935年。
⑤ 《编钉门牌》，《新闻报》1908年9月4日第19版。
⑥ 上海市档案馆编：《上海租界志》，第435页。

至20世纪30年代,上海的公共租界、法租界和华界"三界鼎立"局面中,华界虽然面积最大(64.7万余亩),但公共租界(约3.4万亩)和法租界(1.5万余亩)却尽占市面精华。①租界长期以来实施的门牌编号制度,特别是它在市政管理中发挥的重要作用,也一直影响和刺激着华界城市管理走向变革。

二、华界的门牌制度转型

与租界实施的新式门牌系统不同,上海县长期以来推行保甲门牌制度。保甲门牌"户给印牌一张,备书姓名丁数",主要关注人口家户而非房屋建筑,挂于墙上明显处,犹如一张公开展示的户口簿。而新式门牌系统更像是一个静默的前端监控装置,政府隐藏于后台,通过积累丰富的户籍数据,持续地对空间进行监控。保甲门牌的实施则倚赖保甲中人相互监督,"出则注明所往,入则稽其所来"。②直至清末,上海的保甲门牌制度仍在推行。1872年,上海道台鉴于"上海为五方杂处,最易藏奸",要求在城内"编查户口,给发门牌"。上海知县奉命严行保甲,发布告示要关闭"不问来历,任意留宿"的"群头寓"。③

保甲门牌主要基于治安需要,重视对流动人口的控制,常被用于治理某些特定行业、特定人口和非常问题。例如在保甲制度的推行中,烟馆作为特殊行业,被要求悬挂专门的"烟馆门牌"。上海在咸丰年间曾有"旧规","每烟馆内俱设门牌,造册共总若干家,准减不准添",以控制烟馆引发的治安问题。④被授予门牌的烟馆开业时间也有规定,对那些违反规定深夜营业、"烟客甚众"者,当局可将门牌吊销。⑤茶馆也因其人口流动性较大,为保甲所特别重视。1900年4月4日,上海地方政府曾"传齐城厢内外各铺地甲到署,谕将各茶馆门牌造册呈案,以便详报"。⑥此外,每年的"冬防"事业也必然与保甲门牌的编造相结合,以维护年末的社会治安稳定。⑦

19世纪末至20世纪初,上海华界绅商在租界现代市政的示范下,特别是受租界当局越界筑路侵犯主权的刺激,积极推动地方自治,引进各项新式制度,租界的门牌制度就在这样的背景下向华界推广。南市工程局从1904年开始,在十六铺一带"挨户编列号码,各订门牌一块",作为征收"房捐"的依据。⑧1906年总工程局设立"南区警察"后,同时将保甲"巡防撤销","改缴警察月捐",并派局董"查明户口造册,钉列门牌",由司事"按段议派月捐"。⑨保

---

① 《上海各区面积总表(1930)》,载罗志如:《统计表中之上海》(《国立中央研究院社会科学研究所集刊》第4号),南京:国立中央研究院社会科学研究所集刊社,1932年,第15页。
② 光绪《钦定大清会典事例》卷一五八《户部七·户口五·保甲》,北京:中华书局,1990年,第993页。
③ 《叶邑尊奉行勒闭群头寓告示》,《申报》1872年9月11日第2版。
④ 《查封烟馆》,《申报》1876年5月27日第2版。
⑤ 《吊销门牌》,《新闻报》1895年6月8日第14版。
⑥ 《谕造门牌》,《新闻报》1900年4月5日第3版。
⑦ 《编查门牌》,《新闻报》1897年12月2日第3版。
⑧ 《编订门牌》,《新闻报》1904年8月14日第9版。
⑨ 《南区编造门牌》,《新闻报》1906年7月28日第17版。

甲门牌制度为新式门牌体系所取代。

华界在实施新式门牌系统之初,囿于各种条件,往往未能遍钉门牌,而且更新门牌信息的效能也很低。据报道,1912年"城内中区地段,铺户房屋所钉户籍门牌,前经上海市政厅编查以来,迄阅四五年,久未清厘",为免门牌"参差不齐及有遗漏者",区董移请警务当局,"分别查造户籍名册,以便挨户编钉"。① 1913年,据巡警第一区统计,该区地段内各街巷"缺坏门牌号数"就达到2,846号。② 巡警第七区也报告境内"尚有未钉门牌之屋"计40间。③

门牌更新不及时和维护不到位,显然不利于捐税征收。1914年,闸北工巡捐分局咨闸北警厅,指出"各区界内时有未钉门牌之住户,或则新近建筑,或则旧时脱漏,致于收捐事宜,难以稽考"。④ 为了确保门牌得以遍钉并维护妥当,警厅通令各区署密切关注门牌编钉情况,查清呈报"该署所管地段之门牌号数是否完全,原有门牌有无缺乏",如有门牌"缺少","应查明是何号数,详细注册,以便置备补订"。⑤ 1919年工巡捐局鉴于上海各街巷旧钉门牌"为时已久,字迹不明",而新筑马路两旁居户,又"尚未遍钉",特派人"分赴各区,一律换钉新门牌"。⑥ 1922年,沪南工巡捐局鉴于门牌或有发生"损毁或遗失等情",特拟订"规则六条",布告周知。⑦

1926年,淞沪商埠督办公署还引入当时新兴的门牌编号方法,使门牌编号更加合理。此前华界的门牌编号,"系以一路或一里弄为一列,冠以路名,自一号至若干号止,从左至右,挨次编列,一律钉于门之左首",其弊端在于不便找到街道两侧的号码对应关系。淞沪商埠督办公署决定变更门牌编钉办法,其中前四条是:

(一)南北路由南编起,单数在东,双数在西。
(二)东西路由东编起,单数在北,双数在南。
(三)沿河岸住户依次排钉。
(四)里内号数连入干路,照大街排钉。⑧

第一、第二两条办法弥补了"同侧挨号法"无法确定街道两侧号码相对关系的不足,是一种更加合理和直观便捷的门牌编号方法,既方便了市民的城市出行,也有利于税务机关对税基数据的及时掌握。第三条办法维持原先"同侧挨号法",兼顾了特殊场所的房屋编号需要。第四条办法还在里巷编号与干路编号之间,明确了对应的层级关系,使里巷房屋经由编号而与干路系统结合在一起,从而融入到城市空间编码的整体网络中。

嗣后编钉的门牌,方寸之间包含着重要的空间编码信息。新门牌质地为洋铁搪瓷,蓝底

---

① 《重编中区户籍门牌》,《新闻报》1912年11月26日第9版。
② 《函请市政厅补订及更换巡警第一区境内门牌书》,《警务丛报》第二卷第10期,1913年。
③ 《函请补钉门牌》,《新闻报》1913年3月1日第10版。
④ 《饬知四、五警察署暨分署调查漏钉门牌及新建房屋一律补钉文》,《警务丛报》第三卷第35期,1914年。
⑤ 《闸北警厅编查门牌》,《新闻报》1914年2月23日第9版。
⑥ 《沪城换钉新门牌》,《新闻报》1919年1月19日第10版。
⑦ 《南市居户门牌之保守规则》,《新闻报》1922年7月29日第10版。
⑧ 《户籍处函送改编门牌办法》,《新闻报》1926年8月28日第15版。

白字,上书"商埠公署",下书"某路某里",左书"淞沪警察厅",右书"几区几分署",中书阿拉伯数字"几号","形色与法租界门牌相同"。①该门牌文字虽简洁,但已在城市中最小的家户门牌(洋文"几号")和依临的街路(某路某里),与中型政区(几区几分署)和高级行政单位(淞沪警察厅、商埠公署)之间,建立起明确的、逐次递进的层级关系,使每一个门牌都能得到唯一的、准确的定位。城市空间从而能被清晰地划分,也可以被精准地计量。

随着城区门牌编钉的不断完善,新式门牌制度也逐渐向周边推广。1929年,上海市公用局鉴于沪南、闸北等地已将编钉完竣,筹备向四乡续钉门牌。②该年2月,市公用局派员分赴漕泾、江湾、引翔三区从事调查。③3月,市公用局派员赴真茹、洋泾等地调查,至于高行、塘桥、杨思等区,也将陆续派员前往。市政府要求全市门牌的编钉,"限本年六月以后完竣"。④

三、空间编码与网格治理

租界和华界经过长期的推进,积累起海量的"前端"门牌数据及相应的"后台"信息,为形成全面的空间监控能力奠定了数据基础。据上海市政厅1913年公布的《中区界内路名、门牌号数表》,市政厅在中区的173条道路,编钉了14,241个门牌,同时还掌握了各条道路详尽的四至分布。⑤又据上海特别市公用局1929年的1、2两月业务报告,公用局已编竣沪南、闸北及越界筑路区门牌131,172户,并着手向四乡推进。⑥该10余万门牌可以说是密集布置于城市中的地理定位装置,原先难以精确定位的空间从此被纳入网格化的监控系统之中。

门牌编号系统的改进,进一步强化了市政当局对空间的治理能力。1928年上海特别市公用局、工务局和公安局三局会商,采用新式门牌,"式样则议定以珐琅质制,阔十四公分,长十二公分,白地黑字。中央为国际号码(即阿拉伯号码),左方为中文路名,右方为中文数号,下方为箭头,指示号码增高之顺序"。新门牌不仅清晰醒目,而且简洁明了,其下方还标有"指示号码增高之顺序"的箭头,进一步突出了门牌号码的方位指示和坐标定位作用。⑦

为了确保门牌编钉的全覆盖,公用局将全市分为四区,分区编钉,逐区推进。又根据各区路况,制定适合各区的编号方向,这些精心的安排不仅有利于编号工作有序推进,而且也让已编竣的门牌能更便捷地定位空间。详情如表2所示:

---

① 《户籍处今日起编钉门牌》,《新闻报》1926年11月4日第16版。
② 《筹备编钉乡区门牌 沪南、闸北门牌即将编订完竣 四乡门牌归公用局继续代办》,《新闻报》1929年1月24日第21版。
③ 《筹备编钉四乡门牌近讯 派员分赴漕泾、江湾、引翔三区调查》,《新闻报》1929年2月21日第23版。
④ 《上海全市编钉门牌限期竣事 公用局昨派员赴真茹、洋泾调查》,《新闻报》1929年3月24日第16版。
⑤ 《中区界内重编路名门牌号数表》,《上海市公报》第7期,1913年。
⑥ 《市公用局筹备编钉四乡门牌 改订法商水管合同 实地测验南市电压 取缔私营公共汽车 指导浦东推广给电》,《新闻报》1929年4月6日第23版。
⑦ 《上海特别市公用局业务报告》,《市政公报副刊·各局业务汇报》第2期,1928年。

表2　1928年上海特别市门牌编号的分区与定向详情表

分区	定向	
闸北为北区	南北之路由南往北	东西之路由东往西
新西区为西区	南北之路由北往南	东西之路由东往西
南市为南区	南北之路由北往南	东西之路由东往西
浦东为东区	南北之路由北往南	东西之路由西往东

资料来源:《上海特别市公用局业务报告》,《市政公报副刊·各局业务汇报》第2期,1928年。

公用局不仅详细规定了门牌编号的单双号分布,而且还考虑到"未造房屋地段"的情况应预留出"空号":

> 凡南北之路,均东面单数,西面双数。东西之路,北面单数,南面双数。其里弄房屋另行编号。每号均占门面阔营造尺十尺。不止阔十尺者,择用一号,留出一号,遇未造房屋地段,依其门面阔度,豫留相当号数。[1]

公用局对编钉程序也有严密的规定,"先调查旧门牌号数,次制地图,编列新门牌号数,次订制门牌,实行换钉"。工作流程的规范化,确保了尽可能不出现遗漏的情况。此外,公用局还公布了规则十五条,制订了《门牌调查表》《新旧门牌号数对照表》《监钉门牌报告单》《旧门牌号数短期使用单》《定制门牌通知书》《收到门牌通知书》等文件。[2]对涉及门牌之调查、编钉、使用、更换等情况,都作了详尽的流程说明,防范在新旧门牌交替的环节,出现错漏和重复的情况。

门牌编号要起到精准定位的作用,必须配合城市地图的详尽调查和地名系统的标准化管理,一旦将"前端"的门牌与"后台"的户籍信息连接起来,门牌系统就变成了监控空间和人口之利器。在淞沪警察厅1913年的住户、铺户调查单中,登录的信息包括街弄名、门牌号、户主名、家属名、职业、籍贯、行业、关系人等20余项。

---

[1] 《上海特别市公用局业务报告》,《市政公报副刊·各局业务汇报》第2期,1928年。
[2] 《上海特别市公用局业务报告》,《市政公报副刊·各局业务汇报》第2期,1928年。

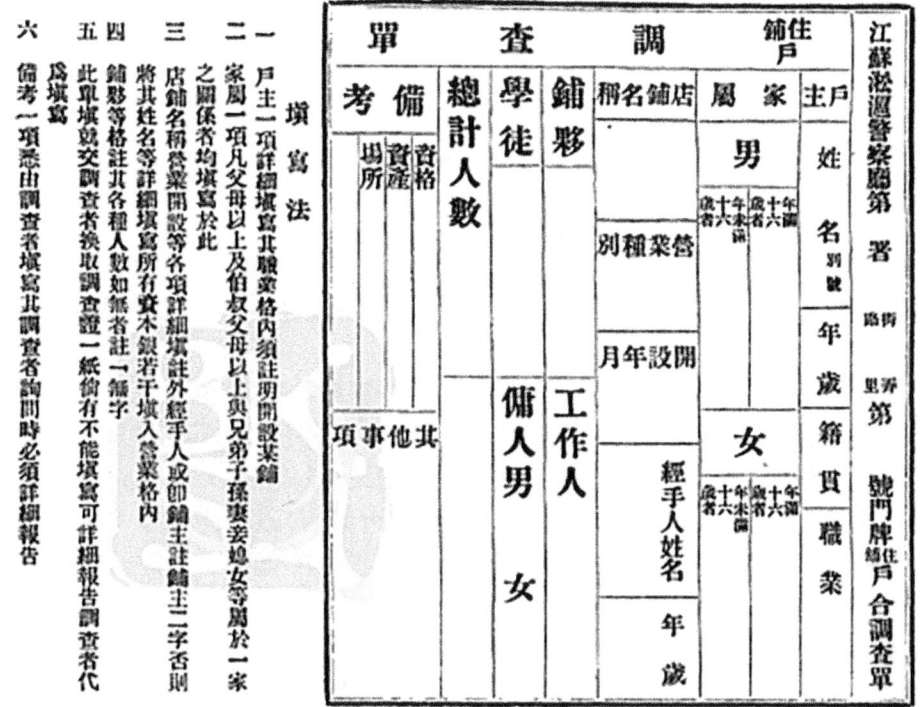

图1 淞沪警察厅住户、铺户调查单①

根据"填写法",家属中"凡父母以上及伯叔父母以上,与兄弟子孙妻妾媳女等属于一家之关系者"都应被详细填入;店铺名称中,"营业开设等各项,详细填注外,经手人或即铺主,注铺主二字,否则将其姓名等详细填写,所有资本银若干填入营业格内"。②可以说这是将传统保甲门牌进行翻版,但时过境迁,保甲门牌已不再贴于门墙之上,而是退居"幕后",变成了市政当局监控人口和定位空间的"后台"数据。

以门牌编号为基础推进的空间编码运动,为当局网格化的空间治理创造了基础条件。早在19世纪后半期,租界当局的门牌系统就已显示出在强化行政效能方面的重要作用。1877年,租界为杜绝居民"每将垃圾浊水,随手倾之道左",派出巡捕上路"密查","准捕暗将门牌上号数记明,禀公堂惩办"。如松馆、同生泰、姚亨来三家"均违规例",而被巡捕暗记门牌号数禀报,各被罚一元。剃头店某二妇人也因"事同一辙",被暗记门牌禀罚。③

法租界公董局火政处1934年的出警规程中,规定在一级火警发生时,最先到达火场的司职人员应在了解情况后,马上发出急递文件,报告4个方面的信息:(1)火灾性质;(2)发生地点、马路和门牌号;(3)正在采取的灭火方法;(4)救援力量是否足够或应否升级警报。④在这里,火警发生的地点、马路和门牌号成为组织救火唯一的、精确的定位方式。因此,全面推广门牌系统所造就的空间编码化和治理网格化,是推动当局施政趋于精准化的技术基

---

① 图片来源:《江苏淞沪警察厅第 署 街弄/路 里第 号门牌住/铺户合调查单》,《警务丛报》第二卷第21期,1913年。
② 《江苏淞沪警察厅第 署 街弄/路 里第 号门牌住/铺户合调查单》,《警务丛报》第二卷第21期,1913年。
③ 《清道新章》,《申报》1877年9月20日第3版。
④ 上海市档案馆编:《上海租界志》,第579页。

础。换句话说，能否有效地推进门牌编号，就意味着是否掌握了空间编码和网格治理的能力。

四、日常生活中的门牌

门牌编号所构筑的空间定位网络，使城市空间能更好地被识别，也能更便捷地被使用。这种日渐"透明化"的空间不仅赋予行政当局更强大的治理能力，而且也为民众的生活提供了诸多便利。

门牌制度的推广，为现代城市的运作提供了一个基础性条件。在通讯方面，门牌和路名的合理组合是邮政精准投递的前提。民国年间有市政专家撰文，回顾房屋编钉门牌之历史，指出该事业"本为便利统计，收取总捐，调查户口等而设，但其他人等因之而受其益者，亦复不少"。他专门列举"通信"之例，"昔日必须书某街某巷某店某某人转交某某人者，今日只须书某路某号某君即可直接收到，无须由一地稍有名望者之转交矣"。① 根据 1893 年《工部书信馆章程》，寄递信息必须按照规范的"姓名、地址的书写"，即"书写姓名、地址必须清晰可辨，并首尾完整，不可单写姓氏，必须写清街道名称和门牌号码（如有门牌号的话）或行名"。②

门牌推广和路名标准化的组合，改变了人们长期以来关于空间的认识，"路名+门牌号码"逐步取代了"四至"，成为空间定位的标准方式。证之于报章，租界很早就采取了这种方式来定位房产和地产。例如，1876 年的某则房产出售广告中，径称该处位于"福州路二十一号门牌高易公馆"，而非同时代在华界仍习用的"四至"描述法。③ 同年一则牙医广告，也将店址直称"北京路第十号门牌便是"，而非如以往"××宝号对面"之类的模糊说法。④

进入 20 世纪，门牌已成城市生活的一项常识。署名"病杏"的作者曾在《新闻报本埠附刊》呼吁，上海的家长应让全家人都记住住址的里名和门牌，"万一小孩走出自己所居之里，茫然不知归途，如为警士或途人之热心者所见，小孩能说明住居之里名及门牌号数，自可按址送至原处。否则，势必送至慈善机关招领，虽无意外之事，而家人已受惊不浅矣"。新上工者也应记住主人家的里名和门牌，否则，"万一因事差遣外出，迷失路途，苟为匪人所见，则势必多方引诱，先奸后卖，逼令为娼，致陷入地狱，亦意中事耳"。⑤

门牌编号在许多方面改变了城市的日常生活，民众为进一步增进空间利用的便利性，还往往主动推动门牌编号在城市空间的拓展。1936 年上海市第一特区市民联合会曾致函各区分会，提议在当局装置的前门门牌之外，可自行装钉后门门牌，并在前后门均装电铃，"便于过访"：

---

① 《市政府管理之五·总捐》，《会声》第二卷第 10 期，1932 年。
② 上海市档案馆编：《上海租界志》，第 688 页。
③ 《房产出售》，《申报》1876 年 5 月 9 日第 7 版。
④ 《英国牙医生》，《申报》1876 年 12 月 4 日第 7 版。
⑤ 病杏：《值得注意的小问题 住居上海之家长应使全家都记得自己所住之里名及门牌号数》，《新闻报本埠附刊》1935 年 7 月 2 日第 1 版。

> 欧美各国对于里弄住户一切设置,尤为周密。凡门牌除前门依照市政编订外,复于后门亦装钉后门门牌,电铃等亦前后均装设,便于过访之至意也。此项后门门牌,概由自制装钉。查我国里弄住户,为便利寻访亲友起见,亦宜仿照施行。①

但门牌的推广总的来看,是强化了当局详尽地监控空间的能力,并经常性地对城市空间进行粗暴的干涉,往往造成对民众生活的侵犯。因此,民众在许多方面欢迎门牌的推广,在许多时候又逃避政府的干预,特别是当政府借助装钉门牌而横征无度时,这种抵抗也就显得格外激烈。

无论是租界当局,还是华界方面,编钉门牌之最初用意和基本用途就是征收房捐或铺捐,民众往往在门牌编钉着手之际就开展激烈的反抗。1893年,虹口西北角的朱家宅一带因越界筑路而被纳入公共租界的范围。工部局首先着手编钉门牌,"欲编号数,添钉门牌,以便巡捕巡缉",但"乡民心有不洽,乃将已钉号码,全行销去"。② 1926年,闸北筹备编钉门牌,但"居户疑为实行收捐,易滋误会,殊费周折"。同时又担心该处居民乃"江北贫户,辟居草棚,未受教育,动辄野蛮",请求宝山县知事"转咨淞沪警厅饬属派警照料,免生意外"。③因此,市政当局编钉门牌往往需警力配合,特别是在向四乡编钉的过程中,"派警"甚至成为常态。1929年公用局编竣市区的门牌后,又派人到引翔、江湾、漕泾、蒲淞、法华等区调查,"并与公安局商定另派额外巡警"随同工作。④公用局事先甚至就已预料到,在乡区钉牌会导致"当地人士颇怀疑虑",因为"各乡镇市民,颇有以此事为抽取人头税之预备者,因而自惊相扰"。⑤

与公然表达反抗相比,偷偷进行"私拆"的行为可能更为常见。1929年,公安局发现由于"人民智识未尽开发","私自拆钉门牌,违反规则行为,所在皆有"。重申要"严行取缔",在"开导"不服的情况下,将"照章惩罚"。⑥

推行门牌所造成的最大问题,是不仅未能弥合原有的空间差异,相反还强化了既存的空间不平等,造成有门牌与无门牌、棚户与楼户、租界与华界等不同的编码空间。

在上海的各处边缘地区,棚户广泛分布。例如在闸北,"江北贫户,辟居草棚","居户或住华、租交界,或在新建房屋,均无工巡捐局门牌"。⑦据1929年公安局统计,棚户竟达2万余家。⑧棚户不仅数量大,而且在当局眼中,棚户区更是"良莠不齐"之所在,必须寻找"防患未然"之对策。⑨公安局也在报告中明确指出,"此等居户最易藏奸,自非彻底编查,不足以弭

---

① 《特区市民会提倡装钉后门门牌》,《新闻报》1936年4月4日第14版。
② 《添钉门牌》,《新闻报》1893年10月30日第15版。
③ 《闸北编订门牌不日实行》,《新闻报》1926年3月14日第14版。
④ 《市公用局筹备编钉四乡门牌　改订法商水管合同　实地测验南市电压　取缔私营公共汽车　指导浦东推广给电》,《新闻报》1929年4月6日第23版。
⑤ 《解释编钉门牌误会意在求美观便利访查与征税一事毫不相关》,《新闻报》1929年4月27日第23版。
⑥ 《公安局取缔私拆门牌》,《新闻报》1929年4月1日第10版。
⑦ 《闸北编订门牌不日实行》,《新闻报》1926年3月14日第14版。
⑧ 《上海特别市政府指令第三一三七号》,《上海特别市政府市政公报》第38期,1929年。
⑨ 《复市党部函为中华路棚户门牌业于四月编造亦无遗漏之处由》,《公安旬刊》第二卷第15期,1930年。

隐患"。①

但由于棚户区在房捐征收方面毫无价值，因此，当局既无兴趣推动棚户区的门牌编钉，也无意为棚户区提供公共服务。1948年11月13日，沪西光复村发生焚去楼房8间、草棚40间的火灾，就起始于"无号门牌楼房内"。②这是棚户区消防服务严重不足的一个例子。

但当局仍不得不重视棚户区严重的治安问题，故虽无意对棚户区内编钉正式门牌，而代之以张贴纸质号码。1929年公安局的报告指出，"本市户口繁多，除大部分正式瓦屋均已编钉门牌外，其余棚户二万余家，仅由职局于去岁调查户口时，编贴纸门牌，以为依据"。但"纸质不能耐久，兼之草棚居户多属庸愚，非但不能保存，甚或从而销毁"。③此类"纸门牌"也称"临时号牌"。1949年警察局邑庙区分局"开始整编辖区弄门牌"，警士汪某发现东街卅四弄内，有"无门牌之棚户"数家，"当即按户查编临时号牌"。贴至最后一间时，发现有三人"围聚伏地吸食白粉"。④这既透露出当局试图在棚户区强化治安的意愿，又反映了对棚户区的监管相当无力。

据1930年调查，华界共有13万余门牌，其中棚户门牌就有两万五六千块。⑤它反映出当局要同时面对所谓"正式门牌"和"临时门牌"两种管理对象，其登记、监控和治理都呈现出显著的制度化差异。

 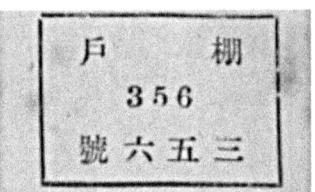

图2　上海的正式门牌与棚户门牌（左：正式门牌；右：棚户门牌）⑥

除了棚户门牌，1921年华界当局还推出过教堂门牌。由于长期以来教堂房产有免捐特权，致"迩因教中人为隐蔽教堂公产，暗将门牌仿作教堂公产一色，希图蒙混"。上海县公署房捐处于1921年，重申教中人士的自置产业必须"照章一律纳捐"，并特意"商允教堂，将所有堂中公产，概改黑底白字门牌，挨户编钉"，用以区别旧时的白底黑字门牌。⑦试图通过这个办法，杜绝教中人士蒙混之弊。此类专门的门牌编制，数量虽然不大，但却彰显出教、民之间的身份和权利差异。

租界地区一直实行外侨、华人房屋各异的编号制度。一直到1930年，工部局组织的专门委员会才建议将"现行之分组制度，即一组号码用于外侨房屋，另一组号码用于华人房

---

① 《上海特别市政府指令第三一三七号》，《上海特别市市政府市政公报》第38期，1929年。
② 《沪西烧毁车棚楼房数十间》，《申报》1948年11月13日第4版。
③ 《上海特别市政府指令第三一三七号》，《上海特别市市政府市政公报》第38期，1929年。
④ 《邑庙区整编门牌　查获贩卖白粉犯》，《申报》1949年1月21日第4版。
⑤ 《上海特别市公安局接办编钉门牌事宜一览表（民国十八年九月一日至十一月止）》，《公安旬刊》第一卷第21期，1930年。
⑥ 图片来源：《上海市整理门牌办法》，《上海市政府公报》第三卷第1期，1946年。
⑦ 《教堂公产改换门牌字色》，《新闻报》1921年9月19日第14版。

屋,应行取消"。但该委员会认为新的编号制度,"或须若干年后,方能推及于全租界,故主张于绝对必要时始实行改编",其目的是"为免使纳税人有所不便"。①

租界与华界之间在门牌编码上的空间对立更是长期存在,即使在抗战胜利收回租界后也未能改变。抗战前"上海市政鼎足而三,大家各自为政,即以门牌而论,大小字体,三者形式各殊,都不统一"。其中,华界门牌"都是白地黑字,中央是阿拉伯字的号码,右边加注路名,左边是华文数字",而两个租界门牌则"都为蓝地白字,只有一个阿拉伯字的号码"。②战后有人投书报章,认为两者相比,华界门牌设计"优良得多",建议"当局改编门牌时,采用旧市区(即华界)的式样,以资一律,而利市民"。③

上海市警察局1946年制定《上海市整理门牌弄牌要点》,强调因财政原因,暂予维持两种门牌并存的现状,"原有门牌无论蓝底白字,或白底黑字,均仍维持现状,仅作调整或补充"。④直至1948年,市警局才鉴于原租界地区的"门牌概无路名,行人极感不便",计划在"门牌上加注路名,并标明箭头",准备在市政会议通过后更换门牌。⑤由此可见,门牌制度在上海的推广,不仅未能弥合既有的阶级差异,而且还强化了既有的社会区隔。

五、结语

传统时代的基层治理,因无法精确地和动态地掌握人口、土地、资源等各项数据,政府往往采用节约成本的地方自治。国家权力貌似强大,但实际无法对臣民、土地和资源等数据做到"了如指掌"和"数目字"化管理,国家与个人—家户的联系通常是间接发生的。门牌制度所代表的新兴政治技术,通过建立起全面的监控网络,将空间、时间和人口、资源都纳入到规训网络中,极大提升了国家干预社会的能力。它的引入也改变了中国城市发展的面貌,城市管理不仅更加便捷,而且可以被精确地计算。也正是在这一基础之上,现代邮政、交通、商业、工业等经济社会制度得以顺利运转。

门牌制度的建立,将城市空间纳入到国家全面监控之下,特别是为精准征税提供了数字基础。但对于普通市民而言,则可能更意味着城市空间原本自主性的一步步丧失。它所代表的城市治理数目字化趋势,不仅未能弥合既存的经济社会不平等,而且还进一步强化了长期存在的阶级和种族区隔。近代上海门牌制度的发展,代表了近代中国空间治理数字化的倾向,展示出城市转型的某些新趋势。

作者简介:罗桂林,南昌大学人文学院历史系副教授。

---

① 《门牌编号》,《中华民国十九年西历一九三〇年上海公共租界工部局年报》,1930年。
② 行:《将统一新门牌》,《大光》第5期,1946年。
③ 高谈:《改编门牌建议》,《新闻报》1945年12月26日第5版。
④ 《上海市警察局布告市警行(三五)字第一八四四七号》,《上海市政府公报》第五卷第13期,1946年。
⑤ 《旧租界门牌将加更换一概增列路名》,《新闻报》1948年5月15日第6版。

传统与现代性之间：青岛台头村日常生活与社会治理的追踪考察*

高思峰

【摘　要】台头村是一个有着浓厚文化传统与独特地域标识的胶东沿海村庄、学术名村。近代以降，在"现代性"价值的冲击下，台头村人开启了由传统向现代的治理转变，成为华北沿海乡村快速现代化进程中的一个典型。从日常生活史"生活—制度"的视角出发，探究台头村人在治理图景中的"知、行、感"，可以发现其经历了民国时期的"非个体性"治理、集体化时期的"依附性"治理和改革开放以来的"自主性"治理三个阶段，凸显出鲜明的时代底色和地域特质。其中，既有村庄对地域文化传统的自觉调适与割舍，又不乏村民对"现代性"的能动更新与迎拒。在台头村的百年治理流变中，坚持乡村民众的主体性地位、尊重乡村文化传统与提升"现代性"引领质效，构成往昔对于新时代社会治理之历史启示。

【关键词】台头村；社会治理；日常生活；现代性

引　言

台头村是一个具有厚重文化传统和独特地域标识的胶东沿海村庄、学术名村。近代以降，伴随着国家的发展以及区域辐射中心——青岛作为现代城市的快速崛起，在以工业化、城市化、国家意志为代表的"现代性"[①]价值的浸润和冲击下，村庄治理发生了富有时代烙印的、独特于华北内地乡村的嬗变。台头村由传统村落治理向现代社区治理的演进图景，恰似华北沿海区域"现代性"滚滚洪涛中的一股急流，成为胶东沿海乡村在快速工业化、城市化进程中治理发展的一个典型。

"立政之本则存乎农"，乡村作为国家治理基础的重要地位无可撼动。早在民国时期，乡村治理问题就引发国人关切。[②]当前，推进"乡村发展、建设与治理"构成植根于本土文化传统与治理实践的中国式现代化的时代重任。[③]那么，如何看待台头村在治理演进中的遭遇与

---

* 本文系2023年度天津市哲学社会科学规划研究项目"中国共产党领导探索华北沿海乡村社会治理现代化的历史经验与实证研究"的阶段性成果。

① 一般认为，"现代性"作为人类社会从自然的地域性关联中"脱域"出来后形成的一种新的、人为的、理性化的社会生活、组织模式、运行机制，被视为"人类社会运行的主要支撑力和前行的动力"。衣俊卿：《现代性的维度及其当代命运》，《中国社会科学》2004年第4期。

② 详见虞和平：《民国时期乡村建设运动的农村改造模式》，《近代史研究》2006年第4期；徐秀丽：《民国时期的乡村建设运动》，《安徽史学》2006年第4期；翁有为、任润鑫：《改革开放以来的中国近代地方政治制度史研究》，《东岳论丛》2015年第1期；王先明：《民国乡村建设运动的历史转向及其原因探析》，《史学月刊》2016年第1期，等等。

③ 《中共中央国务院关于做好二〇二三年全面推进乡村振兴重点工作的意见》，《人民日报》2023年2月14日第01版。

机遇？如何解读台头村人在治理参与中的迎合与抗拒？如何从"传统——现代性"中审视新时代乡村治理发展的归宿和出路？成为当前值得关注的时代命题。

台头村是一个造就了诸多研究成果的学术名村。①但相关成果或侧重于社会学、人类学、民族学等相关理论的社会验证，或就某特定时代对村庄治理进行阐述，而对于村庄在现代性影响下治理嬗变的历史学研究阙如，特别是缺乏对村民百年治理参与的"知"（惯习认知）、"行"（运作实践）、"感"（情感体验）之连续性、追踪性考察。这不仅对增益认知华北沿海乡村治理的近现代转型形成制约，②而且也未能从个案上丰富乡村日常生活史研究。

本研究以日常生活史"生活——制度"③的研究视角，借助田野历史学④的调研方法，从现代性影响下乡村传统"精英治理"⑤格局的近现代嬗变入手，对胶东沿海乡村典型个案——台头村进行日常生活与社会治理的追踪考察。笔者以为，追踪考察台头村精英治理自民国时期以来的时代性嬗变，是洞察村民治理参与、透析村庄治理变迁的重要参照：近代以来，台头村的精英群体既作为联系国家和乡村民众的中介起作用，其本身亦构成治理体系中被组织、改造的一员；同时，国家意志对乡村的穿刺层次和控制强度具有时代特色，这些现代性治理力量势必触发包括精英群体在内的台头村人的能动反应。在此参照下，梳理、共情台头村人在民国时期、集体化时期和改革开放以来关于村庄治理参与的"知、行、感"，借此管窥华北沿海乡村社会治理嬗变的特点、原因及规律，以图对丰富社会史及日常生活史研究领域和内容有所贡献。

---

① 基于台头村社会治理与发展的公开研究成果散见于杨懋春的《一个中国村庄：山东台头》(1945)、[美]诺玛·戴蒙德(Norma Diamond)的 *Model Villages and Village Realities* (1983)、潘守永的《重访抬头：中国基层社会文化变迁的田野研究》(1999)、李秀杰的《开发区村庄的社会变迁研究——以山东省台头村为例》(2009)、陈静的《家庭、社区与国家：二十世纪山东台头福利实践》(2014)以及笔者的《台头村的文化转型研究：20世纪30年代至今》(2008)等。上述研究开启并重续了村庄的学术生命，也为笔者的深入研究增添了素材。此外，笔者自2006年开始对台头村进行学术关注，至今(2023年)按照时间序列整理形成十余万字的村落实地调查记录——《台头村考察资料》(一至二十)，本文所有调查之依据皆源于此，后文不再一一赘述。

② 华北乡村的近现代治理发展历来为学界关注，并取得了积极进展。但研究中"值得中国学者深思再深思"的惯性思维及书写表达仍然大量存在，形成"近代华北乡村研究悖论"——许多研究常常陷于自相矛盾的"怪圈"而不能自拔，从学理上影响到对于乡村历史结构及发展路径等的正确认知。华北村落空间分布星罗棋布，沿海与内地村庄的发展逻辑有所不同。尊重华北乡村发展的地域性、差异性，对具有区位特点的典型村庄进行长时段的重新考察和认识，不失为增益认知的一种探索。赵兴胜：《近代以来华北乡村研究中的惯性表达及困境——以济南冷水沟为例》，《历史研究》2015年第2期。

③ 日常生活史基于"以人为中心"，重视日常生活、发掘习以为常、关联历史整体、关切社会变迁、丰富历史研究的旨趣。其中，从日常生活关联社会制度，更为密切的关联"小历史"和"大历史"，是拓展当下生活史研究的新探索。从此出发，笔者就华北乡村的社会治理与乡村群体的日常生活之关联做一贯通尝试。常建华：《从社会生活到日常生活——中国社会史研究再出发》，《人民日报》2011年3月31日第007版；常建华：《生活与制度：中国社会史的新探索》，《历史教学》2021年第1期。

④ 田野历史学是以历史学为本位的、基于村庄—乡土文献档案的历史人类学研究——即以"请农民讲述他们自己的现代史"为诉求，力图鲜活展现近现代中国乡村生活的主角(农民)在一系列社会变革中的感受、体验和经历，并在此基础上关联其行为、表现及致因。张思：《田野历史学与国史研究》，《当代中国史研究》2016年第3期。

⑤ "精英治理"统治格局在19世纪及以前的中国乡村业已存在，是考察乡村治理变迁的重要切入点。萧公权：《中国乡村：19世纪的帝国控制》，张皓、张升译，北京：九州出版社，2021年，第317—319页。

一、"族法—礼治"秩序——民国时期的"非个体性"治理

纵观历史,在大一统王朝的治理体系中,即便是集权统治空前强化的帝国晚期,国家(中央)对乡村(地方)也未形成强有力的控制关系。长期以来,中央权威和地方管理形成了各自的"秩序边界"①,"皇权止于县政",乡村凭借传统的精英治理格局,形成一套维系其有序运作的规范。国家主要通过官方和非官方管理人员来实现对乡村的控制。

民国之前的台头村具备传统治理的样态。赋税、摊派是连接"国"与"民"的重要纽带。村庄作为代表国家与村民接触的征收单位,直接负责村民赋税征发和任务分摊。乡村(村民)和国家(政府)的关系稳定却"消极"。②如果一个村民已经付了土地税,家庭中也没有发生提请法庭审判的诉讼,那么村民和国家(政府)之间"几乎没有什么关系"。③

民国成立后,政府在乡村设立"区—乡—路—邻"的新式管理制度。然而,台头村依然延续着传统治理秩序之惯性。庄长仍然是民众对公职领导的称呼,其活动空间、权力职责也不囿于村界。④

就官方(公职)人员而言,台头村的庄长是村庄的领导,负责村庄的日常事务;乡约是政府的传令员、乡村的收税员;地方是村里的警察,负责抓捕罪犯、协办案件、夜间巡逻等治安活动。

道德与能力构成了选拔和约束公职人员的非制度性传统。台头村公职人员的任期只有一年。每年初要召开选举会议:通常情况下,村中四个主要家族(潘、陈、杨、刘)必须要有代表参加,以保证选举有效。据《台头村志》"政治军事志"记载,在20世纪三四十年代,有三位村民担任过庄长:1926—1931年,潘继;1932—1935年,潘洪申;1936—1944年,潘洪利。在笔者访谈中,唯有前两任庄长(父子关系)的性格和政绩在村民记忆中留有深刻印象:

> 杨懋春书中提到的潘继,我们都叫他'老爷'。他是老庄长,深得村民拥护。潘继留很长的花白胡子,是个好人。他的大儿子(潘洪申)为人耿直、公正,当过庄长,还做过乡长。旧社会打官司,都要请他去说,他能说到个理上,为村民调解打架、斗殴、纠纷,没有

---

① 传统乡村治理的秩序边界源自商朝里邑制,后历经周朝乡遂制和井田制、秦汉郡县制、元朝里甲制和村社制以及清朝保甲制等不同朝代的规则变动,但其本质无实质变化。任吉东:《近代华北乡村社会治理的双重话语——以获鹿县为例》,《中国农史》2009年第2期。

② 据日本满铁农村惯行调查资料,明清时期,国家在征收田赋外,基本不进入村庄。村庄的治理主要是依靠长期以来形成的惯行和规矩进行自治,即便是民国时期的保甲制也没有完全取代传统的治理体系。徐勇、邓大才主编:《满铁农村调查》(总第1卷·惯行类第1卷),北京:中国社会科学出版社,2016年,第27页。

③ 杨懋春:《一个中国村庄:山东台头》,张雄、沈炜、秦美珠译,南京:江苏人民出版社,2001年,第181页。

④ 一方面,庄长要在村庄面临旱涝灾害时,负责组织村民的祭祀游行;代表民意在发生饥荒时与政府协调免除土地税;在农闲时邀请戏班入村演戏;受老师之劝勉本村孩童上学;调解村庄中的家庭、家族矛盾;对村庄防火防盗、抵御土匪、庄稼看护、监视村民赌博和吸食鸦片等事项都负有责任。另一方面,庄长既要代表本村出头与集镇及邻村就联合防卫计划、联合演戏与祭祀游行进行更大范围的协商和合作,又要代表村民出面处理与邻村的争执等棘手问题。杨懋春:《一个中国村庄:山东台头》,第157页。

办不到的事,别的村的人都来请他去帮助打官司。①

上述两任庄长通过不懈努力,提高了公职人员在村民中的威望。笔者将其归入"公职精英"。但村庄真正的权威属于幕后有影响力的非官方领导——乡绅群体。②杨懋春指出:"非官方领导和官方领导的关系确切说来是上级与下级的关系。在公共事务中,官方领导做具体工作,非官方领导指挥他们。"③乡绅在官方领导的选举以及其他重大村务方面发挥主导作用。如,有新的政府命令传达给庄长时,庄长要做的第一件事就是拜见重要的乡绅,跟他们商量办法,拟定计划。之后,庄长召集公职人员及家族代表开会,讨论关于征用劳力、分担费用、工作日程安排等细节。最后,庄长派下属公职人员通知每家要完成的事情。④

台头村的治理空间存在官、绅、民三方群体。其中,乡绅被视为官与民的中介,以其为主导的"乡村精英"与民众利益存在更多一致性。⑤在清末新政以来的乡村图景中,"绅民冲突"在民变风潮中多有发生,而治理秩序的失控、群体利益的断裂以及矛盾的不可调和是冲突的重要致因。地域性样本给予后人解读的一个视角在于凸显地域空间和文化特质的独特性,使得研究者不能用同质、单维的视角看待整体历史。在台头村,旧有的宗族冲突、新生的宗教偏见都显著增加了治理成本;老庄长也会通过借助舆论宣泄牢骚、做些小手脚获利以及耍诡计获得佣金等手段为己谋利。⑥但民间并没有太多关于"绅民冲突""恃强凌弱""土豪劣绅"的历史记忆,文本记载的"民变"更多是村民对地方组织、军阀当局压榨的反抗。⑦

这一时期,台头村人主要凭借深嵌在乡土生活之中的乡约、族规、习惯法等传统治理资源来维系日常秩序。私人调节而非诉讼是解决村民争端最重要、最有效的途径。声望、面子在日常生活中被民众普遍认可。村庄较多呈现传统乡村治理之"礼"治秩序样态。⑧

20世纪30年代中叶,国民政府在乡村社会实行以乡镇为范围一律编组保甲,寓保甲于自治之中的乡村自治体制。实行保甲制是政府力图强化对乡村社会的直接控制。但在台头村,除了极少数人外,村民并不情愿响应此制度:邻居间的传统关系使得村民不认为有必

---

① 《台头村考察资料》(二),2007年6月30日。
② 这一群体多由拥有良好的声誉和社会地位的人构成,他们德高望重、掌握更多的财富和资源(年龄、财富、学识、社交等),是乡村文化传统的代表。他们和公职官员一道参与村庄治理,但在保护村庄安全、平息争端、调解协商、借贷、与政府交涉、组织祭祀游行以及诸多文化活动上发挥比"公职精英"大得多的作用。他们担任公职或参与公共事务的动机主要是为了施展才能、获得尊敬及荣耀、提高个人声誉并向大众负责。
③ 杨懋春:《一个中国村庄:山东台头》,第180页。
④ 杨懋春:《一个中国村庄:山东台头》,第174—175页。
⑤ "乡村精英"是一个内涵丰富的概念。笔者在此所讨论的乡村精英是对近代以来在乡村社会基层权力体系中能发挥积极影响和较大作用的群体的泛称,这个群体既包括村庄的官方领导人,如社长、庄长等"公职精英",也包括非官方领导人,如士绅、族长、地主等乡绅群体。其中,有的人可能是集多重身份与荣誉于一体的权势人物。
⑥ 舆论是社会控制的重要手段,如果某一村民的行为得到大多数人的赞成,他将获得同情、尊敬、赞扬,反之则是强有力的抑制。杨懋春:《一个中国村庄:山东台头》,第132页、173页。
⑦ 辛安镇史志编纂领导小组办公室编:《辛安镇志》,内部刊行,青岛:华信印刷厂,1994年印刷,第51—52页。
⑧ 需要特别指出的是,民众对既有治理秩序的普遍认可,并不代表其个体政治参与度的提升。村庄政治权力表达主要基于家族组织实现,单个村民或家庭在村庄公共事务话语权和贡献值方面似乎毫无建树。而多数人在乡村治理参与中的保守、错位,预示了传统村庄治理秩序在"现代性"发展上存在变数。

要举报与自己友好相处的"异己分子",因此,此举并没有发挥当局所期待的作用。①

不过,就19世纪末20世纪初以来的整个华北乡村而言,"礼"治秩序并非固态。在以设立巡警部、废止科举制为代表的国家制度近代化改革历程中,事实上裂变了乡村治理秩序:"国家政权触角不断向下延伸,……给人民没有带来看得见的好处,但是却带来了沉重的负担"②,使得"华北农村社会处于激烈动荡不安、贫困化加剧的状态"③成为一个突出特征。

就台头村所在地域而言,一方面,国家对乡村控制的决心愈发明显:在"振兴乡村"的口号下,乡村自治的精神不断被削弱,乡村自治的空间不断被挤压,官方领导人开始在催征钱粮、丈量土地、增加税收等方面对村民提出更多要求。④另一方面,军政当局、地方军阀的摊派和勒索对乡村民众造成的负担⑤;"赖以勒捐"的土匪在乡村的伺机扰乱⑥;持续的区域性自然灾害的影响(见表1);日伪政权推行大乡制以及日军"三光"政策对乡村社会的控制和榨取⑦;由于华北农业经济的普遍萧条而加剧的贫困等,一并削弱了乡村社会的道德规范和传统惯习,侵袭并紊乱了乡村治理的传统秩序。

表1 20世纪10至20年代辛安地域灾情

年份	1911	1913	1914	1915	1916	1918	1919	1920	1922	1926
受灾表现	2月鼠疫,伤人众	秋涝	秋涝	秋涝、9月海啸	秋旱	秋疫病盛行,死人甚多	8月蝗灾伤禾	夏旱、秋旱,幼蝗伤禾	秋涝灾,蝗灾伤禾	洪涝伤禾

资料来源:辛安镇史志编纂领导小组办公室编《辛安镇志》,第49—51页。

在此形势下,乡村精英发现担任公职所获得的精神和物质报酬越来越少,但由此带来

---

① 杨懋春:《一个中国村庄:山东台头》,第146页。
② 徐勇、邓大才主编:《满铁农村调查》(总第1卷·惯行类第1卷),第28页。
③ 张思:《崩坏与变革前夜的华北村落共同体社会——沙井村:1940—1949》,《福建论坛·人文社会科学版》2005年第8期。
④ 1913年,田赋改征银元;1915年,胶县警察局辛安分驻所成立;1926年,辛安地区土地陈报、税契等。辛安镇史志编纂领导小组办公室编:《辛安镇志》,第50—51页。
⑤ 青岛特别市胶州区办事处:《胶县第五区长薛雨辰向辛安集等村民强索子弹费的报告》,1938年2月,青岛市档案馆藏,档案号:B0023-002-00212。另外,军阀混战消耗了乡村社会的承受力。1927年,山东省公署发行公署债票,台头村所在的朱仲区摊款182855元,原定十年还清,由于督军张宗昌垮台,未还。辛安镇史志编纂领导小组办公室编:《辛安镇志》,第51页。
⑥ 青岛特别市公署警察局:《关于匪首姜立川联合各区匪众攻击王台镇并封锁各海口禁止猪牛及粮食云青的情报》,1939年,青岛市档案馆藏,档案号:B0023-001-00577-0039;青岛特别市公署警察局:《关于便匪破坏胶县通王台的电话线情况之件》,1939年,青岛市档案馆藏,档案号:B0023-001-00581-0024。
⑦ 1938年1月,日军侵入青岛。此后,日军多次在辛安一带村庄袭扰和洗劫;1944年7月15日,伪青岛特别市下令,取消闾邻制,实行保甲制,村设路牌、户挂门牌,区设联保办事处,推行治安强化运动;同月,日军强迫辛安民夫赴石灰窑山修筑防御工事,一直持续到日本投降;是年秋,伪军洗劫辛安的上庄、下庄、王家庄等村。辛安镇史志编纂领导小组办公室编:《辛安镇志》,第54—55页。另外,小麦是华北(山东)地区的重要粮食作物,据日本兴亚院政务部《有关中国农产品之生产供求的资料》显示,山东小麦产量在中日战争前为289.3万吨、1939年降至175.2万吨,1940年又降至145.6万吨。王士华:《日伪统治时期的华北农村》,北京:社会科学文献出版社,2008年,第47页。日军入侵对青岛地区农户粮食生产的消极影响也体现在[日]满铁调查部华北经济调查所编的《小麦的生产、消费、销售及其在事变前后的变动——以山东省高密县、青岛市胶县农村调查成果为中心》(华北调查资料第27辑)等资料。

的麻烦却是越来越多。最终,他们选择自我保护,疏离了乡村政治甚至乡村地域。①与之相对应的是,一些无固定职业的村民和豪强、劣绅乘虚而入,窃取村庄公职和资源并成为新的乡村权力阶层。其为一己之利不惜丢弃村民和村庄之利,民众厌之、畏之。民国"内卷化"之政权扩张造就了这样一批"乡绅群体",乡村权力的基础因之发生异动,乡村政治生态趋恶。

于是乎,在不断恶化的乡村治理图景中,"有土皆豪""无绅不劣"成为时代对"乡绅群体"的新注解。乡村民众将矛盾和"历史积怨"对准了把持村政权力和利益资源的整个"乡绅群体"。对于民国政治的发展路向而言,既然现存社会的一切弊端都指向了乡绅阶层,社会革命中一个必然的话语逻辑就是将"乡绅群体"归结为"反革命"固化阶级并打倒。故而,发轫于20世纪前半期的国民革命将乡绅阶层置于革命对象,以中国共产党为主导的农民运动构成了"大革命"的时代激流,并藉此更新乡村政权结构、重构乡村治理模式。②

二、"农会——社队"模式——集体化时期的"依附性"治理

抗战胜利后,随着形势的发展,中国共产党在根据地、解放区陆续开展土地革命。在"土改"历程中,以各级干部劳模为代表的新乡村精英逐渐浮现,普通民众也被越来越多的动员加入到村庄治理。

1949年政权鼎革,执政党的意志得以在更广范围内重新定义国家对乡村之控制关系。伴随着中国共产党基层干部群体的不断成长,农村逐步形成了以农会(具有行政、司法、武装、治安等权力)为基层组织,以农会骨干为主导,以贫农、雇农为支撑,群众广泛参与的权力结构模式。这既意味着农村中新的政治权威开始生成,"农村古老的社会权力结构,被全部颠倒了过来,没有人再可以凭借土地财富和典籍文化的熟悉获得权威"③,也形塑着村民日常生活政治化、政治参与趋同化、价值取向国家化等全新治理认知。

"土改"之后,农会逐渐退出历史舞台,行政村成为村级政权组织。经过农业合作化运动,国家权力触角直接延伸至农民的日常生产和生活。在人民公社化运动中,农村实行的是权力高度集中的政社合一治理模式(从生产队到生产大队,再到公社的三级治理),村庄的政治权力和经济资源收归公社。"社队"机制服务于国家的战略发展,重塑了乡村的治理机制和组织样态,引发乡村权力格局重新洗牌。有学者评论道:"新中国初期完成了民国政权所未完成的'国家政权建设'的任务,它根治了自明朝以来历届政府无法解决的难题——偷税漏税",而合作化"使征税单位、土地所有和政权结构完全统一起来","从政治和经济上均实现了'政权建设'的目标",这可视为国家在基层社会政治权力建构方面的核心成就。④

---

① Sidney D. Gamble, *North China Villages*, Berkeley and Los Angeles: University of California Press.1963.p.52;[美]杜赞奇:《文化、权力与国家——1900—1942年的华北农村》,王福明译,南京:江苏人民出版社,2003年,第157页。
② 王先明:《乡绅权势消退的历史轨迹——20世纪前期的制度变迁、革命话语与乡绅权力》,《南开学报》2009年第1期。
③ 张鸣:《乡村社会权力与文化结构的变迁》,南宁:广西人民出版社,2001年,第250页。
④ [美]杜赞奇:《文化、权力与国家——1900—1942年的华北农村》,第184页。

集体化时期台头村人的治理轨迹,如同大棋局中的一粒棋子,在整齐划一的布局中,进退之间投射出浓重的国家意志。

1945年初秋,随着辛安地区的解放,台头村成为中共辛安分区委驻地,并建立了辛安地区第一个村级党支部。之后,在党支部领导下,台头村人陆续成立农救会(农会)、儿童团、妇救会、民兵队等组织,开启了新政权下的治理体验,实际上提前步入集体化时期的治理轨道。

"土改"是集体化前期考察村民治理参与的重要事件。据上级党委要求,从1945年11月开始,台头村党支部领导掀起反奸诉苦、减租减息、土地改革等运动。受土地制度及租佃关系的影响,台头村所在地域虽在经济结构上属于以中农为主体的自耕农经济,但确实存在着社会关系上的剥削和压迫。①台头村即有不少农户因阶级剥削而沦入悲惨境遇(见表2)。

表2 解放前台头村的贫困情况

	扛活	要饭	逃荒	种租地	卖子女	冻饿死	被抢劫	借高利贷	周转不上给养挨打
户数	23	7	4	10	0	1	3	5	21
人数	28	25	9	52	0	1	—	—	—

资料来源:辛安公社《台头解放前、后、合作化后产量、口粮情况统计表》,1959年,青岛市黄岛区档案馆藏,档号:H0006-001-00031-0008。

然而,革命的运动却遇到村民的"谨慎"消极应对。在台头村的文化传统中,"一个人只有在老年时还完整地保持着他继承来的财产,才能心安理得地死去。他会像胜利者一样把儿子召集到身边,告诉他们他无愧于祖先,无愧于子孙"。②村民普遍追求财富,很多富裕农户家庭的财富与自身努力经营、勤俭持家有必然联系,这反映了村民的思维判断深受传统思想影响。

面对农民的"糊涂思想",党引导新乡村精英"从颠覆乡村社会的传统伦理入手,强化革命意识形态",利用"访贫问苦""倒苦水""算账""挖穷根""斗争大会"等办法③,保证革命的意识形态被村民习惯并接受。最终,台头村贫农、雇农的阶级仇恨被调动起来了,他们意识到自己的贫穷地位是由于地主阶级的剥削造成的。

> 党支部领导农救会发动贫雇农掀起了反奸诉苦的高潮。在场院上扎起了木台,许多贫雇农纷纷上台用血与泪的事实,愤怒地控诉了恶霸地主和国民党反动派残酷剥削和压迫的罪行。场院里响起了一阵阵"打倒恶霸地主""打倒国民党反动派"的口号。④

继而,在这场群众性的运动中,以党支部、农救会为组织的政治精英带领贫、雇民在与

---

① 辛安地区大批农户靠给地主扛活或者租赁土地维持生计,一些村庄的贫民由于生活窘迫,在灾荒的年景甚至背负着逃荒、要饭、卖儿卖女的无奈。辛安镇史志编纂领导小组办公室编:《辛安镇志》,第212页。
② 杨懋春:《一个中国村庄:山东台头》,第82页。
③ 李金铮:《土地改革中的农民心态:以1937—1949年的华北乡村为中心》,《近代史研究》2006年第4期。
④ 青岛市黄岛区政协文史资料委员编:《黄岛村落——辛安街道卷》(上),内部资料,青岛:双星华信印刷有限公司,2007年印刷,第11页。

地主、富农争夺土地和财富的斗争中,取得了决定性的胜利。9户地主、富农成了被剥夺、被打倒的对象。其中一户地主家长在土地复查运动中丢了性命,这也代表了"土改"时期地主家庭的命运。

那是一个充满革命激情、集体参与政治却又孕育着盲目、骚动的时期。运动暴露出明显"左"的倾向,并在村民斗争情绪调动起来后变得难以驾驭——不仅出现了乱抓、乱斗、乱打、乱杀和扫地出门的问题,在事实上还形成了对保护中农利益政策的背离。而村民中平均主义、坐享其成、害怕致富等思想的蔓延,既乖违了党在乡村治理方面的初心,也搅乱了民众的生产与生活。①根据胶南县委的指示,1947年11月,辛安区党委就处理土改遗留问题进行专项纠偏。②

集体化生活后期,"阶级斗争"成为民众参与村庄治理的常态。政治成分和政治立场上的"泾渭分明"一度构成这个"中农村"(见表3)民众日常生活的"红线",革命伦理掌控着村民的舆论话语和治理认知。

表3 台头村的阶级成分状况

阶级成分	贫农	下中农	中农	富农	地主
户数(户)	51	30	86	8	1
百分比(%)	29	17	48.9	4.5	0.6

资料来源:辛安公社《辛安人民公社生产大队当前基本情况》,1958年,青岛市黄岛区档案馆藏,档号:H0006-001-00047-0070。

然而,入社后,国家对农村在生产生计、粮食占有等方面的控制和提取逐渐强化。③物质生活匮乏的一度引发了一些民众对于现有政策的不满,并催生出些许"隐喻性"的话语表述:

> 解放前,我家本来是中农,有14亩地,靠自己本事种地吃饭,不剥削人,吃穿不愁。解放后,把我们的田地分了。入社后,吃的是瓜叶、野菜、糠,……我们庄上有一个老贫农,文革时候开'忆苦思甜'大会,革委会干部让他上台去诉旧社会的苦,他说他旧社会给人扛活,没早没晚的,天不明就的上坡,中午捞不着歇晌,但还能'捞'着个苞米饼子吃,现在连个饼子也吃不上了,干部一听急了,赶紧叫他下来,不叫他说了。(众人附和声)④

这一时期,苦大仇深、思想进步、政治可靠的村干部在群众运动中的确表现出其在政治立场、阶级觉悟以及应变处理等方面的能力,这也是国家对乡村"政治精英"治理的一种考

---

① 薄一波:《若干重大决策与事件的回顾》(上),北京:中共党史出版社,2008年,第83页。
② 辛安镇史志编纂领导小组办公室编:《辛安镇志》,第9、11、213页。
③ 从总体来看,这一时期集体经营的收益分配制度与村民基本生活需要和正当利益产生明显错位,农民生活水平长期处于地下状态,积极性受挫;另据相关估算,在整个集体化时期,约有8000亿元资金被国家通过工、农产品价格剪刀差的形式从农村隐蔽地提取。张思:《侯家营:一个华北村庄的现代历程》,天津:天津古籍出版社,2010年,第205页;发展研究所综合课题组:《改革面临制度创新》,上海:上海三联书店,1988年,第7页。
④ 《台头村考察资料》(十二),2014年11月11日。
⑤ 在农业社会主义改造完成后的1957年,辛安曾经发生过部分社员闹社,要求恢复单干的"集体性抗议",后经过大讨论、教育、整党、整社等活动最终平息。此后,笔者未能发现社员"集体性抗议"的相关记载。

核体现。⑤不难发现,台头村的干部组织民众对落实上级布置的政治任务是一贯积极的:从1945年到1992年,台头村交售的公粮数量历年为全镇第一,并多次受到公社表彰;"大跃进"时期,在农业生产搞"高产田""放卫星"等运动中,台头村都是力争上游,屡次被评为县里的模范村。①

然而,就按部就班地践行上级决策的村干部群体而言,其内心或许并不如外人想象的那么轻松。与传统"乡村精英"相比,他们基本没有财富、学识、声誉、地位等资源支撑。村干部选拔主要看重阶级成分和忠诚度,没有太多文化、综合素质不全面、业务能力单一是其显著特点。

> 当时农会的权力很大,一切权力归农会,但是会长出身穷人,没有知识。②

当时,不管是20世纪40年代末当选村农救会的负责人潘春义,还是60年代中期选定的支书王玉瑞,都是贫雇农出身。而解放初期担任村党支部书记的潘栋,原先在青岛莘县路上以拉东洋车为营生,经区委会干部考察后被认为属于苦大仇深、思想进步、政治可靠的"顶梁柱"。因此,就其权力来源和治理能力而言,存在着被村民"误解"的可能。同时,村干部权力来源的多元性被消解也会导致对国家权力和意识形态的依赖性大为增强③,而这更增加了赢得民众信任度的负担。事实上,在权力运作之革命意识取向逐步取代伦理道德取向的过程中,道德规范和传统惯习在一定时间内不会马上消退。对村干部而言,找寻并对接"国家意志"和"民众意愿"之间的平衡点是一项迫切却不易掌握的工作。而盘活当地的经济成为村干部获取国家、民众双方认同的重要方式。从20世纪70年代初开始,村干部带领民众把精力陆续投入到公路、水利等基础设施建设,以及果园、印刷厂、机床加工等副业的创建和发展方面,成效显著。在赢得民心的同时,领导班子也多次被上级部门授予"先进党支部""先进集体"等称号。④借助于此,村干部逐渐由单维的"政治精英"转向复合型的"政治—经济精英",有了更多的治理资源凭借。

总体而言,在1945年到1978年的台头村,在宗法权力和传统思维受到极大打击的基础上,国家意志形塑村庄治理与发展。村庄治理权力高度集中且单一,"农村社会关系国家化,社区政权化"⑤成为社会秩序的底色。国家借助于新"乡村精英"实现对村庄的治理。翻身的台头村人在参与村庄治理的同时,也被改造为能更好满足国家意识形态和发展建设的高度组织性、依附性群体。但这种模式自始至终存在着自我冲突、自我否定的因素——底层民众的生存体验和地域性的文化传统构成其中的迟滞性力量。⑥新体制下成长的村干部在应对国家和民众的双重维度中处于不可或缺的"中间者"角色。在双重压力下,村干部依托现

---

① 潘守永:《重访抬头:中国基层社会文化变迁的田野研究》,博士学位论文,中央民族大学,1999年,第29、64页。
② 《台头村考察资料》(四),2007年10月5日。
③ 李里峰:《乡村精英的百年嬗蜕》,《武汉大学学报》(人文科学版)2017年第1期。
④ 潘进和:《群众的领头雁》,2010年3月,未刊。
⑤ 吴业苗:《转型期乡村社会权力结构的分化与互动》,载邹农俭主编:《社会学的视野》,北京:社会科学文献出版社,2005年,第150页。
⑥ 相对于国家和地方政府而言,这一时期民众并没有自己独立的利益和权力。这种体制不能为乡村发展提供持续动力,也增加了国家治理成本,因此只能是在特定历史条件下的治理探索。

有秩序逐渐开始摆脱单一的"政治精英"形象,而这和国家对现有体制的思考以及对乡村治理实践的反馈有密切关系。①

三、"村治—法治"体系——改革开放以来的"自主性"治理

改革开放后,人民公社解体。国家开启现代化发展新规划,开始放松对农村公共资源的绝对控制,对基层社会治理进行调适,重构乡村治理秩序边界——与行政区划相联系,有较为明确的边界。村庄权力资源与格局呈现新面貌:体现自治精神的村民自治委员会成为新的村级权力组织,一系列的农村基层团体与组织的设立和逐步规范,体现了农村治理体系民主化和制度化的发展方向;同时,国家在农村建立党组织作为村级权力组织的核心,以村为单位设立的共青团、民兵、妇女组织等显示出国家意志仍然在不同层面影响农村社会。

在这一时期,影响乡村治理的一批制度法规开始发挥作用,从法理层面对农村基层组织形式和权力机制进行权责认定,如在1987年的《中华人民共和国村民委员会组织法(试行)》中,"自治"成为村委会的重要特征,乡镇和农村之间不再是行政上的上下级关系和以往的控制关系,而是工作中的指导、支持和帮助关系,开始确立"乡政村治"(乡村分治)的治理体系。1998年的《中华人民共和国村民委员会组织法》和1999年的《中国共产党农村基层组织工作条例》进一步规范了农村基层村党组织的工作。2020年的《中国共产党基层组织选举工作条例》则废止了三十年前的《中国共产党基层组织选举工作暂行条例》,强调了新时代基层党组织选举工作的基本遵循。

20世纪80年代中期以来,国家改革开放路线图由农村推广到城市,改革气象风起云涌,城乡改革形势开始发生显著变化。随着青岛市被划入沿海开放城市,激活了整片区域的联动性发展。在台头村所在地域,区政府的工作重心即围绕新城市的设计和发展进行:翻开区政府"大事记",看到的更多的是"厂区建设""参观考察""项目洽谈""土地出让""利用外资"等事物,而涉及农村的政策、指令大幅减少——这和集体化时期的政策指向有显著差别。②台头村就是在这一时期被划入开发区(现为青岛西海岸新区)管辖,村庄的治理思路和区、市两级发展战略与规划有了更多关联,村庄的每一步发展都是对城市功能的回应,由此生成台头村治理的独特时空场域。③

在改革浪潮和商品经济的驱动下,村民越发注重个人及家庭利益。潘守永在研究中指出,1984年可视为一个大的转折点,从这一年起,村民对"公家事"普遍失去了热情,而把主要精力投入到自己的事业中。即使像由街道牵头组织的编纂村志之类的大事亦不能调动起大家的积极性,村干部一度找不到执笔人,村民对此普遍缺乏兴趣,最后村里出了400元给

---

① 20世纪70年代农业生产"以粮为纲,全面发展"的国家政策催生了农村中大搞副业经济,这种现象广泛出现在辛安公社各个生产大队中。

② 黄岛区史志编纂委员会编:《黄岛简志》,青岛:五洲传播出版社,2002年,第438—439页。

③ 与之对应的是,台头村走的是一条"工业园"(出让土地换发展)发展道路,而非农业产业化(深耕悠久农业传统)发展道路。

执笔人才算完事,执笔人则说:"要不是想给子孙后代留点东西,以免有辱我们文化村的名誉,给1000元也不干。"①

但这并非可理解为国家权力的退却,自治仍是由国家主导进行。村党组织的领导作用得到凸显,党支部被视为农村组织和工作的领导核心,是联系党和农民最直接的桥梁和纽带,要发挥"战斗堡垒"作用。②地方政府对于村庄领导班子的职责和权限有明确的考核规范:考核项目涉及村庄人口数量、卫生健康、经济收入、项目服务等,并按照考核分值确定工资额度。党领导下的村民自治成为农村扩大基层民主和提升治理水平的一大特点。村干部仍需要考虑上级意志和民众意愿之间的平衡性。改革开放至今,村庄政治生活中的事件繁杂,难以一笔尽陈,笔者抓取若干视角试为管窥。

受国家税费改革、村庄征地补偿措施的影响,很多税种减免或停征。在资源分配及收益方式日益多元化的形势下,村干部的社会地位和影响力有所减弱。日常生活中,村民和村委会之间没有太大交集。③随着新一轮开发帷幕的拉开,在"发展""致富"等口号下,不断转型中的村干部把发展村庄的经济当作一件要事来抓,集体经济蒸蒸日上,但也注重私人关系和利益的获得。在当前生活中,村民认为有实力、有文化的人才有资格当领导。领导的人品要好,要有威信,能以身作则,肯为老百姓办事,还要善于团结全村人。"老庄长"是被村民记忆最深、赞誉最多的领导人。村民在感慨当下生活改善的同时,对村庄治理也有抱怨:

> 现在的干部在某些方面确是不如以前了,总感觉职务中缺少一些人的"味道"。以前的庄长自己能给老百姓扛一些租,不行的话他会说,老百姓们,快跑吧,我扛不住了。后来的庄长则是抓不交租的人,有专门的国民党二鬼子兵抓抗租村民。④

> 现在的台头很疵毛。村干部是谁干谁挖点,你想想花钱当干部,还有赔上的?都得捞上。⑤

对于此,村干部却有自己的看法。为更好适应城市化进程,2004年6月,台头村委会改制为台头社区居委会("村改居")。改制后的村委会在维护原村民权益的前提下,开展以社区建设为重点的社区服务。对村干部而言,这既意味着面临更大的机遇,可以施展更多的才能;同时也预示着事务会更多,治理的难度会更大。时年48岁的陈汝波是台头村的会计,也是前任村会计的弟弟。近二十年来,陈家人担任村会计渐成惯例。他谈到了村民利益诉求和村财务工作要求之间的矛盾:

---

① 潘守永:《重访抬头:中国基层社会文化变迁的田野研究》,第69页。
② 台头村目前存在着正式与非正式等多种团体、组织,涉及村党组织、村委会、驻社区单位、社区社会组织、业主委员会、物业服务企业以及利益相关方。就基层政治权力结构而言,在"党领导一切"方针的指导下,村党支部委员会和村民自治委员会(村两委)实际上构成村庄的中心政治权力组织。村干部人数实行"三三制"(村委员和支部委员各三人),在职务方面没有实行交叉任职。
③ 高思峰:《台头村的文化转型研究:20世纪30年代至今》,硕士学位论文,山东大学,2008年,第49、53页。
④ 《台头村考察资料》(四),2007年10月5日。
⑤ 《台头村考察资料》(十一),2013年8月15日。

上级对财务审查非常严格，……就村财务而言，每年能做到收支基本平衡，不借钱就行。村里每年福利发放的支出约为55万，现在很多村民来领的过节费就是其中的一项开支。过节费这块，村里按人数每年发两次，总支出是35万。老百姓觉得过节费每年100元发的太少了，但这就和过日子一样，要长远计划，而且你给村民发的多了，办事处也不给你批，账上没有钱，你也没有办法。①

自20世纪90年代以来，伴随青岛西海岸新区的崛起，土地的征用和再规划构成台头村区域发展的常态，这既关系村民的切身利益，也考验着村干部的治理能力。征地款有一个逐年发放的过程，围绕着这笔巨资的管理、补缺和土地的重新分配，村民与村干部、村里与镇政府相互猜疑，一度形成对峙的格局。身陷困境中的村领导不得已向村民"坦白"，向上"抗争"，问题终获解决。②在此事件中，基层民主政治的发展使得干部、党员对上级决策有了异议，道义伦理、经济利益、街头舆论交媾而成的磅礴民意，坚定了村干部的"抗争"底气。村干部、党员、村民形成了利益共同体，村干部由民众的猜忌对象转换为民意的维护者，改善了趋紧的干群关系，也丰富了基层治理经验。

然而，在国家视阈下，村干部仍然要代表一种国家形象存在。他们不仅由先进分子遴选构成，要严守党纪国法，还要对一些乡村治理敏感问题发挥引领和示范作用。如1979年，东小庄村党支部副书记杨同健响应"一对夫妇生一个孩子的号召"，只生育一个女孩，领了独生子女证，受到公社党委的表彰。之后，辛安的干部及党团员被要求响应党中央号召，带头只生一个孩子。1988年，辛安举办为期半个月的村主任学习班，提高村干部的政策水平。③ 1997年，由于村民大场面的"路祭"导致辛岛公路堵塞，造成不良影响，涉事村干部被就地免职。④ 2011年，辛安街道组织全体两委成员签订《廉洁自律承诺书》并对社区党支部书记进行换届选举业务培训，两委成员要进行制度知识考试，考试成绩与年度社区考核挂钩。⑤ 2019年，辛安街道开展"干净迎新春、文明过大年"活动，强调社区两委干部要明确分工，亲力亲为，建立责任落实机制，做好辖区整治，并每日上报工作开展情况。⑥

当下，治理体制的现代化、法治化建设也代表了乡村社会治理趋势。作为重建乡村的重要力量，国家仍要在诸多领域介入自己的意志，从方向上保持基层治理的政治性和稳定性。纵览近些年的地方性制度法规，我们能觅得不少对于村级组织管理的规范和约束。①以村干

---

① 《台头村考察资料》（十六），2018年2月11日。
② 在此事件中，征地款是在区、街道财政层层扣款之后才落到了村里，款项的下拨与管理都是"上面开会的政策"，村干部甚至没有知情权。但面对征地款的历史遗留问题，村干部在能支配的权限内还是考虑到了公平性，"通过村里的办法"平衡不同村民的诉求。陈静：《家庭、社区与国家：二十世纪山东台头福利实践》，博士学位论文，上海大学，2014年，第98—99页。
③ 辛安镇史志编纂领导小组办公室编：《辛安镇志》，第32—45页。
④ 潘守永：《重访抬头：中国基层社会文化变迁的田野研究》，第82页。
⑤ 《辛安街道志》编纂委员会编：《辛安街道志》（稿），未刊，2017年印刷，第16—34页。
⑥ 《青岛西海岸新区辛安街道办事处关于开展"干净迎新春、文明过大年"活动的通知》，青西新辛街发〔2019〕9号，2019年1月24日。

部为代表的精英群体在当下的治理体系中依然承担着承上启下的重要角色,且被赋予时代性治理定位,如:在社会大局总体稳定和形势多变的治理场景中起到领导核心作用,提高政治站位,丰富治理观念,创新治理模式,更好进行精准治理、协同治理、源头治理等。

就普通民众而言,以个人身份参与政治的意愿增强。村庄治理不再是专属少数人的权力或迎合国家意志的伴舞,而是"众人之事"。从访谈看,非农收入增加、治安形势稳定、社会保障和社区福利的普及,极大提升了民众的获得感、幸福感和安全感,这一点为村民所公认。但是,村民认为社区环境治理、流动人口管理还有待提高,还有村民表达了对于村领导选举乱象、村庄居住空心化、传统文化式微、人情交往淡漠等现象的隐忧。②可以说,村民对于村庄治理参与是直率、敏锐而清醒的,这既是台头村人对"历史美好"口口相传的惯性表达,也反映了民众对于社会治理的主体性承载和生活质量的主动性追求。

四、余论

回顾台头村人的百年村庄治理史,历经民国时期的"非个体性"治理、集体化时期的"依附性"治理,到改革开放至今的"自主性"治理,其治理演进表现出鲜明的时代底色、地域特质。其中既有对地域文化传统的自觉调适与割舍,又不乏对现代性的能动更新与迎拒,两者的互动和互构,为我们演绎了近代以来华北胶东沿海地区乡村治理嬗变的治理图景。

对当前的台头村可以有多重价值解读:是一个乡土性消退的村庄;是一个流动性加速的村庄;是一个市场化取向的村庄;是一个价值性多元的村庄;是一个城市化浸染的村庄。但从根本而言,台头村是一个承载普通民众在"传统——现代性"价值交融中,对生存智慧、生活质量、生命气质不懈追求的时空场域。从此出发,笔者以为新时代的乡村治理应该注意以下几点。

第一,坚持乡村民众的主体性地位。古往今来,制度得失,利弊判定,"要讲一代的制度得失,必须知道在此制度实施时期之有关各方意见之反映。这些意见,才是评判该项制度之利弊得失的真评据与真意见"③。乡村治理的主体是乡村民众。因此,民众基于治理的"知"(惯习认知)、"行"(运作实践)、"感"(情感体验)既构成评价制度治理得失的鲜明标尺,也构成推进或迟滞制度治理质效的磅礴力量。乡村日常生活史以乡村图景中具体而自然存在的"这个人""这群人"为考察对象,强调关注乡村民众鲜活的日常体验和具象的生活实践,并以此建构村民日常和区域、国家的关系,省思现代性以及人类文明的走向。④从生活——制度的视角来探讨乡村民众在治理中的主体性地位,实为理解乃至破解民国时期"乡村建设运动而乡村不动"困境,以及当下"乡村建设速动但村民被动"难题之钥。马克思在《关于费

---

① 《青岛西海岸新区管委青岛市黄岛区人民政府关于加强城乡社区治理的意见》,青西新管发〔2015〕42号,2015年8月20日;《青岛西海岸新区管委办公室关于印发青岛西海岸新区城乡社区网格化治理暂行办法的通知》,青西新管办发〔2021〕38号,2021年10月12日。
② 《台头村考察资料》(二十),2023年1月20日。
③ 钱穆:《中国历代政治得失》,上海:上海三联书店,2001年,第5页。
④ 高思峰:《问题与问题意识:近现代中国乡村日常生活史研究路径探讨》,《历史教学》2018年第4期。

尔巴哈的提纲》中指出："从前的一切唯物主义的主要缺点是：对对象、现实、感性，只是从客体的或者直观的形式去理解，而不是把他们当作感性的人的活动，当作实践去理解，不是从主体方面去理解。"① 审视台头村百年治理的生活长卷，不难发现，台头村人始终是村庄治理的参与者、体验者、创造者。村民的日常意识和行为构成村庄治理的主体性因素。不管是精英群体抑或普通大众，他们在村落社会的治理认知和参与绝非乡村治理演进历程中无关宏旨的点缀，而是乡村社会特质在乡村生活、乡村实践的鲜活映射，是乡村民众对于美好生活向往的跨越时空的价值追求。现代化本质是人的现代化，乡村现代化当然必须紧紧围绕村民这一主体展开。因此，尊重并激发民众在乡村生活的主体性地位、主体性意识应是新时代乡村发展、建设与治理的逻辑支撑和价值依托。

第二，尊重乡村文化传统。从传统治理到现代治理，是近代以来中国社会治理发展的总趋势。从贯穿民国时期、集体化时期、改革开放至今的乡村治理轨迹而言，其总体目标都围绕着将乡村社会拉入到以工业化、城市化、国家意志为代表的现代性价值体系中。但是，若脱离了对于村庄文化传统的尊重和融合，把乡村治理理解为依赖区域规划的政策设计、国家意志的强力渗透、城市化指数的持续提升就能取得成功的惯性推论，实为他者语境的逻辑演绎，在实践中也是事倍功半。从台头村人走过的治理道路来看，一个由亲缘、地缘、家族、精神寄托、民风民俗、乡约村规等深层社会文化网络交织盘结成的百年传统村落，其治理问题不单是依靠城市化进程中"拆村住楼"就能解决的。与一般意义上的因"乡村经济发展停滞、精英分子外迁、青壮年人口大量外流、公共服务设施滞后、老龄化指数偏高、村落公共交通系统瘫痪"②而导致乡村衰败不同的是，在经济社会高速发展、基础设施建设日新月异的胶东沿海农村，在现代性的冲击下，传统文化的式微、逐利意识的膨胀、家族生活的蜕变、现代公共契约精神的疏离以及人情往来的淡漠等状况较为突出。若放任其发展，由此而导致地域文化精神衰退、乡土情感割裂、社会治理秩序失调等，或将演化成为新的乡村危机。而乡村民众在世代生活中所累积和传承的蕴含生活经验和智慧的文化传统，包含着许多契合经济社会发展的价值理念，是构建乡村社会治理共同体的黏合剂。同时，也体现出中华文化独特的"理念、智慧、气度、神韵"③，是实现现代化的重要精神支撑。有学者指出，当我们感觉到制度理想和制度实践之间存在矛盾，尤其是面临现代制度建设与传统文化、习惯的某种脱节或者"找不到说法"时，一个重要原因在于传统文化和社会制度的合理因素没有被有效地整合、融入到现代制度中。④因此，优秀文化传统能否被充分尊重并精准疏导、结合及转化，是影响乡村治理成效的重要因素，这也是历史给予现实的一大启示。

第三，提升外部"现代性"引领质效。以历史的演进脉络视之，乡村现代治理体系的构建、乡村振兴战略的实现乃至三农问题的解决，与国家现代化发展同频共振，必须从全局与战略的高度来构建联动治理机制。其中，国家的作用不可或缺，甚至要施加方向性、规范性、

---

① 《马克思恩格斯选集》第一卷，北京：人民出版社，2012年，第133页。
② 林聚任等：《东亚村落发展的比较研究：经验与理论反思》，《山东社会科学》2014年第9期。
③ 《中共中央办公厅、国务院办公厅关于实施中华优秀传统文化传承发展工程的意见》，《人民日报》2017年1月26日第06版。
④ 李善峰：《儒学的现代转型与传统社会结构的重建——以梁漱溟的乡村建设实验为核心的讨论》，《山东社会科学》2016年第10期。

全局性的制度设计。①就源于国家意志的顶层设计而言,在反思城乡发展结构性失衡历程以及西方社会治理困境的同时,治理逻辑要由"能治"到"善治"转向。当前,中国式现代化的推进和拓展,既明确了提振乡村治理的制度保障和路向规矩,也为从政策层面探索国家——地方权力的秩序边界提供了理论指引。同时,唯物史观强调:"一定的生产方式或一定的工业阶段始终是与一定的共同活动方式或一定的社会阶段联系着的,而这种共同活动方式本身就是'生产力';由此可见,人们所达到的生产力的总和决定着社会状况,因而,始终必须把'人类的历史'同工业和交换的历史联系起来研究和探讨。"②在台头村人的百年村庄治理中,一个不容忽视的事实是,村民生产与生活、村庄的治理与发展受到了城市文明、工业化、市场经济的巨大辐射。这些源于现代性的强大力量对村庄的治理乃至发展起到了至关重要地牵引与刺激作用,村庄发展深度融入青岛西海岸新区开发的时代潮流中,成为胶东沿海乡村快速现代化的一个缩影。然而,现代性在引领村庄发展的同时,也将村庄带入一个利益社会——一个超越村域的无形利益空间。在利益社会中,如何对各利益主体进行权力的非对抗性平衡,如何对现有治理资源进行精准整合、规范、引导、应用是需要进一步关注的议题。

作者简介:高思峰,天津理工大学马克思主义学院讲师。

---

① 有学者指出,"制度内化于生活",传统中国是专制主义的中央集权国家,皇权支配着社会,其对乡村的渗透和影响尤为巨大和深远,民众的日常生活很大程度上受到基于国家对乡村社会价值定位的制度层面(国家形态、政治制度、区域法规)的约束。这也是生活史研究中的一个重要关注。常建华:《生活与制度:中国社会史的新探索》,《历史教学》2021年第1期。

② 《马克思恩格斯选集》第一卷,第160页。

【死亡与社会】

论宋代丧仪中魂帛的渊源

刘益民

【摘　要】 在《仪礼》的《士丧礼》中,"重"与"奠"是丧仪中奠祭亡魂最主要的两个道具,但在汉代以降的实际操作中,"奠"特别是"朝夕奠"与亡魂发生更重要的联系,而朝夕奠则是通过灵座的设立来完成的,具有日常性的色彩。灵座的设立使得丧仪中对"亡魂"和"尸身"的处理更为分明。灵座上供奉的魂衣作为亡魂所在的象征物,是晚唐以降丧仪中魂帛的来源。宋代民间或许已经只使用魂帛,但在宋代官方层面的丧仪中,魂帛和重都继续被使用,虽然重的作用早已没那么重要。今人以为的魂帛在丧仪中取代重,更多是受司马光和朱熹相关著述的影响。明代以后,随着《朱子家礼》逐渐成为官方规定的礼文,重就彻底从社会中消失了。

【关键词】 丧仪;重;灵座;魂衣;魂帛

学界对丧葬礼仪的研究甚多,大致分为两种角度。一种是制度层面,从丧葬礼令的规定入手讨论背后反映的家庭社会乃至政治秩序。[①] 一种是观念和仪式层面,主要讨论丧葬礼仪所反映的神灵信仰。[②] 相较而言,前者无论是方法论还是研究的积累,都已经相当丰富,而后者还有深入探讨的空间。比如后者更多的研究从墓葬角度入手,讨论墓葬中涉及亡魂的各种元素,这些元素多未载于礼典,而是实在地反映了时人的复杂信仰,因此具有丰富的探讨空间。[③]

与之对应的是,从观念和仪式层面,对丧葬礼仪无关于墓葬的部分讨论的就不够了,比如魂神象征物的讨论。汉代以降的丧葬制度是在"三礼"特别是《仪礼》的"士丧礼""既夕礼"的基础上制作而成,似乎让这种讨论多少显得有点束手束脚。但这又确是理解儒家丧葬礼仪的关键问题,因为任何仪式的讨论如果忽略了对仪式围绕对象的关注,这种讨论也就成

---

① 比如吴丽娱的系列研究,代表性著作是氏著《终极之典:中古丧葬制度研究》,北京:中华书局,2012 年;又如高二旺:《魏晋南北朝丧礼与社会》,上海:上海古籍出版社,2017 年。

② 比如巫鸿:《礼仪中的美术:马王堆再思》《从哪里来?到哪里去?——汉代丧葬艺术中的"柩车"与"魂车"》,载氏著《礼仪中的美术:巫鸿中国古代美术史文编》,北京:生活·读书·新知三联书店,2005 年,第 101—122 页、第 260—273 页。王铭更主要从儒家丧葬礼仪出发对汉唐时期丧葬礼仪的魂神信仰进行了系统研究,为丧仪研究打开了新思路,见王铭:《亡魂的宇宙图式:唐宋丧葬仪制与信仰研究》,博士学位论文,清华大学,2011 年。

③ 墓葬本身的葬埋制度,可以参见杨宽:《中国古代陵寝制度研究》,上海:上海人民出版社,2016 年。笔者所提的这种区分,还可从 2015 年北京大学召开的"中古时期丧葬观念风俗和礼仪制度学术研讨会"的会议名称看出,正是分为"丧葬观念风俗"与"礼仪制度"两个角度。但如果会议论文集,可以发现基本是从墓葬出发进行的研究,这虽然有主办单位的关系,但确实更显得墓葬研究的空间巨大(北京大学中国考古学中心编:《两个世界的徘徊:中古时期丧葬观念习俗和礼仪制度学术研讨会论文集》,北京:科学出版社,2016 年)。

了无本之木。宋代丧葬礼中象征亡魂的道具，受司马光和朱熹等人著作的影响，后人多认为一个重要的变化，是由木制的"重"被丝织的"魂帛"所取代，实际的情形果真如此吗？事实上，宋代无论是皇室还是官僚，都在继续使用重，这又如何理解呢？

一、魂神何在？《士丧礼》中"重"与"奠"的设置

据《仪礼·士丧礼》，死者未葬之前的仪式，可分为送葬之前和送葬之后两个阶段。送葬之前，一般认为以"重"来凭依亡魂。在确认亲人死亡后，先用死者生前穿过、能体现其身份的衣服将亡魂招回，亡魂即凭依于招魂所用的衣服上，此即所谓复礼。再经过沐浴、饭含等仪式，就开始进行袭礼。因为袭礼通过掩、幎目和衣鞋等仪节对死者进行从头到脚的覆盖和包裹，而使死者形象不可见，故立重以供亡魂凭依：

> 重，木刊凿之。甸人置重于中庭，三分庭一，在南。（郑玄注：木也县物焉曰重。刊，斫治。凿之为县簪孔也。士重木长三尺。）
> 夏祝鬻，余饭，用二鬲于西墙下。（郑玄注：夏祝，祝习夏礼者也。……重，主道也。士二鬲，则大夫四，诸侯六，天子八欤？……）①

郑玄注"重"是"主道"，是说重是未立神主之前的替代物。重是用木刊凿而成，凿出小孔是为了悬挂鬲，鬲中盛有饭含剩下之米制成粥，摆放于室外中庭偏南。郑玄并据《士丧礼》的记载认为士、大夫、诸侯和天子所用的重木尺寸和悬挂的鬲数有所规定。此后重继续被使用，如东汉天子丧礼"以木为重，高九尺，广容八历，裹以苇席"②。南朝甚至出现"凶门代重"之制③，隋文帝开皇初年又重新修订典礼，规定"诸重，一品悬鬲六，五品已上四，六品已下二"④。

重上悬挂的鬲装有食物，作为未出殡前的魂神象征。但实际上未葬之前又另有单独的奠祭。关于奠的设置，《仪礼正义》在解释"始死奠"的设置时引用了数则文献，点出了"奠"的意义所在：

> 《诗》曰：神嗜饮食，故设奠以为鬼神凭依之所。刘熙《释名》云：《丧祭》曰：奠，李氏如圭云，是谓始死之奠，自始死至葬之祭曰奠，不立尸，奠置之而已。⑤

---

① （汉）郑玄注，（唐）贾公彦疏，十三经注疏整理委员会整理：《仪礼注疏》卷三十六《士丧礼》，北京：北京大学出版社，2000年，第790—791页。
② （南朝宋）范晔撰，（唐）李贤等注：《后汉书》志第六《礼仪下》，北京：中华书局，1973年，第3144页。
③ 隋朝对南朝"凶门"之礼的批判，可参考吴丽娱：《对〈贞观礼〉渊源问题的再分析——以贞观凶礼和〈国恤〉为中心》，《中国史研究》2010年第2期。
④ （唐）魏征、令狐德棻撰：《隋书》卷八《礼仪志》，北京：中华书局，1973年，第156页。
⑤ （清）胡培翚：《仪礼正义》卷二十六《士丧礼》，《续修四库全书》第92册，上海：上海古籍出版社，2002年，第466页。

奠祭一样具有魂神凭依的作用,指涉的时间范围是从始死到下葬之间。初死时有始死奠,小敛时有小敛奠,大敛时有大敛奠,又有朝夕奠、朔月奠等等,反映了丧葬仪式进行的不同环节。在对先前的奠祭替换为新的奠祭时,还要做特别的安排,强调将之前奠品置于墙的西南:

> 其余取先设者,出于足,降自西阶。妇人踊。设于序西南,当西荣,如设于堂。(郑玄注:为求神于庭。孝子不忍使其亲须臾无所凭依也。堂,谓尸东也。凡奠设于序西南者,毕事而去之。)①

祝将之前的奠品取出,从西阶降下而设于室外,也就是外庭的墙西南,摆放的仪式跟在室内奠祭时候的一样。郑玄认为这是为了不使魂神失去凭依而设置,等后面的奠祭摆放完毕,之前设于序西南的奠也就撤下来。唐代的贾公彦没有解释郑玄注文"孝子不忍使其亲须臾无所凭依"这一句,只对注文的后句进行了疏释:

> ……云"凡奠设于序西南者,毕事而去之"者,言"凡奠",谓小敛奠、迁柩奠、祖奠,但将设后奠,则彻先奠于序西南,待后奠事毕,则去之。②

很可能贾公彦在这里遇到了矛盾:既然重表"主道",能起到凭依魂神的作用,郑玄为什么又担心魂神无所凭依呢?对于这个问题,胡培翚做了正面的回答:

> 注云"求神于庭。孝子不忍使其亲须臾无所凭依也"者,谓既设于堂,复设于庭,不知神之所在。于彼乎?于此乎?故复求于此也,奠以依神,此时旧奠已彻,而新奠尚未设,故彻之而仍设于此。俟新奠设乃去之,虽暂,不忍使其无所凭依也。③

胡培翚所说的"既设于堂"指奠,"复设于庭"指重,二者都有魂神凭依的功能,人们不确定魂神到底是凭依在奠的食物还是在重上。因为担心魂神并未凭依于重,所以在先前的奠撤下的短暂间隙,也要让其继续发挥功用。这或许更接近《士丧礼》制作者真正的思想根源。"重"与"奠祭"的这种分别,是探讨中古时期丧礼制度最基本的两个脉络。

奠祭在丧仪的各个环节规格有所不同,对于本文尤其关键的是,大敛奠始设有席:"奠席在馔北,敛席在其东。郑玄注:大敛奠而有席,弥神之。"④这是交代为大敛奠准备的物事中,奠席和敛席在房中的摆放位置。郑玄认为大敛奠才有席,是为了进一步加强逝者的神圣性。席既可用来摆放奠祭的祭品,又可作为坐卧之具,这体现了很强的"事死如生"的观念。

---

① (汉)郑玄注,(唐)贾公彦疏,十三经注疏整理委员会整理:《仪礼注疏》卷三十七《士丧礼》,第810页。
② (汉)郑玄注,(唐)贾公彦疏,十三经注疏整理委员会整理:《仪礼注疏》卷三十七《士丧礼》,第810页。
③ (清)胡培翚:《仪礼正义》卷二十七《士丧礼》,《续修四库全书》第92册,第504页。
④ (汉)郑玄注,(唐)贾公彦疏,十三经注疏整理委员会整理:《仪礼注疏》卷三十七《士丧礼》,第807页。

二、汉晋南北朝时期丧仪中灵座的出现

尽管《仪礼》所载丧仪中强调的是"重"与"奠"的使用,汉代以降却开始出现新的象征亡魂的道具。首先是祭床的记载,桓谭《新论》记有这么一个故事:"杨仲文亦言:所知家妪死,忽起饮食,醉后而坐祭床上,如是三四,家益厌苦。其后醉行坏垣,得老狗,便打杀之,推问乃里头沽家狗。"①而《太平御览》所引的《新论》该条,则记为"杨仲文家妪死,已殓未葬,忽起坐棺前床上,饮酒醉而狗形见,杀之。"更确切地强调家妪已殓未葬,而且祭床位于棺材之旁。《风俗通义》所载来季德的故事情节也很类似:"司空南阳来季德停丧在殡,忽然坐祭床上,颜色服饰,声气熟是也,孙儿妇女,以次教诫,事有条贯,鞭挞奴婢,皆得其过,饮食饱满,辞诀而去,家人大哀剥断绝,如是三四,家益厌苦。其后饮醉形坏,但得老狗,便朴(扑)杀之,推问里头沽酒家狗。"②从行文看,杨仲文家死去的年老妇人和来季德都应处在未葬以前,都设祭床,床上有祭品,且可坐。这两个故事都是犬化为死者,颇涉怪诞,却可证明在时人的认识之中,祭床在丧礼中具有更突出的地位。

"床"与"座"在汉代是可以互相替换的词语,汉代以降丧礼中更多使用的是"灵床""灵座"的表达。有学者注意到同一事件在不同史料中"灵床""灵座"使用的混同。③如孙楚为王济(字武子)奔丧的例子:

《晋书》卷四十二《王济传》:(王济)年四十六,先浑卒,追赠骠骑将军。及其将葬,时贤无不毕至。孙楚雅敬济,而后来,哭之甚悲,宾客莫不垂涕。哭毕,向灵床曰:"卿常好我作驴鸣,我为卿作之。"④

《世说新语》卷下《伤逝第十七》:"孙子荆以有才少所推服,唯雅敬王武子。武子丧时,名士无不至者。子荆后来,临尸恸哭,宾客莫不垂涕。哭毕,向灵床曰:'卿常好我作驴鸣,今我为卿作。'"⑤

《太平御览》卷第四百八十七引《语林》曰:王武子葬夕,孙子荆哭之甚悲,宾客莫不为垂涕,哭毕向灵座曰:卿常好驴鸣,今为君作驴鸣。⑥

《晋书》和《世说新语》提及"灵床",而《太平御览》所引《语林》(即东晋裴治所撰《裴氏语林》)则称"灵座",显指同一物。尤其值得注意的是《世说新语》的记载,先言孙楚(字子荆)"临尸恸哭",又"向灵床曰",则"尸"和"灵床"非同一位置,更证"灵床"是"灵座"的不同表达。另一方面,孙楚虽然恸哭于尸,但诉说的对象则是灵床,说明孙楚认为王济的亡魂凭依于灵座(灵

---

① (汉)桓谭撰,朱谦之校辑:《新辑本桓谭新论》卷十三《辩惑篇》,北京:中华书局,2009年,第56页。
② (汉)应劭著,王利器校注:《风俗通义校注》怪神第九,北京:中华书局,1981年,第416—417页。
③ 王宁玲:《两晋灵座灵床漫谈》,《文教资料》2012年第34期。
④ (唐)房玄龄等:《晋书》卷四十二《王济传》,北京:中华书局,1996年,第1207页。
⑤ (南朝宋)刘义庆著,徐震堮校笺:《世说新语校笺》卷下《伤逝》,北京:中华书局,1984年,第348—349页。
⑥ (宋)李昉等编:《太平御览》卷四百八十七《人事部一百二十八》,石家庄:河北教育出版社,1994年,第1017页。

床)。南朝梁时期刘孝标注释《世说新语》提到一个故事,更佐证了这一判断:"俄而周侯遇害,和尚对其灵座,作胡咒数千言。"①说明时人认为对灵座念咒能起到巫术的效果。

王铭在讨论中古时期的送葬礼仪时,注意到其中存在吉凶两套仪仗,其中一套是围绕棺柩设置的,表"凶";另一套是围绕亡魂设置的,表"吉"。②陈朝时曾围绕山陵仪中侍御灵座的人服吉还是服凶展开了激烈的争论,有人认为灵座(亡魂)最终入宗庙,送葬时是吉卤簿,所以侍御者应该服吉,有的人则认为丧礼成服后,丧礼应该整体一致,都要服凶。这个记载极其重要,它揭示了灵座设立在丧仪中的意义。相关的争论围绕灵座而进行,说明在时人眼里,针对亡魂的仪式是围绕灵座展开的。在《士丧礼》中,虽然说其中的仪节可以分为针对亡魂或者尸身展开,但并非截然分明。

不过唐以前灵座相关文献的记载,没有指出丧仪中灵座的设置节点,与重和各种奠祭的关系又是如何的,唐代的史料提供了更为细节的描述。

三、灵座上的魂衣——唐代丧仪中亡魂的奠祭

陈寅恪曾提出唐朝礼制来自北魏北齐、梁陈、西魏北周三源,《大唐开元礼》(以下简称《开元礼》)通过贞观、显庆礼,间接吸取隋礼。③吴丽娱认为对于凶礼,则北朝的影响还要更大一些。④《开元礼》是对王公大臣的丧葬礼仪的记载,而《通典》则保留有根据唐代宗山陵仪而来的《大唐元陵仪注》,二书都有灵座在丧仪中设置的确切描述。

《开元礼》分节描述了三品以上、四品五品、六品以下不同品级官员的凶礼仪式,但都需使用到灵座。以三品以上凶礼为例,灵座设于大敛奠之后:

> 既殡,设灵座于下室西间东向,施床、几案、屏帐、服饰,以时上膳羞及汤沐,皆如平生。当殷奠之日,不馈于下室(下室谓燕寝,无下室者则设灵座于殡东,朝夕进常食之具于灵前,如平常也)。⑤

大敛奠之后,将灵座设置与燕寝之西朝东,如果没有燕寝,则设灵座于棺柩之东。

涂宗呈曾讨论过唐代殡的场所,认为虽然礼文规定殡于西阶,但实际上殡于堂的居多,他还注意到灵座也基本上设置于室内。⑥灵座上置有床、几案、屏障和服饰。这样的设置在唐以前有迹可循。如南齐时期会稽的辛普明,"河南辛普明侨居会稽,自少与兄共处一帐,兄

---

① (南朝宋)刘义庆著,徐震堮校笺:《世说新语校笺》卷上《言语第二》,第55页。
② 王铭:《中古时期丧葬礼中的魂衣与魂车》,《中国文化研究》2015年秋之卷。
③ 陈寅恪:《隋唐制度渊源略论稿·礼仪篇》,北京:中华书局,1963年,第61页。
④ 吴丽娱:《对〈贞观礼〉渊源问题的再分析——以贞观凶礼和〈国恤〉为中心》,《中国史研究》2010年第2期。
⑤ 《大唐开元礼》卷一百三十八《凶礼》,《中华礼藏》礼制卷《总制之属》(1),杭州:浙江大学出版社,2016年,第921页。
⑥ 涂宗呈:《神魂、尸骸与塚墓——唐代两京的死亡场景与丧葬文化》,博士学位论文,台湾大学,2011年,第82—84页。

亡,以帐施灵座,夏月多蚊,普明不以露寝见色。兄将葬,邻人嘉其义,赙助甚多……"①这是葬前以帷帐施灵座的记录。《开元礼》强调灵座的设置主要用于对亡魂朝夕进食,这一点可以从《法苑珠林》的一个故事得到证明:

> 唐琅琊王之弘,贞观年中为沁州和川县令。有女适博陵崔轨。轨于和川会病而卒。经数十日,其家忽于夜中闻轨语声。初时倾家惊恐,其后乃以为常。闻语云:轨是女婿,虽不合于妻家立灵,然以苦无所依,但为置立也。妻从其请,朝夕置食,不许置肉,唯令下其素食。恒劝礼佛,不听懈怠。②

崔轨客死官所,无人处理后事,魂无所依,遂在妻家制造灵异,求为立灵。灵座设置的功能之一即是朝夕上食,这说明了灵座对于亡魂的意义。在丧仪中,要举行各种奠祭,如小敛奠、大敛奠、朝夕奠、殷奠、祖奠等等。小敛奠、大敛奠和祖奠,都是围绕尸身处理的各个阶段而举行,并不围绕灵座展开,从反面说明了汉唐时期丧仪的实际操作中,将亡魂与尸身的处置是分开进行的。

之所以在大敛奠后设立灵座,很可能是考虑到大敛后尸身完全与外界隔绝,亡魂完全与尸身分开,设立专门供亡魂凭依的灵座是有必要的。但这让重在丧仪中的地位有些突兀,在《士丧礼》中,重与各种奠祭是发生联系的,重是袭礼后固定的设置,是未立神主前的亡魂象征物,而各种奠祭却是临时性的,所以凭依重的亡魂要享受各种奠祭,就要发生亡魂的移动。《士丧礼》特别强调这一点,生人在由堂内移动到外庭,不能经过"重"与"堂"之间的南北线。灵座进行朝夕奠,是奠祭的一种,同样是临时性的,而魂衣的设置使得灵座可以成为固定凭依的所在。但重在《开元礼》丧仪中仍能发挥作用,详见后文。

送葬的时候,要请亡魂从灵座转移到灵车上:

> 进灵车于内门外南向,祝以腰舆诣灵座前(内丧则妇人执腰舆)。祝于舆左西面跪,昭告曰:"孤子某(母云哀子)谨用吉辰,奉归先寝(若新卜宅,云"奉迁幽宅")。灵车就引,神道纡回,惟以荒寥,无任鲠绝。"兴,立,少顷,腰舆出,降自西阶,羽仪从者如平生,诣灵车后,少顷,舆退。③

如果送葬路上需要歇宿,还要通过腰舆请亡魂降出到灵座上进食。葬毕后返回寝宫一样要通过腰舆实现亡魂从灵座到灵车的转移。但是《开元礼》没有记载的是,在灵座与灵车之间亡魂的摆渡过程中,究竟是用何物来具体象征亡魂。这个疑问倒是在《大唐元陵仪注》中有所解答,在提到为祖奠准备的车马明器时:

---

① (南朝梁)萧子显撰:《南齐书》卷五十五《孝义》,北京:中华书局,1972年,第961页。
② (唐)道世撰,周叔迦、苏晋仁校注:《法苑珠林校注》卷九十七《送终部九十七·受生部第四·感应缘》,北京:中华书局,2003年,第2811页。
③ 《大唐开元礼》卷一百三十八《凶礼》,《中华礼藏》礼制卷《总制之属》(1),第929页。

> ……执事者以蒉旐及重先导,礼官一人朝服,赞尚辇奉御,帅腰舆伞扇至神座前,侍奉如常仪。内侍捧几置舆上,伞扇侍奉至殿庭帐殿下神座前,跪置座上。内谒者帅中官设香案于座前,伞扇侍奉如仪。……①

是通过用几案作为亡魂转移的工具。祖奠之后送葬时又有这样的描述:

> 山陵日,依时刻,吉凶二驾备列讫,尚辇帅腰舆伞扇入诣神座前,内侍捧几,内谒者捧香炉,各置舆上,中官帅其属舁衣箱以出。神舆至玉辂后,内常侍捧几置辂中,舆等退就列。中官以衣箱传授尚衣奉御,置于玉辂及副车中。……当陵门,以赤麾麾之,鼓吹不作。侍臣下马,步导于前,神驾至吉帷宫,回车南向。尚辇帅腰舆伞扇至辂后,内常侍奉几置舆上,伞扇侍奉至帐殿下,内侍捧几置座上,内谒者捧香炉置座前,舆等退就列。②

在准备祖奠的器物时,分为吉凶二仗,吉仗以亡魂为中心,关涉亡魂移动的器具有几案和伞扇及香案和衣箱等等。送葬时,几案置于玉辂上,又将驾崩皇帝的衣服装于玉辂及副车。在送葬和下葬过程举行的奠祭中,都是通过腰舆导引几案所附亡魂从灵车转移到灵座。需要注意的是,《士丧礼》大敛奠虽然设置"席",但"席"上不设置"几",几案要等到虞祭开始后才有。而《开元礼》大敛奠后的灵座即有几案,说明在灵座出现以后,人们把它作为一个正式的亡魂凭依之所了。几案是表示亡魂在灵车与灵座之间摆渡的主要道具,而背后指代的亡魂象征物实际上是魂衣。在祖奠的时候强调以重为前导,重还能发挥作用。

王铭已注意到送葬时候的魂衣与魂车,认为魂衣象征送葬时亡魂所在的位置。③这毫无疑问是正确的,但他对《周礼》记载的"奠衣服"和"廞衣服"的理解却存在偏差。《周礼·春官·司服》:

> 大丧,共其复衣服、敛衣服、奠衣服、廞衣服,皆掌其陈序。"郑玄注:"奠衣服,今坐上魂衣也。"贾公彦疏:"案下《守祧职》云:'遗衣服藏焉',郑云:'大敛之余也。'至祭祀之时,则出而陈于坐上。'则此奠衣服者也。④

王铭据此认为:"东汉时有奠魂衣之仪,魂衣在出丧前受奠拜(即'奠衣服'),出丧时则陈设在灵座上(即'廞衣服')"。⑤廞衣服并非用于出丧时陈设在灵座上,郑玄该条已经讲的很清楚,"廞衣服,所藏于椁中","廞衣服"属于明器,是要随葬于墓里的棺椁的。"廞"是"陈而不用"之意。王铭认为奠衣服是使用于出丧前,但如其所引用的,郑玄已经将奠衣服限制为"今坐上魂衣"。前文已经说明,"奠"指的是始死至下葬之间对亡魂的奠祭,"奠衣服"使用的时

---

① [日]金子修一主编:《大唐元陵仪注新释》,东京:汲古书院,2013 年,第 227 页。
② [日]金子修一主编:《大唐元陵仪注新释》,第 271 页。
③ 王铭:《中古时期丧葬礼中的魂衣与魂车》,《中国文化研究》2015 年秋之卷。
④ (清)孙诒让:《周礼正义》卷四十一《春官·司服》,北京:中华书局,1987 年,第 2016 页。
⑤ 王铭:《中古时期丧葬礼中的魂衣与魂车》,《中国文化研究》2015 年秋之卷。

间段也应与之相应。大敛奠后设置的灵座设置床、几案和服饰等,其中的服饰是象征亡魂所在的道具,即所谓魂衣。在唐德宗为母太皇太后沈氏行追葬礼仪时,有如下表述:

> 以大行皇帝启攒宫日,百官举哀于肃章门内之正殿。先令有司造袆衣一副,发哀日令内官以袆衣置于幄。自后宫人朝夕上食……①

袆衣是后宫女性最高级别之衣服,可为祭服,可为吉服。以袆衣置于幄坐,其象征太皇太后沈氏魂神所在的意义是很明显的。

王铭注意到,汉代皇家送葬时使用"容衣"作为魂衣,载于魂车上,到陵墓时"奉衣就幄坐"进行奠祭,葬毕则藏于便殿或寝殿,他认为这种便殿或寝殿位于陵寝之中。这意味着容衣并不随送葬队伍返回。此外,《仪礼·既夕礼》还另外记载了三种魂车(乘车、道车、槁车),车上所载的衣服都为死者生前不同场合所穿。与容衣不同的是,葬毕后三种魂车的衣服载于柩车返回,载回祖庙祭奠。

在丧仪的灵座上置放魂衣,明确的记载虽然见于唐,但以魂衣指代死者却早于唐以前,如对汉高祖的祭祀即使用到其衣冠②,这实是灵座上使用魂衣的渊源。

需要强调的是,唐代虽然设置灵座,但是灵座只是"侵占"了《仪礼》所载奠祭中的朝夕奠,标志各种丧仪环节的奠祭,如小敛奠、大敛奠、祖奠、遣奠等是单独进行的,且围绕棺柩而非灵座展开。另一方面,重依然在使用,只是不在丧仪中起主要作用了。

四、宋代民间与官方丧仪中魂帛与重的使用

王铭认为宋代以后,魂帛取代了送葬前的重,又取代了送葬过程中的魂衣。③实际情况并非如此简单,如上所述,灵座与魂衣的设置,应是贯穿大敛奠至送葬的始终。魂帛与重的关系不大,主要是对魂衣的取代。

民间使用魂帛的记载,最早见于唐宣宗大中时期的敦煌材料,P.2622 张敖《新集吉凶书仪》,它编撰于晚唐大中(847—860)年间,在讲到丧葬出殡时说道:"比庭祭讫,柩出升车,少顷,以薄帛吊□(于)魂车里。"这里的庭祭是指祖奠之前的奠祭,把装载尸体的棺柩放到辒车,而把象征魂神的薄帛放到魂车,言魂帛而不言魂衣,可知魂帛开始取代魂衣成为魂车载物的主体地位。宋代民间使用魂帛的情况更普遍,《司马氏书仪》就说道:

> 《士丧礼》:"重,木刊凿之,甸人置于中庭,三分庭一在南。"……今国家亦用之,……士民之家未尝识也,皆用魂帛。④

---

① (后晋)刘昫等:《旧唐书》卷五十二《代宗睿真皇后沈氏传》,北京:中华书局,1975年,第2190页。
② 杨宽:《中国古代陵寝制度史研究》,上海:上海人民出版社,2016年,第17页。
③ 王铭:《亡魂的宇宙图式:唐宋丧葬仪制与信仰研究》,第177—181页。
④ (宋)司马光:《司马氏书仪》卷五《魂帛》,北京大学《儒藏》编纂与研究中心编:《儒藏》(精华编七三)经部礼类,北京:北京大学出版社,2015年,第1077页。

据司马光的观察，普通的士民之家只用魂帛，甚至连重的形制都不清楚了。王安石有挽词《孙君挽辞》"丧车上新垄，哀挽转空山。名与碑常在，魂随帛暂还"①。讲的是送葬之后魂帛要随着送葬队伍返程。南宋洪迈《夷坚志》曾记载这么一个故事："侄孙伋子中，娶张会卿待制女，随夫官荆门，病卒，载枢归葬鄱阳。其如朱氏送之，先夕奉魂帛于五十里客邸。"②归葬的时候正是用魂帛作为亡魂的象征物。这些例子说明宋代民间使用魂帛是比较普遍的现象。

从魂帛在丧礼中的设立和结束，可以发现其与灵座设置的联系。前文已经指出，灵座设置于大敛奠之后，未送葬之前的主要功用就是朝夕奠，其上置有魂衣，几案等等。而在《司马氏书仪》（以下简称《书仪》）的记载中，魂帛设置也是与灵座设置相关：

> 魂帛，结白绢为之。设椸于尸南，覆以帕，置倚卓其前，置魂帛于倚上。设香炉、杯、注、酒果于卓子上，是为灵座。倚铭旌于倚左，侍者朝夕设栉頮奉养之具，皆如平生。③

司马光没有讲明灵座和魂帛设置的确切时间，但他却提到在桌上设置香炉、杯注和酒果，并由侍者进行朝夕的奉养，这与《开元礼》记载灵座进行朝夕奠的设置是如出一辙的。司马光认为魂帛是重的替代物，同样起着"神主替代物"的作用："魂帛亦主道也。礼，大夫无主者，束帛依神。今且从俗，贵其简易。"④因为这种认识，《书仪》规定在启殡时，就将铭旌置于灵座之侧，这是比附《既夕礼》启殡时"祝取铭置于重"的记载。又将魂帛葬埋的时间与前代礼文中重葬埋的时间比对，都是在第一次虞祭之后。司马光没有对《开元礼》中灵座设置做更多思考，实际上魂衣才应是魂帛的直接渊源。

上文已经指明，《开元礼》灵座的设置主要是"床、几案、屏障、服饰"，床和几案可以略等同于《书仪》使用的桌椅，作为魂衣的"服饰"与魂帛最为接近。《书仪》在描述魂帛的形制时说道："然世俗或用冠帽衣履装饰如人状，此尤鄙俚，不可从也。"⑤与司马光批评的相反，事实上世俗所采用的这种魂帛形制更暗示了它与魂衣的渊源。⑥《开元礼》规定送葬开始后，魂衣通过衣箱置于玉辂等魂车上。而《书仪》所载丧仪的魂帛则是由所谓魂帛箱置于魂车，到墓地进行祭奠时，先在墓道之西张设灵幄，设置"椅桌"形式的灵座，将魂帛与祠版供奉于椅子上，进行酒果脯醢之奠。这与《开元礼》送葬后通过几案而非魂衣实现亡魂摆渡有所不同，一个可能的原因是作为灵座的桌椅是固定的设置，并且形制较大，不便于进行亡魂摆渡的仪式操作，而换成更直接代表的魂帛。

司马光之前的张载，发现当时社会上有魂帛与重同时使用的现象，他认为这是礼仪实

---

① （宋）王安石：《临川先生文集》卷三十五《王子直挽辞》，王水照主编：《王安石全集》，上海：复旦大学出版社，2016年，第318页。
② （宋）洪迈：《夷坚志》夷坚支癸卷第一《董氏笼鞋》，北京：中华书局，1981年，第1229页。
③ （宋）司马光：《司马氏书仪》卷五《魂帛》，第1077页。
④ （宋）司马光：《司马氏书仪》卷五《魂帛》，第1078页。
⑤ （宋）司马光：《司马氏书仪》卷五《魂帛》，第1078页。
⑥ 值得注意的是，魂衣用的是死者生前的衣服，因此与亡魂存在特殊的联系，魂帛则似乎不具备这种属性。清人颜元已经注意到了这一点。见颜元：《习斋记余》卷十《置木重不用魂帛说》，北京：中华书局，1987年，第576—577页。

践的错乱,因为这样就使得丧仪中出现了两"主道"①。王铭提供了一种圆融的解释,认为张载没有注意到魂衣的使用,魂帛取代了送葬前的重,又取代了送葬后使用的魂衣,这种解释避免了两种"主道"的问题②。但实际上魂衣如前文所证,同样使用于送葬之前的灵座上。

《司马氏书仪》与《朱子家礼》的制作,都是折中礼文与当时的社会实际而成,这意味着如果单纯从二书出发理解丧仪中魂神象征物的演变,很可能会出现偏差。正如上引《司马氏书仪》所提到的,宋代官方层面的丧仪,同《士丧礼》与《开元礼》一样,仍在使用重,对重的规格根据官员品级同样有所规定。而另一方面,又在丧仪中使用魂帛。如果说唐代官方的丧仪是魂衣与重兼而用之,宋代则是魂帛与重兼而用之。

最典型的莫过于皇室的丧仪。在皇帝山陵仪中使用魂帛,最早应在太祖的葬礼,据《宋史·礼仪志》记载,在准备太祖吉凶仪仗时,相比太祖父安陵迁葬所用,增加辒辌车、神帛舆。这里的神帛舆很可能就类似前代的腰舆,是送葬时专门用于魂帛在灵座和魂车之间的转移的,神帛就是魂帛。安陵的迁葬,因为已经立了神主,不需要进行魂帛的设立,也就不需要神帛舆,这从反面说明魂帛在宋代皇室丧仪是不可或缺的。③北宋范祖禹曾参与宣仁圣烈太皇太后(宋英宗皇后高滔滔)丧礼中皇太后(宋神宗皇后向氏)服丧的记录,其中就提到太皇太后下葬后魂帛回程的过程。其记录以《大行太皇太后神帛回程皇太后日奉起居表》为名,说明葬毕后虽然已立虞主,神帛仍是丧礼中标志性的物件。④太祖和宣仁圣烈太皇太后的例子显示宋代皇室已经使用魂帛,但要对魂帛在整个丧礼中如何使用,还需要更具体的材料。

如果根据徽宗时期编撰的《政和五礼新仪》,大敛奠后灵座的设置也是根据《大唐开元礼》而来,同样地安置施床、案、屏障、服饰。但如吴羽所指出的,《政和五礼新仪》编成之后,受到各种阻力而实行效果不彰,认为它更大的影响发生于南宋以后。⑤如果根据南宋的丧仪实践,我们可以判断最起码二者还是有很大的出入的,南宋丧仪中魂帛的使用就是关键的区别。

北宋时期没有见到官方丧仪使用重的具体实例,但根据上引张载和司马光的描述,重的使用应是没有疑问的。南宋则有更多的实例。孝宗时期周必大所撰的《思陵录》是对高宗山陵礼仪的记录,周必大时为宰相,担任高宗丧葬的山陵使,所记皆为亲身经历,具有相当的可信性。

高宗驾崩于淳熙十四年(1187)十月八日(乙亥),到"十月戊寅大敛,午未挂服立重"。《思陵录》没有记载灵座即几筵设置的确切时间,应遵循了大敛奠后设立灵座的惯例。有意思的是,重的设立也是大敛之后。《思陵录》没有对重在高宗山陵仪中发挥的作用进行描绘,只提到埋重的时间:"(淳熙十六年)二月乙丑,埋重于野",这时送葬已经开始但还未到葬地。《思陵录》同样没有记载送葬之后到葬毕返程之间魂帛(神帛)的使用,但对葬毕返程后

---

① (宋)张载:《张载集》,北京:中华书局,1978年,第298页。
② 王铭:《亡魂的宇宙图式:唐宋丧葬仪制与信仰研究》,第178页。
③ (元)脱脱等:《宋史》卷一百二十二《礼二十五·山陵》,北京:中华书局,1985年,第2850页。
④ 范祖禹:《大行太皇太后神帛回程皇太后日奉起居表》,载曾枣庄、刘琳主编:《全宋文》卷二一六六,第99册,上海:上海辞书出版社,合肥:安徽教育出版社,2006年,第204—205页。
⑤ 吴羽:《〈政和五礼新仪〉编撰考论》,《学术研究》2013年第6期。

神帛的使用有细节的描述：

> 太史赞中官奏请圣神武文宪孝皇帝神灵上神帛，又请神灵上虞主，神帛载逍遥车先登舟。……己巳，晴。夜来赵溥与总护司议虞主等并剥载，今潮水大至，可以渡江，业已议定，于是僧道等先随神帛逍遥子过浮桥，张淑妃已下从焉。次禁卫迎虞主来，总护前导，予与萧、宇文、洪四人立马以待，同导登舟中，陪位行第四虞祭，遂行。午时泊萧山县。①

返程的时候，因为高宗神灵与魂帛的原始联系，要先请神灵上魂帛再上虞主。而受涨潮的影响，虞主和魂帛甚至分开回程。第四次虞祭都是在返程之中进行的，这就说不上第一次虞祭后葬埋魂帛了。《思陵录》的材料有几处缺憾，没有记载魂帛设置的确切时间，对魂帛最终的处置也没有记载。但可以通过同时代的其他材料进行补充。《建炎以来系年要录》记南宋朝廷举行钦宗丧仪：

> （绍兴三十一年[1161]五月）甲午……日午。下诏发丧。宰相常服金带。率百官入和宁门。诣天章阁南隙地举哀。仍进名奉慰。是时禁中亦设举哀之礼。哀动于外。为大行渊圣仁孝皇帝立重。即学士院为几筵殿。用神帛。②

明确记载重与几筵和神帛的设置是同一天。重的葬埋在虞祭之前。（绍兴五年，1135）六月，张浚请谥于南郊。户部尚书章谊等言："梓宫未还，久废谥册之礼。请依景德元年明德皇后故事，行埋重、虞祭、祔庙之礼，及依嘉祐八年（1063）、治平四年（1067）虞祭毕而后卒哭，卒哭而后祔庙，仍于小祥前卜日行之。异时梓宫之至，宜遵用安陵故事，行改葬之礼，更不立虞主。"③重的葬埋同虞祭之礼联系，这同宋以前的礼文是一致的。④

对于丧仪结束后的魂帛怎么处置，根据庄文太子丧礼的记载，是大祥后进行的，乾道四年（1168）五月，礼部、太常寺言："国朝典故，即无皇太子小祥典礼。今参酌讨论，将来庄文太子小祥日，乞皇帝前后殿特不视事。……至大祥日，太子妃、荣国公以下及本宫人行礼毕，焚烧神帛，衰服，间月，妃及荣国公行禫祭家人礼。"⑤魂帛的撤销正在大祥以后，这与灵座的撤销是一致的。魂帛的设立与撤销是与灵座的设置相始终，这是理解魂帛意义的关键所在。

五、结论

在《士丧礼》中，"重"与"奠"是丧仪中奠祭亡魂最主要的两个道具，但在汉代以降的实际操作中，"奠"特别是"朝夕奠"与亡魂发生更重要的联系，而朝夕奠则是通过灵座的设立

---

① （宋）周必大：《思陵录》下之一，载曾枣庄、刘琳主编：《全宋文》卷五一六五，第232册，第129页。
② （宋）李心传：《建炎以来系年要录》绍兴三十一年五月甲午条，北京：中华书局，2013年，第3195页。
③ （元）脱脱等：《宋史》卷一百二十二《礼二十五·山陵》，第2859页。
④ 十三经注疏整理委员会整理：《礼记正义》卷九《檀弓下》，第312—313页。
⑤ （元）脱脱等：《宋史》卷一百二十三《礼二十六·庄文景献二太子攒所》，第2880页。

来完成的,具有日常性的色彩。灵座的设立使得丧仪中对"亡魂"和"尸身"的处理更为分明。灵座上供奉的魂衣作为亡魂所在的象征物,是晚唐以降丧仪中魂帛的来源。宋代民间或许已经只使用魂帛,但在宋代官方层面的丧仪中,魂帛和重都继续被使用,虽然重的作用早已没那么重要。今人以为的魂帛在丧仪中取代重,更多是受司马光和朱熹相关著述的影响。明代官方丧仪只用魂帛,《明集礼》是明初完成的礼典,在"凶礼"部分描述灵座的设置就来自《朱子家礼》。[①]如果根据《明史》所载"山陵仪",自太祖以降,完全未见重的使用,魂帛成为送葬前唯一的亡魂象征物。[②]随着《朱子家礼》在明代社会中扮演更加重要的角色,重也就彻底从社会中消失了。

作者简介:刘益民,四川大学历史文化学院助理研究员。

---

① (明)徐一夔等:《明集礼》卷三十七下《凶礼三·庶人丧仪》,《景印文渊阁四库全书》第650册,台北:台湾商务印书馆,1986年,第161页。
② (清)张廷玉等:《明史》卷五十八《礼十二·山陵》,北京:中华书局,1974年,第1445—1453页。

金革与出身：宋代小使臣丁忧制度探析

夏文登

【摘　要】北宋立国之后，小使臣沿袭五代以来旧制，以"金革无避"为由，其丁忧例不解官持服。至北宋中后期，士大夫开始了小使臣丁忧的讨论，认为文武官丁忧应当遵循"贵贱如一"的标准，并最终为小使臣丁忧申请到了解官持服的机会。延至南宋，小使臣丁忧制度最终以诏令的形式确定下来，宗室、荫补、武举等出身的这一官员群体获得了与低级文官同等的权利，但"金革无避"始终是打破其丁忧解官持服的主要原因。小使臣丁忧制度的转变，一方面是宋代士大夫争取的结果，另一方面也反映了宋代重文轻武政治文化在武官群体中的进一步渗透。

【关键词】宋代；小使臣；丁忧；金革；出身

孔子曰："生，事之以礼；死，葬之以礼，祭之以礼。"① 生事葬祭自古以来即是考察人子尽孝与否的关键，其中为亡父母或祖父母服丧三年，又称之为"丁忧"。自汉以降，丁忧一词逐渐专指官员遭祖父母或父母丧后解官持服三年这一过程。在经历五代礼崩乐坏的乱世后，宋代君主极为看重臣子的孝行，宋太宗尝言："忠臣出于孝子之门。"② 而孝既表现为生前的尊事，也表现为死后的葬祭与守丧。《宋史》列传中有许多官员丁忧的记载，其内容大多为文臣遭丧解官持服、夺情起复与终丧等，关于武官丁忧的记载则很少，丁忧解官持服几乎成为了文官的专有权利，这应当与宋代重文轻武的政治文化不无关系。③ 笔者曾对宋代武官丁忧制度进行了初步探讨④，相对于文官丁忧必须解官持服或按故事夺情起复，武官丁忧欲要解官持服则有诸般限制，其中尤以小使臣解官持服难上加难，在制度上更是几经反复。小使臣

---

① 杨伯峻译注：《论语译注》之《为政篇第二》，北京：中华书局，2006 年，第 14 页。
② （元）脱脱等：《宋史》卷二八〇《王荣传》，北京：中华书局，1977 年，第 9499 页。
③ 何忠礼另有"崇文抑武"一说。（参见何忠礼：《王嗣宗手搏得状元辨析》，《浙江学刊》1984 年第 3 期。）张邦炜则认为："作为政策，称'崇文抑武'较好；作为社会风气，以称'重文轻武'为宜。"（参见张邦炜：《重文轻武：赵宋王朝的潜规则》，《四川师范大学学报》[社会科学版]2015 年第 1 期。）两说本意都认为宋朝右文，于本文而言，"重文轻武"一词更为妥当。方诚峰认为政治文化即"政治的原则、相应的政治实践"。（参见方诚峰：《北宋晚期的政治体制与政治文化》，北京：北京大学出版社，2015 年，第 1—58 页。）因此，重文轻武可以说既是一种社会风气，更是一种政治文化。
④ 参见夏文登：《宋代武官丁忧制度考论》，《湖北工程学院学报》2019 年第 5 期。
⑤ 据龚延明的分类，小使臣包括东、西头供奉官，左、右侍禁，左、右班殿直，三班奉职，三班借职。政和二年武选官改官名后，分别易名为从义郎、秉义郎、忠训郎、忠翊郎、成忠郎、保义郎、承节郎、承信郎。另外，政和二年曾将敦武郎、修武郎与进武校尉（三班差使）、进义校尉（三班借差）归入小使臣，前两者当属大使臣，后两者也只是存在于《吏部条法》。故本文所指小使臣，乃是从八品至从九品的武阶官，亦即前所指 16 种官名对应的武官。（参见龚延明编著：《宋代官制辞典：增补本》，北京：中华书局，2017 年，第 35 页。）

⑤是指宋代从八品至从九品之间的武官群体,以宣和元年文武官员总数为准,其占比接近当时官员总数的一半。①就是这样一个庞大的官员群体,其丁忧制度在宋代多有争议,一直处在制定、打破、再制定、再打破的过程中,加上重文轻武风气的横行,这些制度在落实的过程中也是困难重重。目前关于宋代小使臣丁忧的研究,多是将之作为官员群体的一部分进行解读②,这对于我们了解其丁忧实际情况的作用实在有限。因此,为能全面了解宋代小使臣丁忧制度的制定与实施,从金革与出身的视角对其进行剖析就显得尤为重要。

一、金革无避:宋代小使臣丁忧夺情起复

所谓金革,据《辞源》解释:"金,兵戈之属;革,甲胄之属。"③金革即甲兵也,后亦泛指武事或战争。《礼记·曾子问》载"三年之丧,卒哭,金革之事无辟也者"④,亦即宋人刘珙所言"至于汉儒,乃有金革无避之说"⑤。所谓金革无避,即指丁忧官员在遭遇战争时可打破服丧三年的礼制。由于军事为武官职责所在,延至宋代,金革无避已经成为武官遭丧例不解官持服的正当理由,并获得了官方的默许。

据《宋会要辑稿》载:"宋朝之制,文臣谏舍以上、牧伯刺史以上丁父母忧者,皆卒哭后恩制起复,牧伯以上仍加将军阶。内职遭丧者,但给假而已。其愿终丧制者亦听,惟京朝、幕职州县官皆解官行服,亦有特追出者。"⑥所谓"内职"⑦,应当包括小使臣在内的低级武官。《铁围山丛谈》亦载:"国朝之制沿袭五季,始时武臣皆不丧其父母。"⑧从这两条材料可知,除去中高级文武官员丁忧解官例行卒哭后起复外,小使臣遭丧则只给假在任丁忧。宋初小使臣丁忧基本不能解官持服,低级文官却被要求必须解官持服,其中被夺情者还需下旨才能起复,文武官区别对待显而易见。这种情况的出现,一方面是受五代以来的影响,另一方面则

---

① 以宣和元年为例,是年北宋文武官员共 48000 余员,而是年小使臣 23700 余人。(参见屈超立:《北宋官冗之弊与吏治改革》,《人民论坛》2017 年第 34 期;龚延明编著:《宋代官制辞典:增补本》,第 35 页。)
② 参见贾亚方:《宋朝官员丁忧制度研究》,硕士学位论文,河北大学,2014 年;邓杰:《北宋官员丁忧持服制度研究》,硕士学位论文,辽宁大学,2013 年。两文所涉小使臣或武官丁忧制度及其实际情况,都并未作进一步分析。
③ 辞源修订组:《辞源(修订本)》,北京:商务印书馆,1979 年,第 3158 页。
④ (汉)郑玄注,(唐)孔颖达正义,吕友仁整理:《礼记正义》卷第二七《曾子问第七》,上海:上海古籍出版社,2008 年,第 819 页。
⑤ (宋)杜大珪编:《名臣碑传琬琰之集(下)》卷二二《宋故观文殿学士、太中大夫、知建康军府事、兼管内劝农使、充江南东路安抚使、马步军都总管、兼营田使、兼行宫留守、彭城郡开国侯、食邑一千六百户、食实封二百户、赐紫金鱼袋、赠光禄大夫刘公行状》,《景印文渊阁四库全书》第 450 册,台北:台湾商务印书馆,1986 年,第 828 页。
⑥ (清)徐松辑:《宋会要辑稿》职官七七之一,上海:上海古籍出版社,2014 年,第 5139 页。
⑦ 《文献通考》载有"凡内职崇班、武臣副率以上"等语,其中内殿崇班为大使臣。(参见[元]马端临:《文献通考》卷六四《检校官》,北京:中华书局,2011 年,第 1949 页。)大中祥符元年二月,"三班借职王逊以父母继没,请终丧制。有司言内职居丧百日,即追出就列。"则内职亦可指小使臣,故内职应当包括小使臣在内。(参见[宋]李焘:《续资治通鉴长编》卷六八,大中祥符元年二月壬寅,北京:中华书局,2004 年,第 1526 页。)赵冬梅教授认为:"狭义的'内职'即指诸使和'使臣'"。(参见赵冬梅:《文武之间:北宋武选官研究》,北京:北京大学出版社,2010 年,第 81 页。)
⑧ (宋)蔡絛:《铁围山丛谈》卷一,北京:中华书局,1983 年,第 21 页。

是"重文轻武"风气的逐渐形成。邓小南即认为："如果我们更多地着眼于历史发展运行的实际情况，而不是朝代的兴废，那么，很明显，自唐朝末年经五代至北宋初年，在政治、军事、文化等方面面临的社会矛盾性质类似，统治者在挣扎摸索中致力于解决的问题也类似，从这一意义上说，这段期间事实上属于同一单元。"①同时，北宋代周后面临的军事形势，也不容许北宋在立国之初就准许小使臣丁忧解官持服。宋人郑侠曾云："国朝之制，武臣握重兵、处边要则不持服，墨衰以从事。此其所领者，重才谋勇略，朝廷之所委仰，故以义夺其志云耳。其小使臣以下亦不令持服，此则以其列多出于校隶、卒伍，惧其去官而无以为养，或不能自活者。故其制如此，而愿持服者听。"②依其所言，似乎宋代武官丁忧颇受君主重视，但正如郑侠所言，小使臣丁忧不解官竟是为了养活全家，那宋廷为何不制定既可保留其俸禄、又可令其全人子之孝的制度？以俸料为例，小使臣中最高阶供奉官月俸仅十千，最低阶三班借职月俸才四千，而三司副使五十千的月俸相当于小使臣月俸的五到十二倍不止。③如果说小使臣不解官持服是为了使其有所收入，则三司副使以上文臣丁忧卒哭后夺情起复，才是真正出于对文官精神层面的重视。

随着朝局的稳定，宋太宗在统治后期关注到了官员丁忧制度。淳化五年（994），宋太宗谓近臣曰："孝者人伦至重。古之人，三年守坟墓。今臣僚子弟以祖父亡没，或与叙用，意在继其后嗣，然有不俟百日便预朝集者，朕每睹之，中心不忍。"赵昌言曰："陛下如此宣谕，乃敦厚风俗之旨也。"④后遂下旨，严禁文武丁忧官员未经卒哭便行起复。从君臣二人的对话不难看出，宋太宗对当时的丁忧风气实有不满。自雍熙北伐后，国家已将近十年无大的战事，宋太宗加快了对政治文化的建设，因此官员的任用是其紧要之处，而真正对宋代小使臣丁忧制度作出调整，则是在大中祥符七年（1014）。是年八月，宋真宗"诏三班使臣自今父母亡，勿住俸钱"⑤。从这条诏令内容来看，似乎已经回应了上段的提问，但实际上只是解决了丁忧小使臣居丧百日期间的俸钱，因为百日卒哭后即须起复入职。值得一提的是，在此之前的景德三年（1006），北宋出现了第一个有记载的小使臣丁忧终丧案例。是年八月，"三班奉职张允恭、允文以父亡，乞归冀州，同守丧制。从之。旧制，奉职以下居丧百日，即追出就列，其愿终制者亦从，特恩也"⑥。除此之外，张允恭、张允文在宋代典籍中再无记载，可见张氏兄弟能够得以终丧的原因，似乎仅是其兄弟二人申请所致。但必须注意的是，这一年的四月，宋真宗就已"诏川峡官丁父母忧者，除州军长吏奏裁，余并许解官"⑦。可见，宋真宗能够允许张氏兄弟解官持服，或者说张氏兄弟敢于申请终丧，也是有一定的制度背景。当然，更重要的是宋

---

① 邓小南：《祖宗之法：北宋前期政治述略》，北京：生活·读书·新知三联书店，2006年，第78页。
② （宋）郑侠：《西塘集》卷二《林明中持服诗序》，《景印文渊阁四库全书》第1117册，台北：台湾商务印书馆，1986年，第387—388页。
③ 参见（清）徐松辑：《宋会要辑稿》职官五七之一、二，第4557—4558页。
④ （宋）李焘：《续资治通鉴长编》卷三六，淳化五年八月壬午，第791页。
⑤ （宋）李焘：《续资治通鉴长编》卷八三，大中祥符七年八月辛酉，第1891页。
⑥ （清）徐松辑：《宋会要辑稿》礼三六之一，第1536页。
⑦ （宋）李焘：《续资治通鉴长编》卷六二，景德三年夏四月乙亥，第1393页。

真宗在为明德皇太后服丧中的孝行①，才是促使张氏兄弟敢于申请终丧并成功的真正原因。但作为武官官阶，小使臣丁忧不解官始终有"金革无避"作为权宜理由。

随着宋代小使臣丁忧有了终丧的先例，这一官员群体中有人开始钻制度的空子。天圣八年（1030），三司上言："内殿崇班、勾当南作坊张继恩，右班殿直、监税场李中孚，并为母亡，准式请假。据检法官定到天禧元年敕，于准式假内量给日限，即令赴职。窃详上件敕文盖是期以下丧，即未见为父母丧不解官之文，望付礼官详定。"前已言小使臣遭丧给假百日，但从张继恩与李中孚请假的举动来看，三班使臣遭丧并未完全按照制度执行。再看太常礼院对此事的回复："诸司使副至二（三）班使臣遭父母丧，盖是例不解官，即无给假日限。今详父母之丧至重，欲请自今并依旧制，过卒哭后许赴朝参供职。"②可见，在天圣八年之前有一段时间，三班使臣丁忧居丧百日的规定曾被打破。其原因可从庆历元年（1041）的诏令瞥见："诏三班使臣以上，遭父母丧，给假一月。河东、河北、陕西边任文武臣僚，有以葬事请假者代还听之。"③即天圣八年三班使臣丁忧居丧百日的制度，在庆历元年时又发生了变化，即将其丁忧给假的时间缩短为一月。其中在边境地区任职的文武官员，遇有丧葬事宜需请假代还，这主要是上述三处与辽、西夏毗邻，乃是战争的频发之地，有着"金革无避"的正当理由。同样是在边地任职，文官则只需有替官至，即可离职，文武异制相当明显。宋夏交恶自宝元元年（1038）至庆历四年（1044），这期间小使臣丁忧给假制度估计是形同虚设。一旦战争结束，任职边地的小使臣丁忧也有可能获得终丧的机会。以郭逵为例，他应当是在庆历四年九月以后遭母丧④，此时宋夏和议应已完成，他"丁太夫人忧，乞解官，三请乃许。边郡武臣、小使臣亦许行服自公始"⑤。可见，自庆历四年以后，任职边地的小使臣丁忧也获得了解官持服的机会。嘉祐四年（1059），在位后期的宋仁宗下诏："带阁门祗候使臣、内殿崇班以上，太子率府率及正刺史以上，遭父母丧及嫡子孙承重者，并听解官行服；其元系军班出职及见管军若路分部署、钤辖、都监，极边知州军县、城寨主、都监、同巡检，并给假百日，追起之；供奉官以下仍旧制，愿行服者听。"⑥这条诏令一是将宋初以来的相关制度再次核定，如小使臣丁忧在此之前就可申请解官持服；二是将大使臣及刺史以上武官丁忧纳入可解官持服的范畴，此前这类官员丁忧至多居丧百日，一般卒哭后即行起复；三是将其中现任军中或在边地任职的武官丁忧恢复给假百日。总之，宋代武官丁忧制度在仁宗时期随着宋与辽、西夏关系的紧张与否而变化，可见"金革"仍然是决定宋代小使臣丁忧制度及其落实的重要因素。

前揭嘉祐四年宋仁宗就已经下诏允许大使臣丁忧解官持服，但小使臣丁忧却还是只能

---

① 史载："(宋真宗)谒明德皇后攒宫，如二年之仪。"（参见[宋]李焘：《续资治通鉴长编》卷六二，景德三年二月己卯，第1386页。）又载："上居明德太后丧，外虽以易月之制，而宫中缟素三年，自非凯还、郊庙不举乐，群臣屡以为请。"（参见[宋]李焘：《续资治通鉴长编》卷六三，景德三年六月甲午，第1409页。）明德太后并非真宗生母，以其善抚太宗诸子之故为真宗尊奉并孝敬有加。可见，真宗本人就是个大孝子，推己及人，真宗能够同意张允恭兄弟终丧也在情理之中。

② （清）徐松辑：《宋会要辑稿》职官七七之四、五，第5141页。

③ （宋）李焘：《续资治通鉴长编》卷一三四，庆历元年冬十月乙巳，第3195页。

④ 《宋史》本传载："论功加阁门祗侯、环庆兵马都监。遭母忧，不得解官，凡三请乃许。"（参见[元]脱脱等：《宋史》卷二九○《郭逵传》，第9723页。）又庆历四年九月载："丁卯，以右侍禁郭逵为阁门祗侯。"（参见[宋]李焘：《续资治通鉴长编》卷一五二，庆历四年九月丁卯，第3698页。）则郭逵丁忧当是在庆历四年九月以后。

⑤ （宋）杜大珪：《名臣碑传琬琰之集（中）》卷一三《郭将军逵墓志铭》，《景印文渊阁四库全书》第450册，第307页。

⑥ （宋）李焘：《续资治通鉴长编》卷一九○，嘉祐四年九月丙午，第4592页。

居丧百日即行追出。虽然也给出愿意终丧者听的补充，但实际上小使臣丁忧解官的案例却并不多见，如郭逵等也是在数次请求后方才允许。宋人蔡絛曾言："至仁庙乃诏崇班以上持丧，供奉官以下不持丧。政和初方讲太平故事，且亦顺人情，乃诏供奉官以下，愿持丧者听。当是时，雅慊众心，小使臣往往丧其父母者多矣。不二十年，世变风移，今罔睹不愿持丧者。"①按照蔡絛所说，北宋小使臣直至政和初年才拥有丁忧解官持服的权利，而实际上在嘉祐四年的诏令中已有与蔡絛所述相似的文字，这应当存有作者为徽宗朝政吹捧的私心。再者，从政和元年（1111）至金灭北宋之战开始，中间十五年不到，在宋与辽、西夏对峙之时，小使臣丁忧概能解官持服？可见，蔡絛的说法不可全信。②相反，大使臣丁忧自嘉祐四年以后可解官持服，而实际情况却多是不愿持服。据宋人周煇的记载："洺（洺）州平恩县指使王奎乞解官持父丧，许之。仍诏兵部，自今有请如奎者，宜即听许。盖深嘉之也。今小使臣固有持服之文，然类贪禄不去。若谓食贫，出不得已，然大使臣岂俱富厚者？虽平日谈仁义、识礼法，高自标置，以儒者自处，亦不能稍异流辈。或谓除见隶军籍当金革从事，余盍更制，俾从风化之厚，其可乎！"③王奎丁忧当在元丰三年（1080），官阶为不入流的杂阶④，因请求解官持服而为周煇所称赞，但也可看出元丰年间大、小使臣丁忧解官持服的情况不容乐观。据周煇的说法，小使臣丁忧虽然不要求解官持服，但由于其俸禄较低，情有可原。可大使臣俸禄已然高出小使臣许多，平日里以儒生标榜，一旦丁忧却与不入流的杂阶武官一般不愿解官持服。与宋代武官丁忧不解官持服通行的理由一样，周煇最后提出：除现在军中者外，其余大、小使臣丁忧都应解官持服。淳熙四年（1177），敕令所在制定小使臣丁忧制度时即提出："诸路小使臣任知州及军使、知县、县令、尉丁忧，并解官，内缘边去处不解，愿解官者具奏听旨。"⑤可见直至南宋，"金革无避"始终是打破宋代小使臣丁忧解官持服的主要原因。

综上可见，宋代文武官员丁忧异制，人数众多的小使臣丁忧始终未获得真正解官持服的机会，虽有其解官持服的诏文与案例，但并未如中下级文臣丁忧一般强制要求解官持服。丁忧终丧与否作为衡量官员道德品行的重要标杆，始终未能影响宋代小使臣遭丧被夺情起复，究其原因乃是历代以来至宋对汉儒"金革无避"这一说法的认可所致。

二、贵贱如一：北宋小使臣丁忧制度的讨论

《中庸》有云："父母之丧无贵贱一也。"⑥其本意乃是为父母服丧，不应有高低、贵贱之

---

① （宋）蔡絛：《铁围山丛谈》卷一，第21—22页。
② 刘美新就提出："《丛谈》一书有可取之处，亦有许多消极和糟粕之处"。（参见刘美新：《蔡絛和他的〈铁围山丛谈〉》，《天中学刊》2002年第3期。）
③ （宋）周煇：《清波别志》卷二，《景印文渊阁四库全书》第1039册，台北：台湾商务印书馆，1986年，第108—109页。
④ 据《续资治通鉴长编》载："洺州平恩县指使、三班差使王奎乞解官持父丧。"（参见[宋]李焘：《续资治通鉴长编》卷三〇四，元丰三年五月庚午，第7405页。）则王奎丁父忧时官阶为三班差使，据龚延明考证，三班差使属于不入流的杂阶序列。（参见龚延明编著：《宋代官制辞典：增补本》，第36页。）
⑤ （清）徐松辑：《宋会要辑稿》礼三六之一七，第1550页。
⑥ （宋）朱熹：《四书章句集注》之《中庸章句》，北京：中华书局，2011年，第28页。

分,而宋人进一步发挥其义,认为文武官员丁忧也不应异制。随着北宋对外战争规模的减小与士大夫政治的形成,关于宋代小使臣丁忧制度的改易也提上日程,但正如余英时所言:"政治现实与文化理想之间怎样彼此渗透、制约以至冲突——这是政治史与文化史交互为用所试图承担的主要课题。"①宋代小使臣丁忧的实际情况需要与士大夫心中的丁忧服丧要求并不一致,如何调节政治制度与文化理想的差距,成为宋代士大夫努力追求的方向。

随着北宋文官对朝政的主导,一些士大夫开始对武官的道德行为提出更高要求,争取武官丁忧解官持服便成为重点之一。正如方震华所说:"在仁宗朝,由于文臣的力量已凌驾于武人之上,一些文官试图强制武臣也遵循儒家的守丧原则,因为他们相信所有人都应该为其双亲尽守丧的义务。"②李焘将北宋历史上第一次对小使臣丁忧制度进行讨论的记载系于至和元年③(1054),据载,刘敞曾经在至和元年之前向朝廷提出如下建议:

> 臣窃见旧制,官自三司副使以上及班行使臣,遭父母丧者,例皆有百日公除。孝子虽有思慕之心,犹逼于王命,不得遂行。此诚伤教害理,无取于今。臣伏以三年之丧,通于天下。以义制恩,古人有之,自谓身在军旅,躬被金革者,不敢以私事辞王事尔。本非承平之时,游谈侍从之臣所当行也,又非班行冗下之职所当预也。习俗既久,寖以成风。其贤者则以不即人心为悲,其不肖者遂以当丧墨缞为荣。以之锡类,是为伤恩;以之教民,是为忘孝。今天下往往有闻哀不举,废哀图仕,源自此始,不可不虑。《传》曰:"君子不夺人之亲,人亦不可夺亲。"窃谓惟在军中者,可权从变礼,其旧制三司副使以上及班行使臣,百日公除,不合礼意,宜听行三年之服,以崇孝悌之风。臣又闻古者大夫去国三年,然后收其田里,明有恩也。今丁忧臣僚,即日绝其俸禄,亦为大确。岂有行礼之人,反不及被放之臣?臣往见丁忧者家贫无食,乞丐糊口,其皇皇伤孝子之心,非所以化民成俗也。臣以谓文官两制,武官自诸司使以上,与给全俸,其余京官下近臣商量可否。④

这段文字出自刘敞所著《公是集》,李焘《续资治通鉴长编》(以下正文中简称《长编》)中也选录了这段文字。⑤《公是集》并未注明这一建议的时间,李焘在选用时也仅用"尝建议"三字叙述,但在文后的注释中似乎给出了线索。据李焘所注:"庆历三年七月,听三司副使以上持服,仍续俸;武臣非在边者亦听。"⑥根据这条文字进行检索,宋仁宗确曾在庆历三年(1043)

---

① 余英时:《朱熹的历史世界:宋代士大夫政治文化的研究》,北京:生活·读书·新知三联书店,2011年,第7页。
② 方震华:《权力结构与文化认同:唐宋之际的文武关系:875—1063》,北京:社会科学文献出版社,2019年,第202页。
③ 该次讨论为刘敞的建议,李焘将之系于至和元年冬十月庚子,但从行文内容来看,刘敞是议应当是在至和元年以前。参见(宋)李焘:《续资治通鉴长编》卷一七七,至和元年冬十月庚子,第4285—4286页。
④ (宋)刘敞:《公是集》卷四一《奔丧议》,丛书集成初编本,上海:商务印书馆,1935年,第486—487页。"百日公除"即自闻丧至卒哭的一百日可请假,这一公假在三司副使以上文官中通行。尽管这一制度也适用于班行使臣,但在实际施行中却又时有变化,与"三年之丧"的时间相比更是相去甚远。
⑤ 李焘选录时几乎保留了刘敞的原意,最后一句稍有不同,现摘录如下:"臣以为文官两制、武官自诸司使以上,与给全俸,其余京朝官、班行使臣,与给半俸,以明朝廷笃于礼而厚于教也。乞下近臣商量可否。"参见(宋)李焘:《续资治通鉴长编》卷一七七,至和元年冬十月庚子,第4286页。
⑥ (宋)李焘:《续资治通鉴长编》卷一七七,至和元年冬十月庚子,第4286页。

七月下诏,内容与李焘所注相似①。诏令后且附:"初,言者请臣僚遭丧并持服,下太常礼院议,而言《礼记》父母之丧无贵贱一也,又曰三年之丧,人道之至大也,请不以文武品秩高下,并听终丧。"②结合《奔丧议》的内容,诏令后所载"言者"即是刘敞无疑。从《奔丧议》的内容来看,其请求武官丁忧应解官持服最核心的观点便是"贵贱如一",即要求文武官员丁忧不论品秩高低,一律需解官持服,除非现在军中任职者可"金革无避"、权从变礼起复外,其余官员丁忧概需解官行服,小使臣亦在其列。同时,刘敞又考虑到官员丁忧断俸不利于行孝,故而提出给中高级文武官员丁忧期间全俸的待遇。应当注意的是,《奔丧议》中有要求班行使臣丁忧之文,而无为其丁忧求俸之语,在行文逻辑上似不相符。《长编》所载则补全了这一内容,即"其余京朝官、班行使臣,与给半俸"③。可见,仁宗时期士大夫想要促使小使臣丁忧解官持服的意向已经十分明显,即不论文武、品秩高低,为亡祖父母或父母服丧三年的标准应当一致。

  英宗、神宗在位期间是北宋历史上政治、文化转型的关键时期,一方面,"北宋中期知识分子经术、文学、政事三维结构的综合型模式形成"④;另一方面,三冗带来的流弊最终促使王安石变法的出现⑤,并对北宋中后期政治产生了重大影响。这一时期,士大夫们的视角始终放在变法与儒家文化重建之间,宋代武官丁忧制度虽有革新,但小使臣丁忧解官持服的规定仍然没有出现。⑥直至元祐四年(1089),由于元祐政治路线的确立与顺利展开⑦,北宋小使臣丁忧制度终于因为一位任职边地武官的诉求再次被士大夫讨论。是年,范祖禹因边将杨永节申请解官持服被总管司拒绝一事上言:

  臣近准枢密院录白"高阳关路兵马钤辖兼河北第六将杨永节为母亡乞解官行服,续据本路都总管司奏乞不许本官解官行服,所贵得人协力勾当。奉圣旨依高阳关路总管司所奏"者。臣检会《元祐编敕》:"诸武臣丁忧者,若系小使臣,及元是军班换授,并见任管军或充缘边路分总管、钤辖、都监,知州县城都监、寨主、都同巡检,虽系大使臣,并不解官,其乞解官行服者,除缘边任使奏候朝旨外,余并听。"臣窃以小使臣不解官行服,已损孝治之风,朝廷恤小官非俸禄无以自养,不得已而未之改耳。自大使臣以上,官既升朝,禄既足以为养,而缘边任使亦不解官,其乞行服者又须奏候朝旨,帅臣因而奏留,朝廷重违其请,循例夺服,唯狄詠是狄青之子,帅臣为之奏请,特许解官。当今缘边

---

① 诏令原文为:"自今三司副使以上,非任边寄而遭父丧,并听解官终制,仍以月俸续之。武臣非在兵而愿解官者,亦听。"与李焘注刘敞建议下的文字内容一致。(参见[宋]李焘:《续资治通鉴长编》卷一四二,庆历三年秋七月甲戌,第3398页。)

② (宋)李焘:《续资治通鉴长编》卷一四二,庆历三年秋七月甲戌,第3398页。

③ (宋)李焘:《续资治通鉴长编》卷一七七,至和元年冬十月庚子,第4286页。《奔丧议》没有对文官两制以下、武官诸司使以下官员丁忧俸禄进行建议,或许刘敞上言时的建议有之,或李焘所得《奔丧议》有之,亦或许是李焘的发挥。据刘复生的研究,李焘是秉着"宁失之繁,勿失之略"的原则编撰《续资治通鉴长编》的。(参见刘复生:《李焘和〈续资治通鉴长编〉的编纂》,《史学史研究》1981年第3期。)故李焘的说法较为可信,《公是集》所载可能与李焘所见文字有出入。

④ 陈植锷:《北宋文化史述论》,北京:中华书局,2019年,第26页。

⑤ 陈振:《宋史》,上海:上海人民出版社,2015年,第204页。

⑥ 夏文登:《宋代武官丁忧制度考论》,第27页。

⑦ 方诚峰:《北宋晚期的政治体制与政治文化》,第1—58页。

无异内地,帅臣遭丧者无不解官,自余将领,寄任轻于帅臣,非有金革之事,而无故夺其丧服,全无义理。若言其才,则方今武臣常患员多,岂至无人可使? 若恤其贫,则在内地者均是也,何独于缘边恤之? 若以解官为优恩,必待如狄青之子然后许之,则父母之丧,无贵贱一也。古者,庶人有丧,三年不从征役,岂可仕至升朝以上,而不使执亲之丧? 臣愚欲乞今后大使臣以上丁忧者,虽系沿边任使,并解官行服;如遇有边事,即许本路奏留,系自朝廷指挥,庶使武臣皆知礼法,有益风教,而缓急藉才,亦不失金革从权之制。如以臣言为然,乞下有司修立。贴黄:臣窃以夺服之礼,本非古法,祖宗时,文武官尚少,故因袭前代权制,不许解官。今承平日久,使员益多,宜使人知礼教。或遇有边事,藉武臣宣力,则夺其丧服,无所不可。①

从材料内容来看,这是一道有关大使臣丁忧的奏议②,但其内容与小使臣丁忧制度密切相关。按照范祖禹的奏议内容,元祐二年(1087)的《元祐编敕》③收录了宋仁宗嘉祐四年的诏书,而嘉祐四年的诏书中有大使臣丁忧解官持服的文字,但是杨永节丁忧申请解官持服却不予同意,这便是范祖禹上奏的原因。在范祖禹看来,阻拦杨永节解官持服并不是边地无人可使,其真实原因有二:第一,朝廷丁忧制度有待改进。他认为既然小使臣丁忧不解官持服是恐其服丧期间不能养活自己,则相对高收入的大使臣就不存在这样的情况,应该允许大使臣丁忧解官持服。第二,朝廷制度实施标准不一。他认为狄咏丁忧能够解官持服,而杨永节丁忧不允许解官持服,明显是由于后者没有强大的背景。范祖禹将宋廷在决定武官丁忧可否解官持服中不公平的现象摆上台面,这也标志着北宋士大夫在促使小使臣丁忧的道路上又迈进了一步。毕竟大使臣既然可以丁忧解官持服,则小使臣也应获得同样的待遇。此外,范祖禹似乎忽略了杨永节本人是否愿意解官持服的态度,即都总管司不许杨永节解官持服可能是其经营所致,这种经营谒托④的现象早在仁宗庆历时期就已出现,而范祖禹提出的建议也是想直接杜绝这种可能性。因此,杜绝武官丁忧规避持服也是其真实目的之一。范祖禹这道奏议最后没有得到朝廷的回复,可能是他在贴黄中提出"今承平日久,使员益多,宜使人知礼教"的要求过高,但他这种"贵贱如一"的丁忧倾向却是代表了那个时代的呼声。

就在范祖禹上奏后的第二年,监察御史徐君平再次针对小使臣丁忧不解官持服的制度提出建议。他认为:"又古者父母之恤,无贵贱一也,后世有起复之制,盖缘金革之事。今太平无事,礼义可以下达,而小使臣及大使臣使管军沿边之类,当行服而不请解官者甚众。愿著令使武臣并行解官持服之制。"⑤在司马光对西夏的绥靖政策得以实施之后⑥,北宋确实进入

---

① (宋)李焘:《续资治通鉴长编》卷四三六,元祐四年十二月辛丑,第10499—10501页。
② 《范太史集》将该文题目取为《论大使臣持服状》。参见(宋)范祖禹:《范太史集》卷一八《论大使臣持服状》,《景印文渊阁四库全书》第1100册,台北:台湾商务印书馆,1986年,第235页。
③ (宋)王应麟:《玉海》卷六六《元祐编敕令格式》,《景印文渊阁四库全书》第944册,台北:台湾商务印书馆,1986年,第730页。
④ 当时的上言中载有"丁忧者不执亲丧,唯务经营谒托"之语。参见(宋)李焘:《续资治通鉴长编》卷一三四,庆历元年冬十月壬寅,第3194页。
⑤ (宋)李焘:《续资治通鉴长编》卷四五八,元祐六年五月甲子,第10957—10958页。
⑥ 李华瑞:《宋夏关系史》,北京:中国人民大学出版社,2010年,第67—71页。

一段相对安宁的时期,也就给了宋代士大夫进一步推进小使臣丁忧解官持服制度制定的机会。徐君平提出建议的依据仍是"贵贱如一",即官员丁忧应当一体解官持服,而不应有文武、品秩高下的区别,并就起复之制进行了辩驳。他认为起复之制缘起于战争,乃是事急从权之举,不应该作为制度长期保持。他认为当此太平之时,正是施行礼义的时机。孔子曰:"道之以政,齐之以刑,民免而无耻;道之以德,齐之以礼,有耻且格。"①这应当就是徐君平建议的出发点,并且他还提出了具体的制度建议。从徐君平建言的内容来看,他始终将大、小使臣归入应当行服的范畴。按照仁宗时期的制度,大、小使臣丁忧都有可以解官行服的条文,但仁宗以来小使臣丁忧始终是需要申请获得许可后方可解官持服,而徐君平在此第一次提出所有武臣丁忧并行解官持服的请求,可见当时的士大夫在这一事情上,由于政治环境的变化,已经不再以"金革无避"为由避免小使臣丁忧服丧,而是主张彻底的"贵贱如一"。虽然最后徐君平请求武官丁忧一概解官持服的目的没有完全达到,但《长编》在徐君平建议之后载有"从之"二字,尽管仍提出一些要求,但至少一部分任职并不重要的大、小使臣丁忧应当能解官持服。

综上所述,随着北宋士大夫政治的形成,北宋小使臣丁忧不能解官持服的制度逐渐引起士大夫的讨论。在这些讨论中,"贵贱如一"始终是士大夫们建议的依据,并在不同的阶段发挥着重要的作用。对于小使臣而言,丁忧解官持服的同时,意味着居丧三年期间断俸,而这也是北宋中后期小使臣丁忧制度始终迁延不进的原因之一。但既然口号已经喊出,也获得了官方的认可,则小使臣丁忧解官持服制度早晚必将出现。

三、出身有别:宋代小使臣丁忧解官持服

宋代文武异制是其政治制度的明显特征,官员丁忧制度即是如此。与文官丁忧一体解官持服不同,同一群体的武官丁忧可能会出现不同的规定。以宋代小使臣为例,由于其选任的途径有多种②,也就造成这一武官群体的出身相当复杂,因而其丁忧能否解官持服也视其出身而定。

在宋仁宗天圣七年(1029)颁诏之前,宋代"诸司使副至二(三)班使臣遭父母丧,盖是例不解官,即无给假日限"③。以天圣七年为分界线,此前北宋小使臣丁忧在制度上规定不能解官持服,虽然也有如张允恭兄弟一样丁忧解官持服者,但绝大部分这类官员丁忧解官持服仍然没有制度保障,而此后相关丁忧制度的诏令中,开始逐渐以小使臣的出身分别对待。嘉祐四年(1059),宋仁宗下诏令大使臣丁忧解官持服,但"其元系军班出职及见管军若路分部署、钤辖、都监,极边知州军县、城寨主、都监、同巡检,并给假百日,追起之"④。即原系军职出

---

① 杨伯峻:《论语译注》之《为政篇第二》,第12页。
② 张雅萍认为"小使臣作为低级武臣,其入仕途径主要包括恩荫、武举、战功、特恩等。"参见张雅萍:《北宋小使臣选任研究》,硕士学位论文,河南大学,2016年,第13页。
③ (清)徐松辑:《宋会要辑稿》职官七七之五,第5141页。
④ (宋)李焘:《续资治通鉴长编》卷一九〇,嘉祐四年九月丙午,第4592页。

身的大使臣丁忧，仍然不许解官持服，这种类似以出身决定武官丁忧能否解官的制度在之后诏令中反复出现。元祐四年（1089），范祖禹从《元祐编敕》中选录小使臣丁忧制度条文如下："诸武臣丁忧者，若系小使臣，及元是军班换授，并见任管军或充缘边路分总管、钤辖、都监，知州县城都监、寨主、都同巡检，虽系大使臣，并不解官，其乞解官行服者，除缘边任使奏候朝旨外，余并听。"①此一条文应当是《元祐编敕》选录仁宗诏书而来，与诏令原文不同，此处所用"军班换授"②其实与"军班出职"相似，即由军职换武阶官的大使臣丁忧不允许解官持服。元祐六年，在徐君平上言之后，宋廷规定："其大小使臣除系沿边等职任，并元是军班换授及小使臣非奏补，或武举入官人，并仍旧。"③在由出身决定武官丁忧是否解官持服后，是否军班换授便成为小使臣丁忧能否解官持服的重要因素。除此之外，奏补出身和武举出身也开始成为制约小使臣丁忧解官持服的因素。

以出身决定小使臣丁忧是否解官持服后，宋代宗室出身的小使臣便成为第一类允许丁忧解官持服的群体。虽则终北宋之世，没有明文规定宗室出身的小使臣丁忧可以解官行服，但从相关制度和案例来看，北宋小使臣丁忧得以解官持服至迟在元祐六年（1091）之后发生了重大转变。早在嘉祐四年的诏书中，就有"宗室解官给全俸"④之语，但这似乎仅对五服之内的宗室而言，五服之外的宗室小使臣则不适用。元祐八年（1093）五月，"户部言：'左班殿直赵叔崶，自陈系祖免亲，为父亡解官持服，乞比附宗室换官体例，支给请受。按宗室小使臣丁忧，并不许解官，所以不罢俸给。今若依外官丁忧例，更不支给俸钱，虑或失所。欲乞应宗室任小使臣丁忧父祖俱亡者，祖免亲许给俸，非祖免亲许给半俸。'从之"⑤。即与宋神宗同五世祖兄弟的小使臣赵叔崶丁忧，希望能够给予俸禄保障，户部提出宗室小使臣祖免亲应给全俸、非祖免亲⑥给半俸，这一建议得到批准。虽然从制度上看宗室小使臣丁忧不许解官，但与赵叔崶情况相似者应当不在少数。究其原因，一则是宗室小使臣在宋代政治上的作用微乎其微，贾志扬就认为："在北宋，当宗室被隔绝在宫廷的高墙深院之中，得到徒有虚名的高阶，并不享有任何政治权力时，宗室在政治上确实并无任何重要性可言。"⑦近亲宗室尚且以高阶官位恩养，血缘关系较远的宗室获得低级武官职位者应当较为普遍。二则是宗室小使

---

① （宋）李焘：《续资治通鉴长编》卷四三六，元祐四年十二月辛丑，第10500页。
② 赵冬梅提出："'换官'即换前班，即由军职换授武选官。"军班换授应当是同一性质。参见赵冬梅：《文武之间：北宋武选官研究》，第307页。
③ （宋）李焘：《续资治通鉴长编》卷四五八，元祐六年五月甲子，第10958页。
④ （宋）李焘：《续资治通鉴长编》卷一九〇，嘉祐四年九月丙午，第4592页。
⑤ （宋）李焘：《续资治通鉴长编》卷四八四，元祐八年五月甲午，第11504页。
⑥ 《宋朝事实》有"一非祖免亲，乃祖宗六世孙"之文，即非祖免亲乃是与当朝皇帝同六世祖的宗室。参见（宋）李攸：《宋朝事实》卷八《玉牒》，《丛书集成初编本》，北京：中华书局，1985年，第128页。
⑦ ［美］贾志扬：《天潢贵胄：宋代宗室史》，赵冬梅译，南京：江苏人民出版社，2005年，中文版序第2页。

臣在进入仕途之前的培养模式与一般文人无二①，故其名为小使臣，实则知书达理。因此，宗室小使臣应当在北宋后期取得了丁忧解官持服的权利，虽然没有明文载史，但从蔡絛描述宋徽宗时期小使臣皆愿丁忧持服的趋势来看，这一情况应该属实。南宋孝宗淳熙七年（1180）四月，"己酉，命荫补、武举、宗室、小使臣行三年丧。"②可见直至孝宗时，宋代宗室小使臣丁忧终于在建国两百年后真正形成明文规定。

从元祐六年的规定来看，奏补出身与否已经成为小使臣丁忧可否解官持服的决定因素。所谓奏补，其别名又有荫补、补荫、奏荐、奏荫、资荫、任子、任子弟、任子孙、荫恩、门资等。据龚延明考证："奏补之制，有戚属荫补、文臣荫补、武臣荫补、臣僚大礼荫补、致仕荫补、遗表荫补等等。"③如前已述宗室小使臣中，也有不少出身于荫补。小使臣之所以在宣和元年（1119）将近占据当时文武官员总数的一半，其中很大一部分应当是奏补出身④，而荫补官员的来源相当繁杂，这也是为何北宋始终没有明文规定小使臣丁忧解官条例的原因之一。元祐七年（1092），宋廷所下诏书中载："小使臣非荫补并武举入官者及差使、借差，并不解官；内系缘边任使并押纲者给假十五日，余一百日，其应不解官而愿解官行服者，除缘边任使奏候朝旨外，听之。"⑤从这条诏书的内容来看，荫补出身的小使臣丁忧虽然没有被要求必须解官持服，但其丁忧如申请解官持服，除在沿边任职者需上奏批准外，其余皆听其服丧三年。绍圣三年（1096），已亲政的宋哲宗下诏，"小使臣丁忧，依元丰旧法，勿令持服。"⑥这或许是哲宗出于对神宗朝制度的向往，但更多的是出于与西夏战争的用人考量。后蔡絛虽有太平之说，然自徽宗后期至南宋隆兴和议，宋与辽、金始终兵戈相见，荫补出身的小使臣丁忧或许有解官持服的机会，但北宋毕竟没有将其列为一项制度规定。淳熙七年，"吏部侍郎芮煇言：'吏部选法，小使臣遭丧不解官，给式假，百日为限。欲除缘边职任及见从军与归正、归朝、拣汰指使等官，并军功补授、杂流出身人，依旧以百日为限外，小使臣如荫补子弟及取应宗室武举出身之类，皆合遵三年之制。'从之"⑦可见，自绍圣三年恢复小使臣丁忧不解官后，直至淳熙七年，荫补出身的小使臣丁忧才在制度上获得解官持服的机会。与元祐七年诏

---

① 据熙宁二年诏令："祖宗祖免亲将军以下愿出官者听，仍先令经大宗正司投状闻上，委大宗正选择本宫尊长，同大学教授结罪保明才行堪与不堪任使，复委大宗正审察闻奏。就试武官者，试律律、写家状。就试文官者，试说一中经，或论一首……副率换西头供奉官、大理评事，监当官一任满，如职事干集，操守修饬，即委本州长吏及监当同罪保明，与亲民差遣；无保明，即依外官条例。祖宗祖免亲赐名授官者，除右班殿直，年十五与请受，二十许出官。愿文资者与试衔知县，并令监当考试……愿锁厅应举者，依外官条例。"（参见［清］徐松辑：《宋会要辑稿》帝系四之三二、三三，第 117 页。）从诏令的内容来看，宋代宗室都接受了一定的文化知识，与普通行伍出身的小使臣有着明显区别。江小涛也认为这一诏令"既区分了宗室近属、疏属的界限，又凸显了宗室成员接受教育的重要性，从法令制度上确定了宋代宗室教育的未来走向。"（参见江小涛：《北宋的宗室学校教育》，载张国旺、雷闻主编：《隋唐辽宋金元史论丛》第 9 辑，上海：上海古籍出版社，2019 年，第 195 页。）
② （元）脱脱等：《宋史》卷三五《孝宗三》，第 672 页。
③ 参见龚延明编著：《宋代官制辞典·增补本》，第 706 页。
④ 游彪认为："正是由于大量官员亲属通过荫补方式成为官僚，从而形成了宋代积重难返的冗官局面。"参见游彪：《宋代荫补制度研究》，北京：中国社会科学出版社，2001 年，自序第 8—9 页。
⑤ （宋）李焘：《续资治通鉴长编》卷四七〇，元祐七年二月甲子，第 11224 页。
⑥ （清）徐松辑：《宋会要辑稿》礼三六之一七，第 1549 页。
⑦ （清）徐松辑：《宋会要辑稿》礼三六之一七，第 1550 页。

书不同,淳熙七年诏书明文规定荫补出身的小使臣丁忧需解官服丧三年,这意味着这类官员在居丧礼上获得了与低级文官一样的待遇。

武举作为宋代小使臣出身的一个重要途径,在宋代反复被置与废①,但武举出身者与行伍出身者在丁忧待遇上大有不同。据宝元三年(1040)诏书载:"自今武举人程试,并以策问定去留,弓马定高下,余依兵部旧制考校。"②即武举能否得中,取决于程文、策问,而弓马成为决定名次的因素,这就使得宋代出现一部分文士在科举不中后,转而参与武举,从而提升了武举出身小使臣的整体文化素质。③同时,由于策问直接决定武举能否得中,也使得应武举者必须习文。尽管如此,应武举得中者初授官,往往是低阶的小使臣④,这就不难理解随着北宋后期小使臣丁忧不能解官持服制度的松动,武举出身开始成为决定这类官员丁忧能否解官的决定因素之一。元祐七年,武举出身的小使臣丁忧获得了与荫补出身者一样可以申请解官持服的权利。虽然在北宋后期至南宋前期,小使臣丁忧解官持服制度一度因宋与辽、金的战争没有进一步地推进,但随着南北和议的缔结,武举出身的小使臣丁忧听其解官持服终于以诏令的形式确定下来。淳熙七年,"四月己酉,诏小使臣出身系武举出身者遭家艰,并解官持服,用吏部侍郎乌程芮国器(煇)请也"⑤。即武举出身的小使臣丁忧一概需解官持服,这是北宋历史上没有出现的明文规定。

前文已揭北宋自元祐七年诏令开始,允许部分有出身的小使臣丁忧申请解官持服,其间虽有变化,但直至淳熙七年诏令后,除行伍出身以及身处边任、军队者外,其余如宗室、武举、荫补等有出身的小使臣丁忧例行解官持服,且这一过程有迹可循。如靖康二年(1127)之前,"以郊恩奏公(周枢)承节郎。连丁内外艰,躬负土营葬。服除,试换迪功郎"⑥;又如南宋初年小使臣"(黄)夷行用荫补官,调监分宁酒税。丁父忧故事,小使臣丧制只百日,夷行恳请持

---

① 赵冬梅提出:"置武举时,朝野舆论都说它是选拔将帅的良途,废武举时,又将它说得一无是处。武举的置与废,成了一件纠缠不清的事情。"可见,宋代武举的反复置废有其历史背景所在。参见赵冬梅:《武道彷徨:历史上的武举和武学》,北京:解放军出版社,1999年,第68页。
② (清)徐松辑:《宋会要辑稿》选举一七之七,第5587页。
③ 参见刘雅萍:《宋代小使臣选任研究》,第52—53页。
④ 宋朝武举始于仁宗天圣八年,是年以"武举人张建侯等十二人补三班奉职、借职、差使、殿侍。"(参见[宋]李焘:《续资治通鉴长编》卷一〇九,天圣八年六月乙巳,第2540页。)至熙宁六年,"(神宗)御崇政殿试武举进士。凡武举,初试义、策于秘阁,武艺则试于殿前司,及殿试,则又试策于庭。于是诏武举人策入优等,武艺又入优等,与右班殿直,武艺次优与三班奉职,末等与三班差使,减磨勘二年;策入平等,武艺优与奉职,武艺次优与借职,次等与三班差使,减磨勘二年,末等三班差使。"([宋]李焘:《续资治通鉴长编》卷二四七,熙宁六年九月辛亥,第6011—6012页)从天圣八年初次武举到熙宁六年,宋代武举得中者初授官阶都是小使臣序列。
⑤ (宋)李心传:《建炎以来朝野杂记》甲集卷一三《武举》,北京:中华书局,2000年,第276页。《宋史全文》载"芮煇之请"详细如下:"己酉,进呈芮煇奏:'窃见吏部选法,小使臣遭丧不解官,给式假百日。欲除缘边职任,及见从军与归正、归朝、拣汰指使等官,并军功补授、杂流出身人,依旧以百日为限,此外小使臣,如荫补子弟,宜守家法,取应宗室、武举出身之类,皆自科举中来,自合悉遵三年之制。'上曰:'小使臣多是从军,或杂流出身,及沿边职任,所以不以礼法责之。其荫补子弟、取应宗室、武举人,岂可不遵三年之制。可依奏。'"(参见汪圣铎点校:《宋史全文》卷二六下《宋孝宗六》,北京:中华书局,2016年,第2245页。)可见在宋孝宗看来,武举出身的小使臣与科举出身的文官无二,其丁忧当行三年之制。
⑥ (宋)周必大:《周必大全集》之《庐陵周益国文忠公集》卷六二《中散大夫赐紫金鱼袋周公枢神道碑》,成都:四川大学出版社,2017年,第583页。

服"①,其丁忧故事便是用元祐七年诏书而行;再如南宋理宗时期程骧"以开庆己未举周震炎榜进士,赴御射,赐武举出身。畀玉轴绫诰,副以锦囊,授承节郎、鄂州驻扎御前诸军统治司同准备差遣",随后他"继丁内外艰,服阕,转保义郎"②;再如陈龟年"以少师(陈思恭)致仕恩补保义郎,为阁门祗候,提辖制造御前军器所,干办军头引见司。丁母崇国夫人柴氏忧,服除,差镇江府都统司主管机宜文字"③。从上述诸例不难看出,北宋后期至南宋初期有出身的小使臣丁忧能解官持服的情况已经存在。淳熙七年以后,凡符合宗室、荫补、武举等有出身的小使臣丁忧,皆需解官持服。更有甚者,在小使臣丁忧不愿解官持服时,有士大夫甚至提出:"沿边职任谓主兵者,监当辈何预?徒害风教。"④可见,正在军中任职的小使臣才可以丁忧不解官持服。与上述有出身的小使臣不同,若行伍出身者丁忧,则其夺情起复的情况仍然在南宋多有出现。以孟珙为例,其《宋史》本传载:"(嘉定)十六年,以功特授承信郎。丁父忧,制置使起复之,珙辞,讫葬趣就职,又辞,转成忠郎。理宗即位,特授忠翊郎,寻差峡州兵马监押兼在城巡检。"⑤孟珙出身于行伍,从史料来看,他在丁忧解官后两次被制置使催促起复,直至宋理宗即位后直接授官,孟珙最终还是被夺情起复。可见,南宋在制定有出身的小使臣丁忧必须解官持服的制度后,行伍出身者丁忧仍然难以终丧。

综上可知,北宋后期一些有出身的小使臣获得丁忧解官持服的机会后,其丁忧终丧制度最终在南宋淳熙七年以诏书的形式确定下来。此后有出身的小使臣丁忧也确实遵守了淳熙七年诏书的规定,若不解官持服甚至会如文官营求起复一般,遭到士大夫的攻击,其言语之激烈,绝非北宋中后期关于小使臣丁忧制度的讨论可比。相比之下,行伍出身的小使臣丁忧仍然摆脱不了被夺情起复的命运。

四、结语

宋代小使臣属于低级武官,与低级文官丁忧必须解官行服不同,其丁忧解官制度在北宋一直未以明文确定,即使在官阶稍高的大使臣丁忧制度确定后,北宋小使臣丁忧若想解官行服仍然需要申请获准后方才可行。清人沈钦韩曾言:"大使臣已上,许遭丧持服,文官则反是。三司副使已下,许持服,副使已上,则百日公除。文武异制如此。"⑥从沈注来看,宋代大使臣以上的文官可解官持服,小使臣则至多有百日公除;而文官则是三司副使以下必须持服,且作为任用官员的考察依据,三司副使以上文官则可依故事在百日卒哭后夺情起复。可见,北宋始终没有将小使臣这一武官群体算在"整齐风教"的对象之列。虽则北宋中后期士大夫喊出了"贵贱如一"的口号,并在一定程度上推进了小使臣丁忧解官持服制度制定的

---

① (明)黄仲昭:《八闽通志·下册(修订本)》卷之六四《人物》,福州:福建人民出版社,2006年,第707页。
② (明)程敏政:《篁墩文集》卷四五《故宋中书舍人程公墓祠碑》,《景印文渊阁四库全书》第1253册,台北:台湾商务印书馆,1986年,第94页。
③ (宋)陈亮:《陈亮集(增订本)》卷之三六《陈春坊墓碑铭》,北京:中华书局,1987年,第479页。
④ (宋)周必大:《周必大全集》之《庐陵周益国文忠公集》卷七七《赣州洪使君槻墓碣》,第704页。
⑤ (元)脱脱等:《宋史》卷四一二《孟珙传》,第12369—12370页。
⑥ (清)沈钦韩注:《王荆公诗文沈氏注》卷四《供备库副使康璋旧官服阕制》,北京:中华书局,1959年,第241页。

进程,但终北宋一百六十余年,这类官员丁忧终丧始终没有作为制度确定下来。直至南宋,一些宗室、武举、荫补等有出身的小使臣丁忧解官持服才开始获得制度上的保障,但行伍出身者始终没有确立其丁忧制度,这种在出身上重文轻武的现象进一步在武官群体中渗透。当然,南宋虽然将有出身的小使臣丁忧解官持服制度确定下来,但"金革无避"仍然可适用于这一武官群体,其武官丁忧可权从变礼的根本性质仍然没有改变。

作者简介:夏文登,中国社会科学院大学历史学院博士研究生。

【日常生活】

秦统一前后非地著人群的生计方式及人际网络*

冉艳红

【摘　要】 秦统一前后非地著人群的出路,大致有游食于里、市及亡入山泽两种,前者主要以寄食、雇佣等维生,后者依靠渔猎采集、劫掠、交换乃至盗墓等维生。在政权分立时代,民众还可以逃亡他国,并倾向于重新地著、农耕。在谋生的过程中,民众形成相应的人际网络,并借此扩宽了生计途径。民众在这一网络中相互合作、帮助、交易,国家的爵位、身份秩序在其中也并不重要,同时亡人和地著农耕民众之间保持有相应的联系。非地著人群常处于国家统治的边缘或之外,成为地方秩序的异类,并在秦末成为推翻秦朝统治的重要力量,曹参"勿扰狱市"政策即出于这一背景。在谋生及产生人际网络的过程中,民众个人因不同的地域、年龄、性别、性格等特质,做出了不同的选择。

【关键词】 非地著人群;生计方式;人际网络;逃亡;国家统治

西汉文帝时,晁错概括农耕、定居与国家统治的关系是:"贫生于不足,不足生于不农,不农则不地著,不地著则离乡轻家,民如鸟兽,虽有高城深池,严法重刑,犹不能禁也。"①只有从事农耕才使民众能免于贫穷,才能地著,也只有地著才能带来秩序的稳定。秦汉国家劝导甚至强迫民众从事耕作,在此基础上通过郡县乡里组织控制民众,使其地著并承担赋役,正是这一逻辑的体现。②但这也反映出迟至文帝时,还有很多人并不完全以农耕为生计方式。从国家的立场看,非地著人群难以管理,无法或至少不便征发赋役,是国家统治秩序的麻烦乃至威胁③;但从民众的角度看,耕作之外的生计方式为他们的生存提供了补充或其他选择,并逃避了赋役沉重、法网严密的国家统治。那么游弋于乡里之外的民众又如何获得生计及生活,特别是,其与乡里内民众的关系如何,与当时的国家统治关系如何,更需要我们

---

* 基金项目:本文系古文字与中华文明传承发展工程规划项目"中国文书简的理论研究与体系构建"(批准号 G1424)、国家社科基金青年项目"出土简帛所见秦汉边地疾病医疗与社会研究"(批准号 21CZS056)的阶段性研究成果。

① (汉)班固:《汉书》卷二四上《食货志上》,北京:中华书局,1962 年,第 1131 页。

② 可参考鲁西奇:《"下县的皇权":中国古代乡里制度及其实质》,《北京大学学报》(哲学社会科学版)2019 年第 4 期。侯旭东也认为定居农业及农民是战国以后朝廷积极改造出来的,见所著:《渔采狩猎与秦汉北方民众生计——兼论以农立国传统的形成与农民的普遍化》,《历史研究》2010 年第 5 期;侯旭东:《古代中国如何"制造"农民》,澎湃新闻,https://www.thepaper.cn/newsDetail_forward_1452219,2016 年 5 月 12 日。

③ 詹姆斯·斯科特认为,因为税收的需要,古代国家"都是以谷立国的政权","如果没有大规模的谷物种植,它还是无法推动国家的建构",而谷物的生产需要大量耕作人口,因此"早期治国之道的当务之急便是聚拢人口……令其不得擅自迁徙并令他们生产超出自身需求甚至更多的盈余"。见[美]詹姆斯·斯科特:《反谷:粮食是食粮还是政权工具?人类为农耕社会付出何种代价?——一个政治人类学家对国家形成的反思》(Against the Grain: A Deep History of the Earliest States),翁德明译,台北:麦田出版,2019 年,第 158—159、186 页。

留意。而且要说明的是,地著、耕作的民众和游食的非地著者不是截然对立的两个人群,两者相互往来频繁,且民众可能既耕种又游食。

关于战国末年到汉初的非地著人群,之前学界的关注主要集中在两方面,一是其中的游侠群体,二是商人群体及重农抑商政策,不过学者更多留意两者与当时"重要"的政治、经济、思想的关系。①而更多的也不那么"重要"的一般非地著者及其生计、生活问题,较少日常状态下的观察。②因此,本文希望讨论这一群体的生计方式及在此方式之上的人际网络,以展现国家乡里体系之外或边缘的民众生计、生活状态。

一、里、市游食之民的信义、交游与生计

里、市是民众的基本生活空间,在其中不只有以耕作为业的民众,也还有为数不少的"游食之民"③。前文提及的游侠、商人即在其中。商人以商为生,自不必言,而包括游侠在内的其他游食者的生计方式还有待揭示。

在《史记》中有传的秦汉之际人物中,数位在早年有类似"不事生产"的记载:

> (刘邦)仁而爱人,喜施,意豁如也。常有大度,不事家人生产作业。④
> (陈平)少时家贫,好读书,有田三十亩,独与兄伯居。伯常耕田,纵平使游学……其嫂嫉平之不视家生产……⑤
> (韩信)始为布衣时,贫无行,不得推择为吏,又不能治生商贾,常从人寄食饮,人多厌之者,常数从其下乡南昌亭长寄食,数月,亭长妻患之,乃晨炊蓐食。⑥

三人共同的特点是,自命不凡但却无法谋生,因此受到周围其他人的嘲笑。究其原因,他们要么是通过学习有了一定的知识水平,要么在外闯荡而眼界甚高,当时又是游侠、游学、游说的观念和行为格外兴盛的时代⑦,自然不安于农耕而希望能有更大的作为,这是一种时代

---

① 关于战国到汉初的游侠,比较集中的研究是彭卫:《游侠与汉代社会》,合肥:安徽人民出版社,2013 年;卜宪群:《秦汉社会势力及其官僚化问题研究之一:以游侠为中心的探讨》,载郑州大学历史学院编:《高敏先生八十华诞纪念文集》,北京:线装书局,2006 年。商人及抑商政策研究众多,可参考王大庆:《1980 年以来中国古代重农抑商问题研究综述》,《中国史研究动态》2000 年第 2 期。

② 侯旭东关注到了秦汉时期北方民众渔采狩猎的生计方式,其中关于农耕之外的其他生计方式的研究梳理也可一并参看,王勇在侯文的基础上对渔采狩猎和农耕的关系做了探讨,分见侯旭东:《渔采狩猎与秦汉北方民众生计——兼论以农立国传统的形成与农民的普遍化》,《历史研究》2010 年第 5 期;王勇:《秦汉渔采狩猎与农耕经济的关系》,《中国社会经济史研究》2013 年第 4 期。章潇逸对简牍中的逃亡群体做了逐一梳理,见所著《简牍所见早期中国长江中游地区的逃亡现象与地域社会》,硕士学位论文,厦门大学,2018 年。

③ (汉)班固:《汉书》卷二四上《食货志上》,第 1130—1131 页。

④ (汉)司马迁:《史记》卷八《高祖本纪》,北京:中华书局,1982 年,第 342 页。

⑤ (汉)司马迁:《史记》卷五六《陈丞相世家》,第 2051 页。

⑥ (汉)司马迁:《史记》卷九二《淮阴侯列传》,第 2609 页。

⑦ 彭卫注意到,在西汉前期,对游侠群体的正面情绪,弥漫于整个社会中,各个群体"都有一种对游侠近乎崇拜的情绪",见所著:《游侠与汉代社会》,第 4 页。

风貌。他们一方面不屑于或不安于农耕,一方面又难以找到其他生计方式,自然就显得"眼高手低"。陈平的婚姻正反映了此种心理与现实之间的尴尬:"及平长,可娶妻,富人莫肯与者,贫者平亦耻之。"① 贫者陈平看不上,自负应娶富人,但富人又看不上他。

不事生产,但生存必须有食物供给,因此就往往需要寄食于人。战国末期四公子豢养门客数千人,即是其例。但一般的、游荡于闾里间的游食者难以达到这一地步,常只能寄食亲属或稍有资产者。陈平长期寄食其兄;韩信曾寄食南昌亭长,后又靠漂母"饭"数十日;刘邦也常食于嫂家,而且是"与宾客过巨嫂食"②。刘邦以嫂家为己家,常在嫂家宴请"宾客",可见围绕着刘邦有一个寄食群体,大约是他交游的游食之民,正如韩信之于南昌亭长的关系。双方以意气相交,在闾里地方互为声援、结为团体,并由此寄食以为生计。这种通过寄食、信义形成的人际网络,为日后刘邦的帝业在沛县打下了最初的基础。③

而且这种寄食在时人观念中是理所应当的,倘若拒绝,将被视为极大的耻辱。韩信寄食南昌亭长数月,其妻"患之","乃晨炊蓐食。食时信往,不为具食",韩信"亦知其意,怒,竟绝去"。后来韩信成为楚王,仍对此念念不忘,特地召来当年的南昌亭长,只赐百钱,并称"公,小人也,为德不卒",相比之下,让自己受胯下之辱的少年却被任为楚中尉。④ 刘邦长嫂在他带宾客来寄食时"详为羹尽,栎釜,宾客以故去",但刘邦发现"釜中尚有羹","由此怨其嫂"。后来刘邦为帝,唯独不封长嫂之子,直到其父太公来劝说,他还特别说:"某非忘封之也,为其母不长者耳。"最后勉为其难封为"羹颉侯",不仅位低,还在爵名上故意讥讽。⑤ 可见其怨。

寄食之外,雇佣也是一途。⑥ 陈涉少时,即是"与人佣耕",从其他庸者嘲笑陈涉"若为庸耕,何富贵也?"⑦ 来看,这类人群自认毫无富贵的希望,自是地位很低下的人。岳麓秦简《为狱等状四种》的《猩、敞知盗分赃案》中,参与分赃的猩即是"为乐等庸"。⑧ 还有一种雇佣关系常是研究者所忽略的,即任监门。按照战国秦汉时期对聚落的想象,城邑及里都应该有垣墙,从而自然也就要有门⑨,因此就有监门之人。监门由民众集体出钱雇佣,张家山汉简《二年律令·户律》规定:"募民欲守县邑门者,令以时开闭门,及止畜产放出者,令民供食之,月二石。"⑩ 睡虎地秦简《秦律十八种·仓律》:"隶臣妾其从事公,隶臣月禾二石……"⑪ 即"从事公"的隶臣,每月可得禾二石,可见汉初守县邑门者待遇与秦代的刑徒差不多,仅能糊口,里

---

① (汉)司马迁:《史记》卷五六《陈丞相世家》,第2051页。
② (汉)司马迁:《史记》卷五十《楚元王世家》,第1987页。
③ [日]增渊龙夫:《中国古代的社会与国家》,吕静译,上海:上海古籍出版社,2017年,第75—76页。
④ (汉)司马迁:《史记》卷九二《淮阴侯列传》,第2626页。
⑤ (汉)司马迁:《史记》卷五十《楚元王世家》,第1987页。
⑥ 关于战国秦汉时的各种雇佣,涉及"生产关系"及"社会形态"等意识形态问题,特别在建国初期关注者众多,较为全面的归纳可参看刘淑琳:《战国秦汉雇佣关系研究》,硕士学位论文,南京师范大学,2018年。
⑦ (汉)司马迁:《史记》卷四八《陈涉世家》,第1949页。
⑧ 陈松长主编:《岳麓书院藏秦简(壹—叁)释文修订本》,上海:上海辞书出版社,2018年,第144页。
⑨ 冉艳红:《秦代乡里编组的形成:聚落设计与行政体制》,《中国历史地理论丛》2022年第4期。
⑩ 彭浩、陈伟、[日]工藤元男主编:《〈二年律令〉与〈奏谳书〉——张家山二四七号汉墓出土法律文献释读》,上海:上海古籍出版社,2007年,第216页。
⑪ 陈伟主编:《秦简牍合集(壹)·睡虎地秦墓简牍》,武汉:武汉大学出版社,2014年,第77页。

监门的待遇应该也不会更高。韩非子描述中的上古圣王生活十分艰苦,总结认为"虽监门之服养,不亏于此矣"。①以"监门之服养"作为参照,可见在时人认识中,监门就是最低贱之职。因此,监门"多为贫而求食者为之"。②

秦统一前后,见于记载的任监门之职者有:

> 侯赢:年七十,家贫,为大梁夷门监者。公子闻之,往请,欲厚遗之。不肯受曰:"臣修身洁行数十年,终不以监门困故而受公子财。"③
>
> 张耳、陈馀:乃变名姓,俱之陈,为里监门以自食。两人相对。里吏尝有过笞陈馀,陈馀欲起,张耳蹑之,使受笞。④
>
> 郦食其:好读书,家贫落魄,无以为衣食业,为里监门吏。然县中贤豪不敢役,县中皆谓之狂生。⑤
>
> 史举:上蔡之监门也,大不事君,小不事家,以苛刻闻天下。⑥

郦食其为里监门,"县中贤豪不敢役使",却用了"然"字,并被称为"狂生",可见里监门被人役使才是当时的常态。陈馀为监门时更是被里吏笞打,却不敢反抗,地位低贱。⑦但毕竟是一种生计方式,且相对轻松。张耳、陈馀是被秦朝政府通缉之人,只能"变姓名"流亡,不能定居耕种,也没有其他生活来源,还要担心身份暴露,只能担任这种不被关注的贱役。郦食其和史举都是学问较好,但所读之书无法转换为生计物资,又身无长技,且个性或"狂"或"苛刻",皆难容于世,监门以维生的同时还有空闲读书,也是不错的选择。至于侯赢,也与此类似,虽有才计,但"修身洁行",性情孤高,同时又年老体弱,无法做其他事,也只能任监门。

从侯赢等人的遭遇看到,这些下层有一定知识、见识、能力的群体中,固然有为数不少者,以一语寤君侯而骤至高位或得到优厚待遇,这也刺激了更多人投身其中。但大多数人却只能面临尴尬的境地,因为他们的知识、见识、能力本就不直接有用于生计。为吏是一途,如刘邦"及壮,试为吏,为泗水亭长"⑧,但却并非人人能为,韩信就"贫无行,不得推择为吏"⑨。家中稍有资产者尚可寄食,但难免会引起其他家庭成员的不满,如刘邦、陈平之嫂,并成为所在乡里社会中的异类,这也给他们带来心理上的压力。苏秦"出游数岁,大困而归,兄弟嫂

---

① (清)王先谦:《韩非子集解》卷十九《五蠹》,北京:中华书局,1998年,第443页。
② 张金光:《秦制研究》,上海:上海古籍出版社,2004年,第595页。
③ (汉)司马迁:《史记》卷七七《魏公子列传》,第2378页。
④ (汉)司马迁:《史记》卷八九《张耳陈馀列传》,第2572页。
⑤ (汉)司马迁:《史记》卷九七《郦生陆贾列传》,第2691页。
⑥ (清)王先谦:《韩非子集解》卷十《内储说下》,第257页。需要说明的是,《韩非子·内储说》一般被视为故事而非"史实",但关于史举,《史记·甘茂列传》也记载他是甘茂的老师,应确实存在其人。另外,不论史举的事迹真假,即便是韩非编造出来的这个人,他将其监门之职与性格作为故事讲出来,必然也是有所本,存在与此类似的情况,才能让人相信。因此不论这是"史实"还是"故事",在这里作为考察监门情况的材料使用,这一方面都有其"真"和"实"。
⑦ 吴荣曾对监门的地位有较为详细的考述,见《监门考》,载所著:《先秦两汉史研究》,北京:中华书局,1995年,第162—171页。
⑧ (汉)司马迁:《史记》卷八《高祖本纪》,第342页。

妹妻妾窃皆笑之",因而"闻之而惭,自伤";①刘邦在称帝后,在诸侯群臣前,跟其父说"始大人常以臣无赖,不能治产业"②,念念不忘如此。家贫者就不得不直面生存困境,特别是其中如侯嬴、史举、郦食其这种心高气傲、与世相违者,也就更加艰难。只有到了乱世,他们才能有更多作为。

市是另外一个谋生场所。市为贸易之所,自然有相当多以交易维生者,即商人,此毋庸多论,这里讨论的是商业之外的其他生计方式。有气力者无以为生,常在市中以屠为事:

  臣所过屠者朱亥,此子贤者,世莫能知,故隐屠间耳。③
  (樊哙)以屠狗为事,与高祖俱隐。④
  (聂政)杀人避仇,与母、姊如齐,以屠为事……臣所以降志辱身,居市井屠者,徒幸以养老母。⑤
  (荆轲)爱燕之狗屠及善击筑者高渐离……日与狗屠及高渐离饮于燕市。⑥

朱亥在市井以屠为业,被认为是"隐",聂政"居市井屠"也自认为是"降志辱身",其原因在于需要养老母。可见"屠"是一个有较稳定收入的职业,只是地位低贱,两人皆认为或被认为委屈,但大概也找不到其他生计之途。樊哙以屠狗为业,后与刘邦一起"隐",应是刘邦早年或为亭长时期交游之人。而荆轲此种好剑亡命之人,能"爱"狗屠并日与饮酒,应是同道中人。之前不认识的人的往来与投契,显示了他们之间存在的关系网络和当时的交游风气,乃至可以推测的是,荆轲也借由这种交游至少部分地解决了在燕地的生计。同时,荆轲作为外地人来到燕国,常出入市中并找到同道,大概有气力、任侠乃至亡命的游食者常在市中是当时较为普遍的现象和常识。⑦

市井之中鱼龙混杂,不仅本地的游食无赖之徒聚集于此戏乐、谋食,外来的亡命之徒也多隐匿其间,因而也就显得混乱乃至危险。岳麓秦简《为狱等状四种》的《䰻盗杀安、宜等案》中,"一人杀三人田野"的䰻即是"居邑中市客舍",文书中称他"甚悍,非恒人也",而且他"又买大刀,欲复杀人",因而"民大害也"。⑧市中有客舍可以居住,也有买卖大刀等武器之所,同时还可能有与䰻类似的亡命游食者网络可与交通或遮掩耳目,正是他们避居的理想场所。市中人流密集,谋生的机会也多。睡虎地秦简《封诊式·□捕》中,"坐贼人□命"的丙"阴市庸中"。⑨市为贸易之所,必然需要雇佣人手,丙可以"阴"为佣,自然还有更多合法的民众在其

---

① (汉)司马迁:《史记》卷六九《苏秦列传》,第2241页。
② (汉)司马迁:《史记》卷八《高祖本纪》,第387页。
③ (汉)司马迁:《史记》卷七七《魏公子列传》,第2379页。
④ (汉)司马迁:《史记》卷九五《樊郦滕灌列传》,第2651页。
⑤ (汉)司马迁:《史记》卷八六《刺客列传》,第2522页。
⑥ (汉)司马迁:《史记》卷八六《刺客列传》,第2528页。
⑦ 李开元认为屠宰往往是古代侠客的栖身职业处,见所著:《秦崩:从秦始皇到刘邦》,北京:生活·读书·新知三联书店,2015年,第32页。
⑧ 陈松长主编:《岳麓书院藏秦简(壹—叁)释文修订本》,第157—160页。
⑨ 陈伟主编:《秦简牍合集(壹)·睡虎地秦墓简牍》,第292页。

中为人雇佣。此外还有无法维生者乞食其间,据范雎说,伍子胥逃亡过程中就曾"乞食于吴市"①;而豫让为刺杀赵襄子,也"使形状不可知,行乞于市"②。司马迁描述下的汉文帝时期的美好景象,就包括"自年六七十翁亦未尝至市井,游敖嬉戏如小儿状"③,冈白驹解释称,"未尝至市井,乐业自足故也"④。天下安定,民众乐业自足,其表现就是六七十的老翁都不用去市井,言下之意是壮年就更不用去了。可见在时人认识中,沦落市井者,都是家贫无业(特指农业)、不能自足之人。这些游食者本就是社会底层、边缘、危险群体,便是正经从商者也是被歧视之人,因而主流群体往往排斥市井,"君子无故不观游"⑤。

在这种背景下,我们再来看曹参的"勿扰狱市"或许可以有更多理解。曹参离任齐相之前,嘱咐继任者"以齐狱市为寄,慎勿扰也",并解释,"夫狱市者,所以并容也,今君扰之,奸人安所容也?"⑥中华书局点校本和后来的新校本都未断开"狱市"二字,但过去一般都认为是指狱、市二事。后来的学者对此有各种意见,如"大市""具有司法权的市场管理机构",及区分"市狱"和"狱市"而认为后者是曹参专设⑦,总之是一个专门的机构或场所。姑且不论后来是否存在一个专门的"狱市"或"市狱"的机构,事实上相关的记载太少,因而前引研究的论证也过于迂曲,但中古时期的人理解曹参"勿扰狱市"就是广义上的而非特指什么机构。⑧更重要的是,曹参离任前特地交代要"勿扰狱市",将此当作为政之先务,司马迁也特地记下以为曹参无为而治的重要表现,不可能只是针对一个专门的、而且几乎不见于史书的机构,这种理解也窄化了曹参无为而治的政策。狱市可能包含了前人所认为的"教唆词讼资给盗贼"及"用私斗秤欺谩变易之类"⑨,同时也应指具体的场所,即监狱、市井。狱中有奸人自不待言,而从前文的分析来看,至少在战国后期以来,市井也是"奸人",即家贫、无赖、亡命等游食者的容身之所。更重要的是,这些游食者并非孤立的个体,而是相互交游、寄食,形成网络,使得他们更容易给地方秩序带来威胁。

二、山泽亡人的关系网络与辗转求食

里、市之外,山地湖泽地区也是求食之所。这些或主动或被动地在山泽之间求生的一般

---

① (汉)司马迁:《史记》卷七九《范雎蔡泽列传》,第2407页。
② (汉)司马迁:《史记》卷八六《刺客列传》,第2520页。
③ (汉)司马迁:《史记》卷二五《律书》,第1243页。
④ [日]泷川资言:《史记会注考证》卷二五《律书》,北京:新世界出版社,2009年,第1723页。
⑤ 侯旭东详细梳理了北朝时期市的相关问题,可为秦统一前后时代的参照,见所著:《北朝的"市":制度、行为与观念》,《北朝村民的生活世界——朝廷、州县与村里》,北京:商务印书馆,2005年。观念的讨论集中在此章的第三节"市:交利之所,君子无故不游观"。
⑥ (汉)司马迁:《史记》卷五四《曹相国世家》,第2029页。
⑦ 三说分别见陈直:《汉书新证》,北京:中华书局,2008年,第252—253页;施伟青:《"狱市"新探》,《中国经济史研究》2004年第2期;程念祺:《"狱市"试释》,《浙江社会科学》2009年第10期。
⑧ 李根蟠:《汉代的"大市"和"狱市"——对陈直〈汉书新证〉两则论述的商榷》,《中国社会经济史研究》2002年第1期。
⑨ (清)梁玉绳:《史记志疑》卷二四《曹相国世家》,北京:中华书局,1981年,第1162—1163页。

民众,其相互之间及与地著的乡里民众间都有着密切的联系,乃至本身就是有版籍之民。他们之间的这种联系、在山泽中获取生计的方式,及此种联系与生计之间的关系,即是本节所要关注的内容。

山地湖泽因其独特的地理状况,在历史早期难以被纳入国家统治秩序中①,因而不容于国家的民众往往逃入山泽之中。在秦统治之下,"桓楚亡在泽中"②,刘邦"隐于芒、砀山泽岩石之间"③,彭越"常渔钜野泽中,为群盗"④,英布"亡之江中为群盗"⑤。同时,正因为亡人常逃入山泽,山泽中的人也常会被认为是逃亡者。岳麓秦简《为狱等状四种》的《癸、琐相移谋购案》⑥中,男子治等人群盗杀人后,亡入临县沙羡界内山中,被"之山材"的沙羡士伍琐等发现,而后被捕。从琐等不知律令规定,及文书中也只记他们是士伍而没有别的身份来看,他们只是上山砍柴的普通民众。他们没有公职,也不认识治等人,只在山中发现了治等即将其抓捕,而治等称自己"邦亡",琐等最初也相信了。可见在当时一般民众观念中,活动于山中的人基本是犯罪不良者,且主要是亡人。

山泽之间往往有各种可食用的动植物,因而渔猎采集是重要的生计来源。⑦但单独进行渔猎采集是不足以完全维生的。活动于芒、砀山泽岩石之间的刘邦团体有"数十百人"(《汉书》为"数百人")⑧,彭越起事前也聚拢了泽中少年"百余人"⑨,如此规模的群体单独依靠渔猎采集更是不可能支撑。同时,人的生存还需盐等必要物资,山泽之中未必可以满足,因此必然需要其他生计方式,并与外界交通。⑩英布、彭越均在水泽之中为群盗,刘邦和桓楚虽未有记载,恐怕也不能免于劫掠,这是他们重要的物资获取方式。

此外,刘邦亡匿期间,"吕后与人俱求,常得之",而沛县要起事反秦,是"令樊哙召刘季",但据前引《樊哙传》,樊哙是和刘邦"俱隐"的,此时又被在沛县的萧何、曹参等人"令"。⑪很显然,刘邦等人虽流亡在山泽之间,但与沛县众人却存在相当紧密的联系,而吕后、樊哙即是游走两边的联络者。桓楚也同样如此,"人莫知其处,独籍知之"⑫,亡匿者既需与外界交通,又要保证位置隐秘以免被捕,因而只有通过少数亲近之人联系。英布在起事前去见番

---

① 斯科特注意到,各地早期国家几乎都是可耕作平原或高原的产物,国家尚未统治山区、泥地、沼泽、干旱草原和沙漠中的大量人口,由于位置分散和交通困难而居于统治之外,见[美]詹姆士·斯科特:《逃避统治的艺术:东南亚高地的无政府主义历史》,王晓毅译,北京:生活·读书·新知三联书店,2016年,第7—8页。
② (汉)司马迁:《史记》卷七《项羽本纪》,第297页。
③ (汉)司马迁:《史记》卷八《高祖本纪》,第348页。
④ (汉)司马迁:《史记》卷九十《魏豹彭越列传》,第2591页。
⑤ (汉)司马迁:《史记》卷九一《黥布列传》,第2597页。
⑥ 陈松长主编:《岳麓书院藏秦简(壹—叁)释文修订本》,第139—141页。
⑦ 参侯旭东:《渔采狩猎与秦汉北方民众生计——兼论以农立国传统的形成与农民的普遍化》,《历史研究》2010年第5期。
⑧ (汉)司马迁:《史记》卷八《高祖本纪》,第348页;(汉)班固:《汉书》卷一上《高帝纪上》,第9页。
⑨ (汉)司马迁:《史记》卷九十《魏豹彭越列传》,第2591页。
⑩ 斯科特认为,非谷物维生的人民不是孤立圈子,而是与农业人群存在频繁的交流贸易,见所著:《反谷:粮食是食粮还是政权工具?人类为农耕社会付出何种代价?——一个政治人类学家对国家形成的反思》,第166页。
⑪ (汉)司马迁:《史记》卷八《高祖本纪》,第348—349页。
⑫ (汉)司马迁:《史记》卷七《项羽本纪》,第297页。

君,即"与其众叛秦,聚兵数千人",并妻番君之女①,双方之前自然也有相当的联系。以上这些联系不会只是简单的问候或递送消息,其间应该也有物资的往来。渔猎采集、劫掠、与外界交换,以及可能存在的其他方式,共同构成山泽亡人的生计来源。②

与此同时,除非是单纯采集野菜为食,不论是渔猎还是劫掠,都不是单个的人可以完成。鉴于山泽之中的自然状况(如野兽)及其他亡人的威胁,个人亡入山泽都是危险的。因此,亡人们基本都是至少数人一起活动,刘邦、彭越、英布均是如此,岳麓秦简《为狱等状四种》的前三案③均与山泽亡人有关,亦如此。不是亡人,而是"之山材"的一般民众琐等,也是六人一起入山,山地湖泽对地著民众而言,无疑是危险的。但这些亡人团体又不可能壮大,山泽间求生艰难,一定区域内的动植物资源有限,与外界交换又受限于隐蔽的需要和交通的困难,因而最多只能维持百十人的规模。一旦人口增多,必然需要分散,从而形成新的团体。④彭越起事前,跟随他起事的百余泽间少年是逐渐聚拢而来的,他们之前并不集中在一起,只是相互之间有联系。但从后来"期旦日日出会,后至者斩"时众少年的拖沓反应看⑤,少年间的关系较为松散,彭越之所以能为长主要是依靠在钜野泽中的声望,而非有组织。

这种参与劫掠的团体,被秦汉国家称之为"群盗"⑥,一些研究由群盗来理解秦末叛乱及秦亡⑦,从史料上也看到他们常会滋扰地方乃至攻击乡亭,但由于人数较少未成大患。当使者报告东方的叛乱为群盗而非叛乱时,秦二世即"悦"⑧,可见在秦朝中央看来,群盗并非什么严重的事。事实也确实如此。里耶秦简9-1112,迁陵县假校长壮向县廷报告:"唐亭旁有盗可卅人。壮卒少,不足以追。亭不可空,谒遣卒索。"⑨壮专门解释自己为何不追辖区的盗,表明一般的群盗最下层的亭就可以解决,人数稍多,县一级也可以平定。秦末数十上百人的群盗团体虽为数不少,却未能对统治秩序带来严重威胁,最终是由多达九百人的戍卒起事及山东地方的响应,引起了秩序的崩溃。在这个时候,流窜山泽的群盗团体,以自身的百十人为主干,进入定居世界,吸纳地方民众(如刘邦入沛县)或起事失败的溃兵(如彭越收诸侯散卒)而壮大,才成为反秦的重要势力。

---

① (汉)司马迁:《史记》卷九一《黥布列传》,第2598页。
② 章潇逸观察到亡人与定居社会存在着复杂的联系,包括交易、雇佣、劫掠、偷盗等,而逃亡者的生计方式主要为抢劫、渔猎、为佣,参所著:《简牍所见早期中国长江中游地区的逃亡现象与地域社会》,第58—61页。
③ 即《癸、琐相移谋购案》《尸等捕盗疑购案》和《猩、敞知盗分赃案》,见陈松长主编:《岳麓书院藏秦简(壹—叁)释文修订本》,第139—145页。
④ 关于山地民众分散的特点,可参考[美]詹姆士·斯科特:《逃避统治的艺术:东南亚高地的无政府主义历史》第六章"逃离国家和防御国家:逃离的文化和农业"。
⑤ (汉)司马迁:《史记》卷九十《魏豹彭越列传》,第2591页。
⑥ 张家山汉简《二年律令·盗律》:"盗五人以上相与功(攻)盗,为群盗。"见彭浩、陈伟、[日]工藤元男主编:《二年律令与奏谳书——张家山二四七号汉墓出土法律文献释读》,第114页。
⑦ 漆侠:《秦汉农民战争史》,北京:生活·读书·新知三联书店,1962年,第17—18页;孟祥才:《中国农民战争史(一)秦汉卷》,武汉:湖北人民出版社,1989年,第58—60页;林剑鸣:《秦汉史》,上海:上海人民出版社,2003年,第181—182页;赵鼎新:《儒法国家:中国历史新论》,徐峰、巨桐译,杭州:浙江大学出版社,2022年,第306页;[日]柴田昇:《漢帝国成立前史:秦末反乱と楚漢戦争》,东京:白帝社,2018年,第17—23页。
⑧ (汉)司马迁:《史记》卷六《秦始皇本纪》,第269页。
⑨ 陈伟主编:《里耶秦简牍校释(第二卷)》,武汉:武汉大学出版社,2018年,第260页。

岳麓秦简《为狱等状四种》的《猩、敞知盗分赃案》[①]为我们提供了一个秦统一前夕山泽民众复杂生计网络的案例，可先作概括。士伍达"亡，与猩等猎渔"，同时与他一起猎渔的还有同样逃亡的冗募上造禄等。但猎渔"不利，负债"，因此禄提及他之前逃亡所居的夷道界中有庐舍，达、猩即与他亡入夷道。不能猎渔的达，"与仆徒蒋等谋埱冢"，获得冢中器后达分给在庐舍中为"养"的猩。后来冗募上造敞又参与进来，中间有缺简[②]，但据后面的记载来看，应该是来买"钖"的。达、敞约定"冢中尚有器，器已出，卖敞所"，而蒋则建议"与敞出余器，分敞"。达最开始认为"发冢一岁矣！今彻，敞乃来，不可与敞"，后来又答应分敞，只是"敞来后，前者为二面，敞为一面"。最后"到冢，得钖。敞买及受分"。

达"亡"后的生计方式开始是猎渔，但"负债"一词提示我们，达虽然是亡人，但与外界有交换、借贷关系，而其交换的产品应该就是其猎渔所得。即他们并不完全是将猎渔所得作为自给的食物，也将其作为商品。后来达猎渔不利又去埱冢[③]。其中所获并非食物，而是钖[④]等贵重金属器，自然也需要交换出去，敞正是购买者。而猩又涉及的"载铜"案，是他在为佣的时候，将从"草中"取得的铜卖给前来醴阳的去疾、号。整理者认为，这里的"载铜"是指盗墓所出土的青铜器[⑤]，但猩的两次供词都说是"取铜草中"，可能此次卖的铜确非盗墓分赃所得，而是另有来源。不过可以推想的是，猩所分得的"器"应该也是通过与此类似的方式变卖出去。

有交易自然就涉及相互的人际网络。敞是后来才赶来参与的，在此之前达、蒋已"发冢一岁"，他希望买钖，应该是听说这里掘得了钖器。从蒋"请与敞出余器，分敞"来看，应该是蒋联络的敞。开始达并不愿意给敞分器，而只准备卖给他，但后来又改变主意还是答应分给敞。猜测其原因，达等掘墓，必须要有变卖渠道，或许达是为了变卖的方便，才采取这种既卖且送的方式。同时很有趣的是，达、蒋两人在分器问题上的矛盾，之前还有过一次。与达一起来到夷道庐舍中为"养"的猩，分器时蒋等并不分他，只有达"私分"。两次分器，主要的埱冢者达、蒋各自偏向与自己有关的人。只是虽有偏好，却都需要共同商量分配，最后达只能自己"私分"给猩，而关于敞的分配也是须达同意。这个临时盗墓组织成员之间微妙的亲疏关系、组织方式由此得到展现。

而令人惊奇的是，此案诸人涉及的地域相当广。达与蒋居于夷道界中庐舍，他们所掘之冢应该也在夷道。而来买器的敞，虽没有他所居住的县的确切记录，但关于他的案情由醴阳丞报告，则他至少被捕应该是在醴阳。而达是屖陵狱史"诣"，则他后来又去了屖陵县，或者他本来就是屖陵县人。而猩后来被捕时，是在醴阳为庸，而来他这里买铜的去疾、号又是在江陵被捕。案中亡人在各地流窜寻求生计，他们之间相互交易、合作，也相互帮助、互通谋生

---

① 陈松长主编：《岳麓书院藏秦简（壹—叁）释文修订本》，第143—145页。
② 简牍图版及编连见朱汉民、陈松长主编：《岳麓书院藏秦简（叁）》，上海：上海辞书出版社，2013年，第123页。
③ 王子今注意到，"掘冢"行为是秦汉时期相当常见的营生方式，见所著：《中国盗墓史：一种社会现象的文化考察》，北京：中国广播电视出版社，2000年，第68页。
④ 整理者认为，"钖"，疑读为"璗"，铜之美者；方勇则认为，应是"易"讹写成了"昜"形，即是"锡"。分见朱汉民、陈松长主编：《岳麓书院藏秦简（叁）》，第126页；方勇：《读岳麓秦简（叁）札记一则》，简帛网，http://www.bsm.org.cn/?qinjian/6170.html，2014年2月21日。
⑤ 朱汉民、陈松长主编：《岳麓书院藏秦简（叁）》，第126页。

的信息,形成了跨越至少三县一道的人际网络。如禄本随达猎渔,但后来"不利",禄即提示夷道庐舍的消息,达得以参与到椒冢之事来。他们在寻求生计的过程中形成其人际网络,后又依靠这样的网络扩宽了生计渠道。

在夷道界中的庐舍里,目前已知的有猩、达、禄、蒔四人,而蒔后一般还有"等"字,人数必然不少,以至于需要专门的养来负责食物加工,即形成了简单的组织和分工,共同合作维生。同时,能够支持一人专门为养,自然是有多余的食物,他们的生存也并非太过困难。但这也只是相对而言,为了生计,他们必须广泛寻求各种生计来源。以猩为例,他获得生计的方式先后有:猎渔、庐舍为养、分冢器、为佣、卖锡。而从达、蒔等开始椒冢,到敞来买锡,间隔一年,其间他们必然也有其他维生途径。可能也正是因为生计来源的不稳定,也可能是别的原因,猩和达后来离开了庐舍乃至夷道,各自去了醴阳和孱陵,而他们在庐舍中的位置也就消失,或由其他人代替,因而他们的组织、联系自然就相当松散。事实上禄开始就是在庐舍中,后来离开随达猎渔,再后来又回庐舍。辗转往复于各种可能的生计渠道,正是亡人或游食之民们的生活状态。

还需要注意的是,案中数人的身份。禄和敞都是"冗募上造"①,猩、达为士伍,蒔为仆徒,这些都是国家秩序下的身份,但既然他们亡于国家秩序之外,在相互联系中这种身份自然也就没有意义。直到他们被捕,回到国家统治之下,名字出现在司法文书中,名前就有了爵位、身份,从而所受惩罚不同。②同时,国家统治内、外的编户民与亡人之间,其界限是模糊的。在文书中,猩未有"亡"的记载,后来能为冗募乐佣,应也不是亡人。③但实际上,猩既与亡人达猎渔,又随亡人禄等入夷道界中为养,长期与亡人共同生活。可以料想的是,乡里中无法完全以农耕维生的民众必然需要寻求更多的生计方式,从而产生流动,其中部分就如猩一般,游走在国家统治的边缘。不过这些边缘民众未必都是因为贫穷,敞专门来买锡器,并买了第二次掘出的冢器,自然不会有多贫穷。对敞而言,与亡人之间的联系及农耕之外的生计方式,可以使他获利更多。但两者相同的是,在地著农耕和国家统治之外,存在更多的生计可能。

三、不忍为民:政权分立时代的跨境逃亡

山地湖泽毕竟危险且生计不稳定,在政权分立时代,如果不容于所在政权的统治,还可以尝试换一个政权,即跨境逃亡。在秦统一前及秦亡后,列国分立,一人如果在一国有罪或不堪重赋,逃亡他国是较为常见的现象。史书的此类人物也很多,如战国末年的范雎、孟尝

---

① 关于"冗募"的身份,有三种意见:募集的军士、包括服劳役和兵役两种情况、只服兵役,见张韶光:《〈岳麓书院藏秦简(叁)〉集释》,硕士学位论文,吉林大学,2017年,第106页。

② 如同一罪行的敞和猩,猩的判决是"黥城旦",敞较轻,为"耐鬼薪",应是敞的上造爵位使其获得了减刑。

③ 张家山汉简《二年律令·亡律》:"取亡罪人为庸,不智(知)其亡,以舍亡人律论之。所舍取未去,若已去后,智(知)其请(情)而捕告,及詷(诇)告吏捕之,皆除其罪,勿购。"按汉初的规定,以有亡罪之人为庸,即便不知情,也要按舍罪人律论。文书中未见对乐的惩罚,一定程度上应该能说明问题,当然,也可能是另有文书处理,备一说。律文见彭浩、陈伟、[日]工藤元男主编:《〈二年律令〉与〈奏谳书〉——张家山二四七号汉墓出土法律文献释读》,第158页。

君、乐毅,楚汉之际的英布等。①他们无法在一国立足,即可逃亡他国获得庇护,乃至获高位,故国也无可奈何。汉灭楚再次统一后,汉与关东诸国实为敌国,也有民众相互逃亡。②

相比将相官吏的政治逃亡,更多的逃亡者是一般民众。秦律对这一跨境逃亡的行为有专门的罪名,即"邦亡",将处以黥城旦的重罚。③同时,逃亡异国,也就意味着要完全脱离现在生活所熟悉的社会和人际网络,去到完全陌生之地,重新开始,这在安土重迁的时代,是很难做出的选择。④同时,跨境逃亡路途遥远,将面临气候、疾病、劫掠、关卡、食物等各种问题,绝非一般人可以完成。岳麓秦简《为狱等状四种》的《学为伪书案》中,学为邦亡荆(即楚国,下同),但自己没钱,"无以为衣被资用",因此冒充五大夫冯毋择将军之子"为伪私书","欲贷钱胡阳少内",达二万钱,最后被发现。⑤《䰍盗杀安、宜等案》中,䰍"以盗杀人,得钱财以为用,亡之魏"。为了逃亡魏国,䰍竟通过盗杀来获取钱财。⑥可见逃亡他国绝非轻易,需要大量资源支持。而张家山汉简《奏谳书》中,汉初被徙关内的故齐国田氏南,"冠缟冠,佯病卧车中,袭大夫虞传",欲随其丈夫临淄狱史阑出关逃回齐地,在过函谷关时被拦下⑦,即是逃亡失败之一例。

正因为逃亡艰难,所以一般是团体结伴出逃。岳麓秦简《为狱等状四种》的《尸等捕盗疑购案》⑧中,秦人治等先邦亡荆,后又欲与荆人阆等亡秦,据后来被捕时的人数,各有四人、十人。考虑到治等已经在原荆地生活了一段时间,可能并非所有与其从秦亡入荆的人又愿再逃回,那么当初从秦到荆的治等,人数也许更多。《癸、琐相移谋购案》中,被"之山材"者所捕的治等人自称"邦亡",也有四人。而且这些逃亡者基本都是男子。因而也就可以想象,《多小未能与谋案》中,独自带着只有十二岁的多的母亲儿(人名),由秦亡入荆,会是何等艰难。

儿与多如何逃亡我们不清楚,但《尸等捕盗疑购案》《癸、琐相移谋购案》中的邦亡,应该是避开关卡,经山泽小道而行。前者欲亡入秦,路上又"悔",于是"来居山谷以攻盗",可见其对山谷路径应较为熟悉。后者是群盗杀人后,被官府追捕在山林中一路逃亡。治等被捕后说"邦亡"固然可能是托词,此时(秦王政二十五年)楚国也已灭亡,但治等自称邦亡,捕者也相信,应是此前这里也不鲜见亡入楚国的秦国治下民众。南郡本就是楚故都所在,离秦楚边境

---

① 分见(汉)司马迁:《史记》卷七九《范雎蔡泽列传》,第2401页;卷七五《孟尝君列传》,第2354—2355页;卷八十《乐毅列传》,第2429页;卷九一《黥布列传》,第2599页。
② 参陈苏镇:《〈春秋〉与"汉道":两汉政治与政治文化研究》,北京:中华书局,2011年,第87—88页。
③ 一般认为"邦亡"是逃亡他国,周海锋认为,"邦亡"是指逃出秦故地,而非秦地。曹洋否定了周海峰的判断,认为"邦亡"是出国境的逃亡,而张小倩则认为,"邦"的含义在秦统一过程中发生了变化,因此具有了逃出秦故地和边境两种含义。张小倩意见较为周全。分见周海锋:《〈为狱等状四种〉中的"吏议"与"邦亡"》,《湖南大学学报》(社会科学版)2014年第4期;曹洋:《秦"亡人"刍议——以秦简为中心》,硕士学位论文,南京师范大学,2018年,第26页;张小倩:《秦简逃亡问题研究》,硕士学位论文,郑州大学,2018年,第34页。关于"邦亡"的处罚规定,亦见周海锋、张小倩文。
④ 参邢义田:《从安土重迁论秦汉时代的徙民与迁徙刑》,载《治国安邦:法制、行政与军事》,北京:中华书局,2011年,第62—100页。
⑤ 陈松长主编:《岳麓书院藏秦简(壹—叁)释文修订本》,第164—167页。
⑥ 对两例的分析亦见章潇逸:《简牍所见早期中国长江中游地区的逃亡现象与地域社会》,第57页。
⑦ 彭浩、陈伟、[日]工藤元男主编:《〈二年律令〉与〈奏谳书〉——张家山二四七号汉墓出土法律文献释读》,第338—339页。
⑧ 陈松长主编:《岳麓书院藏秦简(壹—叁)释文修订本》,第142—143页。

不远,又多山地湖泽,秦、楚两国难以完全控制边境,在这里从秦亡入楚或由楚亡入秦相对其他地区都较为容易,《尸等捕盗疑购案》中治、阇等即是往来于秦、楚之间。而在《学为伪书案》中,学居于南阳郡新野县,在南郡胡阳县附近①,不满秦的统治,想到的方法就是要邦亡荆,而其路线则是"道胡阳"。逃亡他国成为南郡这种边境地区的民众,不容于本国统治之后,所能想到的出路之一。而相比内部其他地区,边境地区民众熟悉路线、距离较近,他们也较易由山泽小道出逃。

出逃他国,一般主要不是因为生计问题,而是不容于统治。范雎、孟尝君、乐毅等自不待言。岳麓秦简《尸等捕盗疑购案》中,秦人治邦亡荆,据其后来说,"有罪秦",因犯罪而亡。《癸、琐相移谋购案》中自称"邦亡"的治等人,则是因群盗杀人被追捕而亡。因犯罪而不容于国家统治秩序而面临刑罚,这种逃亡很容易理解,但也还有其他不容于统治的原因。《䰝盗杀安、宜等案》中,盗杀人获取逃亡物资的䰝本非秦人,而是"䕺城人,降为隶臣",因为"有母、妻、子,在魏",所以要"亡之魏"。张家山汉简《奏谳书》里阑与南则是因为其婚姻不容于国家律令。南为故齐国族田氏,因汉初"徙民实关中"②政策"徙处长安",而阑则是临淄狱史,送南等到长安。在送行过程中,阑取南为妻,但汉初律令"令它国毋得娶它国人",即汉直属郡县与诸侯国、各诸侯国之间的民众不得为婚。临淄是故齐国国都,南很可能本身是临淄人,与同在临淄的阑或许早已认识,但南被徙居长安成为汉直属郡县之民。两个本属同乡的恋人(不论是在临淄还是在"送行"过程中相恋),因为一道诏令,分属两国而不得为婚,且将东西永隔。他们的婚姻不容于汉朝的统治,因而两人选择了逃亡回临淄。而岳麓秦简《学为伪书案》中的学,则是因为"学父秦居赀,吏笞秦,以故数为学怒,苦耻之",这位年仅十五岁的少年不堪其父受辱于秦的统治,决心逃亡。每个个体的人状况、心理不同,不容于国家统治的原因自然也就不同。

但这种不容于一国统治,选择去另一国接受统治的状况,提示了我们当时民众与统治、地著的关系。岳麓秦简《尸等捕盗疑购案》中,阇等荆人亡后"来入秦地,欲归义",只是路上考虑到从秦亡出的治等"已有罪秦,秦不□归义",只好"来居山谷以攻盗"。所谓"归义",整理者注:"归附正义,即归附秦国之谓。"③《商君书》专门有一篇《徕民》,认为"意民之情,其所欲者田宅也",因此要"以草茅之地徕三晋之民,而使之事本",并且"诸侯之士来归义者,今使复之三世,无知军事"。④商鞅当时要"徕"的是三晋之民,而此处是楚人要"归义",但统治的逻辑应是一以贯之的,即认为民众最想要的是田宅,归义之民要使其"事本",并给予赋役上的优待。那么阇等"归义",实际上也就是入秦国的版籍,并获授田宅从事农耕。在《同、显盗杀人案》中,杀人者同最开始自称"归义",然后审理者即讯问其"归义状及邑里居处状"。⑤可见秦国管理"归义"者,即是将其编入"邑里",使其地著,进入国家管理之内。从阇等的叙

---
① 整理者注:秦胡阳,治今河南唐河县西南湖阳镇;秦新野,治今河南新野县。见朱汉民、陈松长主编:《岳麓书院藏秦简(叁)》,第232、234页。
② 这一政策倡自刘敬:"臣愿陛下徙齐诸田,楚昭、屈、景、燕、赵、韩、魏后,及豪桀名家居关中。无事,可以备胡;诸侯有变,亦足率以东伐。此强本弱末之术也。"见(汉)司马迁:《史记》卷九九《刘敬叔孙通列传》,第2719—2720页。
③ 朱汉民、陈松长主编:《岳麓书院藏秦简(叁)》,第117页。
④ 蒋礼鸿:《商君书锥指》卷四《徕民》,北京:中华书局,1986年,第90—93页。
⑤ 陈松长主编:《岳麓书院藏秦简(壹—叁)释文修订本》,第155—156页。

述中,他们更愿意入籍、地著、农耕,居山谷之中劫掠只是无奈之下的选择。

汉初的情况也与此类似。汉灭楚后,汉五年颁布诏书,其中部分内容是:

> 民前或相聚保山泽,不书名数,今天下已定,令各归其县,复故爵田宅,吏以文法教训辨告,勿笞辱。民以饥饿自卖为人奴婢者,皆免为庶人。①

汉朝廷要求聚保山泽、不书名数的民众归县,得复故爵田宅。官府相信,只要复民众"故爵田宅",民众就会离开山泽,各归其县并书名数。张家山汉简《奏谳书》中,楚时(项羽之楚,另一案同)军之奴武逃亡,到了汉朝,武就出来"书名数为民"了。②秦统一前和汉初的例子提示我们,只要赋役不重、环境安全能使其维生,特别是官府有赋役减免的时候,这些本来农耕的民众相对而言更愿意地著、农耕,而非在山泽间通过渔猎采集、攻盗等方式求生,毕竟相比后者,前者较为稳定、安全,也更熟悉。这种渔猎、攻盗的生计方式,实际上就意味着这是强者(主要指体力)的世界,弱者,即女性、孩子及老人等在其中难以生存。岳麓秦简《多小未能与谋案》中,我们不知因何儿要带着孩子从秦邦亡荆,但他们寡母弱子显然不可能在山泽之中生存,而只能进入定居世界。

同时,诏书称"以饥饿自卖为人奴婢者",可免为庶人。但事实上,不仅是"以饥饿自卖"为奴婢者可以免为庶人,之前逃亡的奴婢,只要出来书名数,就可以为庶人。前引张家山汉简《奏谳书》的案例,楚时为军奴逃亡、到汉朝"书名数为民"的武,后来被军发现,请求校长(即亭长)追捕,武被捕后,官府诘问追捕者视:"武非罪人也,视捕,以剑伤武,何解?"可见官府认为武在楚时虽为军奴,但到汉朝已书名数为民,则之前两人的关系取消。《奏谳书》另一案中,楚时点之婢媚亡,到汉朝,未书名数即被原主人点得,"占数复婢媚,卖襐所",媚再次逃亡,原因在于媚"自当不当复为婢"。③在媚的认识中,政权更替后,过去与主人点的关系就解除,不当再为婢。这在一定程度上解释了在政权分立时代,为何民众要逃亡他国:到了新的政权下,过去的一切就都消失,可以重新开始。

但这种开始绝不容易。亡奴武恰好是因为战乱停止,政权更替,才得以转变身份,且从他被原主人发现来看,他还是回到了逃亡前生活的地域。这些因素大大降低了他重新开始的难度,而亡入他国进入一个陌生地区(虽然不一定很远),除去能够随身携带的少数物资,其他都失去了,要全部重来则相当困难。岳麓秦简《尸等捕盗疑购案》中,秦人治等邦亡荆,居于京州,并结交了荆人阖等。但不知何原因,他们在京州也待不下去,又从京州逃亡,欲入秦"归义"。这种困难更多不是异国与否,而是在异地完全陌生,缺乏相关人际、资源网络而致。张耳、陈馀逃亡异地,面临通缉只能为里监门艰难维生。但刺杀了始皇的张良被通缉,亡匿下邳后,还能"从容步游""为任侠",并帮助藏匿杀人的项伯。④张耳、陈馀与张良遭遇不同,显然是因为张良有家族五世相韩而积累下的人际关系、资源网络的庇佑。

---

① (汉)班固:《汉书》卷一下《高帝纪下》,第54页。
② 彭浩、陈伟、[日]工藤元男主编:《〈二年律令〉与〈奏谳书〉——张家山二四七号汉墓出土法律文献释读》,第343页。
③ 彭浩、陈伟、[日]工藤元男主编:《〈二年律令〉与〈奏谳书〉——张家山二四七号汉墓出土法律文献释读》,第237页。
④ (汉)司马迁:《史记》卷五五《留侯世家》,第2014—2036页。

只是张耳、陈馀及张良虽逃亡他地,但毕竟不是他国,必须时刻面临被通缉的压力。事实上,此时的天下已不存在他国了,海内业已为一。岳麓秦简《尸等捕盗疑购案》中,之所以"疑购"及产生此份文书,就是因为随着秦统一的推进,荆人阆的所居之地京州已"降为秦",审理官员对阆是否还是"它邦人"难以判断。虽然最后的审理结果,阆被当作"它邦人"处理,但开始审理者的犹豫显示,这已是天下一统的时代。《多小未能与谋案》中,十年前多由其母带着逃离了秦国的统治,来到楚的庐溪生活,但十年后庐溪被秦军攻下,成为秦土,多再次回到秦的统治之下,并被秦军所捕。原先民众不容于一国的统治,尚且可以逃亡他国,换一个统治者,但此时天下虽大,却只有一国,民众已无国可逃。鲁仲连反对尊秦为帝时曾说:"彼即肆然而为帝,过而为政于天下,则连有蹈东海而死耳,吾不忍为之民也。"①此时业已成为现实,"不忍"为秦之民的民众,除了"蹈东海而死"外,也只能学不为周民的伯夷、叔齐,亡入山泽了。

四、总结

总结而言,秦统一前后非地著群体的出路,大致有游食于里、市及亡入山泽两种,在政权分立时代,还可以逃亡他国。游食之民在里、市中,主要的生计方式包括寄食家人朋友,受雇佣为监门等职及市中为佣、屠乃至乞食等。而亡入山泽则依靠渔猎采集、劫掠、与外界交换乃至盗墓等方式维生。跨境逃亡者,除上层政治精英外,一般民众更倾向于回到地著农耕。不论何种出路,单一的生计来源是不稳定的,因而非地著群体的生计方式都是多样的。

在谋求生计的过程中,民众形成相应的人际网络,而这种网络又扩宽了生计途径,乃至成为生计方式之一。里、市内的游食之民寄食他人本身就需要相应的人际网络,他们也将这种寄食视作理所应当。山泽亡人之间,需要人际网络获知谋生的信息,相互合作、帮助、交易,而这种网络十分宽广,乃至跨越数县,但其中成员间又有亲疏之分。特别是亡人和地著农耕民众之间,往往保持有较为隐秘却稳定、密切的联系,乃至有的民众游走于两边,以寻求更多的生计可能。逃亡他国的民众也需要在陌生之地建立自己的人际网络,缺乏相应的人际及资源网络则难以在当地生存。

这些非地著群体常处于国家统治的边缘或之外。里、市之间的游食者并非老实耕作完纳赋役的"顺民",而是国家统治下的异类乃至威胁,曹参为此特地要求"勿扰狱市"以妥协。山泽亡人逃到国家统治难及之地,国家难以向他们征发赋役,而他们的部分生计方式,如劫掠和盗墓是律令所禁止且重惩的。山泽间的群盗团体更是威胁地方秩序,在秦末秩序崩坏后,以群盗为骨干的起事集团成为推翻秦朝统治的重要力量。同时,这些不在国家秩序内的群体,他们原先的爵位、身份及其等差秩序在山泽亡人网络中并不重要,而是一种松散、相对平等的合作关系。跨境逃亡者也主要是不容于本国统治之人,但他们去另一国则显示其只是希望有一个宽松的统治,而非逃避统治本身。但当秦完成统一后,民众无国可逃,只能接受秦的统治或亡入山泽之中。

---

① (汉)司马迁:《史记》卷八三《鲁仲连邹阳列传》,第2461页。

从这段统治边缘的历史中,我们看到更多的是民众自身的生计、情感和选择。身处不同环境的人的生计方式不同,在秦楚边境地区的民众可将逃亡他国作为选择,山泽附近的则可以"靠山吃山"。但危险的山泽更适合身体强健的壮年男性,而非女性、儿童、老人等弱者。里、市游食者,因其不事生产,成为其他"主流"农耕群体中的异类并被排斥。其中有一定知识、见识或能力的下层群体,尤其是性情孤高、与世相违者,却无法谋生,承受了相当的心理压力。逃亡他国者,除了一般的因犯罪和政治冲突而不得不逃亡外,还有因感情、父亲受辱而主动逃亡的。当我们的考察细化到个人,总能发现个人特质(如年龄)的意义或影响,但一些个人层面的特质,又是受战国末期到汉初这一时代风气(如游侠)影响的。各种因素交错之下,正是复杂而丰富的历史面貌。

附记:本文的写作及修改过程中,蒙孙家洲、侯旭东、王子今、韩树峰、姜守诚、顾涛、张忠炜、孙闻博、冯渝杰、张欣毓等师友指教与帮助,谨此一并致谢!

作者简介:冉艳红,清华大学人文学院历史系博士研究生。

游娱与竞技：宋代宴饮中的博戏*

纪昌兰

【摘　要】 宋代宴饮通常伴有各类娱乐活动，为娱宾遣兴之必备。就宴饮博戏而言，相较唐人争强好胜的风习，宋人更加注重其娱乐佐欢功能，并不刻意计较输赢结果。博戏以独特的竞技性和娱乐性充满极强吸引力，自诞生之日起就饱受诟病，非议不断。宋代有识之士更是站在理论高度以奢侈怠惰为名批判包括博戏在内的宴乐事宜。在实际社会生活中却是"批其事而行其实"，从某个程度上反映出士大夫阶层及时行乐的处世心理，处处充斥着适意游性的思想观念。

【关键词】 宋代；宴饮；博戏；风尚

博戏作为古代社会一种群体性的休闲娱乐游戏往往与宴饮密切结合，是人们饮宴之余娱宾遣兴的常见佐欢方式。宋朝时期社会休闲文化五彩斑斓，博戏以其特有的娱乐和竞技双重特性频繁出现在宴饮活动中，相当引人注目。纵观学界关于中国古代博戏的研究，大多关注其具体形制、规则及流传状况。[①]学界对于宋代博戏，尤其是宴饮中的博戏[②]尚缺乏深入探讨。[③]本文拟通过宋代宴饮中的博戏及其特征考察宋人的精神风貌和处世心态，揭示宋代社会生活风尚与文化的多面特征，以期助益了解宋人日常生活之实态。

一、宋代的宴饮与博戏

博戏是一种以"悬于投"[④]为核心，依靠投掷、抽取、翻验结果决定下一步行为走向，且带

---

* 基金项目：本文系河南省社科规划项目"商品经济发展视域下的宋代饮食业研究"（项目号 2022BLS011）的阶段性成果；河南省兴文化工程文化研究专项目"宋代中原饮食文化研究"（2023XWH117）。

① 关于博戏，学界有诸多探讨。杜亚泉先生对中国古代博戏变迁进行了大体梳理（《博史》，上海：开明书店，1933年）；史良昭先生介绍了中国古代各种博戏规则及流传状况（《枰声局影——中国古代博弈文化》，上海：上海古籍出版社，1991年）；另有宋会群、苗雪兰：《中国博弈文化史》，北京：社会科学文献出版社，2010年；徐厚广：《博弈》，重庆：重庆出版社，2006年；王永平：《游戏、竞技与娱乐—中古社会生活透视》，北京：中华书局，2010年。

② 本文所指既有宴席间游戏耍玩者，也有宴会尾声为宾主尽兴而设的博戏娱乐。为行文方便，统称为宴饮中的博戏。

③ 朱瑞熙等：《辽宋西夏金社会生活史》，北京：中国社会科学出版社，1998年；杨荫深：《中国游艺研究》，上海：上海文艺出版社，1990年，以上对宋代博戏有所涉及。

④ 班固《奕旨》曰："夫博悬于投，不专于行。优者有不遇，劣者有傥幸；跨拿相凌，气势力争，虽有雄雌，未足以为平也"，强调博戏的结果带有较大随机性。

有较大随机因素的游戏。①《说文解字》中"簙"解释为："局戏也,六箸十二棊也"。②宋人程大昌则明确指出："博之流为樗蒲、为握槊、为呼博、为酒令,体制虽不全同,而行塞胜负,取决于投,则一理也"③,反映出博戏具有较输赢、角胜负的竞技特色。④作为一种古老的游戏活动,博戏早在春秋战国时期就已经流行开来。⑤在《艺文类聚》中曾记载一首相传于汉代的古诗,有曰："玉樽延贵客,入门黄金堂。东厨具肴膳,椎牛烹猪羊。主人前进酒,琴瑟为清商。投壶对弹棋,博弈并复行。"⑥诗词中生动形象地描绘了众宾客把酒言欢之余博戏欢闹的热烈景象。随着时代发展,博戏的种类和规则不断变换。⑦三国时期,东吴将领诸葛融"每会辄历问宾客,各言其能,乃合榻促席,量敌选对,或有博弈,或有樗蒲,投壶弓弹,部别类分,于是甘果继进,清酒徐行,融周流观览,终日不倦"⑧,此处所涉宴饮中的博戏就包含了博弈、樗蒲、投壶、弓弹等多种类型。宋时,世人饮宴欢乐依旧喜尚以博戏助兴娱宾。这一时期宴饮中的博戏大体包括叶子格、打马、骰戏等,同样以游戏结果为下一步活动行进标准,俨然成为宋人日常娱乐生活的重要组成部分。

叶子格是博戏的一种,是宴饮中常见的娱乐游戏类型,早在唐朝玄宗时期就十分盛行,"当时士大夫宴集皆为之"。⑨到宋初,依然相当受欢迎。关于此,欧阳修曾指出："叶子格选者,自唐中世以后有之","唐世士人宴聚,盛行叶子格,五代、国初犹然,后渐废不传",逐渐淡出了人们的视野。⑩针对这一变化过程,宋人王辟之有详细记载：

> 唐太宗问一行世数,禅师制叶子格进之。叶子,言"二十世李"也,当时士大夫宴集皆为之。其后有柴氏、赵氏,其格不一。蜀人以红鹤格为贵,禁中则以花虫为宗。近世,职方员外郎曹谷损益旧本,撰《旧欢新格》尤为详密。其法:用扁骰子六只,犀牙师子十事,自盆帖而下,分十五门。门各有说,凡名彩二百二十七,逸彩二百四十七,总四百七十四彩。余家有其格,而世无能为者。⑪

---

① 参考李晓春:《中国古代博戏文化研究》,硕士学位论文,北京大学,2013年。
② (汉)许慎:《说文解字》卷五,天津:天津古籍出版社,1991年,第98页。《说文解字》有言:"古者乌曹作簙",清人段玉裁注"簙,从竹,博声","经传多假博字"。(《说文解字注·竹部》,南京:凤凰出版社,2015年,第352页)
③ (宋)程大昌:《演繁露》卷六《投五木琼橇玖骰》,北京:中华书局,1991年,第58页。
④ 博戏属于游艺范畴,有学者指出,以消遣休闲为目的的文化娱乐活动,都应属于游艺范畴,大致分为博弈(围棋、象棋、双陆等)、百戏(杂技、魔术、马戏等)、雅趣(猜射、茶戏、行令、投壶等)、竞技(相扑、蹴鞠、马球等),参考杨志柏:《宋代游艺活动探析》,硕士学位论文,四川师范大学,2013年。王永平先生认为,游艺即娱乐、游玩。通过一定活动或手段,能够满足人们视听和身心需求,以达到愉心悦目的所有一切精神文化活动。包括各种游戏、游赏、杂技、歌舞和体育竞技活动等(《唐代游艺》,西安:西北大学出版社,1996年,前言第1页);杨荫深先生指出游艺就是游戏的艺术,包括戏剧、说唱、杂技、弈棋、博戏等(《中国游艺研究》,上海:上海文艺出版社,1990年,第1—2页)。
⑤ 参考李晓春:《中国古代博戏文化研究》,硕士学位论文,北京大学,2013年。
⑥ (唐)欧阳询:《艺文类聚》卷七四《巧艺部·投壶》,上海:上海古籍出版社,1965年,第1279页。
⑦ 从最初的六博,发展至汉魏时期的樗蒲、双陆,又唐宋间盛行的骰戏、采选、叶子,乃至明清以后的骨牌、马吊、麻将等,博戏一直处在不断的发展变动之中。参考李晓春:《中国古代博戏文化研究》,硕士学位论文,北京大学,2013年。
⑧ (晋)陈寿:《三国志》卷五二《吴书·诸葛瑾传》,北京:中华书局,1964年,第1235页。
⑨ (宋)王辟之:《渑水燕谈录》卷九《杂录》,北京:中华书局,1981年,第110页。
⑩ (宋)欧阳修:《归田录》卷二,北京:中华书局,1981年,第31页。
⑪ (宋)王辟之:《渑水燕谈录》卷九《杂录》,第110页。

不难看出,唐代士大夫间十分盛行的叶子格在不断发展演替中得以更新变化,其后又出现柴氏、赵氏等"其格不一"的新型种类,各地玩法不一。从《旧欢新格》所见记载来看,其玩法复杂多变,且不易被掌握,及至于宋代中期最终沦落为"世无能为者"的境地。由此看见,叶子格之衰落大概与其纷繁复杂的彩头和分类有关,加之玩法并不简单,在新兴博戏的冲击下逐渐遭到淘汰在所难免。

除叶子格之外,饮席常见博戏还有很多。诸如打马,便是其一。宋人刘昌诗在《芦浦笔记·打字》中说:"世言打字尚多","饮席有打马,打令,打杂剧,打诨。"①此处提到的打马就是一种博戏名称。根据李清照的记载,"打马世有二种,一种一将十马者,谓之关西马;一种无将二十四马者,谓之依经马。宣和间,人取二种马,参杂加减,又谓之宣和马"。②在李清照看来,此戏"实小道之上流,乃深闺之雅戏"。③

另外,掷骰子也属于此类席间博戏,宋人常因之赌酒。章得象守洪州期间,"尝因宴客,掷骰赌酒"。④宋辽澶渊之役时,宋真宗遣人观察主战派核心人物寇准的动态,探者回报:"相公饮酒矣!""唱曲子矣!""掷骰子矣!"⑤反映出掷骰子所具有的娱乐消遣特性。其他诸如象戏也是樽前佐酒的常见游戏类型。梅尧臣咏象戏诗曰:"象戏本从棋局争,后宫龟背等人情。今闻儒者饱无事,亦学妇人闲斗明。堂上有奇谁可胜,樽中赌酒令方行。直趋猛兽如寻邑,何似升平不用兵。"⑥也有席间射箭娱乐者,韩琦《答孙植太博后园宴射》诗"花梢点红芽绿茁,宴亭爽垲珊云列。呼宾习射次序升,体裁人人矜绝挺……分明角胜各记晕,将终或为一箭夺。当筵主筹令难犯,大白时举出正罚"⑦便是描述众人宴饮中习射博戏赌酒的热闹欢腾场景。

二、比较视域下的宋代宴饮博戏特色

饮宴中的博戏不唯在宋代风靡一时,唐朝时期博戏同样以其特有的消遣效用成为世人闲暇之余消磨时光的重要娱乐方式,且备受推崇。关于此,唐诗中有着十分明显的体现,诸如:"酒食罢无为,棋槊以相娱"⑧"咸阳客舍一事无,相与博塞为欢娱"⑨等即是此种情境之反映。除消闲外,博戏用于饮宴中娱乐助兴者比比皆是,如"隔座送钩春酒暖,分曹射覆蜡灯红"⑩"藉草送远游,列筵酬博塞"⑪"饮筵博席与心违,野眺春吟更是谁"⑫等,即生动再现了宴

---

① (宋)刘昌诗:《芦浦笔记》卷三《打字》,北京:中华书局,1986年,第24页。
② (宋)李清照撰,徐培均笺注:《李清照集笺注》卷三《打马图经序》,上海:上海古籍出版社,2018年,第366页。
③ (宋)李清照撰,徐培均笺注:《李清照集笺注》卷三《打马赋》,第381页。
④ (宋)吴曾:《能改斋漫录》卷一八《掷骰默占》,上海:上海古籍出版社,1979年,第513页。
⑤ (宋)陈师道:《后山谈丛》卷一,上海:上海古籍出版社,1989年,第2页。
⑥ (宋)梅尧臣:《宛陵集》卷二〇《象戏》,《全宋诗》第5册,北京:北京大学出版社,1998年,第3308页。
⑦ (宋)韩琦撰,李之亮等笺注:《安阳集编年笺注》卷一《答孙植太博后园宴射》,成都:巴蜀书社,2000年,第19页。
⑧ (唐)韩愈:《韩愈集》卷七《示儿》,长沙:岳麓书社,2000年,第94页。
⑨ (唐)杜甫:《杜工部集》卷一《今夕行》,沈阳:辽宁教育出版社,1997年,第5页。
⑩ (唐)李商隐:《李商隐诗集》卷五《无题·昨夜星辰昨夜风》,上海:上海古籍出版社,2015年,第69页。
⑪ (唐)元稹:《元稹集》,《寄吴士矩端公五十韵》,北京:中华书局,1982年,第61页。
⑫ (唐)郑谷:《自贻》,《全唐诗》第20册卷六七六,北京:中华书局,1960年,第7747页。

席中众人以博戏取乐的欢快热烈景象。

唐时,宴集中以博戏赌酒甚至赌钱者亦有之,且相当普遍,具有赌博色彩。咸通末年,卢澄任淮南节度使李蔚的从事,"因酒席请一舞妓解籍,公不许,澄怒,词多不逊……澄索彩具,蔚与赌贵兆"。①冯衮为苏州郡守时"优游暇日,辄纵饮博,因会宾僚,掷卢,冯大胜,以所得均遗一座"。②张祜客淮南幕中,席间有妓人索骰子赌酒。③薛恁《戏樗蒲头赋》:"招邯郸少年,命诸葛新友,分曹列席,促樽举酒。犹贤博弈,将取适于解颐;乃贵先鸣,故决争于游手。终日莫闲,连宵战酣。"④郑儋"与宾客朋游饮酒,必极醉,投壶博弈,穷日夜,若乐而不厌者"⑤等等,都反映出唐时人们有在宴集时行博戏赌酒的喜好,且十分注重胜负输赢的游戏结果。不唯赌酒,赌钱甚至赌气等等都常见于宴饮博戏中,充斥着浓郁的争强好胜风习。关于此,唐人李肇有相当详细的记载:

> 今之博戏,有长行最盛。其具有局有子,子有黄黑各十五,掷采之骰有二,其法生于握槊,变于双陆……后人新意,长行出焉。又有小双陆、围透、大点、小点、游谈、凤翼之名,然无如长行也。鉴险易喻时事焉。适变通者,方易象焉。王公大人,颇或耽玩,至有废庆吊、忘寝休、辍饮食者。及博徒是强名争胜谓之撩零,假借分画谓之囊家,囊家什一而取谓之乞头。有通宵而战者,有破产而输者,其工者近有浑镐、崔师本首出。⑥

以上可见,唐时博戏之盛行与其自身所具有的赌博竞技特性密切相关,甚至出现因耍玩博戏而"废庆吊、忘寝休、辍饮食者",可谓一旦沉迷便难以自拔。宋朝时期,世人宴饮时聚众赌博者亦有之。南宋清漳人杨汝南少年时赴临安参加科考后暂住旅邸,榜揭之夕招同邸者宴饮,"明烛张博具,相与剧饮,期以达旦";⑦京师贵官子弟张生携侍女于苏州定居"日夕饮宴,结集豪侠,专务赌博";⑧桐庐富民沈六"招接四方客旅,而嗜酒好博"⑨,等等,都是因宴饮之便行赌博之事实。

值得注意的是,虽然博戏在唐宋两个时期都颇受世人欢迎,但相较唐代而言,宋人更加注重博戏增添饮宴欢乐气氛的娱乐效果,与唐人计较胜负有明显区别。宋人刘攽指出,唐人饮酒喜"以令为罚","今人以丝管歌讴为令者,即白傅所谓。大都欲以酒劝,故始言送,而继承者辞之,摇首摆舞之属,皆却之也。至八遍而穷,斯可受矣"。⑩从"罚"与"劝"两个不同字眼

---

① (宋)王谠撰,周勋初校证:《唐语林校证》卷七,北京:中华书局,1987年,第609页。
② (宋)范成大:《吴郡志》卷一一《牧守》,《宋元方志丛刊》第1册,北京:中华书局,1990年,第766页。
③ (五代)王定保:《唐摭言》卷一三《敏捷》,西安:三秦出版社,2011年,第200页。
④ (宋)李昉:《文苑英华》卷一〇〇《戏樗蒲头赋》,北京:中华书局,1966年,第460页。
⑤ (唐)韩愈:《韩愈全集·文集》卷六《唐故河东节度观察使荥阳郑公神道碑文》,上海:上海古籍出版社,1997年,第259页。
⑥ (宋)李肇:《唐国史补》卷下,载《历代笔记小说大观》,上海:上海古籍出版社,2012年,第83—84页。
⑦ (宋)岳珂:《桯史》卷二《黯鬼酝梦》,北京:中华书局,1981年,第20页。
⑧ (宋)罗烨:《醉翁谈录》壬集卷一,上海:古典文学出版社,1957年,第100页。
⑨ (宋)洪迈:《夷坚志》三志己卷四《沈六寄书》,北京:中华书局,2006年,第1332页。
⑩ (宋)刘攽:《贡父诗话》,北京:中华书局,1985年,第12页。

中明显看出唐宋时期饮席上人们对待游艺两种截然不同的态度,以及世人精神风貌之迥异特征,即唐人重争强好胜,而宋人尚游戏欢乐。关于此,从宋人饮宴博戏相关记载中也有着相当明显的体现。北宋前期,著名文人杨亿"每欲作文,则与门人宾客饮博、投壶、弈棋、语笑喧哗,而不妨构思"。"澶渊之盟"签订前,有人密报寇准"每夕与杨亿饮博讴歌,谐谑喧呼,常达旦"。① 当时社会世人宴饮中所见博戏以其独特的佐欢特性备受喜爱与推崇,且种类与花样层出不穷。有所谓九射格者:

> 射者,所以为群居之乐也。而古之君子以争。九射之格,以为酒祸起于争;争而为欢,不若不争而乐也。故无胜负,无赏罚。中者不为功,则无好胜之矜;不中者无所罚,则无不能之诮。探筹而饮,饮非觥也,无所耻。故射而自中者,有不得免饮;而屡及者,亦不得辞,所以息争也。终日为乐,而不耻不争,君子之乐也。②

不难看出,以上注重强调席间游戏"不争而乐",不中者无罚、无所耻的"谦谦君子"风范,一再指出九射格与古人"争以为酒"有所不同,是为"息争",席间所玩意在佐酒助欢,为"君子之乐",因而颇受文人青睐。

欧阳修曾经创设一种独特的游戏,亦名九射格,以投射见长,由九种不同动物图案为标志,"其物九为一大侯,而寓以八侯"。其中,熊筹当中,虎居上,鹿居下,雕、雉、猿居右,雁、兔、鱼居左,"物各有筹,射中其物,则视筹所在而饮之",该游戏"独不别胜负,饮酒者皆出于适",用于席间娱宾遣兴。具体而言:

> 探筹之法,一物必为三筹。盖射宾之数,多少不常,故多为之筹以备也。凡今宾主之数,九人,则人探其一;八人,则置其熊筹;不及八人而又少,则人探其一,而置其余筹可也;益之以筹,而人探其一或二,皆可也。惟主人临时之约,然皆置其熊筹。中则在席皆饮。若一物而再中,则视执筹者饮量之多少,而饮器之大小,亦惟主人之命。若两筹而一物者,亦然。凡射者一周,既饮釂,则敛筹而复探之。筹新而屡变,失中而无情,或适当之,或幸而免。此所以欢然为乐而不厌也。③

不难看出,欧阳修所创九射格戏法视宾客之数而调整射筹,具体规则、器物大小"惟主人临时之约",但要求命中指定筹子后皆饮酒。众人轮流射满一周换新筹重射,主要宗旨为宾客"乐而不厌"也,意在游戏娱乐,具有调节饮宴气氛之目的。类似游戏宗旨在当时社会具有广泛代表性。关于此,诗词中有相当明显的体现,如"平日相从乐会文,博枭壶马占朋分。罚筹多似昆阳矢,酒令严于细柳军"④"酒酣博簺为欢娱,信手枭卢喝成采"⑤"藏阄戏赌杯中

---

① (宋)司马光:《涑水记闻》卷六,北京:中华书局,1989年,第115页。
② (宋)赵与时:《宾退录》卷四《探筹之法》,上海:上海古籍出版社,1983年,第44—45页。
③ (宋)赵与时:《宾退录》卷四《探筹之法》,第45页。
④ (宋)欧阳修撰,李之亮笺注《欧阳修集编年笺注》卷一一《龙兴寺小饮呈表臣元珍》,第424页。
⑤ (宋)陆游撰,钱忠联校注:《陆游全集校注·剑南诗稿》卷八《楼上醉书》,杭州:浙江教育出版社,2011年,第184页。

物,投辖坚留座上宾"①等等,都是描写世人饮宴席间以博戏取乐的情形,着重叙述以博戏赌酒的豪爽与欢畅。司马光诗中有"金丹呼胜彩,玉烛擢新签"的博戏场面,却强调"筋力虽无几,娱游亦未厌"②的愉悦体验,便是对这一趋势的最佳诠释。

总而言之,宋时世人饮宴中的博戏大多意在娱宾遣兴,并不刻意计较游戏结果之胜负输赢,与唐人饮宴中因博戏而"竞争"一类争强好胜之精神风貌相比具有截然不同的时代特色,也是直接决定唐宋时期博戏种类、游戏规则等最重要的影响因素。

三、宴饮博戏与世人心态

博戏具有极强的娱乐性和竞技性,潜藏着巨大的吸引力,耍玩者极易沉迷其中,进而耗费大量的时间和精力。基于此,宋代博戏在颇受世人欢迎的同时又饱受诟病,尤其是与宴饮相结合更是如此,往往被冠以怠惰安逸之名。李清照曾作《打马赋》,其中有言:

> 岁令云徂,卢或可呼;千金一掷,百万十都。樽俎具陈,已行揖让之礼;主宾既醉,不有博弈者乎……明以赏罚,核其殿最。运指麾于方寸之中,决胜负于几微之外。且好胜者,人之常情;游艺者,士之末技。说梅止渴,稍苏奔竞之心;画饼充饥,少谢腾骧之志。③

以上显而易见,作为博戏之一的打马,是人们饮宴之余寻求宾主尽兴的一种消遣方式,从"主宾既醉,不有博弈者乎"中即透露出饮宴以博戏佐欢颇受欢迎的实际状况。而"好胜者,人之常情;游艺者,士之末技"则恰好反映出人们热衷于博戏的重要原因,与此同时,博戏又属于"非正途"而受世人鄙薄的"末技"。

博戏"非正途"并非李清照之独有看法。早在汉朝时期,关于博戏便有"博戏驰逐之徒,皆富人子弟,非不足者也。故民饶则僭侈,富则骄奢,坐而委蛇,起而为非,未见其仁也"④之评价,不难发现言语间流露出的鄙薄之意,实为端正民风之一大碍。三国时期,博戏同样难以正名,时人有言:"今世之人多不务经术,好玩博弈,废事弃业,忘寝与食,穷日尽明,继以脂烛"。⑤宋时,人们尤其是以士大夫为代表的有识之士依旧对博戏一类宴乐之事充满非议,认为宴乐是生活安逸怠惰的表现,时时告诫见诸各类行文中。窦苹在《酒谱》中强调"君子可以宴,可以醑,不可以沉,不可以湎"⑥,对无所事事沉湎宴乐者充满劝诫。吴泳认为"饱暖则

---

① 傅璇琮等主编:《全宋诗》卷一八五一《轩前菊蕊将绽因书四韵示希哲约九日聚饮于此》,北京:中华书局,1985年,第20679页。
② (宋)司马光撰,李之亮笺注:《司马温公集编年笺注》卷一四《三月三十日微雨偶成诗二十四韵书怀献留守开府太尉兼呈真率诸公》,成都:巴蜀书社,2009年,第463页。
③ (宋)李清照撰,徐培均笺注:《李清照集笺注》卷三《打马赋》,第381页。
④ (汉)桓宽:《盐铁论·授时》,上海:上海人民出版社,1974年,第77页。
⑤ (晋)陈寿:《三国志》卷六五《魏书·韦曜传》,第1460页。
⑥ (宋)窦苹:《酒谱·诫约七》,载《宋元谱录丛编》,上海:上海书店出版社,2016年,第56页。

生逸乐,逸乐则生慢易惰,弃农桑。崇纵饮博,入不能孝养父母,出不能顺事长"①,同样充满非议。这一时期社会上以包括博戏在内的宴乐诸事即"因宴废业"为主旨警戒世人者不胜枚举。诸如,京师贵官之子张生"日昔饮宴,结集豪侠,专务赌博,才经三载,家道零替,生计萧然"②之类故事十分常见,警戒意味颇为浓厚。当时社会盛行的劝农文中警戒世人避免沉湎宴乐而消沉怠惰者亦随处可见。《房陵劝农文》曰:"毋非时聚饮,非农隙毋遨嬉,聚饮多费,遨嬉则子弟浮惰"③;《二程遗书》有言:"酒者,古人养老祭祀之所用,今官有榷酤,民有买扑,无故辄令人聚饮,亦大为民食之蠹也。损民食,惰民业,招刑聚寇,皆出于此"④。袁采曾在《袁氏世范·荒怠淫逸之患》中强调:

> 凡人生而无业,及有业而喜于安逸不肯尽力者,家富则习为下流,家贫则必为乞丐。凡人生而饮酒无算,食肉无度,好淫滥,习博弈者,家富则致于破荡,家贫则必为盗窃。⑤

袁采对沉湎宴乐之态度相当鲜明,批判因宴废业的消沉行为,警戒后人怠惰安逸有百害而无一利。博戏作为饮宴欢乐的重要内容之一,频繁出现在警示宴乐的行文中,并非偶然,也相当引人注目。

有趣的是,包括饮宴博戏在内的宴乐之事在饱受诟病的同时却又呈现出蔚然成风之势。席间以博戏取乐之现象依旧大行其道,并未因世人的警戒而日渐消弭。尤其是,以士大夫为代表的有识之士,一面积极呼吁宴乐奢侈怠惰不可取,言语论述中无不充满理性和正义的光辉,另一方面,在实际生活中表现出更多的则是对宴乐之事保持默许放纵态度,适意优游与及时行乐思想倾向十分明显。士大夫阶层中此种矛盾心态之盛行并非偶然。仁宗时宋庠"居政府",上元夜,耳闻其弟学士祁夜宴"点华灯,拥歌妓,醉饮达旦",次日,命人责备道:"闻昨夜烧灯夜燕,穷极奢侈,不知记得某年上元,同在某州州学内吃齑煮饭时否?"不料学士笑曰:"却须寄语相公,不知某年同某处吃齑煮饭是为甚底?"⑥从宋祁的回答中透露出"奢侈怠惰有理"与及时行乐的人生理念,且在宋代士大夫阶层中相当普遍,颇具代表性。晏殊曾于席间感叹"人生行乐耳,何自苦如此?"⑦曹勋"人生不满百,行乐当及时,当歌期酩酊,谁能较是非"⑧之吟咏更是将及时行乐之人生态度表述得淋漓尽致,而此种理念恰是社会上奢侈怠惰之风形成的强大推动力。袁采曾坦言:"丰俭随其财力,则不谓之费。不量财力而为之,或虽财力可办,而过于侈靡,近于不急,皆妄费也。"⑨对于奢侈行为并未提出反对,仅仅

---

① (宋)吴泳:《鹤林集》卷三九《宁国府劝农文》,《景印文渊阁四库全书》集部第 1176 册,台北:台湾商务印书馆,1986 年,第 382 页。
② (宋)罗烨:《醉翁谈录》壬集卷一,第 100 页。
③ (宋)陈造:《江湖长翁集》卷三〇《房陵劝农文》,《宋集珍本丛刊》第 60 册,北京:线装书局,2004 年,第 669 页。
④ (宋)程颢、程颐:《二程集》卷一七,北京:中华书局,1981 年,第 175 页。
⑤ (宋)袁采:《袁氏世范》卷二《荒怠淫逸之患》,天津:天津古籍出版社,2016 年,第 114 页。
⑥ (宋)钱世昭:《钱氏私志》,北京:中华书局,1991 年,第 6—7 页。
⑦ (宋)王暐:《道山清话》,北京:中华书局,1985 年,第 12 页。
⑧ 傅璇琮等主编:《全宋诗》卷一八八一《当置酒》,第 21067 页。
⑨ (宋)袁采:《袁氏世范》卷二《节用有常理》,第 111 页。

强调"量力而为之"的处世原则,实际上是士大夫面对社会上日渐奢侈怠惰风气的一种折中反应。而这恰恰是宋人尤其是士大夫关于宴乐思想的矛盾之所在。一方面,认为宴乐是安逸奢侈的生活方式,沉湎其中会怠惰消沉;另一方面,在现实生活中又保持纵容默许态度,认为尽情享受宴乐是一种人生乐趣,充满闲适自然韵味。因此,士大夫关于"独溺于声色,一切无所顾避"[①]的批判不免流于空疏,显得十分乏力。王仁湘先生在阐述宋人饮食观时,认为宋代饮食重视俭朴之风,"比较而言,宋代显得更为突出,形成为一种普遍的社会风尚,很多人在饮食生活上都崇尚俭朴,这是前所未有的。尤其是在士大夫阶层,淡泊素雅在一段时期内成为标准的风度,这在历史上的其他时期还不多见"。[②]王先生关注的是宋人在理论层面的状况,以当时的舆论倾向来看,确实如此。但在现实生活中"倡俭朴之风而行奢靡之实"则是一种常态。所谓的俭朴之说则在五彩斑斓的现实生活中日益丧失其形,成为世人微醺之际借以标榜道德而行"掩耳盗铃"之戏的幌子。

深而究之,宋时社会上涌现的"批宴乐之事而行其实"之矛盾并非简单的生活现象。朱熹所谓"古人禁人聚饮,今却张官置吏,惟恐人不来饮。如此,却何以责人廉逊!"[③]之感叹,矛盾背后实际上透露出士大夫"适意游性"与"及时行乐"的人生观及处世理念。在此种思想意识推动下,世风罕有不以奢侈怠惰相尚者。面对世风世俗,王安石曾痛切指出:

> 婚丧、奉养、服食、器用之物,皆无制度以为之节,而天下以奢为荣,以俭为耻。苟其财之可以具,则无所为而不得,有司既不禁,而人又以此为荣。苟其财不足,而不能自称于流俗,则其婚丧之际,往往得罪于族人亲姻,而人以为耻矣。故富者贪而不知止,贫者则强勉其不足以追之。此士之所以重困,而廉耻之心毁也。凡此所谓不能约之以礼也。[④]

此处,王安石较好地阐释了经济实力与宴乐举办丰奢及人情往来之间的辩证关系,揭露出宋人厚礼而处世之交际原则,以及世风之下贪慕虚荣的事实。这与国家倡导的所谓"俭以养德"思想背道而驰。实际上,传统礼制的基础并未形成一种制度,而新风俗在某种程度上牵动传统礼制。[⑤]传承之际,显现出舆论导向与社会现实之间相互矛盾之现象。

另外,从人的角度观察不难看出,以宴饮中博戏为代表的宴乐之事,其间所展示的宋朝时期世人尤其是士大夫群体特有的"及时行乐"之心理状态和适意游性的人生理念相当明显。针对此种现象,杨海明先生曾经深刻地指出,对宋代士人贪图享受和追求享乐的人生观应持有批评态度,但也应看到,由于社会的进步和人性的觉醒,时至宋代,人们越发看重自己的生命与自我价值。追求享乐的行为,从一定意义上讲,是其在私生活领域里企图实现其自我价值的一种努力,虽然这种努力常表现为不太健康和相当淫靡的生活方式。宋代文人勉力要在有限的"劳生"中(特别是在暂时退离政治生活的私生活领域里)寻求和酿造尽可

---

① (宋)周辉:《清波杂志》卷三《士大夫好尚》,上海:上海古籍出版社,2012年,第68页。
② 王仁湘:《饮食与中国文化》,青岛:青岛出版社,2012年,第418页。
③ (宋)朱熹:《朱子全书·朱子语类》卷二六《论语八·能以礼让为国章》,上海:上海古籍出版社,2002年,第960页。
④ (宋)王安石:《王文公文集》卷一《上仁宗皇帝言事书》,上海:上海人民出版社,1974年,第8—9页。
⑤ 范荧:《试论宋代社会中的礼俗矛盾》,《民俗研究》1996年第2期。

能多的人生快乐之用心,却又是一目了然的。①或许这才是矛盾现象存在之根本动因。以士大夫为代表的文人群体以其特有的文化优势引领着社会意识潮流和娱乐风尚,不仅是社会风习的参与者与助推者,更是主导者、创造者。以宴饮中博戏为典型代表的重娱乐风习之盛行,与该群体广泛而巨大的影响力密不可分。世风影响之下,及时行乐之思想意识不唯文人群体所特有,樽俎流传之际,逐渐蔓延开来,成为常态,不可避免。

值得一提的是,宋代不但沿袭了前朝博戏习俗,而且丰富发展了这一文化现象。《宋史·艺文志》中记载宋人所著相关书籍就有:佚名《樗蒲图》一卷、赵明远《皇宋进士彩选》一卷、卜恕《投壶新律》一卷、刘敞《汉官仪》②三卷、窦翛《饮戏助欢》三卷、司马光《投壶新格》一卷、王趯《投壶礼格》二卷、上官仪《投壶经》一卷、韦挺《弈棋经》一卷、王子京《樗蒲经》一卷、《双陆格》一卷、李郃《骰子彩选格》三卷、刘蒙叟《彩选格》一卷、《寻仙彩选》七卷、《叶子格》三卷、李煜妻周氏《繁蒙小叶子格》一卷、《偏金叶子格》一卷、《小叶子例》一卷。③其他还有很多,如庐陵人李如圭《汉法酒》、欧阳修《九射格》戏法、黔南县黄铸《玉签诗》一卷、佚名《钓鳌图》一卷、王氏《采珠局》、李建中《捉卧瓮人格》、晁公武《木射图》一卷等④,不胜枚举。宴饮博戏中蕴含着无穷的智慧和巧思,是世人饮席上樽俎流传之际藉以娱乐佐欢的重要方式,丰富发展了宋代的饮食文化,留下了美酒佳肴之外的另一种文化盛宴。

四、结语

博戏作为一种带有浓郁竞技色彩的群体性娱乐游戏,自创设伊始便日渐受到世人的喜尚与推崇。博戏这种兼具娱乐和竞技的双重特性,使得人们争强好胜之心理获得极大满足,游戏过程中充满了愉悦与刺激,不免具有巨大的诱惑力,一旦沉迷其中往往难以自拔,因而遭到正义人士的谴责与诟病。尽管如此,博戏依旧在世人此起彼伏的声讨中长盛不衰,风靡之势丝毫不减。无论是博戏种类、游戏规则还是器具形制都能够在时代发展的潮流中得以不断更新和嬗替,显示出世人对其由衷的喜爱与追捧。

从人性好博、猎奇、贪胜和侥幸等角度来看,博戏确实有引领娱乐游戏的潜质和强大吸引力。特别引人注目的是,唐宋两个不同时期,世人饮宴博戏中所侧重的娱乐指归,前者的争强好胜与后者的游戏娱乐形成鲜明对比,区分相当明显。具体而言,宋朝时期世人饮宴中的博戏,并非刻意强调以赌愉情,主要用以娱宾遣兴,与唐人宴席上赌注争强好胜相比激烈的争斗情绪少了很多,计较输赢的情境并不普遍,更多的则是表现出宾主把酒尽欢的热闹场景。相较而言,"博"的成分显少,"戏"的成分更多。唐宋时期这两种截然不同的世人精神风貌,源于两个时代社会文化发展特征的区别,"唐型文化奔放恢宏、敦厚丰腴而富丽堂皇,宋型文化严谨含蓄、风雅清瘦而精致细腻"⑤。唐朝社会的文化风格和社会风尚以奔放恢弘

---

① 杨海明:《唐宋词与人生》,石家庄:河北人民出版社,2002年,第221页。
② 原文注释"亦投子选也",博戏的一种。
③ (元)脱脱等:《宋史》卷二〇七《艺文志》,北京:中华书局,1977年,第5290—5296页。
④ (宋)赵与时:《宾退录》卷四,第45页。
⑤ 李华瑞:《"唐宋变革"论与唐宋之际的变革》,《文史知识》2012年第4期。

见长,世风世俗熏染之下世人呈现出争强好胜的精神风貌在所难免,也在情理之中。

此外,从上文中所阐述的宋人对宴乐尤其是宴饮中的博戏之态度中明显可见,无论是把酒言欢,还是博戏欢闹,都流溢出浓郁的"人生苦短、及时行乐"之思想意识。葛兆光先生曾从宗教的角度阐释古代社会士大夫的处世心态,指出佛教中的禅宗对士大夫影响深远。一方面在社会伦理观上融合了注重当世解脱和求得心理平衡的思想,一方面为了消除"我心就是一切"的宇宙观与来世解脱论之间的矛盾,提出以现世的自我精神解脱为基础的人生哲学,把虚幻的未来换回现实的人生。[①]如此,反观宋朝时期士大夫那种"人生苦短、行乐当及时"的心态就显得容易理解了。此种意识弥漫之下,世人"终日宴乐无倦"成为常态不可避免。因此,虽然博戏之类宴乐以其特有的娱乐色彩饱受诟病,被冠以奢靡怠惰之"恶名",是世人眼中的"末技",属于"非正途",但是依旧于争议声中大行其道,成为人们樽前佐酒助欢的重要娱乐游戏,且长盛不衰。

作者简介:纪昌兰,信阳师范大学历史文化学院副教授。

---

① 葛兆光:《禅宗与中国文化》,上海:上海人民出版社,1986年,第105页。

从考古出土烟具看明清时期吸烟习俗在中国的传播*

伍秋鹏

【摘 要】近几十年来,在明清时期的窑址、墓葬、水井、沉船及遗址中陆续出土(出水)了一批烟斗、烟嘴等烟具。考古发掘出土的烟具,按照出土时的保存状态,可分为完整的烟杆、烟斗和烟嘴三类,按年代可以划分为明代和清代两个阶段,各时期的烟具在形制上无明显变化。从考古出土的烟具来看,至迟在明代嘉靖时期烟草已经传入中国,到清代康熙时期吸烟习俗已广泛流行于全国各地。清代的吸烟人群除汉族外,还有满族、达斡尔族、赫哲族等民族,不仅有男性,而且也有女性,同时一些未成年人也加入了吸烟者的行列。

【关键词】烟斗;烟嘴;吸烟习俗;明清时期

烟草是一种原产于美洲的作物。考古资料表明,美洲人早在5世纪上半叶已有吸食烟叶的习俗。在墨西哥帕伦克(Palenque)十字架神庙门口的一幅浮雕上,有一位玛雅老人的嘴中衔着一支烟斗,该神庙的建成日期为公元432年3月12日。①随着15世纪末新航线的发现,烟草在16世纪中期时传播到欧洲各国,在明代晚期时传入中国。关于烟草传入中国的时间、路线、途径及影响等问题,郑超雄、刘翔、蓝日勇、陶卫宁、蒋慕东等多位学者已进行过探讨。②近几十年来,在明清时期的窑址、墓葬及遗址中陆续出土(出水)了一批烟杆、烟斗、烟嘴等与吸烟有关的遗物,为研究吸烟习俗在中国的传播等问题提供了新的资料。本文拟对目前考古发掘出土的烟杆、烟斗、烟嘴资料进行整理,并对吸烟习俗在中国的传播等问题进行探讨。

明清时期的烟具一般称为烟杆、烟锅或烟袋,一件完整的烟具一般由烟斗、烟嘴和连接烟斗与烟嘴的竹木杆组成,也有的烟具由烟斗和竹木杆组成,无烟嘴部分。目前考古发现的烟具,按年代可以划分为明代和清代两个阶段。各时期的烟具在形制特征上无明显变化。

---

* 基金项目:本文系中国出土医学文献与文物研究中心项目"古代毛女采药图像及造像研究"(项目号CTWX2215)阶段性成果。

① 荆玲玲:《近代早期美洲烟草文化的欧洲化》,《世界历史》2021年第2期。

② 郑超雄:《从广西合浦明代窑址内发现瓷烟斗谈及烟草传入我国的时间问题》,《农业考古》1986年第2期;刘翔:《明清两代烟草种植及对外贸易——兼论"明万历年间烟草传入中国说"有误》,《中国农史》1993年第2期;陶卫宁:《论烟草传入我国的时间及其路线》,《中国历史地理论丛》1998年第3期;蓝日勇:《广西合浦上窑瓷烟斗的绝对年代及烟草问题别议》,《南方文物》2001年第2期;陶卫宁:《明末清初吸烟之风及烟草在国内的传播方式与途径研究》,《中国历史地理论丛》2002年第2期;蒋慕东、王思明:《烟草在中国的传播及其影响》,《中国农史》2006年第2期。

一、考古发现的明代烟具

明代烟具的发现数量较少,主要出土(出水)于窑址、墓葬和遗址之中。

明代窑址中发现的烟具主要见于广西合浦上窑和南宁三岸窑两处窑址。在1980年发掘的合浦上窑窑址中出土了3件瓷烟斗。第1件烟斗的形状呈弯折方形,三面施青黄釉,底部无釉。长3.4厘米、高2.3厘米、斗径1.5厘米、插杆孔径1厘米(图1-1)。第2件烟斗的形状呈弯曲的喇叭形,施青黄釉。长3.7厘米、斗径1.1厘米、插杆孔径1.2厘米(图1-2)。第3件烟斗的形状呈圆斗形,细白胎,通体无釉。高2.5厘米、斗径2厘米、孔径1厘米。在窑址出土遗物中,有1件圆形带柄压槌,背面刻有楷书铭文"嘉靖二十八年四月二十四日造"。① 此外,在2013年发现的南宁三岸窑窑址中也发现有瓷烟斗,发掘者推测该窑的烧造年代为明代。②该窑的发掘资料目前尚未发表。从网络新闻发表的图片来,该窑出土的烟斗数量有数百件之多。烟斗形状呈弯折圆筒形,器表施青白釉(图1-3)。③

在2009年发掘的四川宜宾屏山县新江村明代石室墓M2中出土了1件铜烟斗。烟斗形状呈弯折圆筒形,斗部与烟管连接处束腰,烟管从前端至后端逐渐增大。通长5.9厘米、烟嘴口径0.9厘米(图1-4)。④

在2017年发掘的四川彭山江口明末战场遗址中,出水了1件金烟斗、1件银烟斗、1件铜烟斗和1件银烟嘴。金烟斗的斗部呈浅腹漏斗形,中空,外壁饰六瓣花,烟管部呈竹节形管状,通长5.55厘米(图1-5)。银烟斗的斗部呈浅腹圜底锅形,烟管呈圆筒形,烟斗焊接在烟管靠近末端一侧,烟管的另一端呈榫卯状收缩,通长9.17厘米(图1-6)。⑤ 2018年在四川博物院举行的"四川彭山江口古战场遗址考古成果展"中展出了1件遗址中出水的铜烟斗。铜烟斗的斗部呈深腹漏斗形,烟管呈六方形,中空,从前端至后端逐渐增大,斗部与烟管呈连接处约呈90°弯折(图1-7)。在发掘简报中发表的1件银管状器(IIT0767:63),其名称应为烟嘴。该烟嘴由银片卷成,接缝处有焊接痕,形状呈中空管状,一端粗,一端细,长4.1厘米、最大径0.8厘米(图1-8)。⑥

---

① 广西文物队:《广西合浦上窑窑址发掘简报》,《考古》1986年第12期。
② 龚文颖、刘昆:《南宁发现首个明代瓷器窑址》,《光明日报》2013年4月6日第4版。
③ 秦雯:《南宁邕江岸边现神秘古窑出土大量瓷烟斗》,广西新闻网,http://www.gxnews.com.cn/staticpages/20160201/newgx56ae8c3a-14371586-1.shtml,2016年2月1日。
④ 四川省文物考古研究院、宜宾市博物院、屏山县文物管理所:《四川屏山县新江村明代石室墓发掘简报》,《四川文物》2014年第3期。
⑤ 四川省文物考古研究院、国家文物局水下文化遗产保护中心、眉山市彭山区文物保护管理所:《江口沉宝:四川彭山江口明末战场遗址出水文物选粹》,北京:文物出版社,2018年,第249—250页。
⑥ 四川省文物考古研究院、国家文物局水下文化遗产保护中心、眉山市彭山区文物保护管理所:《四川眉山彭山江口明末战场遗 IIT0767发掘简报》,《文物》2018年第10期。

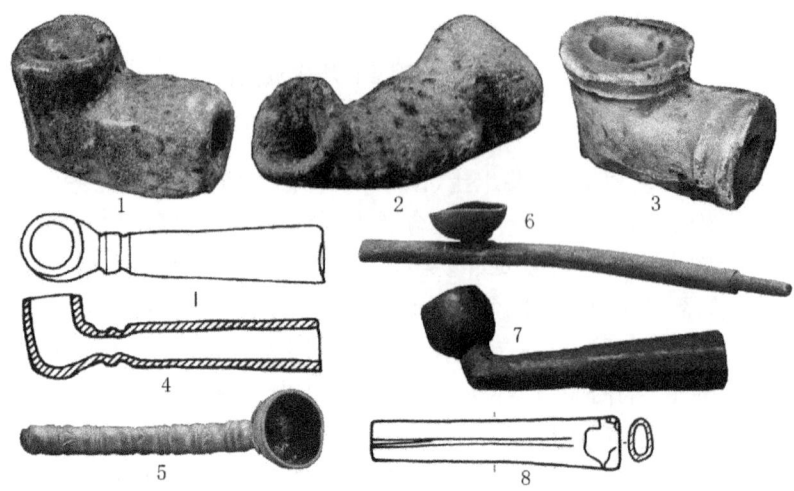

图 1 考古发现的明代烟具
1—3.瓷烟斗 4、7.铜烟斗 5.金烟斗 6.银烟斗 8.银烟嘴（1、2.广西合浦上窑窑址出土；3.广西南宁三岸窑址出土；4.四川屏山县新江村 M2 出土；5—8.四川彭山江口明末战场遗址出水）

二、考古发现的清代烟具

考古发现的清代烟具主要出土于墓葬、水井、窑址以及作坊、城址等遗址中，以墓葬出土为主。按照出土时的保存情况，可以分为三类，分别为完整的烟杆、烟斗和烟嘴。

(一)完整的烟杆

考古发现的清代烟杆，出土时保持完整者，或烟斗与烟嘴呈组合状态者，主要有以下一些。南京大报恩寺遗址水井 J15 中出土的 1 件烟杆，前端为铜烟斗，中部与后部分别套有一段铜管，起装饰和保护作用。烟斗外壁两侧刻有铭文。烟杆全长 48 厘米，烟斗口部直径 2 厘米（图 2-1）。① 江苏常州武进吴下桥遗址 M10 出土的 1 件烟杆，铜烟斗和烟嘴分别安装在竹管的两端，竹管已朽坏，烟斗长 4 厘米，烟嘴长 3.9 厘米（图 2-2）。② 江苏仪征真州城东门水门遗址出土的 1 件烟杆，铜烟斗和烟嘴分别安装在木制烟杆的两端，烟斗上刻有"公盛号"三字，通长 35.7 厘米（图 2-3）。③ 江西樟树经楼镇南家村 M4 出土的 1 件烟杆，铜烟斗和烟嘴分别安装在竹管的两端，全长 18 厘米（图 2-4）。④ 内蒙古莫力达瓦达斡尔族自治旗腾克乡清代墓出土的 1 件烟杆，整体由铜制成，外套皮囊，通长 26.7 厘米（图 2-5）。⑤ 黑龙江齐齐哈尔建华区红光村清代夫妇合葬墓出土的 1 件烟杆，铜烟斗和烟嘴分别安装装在木杆的两

---

① 南京市考古研究院：《南京大报恩寺遗址 J15 发掘简报》，《中国国家博物馆》2019 年第 6 期。
② 南京博物院、常州市武进区博物馆：《江苏常州武进吴下桥遗址发掘简报》，载湖南省博物馆：《湖南省博物馆馆刊》第 16 辑，长沙：岳麓书社，2020 年，第 120—127 页。
③ 扬州市文物考古研究所、仪征市博物馆：《江苏仪征真州城东门水门遗址考古发掘简报》，《东南文化》2013 年第 4 期。
④ 江西省文物考古研究所、江西省樟树市博物馆：《江西樟树经楼南家村明清墓群发掘简报》，《南方文物》2001 年第 3 期。
⑤ 呼伦贝尔盟文物管理站：《内蒙古莫力达瓦达斡尔族自治旗腾克乡清代墓葬清理简报》，《北方文物》2000 年第 2 期。

端,木杆已断裂。烟斗长 5.9、烟嘴长 5.4 厘米(图 2-6)。①黑龙江依兰县永和、德丰清代墓出土了 5 件烟杆。铜烟斗和烟嘴分别安装在木杆两端。M4 中出土的 1 件烟杆,木杆已朽坏,仅余铜质烟斗和烟嘴(图 2-7)。②

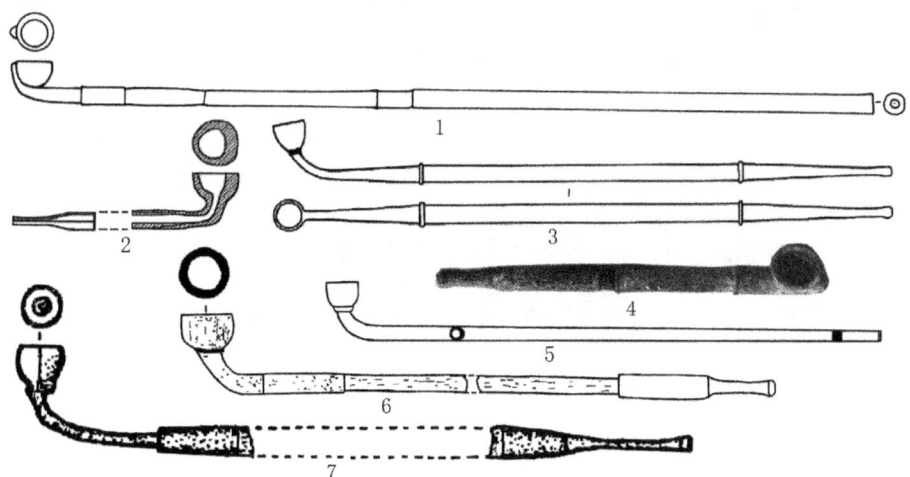

图 2　考古发现的清代烟杆
1.南京大报恩寺 J15 出土　2.江苏常州武进吴下桥遗址 M10 出土　3.江苏仪征真州城遗址出土　4.江西樟树经楼镇南家村 M4 出土　5.内蒙古莫力达瓦达斡尔族自治旗腾克乡清墓出土　6.黑龙江齐齐哈尔红光村清墓出土　7.黑龙江依兰县永和清墓 M4 出土

(二)烟斗

考古发现的清代烟斗有铜、铁、陶瓷、木等材质,以铜烟斗的数量最多。铜、铁、木烟斗的造型基本相同,斗部为深腹或浅腹漏斗形,斗与斗柄连接处一般呈弧形弯折,斗柄中空,从前端往后端逐渐增大。主要器物有江西德昌高速乐平珠形山 M1 出土的 1 件铁烟斗(图 3-1)③,吉安县墩厚镇招仙观遗址 M9 出土的 1 件铜烟斗(图 3-2)④,樟树经楼镇南家村 M1 出土的 1 件铜烟斗(图 3-3)⑤,江苏太仓樊村泾元代遗址出土的 2 件清代铜烟斗(图 3-4、图 3-5)⑥,四川宜宾喜捷镇槽坊头白酒作坊遗址出土的 1 件铜烟斗(图 3-6)⑦,重庆彭水县中井坝盐业遗址出土的 1 件铜烟斗(图 3-7)⑧,重庆石柱县古城坝土司遗址出土的 1 件铜烟

---

① 齐齐哈尔市文物管理站:《齐齐哈尔市建华区红光村清代夫妻合葬墓发掘简报》,《北方文物》2005 年第 3 期。
② 黑龙江省文物考古工作队:《依兰县永和、德丰清墓的发掘》,《北方文物》1982 年第 1 期。
③ 江西省文物考古研究所、江西省乐平市博物馆:《德昌高速乐平珠形山墓葬发掘简报》,《南方文物》2012 年第 4 期。
④ 江西省文物考古研究所、江西吉安县博物馆:《江西吉安县墩厚镇招仙观遗址发掘简报》,《南方文物》2010 年第 3 期。
⑤ 江西省文物考古研究所、江西省樟树市博物馆:《江西樟树经楼南家明清墓群发掘简报》,《南方文物》2001 年第 3 期。
⑥ 张志清、孙明利:《江苏太仓樊村泾元代遗址 2018 年度考古发掘》,《大众考古》2019 年第 1 期。
⑦ 四川省文物考古研究院、宜宾市博物院:《四川宜宾喜捷槽坊头明代白酒作坊遗址发掘简报》,《文物》2013 年第 9 期。
⑧ 重庆市文化遗产研究院、重庆彭水县文物管理所:《重庆彭水县中井坝盐业遗址发掘简报》,《南方文物》2014 年第 1 期。

斗(图3-8)①,湖南永顺老司城遗址祖师殿区出土的1件铜烟斗(图3-9)②,北京石景山京西商务中心M5出土的1件铜烟斗(图3-10)③,黑龙江嫩江县铁古拉村M2出土的1件铜烟斗(图3-11)④,讷河市全发屯M1、M4分别出土的1件铜烟斗(图3-12、图3-13)、M3出土的1件木烟斗(图3-16)⑤,讷河市团结屯M1出土的1件木烟斗、1件铜烟斗(图3-14)、M2出土的1件铜烟斗(图3-15)⑥,依兰县倭肯遗址出土的2件铜烟斗⑦等。

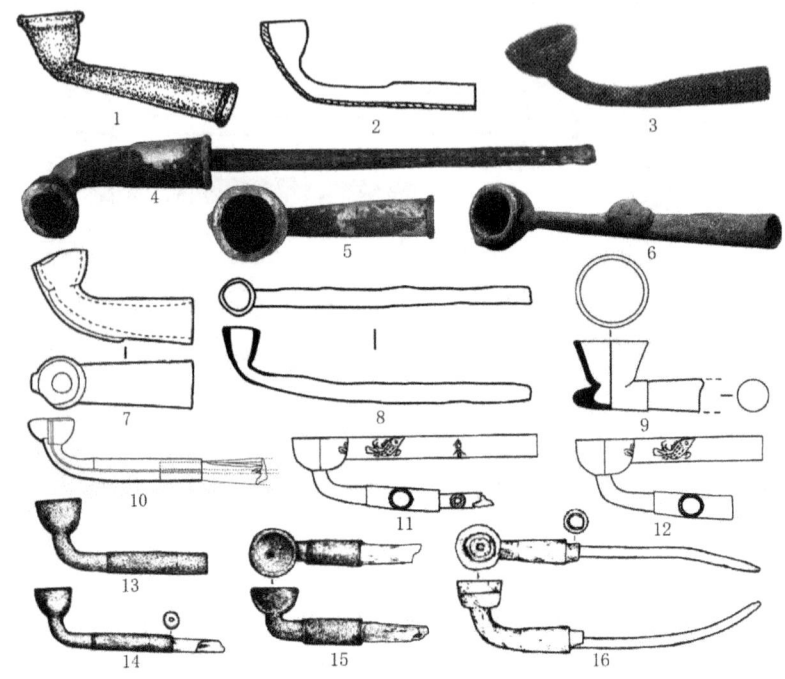

图3 考古发现的清代烟斗

1.铁烟斗 2—15.铜烟斗 16.木烟斗(1.江西德昌高速乐平珠形山M1出土;2.江西吉安县墩厚镇招仙观遗址M9出土;3.江西樟树经楼镇南家村M1出土;4、5.江苏太仓樊村泾元代遗址出土;6.四川宜宾喜捷镇槽坊头白酒作坊遗址出土;7.重庆彭水县中井坝盐业遗址出土;8.重庆石柱县古城坝土司遗址出土;9.湖南永顺老司城遗址出土;10.北京石景山京西商务中心M5出土;11.黑龙江嫩江县铁古拉村M2出土;12、13、16.黑龙江讷河市全发屯M1、M4、M3出土;14、15.黑龙江讷河市团结屯M1、M2出土)

---

① 重庆市文化遗产研究院、石柱县文物管理所:《石柱县古城坝土司遗址考古调查勘探发掘收获与认识》,《长江文明》2020年第1期。

② 湖南省文物考古研究所:《湖南永顺老司城遗址祖师殿区考古发掘报告》,载湖南省文物考古研究所编:《湖南考古辑刊》第11集,北京:科学出版社,2015年,第163—191页。

③ 北京市文物研究所:《石景山京西商务中心汉代窑址、清代墓葬发掘简报》,载北京市文物局编:《北京文博文丛》2015年第3辑,北京:北京燕山出版社,2015年,第48—60页。

④ 黑龙江省文物考古研究所:《黑龙江嫩江县铁古拉村清代墓葬发掘简报》,《北方文物》2017年第4期。

⑤ 黑龙江省文物考古研究所:《黑龙江讷河市全发屯清代墓葬发掘简报》,载吉林大学边疆考古研究中心编:《边疆考古研究》第20辑,北京:科学出版社,2017年,第129—139页。

⑥ 黑龙江省文物考古研究所:《黑龙江讷河市团结屯清代墓葬发掘简报》,载吉林大学边疆考古研究中心编:《边疆考古研究》第20辑,第119—128页。

⑦ 黑龙江省文物考古研究所、吉林大学边疆考古研究中心:《黑龙江省依兰县倭肯遗址、羊角沟遗址2016年发掘简报》,载吉林大学边疆考古研究中心编:《边疆考古研究》第24辑,北京:科学出版社,2018年,第91—108页。

各个烟斗的大小尺寸各异,斗部口径约1.3~2.4厘米,柄径约0.6~1.4厘米,通长约6~11厘米。铜、铁烟斗的表面一般均为素面,有少数烟斗上刻有纹饰和铭文。黑龙江嫩江县铁古拉村M2中出土的1件铜烟斗,在斗部的外腹刻一条游鱼和"□谷"二字楷书。黑龙江讷河市全发屯M1中出土的1件铜烟斗在斗部外腹刻一条鲤鱼。

清代陶瓷烟斗主要出土于河南新乡市金灯寺窑址和福建南靖县东溪窑封门坑窑址。在2006年发掘的新乡金灯寺窑址中出土了1件陶烟斗(图4-1)。形状呈方形,上方为圆形斗窝,侧面为圆形烟道,烟道孔内残留有木质烟杆痕迹。长3厘米、宽2.5厘米、厚3厘米。① 在2015年发掘的东溪窑封门坑窑址中出土了1件青花烟斗(图4-2)。斗部呈漏斗形,外壁饰乳钉纹和青花。长3.2厘米、宽1.8厘米、高2.2厘米。②

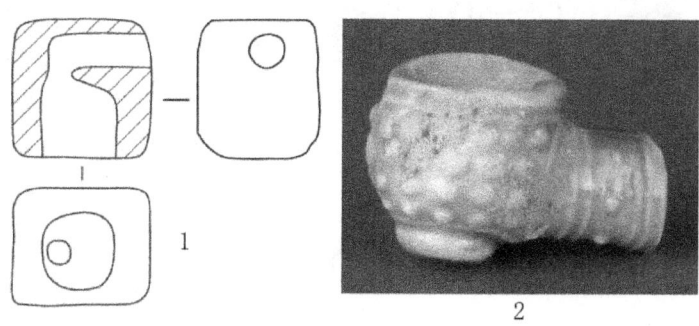

图4 考古发现的清代陶瓷烟斗
1.陶烟斗 2.瓷烟斗(1.河南新乡市金灯寺窑址出土;2.福建南靖县东溪窑封门坑窑址出土)

(三)烟嘴

考古发现的清代烟嘴材质有铜、玉石、琉璃等。烟嘴的形状总体上似棒槌形,嘴部略小,尾部粗,从嘴部至尾部逐渐增大或嘴部与尾部交接处呈台阶状。嘴部末端一般制成圆弧状突起。主要器物有江西德昌高速乐平珠形山M1出土的1件铜烟嘴(图5-1)③,樟树经楼镇南家村M9出土的1件铜烟嘴(图5-2)④,重庆奉节白帝城遗址出土的1件铜烟嘴(图5-3)⑤,北京市丰台区亚林西三期M12出土的1件玉烟嘴(图5-4)⑥,黑龙江嫩江县铁古拉村M2出土的1件玉烟嘴(图5-5)⑦,黑龙江讷河市全发屯M3、M4各出土1件玛瑙烟嘴(图5-6、

---

① 河南省文物局南水北调文物保护办公室、河南省文物考古研究院、驻马店市文物考古管理所:《河南新乡市金灯寺明清时期窑址发掘简报》,载朱岩石主编:《考古学集刊》第23集,北京:社会科学文献出版社,2020年,第125—156页。
② 福建博物院、南靖县文物保护中心:《南靖县东溪窑封门坑窑址2015年发掘简报》,《福建文博》2015年第3期。
③ 江西省文物考古研究所、江西省乐平市博物馆:《德昌高速乐平珠形山墓葬发掘简报》,《南方文物》2012年第4期。
④ 江西省文物考古研究所、江西省樟树市博物馆:《江西樟树经楼南家明清墓群发掘简报》,《南方文物》2001年第3期。
⑤ 重庆市文化遗产研究院、奉节县文物管理所:《重庆奉节白帝城遗址2017年度发掘简报》,《江汉考古》2020年增刊。
⑥ 北京市文物研究所:《北京市丰台区亚林西三期明清墓葬发掘简报》,载北京市文物局编:《北京文博文丛》2014年第1辑,北京:北京燕山出版社,2014年,第59—67页。
⑦ 黑龙江省文物考古研究所:《黑龙江嫩江县铁古拉村清代墓葬发掘简报》,《北方文物》2017年第4期。

图 5-7)①,讷河市团结屯 M1 出土的 1 件玛瑙烟嘴(图 5-8)②,讷河市学田乡都拉本浅 M1 出土的 1 件白玛瑙烟嘴(图 5-9)③,黑龙江五常市拉林机场清代遗址出土的 1 件铜烟嘴(图 5-10)和 1 件琉璃(仿玉)烟嘴(图 5-11)④,黑龙江宾县王朝珠遗址出土的 1 件玉烟嘴(图 5-12)⑤等。各个烟嘴的大小长短不一,长度 6~8.8 厘米。

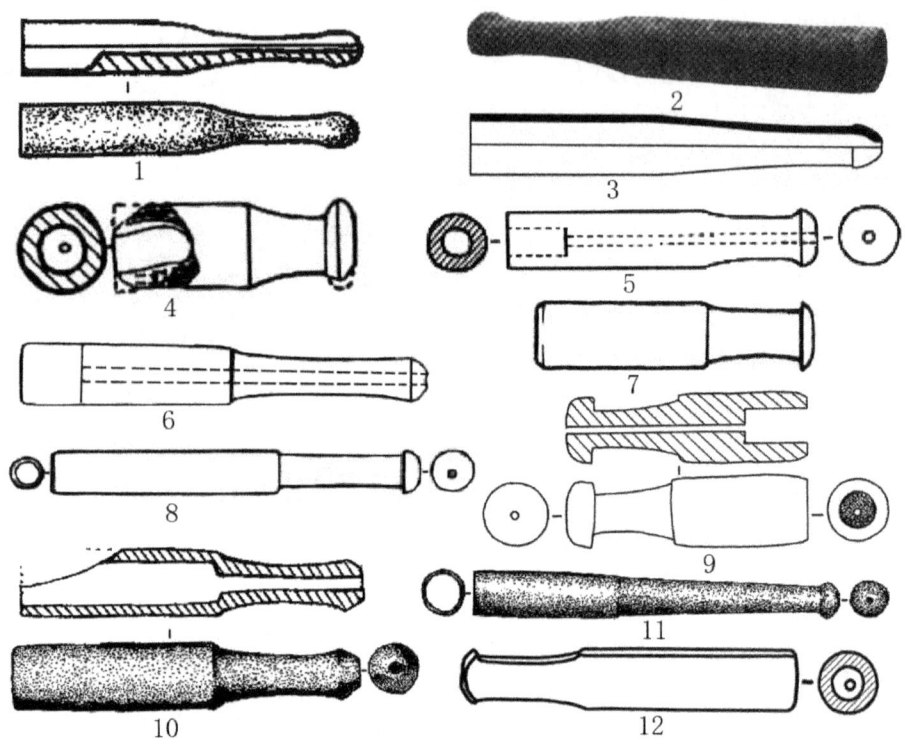

图 5　考古发现的清代烟嘴
1—3、10.铜烟嘴 4、5、12.玉烟嘴 6—9.玛瑙烟嘴 11.琉璃烟嘴(1.江西德昌高速乐平珠形山 M1 出土;2.江西樟树经楼镇南家村 M9 出土;3.重庆奉节白帝城遗址出土;4.北京丰台区亚林西三期 M12 出土;5.黑龙江嫩江县铁古拉村 M2 出土;6、7.黑龙江讷河市全发屯 M3、M4 出土;8.讷河市团结屯 M1 出土;9.讷河市学田乡都拉本浅 M1 出土;10、11.黑龙江五常市拉林机场清代遗址出土;12.黑龙江宾县王朝珠遗址出土)

此外,有的考古资料在发表时未附烟杆、烟斗、烟嘴的器物图片。福建东山岛冬古沉船中出水有铜烟斗。⑥陕西西安湖滨花园小区 J14M1 中出土了 1 件铜烟斗。⑦山西汾西郝家沟

---

① 黑龙江省文物考古研究所:《黑龙江讷河市全发屯清代墓葬发掘简报》,载吉林大学边疆考古研究中心编:《边疆考古研究》第 20 辑,第 129—139 页。
② 黑龙江省文物考古研究所:《黑龙江讷河市团结屯清代墓葬发掘简报》,载吉林大学边疆考古研究中心编:《边疆考古研究》第 20 辑,第 119—128 页。
③ 黑龙江省文物考古研究所:《黑龙江省讷河市都拉本浅清代墓葬》,《北方文物》2010 年第 2 期。
④ 黑龙江省文物考古研究所:《黑龙江省五常市拉林机场清代遗址发掘简报》,《北方文物》2015 年第 4 期。
⑤ 黑龙江省文物考古研究所、黑龙江大学考古学系:《黑龙江宾县王朝珠遗址发掘简报》,《北方文物》2018 年第 4 期。
⑥ 陈立群:《福建东山岛冬古沉船遗物研究》,《闽台文化交流》2007 年第 3 期。
⑦ 陕西省考古研究所:《西安市湖滨花园小区宋、明、清墓发掘简报》,《考古与文物》2003 年第 5 期。

墓地出土有铜烟斗。①河北丰润县尚古庄清代曹家墓地 M4 中出土了 1 件铜烟嘴。②北京西郊小西天 2 号墓中出土了 1 件银质包金烟斗,长 35.3 厘米。③北京门头沟区南港村清代墓中出土了 1 件铜烟嘴、2 件铜烟斗。④黑龙江瑷珲富明阿墓出土了 3 件铜烟斗。⑤黑龙江齐齐哈尔富拉尔基老龙头清代墓中出土了 1 件木杆铜烟斗的烟杆,通体长 22 厘米,木质部分已腐朽。⑥齐齐哈尔市梅里斯音钦清代墓群中出土了 1 件铜烟斗和 1 件铜烟嘴。⑦黑龙江嫩江县崔家坟二号墓区 M3 中出土了 1 件铜烟斗和 1 件玉烟嘴。⑧

三、烟草传入中国的时间

烟草在明代晚期时传入中国。在传入中国之初,被称为"淡把姑""淡把菰""谈把姑""担不归"等名称,系烟草的英文"tobacco"的音译。目前所见最早记录烟草的文献,是成书于万历三十九年(1611)姚旅所著的《露书》。《露书》载:"吕宋国出一草曰淡巴菰,一名曰醺。……有人携漳州种之,今反多于吕宋,载入其国售之。"⑨万历四十一年(1613)作序,出版于崇祯元年(1628)的《漳州府志》也载:"淡芭菰,种出东洋,近多莳之者。"⑩明末医学家张介宾所著的《景岳全书》载:"此物(烟)自古未闻也,近自我明万历时始出于闽广之间,自后吴楚间皆种植之矣"。⑪明末方以智所著的《物理小识》(约成书于 1643 年)卷九载:"淡把姑烟草,万历末有携至漳泉者。马氏造之曰淡肉果,渐传至九边。皆衔长管而火点吞吐之,有醉仆者。崇祯时严禁之不止。"⑫依据以上文献记载,多数学者一般把烟草传入中国的时间定为万历时期。

近几十年来,先后有学者对烟草传入中国的时间问题,提出了一些新的观点。郑超雄根据广西合浦上窑窑址中出土的 3 件瓷烟斗和 1 件刻有"嘉靖二十八年"纪年铭文的压槌,推测广西合浦上窑的烧造年代上限为嘉靖初甚至正德年间,认为明代正德至嘉靖年间广西合浦一带已经开始种植烟草。⑬蓝日勇对郑超雄的观点表示存疑,推测 3 件烟斗的烧造年代应为隆庆时期,认为嘉靖时期是烟叶传入中国的时期,但尚未达到种植烟草的阶段。⑭郑超雄

---

① 武俊华:《山西汾西郝家沟发掘金元、明清时期墓地》,《中国文物报》2016 年 9 月 13 日第 8 版。
② 丰润县文物管理所:《丰润县尚古庄清代曹家墓地清理简报》,《文物春秋》1994 年第 4 期。
③ 苏天钧:《北京西郊小西天清代墓葬发掘简报》,《文物》1963 年第 1 期。
④ 刘义全:《北京市门头沟区发现清代墓葬壁画》,《文物》1990 年 1 期。
⑤ 姚玉成、李玲:《瑷珲富明阿墓出土的一批清代文物》,《北方文物》1994 年第 4 期。
⑥ 霍晓东、傅惟光:《齐齐哈尔富拉尔基老龙头清代达斡尔族墓葬》,《北方文物》2014 年第 1 期。
⑦ 崔福来、辛建:《黑龙江省齐齐哈尔市梅里斯音钦清代墓群调查简报》,《北方文物》1989 年第 4 期。
⑧ 张鹏、刘淑华:《嫩江县清代"崔家坟"二号墓区 3 号墓葬的清理》,《黑河学刊》1997 年第 4 期。
⑨ (明)姚旅:《露书》,福州:福建人民出版社,2008 年,第 261 页。
⑩ 转引自元廷植:《新作物与明清时期经济的发展——以福建烟草为中心》,载陈支平、万明主编:《明朝在中国史上的地位》,天津:天津古籍出版社,2011 年,第 276 页。
⑪ (明)张介宾:《景岳全书》第 5 册,杭州:浙江古籍出版社,2013 年,第 1630 页。
⑫ (明)方以智:《物理小识》(下),上海:商务印书馆,1937 年,第 237 页。
⑬ 郑超雄:《从广西合浦明代窑址内发现瓷烟斗谈及烟草传入我国的时间问题》,《农业考古》1986 年第 2 期。
⑭ 蓝日勇:《广西合浦上窑瓷烟斗的绝对年代及烟草问题别议》,《南方文物》2001 年第 2 期。

在推断合浦上窑窑址的烧造年代时,在"嘉靖二十八年"纪年压槌的基础上将年代前推二十年。而蓝日勇则将纪年压槌的年代定为窑址的开窑时间。本文认为两位学者对合浦上窑的烧造年代及3件瓷烟斗的年代的推测,均不合理。3件瓷烟斗的年代应与窑址中出土的纪年压槌的年代接近,将3件瓷烟斗的年代其定为纪年压槌年代的前后十年左右较合理,即3件瓷烟斗的年代大约在1539—1559年之间。清人王露在其所撰的《烟筒传赞》一文中提到:"淡巴菰产自吕宋,前明始入中国。……前明嘉靖间有烟者,本粤东夷产,以医术游中华,善治瘴疠,驱寒疾,消隔胀,屡试辄效,中土人争延致之。"①从合浦窑址中出土的瓷烟斗和结合文献记载,可证实烟草在明嘉靖时期已传入中国。蓝日勇认为吸烟习俗的存在,并不能说明广西合浦本地已开始种植烟草。②合浦上窑中出土的3件瓷烟斗,制作均较粗糙,其使用者应是普通下层人民。若是此时的烟草来源于国外进口,那必定是价格较昂贵的物品,普通百姓是无经济实力消费的。因此,在嘉靖时期中国本土已开始种植烟草,这一点应无疑问。需要说明的是,合浦上窑窑址中出土的3件瓷烟斗,虽然能够说明烟草在嘉靖时期已经传入中国,但这3件瓷烟斗的年代并不是烟草传入中国的最早时间。郑超雄、刘翔、王元春等学者均认为烟草传入中国的过程与最早来到中国的西方殖民者葡萄牙人有关。③从文献记载来看,葡萄牙人从正德九年(1514)开始持续在我国广东沿海一带活动,至嘉靖十四年(1535年)葡萄牙人获得明政府允许正式在澳门居留。葡萄牙人在我国沿海一带活动时,出于谋利目的将烟草传入中国是完全可能的。烟草传入中国的过程,最初可能是从海外贩卖烟叶到中国,随着吸食烟叶的人数增多,于是在中国沿海一带最先出现了烟草的本土化种植。由此推测,烟草传入中国的最早时间,大概应是正德至嘉靖早期。

四、明清时期烟草在中国的传播

明代烟具发现的数量较少,除广西合浦、南宁窑址中发现的瓷烟斗外,四川宜宾屏山县新江村明墓M2出土的铜烟斗和彭山江口明末战场遗址出水的金、银、铜烟斗和银烟嘴也较引人注目。屏山新江村明墓M2为三室并排的石室墓,该墓在发掘时已被盗,出土的随葬品较少,未发现墓志等纪年物,发掘者推测墓葬年代为明晚期。关于烟草传入西南地区的方式,一般认为与明末西南战事有关。明末张介宾所著的《景岳全书》载:"此物(烟草)自古未闻也。……求其服食之始,则闻以征滇之役,师旅深入瘴地,无不染病,独一营安然无恙。问其所以,则众皆服烟,由是遍传。而今则西南一方,无分老幼,朝夕不能间矣。"④从文献记载来看,明代历史上的"征滇之役"发生在洪武、正统时期。一是洪武十四年至十五年(1381—1382)间,朱元璋出兵平定云南;二是正统六年(1441)、正统八年(1443)、正统十四年(1449)

---

① 杨国安选编:《烟事闲趣》,北京:北京燕山出版社,1999年,第113页。
② 蓝日勇:《广西合浦上窑瓷烟斗的绝对年代及烟草问题别议》,《南方文物》2001年第2期。
③ 郑超雄:《从广西合浦明代窑址内发现瓷烟斗谈及烟草传入我国的时间问题》,《农业考古》1986年第2期;刘翔:《明清两代烟草种植及对外贸易——兼论"明万历年间烟草传入中国说"有误》,《中国农史》1993年第2期;王元春、李敏莉、夏炳乐:《明清之际烟草在中国的传播和影响》,《阜阳师范学院学报》(社会科学版)2006年第3期。
④ (明)张介宾:《景岳全书》第5册,第1630页。

明政府三次出兵征讨麓川平缅宣慰使思任法、思机法。以上几次对云南用兵之际,烟草尚未传入中国,因此不存在外地士兵将烟草传入滇地的问题,张景岳的记载应有误。陶卫宁认为,"征滇之役"应是"征川"之误,指的应是天启时期明政府平定四川永宁土司奢崇明叛乱之事。在平叛过程中,朝廷调动湖广、云南和广东军队到四川参战,随着广东军队的到来,吸食烟叶的习俗因此传播到了西南地区。①事实上,明末西南地区的大型战事,除四川永宁土司奢崇明叛乱外,还包括万历二十四年至二十八年(1596—1600)间的播州土司杨应龙叛乱。在平定播州之乱过程中,明政府征调四川、湖广、贵州、浙江、福建、云南、广东等省的军队进行围剿。在《景岳全书》成书之时,吸烟之俗已在西南地区广泛传播,达到无论老幼朝夕不能离烟的程度。四川屏山新江村明墓中出土的铜烟斗,证实在明代晚期时烟草及吸烟之俗已经传播到了四川地区。《景岳全书》中关于西南地区吸烟之俗兴起过程的记载,尽管地点有误,但也包含了可信的成分。

四川彭山江口明末战场遗址出水的烟具有1件金烟斗、1件银烟斗、1件铜烟和1件银烟嘴。明末清初人叶梦珠所著的《阅世编》卷七载:"烟叶初出闽中。……后奉上台颁示严禁,谓流寇食之用辟寒湿,民间不许种植,商贾不得贩卖,违者与通番等罪。"②所谓流寇,指的是李自成、张献忠领导的明末农民起义军队。彭山江口明末战场遗址出水的烟具,是张献忠领导的农民起义军留下的遗物。出水烟具的材质有金、银、铜三种,其中金烟斗的使用者应是农民军中的高级军官,铜烟斗、银烟斗、银烟嘴的使用者应是中下层军官或普通士兵。由此可见,在明末农民起义军中从高级军官到普通士兵均有吸烟的习惯,吸烟在农民起义军中不是个别现象,而是一种普遍现象。明末农民起义军的活动范围包括陕西、甘肃、山西、河南、湖北、四川等地,他们对吸烟习俗在各地的传播无疑起到了推波助澜的作用。

目前考古发现的清代烟具数量较多,在江苏、江西、福建、四川、重庆、陕西、山西、河南、河北、北京、内蒙古、黑龙江等省市区均发现了清代烟具。根据同时出土的墓志、钱币和青花瓷器等遗物进行判断,年代可以早至清初至康熙时期(清早期)的烟具主要有江西德昌高速乐平珠形山M1出土的1件铁烟斗、江西樟树经楼镇南家村M1出土的1件铜烟斗、M4出土的1件烟杆,江苏南京大报恩寺遗址水井J15中出土的1件烟杆,常州武进吴下桥遗址M10出土的1件烟杆,河南新乡金灯寺窑址中出土的1件陶烟斗,福建东山岛冬古沉船中出水的铜烟斗,四川宜宾喜捷镇槽坊头白酒作坊遗址出土的1件铜烟斗,北京西郊小西天2号墓中出土的1件银质包金烟斗,河北丰润县尚古庄清代曹家墓地M4中出土的1件铜烟嘴,黑龙江依兰县倭肯遗址出土的2件铜烟斗,依兰县永和、德丰清代墓出土的5件烟杆,齐齐哈尔富拉尔基老龙头清代墓中出土的1件烟杆等。由于清代的考古资料年代偏晚,在考古发掘中一般不被重视,目前发表的清代烟具资料总体偏少。因此,目前发现的清代烟具,并不能反映清代吸烟情况的全貌。从已发表的资料来看,在江西、江苏、福建、四川、北京、河北、黑龙江等省市都发现了清初至康熙时期的烟具。各地出土的烟具表明,在康熙时期我国的南方、北方及西南地区的许多地方都已形成了吸烟风俗。据蒋慕东、王思明二人统计,依据各地的方志记载,康熙年间及其之前有明确烟草种植记载的地区有广东、海南、广

---

① 陶卫宁:《明末清初吸烟之风及烟草在国内的传播方式与途径研究》,《中国历史地理论丛》2002年第2期。
② (清)叶梦珠:《阅世编》,上海:上海古籍出版社,1981年,第167页。

西、福建、辽宁、浙江、江苏、上海、江西、安徽、山东、河南、河北、北京、天津、陕西、山西、云南、湖南、台湾等20个省市区。①考古发现的烟具情况，与地方志中的相关记载大体是相符的。

五、明清时期吸烟人群的身份、民族与性别

考古发掘出土的烟具，对于了解明清时期吸烟人群的身份、民族及性别等情况也提供了相应的实物资料。

目前发现的烟具，多数都是中下层人民使用的物品。多数出土烟具的墓葬，随葬品的数量一般都较少，随葬品一般都是价值不高的普通物品。目前发现的反映社会身份较高人员使用的烟具，主要有四川彭山江口明末战场遗址出水的1件金烟斗和北京西郊小西天2号墓中出土的1件银质包金烟斗。彭山江口明末战场遗址出水金烟斗的使用者，应是农民军中的高级军官。北京西郊小西天2号墓的出土器物有30多件金首饰、金器及少量瓷器，通过对出土头骨及牙齿进行鉴定，墓主为一位年龄约50岁的女性。据1号墓的墓志载，1号墓的主人为索尼的孙女。2号墓中未出土墓志，推测墓主人也应是索尼家族的成员。

从出土烟具资料来看，明清时期的吸烟人群除汉族人外，满族、达斡尔族、赫哲族人群中也流行吸烟习俗。关于烟草传入东北地区的时间和途径，目前学术界尚未达成统一意见。从皇太极执政期间多次颁布禁烟令来看，在清军入关之前吸烟风气在满族人统治的后金地区已十分盛行。康熙帝曾言："朕生平不好酒，亦能饮一斤，止是不用；最可恶是用烟，诸臣在围场中，终日侍朕，曾用烟否？每见诸臣私在巡抚帐房中吃烟，真可厌恶！况烟为最耗气之物，不惟朕不用，列圣俱不用也。"②可见在康熙年间满汉大臣吸烟风气的盛行程度。目前发现的出土烟具的满族人墓葬主要有北京小西天2号墓和黑龙江齐齐哈尔红光村清代夫妇合葬墓。北京小西天2号墓的墓主人为满族女性。齐齐哈尔红光村清代夫妇合葬墓的男女墓主的墓志均为满文，男墓主为清代满洲布特哈四品官员。此外，黑龙江嫩江县崔家坟二号墓区M3的葬俗，既具有内地汉族文化的因素，又具有满族的一些特点，发掘认为墓主身份为具有独特文化的"站上人"。③

出土烟具的达斡尔族人墓葬有黑龙江齐齐哈尔富拉尔基老龙头墓、讷河市学田乡都拉本浅M1、讷河市全发屯M1、M3、M4和讷河市团结屯M1、内蒙古莫力达瓦达斡尔族自治旗腾克乡清代墓等。各墓的年代分别为康熙、清中晚期不等。

出土烟具的赫哲族人墓葬和遗址有黑龙江依兰县永和、德丰清墓、瑷珲富明阿墓和依兰县倭肯遗址。永和、德丰清墓的年代为康熙、雍正时期，富明阿墓的年代为清末。倭肯遗址的年代为清代早中期。据民族调查资料载："赫哲人知道吸烟，由来已久；且家家自己种植。"④考古发掘资料表明，清代早期在赫哲族人中已流行吸烟习俗。

---

① 蒋慕东、王思明：《烟草在中国的传播及其影响》，《中国农史》2006年第2期。
② （清）俞正燮：《俞正燮全集》第2册，合肥：黄山书社，2005年，第453页。
③ 张鹏、刘淑华：《嫩江县清代"崔家坟"二号墓区3号墓葬的清理》，《黑河学刊》1997年第4期。
④ 凌纯声：《松花江下游的赫哲族》（上），北京：民族出版社，2012年，第78页。

此外,在一些土司管理的地区也出土了烟具。在考古发掘中出土有烟具的土司遗址主要有重庆石柱县古城坝土司遗址和湖南永顺老司城遗址。

明清时期吸烟人群的性别以男性为主。在明清时期出土烟具的墓葬中,从墓志、随葬品及人骨鉴定可以确定墓主为女性的墓葬数量不多。主要有北京西郊小西天2号墓、黑龙江嫩江县铁古拉村M2、讷河市全发屯M1、M3和讷河市团结屯M1等。在讷河市全发屯发掘的M4的墓主为男性,墓中出土了1件铜烟斗和1件玛瑙烟嘴。在讷河市团结屯发掘的M2的墓主为男性,墓中出土了1件铜烟斗。讷河市全发屯和团结屯两处墓葬均为清代中晚期达斡尔人的墓葬。由此可知,清代中晚期时达斡尔族人不论男女均有吸烟的喜好。齐齐哈尔富拉尔基老龙头墓从出土的头骨和随葬物品判断,墓主为一位13—15岁的达斡尔族未成年男性。可知在达斡尔族人中的吸烟者,不仅限于成年人,还包括未成年人。

六、结语

烟草在明代晚期时传入中国。近几十年来,在全国各地的墓葬、遗址、窑址中出土了一批烟斗、烟嘴等与吸烟有关的遗物。这些考古发现的烟具,为了解明清时期吸烟习俗在中国的传播和明清时期吸烟人群的身份、性别、民族及年龄提供了丰富的实物资料。从出土烟具来看,至迟在明代嘉靖时期烟草已经传入中国,至明末时吸烟习俗已经在全国的许多地方流行。四川宜宾屏山县明墓出土的铜烟斗表明吸烟习俗在明晚期时已传到四川地区。彭山江口明末战场遗址出水的烟具表明在明末农民起义军中流行吸烟习俗。从出土烟具来看,清代的吸烟人群除汉族外,还有满族、达斡尔族、赫哲族等民族,在一些土司管理的地区也流行吸烟习俗。清代的吸烟人群不仅有男性,而且也有女性,同时一些未成年人也加入了吸烟者的行列。

作者简介:伍秋鹏,成都中医药大学国学院副教授。

清代蒙古地区商业活动中的成瘾性消费品*

——以烟草贸易为个案

崔思朋

【摘　要】学界对清代蒙古地区的商业问题已经做了较为全面深入的考察,但成瘾性消费品贸易问题尚未引起足够重视。烟草作为典型的成瘾性消费品,也被称作嗜好作物,原产于南美洲,随着地理大发现与新航路的开辟传向世界各地,于明清时期传入中国后在全国迅速传播并形成了普遍的吸烟风气。在蒙古地区,明朝时就已出现吸食烟草的记述,清代以后,烟草成为蒙古地区各个社会阶层普遍吸食的重要消费品,烟草的市场需求随之扩大,在旅蒙商及民间贸易的带动下,除贩运外地出产的烟草外,也开始在蒙古草原上种植并生产烟草。在清代以来蒙古地区的商业活动中,烟草的重要性日渐凸显,烟草贸易也为从业者创造了较大经济收益,并成为当地的税收来源。

【关键词】成瘾性消费品；烟草贸易；清代；蒙古地区；商业活动

"重农抑商""以农为本"在古代中国绝大部分历史时期都是国家层面坚持并推崇的重要治国方略[①],因而历代"中国统治者不厌其烦地强调农业是民之根本,是国之大事。早期中国文献反映了人们极度恐惧饥荒,防备农民脱离农业从事'不事生产'的活动,比如商业"[②]。虽然古代各中原王朝在国家层面始终强调发展农业,但商业在社会生产及生活中能够发挥农业及其他产业所不能替代的重要作用,因而商业在古代中国的存在同样重要。尤其是到了明清时期,中国的"商业总体趋于发达,构成社会经济生活的基本内容和社会体制的重要基础,其合法性、正当性、必要性皆为社会体制与文化所承认"。[③]清代以后,蒙古地区[④]的商

---

* 基金项目：本文系国家社科基金重大项目"明清华北核心区生态环境变迁与经济发展研究"(项目号22&ZD224)、国家社科基金重大专项项目"铸牢中华民族共同体意识视域下北部边疆安全建设机制研究"(项目号22VMZ013)的阶段性成果。

① 古代中国素以农业立国,自汉武帝将"以农为本"确定为国家定制以后,"以农为本"一直也是历代中国统治王朝国家治理的主要内容,古代中国的农业生产又因此而具备了特殊的社会环境。

② [美]马克·B.陶格：《世界历史上的农业》,刘健、李军译,北京：商务印书馆,2015年,第29页。

③ 赵轶峰：《明清商业与帝制体系关系系关系论纲》,《古代文明》2016年第4期。

④ 本文所考察蒙古草原以清代行政区划下的内蒙古六盟(分别是哲里木盟、卓索图盟、昭乌达盟、锡林郭勒盟、乌兰察布盟、伊克昭盟)、察哈尔、归化城土默特、套西二旗(阿拉善厄鲁特旗、额济纳土尔扈特旗)、乌里雅苏台(土谢图汗部、赛音诺颜部、车臣汗部、扎萨克图汗部、唐努乌梁海、科布多、阿尔泰、布伦托海)为主。参见傅林祥等：《中国行政区划通史·清代卷》,上海：复旦大学出版社,2017年,第616—666页。

业同整个国家商业发展趋势一样出现了繁荣发展的盛况①,学界对此给予了较多关注并形成了丰富研究成果,但是对于成瘾性消费品市场的考察并未引起足够重视,相关研究成果尚付阙如,本文以烟草贸易为个案,对成瘾性消费品在清代蒙古地区商业活动中的情况进行考察研究。

一、烟草、烟草消费以及外传

烟草种植与吸食行为最早起源于中南美洲。在地理大发现之前,烟草没有突破地理环境的阻隔,仅是美洲的区域性作物。随着新航路的开辟,烟草走出美洲大陆并传向世界各地,除作为一种农作物被广泛传播引种外,烟草也成为近代经济全球化进程中的一种重要商品,产生了深远的世界影响。明清以来,烟草开始传入中国并在中国迅速传播引种,同时也引起了全社会的普遍吸烟之风,蒙古地区的烟草种植、贸易及吸烟之风便是在此背景下形成的,尤其是到了清代,蒙古地区的烟草贸易及吸烟风气更为普遍,成为经济社会生活中不可忽视的重要组成部分。

(一)烟草的成瘾性特征及其在中国的传播

烟草属双子叶植物纲,管花目,茄科,烟属,目前已发现的烟种有66个,种植范围遍及世界各地。通过对现有资料研究表明,烟草种植与吸食行为最早起源于中南美洲,随着地理大发现与新航路的开辟传向世界各地。也即从15世纪开始,"地理大发现引起了全球范围内农作物的大传播,从而深刻地、永远地影响了人们的物质生活"。②到了16至17世纪,"烟草征服全球。它交的鸿运超过茶和咖啡,委实非同小可"。③烟草在中国的传播至少可以分为三个阶段,"一是红花烟草传入闽广一带,再传入内地以及中南部地区;二是黄花烟草传入北部、西北部和东北地区;三是20世纪初,烤烟传入中国,以及中后期白肋烟、香料烟、马里兰烟传入"。其中,"从菲律宾到漳、泉,再传到北方九边,这是烟草传入中国的第一条路线"。④烟草传入中国后,自16世纪中后期至18世纪中期的一二百年间,烟草吸食之风便迅速风行全国,至迟在18世纪,烟草就已基本上传遍中国各省,这在中国作物引种史上是非常罕见的。⑤此外,烟草"作为带有一定危害性的成瘾性消费品,随着新航路的开辟由美洲大陆走

---

① 赵轶峰指出:"明清帝制农商社会的重要特征是,农商经济共同构成社会基础且与帝制国家体制形成共生格局,其继续演进有更大规模市场经济化的前景,中华文明内聚运动接近完成。"参见赵轶峰:《明清帝制农商社会说的问题意识与研究取径》,《云南社会科学》2019年第1期。随着清代以来蒙古地区被纳入中原王朝的直接控制区,当地商业在清代同样出现了繁盛发展的局面,相比于以往单纯以畜牧业为主的经济结构类型,农业与商业也被引入到清代蒙古地区,并成为不可或缺的重要组成部分,呈现出农商牧相结合并存的社会形态。参崔思朋:《清代北方农牧交错带研究》,博士学位论文,清华大学,2022年,第397页。
② 张箭:《新大陆农作物的传播与意义》,北京:科学出版社,2014年,第12页。
③ [法]费尔南·布罗代尔:《十五至十八世纪的物质文明、经济和资本主义》第一卷《日常生活的结构:可能和不可能》,顾良、施康强译,北京:商务印书馆,2017年,第311页。
④ 王思明:《美洲作物在中国的传播及其影响研究》,北京:中国三峡出版社,2010年,第196—199页。
⑤ 王思明:《美洲作物在中国的传播及其影响研究》,第201页。

向全球,成为全世界普遍嗜好的世界性商品,因而烟草不仅是全球化背景下的产物,同时也对全球化的进一步发展产生了重要影响"①。对中国而言,烟草既是近代全球化带给中国的重要产物,同时也对明清时期中国参与全球化发挥了重要作用。②

烟草是一种典型的成瘾性消费品,成瘾性是指此类商品的特殊属性,戴维·考特莱特指出:"瘾品……泛指各类合法与非法、温和与强效、医疗用途与非医疗用途的麻醉及提神物质。因此,含酒精与咖啡因的饮料、大麻、古柯叶、可卡因、鸦片、吗啡、烟草,都算瘾品,海洛因、脱氧安非他命,以及许多其他半合成物质与合成物质,也在其列。"③长期使用成瘾性消费品会对人的身体或精神产生或好或坏的影响,因为"部分成瘾性消费品对人身体的确有害,比如鸦片、可卡因、烟草等,但也有不少成瘾性消费品不仅不会对人的身体造成伤害,而且可能非常有益,比如茶叶、咖啡、可可等,以及适量的糖、酒等,而且这些成瘾性消费品已经成为我们日常生活中的必需品"。④对于人的精神而言,一些成瘾性消费品如果使用不当会给人造成一定负担甚至是严重依赖,如鸦片、酒精及烟草等的过度使用都存在此类影响,我们经常会说到某某人是"酒鬼""烟枪"等,说明这些人对酒精或烟草存在依赖,若是在"酒鬼""烟枪"等前面加上一个"老"字时,"老酒鬼""老烟枪"则说明这些人对酒精或烟草的依赖十分严重,如果没有酒精或烟草便会影响到他们的基本生活。但在学术研究中,成瘾性消费品实际上是一个中性概念,烟草是一种典型的中性成瘾性消费品。因为烟草既具有一定药用价值,同时也必须承认过度吸食烟草对人是极为有害的,虽然如此,但在日常生活中烟草的生产与吸食行为却始终无法杜绝。如郑天一等指出:"现代社会中的人不只是从身边父兄师长得到效仿的榜样,也绝不只是在父兄师长的夹袋里才找得到烟草。不论烟害的宣传怎样地竭尽全力;也不论烟草制品的价格怎样连珠炮似的上涨;更不论父兄师长如何严加看管钳制,只要他们自身还在家里家外吸烟;只要他们还在银幕上荧屏书刊上看到吸烟,吸烟就必定是个世代相传永远被抽象否定具体肯定的生活方式,从而会永远拥有基本群众。"⑤仲伟民也强调:即便是"饱受斥责的烟草,其提神静气放松的作用,我们也不能完全否认"。⑥因此,我们要以辩证的态度审视成瘾性消费品对人类社会的影响。

时至今日,烟草成为中国乃至世界各地人们日常社会生活中不可或缺的一类重要成瘾性消费品并成为人类文明的组成部分,有人甚至将吸烟与人的气质加以联系,如郑天一等指出:"美国西部牛仔的大雪茄似乎表现出一种粗糙的质感美;李鸿章的水烟袋似乎表现出他的尊荣地位;大胡子英国人著名的烟斗似乎表现出他十足的绅士风度;北方老农的旱烟锅似乎表现出带着呛辣的朴实;就连那些涂着红指甲的纤纤玉手也要夹一支细长的香烟来

---

① 仲伟民、崔思朋:《近代全球化过程中烟草在中国的传播及影响》,《求是学刊》2020年第3期。
② 论及烟草是近代全球化带给中国的一种重要产物,是因为烟草不仅仅成为中国广泛种植的外来作物,同时也是国内市场交易中的一种重要商品,并对明清时期中国参与全球化尤其是经济全球化发挥了重要作用。参见崔思朋、仲伟民:《从烟草传入输出看明清时期全球化中的中国》,《南京大学学报(哲学·人文科学·社会科学)》2023年第3期。
③ [美]戴维·考特莱特:《上瘾五百年:瘾品与现代世界的形成》,薛绚译,上海:上海人民出版社,2005年,绪论第2页。
④ 仲伟民:《全球化、成瘾性消费品与近代世界的形成》,《学术界》2019年第3期。
⑤ 郑天一、徐斌等:《烟文化》,北京:中国社会科学出版社,2008年,第42—43页。
⑥ 仲伟民:《全球化、成瘾性消费品与近代世界的形成》,《学术界》2019年第3期。

表现它们主人带上男人气的、不同凡响的女人魅力。很多很多的人认为吸烟使人凭空地增加了一种风度,这种风度的构成因素是些什么,因其复杂而难以骤然定论,但其中非常重要甚至首屈一指的因素是体现一种男人的、带些野性的气质,则是可以确定的。"①吸烟能展现出人们的不同阶层、不同气质及不同社会地位等特殊功能,这也表明烟草已深深地融入到人们的日常社会生活,这也带动了烟草的广泛种植、烟草制品的发展、吸烟行为的普遍及烟草贸易的繁荣等。

(二)清代蒙古地区的贸易环境与烟草贸易

清代蒙古地区与中原王朝之间的关系有了新的变化,清朝建立后,针对蒙古地区不再是通过兴建长城与部署军事力量进行防御的对抗政策,而是采取了"以藩为屏"的策略,康熙帝指出:"昔秦兴土石之工修筑长城,我朝施恩于喀尔喀,使之防备朔方,较长城更为坚固。"②在此边疆治理思想的影响下,清朝将蒙古草原纳入直接控制区,并将蒙古草原的广阔区域视为其疆域北端,随着清前期对蒙古地区问题的有效解决,清代长城内外和平稳定局面开始出现并长期存在下来,出现了前所未有的向蒙古地区大规模移民及土地开垦。③实现了"长城地带"由"边疆"到"内地"的转变,这一和平稳定局面的出现也促进了蒙古地区商业的繁荣发展。清末岑春煊指出:"我朝圣武布召疆宇,恢拓所当,视为轻重缓急者,尤与前代不同,前代以阴山、大漠为塞,我朝则以外兴安岭、阿尔泰山为塞;前代以匈奴、突厥、回纥、鞑靼为敌,我朝则以俄罗斯为敌国。"④康雍乾三朝在西北军事行动的胜利进一步巩固了北部边疆地区的安定,格鲁塞评价道:"乾隆皇帝对伊犁河流域和喀什葛尔的吞并,标志着实现了中国自班超时代以来的十八个世纪中实行的亚洲政策所追随的目标,即定居民族对游牧民族的,农耕地区对草原的还击。"⑤与前代相比,清朝的边疆危机压力减小,社会治理问题逐渐凸显出来,经济开发与社会整合成为重点。

随着清朝统治的逐渐稳固,清政府也允许并支持蒙汉地区之间的商贸往来,如清初兴

---

① 郑天一、徐斌等:《烟文化》,第25页。

② 《清圣祖实录》卷一五一,康熙三十年五月庚寅,北京:中华书局,1986年,第677页。但需要指出的是,清代并非是完全不修长城或是放弃长城,如彭勇指出:"清代同样视长城为防御载体。明代长城防御的族群对象,一是蒙古部,二是女真部,三是西北诸部。清代在满蒙联姻之后,虽然极力倡导'满汉一家',但是由于历史、地理的原因,各部族之间的差异、冲突与隔膜仍然是长期存在的,依托长城体系进行防御和管理,仍不失为维护秩序的重要手段。如东北的封禁政策,对蒙地、回疆的封禁等,以及利用长城防止长城以南的汉人到长城以北去,等等,都提高到了国家防御战略的高度。"参见彭勇:《文明共生与族群秩序:清代对长城的废弃与坚守》,《中央民族大学学报》(哲学社会科学版)2021年第3期。

③ 马大正等指出:以蒙古为长城的边防策略虽然"适应了当时的历史发展需要",但却不能"准确全面地反映清朝前期的边防思想。康熙所指的'不设边防''不修长城',是针对清以前所出现的农耕文明与草原文明的对峙及历代中原王朝的'夷夏之防'的边防政策"。在此认识基础上,马大正等将清初边防思想总结成如下三点:一是"考察清朝对边疆地区的军事部署和边防建设,可以看出,不论是海疆还是陆疆,清王朝都给以极大的关注,形成了全面的防御体系";二是"清朝在边疆地区的驻军和设卡伦巡查,具有保卫国家安全和抵御外敌入侵和维护边疆地区安定的双重职能";三是"中国历史上所形成的传统的疆域观和边防观念与近代国家之间的国家、主权、疆域、国界、边防的理解有明显的差别"。参见马大正主编:《中国边疆经略史》,武汉:武汉大学出版社,2013年,第419—425页。

④ 《岑春煊奏为垦开晋边蒙地屯垦以恤藩属而弭隐患折并朱批(光绪二十七年四月二十日)》,载内蒙古自治区档案馆编:《清末内蒙古垦务档案汇编》,呼和浩特:内蒙古人民出版社,1999年,第1页。

⑤ [法]勒内·格鲁塞:《草原帝国》,蓝琪译,北京:商务印书馆,2002年,第670页。

起的随军贸易。这是清代蒙古地区的一种新贸易形式,即"随着清廷对噶尔丹的战争迅速发展起来。康熙帝用兵西北,急迫需要军畜、军粮及其他军需物品,在缺乏运输力量的情况下,将其包给商人承办,'行营进剿时亦必尾随前进'。这些商人在供应军需的同时,还把货物卖给士兵,进而卖给蒙古人,取得巨额利润,迅速发展壮大,发展成为资本雄厚的旅蒙商"①。到了乾隆时期,官方开始组织经营对蒙古地区的贸易,如乾隆二十五年(1760)奏准:"商民与蒙古等往来贸易,由乌里雅苏台将军,或由该管地方官扎萨克等处给予照票,将伊等所行路途填注明白,以便往来。"②因此,长城城墙的阻隔作用一旦被取消,其军事防御功能也随之消退,也就难以阻遏蒙汉两区域间的交流与融合。且漠南蒙古诸部也接受清朝的统治政策,即"蒙古稽首臣服,乐为内附,且屏藩中朝",出现"蒙古臣服,统入八旗,如行内地矣"的局面。③受此影响,蒙汉之间商贸往来逐渐繁荣,成瘾性消费品也成为贩运到蒙古地区的大宗商品,烟草更是成瘾性消费品中的重要一类,在清代以来蒙古地区商业活动中扮演着重要角色,同时也成为当地税收的来源。

蒙古地区吸食烟草的历史可追溯至明代,根据已有材料研究表明,烟草自明代就已传至北方九边等地,在今内蒙古包头市土默特右旗美岱召村有一个古城遗址美岱召,系明代土默特部首领俺答汗与其妻子三娘子所建。美岱召现存大雄宝殿内有大量壁画,其中一幅壁画描述的是万历三十年(1602)迈大里活佛受四世达赖的派遣到漠南地区主持法会之事,这幅画的配景人物中,有七八个吸旱烟的人物形象,这是迄今所知明代蒙古地区吸烟的唯一图画。④此实物资料很清楚地表明,烟草至迟在万历末年就已传入蒙古地区。⑤此后因烟草吸食之风逐渐昌盛,导致贩运至蒙古地区的烟草逐渐增多,当地开始出现烟草种植与加工生产,这些无疑都影响到烟草在清代蒙古地区商业活动中的重要性日渐凸显。又由于烟草吸食容易成瘾,导致清代蒙古草原上形成了广泛且稳定的吸食群体,这一群体的形成也进一步巩固了清代蒙古地区的烟草贸易市场。

二、清代以来蒙古地区的烟草种植及贸易

烟草作为一种典型的经济类作物,种植烟草的收益要高于种植粮食及其他作物,且烟草存在巨大的市场需求,这也是影响烟草被广泛种植的一个重要因素。清代蒙古草原上农业取得了较快发展已成为学界普遍认同的事实,在所种植的各类作物中,烟草虽不占据较大比例,但却是不可小视的重要组成部分。尤其是清代蒙古地区已形成了普遍的吸烟风气,

---

① 《土默特志》上卷第四章《经济志》,呼和浩特:内蒙古人民出版社,1997年,第280—282页。
② 光绪朝《钦定大清会典事例》卷九八三《理藩院·边务·蒙古民人贸易》,载(清)昆冈等编:《大清会典》第22册,台北:新文丰出版公司,1976年,第16919页。
③ (清)张鹏翮:《奉使俄罗斯日记》,载毕奥南整理:《清代蒙古游记选辑三十四种》(上册),北京:东方出版社,2015年,第10页。
④ 此时传入蒙古地区的烟草应为制成品,目前并未发现明代蒙古地区有种植烟草的文献记述。
⑤ 李漪云:《烟草经由蒙古传入女真考》,《内蒙古大学学报》(哲学社会科学版)2001年第1期。

且对烟草存在巨大的消费需求,这也导致烟草成为蒙古地区种植的一类作物并成为蒙古地区市场交易中的一类重要商品,且利润丰厚。在明代,"关外人至以匹马易烟一斤"①;到了清康熙时期,张凤翔在《种烟行》中也提到"种禾只收三倍利,种烟偏赢十倍租"②,由此可见种植烟草的较高利润。然而广泛种植烟草也抢占了原本应该种植粮食及果蔬等作物的农田,且种过烟草的土地也很难继续种植其他作物,但由于种植烟草的较高利润,即便是在清政府官方及有识之士已经意识到种植烟草极易对土地造成破坏与危及粮食安全,同时也提出禁止烟草种植与交易的情况下③,也无法杜绝烟草的种植及贸易活动的开展。就清代蒙古地区而言,在这一广阔区域内,无论是移民及土地开垦较早的商业活动繁盛区、还是典型的传统游牧区,烟草都是商业活动中的一类重要商品,在当地出产烟草不足以供给本地市场消费需求的情况下,也会大量转运其他地区出产的烟草。各区域内烟草贸易(含本地种植及加工生产的烟草)情况梳理如下。

在土地开垦较早且商业活动较为繁盛的地区,如归化土默特地区,烟草在清代成为当地商业活动中的大宗商品之一,即"清代的行商运往前、后、西营的主要货物是绸缎、布匹、茶、糖、烟等,运回的货物主要是绒毛、皮张及各类牲畜"。④又如包头地区,"全市以粮食、皮毛、布匹、烟茶、鸦片为大宗,洋货杂货次之"。⑤除将异地生产的烟草贩运至归化土默特地区销售外,当地农业生产中也会种植及生产一些烟草,本地所产烟草除供自家吸食外,剩余的也被用于交易,据《土默特志》载:当地所产几类大宗农产品除运销附近城市外,还大量运销于大青山后地区,故有"烟叶、辣椒、紫皮蒜,秋后上山去打换"之说。⑥

在土地开垦较为深入且商业有所发展的东部地区。如赤峰地区,"烟叶之出产,每年约一百万左右,销路最广,乌丹城、林西、开鲁各属,足销大半,余并芥花(学名荆芥,为发汗解热药)、瓜仁(即瓜蒌仁),则运销平、建、京东"。⑦又如库伦旗,在清代,"库伦街是东部蒙古地区主要商品集散地。商人每年从奉天、营口、义州、锦州、新民屯等地购进布匹、烟、茶、日用百货等商品,销往内蒙古东部各旗,如呼伦贝尔、东西乌珠穆沁、东西扎鲁特、札萨克图、图什业图、达尔罕、博王、宾图、扎赉特、奈曼、翁牛特、巴林、阿鲁科尔沁等旗。再收购农畜土特

---

① 谢国桢主编:《明代社会经济史料选编》(第一册下),福州:福建人民出版社,2004年,第12页。
② 转引自杨国安编著:《中国烟草文化集林》,西安:西北大学出版社,1990年,第192页。
③ 明朝时,崇祯皇帝先后两次下令禁烟:第一次禁烟令发布于崇祯十二年(1639),第二次禁烟令发布于崇祯十六年(1643),但并没有取得明显效果,尤其是第二次禁烟时烟草种植及吸食之风已更为普遍。崇祯时期虽然严令禁烟,却难以遏制烟草的吸食与传播推广,方以智对此记述道:"烟草,万历末有携至漳泉者,马氏造之,曰淡肉果,渐传至九边,皆衔长管而火点吞吐之,有醉仆者。崇祯时严禁之不止。"参见(明)方以智:《物理小识》卷九,光绪十年刻本,第19页。清朝建立后,清人对于种植烟草抢占耕地及造成的恶劣影响已有一定认识,因而到了雍正及乾隆时期,清政府严令禁种及贩卖烟草,但禁烟令取得的实际效果更小,烟草种植与吸食之风席卷全国,自清中叶以后,"北至松花江,南至雷州半岛,东起胶州湾,西至甘肃、新疆等地都有烟草种植。并且形成一些比较集中的产烟区和一些著名的烟叶产品"。参见中国烟草通志编纂委员会:《中国烟草通志》第1卷,北京:中华书局,2006年,第54页。
④ 《土默特志》上卷第四章《经济志·商业》,第286页。
⑤ 民国《包头市志》卷二《地理志·城市》,呼和浩特:远方出版社,2011年,第31页。
⑥ 《土默特志》上卷第四章《经济志·农业》,第257页。
⑦ (清)赵允元撰:《赤峰州调查记》之《商事》,《内蒙古历史文献丛书》,呼和浩特:远方出版社,2014年,第15页。

产品,销往奉天、营口等地"。①民国以后,在整个中国烟草种植与贸易繁荣发展的时代背景下②,库伦旗的烟草贸易更加活跃,如民国八年(1920),"库伦街经营布匹、日用百货的商铺达100余家。棉百商品主要从营口输入,烟类商品由奉天、新民屯、新立屯输入,茶叶由锦州输入。当时库伦街最大的商号广升合,经营绸缎等百货类商品,有职员70余人。库伦街还有小型行商近百家,俗称'跑驴驮子',他们或几家联做生意,或一家一户跑买卖。其销售地点在开鲁、天山、鲁北及附近蒙古地方等,去时带些棉花、棉布、茶叶、水果等杂货,返回时带些土碱、小麻将及烟叶等"。③

在开发较晚近或游牧社会特征显著的地区,蒙古族人口所占比重相对较大,烟草吸食与贸易也极为普遍,甚至有些牧区已种植并生产烟草。如锡林郭勒地区,江上波夫在民国年间考察时对当地烟草贸易情况记述道:"(锡林郭勒境内恩盖尔特寺)寺院的南面支着一处棚子,有位汉族商贩以高出张家口四倍的价钱在卖汉族糕点、冰砂糖、面粉、烟、茶等物品,我们买了些卷烟和梅果饼等糕点,向这位商贩问路后又出发了。"④在锡林郭勒地区汉族人开设的商店中,江上波夫也见到:"店内货架上塞满了各式各样的商品,以撩拨起蒙古人的购买欲。屋顶上挂着蒙古帽、布匹等,右侧的货架上放着木碗、蒙古刀、长靴、发饰、鼻烟壶、镶金器具等,左侧货架上放着玻璃杯、蜡烛、脸盆、铁水桶、牙刷、肥皂等,正面的架子上放着糕点、烟、药品、茶、火柴、手绢、纸张等。"⑤又如多伦诺尔地区,"虽然多伦诺尔不具多少吸引人的地方,尽管其郊区很贫瘠,冬天严寒和夏天闷热,但该城的居民很多,贸易很兴隆。俄罗斯的商品通过恰克图之路南下到达那里;驮靼人不停地把大批牛、骆驼和马群赶到那里,他们返回时又带走了烟叶、布帛和砖茶。外来人的这种络绎不绝的往返使多伦诺尔的居民呈现了种生气勃勃和气氛活跃的外貌"。⑥

在更北的乌里雅苏台地区,烟草贸易同样繁荣,这些地区的自然条件并不适宜种植烟草,因而当地市场上交易的烟草多是由内地转运过去。如光绪时期漠北喀尔喀库伦的烟草交易,"呼勒现时的居民组成和商业区状况就是如此。至于市场本身,则它是一个买卖小商品的地方。它南北长约三百二十俄丈,东西宽约六十俄丈。夜里,这个地方往往空无一人,随着黎明的到来,汉人每天在这里要支起八十个到一百二十个可移动的毡帐篷(布赫克),出售他们从大店铺贩来的各种小商品:烟嘴、烟杆、烟袋、烟具、念珠、布匹、碗、镜子、腰带,等等"。⑦此外,一些内地汉族商人来到蒙古草原经商时也会携带烟草用以交换蒙古草原上出产的物资,如北京商人,"他们还带来许多小商品,如旱烟袋,鼻烟壶,哈达,装鼻烟的小口

---

① 《库伦旗志》第十一篇《商业》,海拉尔:内蒙古文化出版社,2005年,第339页。
② 如1936年中国烟草产量已位居世界第三,仅次于美国和印度,占当时世界总产量50亿磅的10%。参见郝钦铭:《作物育种学》(下册),上海:商务印书馆,1940年,第890页。
③ 《库伦旗志》第十一篇《商业》,第348页。
④ [日]江上波夫等:《蒙古高原行纪》,赵令志译,呼和浩特:内蒙古人民出版社,2007年,第40—41页。
⑤ [日]江上波夫等:《蒙古高原行纪》,第63页。
⑥ [法]古伯察:《鞑靼西藏旅行记》,耿昇译,北京:中国藏学出版社,1991年,第50页。
⑦ [俄]阿·马·波兹德涅耶夫:《蒙古及蒙古人》(第一卷),张梦玲等译,呼和浩特:内蒙古人民出版社,1989年,第117页。

袋,烟荷包,割肉的小刀及筷子等餐具。这些商品主要以蒙古草原上的物产交换"。①在额尔德尼召做买卖的汉人据说都住在"汉人区"（浩罗昂［围栅,区域］）里,也就是康熙年间中国戍军的驻营地及在额尔德尼召附近务农的汉人居住地。如今这里的整个市场上只有四家汉商经营的小店铺,其中有的来自恰克图,有的来自库伦。这些商人带来的货物分别是:

  1.恰克图汉人王文（此处及以下几个汉商的姓名皆为音译）的店铺:他带来的货物是砖茶两箱,大布八十匹,搭连布一百匹,面粉三库里。运送这些货物共装了五辆牛车。店主还有七名汉族伙计,他们是骑着七匹马来到这里的。

  2.恰克图汉人杨慕林的店铺:他带来的货物是砖茶十三箱,黄色土布二百匹,搭连布二百匹,烟草一筐,曲绸二十匹,金线、丝线五斤。运送这些货物共装了七辆牛车。此外,杨慕林还有供乘骑的马四匹,伙计一名。

  3.库伦汉人朝世恭的店铺:他带来的有砖茶一箱,大布一百匹,曲绸五匹,烟草一筐。运送这些货物共装了三牛车。朝世恭有三名汉族仆人,他们是骑着三匹马来的。

  4.汉人马福的店铺:这位商人来自色楞格河的王呼勒,带来的货物有大布一百二十匹,搭连布一百匹,烟草两筐,沙糖八十斤,面粉十九库里。运送这些货物共装了八牛车。马福有伙计四人,供乘骑的马三匹。②

  由阿·马·波兹德涅耶夫的记述可以发现,无论是在漠北喀尔喀所见贸易还是在额尔德尼召所见做生意的汉人商铺中,烟草都是被交易一种重要商品,由此可见烟草在清代蒙古草原更西更北地区的商业活动中同样占有重要地位。

  民国之后,烟草更是成为蒙古地区商业活动中的大宗商品,除本地区自行生产之烟草外,由其他地区生产之烟草也被运销到蒙古及毗邻地区,如《蒙疆经济》载:"运销西北的主要商品是棉布、卷烟……百货等";其中卷烟品牌包括"司太飞牌、仙岛牌、哈大门牌、爱乡牌、红锡包牌、五花牌、双马牌"。③引文中之西北地区即包括蒙古部分地区及临近的宁夏、甘肃等地,具体如1939年4月由包头销往宁夏之货物,如下表所统计。

表1 包头—宁夏（昭和十四年四月蒙疆公司调查）

品种	单位	运费	税金	合计
棉布	匹	1.20 元	0.30 元	1.50 元
卷烟	箱	23.00 元	40.00 元	63.00 元
蜡烛	箱	2.60 元	1.00 元	3.60 元
石油	箱	4.00 元	1.00 元	5.00 元

资料来源:［日］中村信:《蒙疆经济:资源开发的现状和前景》第六篇《西北贸易》,第191页。

---

① ［俄］阿·马·波兹德涅耶夫:《蒙古及蒙古人》（第一卷）,第207页。
② ［俄］阿·马·波兹德涅耶夫:《蒙古及蒙古人》（第一卷）,第489—490页。
③ ［日］中村信:《蒙疆经济:资源开发的现状和前景》第六篇《西北贸易》,徐同功译,载内蒙古地方志编纂委员会总编室编印:《内蒙古史志资料选编》（第九辑）,内部刊印,1986年,第185—186页。

由表1可见,烟草成为民国时期包头贩运至宁夏等地的大宗货物之一种,且烟草之运费与所征收之税金都高于其他商品,这体现出经营烟草的高成本投入,但烟草的巨大消费市场与经营烟草的较高收益也使得烟草贸易繁盛不衰。此外,烟草贸易存在的巨大消费市场和经营烟草的较高利润也与烟草的成瘾性消费品特征是分不开的。

那些存在于基层社会的小商小贩也将烟草作为交易之商品,如在多伦诺尔附近一处叫四道梁的村落,该村的"小饭店旁边都有小贩的货摊,零卖烟草、火柴、烟袋、面粉和土布之类的东西"。①又如经棚,"起初,有两个人来自山西的太原府,一个来自多伦诺尔,一个来自经棚。他们的商业规模很小,仅限于出售最劣等的棉布和亚麻布(绸布根本没有)以及日用杂货,如针、纽扣、烟草、鼻烟壶;还有食品杂货,主要是饽饽,即用面粉和油拌冰糖作馅的小面包"。②这些小商贩的经营规模虽小,但却涉及基层社会民众日常生产及生活所需的主要杂货,烟草也是他们日常生活所需杂货之一种。又如经棚的村落"刘家营子",在该村的小铺子中,"有两家卖肉的。一斤羊肉和一斤猪肉卖同样的价钱——一百八十文钱,其他肉根本没有。有两家卖菜的,供当地人消费,此外也卖烟草、火柴、各种小件旧货,一句话,为过路车夫所需要的货物"。③烟草也成为贩夫贩妇等走街串巷时交易的商品④,如归化土默特地区,"城镇和乡村还有一些走街串巷的小商贩、货郎子,有挑担的,也有背包的,手摇拨楞鼓,沿街、沿村叫卖,主要经营小百货、土布、洋布和零星食品,如化妆品、花样子、鞋面子、鞋样子、窗花、梳子、篦子、针线、烟、糖等"。⑤可见,烟草在清代以来蒙古地区各层级的商业活动中显然已成为一类重要商品。

三、烟草贸易成为税收的来源

税收是"国家为了实现其职能,凭借政治上的权力,按照法律规定的标准,对单位或个人无偿取得财政收入的一种方式。在历史上又称为赋税、租税或捐税"。⑥烟草税是针对烟草贸易征收的一种税项,随着吸烟在清代蒙古地区的日渐普及,烟草税也被纳入本地区的官方税收体系,这也体现出烟草贸易的繁荣发展情况。清代以来,烟草税在蒙古地区税收中占有一定比重,主要包括对外地贩入蒙古地区烟草进行征税与对本地生产烟草进行征税两种主要方式。

---

① [俄]阿·马·波兹德涅耶夫:《蒙古及蒙古人》(第二卷),张梦玲等译,呼和浩特:内蒙古人民出版社,1983年,第282页。
② [俄]阿·马·波兹德涅耶夫:《蒙古及蒙古人》(第二卷),第400页。
③ [俄]阿·马·波兹德涅耶夫:《蒙古及蒙古人》(第二卷),第426—427页。
④ 走街串巷的小商贩对于清代蒙古地区的商业贸易同样重要,"他们拥有轻便流动的摊铺,批购汉商货物,带至牧地或集市上出售,以博蝇头之利"。参见余元庵:《内蒙古历史概要》,上海:上海人民出版社,1959年,第117页。因此,烟草作为一种市场需求巨大的商品,无疑也是这些流动商贩运销的重要商品之一种。
⑤ 《土默特志》上卷第四章《经济志·商业》,第286页。
⑥ 《中国大百科全书·经济学Ⅱ》,北京:中国大百科全书出版社,1998年,第935页。

（一）由外地贩入之烟草及征税情况

由于烟草的成瘾性消费特征，导致其成为清代以来蒙古地区的重要消费品，甚至成为日常社会生活的必需品，因而烟草成为贩入蒙古地区的大宗商品之一。如以归化城为贸易中心及周转地点的烟草贸易。作为清朝设置的对蒙古地区贸易的中心地之一，由全国各地贩来蒙古地区的货物多数都要在归化城进行中转后再贩运至蒙古各地乃至俄罗斯等国家，由内地及其他地区贩运来的货物需在这里缴纳税款，领取票照后，用骆驼运至蒙古或其他地区进行销售。而由俄罗斯等地进口的产品同样要经过归化城中转后，再转运到中国各地进行销售，由此吸引了晋商来此建立商号从事贩运贸易。①贸易的繁荣发展导致官方开始对蒙古地区征收商业税，这些来到蒙古地区开设商号的内地人被形象地称为"旅蒙商"，如包头地区，道光年间山西定襄人开设有恒盛源杂货铺，同治年间山西忻县、定襄人开设有源顺泰、德顺成等数个杂货铺，当地人称为"六大杂货"，这些杂货铺经营着生活在本地的蒙汉人民所需的砖茶、布匹、烟、糖、绸缎、调味品、铁器等商品，烟包括生烟和水烟两类，生烟是产自山西曲沃的魁生烟、宏生烟，水烟是产自兰州的黑牛王水烟和产自河南的清化水烟。②由外地贩入蒙古地区之烟草以旅蒙商为主要途径，如旅蒙商中最具影响力的大盛魁，从全国贩运至蒙古地区的商品种类繁多，但总的来说，不外乎两大类："一种是销售量最大的商品，如砖茶、生烟、绸缎、布匹和三白、哈达之类；一种是销售量次多的商品，如铁器、铜器、蒙靴、马鞯、木碗、木桶、药包、白糖、炒米、糕点、铎铎之类"。③烟草成为大盛魁贩入蒙古地区销售量巨大且存在广泛消费市场的商品之一，足见其在商业活动中的重要性，烟草也成为官方的征税对象。

旅蒙商贩运之烟草（以生烟为主）多产自山西省曲沃县。④在曲沃县，"最大的烟庄有平遥人开设的魁泰和，祁县人开设的祥云集。魁泰和制的烟名为'魁生烟'，祥云集制的烟名为'祥生烟'……生烟有一定的包装，每囤一百八十包。每包十两重。祥云集经常派人在归化城永泰店住庄，办理销货之事。大盛魁每年大约走一千囤生烟，完全向祥云集采购，每囤生烟价值二十三四两银子。据说，光绪二十年（1894）前后，归化城跑前后营的中小旅蒙商，还不太多的时候，大盛魁一年也走过约两千囤生烟"。⑤曲沃县所产旱烟分为生烟、皮烟、香料烟三大类，销往蒙俄地区的主要是生烟。较著名的烟坊有永兴和、永和成、祥云集、长盛源、东谦亨、北谦亨等。东谦亨的"东生烟"远销库伦、恰克图和俄国；北谦亨的"北生烟"销太原、大

---

① 中国人民政治协商会议内蒙古自治区委员会文史资料研究委员会编：《内蒙古文史资料》第12辑《旅蒙商大盛魁》，内部刊印，1984年，第7页。

② 包头市民族宗教志编修办公室、政协包头市东河区文史委员会合编：《包头蒙古史料》，内部刊印，1987年，第88—89页。

③ 中国人民政治协商会议内蒙古自治区委员会文史资料研究委员会编：《内蒙古文史资料》第12辑《旅蒙商大盛魁》，第88页。

④ 刘佳欢就曲沃县烟草在蒙古地区的畅销分析指出："在口外地区，蒙民对内地物资的需求很大，其中烟草与茶叶、米面等商品地位相当，且没有本土的烟草品牌，市场缺口很大，晋商由此得以将符合蒙民口味的曲沃生烟推向北方蒙古市场，这才有曲沃烟草产业的辉煌。"参见刘佳欢：《明清时期山西曲沃烟业研究》，硕士学位论文，东北师范大学，2019年，第62页。

⑤ 中国人民政治协商会议内蒙古自治区委员会文史资料研究委员会编：《内蒙古文史资料》第12辑《旅蒙商大盛魁》，第91页。

同、张家口和蒙古地区;长盛源的"原生烟""晋生定"销祁县、张家口和蒙古;祥云集的"祥生烟""祥生定"销祁阳、汾阳、忻州、张家口、蒙古;永和成的"皮烟""杂拌烟"销运城、新绛和包头。① 到清朝末年,旅蒙商的活动范围逐渐涉猎东北地区,烟草等商品也随之大量进入蒙古草原东部的呼伦贝尔等地,如光绪二十九年(1903),"中东铁路(滨洲线铁路)全线通车后,晋、冀、鲁、辽、吉、黑等地'旅蒙商人'到呼伦贝尔盟等地出售日用杂货、食盐、卷烟等商品,同时收购畜、禽、药材等土特产品,贩运到关内销售"。② 由此可见,清代蒙古地区对烟草存在巨大的市场需求,这为烟草贸易的活跃提供了必要社会环境,从而推动了清代蒙古地区商业的繁荣发展。

向蒙古地区贩运烟草的利润极为可观,这也导致官方开始征收烟草税,仍以大盛魁为例,其贩运至蒙古地区烟草的利润一般是"两包生烟顶一块砖茶(一块砖茶除去运费至少有四钱银子的纯利润),其成本约合二钱六分银子,折成砖茶,除去运费,至少也有四钱银子的利润,一千囤(每囤一百八十包,每包一斤)生烟,就有三万六千两银子的利润"。③ 但旅蒙商贩运货物至蒙古地区需要途径长城一线的诸多关口,这些关口对出口烟草收取烟草税,如陕北榆林与鄂尔多斯交界之黄甫川关口,顺治十年(1653),"陕西黄甫川边市,烟随茶至,烟草同时征税";顺治十六年(1659),"黄甫川市烟类贸易达到424驮,额定税银2289两。1663年,商人极为不满,总督白如梅疏请蠲免,获准行之"。④ 且"黄甫川市口比他处较盛。往年,行茶者与烟并至,每岁额课千余金。不数年,边口既众,市利甚微,又从而征之,商遂大困。康熙二年(1663),总督白如梅疏请蠲免,从之。至今讴思焉。夫始也,烟茶并行,既以烟困而止。今之茶犹昔之烟也"。⑤ 由此可知,在明末及清初顺康时期,黄甫川所征收烟税与茶税税额大致相当,足见当地烟草贩运之昌盛。

清朝以后,随着内地向蒙古地区烟草贩运的日渐繁盛,烟草税收也随之增加,烟草税在清代以来部分蒙古地区已成为重要税收来源。如归化土默特地区,"税收大宗为煤炭窑税、牲畜税、烟、油、酒、杂货税及铁器等税……因派理藩院章京一员,驻归化城,管理牲畜记档税务,并将归化城烟、油、酒、皮张落地税,亦令新派章京兼管"。⑥ 需要注意的是,由于烟草在当地被普遍吸食及吸烟对于适应蒙古地区气候环境的药用价值⑦与蒙古地区地广人稀的分

---

① 段士朴:《曲沃烟史简述》,载《山西文史资料全编》(第二卷),太原:山西文史资料编辑部,1999年,第1129—1132页。
② 齐俊峰主编:《内蒙古自治区志·烟草志》,呼和浩特:内蒙古人民出版社,2007年,第1页。
③ 中国人民政治协商会议内蒙古自治区委员会文史资料研究委员会编:《内蒙古文史资料》第12辑《旅蒙商大盛魁》,第98页。
④ 中国烟草通志编纂委员会:《中国烟草通志》(第一卷),北京:中华书局,1996年,第16页。
⑤ 康熙《延绥镇志》卷二之四《食志·烟税》,上海:上海古籍出版社,2012年,第90—91页。
⑥ 民国《绥远通志稿》第4册卷三十《关税》,呼和浩特:内蒙古人民出版社,2007年,第418—419页。
⑦ 烟草最初传入中国时主要作为药用,这对烟草在中国的传播与推广也产生了一定影响。对于烟草的药用价值,成书于明末时期的《露书》记载道:"吕宋国出一草曰淡巴菰,一名曰醺,以火烧一头,以一头向口,烟气从管中入喉,能令人醉,且可避瘴气";"淡巴菰,今莆中亦有之,俗曰金丝醺。叶如荔枝,捣汁可毒头虱,根作醺"。参见(明)姚旅:《露书》卷十《错篇下》,福州:福建人民出版社,2008年,第261页。吸食烟草能够辟瘴气的特殊药用功效对当时中国人的实际效用更明显,如地处高寒地区的张北县,"普通嗜好,人人嗜吸旱烟,喝烧酒,好骑马,喜养看家狗。此种嗜好,一则因气候之关系,一则因环境之关系,不得不然,亦非恶风也"。参见民国《张北县志》卷五《礼俗志·习惯》,载《中国方志丛书·塞北地方》(第35册),台北:成文出版社,1969年,第656页。

布格局,导致人们在行进途中不易遇到经商之所,故而官方允许赴大青山后之人可携带一定数量的免税烟草,超额部分仍须纳税,如《绥远通志稿》载:"商人赴后山(大青山)各部落收账,并外藩牧放牲畜、种地人民,程途较远,后山路上无买食面、油、烟、酒之处应准酌带,以示体恤,但须予以限制,方免弊混。如面止二百斤,油酒各止五十斤,烟止二十斤,概行免税,再多仍按则收纳。"①

(二)对本地出产之烟草征税情况

由于清代蒙古地区存在巨大的烟草消费市场,除贩来其他地区生产之烟草外,部分蒙古地区也自行种植烟草,官方对本地出产烟草也开始征税。如归化土默特地区,对本地出产烟草征税始于乾隆二十六年(1761),据《古丰识略》载:"烟、油、酒、杂货税,起于乾隆二十六年。此前并无归化城收税之例,嗣因杀虎口监督期成额奏称:蒙古地方现种烟叶、杂粮,制造油、酒、烟等项,在归化城一带售卖,渐成行市,即为口外土产,应行起课。经户部议覆,将此烟、油、酒三项,准与皮张杂货均附于落地本税,纳则抽纳。"②落地税是对当地出产之商品征收的税款,如《绥远通志稿》载:"现种烟叶、杂粮,制造油、酒、烟等项,在归化城一带售卖,渐成行市,即为口外土产,应行起课,经户部议覆,将此烟、油、酒三项,准与皮张杂货,均附于落地本税,按则抽纳。二十七年(1762),监督满斗到任,因归化城烟、油、酒三项并皮张、杂货落地等税,抽收伊始。"③至咸丰六年(1856),"归化城巡抚王厔制定包括烟类产品在内的产品征税章程十二条"。④随着清代归化土默特地区烟草生产与消费市场的逐渐形成与稳定发展,当地所出产烟草也被纳入税收之列,至清后期开始征收本地出产烟草类产品专税。

民国以后,在国家内忧外患局面的冲击之下,战乱频仍导致当时政府为了广拓利源,增加税收,进一步加强对烟草税的管理。对于蒙古地区而言,烟草征税的管治也更加明晰起来,并设立了相应机构进行管理,这些机构同时负责对贩运至本地之烟草及本地出产之烟草进行征税及相关管理。如民国三年(1914),归绥国税厅筹备处决定在归绥地区开征烟酒牌照税;民国四年(1915),经棚县设立烟酒事务分局、呼伦贝尔盟岭东、岭西分别设立了烟酒公卖机构;民国五年(1916),归察(今内蒙古中东部地区)烟酒公卖总局成立;民国九年(1920),归察烟酒公卖总局改为归察烟酒事务总局;民国十二年(1923),归察烟酒事务总局分为绥远烟酒事务局和哈尔滨烟酒事务局;民国二十一年(1932),日军侵占东北后,为培植傀儡政府成立了伪满洲国,对烟草制品施行严格"统制";民国三十一年(1942),五原烟户王喆用本地产烟草生产"三连环"牌手工卷烟;民国三十五年(1946),国民政府绥远省主席董其武将日商荻原洋行全部资产收归政府,更名为"绥远省烟草厂"。⑤在整个民国时期,无论是在日伪政府统治还是国民政府统治之下,蒙古地区(此时以今内蒙古地区为主)的烟草都被列入国家的专卖商品,可见其能够为政府带来的大量税收。但在民国时期也有部分地区因税收过重影响了烟草种植,如林西县,"……因他草之烟不及此烟草之多且芳,故名烟草。

---

① 民国《绥远通志稿》第4册卷三十《关税》,第415页。
② 咸丰《古丰识略》卷四十《税课》,载王静主编:《清代蒙古汉籍史料汇编》(第一辑),呼和浩特:内蒙古人民出版社,2017年,第245页。
③ 民国《绥远通志稿》第4册卷三十《关税》,第420页。
④ 齐俊峰主编:《内蒙古自治区志·烟草志》,第1页。
⑤ 齐俊峰主编:《内蒙古自治区志·烟草志》,第2—3页。

近年来征税之外复加勒索,人不敢种"。①

对于人口占绝大部分的社会底层人群而言,到市场上购买烟草无疑是一笔不小的开销,尤其是烟草已成为日常生活中的一大必需消费品,因而许多从事农业生产的底层社会人群便自行种植烟草。烟草也成为家庭广泛种植的经济作物,对于维持家用或供自家吸食的用途显著。如清末民初归化土默特地区乡村人家的烟草种植,毕克齐香坊巷的蒙古族贫户马家,"在民国初年全家有地1顷左右,其中水地20余亩,全家十八九口人,有土房10余间、马2匹、铁瓦车2辆、碾磨各一,不雇工,也不给人当长工、打短工。平年以一部分土地种粮,可打粮20余石(折钱约300余元),还以一部分土地种烟叶、辣椒、白麻、葱等经济作物"。②又如汉族中等之家,西古城中农户杨存阳,"在抗战前后他家有上地6亩、中地2亩、淤地9亩、下湿地6亩,共23亩……以种粮为主,还种一部分经济作物,所产白麻、烟叶等上后山换粮或卖钱日用,每年可收入20余石粮食(折钱约300余元),人均年收入50多元,略有盈余";中等户毕克齐小古城的冯先一家,"在1937年前全家有上等地6.5亩、中等地2亩,下湿地6亩,共14.5亩,土房14间,车1辆、马1匹、耧耙各1副。全家10口人,3个劳动力。年产小麦、谷子、高粱约20石(折钱约300元),每年还种烟叶、白麻、辣椒等经济作物4亩多,一部分到武川换粮,以补充口粮之不足,一部分变卖以资烧、穿、零用,人均年收入40多元"。③烟草作为一种经济作物,相同面积土地上种植烟草较之其他作物而言,能够带来较高收益,故而当地无地或少地之家多种烟草以换取生活物资,如毕克齐的刘文才一家,清朝时,"一直寸土皆无,更无牲畜和牛犋,民国前期全家5口人,主要靠其父给刘字号当长工养活家口,自己没有房子,一直住别人的房。日伪时他分家另过,全家3口人,主要靠给解大柜当长工度日,每年工钱50~100元蒙疆币,捎种东家一亩地,种山药和烟叶,有几年还种鸦片烟"。④以刘文才一家为代表的无地或少地之人家,通过租种土地种植烟草可换取一定粮食用以维持生计,足见烟草在清代以来蒙古地区商业活动中的重要地位。

综合上述可以发现,烟草及其制品已成为清代以来蒙古地区乃至整个中国的重要财税来源,为了获取更多税收,晚清以来官方开始大力推广烟草种植、加工和贸易,尤以民国政府做得最为典型。民国时期,烟草在整个中国农业生产结构中的地位更加突出,如1915年民国农商部中央农事试验场病虫害科发表了《烟草螟蛉发生经过及防除法》,并提出药剂防除方法。⑤又如1934年,在民国十七种主要作物中,烟草种植单位面积价值最高,比仅次于它的粳稻要高50%,是棉花的两倍多、黄豆的三倍多、油菜的五倍多。⑥这为烟草的推广种植奠定了重要基础,但由于民国以来蒙古地区饱受日本侵略,故而影响到当地烟草的种植及交易,烟草贸易受阻更是直接影响到税收变迁。如《绥远通志稿》载:"如平津之绸缎、布匹、洋货、茶、糖、烟类,亦因当时市票之滥,不敢轻作交易,远及新、甘、宁、青之贸易,则以匪警

---

① 民国《林西县志》卷四《物产志》,呼和浩特:远方出版社,2014年,第192页。
② 《土默特志》上卷第八章《社会经济生活志》,第613页。
③ 《土默特志》上卷第八章《社会经济生活志》,第621页。
④ 《土默特志》上卷第八章《社会经济生活志》,第623页。
⑤ 武祖荣、谢沁、常兆金:《民国时期的烟草虫害及其防治》,《中国农史》2003年第1期。
⑥ 中国第二历史档案馆编:《中华民国史档案资料汇编》(第五辑·第二编·财政经济·八),南京:江苏古籍出版社,1997年,第525页。

频传,更裹足不前矣。"①因此,清代以来蒙古地区烟草贩运贸易对于税收的增加无疑是发挥了重要作用,尤其是烟草贸易受阻对当地税收的影响更是体现出烟草贸易在清代以来蒙古地区商业活动中的重要地位。

四、结语

明清时期是中国作物引种史上的一个高峰,尤以美洲作物的引入最具代表性,烟草就是在此时期传入中国的一种重要美洲作物,并对中国产生了深远影响。烟草作为一种成瘾性消费品,首先以其制成品为先锋于明代传入蒙古地区后逐渐被当地社会普遍吸食,又由于烟草的成瘾性消费特征及药用价值引起人们需求量的稳步增加,扩大了烟草的种植面积与市场交易额度。烟草在蒙古地区的传播及产生的影响可以作为了解清代蒙古地区商业活动尤其是成瘾性消费品市场的重要途径。仲伟民指出:"通过物质文化认识历史,通过消费品来认识普通人的日常生活世界,也是我们观察近代历史发展的一个非常重要的视角,因为历史毕竟是人创造的,而人首先是需要生存的;恰有意味的是,在近代社会变迁的过程中,人类必需消费品的结构发生了根本变化,这是历史研究中不可忽视的一个重要方面。"②纵观清代以来蒙古地区的社会生活变迁可以发现,吸烟成为其中的一项重要内容,烟草广泛地进入人们的日常生活世界,可谓无处不在,由此奠定了烟草在蒙古地区商业活动中的重要地位。

需要注意的是,我们充分肯定成瘾性消费品烟草对清代以来蒙古地区乃至整个中国产生深远影响的同时,也要避免过分夸大其历史作用,更要注重制度因素的影响。正如诺思所说:"制度变迁决定了人类历史中的社会演化方式,因而是理解历史变迁的关键。"③这是因为"制度在社会中具有更为基础性的作用,它们是决定长期经济绩效的根本原因"。④诺思提醒我们,只有充分注意到制度变迁,方能更好地理解烟草在清代以来蒙古地区商业活动中的影响。那便是清代对蒙古地区问题的有效解决及在蒙古地区推行的管理体制,创造了商业繁荣发展的社会环境,这是烟草在清代蒙古地区被广泛传播种植与利用的直接影响因素。同样是作为成瘾性消费品的茶叶,在蒙古地区也存在巨大的消费市场,但在明代却未能

---

① 民国《绥远通志稿》第4册卷三十《关税》,第476页。
② 仲伟民:《全球化、成瘾性消费品与近代世界的形成》,《学术界》2019年第3期。
③ [美]道格拉斯·C.诺思:《制度、制度变迁与经济绩效》,杭行译,上海:格致出版社、上海三联书店、上海人民出版社,2014年,第3页。
④ [美]道格拉斯·C.诺思:《制度、制度变迁与经济绩效》,第127页。

被广泛用于交易，究其根源则是明清两代对蒙政策不同的直接影响①，其根源仍然是受到制度的影响。

同样不可忽视吸食烟草对人身心健康、农业生产及社会风气等造成的恶劣影响。清朝时一些有识之士就已认识到这一问题，如清人董含在《三冈识略》中写道："明季服烟有禁，惟闽人幼而习之，他处百无一二也。近日宾主相见，以此鸣敬，俯仰涕唾，恶态毕具。始则城市服之，已而沿及乡村矣。始犹男子服之，既则偏闺阁矣。习俗移人，真有不知其然而然者。"②又如乾隆时刘汶在《种烟行》中写道："新谷在场欲糜烂，小麦未播播已晚。问何不敛复不耕，汲水磨刀烟上版。颇闻此物性酷热，御寒塞外差可说……往者岁歉难举炊，谁家食烟能疗饥？"③虽然烟草种植与吸食存在如此恶劣之影响，但却无法杜绝，时至今日，"吸烟有害健康"已成为普遍共识，国家卫生部与中央爱国卫生运动委员会主编的《烟酒茶与健康》一书中就此谈到："吸一口烟，喷出的烟雾中含有40亿粒微尘、数百种化合物。其中包括几十种有毒物和致癌物"；"吸烟不仅像人们熟知的那样可引起肺癌、喉癌，而且还可引起肾癌、胃癌、膀胱癌及其他多种癌症"。④吸烟虽有如此恶劣之影响，但却无法禁绝，因为吸烟已经深深地融入了人们的日常社会生活之中，成为重要的组成部分。在日常社会生活中，我们也经常会遇到敬烟之礼节，人们对这一现象似已是习以为常，但学术研究却并没有因为现象的普遍而忽视其存在的意义。

作者简介：崔思朋，内蒙古大学铸牢中华民族共同体意识研究基地研究员。

---

① 有明一代，明蒙之间多处于对立状态。明朝通过修筑长城、设置九边并部署兵力防御蒙古诸部的南下侵入，同时也通过"烧荒"等方式主动出击，蒙古诸部也时常南下侵入，刘景纯依据《明实录》《明通鉴》及翦伯赞《中外历史年表》等资料统计指出：自1426—1619年的194年里，蒙古诸部侵扰九边多达359次，平均1.9次/年。参见刘景纯：《明代九边史地研究》，北京：中华书局，2014年，第30—36页。明蒙之间的军事冲突时有发生，极大地阻碍了双方的交流互动。但由于蒙古地区游牧社会自身所能生产物资的有限性，难以满足元代以来与中原地区接触后蒙古族社会生活需求日益多样性的变化，因而需要通过与中原地区进行贸易换取或是通过武力掠夺所需生产及生活物资，茶叶便是其中的重要一类。尤其是元代以来，茶叶传入蒙古族社会并成为其社会生活中不可或缺的重要组成部分，明朝建立后，明蒙之间的冲突与双方贸易受阻尤其是明朝限制对蒙贸易直接相关，"俺答封贡"便是在这一背景下出现的，自"俺答封贡"之后，明蒙边地开辟出许多互市市场。而清代则不同，不仅创造了和平稳定的经商环境，且国家对此也给予必要的管理，促进了清代蒙古地区商业出现了繁荣发展的新局面。因此，通过对比明清两代对蒙政策可以看出制度变迁的直接且深远影响。
② 谢国桢主编：《明代社会经济史料选编》（第一册下），福州：福建人民出版社，2004年，第12页。
③ 杨国安编著：《中国烟业史汇典》，北京：光明日报出版社，2002年，第215页。
④ 马文飞编著：《烟酒茶与健康》，北京：人民卫生出版社，1985年，第2—3页。

【职业与社会】

从后周《李沼墓志》看北宋初文官世家的形成

陈立军

【摘　要】《李沼墓志》为认识李昉家族提供了新史料。通过对《李沼墓志》的考证，发现李昉家族并非晚唐以来仕宦不绝的家族，而是从后唐崛起的新兴官僚家族。其之所以会成为宋初的文官世家，与坚持文的做官取向、调整学术方向适应政治需要和以恩荫出仕紧密相关；李昉家族的累世同居共财具有阶段性特点，是从乡居庶民绕祖墓聚居到洛阳宗人共居演变而来；家世书写在郡望和籍贯上的改变，是为树立文官世家的形象寻找历史的合法性。

【关键词】《李沼墓志》；李昉家族；赵郡李氏；文官世家；累世同居

后周《李沼墓志》于2010年从洛阳市伊滨区诸葛镇出土，志盖镌"陇西郡李府君墓志铭"。志文首行题"周故中散大夫检校尚书户部郎中国子毛诗博士柱国赐紫金鱼袋陇西李公墓志铭并序"，由"门吏乡贡进士刘晦撰"，墓志正文共1390字，志尾题"哀弟将仕郎试大理评事前守亳州城父县主薄周延范□"。碑石现藏于河南省洛阳市偃师区商城博物馆。《偃师碑志选粹》《五代十国墓志汇编》相继收录了该志的拓本和正文。[①]白洪丽最先对该墓志进行释文[②]，但未解释墓志所载郡望、职官和丧葬等内容及其家族史意义。本文拟在此基础上，结合对李昉家族的研究，讨论李昉家族的家世书写、阶层流动和累世同居的问题，以期推动对宋初文官世家的认识。

一、家世叙事的历史变化

李昉的家世自北宋以来备受学人关注，主要聚焦在是不是赵郡李氏和属于赵郡李氏哪一分支两个问题上。现存最早记载李昉家世的文献是庆历八年（1048）张方平撰《李宗咏墓志》，以赵郡李氏叙家世。[③]李昉与李宗咏同宗同里，此墓志间接道出了李昉的家世背景。胡宿嘉祐六年（1061）撰写的《李昭述墓志》载"摭其李之根系，成纪姑臧。滋而后东，赵郡赞皇。益从而北，厥惟镇阳"（按：镇阳指镇州）。[④]李昭述为李昉的孙子，李宗谔之子，然《宋史·李昉

---

① 郭宏涛、周剑曙编：《偃师碑志选粹》，郑州：中州古籍出版社，2014年，第205—206页；仇鹿鸣、夏婧辑：《五代十国墓志汇编》，上海：上海古籍出版社，2022年，第360页。
② 白洪丽：《后周李沼墓志铭考释》，《中原文物》2016年第3期。
③ （宋）张方平：《张方平集》卷三九，郑州：中州古籍出版社，1992年，第691页。
④ （宋）胡宿：《李昭述墓志铭》，载四川大学古籍所编：《全宋文》第22册，合肥、上海：安徽教育出版社、安徽辞书出版社，2006年，第247页。

传》及其附《李宗讷传》《李宗谔传》都没有记载家世,《李昭述墓志》成为了解李昉家世的直接依据。但此说在李家内部乃至宋代都没有造成影响,《江邻几杂志》《合肥陈府君墓志》《李炎震墓志》仍以赵郡李氏书写其家世。①

之所以会如此,是因《李昭述墓志》以两个一级郡望(陇西成纪、赵郡赞皇)叙述家世。姜士彬从谱牒学的角度指出,这暴露了宋人对中古门阀的无知,将两个不相干的郡望拼凑一起只是矜夸,认为李昉家族或源自安平李氏。②至元代,《赵郡李氏世谱》载"传以(李昉)为德裕次子比部员外郎浑之后"③,这不仅使过去模糊的李昉家世有了确定的世系归属,还影响了学界的认识,如邢铁认为李昉家族"通常作为李德裕家族在宋崛起的标志"。此后虽然涌现不少研究李昉及其家史的文章④,但鲜有对上述说法再提出质疑或新认识。

《李沼墓志》为检讨上述诸说提供了依据。志文载:"公讳沼,字润之。其先陇西成纪人,汉上郡太守广之裔也。后世徙家河朔,今为饶阳郡人焉。"可见,李家原是以陇西成纪作为郡望,最终定居在饶阳郡。李崧与李沼同宗,也以陇西为郡望,并在仕宦初期利用它来谋求政治利益。⑤以此可知,陇西李氏是李家共同认可的郡望。据此再看《李昭述墓志》,它与《李沼墓志》叙述结构相近,仅将"陇西成纪"改为"陇西成纪姑臧","河朔"改为"赵郡赞皇",不单并用了两个一级郡望,还将籍贯指向镇州而非饶阳,并云"公讳昭述,字仲祖,其先镇阳人也"。由此可知,李家的家世叙事出现了时代转变,表现为对郡望和籍贯的书写不同。倘若抛开对郡望使用准确与否不谈,重新观察李氏家世的书写,会发现李家对郡望的使用历经从单独用陇西郡转向陇西郡、赵郡并用再转向单独用赵郡的变化,而致此转变的拐点不是《李宗咏墓志》或《李昭述墓志》,而是李昉。

太平兴国三年(978)八月,李昉主编完成《太平广记》署衔"上柱国、陇西县开国男"。此与李沼、李昉姊姊、李昭述的封地相同。至雍熙二年(985)十二月,即首次做宰相后第二个月,李昉为王永锡撰写的《王仁裕神道碑》则改称"赵郡李昉"。⑥但李昉仍以陇西为封地,淳化三年(992)四月《毛诗正义》的署衔为"陇西郡开国侯"。⑦李昭述继承了以陇西为封地、以赵郡叙家世的模式。《李昭述墓志》对此有清晰的反映。可见,李氏的家世书写从单独用陇西郡转向了陇西郡、赵郡并用的时期。

---

① (宋)张舜民:《合肥陈府君墓志铭并夫人李氏》,载《全宋文》第83册,第355页;(宋)魏了翁:《李炎震墓志》,载《全宋文》第311册,第116页。
② [美]姜士彬:《一个大族的末年——唐末宋初的赵郡李氏》,载范兆飞编译:《西方学者中国中古贵族制论集》,上海:上海古籍出版社,2018年,第279页。
③ (元)赵孟頫:《赵孟頫集》卷六,杭州:浙江古籍出版社,2016年,第168页。
④ 如韩颖:《李昉研究》,硕士学位论文,河北大学,2017年;汪国林:《李昉事迹补辨》,《西昌学院学报》2014年第1期;李冬艳:《李昉行年考》,《萍乡高等专科学校学报》2013年第2期。
⑤ 《旧五代史》载"弱冠,本府署为参军。其父尝谓宗人李鏻曰:'大丑生处,形奇气异,前途应不居徒劳之地,赖吾兄诲激之。'大丑即崧之小字也",参见(宋)薛居正:《旧五代史》卷一〇八《李崧传》,北京:中华书局,2016年,第1651页。李鏻出身李唐宗室,李唐宗室的郡望是陇西,那么李崧的郡望也是陇西。以宗人关系相交结谋求政治仕进是五代初普遍的风气。除李崧以外,还有李鏻结交赵王镕的李弘规,冯玉结交太原节度使冯赟,均是为入幕府为僚佐。
⑥ 张维:《陇右金石录》卷三,载新文丰出版社编:《石刻史料新编》第1辑,台北:新文丰出版公司,1977年,第16023页。
⑦ 此见于宋刻典籍。参沈相辉:《宋刊典籍中所见题衔略考》,《文献》2019年第2期。

李昉为什么要改称赵郡呢？根本原因在于李家在晚唐五代政治地位并不显赫。以往通常认为李昉家族是晚唐以来的门阀士族，除邢铁之说以外，还有王善军认为李昉家族"是晚唐至宋仕宦不绝的家族"。但这些说法都不准确。李昉家族不是门阀，而是从后唐庶民起家的新兴家族。

《李沼墓志》载："大王父讳华，皇不仕。王父讳迁，赠大理司直。考讳球，累赠右谏议大夫。而皆拂衣林壑，守道丘园。"可见，李沼的父亲李球、祖父李迁、高祖父李华都是累世居乡的庶民，并非世代的官僚。

《李沼墓志》是李昉委托刘晦撰写的，李昉当然对墓志所叙世系的根底最清楚。而此时李昉官秘书郎，在开封租赁房屋居住，处境比较艰辛。吕端赠诗："忆昔僦居明德坊，官资俱是校书郎。"①因此，《李沼墓志》所书应是早期饶阳李氏家族认可的家世。

另外，李沼出生于唐昭宗景福元年（892），至后周广顺元年（951）九月去世，与李德裕孙延古、殷衡同是生活在唐末五代。据《李德裕年谱》载，李德裕有六子，皆中层以上文官，而且李德裕家族自李栖筠迁洛以后长期生活在两京（长安、洛阳）地区②，因此无论社会生活还是阶级地位李沼家族与李德裕家族有云壤之别，故《赵郡李氏世谱》所载传闻李昉是李德裕的后裔不实。

此外，李昉改称赵郡，还与宋人对籍贯的认识有关。北宋出现的历史文献记载李昉的籍贯大多不是饶阳，而是镇州。如《太宗实录·李昉传》《隆平集·李昉传》和《资治通鉴》通称"李昉，真定人"。③《李昭述墓志》亦载"其先镇阳人"。镇阳不是饶阳误书，而是指镇州。如天祐十年（913）成文的《邢汴及其周氏合葬墓志》载"今为赵国镇阳人"。④

李存勖在平定张文礼父子叛乱后将成德（或赵国）改为中央直辖镇，以镇州为真定建北都，因此真定、镇阳同指镇州。镇州是李昉妻家之所在，原配、继室均出自镇州符氏，镇州也是李沼的仕宦地，并置有雄厚的家业。《太宗实录·李昉传》载"常山，即昉之故里，有居第、园林焉，赐羊酒，俾为燕乐，自丞相卿大夫藩侯悉预会。"⑤但此地并非李昉的祖居地。《李沼墓志》明载李家世居饶阳。可见，此不是以州郡而是以藩镇首府书写籍贯。而且李昉不是个例。与他近乎同时从成德迁两京（开封、洛阳）的家族如王化基、贾纬等后裔亦如此书写。⑥

这一方面与祖居地意识有关。五代时深州饶阳隶属成德军，镇州又为成德军治所，故五

---

① 北京大学古文献所编：《全宋诗》卷一九，第 1 册，北京：北京大学出版社，1991 年，第 270 页。
② 傅璇琮：《李德裕年谱》，北京：中华书局，2013 年，第 3、11 页。
③ （宋）钱若水修，范学辉校正：《宋太宗皇帝实录校注》卷七六，北京：中华书局，2012 年，第 656 页；（宋）曾巩著，王瑞来校正：《隆平集校正》卷四，北京：中华书局，2012 年，第 147 页；（宋）杜大珪编，顾宏义、苏贤校证：《名臣碑传琬琰集》下卷三《李文正公昉传》，上海：上海古籍出版社，2021 年，第 4 册第 1756 页。《李文正昉传》亦出自曾巩之手，与《隆平集·李昉传》内容大略相似；（宋）司马光：《资治通鉴》卷二八八，北京：中华书局，2016 年，第 9532 页。
④ 仇鹿鸣、夏婧辑：《五代十国墓志汇编》，第 70 页。
⑤ （宋）钱若水修，范学辉校正：《宋太宗皇帝实录校注》卷七六，第 658 页。
⑥ 王化基之子《王举元墓志》载"其先饶阳人"，王化基之孙《王说墓志》载"其先自太原徙真定，又徙洛阳，今为洛阳人"（[宋]邹浩：《道乡集》卷三五，《景印文渊阁四库全书》第 1121 册，台北：台湾商务印书馆，1972 年，第 474 页）。贾纬之孙《贾注墓志》载"世贯沧州南皮"，"子孙稍稍徙真定"，"公之去中山在京师也，以族来，故不克归"。而《旧五代史》卷一三一《贾纬传》载"真定获鹿人"。《隆平集》卷五《贾昌朝传》"真定人"。《贾蕃墓志》"其先赵之真定人"，至贾汾"卒葬开封，更为开封人"。

代文献多以镇州代称成德。①而赵郡李氏在隋唐时期主要分布在成德一带;另一方面还与晚唐以来河北藩镇长期形成与长安、洛阳为中心的地区相区别而独有的区域认同有关。最近研究指出由于晚唐放弃河朔,河北藩镇基于自身条件实行军人职业世袭、赋不上供和自署官吏,享有高度的自治②,故历史文献又常以赵、赵国、赵郡代称成德③。因此,以镇州作为家世籍贯的书写还反映了晚唐以来成德高度自治对籍贯书写的影响。

综上所述,结合北宋李家墓志看《李沼墓志》的家世书写,发现郡望和籍贯都发生了改变,表现为将陇西李氏改为赵郡李氏,将饶阳郡改为镇州。此是由李昉造成。致此原因有祖居地意识影响、晚唐以来对成德区域认同的影响和家族政治地位的阶级变化。

二、李沼的宦迹和文官世家的形成

世卿世禄是传统士人对家族(或家庭)的价值追求。尽管五代战争频仍、政权更迭让一部分"大臣子孙皆鲜克继祖父之业"④,但对世卿世禄的追求并没有因局势动荡而隳惰。李昉家族即是其中一例。柳开指出从后汉至宋太宗四十年间赓续家学禄位者只有李昉家族和范质家族,究其原因在于"不废于学","名称禄位,必由已立"。⑤王善军又指出李家通过家法和共财维持了北宋门阀的政治地位。⑥但此皆从守成而非创业视角观察李昉家族。《李沼墓志》为从创业视角重新认识李昉家族作为文官世家的形成提供了依据。

李沼在后唐长兴年间中试改变了家族境遇,由庶民转为统治阶级。《李沼墓志》载:"唐长兴中,三史及第⑦,起家深州乐寿县主薄,从鸿渐也。秩满,补国子四门博士,转太子右赞善大夫,赐银印朱绶,赞导储闱,绰有令裕。未几,充顺国军节度判官,假省衔宪,秩以宠之。参佐藩侯,不吐不茹,寻加金紫,旌其能也。入为国子毛诗博士,太学之中,号为耆德。"

所谓"鸿渐"指家族先进。李家在晚唐五代深州有很深的政治根基。李崧为李沼的族兄⑧,父亲李舜卿在五代初官至深州录事参军,监察一州财政官吏。李崧起家镇州藩镇僚佐,从无职名参军历时十余年晋升掌书记,至长兴元年(930)从藩镇僚佐转为中央官僚,相继为清选枢密直学士、翰林学士。⑨在此期间通过交游和联姻扩大了李家在深州的政治影响,如将侄

---

① 如"镇州节度使",实际指成德节度使。
② 张天虹:《中晚唐五代的河朔藩镇与社会流动》,北京:社会科学文献出版社,2021年,第63—102页。
③ 如《李宝臣残碑》称"赵之地常山磅礴乎";《王镕墓志》"九州板荡,唯兹全赵,□□安邦"。
④ (宋)李焘:《续资治通鉴长编》卷二五,北京:中华书局,2004年,第574页。
⑤ (宋)柳开:《柳开集》卷九《与李宗谔秀才书》,北京:中华书局,2015年,第127页。
⑥ 王善军:《共财与家法——宋代饶阳李氏家族探析》,载常建华主编:《中国社会历史评论》第9卷,天津:天津古籍出版社,2008年,第89—102页。
⑦ 《登科记考补正》卷二五载,长兴三年,知贡举为兵部侍郎赵凤,诸科共录四人。见(清)徐松撰,孟二冬补正:《登科记考补正》卷二五,北京:北京燕山出版社,2003年,第1081页。但未载四人姓名和事迹,《李沼墓志》可补此阙。
⑧ (元)脱脱等:《宋史》卷二六五《李昉传》,北京:中华书局,1977年,第9138页。
⑨ (宋)薛居正:《旧五代史》卷一〇八《李崧传》,第1652页。

女分别嫁与世为成德藩镇僚佐的博野韩家和安平望族祖家。①李沼"从鸿渐"是晚唐以来家族本地任职的延续②。此表明本地任职现象并没有因成德从相对独立藩镇转变为中央直辖镇而消失,反而在代际仕宦中固化,为初进官场士人积累从政经验。《李沼墓志》还载犹子李达任深州军事判官。因此,本地任职推动了李家早期家族官僚化。据此看,孙国栋《唐宋之际社会门第之消融》将李昉家族列为北宋新兴门族③亦不确切,准确而言应它是后唐崛起的新兴门族。

为在乱世谋生存,五代士人形成三种取向:一是隐居,造成隐逸文学兴盛;④二是主动调整角色适应乱世需要,如由文转武的柳开家族;⑤三是继续坚持文的科举仕宦传统。李沼的取向为第三类。因为他的职官皆文职且多任以学官,没有武职或文武兼职。这为李昉家族官僚化奠下文的基调。李沼四十余岁从本地起家相继为京官四门博士、右赞善大夫。而从四门博士转右赞善大夫是超迁。虽然二者都面向官僚子弟教授经学,但四门博士是正七品学官,右赞善大夫为正五品教导官。此超迁与族兄李崧有关。时李崧为后晋重臣受石敬瑭崇遇。《辞起复表》载:"回循窃位,倏及五年,内自母妻,傍及兄弟,皆封美号,并授华资。"⑥此超迁不单让李沼获"赐银印朱绶",还推动家族官僚化。银印朱绶指绯色官服、佩银鱼袋,是五品散官才有的荣耀。于是李沼有了恩荫的资格⑦,李昉以荫补斋郎出仕。恩荫也成为李昉家族出仕的主要途径。李昉有子四人,除李宗谔执意科举以外,李宗讷、李宗海、李宗谅都以恩荫出仕。

"藩侯"指杜重威。天福七年(942),石敬瑭命妹婿杜重威率军平定镇州安重荣叛乱,将成德军改为顺国军,并以杜重威为顺国军节度使,因此李沼是被杜重威辟为节度判官。李沼能在如此短的时间内完成从太子僚属向外戚僚佐的转换,得益于李崧与杜重威的关系。适逢李崧与杜重威交好,屡荐杜重威为侍卫亲军都指挥使。⑧此次任职展现出李沼的理财之能,为家族发展积累了财富,也给镇州带来了巨大灾难。史载镇州"饥甚,判官李沼称贷于

---

① 博野韩家指李崧好友韩璆之子构,北宋名臣韩琦的高祖父。韩璆家族三代为成德军府中上层僚佐。参(宋)尹洙撰,时国强校注:《尹洙编年校注》之《韩国华墓志》,北京:中华书局,2019年,第322页。这场婚姻影响了韩家的婚姻观念,形成"祖孙娶妻多为士族子女"。参陶晋生:《宰相之家——韩琦家族》,载《北宋士族——家族·婚姻·生活》,台北:"中研院"历史语言研究所,2001年,第255页。安平祖家指成德府衙推祖奉时之子仲宣。仲宣为后唐明宗童子及第出身,先后娶李昉堂姊、亲姊。参郭茂育:《宋代墓志辑释》,郑州:中州古籍出版社,2016年,第61页。这场婚姻是祖家高攀。参[日]山口智哉等编:《五代的文武僧庶》,桂林:广西师范大学出版社,2022年,第203页。
② 关于晚唐河北士人本地任职的传统,参杜荣泉、冯金忠:《燕赵文化史稿·隋唐五代卷》,石家庄:河北教育出版社,2013年,第59页。
③ 孙国栋:《唐宋之际社会门第之消融》,载《唐宋史论丛》,上海:上海古籍出版社,2010年,第325页。
④ 李定广:《唐末五代乱世文学研究》,北京:中国社会科学出版社,2006年,第45页。
⑤ 闫建飞:《10世纪华北地方士人活动诸层面:以柳开家族为线索》,《文史哲》2020年第6期。
⑥ 中国社会科学院历史研究所、英国国家图书馆编:《英藏敦煌文献(汉文佛经以外的部分)》第六卷之"后晋文钞S4473/7",成都:四川人民出版社,1992年,第95页。
⑦ 《宋史·李昉传》载:"从父右资善大夫沼无子,以昉为后,荫补斋郎"。按:"右资善大夫"误,应作"右赞善大夫"。李沼辅佐对象是太子,而石敬瑭诸子在天福六年(941)尚在世者仅有第七子重睿,《旧五代史》卷八七、《五代会要》卷二"诸王"条都没有提重睿为太子事。此或可补史籍之阙。
⑧ (宋)司马光:《资治通鉴》卷二八二,第19册9354页。

民,复满百万斛,来春粜之,得缗钱二百万,阖境苦之"。①可见,李沼凭借搜刮乡里方"加金紫"。②此外李沼趁机夺民财以肥家。史载"重威在镇州日,重敛多纳,与腹心数十辈分利而处,皆为宫室"③。李家在镇州的居第园林④应来于此。

由于大肆聚敛和辽晋战争爆发,镇州日益凋敝,百姓对杜重威的怨恨情绪高涨,杜重威未获朝廷允许即擅自离开了镇州返回京师,晋帝石重贵非但没有治罪,还将杜重威改任天雄节度使,于是有李沼"入为国子毛诗博士"。此时国子监有尚书博士王处讷、礼记博士聂崇义和李沼的同宗兄弟李巘。⑤李巘为李崧的亲兄弟,与李沼亦为昆弟,反映了李家经学在五代经学中的地位。李沼治毛诗源于自我热爱,也与饶阳作为博陵旧地有浓厚的经学传统有关,如刘献之以《毛诗》闻名于世。但李昉并没有延续李沼经史之学的治学取径,而是改弦易辙学习李崧重视章表之学。⑥文章尺牍要比经史更适合五代武人政治需要,反映了五代政治精英不断调试治学取径以适应政治变化需要。

至后汉,李沼勤于职事。墓志载:"汉朝乾祐之岁,东南数州,水旱为沴,分命廷臣,往加巡覆。公奉命行事,累当是行。均其地征,恤其人隐,民受其惠,吏不忍欺。其益民便国有如此者!箪州金乡,古之剧邑,邑之令长,政非循良,叶势作威,折人手足。有诏以公为制使,往按鞠之。公闪避势家,不畏强御,临事能断,嫉恶若仇,浃旬之间,尽得其罪,具狱上奏,朝廷嘉之。其贞干强明有如此者!国之帑藏,洛都称雄,四方货财,半聚于此。监守之任,旧难其人,以公临之,时议为公。至止之后,尽革前非。其灭私徇公有如此者!"据此可见,李沼作为学官不仅差遣繁多⑦,还有吏干之才,并得到朝廷嘉奖,但为何在整个后汉乃至广顺元年去世时依然为国子博士、没有升迁呢?

从宗族关系和后汉政局看,这与族兄李崧有关,《李沼墓志》对此有说明,但也与后汉权力之争有关。刘知远去世以后,后汉中央权力之争加剧,体现为新兴大臣与前朝旧臣权力之争和枢密使与中书权力之争。乾祐元年(948),中书宰相苏逢吉、苏禹珪意图兼并枢密院实行专权,引起枢密使杨邠、枢密副使郭威反制,杨邠夺取了中书人事任免权改革吏治,但矫枉过正影响了士人升迁。史载杨邠"恨二苏排己,又以其除官太滥,为众所非,欲矫其弊,由是艰于除拜,士大夫往往有自汉兴至亡不沾一命者"。⑧此外新兴大臣与前朝旧臣之争表现

---

① (宋)司马光:《资治通鉴》卷二八三,第 19 册 9528 页。
② 五代侵凌乡里现象,在《赵凤墓志》中也有表现。有学者对此指出"即使不论民族大义,也是个人利益超越敌我意识,不顾同胞之死活"。参[日]山口智哉、李宗翰等:《五代武人之文》,桂林:广西师范大学出版社,2021年,第9页。
③ (宋)王钦若等编,周勋初等校订:《册府元龟》卷一七九,南京:凤凰出版社,2006年,第1986页。
④ (宋)钱若水修,范学辉校正:《宋太宗皇帝实录校注》卷七六,第656页。
⑤ 周家凤:《五代中央官学制度考》,载任爽主编:《五代典制考》,北京:中华书局,2007年,第90页。
⑥ 李崧以章表之学见重五代。敦煌出土的《李崧文集》残卷主要就是章表,不单满足了政治需要,还广受士人追捧,影响远达敦煌地区。参吴丽娱:《S.4473〈后晋文钞〉是〈李崧文集〉的讨论》,载《唐礼摭遗:中古书仪研究》,北京:商务印书馆,2002年,第151页。现有篇什虽然难以看出李崧对李昉文章的影响,但两人作文都有浅近易晓的特点。另外,李昉放弃恩荫,在乾祐元年走诗赋取士的进士科。
⑦ 当前对五代博士的研究,如周家凤《五代中央官学制度考》,注意到了虚职和实职之别,但重在检校官,忽略使职差遣,《李沼墓志》可补此阙。从李沼的差遣看,职事包括了赋税、司法和监库等。
⑧ (宋)司马光:《资治通鉴》卷二八八,第9521页。

为杜重威之死和李崧之死。为稳固统治,刘承祐秘不发丧,构陷杜重威谋反,将之族诛。①此后,中书相苏逢吉为侵占李崧财产联合禁军统帅史弘肇诬陷李崧谋反,又将李崧族诛。②尽管李沼免遭此劫,但五品以上官员除拜要经宰相商定,考察依据不仅有政绩,还有乡贯和履历。③李沼不仅是李崧的族弟,还是杜重威的僚佐,是故李沼虽然屡有劳绩,但受此影响始终未能升迁,反映了后汉中央权力之争对中层文官仕进的影响。

综上所述,从《李沼墓志》所载李沼的宦迹看,除李沼自身长于经史之学、有吏干才以外,宗族关系尤其是与李崧的关系、本地任职、依附武将对李沼的职官迁转和家族发展有重要影响,而坚持文的做官取向、以恩荫出仕和调整学术方向适应政治需要是推动李昉家族作为文官世家形成的重要因素。

三、城市宗族共居生活

李昉家族自宋太宗朝以后家族形态发生了重大变化,形成累世同居共财。北宋不少文献对此有描述,代表为《李昭述墓志》和司马光《家范》。《李昭述墓志》是现存最早将李家描述为"七世同居共爨"的文献。尽管学界对七世同居始于何时和李昭述封殖影响家法存废有不同的看法④,但哪些因素推动了李氏累世同居共财形成,《李昭述墓志》却没有说明。司马光部分回答了此问题。《家范》载:"子孙数世二百余口,犹同居共爨,田园、邸舍所收及有官者俸禄,皆聚之一库,计口日给饼饭,婚姻、丧葬所费皆有常数,分命子弟掌其事。其规模大抵出于翰林学士宗谔所制也。"⑤宋代还出现不少介绍李氏累世同居共财的文献,但都是抄录或节略自《家范》⑥,没有超出《家范》的叙述范围。据此可知,李家共财是李宗谔创制,反映了儒者将宗族治理制度化的取向。学界对李氏累世同居共财研究也主要围绕此两篇文献展开,如王善军详细分析了共财的来源、管理与分化,指出共财难以维系,但因共财形成的家法对家族政治影响深远。这将累世同居共财视为定型的结构,而不是渐进的过程。而且受司马光影响,他的分析偏向共财,缺少对同居的解释,也就未能注意到推动家族形态演变的其他因素。对从河北迁徙至开封的李昉家族而言,同居是共财的前提和基础。《李沼墓志》为了解李家从饶阳迁至开封同居的过程提供了历史依据。

---

① (宋)薛居正:《旧五代史》卷一〇一《汉隐帝纪》,第1570页。
② (宋)薛居正:《旧五代史》卷一〇八《苏逢吉传》,第1656页。
③ 杜文玉:《五代十国制度研究》,北京:人民出版社,2006年,第51页。
④ 关于七世同居始于何时,王善军认为始于李昉父辈。倘如此推算,这并非七世,而是六世,此说有误。《李炎震墓志》载"自文正至工部居京师赐第,凡五世共爨"(参《全宋文》第311册,第117页)。据此看李家的累世同居时间早于李昉父辈。李昭述封殖对家法的影响,《宋史·李昉传附李昭述传》载"至昭述稍自封殖,为族人所望,然家法亦不隳",但《续资治通鉴长编》卷一九〇"嘉祐四年十月甲申"条载"至昭述,稍自封殖,与其从子不相合,而家法颇衰"。
⑤ (宋)司马光:《家范》卷一《治家》,北京:蓝天出版社,1999年,第12页。
⑥ (宋)陈淳:《北溪先生全集·文卷》第九《代陈宪跋家礼》,北京:国家图书馆出版社,2021年,第268页;(宋)吴处厚:《青箱杂记》卷一,北京:中华书局,1987年,第3页;(宋)赵善璙:《自警编》卷三,载上海师范大学古籍所编:《全宋笔记》第7编第6册,郑州:大象出版社,2015年,第76页;(宋)祝穆:《事文类聚》后集卷一,《景印文渊阁四库全书》第926册,第3页。

(一)世守饶阳祖墓聚居

关于李昉先辈的生活,《李沼墓志》载:"大王父讳华,皇不仕。王父讳迁,赠大理司直。考讳球,累赠右谏议大夫。而皆拂衣林壑,守道丘园,隐耀潜光,屈壮图于当代;积仁累德,钟多福于后昆。公家传清白,世袭丘坟。"据史载,李家在五代世代生活在饶阳县富平乡通义里。天福三年(938),为了优待李崧,石敬瑭又将富平乡通义里更名为秉钧乡调鼎里。①李氏子孙长期在此繁衍生息,不仅形成墓葬群,还聚集为部落,有了《宋史·李昉传》所言东李、西李之别②。《涑水纪闻》卷十载:"坟墓夹道,崧在道东,谓之东李;昉在道西,谓之西李。"③可见,李家在饶阳乡里时是守祖墓式的聚居生活,李昉家族在汴京同居是以河北庶民聚居生活演变而来。

(二)宗族关系增强

《李沼墓志》载:"公群从昆弟,济济八人,十年之间,零落俱尽。公字孤抚幼,咸得欢心。饮寒食饥,曲尽能事。其友爱仁慈有如此者!晋朝天福之岁,公之仲氏,居相位也,权宠之盛,时无比焉,从而附离者甚多。公独端嘿自处,不以苟进为怀。及相国之遇害也,从而得罪者又甚多。公独恬淡忘忧,不以非祸所累。淑人君子,伏其见机,其防微慎独有如此者!"此反映了家族人口锐减对李氏宗族关系产生的影响。

关于李沼、李昉与李崧的关系,墓志所言"防微慎独"是为迎合政治需要。在墓志成文之际,构陷李崧的后汉权臣苏逢吉、史弘肇虽然都已经离世,但郭威代汉建周尚未给李崧平反,而最初散布谣言厚诬李崧的陶穀依然活跃在后周的政治舞台上④,对李家而言仍是政治威胁。但不论"相国遇难"前后,李沼、李昉都与李崧来往密切。除推动李沼职官迁转外,李崧还指导李昉研习诗歌,传授从政经验。⑤李昉在李崧遭难时救了李崧庶子璨并将之抚养成人。⑥

李沼群从昆弟八人包括李沼、李瑾兄弟,李崧、李屿、李巕兄弟,及李超,其他两人不明。他们并非直系亲属,或因病或因政治迫害相继于天福六年(941)至广顺元年(951)离世。这给宗族发展带来重要影响:(1)人口尤其是居官人口锐减。李超官至集贤殿直学士;李崧兄弟遇难时,李崧为太子太傅,李屿司封员外郎,李巕国子博士。⑦他们的死亡削弱了李家在京城的政治影响;(2)留下不少孤儿。李昉昆弟六人,而在李沼去世时,李璨、李旷、李昫年纪尚

---

① (宋)王钦若等编,周勋初等校订:《册府元龟》卷三一九,3618 页。
② (元)脱脱等:《宋史》卷二六五《李昉传》,第 9138 页。
③ (宋)司马光:《涑水记闻》卷十,北京:中华书局,1989 年,第 196 页。
④ (元)脱脱等:《宋史》卷二六九《陶穀传》,第 9236 页。
⑤ 阮阅《诗话总龟》转引《翰府名谈》:"丞相李文正公昉少年时尝以诗呈叔侍中,览而喜,赠之诗。"参见(宋)阮阅:《诗话总龟》前集卷三,北京:人民文学出版社,1987 年,第 26 页。关于李昉早期仕宦,《宋史·李昉传》载"宰相冯道引之,与吕端同直弘文馆","周显德二年,宰相李穀征淮南,昉为记室"。李沼的仕宦与冯道、李穀乃至吕端都未有过交集。吕端父亲吕琦与李崧是至交,李崧曾向石敬瑭举荐吕琦为宰相;冯道是最早发现李崧文才的人,与李崧在后唐、后晋共事十余年;李穀与李崧亦有交谊,曾向武将白再荣谏言,使李崧家族免于被灭口。据此推知,李昉早期仕宦是在李崧的余荫下发展。
⑥ (宋)司马光:《涑水记闻》卷十,第 196 页;(宋)江休复:《江邻几杂志》载:"李宗谔谏议,崧相孙,其父匿于李昉家,免难,与李愚俱赴同三房",载《全宋笔记》第 1 编第 5 册,郑州:大象出版社,2003 年,第 162 页。按:"李宗谔"应作"李宗咏"。赵寻《〈江邻几杂志〉研究》(硕士学位论文,陕西理工大学,2019 年,第 126 页)指出了此问题。
⑦ (宋)薛居正:《旧五代史》卷一○一《隐帝纪》,第 5 册 1577 页。

幼需要抚养;(3)李沼担负起抚养之责,使原本是同宗关系的人相聚一个屋檐下共同生活,宗族关系增强。犹子成为《李沼墓志》书写的内容足以说明这点。总之,李沼昆弟离世使大量孤幼无人抚养,李沼担负起抚养之责,出现了宗人同居生活。

(三)定居洛阳

《李沼墓志》载:"周广顺元年九月八日,寝疾,终于洛阳思顺坊之私第,享年六十。卜其年十一月九日用大葬之礼窆于河南县伊水乡诸葛里。"

思顺坊位于洛阳东城洛水南畔。据张祥云考证,五代思顺坊聚集了大理卿李保殷宅、户部尚书致仕郑韬光宅、太子少师致仕李肃宅等①,可见李沼宅所处地段之显贵。李沼在洛阳不仅买住宅,还买田地。李昉诗云:"万安山下有村居",自注:"洛中有庄,在万安山下。"②万安山是唐宋士人除邙山以外最钟情的丧葬地,与龙门石窟毗邻,有石林雪雾等景观。

李沼被安葬于洛阳河南县诸葛村,而不是饶阳祖墓。以往文献多认为李昉墓在饶阳武公村③,这不准确。《(乾隆)饶阳县志》指出"旧志以为李平章昉墓似误,昉于宋初徙家册封,未必反葬故里也"④,但没有明证。其实《符氏墓志》《李沼述墓志》已经记载了李昉及其妻子、继室、李昭述及其妻子葬于诸葛里。⑤因此,诸葛村是李昉家族的家族墓地。这改变了家族自唐以来形成的传统生活方式,使之从乡里绕祖墓聚居转变为京城同居,葬地与住地分离。而且这种分离在李昉定居开封后表现更突出,形成家族墓地在洛阳住地在开封的格局。

李崧在后晋为宰辅时因母丧与石敬瑭就是否守丧展开了数次辩论,并将母亲回葬饶阳祖墓⑥,为什么李昉没有将李沼归葬饶阳的祖墓而是安葬于诸葛村呢?《李沼墓志》没有说明,仅载"伊水乡兮诸葛里,黾筮叶徙年月利。望北关之崔嵬,枕南山之迤逦。呜呼李公,闷玄堂于此地",说明葬地风水很好,彰显孝子之心。但从此时李昉的境遇和社会环境看,有三点可以说明:(1)财力有限。李昉为秘书郎,官职卑微,无力承担回葬的巨额费用。(2)忠孝观念转变。从李崧与石敬瑭的论辩看,李崧抱持"孝先于忠"的思想⑦,但李昉持"忠先于孝"的看法,常以"思所以起家,为忠孝以立身"教子弟⑧。(3)社会风气影响。五代末宋初兴起了"为父母葬,幸子孙贵且富"的风气。⑨受此影响,时人不仅不归葬,还将已葬故里的先辈移葬两京

---

① 张祥云:《北宋西京河南府研究》,开封:河南大学出版社,2012年,第81页。
② 李昉:《昉着灸数朝,废吟累日,继披佳什,莫匪正声,亦贡七章,补为十首,叙嘱之消,诚所甘心(一)》,载北京大学古文献所编:《全宋诗》卷一二,第175页。
③ 如《畿辅通志》卷四八"古迹·陵墓"载:"李昉墓在饶阳县武公村",《景印文渊阁四库全书》第505册,第117页;《河北省饶阳县名胜古迹古物调查表》载"李昉墓,五公村,为李宅所有和保管,墓尚存",《河北民政刊要》1933年第14期,第25页。
④ 《饶阳县志》卷上《杂稽》,乾隆乙巳重修,道光补刻本,中国国家图书馆藏本,第110页。
⑤ 祖无择:《李昉继室符氏墓志》,《洛阳九老祖龙学文集》卷一六附,载《丛书集成续编》第125册,台北:新文丰出版社,1988年,第372页。
⑥ 许福谦:《斯坦因4473号写卷后晋官私文书试释》,载中国敦煌吐鲁番学会编:《敦煌吐鲁番学研究论文集》,上海:汉语大词典出版社,1991年,第521页。
⑦ 范质亦持相同的看法,参孔祥军:《传承中华文化,坚定文化自信——读范质〈戒从子诗〉论其德育价值》,《大庆师范学院学报》2018年第5期。
⑧ (宋)刘斧:《青琐高议》卷一,《全宋笔记》第2编第5册,郑州:大象出版社,2006年,第9页。
⑨ (宋)柳开:《柳开集》卷一四《柳闶墓志》,第192页。

(洛阳、开封)。①因为葬于洛阳,便可落户洛阳,洛阳的发解额远高于深州,对子孙科举做官都有利。

综上所述,李昉家族在开封的累世同居有历史渊源。这包含两层:一、李家在饶阳为庶民时已形成了绕祖墓聚居的生活;二、至五代中期,由于任官和李沼昆弟离世留下了不少孤幼,李沼承担抚养之责,又在洛阳形成了城市宗人同居而葬地和住地相分离的景况。

四、小结

以上结合传世文献和学界的研究,分析了《李沼墓志》所载李沼的宦迹、家族生活和家世等内容,并从官僚政治、宗族组织和家世书写三方面考察了北宋初年文官世家的形成,得出以下几点认识:

(1)李昉家族不是晚唐以来持续不断仕宦的家族,而是从后唐崛起的新兴家族,反映了向上的社会流动。之所以会成为宋初文官世家,与家族坚持文的做官取向、调整学术方向适应政治需要和以恩荫出仕紧密相关。

(2)尽管李家在饶阳时就有聚居生活的传统,但在北宋形成的累世同居共财与之有阶级性质的差别。此除了官庶之分以外,还表现在经济和教育层面。在土地占有上,李沼的先辈仅有饶阳一地产业,而至李昉时已是中原地区跨区域的封建大地主,详见表1。②

表1 李昉家族的产业

地点	产业	出处
安平	安平有文正公膏腴上产,岁租入簿	《李昭述墓志铭》
饶阳	饶阳庄课	《青箱杂记》
镇州	居第、园林	《太宗实录·李昉传》
洛阳	洛中有庄,在万安山下;洛阳东城有宅院	《二李酬唱集》
开封	(1)诏赐所居为开元卿秉德里;(2)(城东北崇庆里)所居有园亭、别墅之胜;(3)"新构华居近禁城,旋栽松桧满中庭。"	《诗话总龟》;《宋史·李昉传》;《二李酬唱集》

在教育上,《李沼墓志》载李沼律身行已独学求道。而至北宋,李昉不仅收藏了数万卷图书,设学馆,开放藏书③,还以身作则向子弟传授从政经验④,构建出以忠、孝、忍、谨等为核心

---

① 祖仲宣即是一例。参[日]山口智哉等编著:《五代的文武僧庶》,第200页。
② 需要指出的是,李家土地资本的区域扩大,与李家有理财之能紧密相关。杜文玉注意到李崧家族作为贵族官僚参与商业经营的面相。(参杜文玉:《五代十国时期商业贸易的特点及其局限性》,《中国历史地理论丛》2006年第3辑)此外,李昉的婚姻是官僚和商人的结合。李昉两任妻子都来自真定符家。符家是靠"占籍治产,遂为北州之望族"。而李昉也有理财之能,《宋史·李昉传》载开宝元年贬彰武军,"居延州为生业以老"。
③ 李昉《二李唱和集》载"儿孙亲教读经书","子孙何所遗,经史在南堂",自注"南堂贮书凡数千卷"。洪迈《容斋随笔·续笔》载"文正所藏既富,而且辟学馆以延学。士大夫不待见主人,而下马直入读书,供笔笺以给其日力,与众共利之"。见(宋)洪迈:《容斋随笔·续笔》卷一五《书籍之厄》,北京:中华书局,1989年,第406页。
④ 如同家族子弟讨论中书进贤用人、官制"为丞郎而判寺"的古今本末得失等现实问题。参(元)脱脱等:《宋史》卷二六五《李昉传》,9139页;(宋)李焘:《续资治通鉴长编》卷一八,第403页。

的官僚家族道德价值观①。李昉家族在北宋形成的累世同居共财与李沼定居洛阳抚养孤幼共居生活有直接关联,是洛阳宗人同居生活在开封的再发展,反映了文官世家累世同居具有阶段性的特点。

(3)李昉家族在家世书写上的变化,折射出了晚唐以来河北藩镇高度自治形成的区域认同、迁徙家族的祖居地意识,以及李昉家族自身从庶民向官僚的阶级转变,是为树立文官世家的形象寻找历史的合法性。

作者简介:陈立军,成都中医药大学马克思主义学院讲师。

---

① 李昉常以"思所以起家,为忠孝以立身"教育子弟。此外,《忍字碑》特别强调忍对协调尊卑关系的意义,参李昉:《忍字碑》,《全宋文》第3册第162页;李昉临终前"口占遗表"向子孙强调忍和谨对保门户的重要性,参(宋)钱若水修,范学辉校正:《宋太宗皇帝实录校注》卷七六《李昉传》,第658页。

国家制度与地方体系：元明清碑刻中的职业阴阳研究*

——以山右碑刻为中心

畅海桦　薛敬亚

【摘　要】"职业阴阳"即从事阴阳学研究和实践的人，这一职业贯穿中国传统社会数千年，直到元代才正式被国家制度确立下来。从山右碑刻来看，元代来自官方的阴阳学制度影响了山西全境，处于绝对的领导地位，同期民间职业阴阳体系虽式微但依然存在；明代官方职业阴阳称谓数量繁多，至中后期，民间职业阴阳迅速发展；清代作为国家制度的阴阳学虽未明确被废除，但从碑刻中看，这一制度已在虚转，这一时期民间职业阴阳异常活跃，数量远超国家职业阴阳。自元代阴阳学作为国家制度被确立之后，数百年间山右碑刻中的官方职业阴阳和民间职业阴阳随着时代的演进不断发生变化，趋势是：官方从业者技术逐渐衰弱导致制度的名存实亡，而民间从业者植根于地方社会，以市场为主导，不断强化技术，甚至由于技术的高超赢得簪缨世家的尊重，在清末的地方社会中开始处于领导地位。这期间双方互有交往，处于一种协调与合作的关系。

【关键词】职业阴阳；阴阳学制度；地方体系；山右碑刻

"阴阳"①是中国传统社会最为流行亦是最为神秘的一个词汇。从战国开始，阴阳学成为学说流派以来，两千余年上至君主下至黎庶无不受阴阳文化的影响。作为一种文化，阴阳似乎已经植入中国人的基因，一辈又一辈继承和演变。从事阴阳研究和实践的人即为职业阴阳，伴随着阴阳文化的影响，这一职业在传统中国也流行数千年，家喻户晓，其主体从民间到官方，又从官方反馈到民间，历代都有精通"天文地理、奇门八卦等"的阴阳从业者。因其神秘特性，致使我们目前无法在任何一本工具书中找到这些人的准确定义，有说：阴阳生指以择日、星相、占卜、风水、算命等迷信活动为业的人。②阴阳生，系风水先生。③也有说：阴阳生，亦称"阴阳家"。替他人推测吉凶者，并特指在办理丧葬中为他人看风水，择吉日者。民间又俗称"风水先生"。④亦有人认为阴阳生是古代男巫的一种，据称其能沟通阴阳二界之事。①

---

* 基金项目：本文系国家社科基金项目"明清华北女性碑刻搜集、整理与研究"（项目号19BZS009）、山西省高校人文社科重点研究基地项目"中国戏曲文物文献搜集、整理与研究——明清山西赛社碑刻搜集、整理与研究"（项目号20190111）、山西省省筹资金资助回国留学人员科研项目"明清山右庙会整理与研究"（项目号2021-098）的阶段性成果。

① 本文的阴阳指的是从事阴阳的职业者，包括官方职业阴阳和民间职业阴阳。下文中碑刻显示的"阴阳"均指的是之这种职业阴阳。

② 杨金鼎主编，上海师范大学古籍整理研究所编：《中国文化史词典》，杭州：浙江古籍出版社，1987年，第615页。

③ 叶大兵、乌丙安主编：《中国风俗辞典》，上海：上海辞书出版社，1990年，第719页。

④ 何本方等主编：《中国古代生活辞典》，沈阳：沈阳出版社，2003年，第703页。

更有甚者以为阴阳生在明清江湖中人称太监。②古籍中有《通俗编·艺术·阴阳生》："按元设阴阳学,学中习业者乃谓之阴阳生。所习书以《周易》为首,而凡天文、地理、星命、占卜及相宅、相面、相墓、选日诸术,悉期精通。"③等等。此外,还有数种说法,不一而足,此不赘列。

这些纷纭杂沓的概念表述大致可分为三类,一类为民间职业阴阳,另一类为官方阴阳学下的职业阴阳,还有一些表述认为职业阴阳等同于巫师或者太监,基本是一种误解。关于职业阴阳的研究,囿于材料,目前学界尚处于起步阶段。总体而言,元代官方阴阳学的研究相对比较成熟。④成果主要集中在元代是如何实行作为学官的阴阳学教育以及这一制度在元代的基本特征,这些研究无一例外推进了学界对元代官方阴阳学和官方职业阴阳的认知。明代的相关研究明显减少,主要有尹敏志《明代的阴阳生与阴阳户》⑤,研究主要集中在明代的阴阳户,明代阴阳户是民户大类下的一种杂役户,其正丁被称为阴阳生。另有两篇硕士论文分别为:《明代阴阳学教育管理研究》⑥和《明代钦天监研究》⑦,研究分别集中在明代官方阴阳学的教育管理和明代中央阴阳机构钦天监的特征。至于清代职业阴阳,无论是官方还是民间,目前未见专文。总体来讲,这一方面的研究仍处于起步阶段。

以上研究帮助我们系统了解了元明官方系统的阴阳学、阴阳生、阴阳户和阴阳学教育体系。但是,以阴阳为职业从来就不仅是官方体系独有,即使官方体系的建立也是因为民间从事此类工作的人众多,为了合理引导才致使其成立,元代阴阳学主要是将阴阳人集中管理,防止他们做一些不利于统治者的活动。⑧在官方阴阳学的体系之外,民间还存在着数量庞大的职业阴阳,这一历史从战国文献中就可见一斑,一直到现代化发展的21世纪都未完全消弭,囿于材料,对于这一群体的研究仍处于起步阶段,不能不令人叹息。另外,元代以降官方建立起阴阳学制度之后,民间职业阴阳发展如何,他们怎样与官方职业阴阳相互协调,在同一空间中二者如何博弈与相融,都是亟待解决的问题。笔者依据二十多年间在三晋

---

① 古健青等编:《中国方术辞典》,广州:中山大学出版社,1991年,第443页;吴康主编:《中华神秘文化辞典》,海口:海南出版社,1993年,第575页。
② 曲彦斌、徐素娥编著:《中国秘语行语词典》,北京:书目文献出版社,1994年,第877页。
③ 古健青等编:《中国方术辞典》,第443页。
④ 张同铸:《论元朝职官系统中的"阴阳学"机构》,《理论学刊》2014年第2期;赵小明:《从黑水城文献看元代的阴阳学教育》,《衡阳师范学院学报》2016年第1期;张韶华:《元代阴阳学设教谕考》,《中国典籍与文化》2019年第4期;李元华:《元代阴阳学教学内容考辨》,《纪念〈教育史研究〉创刊二十周年论文集(2)——中国教育思想史与人物研究》,北京,2009年,第945—952页;叶新民:《元代阴阳学初探》,载中国蒙古史学会编:《蒙古史研究》第6辑,呼和浩特:内蒙古大学出版社,2000年,第49—57页;陈高华:《元代的地方官学》,载中国元史研究会编:《元史论丛》(第五辑),北京:中国社会科学出版社,1993年,第160—189页。其中陈高华《元代的地方官学》首次提到了元代阴阳学多方面的情况。
⑤ 尹敏志:《明代的阴阳生与阴阳户》,《史学月刊》2019年第3期。
⑥ 李君:《明代阴阳学教育管理研究》,硕士学位论文,陕西师范大学,2018年。
⑦ 王云婕:《明代钦天监研究》,硕士学位论文,东北师范大学,2016年。
⑧ 陈高华:《元代的地方官学》,载中国元史研究会编:《元史论丛》(第五辑),第164页。

的田野调查,经过大量的耆老口述,结合民间碑刻①、地方志、村志、民间传说等尝试还原金元至明清时期,官方阴阳和民间阴阳在山右存在的基本状况以及他们之间的交往。不妥之处,敬请方家指正。

一、碑刻中的元代职业阴阳

元代设立阴阳学始于至元二十四年(1287)的宗王乃颜叛乱之后,据载,他是受了一个何姓阴阳人的蛊惑。秘书少监靳德进向元世祖建议:"宜括天下术士,设阴阳教官,使训学者,仍岁贡有成者一人。"至元二十八年(1291)六月,"始置诸路阴阳学"。②延祐元年(1314)左右,根据儒学、医学的模式,在各路、府、州设阴阳学教授一员……③根据元代典章的这些记载,元代在至元二十八年(1291)就以官方的形式开始设置阴阳学。

但,敦煌出土的天复四年(904)P.2859《筮书一册》末题中就有"州学阴阳子弟吕弁钧本"④等字样,是在此之前三百多年。另外,官方使用阴阳生这一称谓在南宋时期亦有记载,南宋嘉定十二年(1219),袁州知州滕强恕:"稍新谯楼,并置有铜壶、夜天池、日天池、平壶、万水壶、水海、影表、定南针、添水桶、更筹、铁板、鼓角,设阴阳生轮值、候筹报时。"⑤这一记载早于元代正式设立阴阳学制度七十余年。另,弘治《八闽通志》虽为明代所写,但记载了"阴阳学在县治东谯楼上,宋时以谯楼为阴阳学,国朝因之。"⑥可见,早在元代之前,官方阴阳学就已经开始崭露头角,只是元代以大一统的国家形式把这一制度建立和推广下去。从时间顺序来看,它完全符合制度建立的规律,先是区域范围内出现,零零星星,最后汇总成一种国家层级制度确定下来。

在山右的民间碑刻中,金代民间职业阴阳出现的频率不低,按照时间先后顺序分别为:金正隆元年(1156)《潞州长子县重修圣王庙记》,阴阳人霍宗;⑦金大定十年(1170)峪口吴家祖茔经幢上有阴阳人常佐;⑧金泰和七年(1207)《重修玉帝庙记》阴阳王震、张霖篆;⑨金正大

---

① 本文所有碑刻来源:(清)胡聘之:《山右石刻丛编》,太原:三晋出版社,2018年;刘泽民总主编、李玉明执行总主编:《三晋石刻大全》,太原:三晋出版社,截至发稿时共出版八十余卷;姚春敏主编:《明清山西碑刻题名辑要》,北京:商务印书馆,2021年;车文明总主编、姚春敏主编:《中国戏曲文物文献汇编:戏曲碑刻(一)》,北京:商务印书馆,2020年;张正明、科大卫主编:《明清山西碑刻资料选》,太原:山西人民出版社,2005年;张正明、科大卫、王勇红主编:《明清山西碑刻资料选》(续一),太原:山西古籍出版社,2007年;张正明、科大卫、王勇红主编:《明清山西碑刻资料选》(续二),太原:山西经济出版社,2009年。
② 陈高华等点校:《元典章》卷三二《礼部五·学校二·阴阳学·阴阳法师》,天津:天津古籍出版社,北京:中华书局,2011年,第1120页。
③ 中国历史大辞典编纂委员会编纂:《中国历史大辞典》上卷,上海:上海辞书出版社,2000年,第1262页。
④ P.2859《筮书一册》,转引自李正宇:《唐宋时代的敦煌学校》,《敦煌研究》1986年第1期,第43页。
⑤ 鄢文龙、欧阳文校注:《(正德)袁州府志校注》卷四《公署》,广州:暨南大学出版社,2017年,第71页。
⑥ 弘治《八闽通志》卷四三《公署》,福州:福建人民出版社,1990年,第894页。
⑦ (金)张曦:《潞州长子县重修圣王庙记》,金正隆元年,现存山西省长治市朱丹镇西上坊村成汤庙。
⑧ 《峪口吴家祖茔经幢》,金大定十年,现存山西省晋中市朝阳镇峪口村。
⑨ (金)段承志:《重修玉帝庙记》,金泰和七年,现存山西省晋城市泽州县金村镇府城村。

九年(1232)元好问撰书《故规措使陈君墓志铭》"(陈君)至于阴阳星纬方技之学,无不淹贯"①。这些碑刻说明,在金代的山右,民间一直在修建神庙和观察祖茔风水中使用职业阴阳,而且职业阴阳陈君和当时的名士元好问交好,说明他们的社会地位并不低。这一时期民间阴阳职业的称谓基本为"阴阳人"和"阴阳"。

元代山右关于阴阳的相关碑刻,我们发现了16通,数量不菲,空间遍布山右全省。经过比对,其中有10通属于官方职业阴阳,详见(表1)。

表1 元代山右官方职业阴阳相关碑刻

编号	时代	地点	碑刻名称	关键词
1	元大德二年(1298)	吕梁柳林	无题碑	延安路阴阳提领 杨田 男杨彦和
2	元延祐二年(1315)	长治壶关	重修龙王庙记	本县阴阳教谕王天义谨题
3	元延祐三年(1316)	晋中介休	冀宁路汾州介休县豹虎何村重建永泽庙堂记	本县阴阳教谕任履道
4	元泰定二年(1325)	晋城阳城	大元泽州阳城县新修成汤东庙记	阴阳教谕吉善
5	元泰定三年(1326)	忻州定襄	藏山庙石醮台记	定襄县阴阳教谕王述书
6	元泰定四年(1327)	忻州定襄	灵显庙石醮台记	定襄县阴阳教谕王述撰书
7	元元统三年(1335)	晋中寿阳	皇唐李长者碑	选择人本县阴阳学正翟秉讳仁美
8	元至正六年(1346)	晋中灵石	重修可汗庙碑记	敕授晋宁路绛州阴阳教授乔镇书(碑阳)
9	元至正七年(1347)	阳泉盂县	前隐士高君墓志铭	惟贵次子德山,明敏好读书,又精于辛壬之所得,为盂县阴阳教官,自后恬于隐逸,遂不复仕
10	元至正十六年(1356)	阳泉盂县	藏山祠记	本里阴阳提领张彦文

上见,这些人的称呼,一些是阴阳教谕、阴阳教授,一些为阴阳学正、阴阳提领,一些被统称为阴阳教官,其中以阴阳教谕居多。前期学者们对元代官方阴阳学体系的研究较为成熟,可知这些称谓都是元代官方认可的阴阳官职。有无官府认可的官职称谓,是区别碑刻记载为官方职业阴阳或民间职业阴阳的关键。如果以目前所发现的16通为总数,元代三晋石刻中70%都属于官方阴阳体系之内,这一数据有力地说明了元代作为国家制度的阴阳学在山西流行程度之盛,从而进一步反映出元代国家管控对紧邻都城的三晋社会举足轻重。

除了这10通官方职业阴阳外,还有6通碑刻也有阴阳的记载,其中4通分别是"阴阳人许尊鲁题额"②"阴阳阎仕"③"本村阴阳人程思礼"④"嘱耆老而询,谋金同,遣阴阳"⑤。这些

---

① (金)元好问:《故规措使陈君墓志铭》,载姚奠中主编:《元好问全集》上,太原:山西人民出版社,1990年,第724页。
② (元)郭敬祖:《古箕许氏创修茔原记》,元至正四年,现存山西省晋中市左权县桐峪镇桐滩村管帽山。
③ (元)王秉彝:《石氏先茔之志》,元至治三年,现存山西省晋中市寿阳县南燕竹镇吴家崖村。
④ (元)王天美:《崔山庙记》,元至元三十年,现存山西省晋中市邢村昭懿夫人庙西廊壁。
⑤ (元)王天祐:《重修灵贶王庙记》,元延祐六年,见李玉明总主编、申修福分册主编:《三晋石刻大全·长治市长子县卷》,太原:三晋出版社,2013年,第371页。

称呼与金代民间职业阴阳称呼一致,沿袭了金代的传统。另有一通阴阳家族碑刻,"生五子,长曰玥,传习先人之业,□精熟□天地之数,□□□时□引而伸之为大成矣,号曰阴阳流"①。说明元代家族世袭的民间职业阴阳较为普遍。另有一通,碑阳显示的是"敕授晋宁路绛州阴阳教授乔镇书",碑阴有"阴阳人李罡"。这是笔者目前所见唯一一通元代政府阴阳官和地方职业阴阳人出现在一起的碑文,猜测他们的关系应为合作关系。

总之,在金代山右石刻中未见官方系统的职业阴阳记载,民间职业阴阳主要从事修庙、坟茔堪舆等工作,且社会地位并不低。元代来自官方的阴阳学制度很快影响到了山西全境,他们在地方修庙等事务中占有着绝对的话语权,但民间职业阴阳依然存在,并且双方之间显示有合作关系。

二、明代碑刻中的阴阳职业表述与来历

明代山右碑刻中的官方职业阴阳称谓极其复杂②,多达19种说法,如阴阳官、阴阳生、阴阳正术、阴阳典术、阴阳训术、选择阴阳、选择阴阳生、护印阴阳、阴阳护印生、阴阳医学官、阴阳学、阴阳学阴阳生、阴阳学训术、阴阳学署印阴阳生等。民间阴阳的名称则较为简单,多为金元时期相传的阴阳和阴阳人,另有堪舆家和阴阳风水先生等新增说法。

关于明代碑刻中官方职业阴阳和民间职业阴阳的区别,仍然主要在于碑刻中的称谓,二者泾渭分明。官方职业阴阳一般使用官方名称,《明实录》载:"洪武十七年(1384)置府州县医学、阴阳学。府置医学正科一人、阴阳正术一人,秩从九品;州置医学典科一人、阴阳典术一人,县置医学训科一人、阴阳训术一人,皆杂职。"③故而,阴阳正术、阴阳典术、阴阳训术、阴阳官等都是标准的官方称谓,这些称谓民间阴阳是不敢在碑刻中李代桃僵的。对于明代开始出现的选择阴阳生,在明代张天复的《鸣玉堂稿》中有:"再照各处兴工,例用选择阴阳人员,其效劳甚微,若工完之日一概升官升俸,将来益致冗滥,今后遇有大工告完,合将前项选择阴阳人员止量行给赏,庶爵禄不轻而人无幸图矣,伏乞圣裁。"④结合碑刻中的选择阴阳和选择阴阳生可知这些人亦是正待被遴选的官方职业阴阳。

另,明代碑刻中开始出现了护印阴阳和护印阴阳生,明代方志中有"阴阳学正术一员,缺,以习阴阳书者护印"⑤亦有"僧纲司都纲一员,今缺,以僧人护印;道记司都记一员,缺,以道人护印"⑥的记载,所以护印阴阳与护印阴阳生就是临时掌管阴阳学的官方职业阴阳,但还未达到阴阳官的标准,只是临时掌此权而已。下表(表2)为山右碑刻中明代官方职业阴阳与民间职业阴阳的统计比对。

---

① (元)龚良辅:《赵氏宗祖之图》,元至正元年,现存山西省阳泉市峷池镇东兴道村。
② 明代所涉及的碑刻较为庞杂,故不再一一列之。
③ 《明太祖实录》卷一六二,台北:"中研院"历史语言研究所,1962年,第2519页。
④ (明)张天复:《鸣玉堂稿十二卷》卷九,《续修四库全书》集部第1348册,上海:上海古籍出版社,1996年,第580页。
⑤ 嘉靖《贵州通志》卷五《职官》,成都:西南交通大学出版社,2018年,第233页。
⑥ 嘉靖《贵州通志》卷五《职官》,第233页。

表2 明代山右碑刻中官方职业阴阳与民间职业阴阳统计

名称		洪武年间	永乐年间	宣德年间	正统年间	景泰年间	天顺年间	成化年间	弘治年间	正德年间	嘉靖年间	隆庆年间	万历年间	天启年间	崇祯年间	时代不详	共	总共
官方	阴阳官				2		1	1	3	6	4	8		2	1		28	107
	阴阳生			1			3	3	2	8	1	14	2	3			37	
	阴阳正术										1						1	
	阴阳典术					1											1	
	阴阳训术	2	1		1			2	1	2	5					1	15	
	选择阴阳										3	1					4	
	选择阴阳生						1					1					2	
	护印阴阳								1								1	
	阴阳护印生		1														1	
	阴阳生护印								1							1	1	
	护阴阳学印								1								1	
	阴阳医学												1				1	
	阴阳医官										1						1	
	阴阳医学官										1						1	
	阴阳学							1		3							4	
	阴阳学阴阳生										1						1	
	阴阳学训术				1	1					2						4	
	阴阳学典术				1		1										2	
	阴阳学署印阴阳生								1								1	
民间	阴阳									4	4	2	18	1	2		31	72
	阴阳术士										2	1	2	1			6	
	阴阳人				3	1				1	6			1			12	
	阴阳家												2				2	
	堪舆											1	2				3	
	堪舆家										11	3	1				15	
	阴阳风水先生									1							1	
	风鉴												1				1	
	择日阴阳人												1				1	

根据上表统计,结合这些称谓在碑刻中出现的时间可知:明代官方职业阴阳贯穿整个明代,且在山西全省分布。明代对每个府级以下行政单位所设阴阳学阴阳生数量没有明确统一规定,山右亦是如此。有学者认为,明代宣德年间阴阳生获得免役权,由此导致富实之家、胥吏的营充,其差役内容亦随之泛化,涉足司法、行政、财税等多个领域。① 免役权的获得,表面看是一种鼓励,但极容易造成官方职业阴阳的泛化进而滥化,明代后期阴阳生的扩大,一些无此技术的人也充斥其中,致使官方阴阳学系统开始衰败。如弘治《黄州府志·人物》亦载国朝黄冈县、黄坡县阴阳学共八人,其中李晟中、谢海二人由天文生考授钦天监,李

---

① 尹敏志:《明代的阴阳生和阴阳户》,《史学月刊》2019年第3期。

澈则由阴阳生授府阴阳学正术,余五人则无阴阳学背景,如有善文学的。①再如嘉靖《宁国府志》卷三"阴阳学正术一人,从九品掌印,阴阳生一十四人。凡正术,选诸阴阳生之良者,府以达于吏部而注授焉,有秩无俸,凡教阴阳生正瞽漏之事。然多以市儿充,不闲本业。"②

在《金瓶梅》中,吴典恩是西门庆的十个拜把子兄弟之一,原是清河县阴阳生,因事革退,后在县前与官吏保债。西门庆死后,他升了巡简。③可见,这个吴典恩技术不是十分过关。另有一些官方阴阳开始在民间揽活,如《金瓶梅》九十七回:阴阳生撒帐毕,打发喜钱出门,鼓手都散了。④清代早期的《通俗编》曾评价过元代和明代官方阴阳:"《元典章》:元贞元年二月,中书省奏定阴阳教授,令各路公选老成厚重、艺术精明、为众推服一名。于《三元经》书出题,移廉访司体覆举用。按元设阴阳学,学中习业者乃谓之阴阳生。所习书以《周易》为首,而凡天文、地理、星命、占卜,及相宅、相墓、选日诸术,悉期精通。明以来学废,而阴阳生依附道家,名实甚不称矣。"⑤阴阳毕竟是一份需要技术认定的官职,一旦技术衰败,自然就导致群体的式弱。根据碑刻数据来看,与官方职业阴阳形成鲜明对比的民间职业阴阳自正德年后数量增多,自表2可知,明代民间职业阴阳除了还保留有元代阴阳和阴阳人的称呼外,新增加了阴阳风水先生、堪舆家、阴阳家和风鉴等称谓。以明代山右碑刻的整体观之,民间职业阴阳所载数量与官方相比,约为0.7:1。这一数据表明:比起元代,明代政府对民间职业阴阳的管控放松了很多,目前未在明代山右方志中发现对官方民间职业阴阳的规训,碑刻反而显示双方合作的比例较大。如:蒲县东岳庙明嘉靖年间钟铭⑥题名中官方职业阴阳和民间职业阴阳出现在一起的记载,"本县典史:杨富贵……阴阳学曹帮彦……医学张九龄"一段均为县内职官,紧接着下一段"阴阳人李让、男李志全、李志贤"从后面提名中大量的女性和家庭特征可以判断出,此阴阳人即为民间职业阴阳。虽然没有更多的信息判断这两个职业阴阳的关系,但仅从在一通题名中同时出现,已经表明了二者当时是处于协作关系。另,明代山右一通阴阳世家的墓志铭载:

> 先生姓郭氏,讳明亮,字孔昭。世为榆次在城人。曾祖讳士贞,祖讳文智,父讳锐,以阴阳相传,咸隐德弗耀。曾祖妣王,祖妣胡,显妣冀,继妣白,俱名门真淑,徽音相续。先生赋资纯雅,聪明过人,袭父祖之业,凡天文地理,无不周知。先生生于宣德丁未十二月十二日,终于成化丙午二月十五日。娶常氏,乃本县寇村常景之女,妇道母仪,皆可师法。子男三:长曰琪,谙晓阴阳,护阴阳学印,娶刘氏,继娶曹氏;次曰珂,亦通阴阳之术,娶刘氏;次曰玼,为邑庠生,科目可期,娶郅氏。⑦

---

① 弘治《黄州府志》卷五《人物》,《天一阁藏明代方志选刊·黄州府志》,上海:上海古籍书店,1965年,第115页b、116页a。
② 嘉靖《宁国府志》卷三《秩纪》,《天一阁藏明代方志选刊·宁国府志》,上海:上海古籍书店,1962年,第5页a。
③ 可见(明)兰陵笑笑生著《金瓶梅词话》中,介于篇幅文中只是简述。
④ (明)兰陵笑笑生著,芮效卫批注:《金瓶梅词话》第五卷,东京:日本大安株式会社,影印明万历本,1963年,第415页。
⑤ (清)袁树珊:《润德堂丛书全编》第1册,北京:华龄出版社,2018年,第132页。
⑥ (明)张得甫等:《八音钟铭文》,明嘉靖六年,现存于山西省临汾市蒲县东岳庙行宫大殿东南角廊下。
⑦ (明)郝辉:《明故郭先生之墓志》,明成化二十二年,现存山西省晋中市榆次区文物管理所。

碑文明示,郭氏家族为家传阴阳,从郭氏曾祖到郭氏本人,皆隐德弗耀,均为民间职业阴阳。直到郭氏长子郭琪才正式以护印阴阳进入官方的职业阴阳序列中。但是,其次子郭珂仍继承祖业为民间职业阴阳。也就是说,郭氏五代除了一人为官方职业阴阳,其余均为民间职业阴阳。这就能揭示明代官方职业阴阳和民间职业阴阳的一种合作关系。

不少碑刻中也透露出了明代民间职业阴阳的来历,有相当一部分是儒生科举失利转为民间职业阴阳。如壶关碑刻"壶有龙石君……后曾试八次,不偶,人为君屈……又喜阴阳、地理、星命之学,言命则屡中"①。此人应试八次未中,转为职业阴阳。当然祖传阴阳技术仍是民间职业阴阳的主要来源,如潞州著名的阴阳"南舍村曹氏兄弟,出生于堪舆世家,从他们上溯二十二代祖曹震兴于明中叶充当阴阳官始,历代都操堪舆业,主持办赛。明万历二年(1574)曹震兴之孙曹国宰(现竖在该村玉皇庙的明崇祯十年重修庙宇石桥碑背面,就刻有"阴阳曹国宰"的字样),从办官赛得南贾村将……"②这个在其他省份亦不鲜见,如《登仕佐郎应天府阴阳学正术薛公墓碑铭》③祖孙三代皆为阴阳正术。其中父"公幼聪敏志学,博通载籍,尤精星历易数之学。洪武丙寅,以明阴阳征至京,因家江左。永乐初,应天府复设阴阳学,府丞王公谅荐公堪任学事,诏授正术""有子曰玉、磷、琦、瑜。玉,钦天监主簿;瑜,嗣应天阴阳正术。有孙曰谦、诚、谊、让、谏、谨、详。谦,天文生;让,亦嗣正术。"④

碑刻内容还显示,明代民间职业阴阳的收入不菲,如明嘉靖四十一年(1562)《重修观音碑记》载:本村阴阳人孙大温私人建造了村内的一座观音堂。题名显示,为其助手的均为孙氏本家。一个民间职业阴阳人能独立修庙,恰恰说明了此类职业收入不菲。再有,明代"至隆庆元年,有本村善友阴阳术士李应晨,自幼素食,拜受祖师公戒会,起道号玄明。随未剪发为僧,其立心正,受持三皈五戒,常怀续佛之情,悟明心地,起立三元节会,在寺贡佛""内塑十王朝地藏菩萨,上塑三十三天朝玉皇大帝,南辰北斗,日月星辰,七佛世尊。三门补塑金刚二尊"⑤,等等。这些民间职业阴阳参加甚至主持捐款地方庙宇的修建,一方面说明其收入颇丰,另一方面说明其在地方社会较有威望。

总之,明代山右碑刻显示,这一时期山右官方职业阴阳遍布全省,分布均匀。明代中后期,民间职业阴阳开始迅速发展,并大有超越官方职业阴阳的态势,碑文中并未见二者冲突,且有数次合作。

三、清代碑刻中的职业阴阳与地方社会的关系

清代山右碑刻中的官方职业阴阳称谓比明代略有减少,主要有:阴阳官、阴阳生、阴阳

---

① (明)孔天允:《郭汝学墓志》,见李玉明、王雅安主编,张平和分册主编:《三晋石刻大全·长治市壶关县卷》,太原:三晋出版社,2014年,第702页。

② 朱恒夫主编,寒声等编校:《中国傩戏剧本集成23:上党〈迎神赛社礼节传簿四十曲宫调〉·曲沃任庄〈扇鼓神谱〉》,上海:上海大学出版社,2018年,第3页。

③ 王国平主编,陶水木分册主编:《杭州文献集成》第22册《武林往哲遗著9》,杭州:杭州出版社,2014年,第293页。

④ 王国平主编,陶水木分册主编:《杭州文献集成》第22册《武林往哲遗著9》,第294页。

⑤ (明)李应晨:《寿阳县西安里蔡庄村重修乌金山开花寺碑记》,明隆庆元年,现存山西省晋中市南燕竹镇蔡庄村。

典术、选择阴阳、选择阴阳生、阴阳学、阴阳学官、阴阳学生、阴阳学训术。这些官方称谓在明代均已出现，并无新增，反而有所减少。比如，在近七百通出现阴阳的碑刻统计中未见阴阳正术，亦未见护印阴阳等，原因不明。清代是民间职业阴阳异常活跃的时代，民间职业阴阳称谓丰富多彩，除了沿袭金元和明代的阴阳、阴阳人之外，还有阴阳先生、风水先生、堪舆家、儒学风水、青乌、地师、风水家、风鉴、风鉴先生等等。下表（表3）为清代官方职业阴阳和民间的比对：

表3 清代山右碑刻中官方职业阴阳与民间职业阴阳统计

名称		年号	顺治年间	康熙年间	雍正年间	乾隆年间	嘉庆年间	道光年间	咸丰年间	同治年间	光绪年间	宣统年间	时代不详	共	总共
官方		阴阳官	3	3		4				1	1			12	87
		阴阳生	2	8	2	19	3	5		1	2			42	
		阴阳典术				1								1	
		选择阴阳	1	1		5			1					8	
		儒学阴阳									1			1	
		府学阴阳									1			1	
		选择阴阳生				1								1	
		阴阳学		2	1	2	1	3		1	1			11	
		阴阳学官								1				1	
		阴阳学生						2						2	
		阴阳学训术				1	1	1		1				4	
		阴阳训术												0	
		阴阳赞礼生		1										1	
		阴阳察懋官		1										1	
		阴阳国学生				1								1	
民间		阴阳	4	24	11	57	39	47	11	10	25	2	2	232	379
		阴阳先生									3			3	
		风水先生		1				2	1					4	
		堪舆家	3	6	5	17	7	15	4	4	4		1	66	
		儒学风水									1			1	
		风水						1						1	
		地师		1	1	2	1	5	1	3	3		1	18	
		风水地师									1			1	
		风水家									1			1	
		阴阳家									1			1	
		青乌		1			2	1					1	5	
		青乌家					1	1						2	
		风鉴	1	4		12	6	4	3	3	4	1	1	39	
		风鉴先生				1					2			3	
		风水阴阳		1										1	
		阴阳师								1				1	

清代，是民间职业阴阳欣欣向荣的时期。上表可见，民间职业阴阳比例远远超过官方，

从明代的 0.67∶1 变成了 4.36∶1。这一时期山右方志中也出现了一些官方职业阴阳的记载,均集中在雍正和乾隆时期,最晚的记载出现在乾隆《陵川县志》,显示在县公署中设有阴阳学。①乾隆《寿阳县志》亦有:阴阳训术一名。②说明这一时期还有一些县域在使用官方职业阴阳。但是其分布并不均衡,比如雍正《孝义县志》甚至载:阴阳学在社学左,今废。③而同为雍正朝的《屯留县志》所载当时屯留县有 14 名阴阳训术④,之后的方志中再无踪迹。对比碑刻,发现与方志对官方职业阴阳的记载规律相似,即嘉庆朝前官方职业阴阳记载比较集中,之后鲜见。不过,耐人寻味的是直到光绪朝,在碑刻中仍有官方阴阳的记载。由此,可以判断这一制度虽然在地方实行状况上差强人意,但也如风中之烛,一直延续到了清末。

搜寻一下清代中央一级的阴阳学阴阳生记载。清在钦天监设食粮阴阳生 10 人,汉人,九品冠带,属漏刻科。由钦天监主官定时考试,成绩优异者可升迁。⑤《清史稿·职官二》有:"食粮阴阳生,汉十人,并给九品冠带……阴阳生隶漏刻科,掌主谯楼值更,监官以时考其术业而进退之。"⑥清承明制,有清一代,这一官方职业阴阳未见有制度消除,只是具体在地方的实施上各地自由发挥,几乎名存实亡了。带着这个猜测拉网式爬梳清代其他区域的方志,也发现这一问题的存在,胪列光绪朝方志为例,如光绪《上犹县志》有"国朝设阴阳学训术,今裁"⑦;光绪《鹤庆州志》有清代设立阴阳学的记载⑧。另有数志,不赘列。可见,直到清代末期的光绪朝,作为官方制度的阴阳学并未被废除,但根据各地似有似无的具体实施情况来看,这应该是作为清代国家制度的官方阴阳学在地方上开始空转或虚浮运转。

清代是民间职业阴阳发展最为繁盛的时代。在田野调查中,耆老们反映当地的每一个村落都有民间阴阳。胪列二三例:如《停河铺村志》"杨长欣爷爷,清末有名的阴阳先生,后中邑庠生。民国十三年(1925)靳家街关帝庙重修时任阴阳"⑨;《史家庄村志》载"姜荣先,宣统二年人。因其受祖父言传身教,见识广博,学问丰富,尤其是对周易学、珠算学等很有研究。村民每遇气象变化、年成预测、庄稼播种养护等以及立契写约、择日选时等常求教于他,在本村具有一定影响"⑩;《南关村志》载"王华龄,南关村人,清乾隆年间贡士。善观天象地物,积累一套看风定雨经验。北塔底村感念其生前的恩德,随立庙塑像,尊称白龙王爷,每祈雨辄应"⑪。诸如此类,此不赘列。

山西晋城市阳城县郭峪村为清代文渊阁大学士陈廷敬的故乡,陈氏家族和当地的一位柴氏阴阳世代交好。在给柴氏的墓志铭中陈廷敬写道:

---

① 乾隆《陵川县志》卷九《衙署》,《中国地方志集成·山西府县志辑》第 42 册,南京:凤凰出版社,2005 年,第 243 页。
② 乾隆《寿阳县志》卷四《职官》,国家图书馆藏刻本,第 1 页 b。
③ 雍正《孝义县志》卷六《公署》,国家图书馆藏刻本,第 4 页 a。
④ 雍正《屯留县志》卷三《方伎》,国家图书馆藏刻本,第 11 页 b。
⑤ 徐振韬:《中国古代天文学词典》,北京:中国科学技术出版社,2012 年,第 302 页。
⑥ 赵尔巽等:《清史稿》卷一一五《职官二》,北京:中华书局,1977 年,第 3324 页。
⑦ 光绪《上犹县志》卷八《官师志》,台北:成文出版社,1975 年,第 581—582 页。
⑧ 光绪《鹤庆州志》卷二十《秩官》,国家图书馆藏民国抄本,第 27 页 a。
⑨ 停河铺村志编纂委员会编:《停河铺村志》,北京:光明日报出版社,2008 年,第 271 页。
⑩ 史家庄村志编纂委员会:《史家庄村志》,内部刊印,2009 年,第 232 页。
⑪ 李书中主编:《南关村志》,太原:山西人民出版社,2012 年,第 383 页。

> 余里人静明柴君,奇男子也……余深交君而雅知君,今不志君,谁复志君者?……原籍泽州,徙居阳城之郭峪已六世矣,世有隐德。祖讳斯文,父讳世禄,生五子,君行三。生而慧颖轶群,弱冠学儒,既而厌之,遂尽发其先人所藏古象堪舆诸秘籍,研究穷讨,昕夕不倦。因而日月星缠之度,侵蚀灾祥之理,推测弗爽。一时士大夫无不为柴君倒屣者,有司亦掉□旌焉。且倜傥负气节,不脂韦从俗。排难解纷,有仲连、彦方之风。①

上见,作为朝廷一品大员的陈廷敬甚至都在一个民间职业阴阳的墓志铭中表达了对其的敬意。柴氏在当地世代为阴阳,目前其家宅院还在,当地方志中还发现了柴阴阳的孙子柴滋捐了一个例贡。②上文《停河铺村志》中,民间职业阴阳可以不进入官方职业阴阳序列,反而去担任地方政府的生员,这里柴氏阴阳的孙子捐纳例贡,也是民间职业阴阳通过另一途径进入官方序列中的实例。在当地田野调查时,地方学者王小圣先生还讲了一系列柴阴阳的民间传说,其中有柴阴阳与陈廷敬所请的京城阴阳斗法的故事:陈廷敬父亲去世,需要挑选一处阴宅,陈氏因为位高权重从北京请来了一位官方职业阴阳,同时又安排家人请了本村的柴阴阳,结果柴阴阳在这场斗法中大获全胜,陈氏和京城的阴阳心服口服。③墓志铭和广为流传的民间传说,有力说明清代山右民间职业阴阳利用技术和簪缨世家建立起了高情厚谊,并借此在地方社会保留自己的独立话语权。

山右石刻中另有康熙朝平阳府民间职业阴阳《卫绛山先生传》:

> 先生晋之曲沃人,名麟贞,字瑞明,绛山其别号也,髫年补弟子员。读书能识道理,其所为文,不屑与时流竞声调。……与选者知名士惟先生与汾阳曹古遗、太原傅青主,秉德不回,以古道相期许。值明季纲纪紊乱,人心浇漓,先生不肯逐流扬波,砥行饬节,介如也。键户修业,博极群书。凡阴阳律历礼乐兵刑,一切经世之学,靡不究心。④

这通碑中的卫氏通晓阴阳礼乐,虽无功名,但是和地方的名士相交厚重。

综合而知,清代作为国家制度的阴阳学虽未明确被废除,但是这一制度在各地都已名存实亡。民间职业阴阳填补了大量的市场空白,他们活跃在民间婚丧嫁娶、建庙修坟等各个场域,同时借助个人技术与地方士绅形成一种良好的互动,区域社会民间传说中地方职业阴阳在炫技斗法中普遍取胜,也是这一时期官方职业阴阳和民间职业阴阳此消彼长的地方记忆。

---

① (清)陈廷敬:《清故处士明轩柴君墓志铭》,康熙三十六年,现存山西省晋城市郭峪村委院内。
② 郭峪村志编纂委员会:《郭峪村志》,内部刊印,1995年,第157页。
③ 故事可见《郭峪村志》,介于篇幅文中只是简述,目前郭峪村还保留着柴阴阳的故居。
④ (清)张根朴:《卫绛山先生传》,见雷涛、孙永和主编:《三晋石刻大全·临汾市曲沃县卷》,太原:三晋出版社,2011年,第441—442页。

四、余论：阴阳作为国家制度与民间体系

阴阳作为职业自先秦就已存在，而正式以制度形式被官方颁布和执行不过是近七百余年的事情。元以前，官方阴阳已在区域内零星出现，元代将其作为一种国家层级制度确定下来。明清职业阴阳属于政府杂职官系统，杂职官主要服务于地方，元代阴阳学的设立正是由于官方需要增强对地方"阴阳"的管理；明初政治经济基础薄弱，沿用前朝阴阳学制度，中后期官方职业阴阳依然是通过其技艺任官，但大量的承差与捐纳者任职于此，加速了官方职业阴阳的衰退；清基本沿用了这一制度，但从山右碑刻整体来观，国家层面的制度早已名存实亡。

阴阳本身的职业内容包括天文、地理、堪舆、择日等多种，与民间礼俗联系紧密。宋代庶人经济发展，政治地位日益重要，礼下庶人是社会阶层变迁的结果。元代政府亦是通过官方管理阴阳学的方式，管理不同阶层的礼俗规范，以得到广大民众的认同。由技艺传承的职业阴阳，无论官方还是民间，都根植于深厚的文化与民俗。明代中后期面向官方阶层的礼仪服务与面向民众的礼俗活动使得官方与民间阴阳加速分化，至清代世俗生活中的信仰需求不断增多，民间阴阳活跃在礼俗生活的各个场域。

陈寅恪曾在《王观堂先生挽词并序》中言道：夫纲纪本理想抽象之物，然不能不有所依托，以为具体表现之用；其所依托以表现者，实为有形之社会制度。① 最近整个学界制度史重新回归，笔者感慨颇多，窃以为制度首先是一种上层设计，应时而生。官方阴阳学作为一种国家制度，在元代的实施应该是非常成功的。但是，制度作为一种条文，它的实施者归根结底要回到人身上，而人随着社会的发展，思想和行为都在不断变化，于是国家制度到了基层和地方就有了不同的实施特征。甚而至于，当国家规训并不严厉之时，制度在地方上逐渐会陷入空转和虚转等名存实亡的境遇。这一点，在本文研究的元明清官方职业阴阳中表现尤为明显。

与官方阴阳制度相对的是一种民间职业阴阳体系。民间职业阴阳贯穿了中国历史数千年，其根本在于人类对于世界万物的未知，同时因为阴阳文化的发展，民间职业阴阳在地方社会有着广阔的市场，他们与传统社会中婚丧嫁娶、建庙修坟等日常生活关联紧密，所以，在民间社会中，他们收入可观，社会地位也不低，甚至由于技术的高超还能赢得簪缨世家的尊重。当然，在明清时期其他文本中也可以发现职业阴阳人的一些污名化书写，基本集中在骗取钱财之上。如《醒世姻缘传》第十回，晁大舍逼死大老婆计氏之后，反告死者父兄。"次早到了县前，寻见了阴阳生。那阴阳生晓得是为人命说分上的书，故意留难，足足鳖了六两银子，方才与他投下。县尹拆开书看了，大发雷霆，一片声叫下书的阴阳生进去，尖尖十五个板子"②；《清朝奇案大观》"阴阳生藉出殃杀人"③；《申报》(1881 年 4 月 3 号)"阴阳夫反面书写，

---

① 陈寅恪：《陈寅恪集·诗集：附唐筼诗存》，北京：生活·读书·新知三联书店，2015 年，第 12 页。
② （清）西周生：《醒世姻缘传》，天津：天津古籍出版社，2016 年，第 82 页。
③ 王礼贤、王定一编著：《清朝奇案大观》，安徽：黄山书社，1997 年，第 106—107 页。

宁波串客之恶俗业经府宪拿办,此外尚有斗会名目,日间假托讽经,夜可歌唱淫词,博利花前月下,摹拟尽情,实于风俗人心大有关系。是以宗太寻复传阴阳生王某到案询问,据称郡城钉打桥有琅瑶神社,系李庆宝为首"①;甚至清末流行的戏曲《一两漆》亦借北魏之事,实讽苟姓阴阳生。值得反思的是,这些反讽大部分的对象都是官方职业阴阳生,且多集中在清代中后期,大部分是因为技术拙劣,也许正和了上文中民间传说,地方职业阴阳与官方阴阳斗法大获全胜之事。亦能侧面反映清代官方阴阳制度在虚空运转的民间面向。

最后,笔者发现一些学者把职业阴阳当成巫师,根据多年的田野调查经验,乡村社会中的民众对此区分的非常严格。有些乡贤听到这个问题会不断强调:阴阳就是阴阳,和巫婆没关系。笔者根据田野调查经验,认为区别如下:第一,巫觋男女都有,甚至在民间社会中女性巫的数量远远超过了男性觋,但目前我们所见的民间职业阴阳,包括碑刻和方志中,均为男性;第二,阴阳通过罗盘来定位,观看风水,而不是像巫觋一样为灵媒;第三,在明清国家政策中,巫觋一直是被打压的对象②,而阴阳文化在元明清则是国家行为,地方职业阴阳很大程度上也是一种对国家制度的模拟。从文献中看,元代之前的职业阴阳职能多少有巫觋的影子存在,但是正式设立了阴阳学阴阳官制度以后,规定了阴阳学主要内容,反而直接促成了职业阴阳和巫觋的彻底割裂。上文中也可知,地方社会中的簪缨世家和当地的阴阳都交往过从,但是这些世家对巫觋的防范心理则极重。所以,有些术语解释类的书籍和有些学者把阴阳解释为巫应该是错误的,这个在民间界限分明。礼失求诸野,当如是。

作者简介:畅海桦,山西师范大学戏剧与影视学院副教授;薛敬亚,山西师范大学戏剧与影视学院博士研究生。

---

① 宁波市档案馆编:《〈申报〉宁波史料集1》,宁波:宁波出版社,2013年,第480页。
② 《大清律例》规定:"凡师巫假降邪神,书符咒水,扶鸾祷圣,自号端公、太保、师婆,及妄称弥勒佛、白莲社、明尊教、白云宗等会,一应左道异端之术,或隐藏图像,烧香集众,夜聚晓散,佯修善事,煽惑人民,为首者,绞;为从者,各杖一百、流三千里。若军民装扮神像,鸣锣击鼓,迎神赛会者,杖一百。罪坐为首之人。里长知而不首者,各笞四十。其民间春秋义社,不在此限。"见田涛、郑秦点校:《大清律例》,北京:法律出版社,1999年,第277页。

明代民众的推官崇拜研究*

张纪伟

【摘　要】 从明初始,民众即以"神明"或"青天"的称颂表达对掌握一府刑狱的个别推官的崇拜,至嘉靖后开始为之立祠祭祀。立祠祭祀分为列祀于官方集体祠庙和建立个人祠庙两种。个人祠庙可以是生祠,也可以是逝后立祠,目的是为将推官精神留存至当地,充当地方守护神。祠庙建造发自民间,但需在官府备案,纳入朝廷祀典,且多有地方高官背书,是官民互动的结果,承载了民众和朝廷的双重期望。明代推官崇拜具有地域性、持久性和个人性。从明代推官等的理刑实践可以看出地方官员谳狱失当导致地方刑狱持续混乱。推官崇拜本质上体现的是民众对谳狱公正的渴望。而明代大部分推官无法做到谳狱公允,加上其佐贰官的身份,这成为清朝将其裁撤的原因之一。

【关键词】 明代；推官；崇拜；生祠；冤抑

崇拜源自人的内心,表达的是最崇高的敬意。民众的崇拜反映的是其最真实的观念和需求,而其对官员的崇拜则可以提供制度史研究的另一种视角。

明代各府设知府、同知、通判、推官等正佐官,处理地方事务。[①]推官虽属佐贰官,位列同知、通判之下,但却是府州县唯一的专职理刑官,在地方治理中发挥着至关重要的作用。洪武三年(1370),监察御史郑沂建议设立推官时言:"人命至重,古人所矜。各府宜设推官一员,专掌刑名,不预他政。庶责有所归,而人无冤抑。"该提议得到朱元璋的认可。[②]明人梁潜也曾言:"推官,决一郡之讼狱者也。"[③]可见,推官乃一府民众狱讼所系,事关民生。

关于明代推官的研究,吴艳红、阿风、郭润涛、项巧锋等学者从制度设置、法律知识、府级司法地位及清初废除原因、影响等角度对其进行了探讨。[④]但对明代推官与地方社会的关

---

* 基金项目：本文系 2022 年新疆大学哲学社会科学青年教师培育项目(项目号 22CPY083)的结项成果。
① (清)万斯同等：《明史》卷七〇《职官志下》，《续修四库全书》史部第 325 册，上海：上海古籍出版社，2002 年，第 277 页。
② 《明太祖实录》卷五三，洪武三年六月辛巳条，台北："中研院"历史语言研究所，1962 年，第 1053—1054 页。
③ (明)梁潜：《送郭推官序》，《泊菴集》卷五，《景印文渊阁四库全书》集部第 1237 册，台北：台湾商务印书馆，1986 年，第 254 页。
④ 关于明代推官的研究,参见以下成果：吴艳红：《制度与明代推官的法律知识》，《浙江大学学报》(人文社会科学版)2015 年第 1 期；《推知行取与莆阳谳牍》，载中国政法大学法律古籍整理研究所编：《中国古代法律文献研究》第 13 辑，北京：社会科学文献出版社，2019 年，第 295—318 页；阿风：《明代府的司法地位初探——以徽州诉讼文书为中心》，载中国政法大学法律古籍整理研究所编：《中国古代法律文献研究》第 8 辑，北京：社会科学文献出版社，2014 年，第 359—374 页；郭润涛：《明代的推官》，《文史知识》2015 年第 9 期；项巧锋：《清初的推官及其裁废——兼论地方行政格局的变革》，载里赞主编：《法律史评论》总第 13 卷，北京：社会科学文献出版社，2019 年，第 86—104 页。

系、其在民众眼中的形象则研究较少。而明代民众对推官的崇拜恰为该问题提供了较好的研究进路。

另外,推官崇拜也属于古代清官崇拜的一部分。以往的研究更倾向于从法律文化或法律思想的角度进行探讨[①],而历史视野下的空间、时间、地方社会及具体的行为细节等反映的问题则往往被忽略。

本文拟就此展开探讨,以期从民间和地方社会的角度加深对明代推官、古代清官崇拜等的深入认识。

一、明代民众推官崇拜行为

《春秋左传注疏》有言:"天生民而树之君,使司牧之,群物所以系命。故戴之如天,亲之如父母,仰之如日月,事之如神明。"[②]自原始社会向王朝国家转变以来,皇权逐渐与神权融合,而儒家的天人感应等思想对此作了进一步阐发,成为王朝主流统治思想。汉代大儒董仲舒言:"以人随君,以君随天。"[③]皇帝代天治民,皇帝的意志即为天的意志。皇权又通过强权和制度吸收民间的各种信仰,建立起以皇权为中心的遍布全国的信仰体系。《礼记·王制》载:"山川神祇有不举者为不敬,不敬者君削以地。"[④]山川神祇的祭祀是皇权信仰体系的重要内容,其祭祀被纳入皇权保护之中。根本而言,古代官员的权力来自皇权,官员施政实际上是皇权的主要体现,古代民众对官员的崇拜本质上就是对皇权的崇拜,是皇权信仰体系的一部分。这也是史料记载有较多民众对官员崇拜的原因所在。明代民间对推官的崇拜即为其中一类。

明代部分推官常因其政绩卓著成为民众崇拜的对象,而被推上神坛。在明人文集、明清地方志等史料中有较多相关记载。明代民间对推官的崇拜行为主要包括口口相传与立祠祭祀两种方式。

口口相传指明代民众常以"神明"或"青天"称颂推官,并在当地广泛流传。这是建立在民众口碑上的一种崇拜行为,是推官政声积累到一定程度自然而然的升华。

"神明"有时也称为"神",两者相通。这种称颂官员的崇拜行为古已有之。在《永乐大典》中曾将古代文献有关"神"的记载专设为八卷,其中部分内容即讲述以官员为神之事,如"吏称为神""皆服为神""郡称为神""民以为神""裁决如神""料敌如神""鞫狱如神"等。其中包括官员断案、行军布阵、处理政务等各方面。《南史》《北史》《新唐书》《五代史》《宋史》等正

[①] 相关研究见:徐忠明:《包公故事:一个考察中国法律文化的视角》,北京:中国政法大学出版社,2002年;于铁丘:《清官崇拜谈:从包拯到海瑞》,济南:济南出版社,2004年;赵克尧,刘精诚:《论"清官"的本质与作用》,《学术月刊》1965年第12期;徐忠明:《中国传统法律文化视野中的清官司法》,《中山大学学报》(社会科学版)1998年第3期;刘新:《包拯的法律思想与中国传统法律文化——纪念包拯诞辰一千周年》,《法学家》1999年第3期,等等。

[②] (春秋)左丘明著,(晋)杜预注,(唐)孔颖达疏:《春秋左传注疏》卷二一《宣公》,《景印文渊阁四库全书》经部第143册,第469页。

[③] (汉)董仲舒:《春秋繁露》卷一《玉杯第二》,《景印文渊阁四库全书》经部第181册,第705页。

[④] (明)徐师曾:《礼记集注》卷五《王制》,《四库全书存目丛书》经部第88册,济南:齐鲁书社,1997年,第581页。

史,年谱,地方志,文集等文献中皆有相关记载。如《永乐大典》即收录《宋史》所记一事:

> 张逸知益州,华阳驺长杀人,诬道旁行者。县令受赇,狱既具,乃使杀人者守囚。逸曰:"囚色冤,守者气不直,岂守者杀人乎?"囚始敢言,而守者果服,立诛。蜀人以为神。①

以推官为"神"或"神明"之事贯穿明代。陈纪永乐间为浙江湖州府推官,"性廉介,厚重有威,吏民不敢欺。谳狱明允,不假鞭朴而知其情,郡中号为神明"。②顾应祥,字惟贤,正德间以进士授饶州府推官,"发摘如神"。③唐宽,字栗夫,嘉靖间以进士授北直隶永平府推官,"折狱能得情,人称神君"。④余毅中,铜陵人,嘉靖间进士,"初授武昌府推官,屡决疑狱,号称神明"。⑤汤来贺,南丰人,崇祯十四年(1641)授南直隶扬州府推官,"发奸摘伏,有神明之誉。又宅心仁厚,尝亲至狱中虑囚,轻罪及株连者概为省释"。⑥

从地域上看,类似记载涉及明代大部分省份。单上文所引即包括南北直隶、湖广、浙江、江西等省。可见该崇拜行为较为普遍,甚至在全国具有一定统一性。

何为"神"或"神明"?孟子有言:"大而化之之谓圣,圣而不可知之之谓神。"南宋理学家张栻对此解释道:"神则是圣人之妙,不可得而测者,不疾而速,不行而至是也,非圣人之外复有所谓神也。"⑦儒家话语下的"神"是形容圣人的神妙不可预测,超出常人想象,并非指高于圣人的神明。而民间所谓的"神"则指世俗的神灵崇拜,如海神、财神一般。儒家对于"神"的认识应源自民间,而将其进行了儒学化改造。超出常人想象,神妙不可预测,是圣人和世俗神灵共通的特点。民间称推官为"神"或"神明",是将其当作了世俗神灵进行崇拜,其重要特点即指推官断案技艺高明,能快速发现隐藏的真相,在常人看来神异而难以测度。

以"青天"称颂推官所代表的崇拜行为同样古已有之,为人熟知的如称宋龙图阁学士包拯为包青天。"青"者,《说文解字》中言为东方色。《释名》进一步解释为:"青,生也,象物之生时色也。"⑧在传统的五行学说中,东方为木,表现为生机勃勃,东方色即为草木生长繁盛之颜色。因而"青"在古代主要有两方面含义,一是指颜色,一是代表生机。"天"《说文解字》释为"至高无上",《白虎通义》认其为"居高理下,为物镇也"。邵雍指出:"自然之外别无天。"《正字通》中讲道:"至尊莫如天,天以下又莫如君父。"⑨可见"天"既指自然,无形无质,又具有神明特征,拥有至高无上的地位,是皇权的来源和依托。"青天"合称,"青"往往是作为"天"的形容词,既指无处不在的自然之天,又指赋予生机、掌控万物、至高无上的神明之天。称推官为"青天"主要指后者。

---

① (明)解缙等:《永乐大典》卷二九四九《神》,北京:中华书局,1986年,第1525—1533页。
② 乾隆《浙江通志》卷一五一《名宦六》,《景印文渊阁四库全书》史部第523册,第118页。
③ (明)徐象梅:《两浙名贤录》卷十八《经济》,《续修四库全书》史部第542册,第538—539页。
④ 雍正《山西通志》卷一二七《人物二七》,《景印文渊阁四库全书》史部546册,第369页。
⑤ (明)过庭训:《本朝分省人物考》卷三九《南直隶池州府》,《续修四库全书》史部第534册,第64页。
⑥ 乾隆《江南通志》卷一一五《职官志》,《景印文渊阁四库全书》史部第510册,第395页。
⑦ (明)解缙等:《永乐大典》卷二九四九《神》,第1528页。
⑧ (清)张廷玉等:《御定康熙字典》卷三二《青部》,《景印文渊阁四库全书》经部231册,第415页。
⑨ (清)张廷玉等:《御定康熙字典》卷六《大部》,《景印文渊阁四库全书》经部229册,第266页。

明代民众以推官为"青天"进行的崇拜同样在时间上和地域上具有贯通性和普遍性。如徐宪，成化进士，"戊戌继何潾为推官，廉静明察，狱无冤民，俗呼为徐青天，升监察御史"。①陆万钟，字元量，嘉靖间进士，选任杭州府推官，"凡所断狱何啻老吏，惟允惟明，莫不当三台九监司意指。而事无巨细，悉于公焉取裁。两浙有青天之颂，非溢美也"。②陶宗孔，字凝一，万历间举人，任岳州府推官九年，"狷介严正，始终如一，常种蔬自给。岳宿苦漕运，武卫封兑为患，至杀人。宗孔论请正法，楚人呼为青天，立碑纪德，增祀四贤祠"。③

以上对推官的"青天"之颂，主要针对其明断、理冤、不畏权贵、廉洁、勤俭等方面，而廉洁等品性往往也体现于其保证理刑公正之上。在基层民众看来，推官能将其从倾家荡产、生死存亡的危机中拯救出来，无异于重新赋予其生机，拥有至高无上、掌控万物之能的"青天"。

到了明代中后期对推官口口相传的崇拜逐渐转为实际行动，为推官立祠祭祀的现象不断增多。从现存史料看，相关记载主要集中于嘉靖朝以后。这与明代中后期社会经济的繁荣、嘉靖朝的礼制改革、文官地位的提高和文化的兴盛等都应有密切关系。

为推官立祠祭祀包含两种情况：一是列祀于集体祠庙，一是建立个人祠庙。前者如被民众请求纳入四贤祠的岳州府推官陶宗孔，民众请祀于名宦祠的高州府推官袁怡④。后者如嘉靖间汀州府推官刘宗寅，他曾平定辖属连城县战乱，连城县民为之立有生祠，供奉祭祀⑤；万历间泉州府推官姜应龙，"去之后，士民立祠塑像于紫云寺西，生祀焉"⑥；崇祯间雷州府推官陈文显，"治狱平反，雷人立祠祀焉"⑦。

请求将推官列入名宦祠等集体祠庙体现更多的是一种官方行为，而个人祠庙最能反映民众对于推官的崇拜之情。如高州府推官袁怡被民众请求列祀于名宦祠后，民众在得知其去世后认为这样并不足以表达感激之情，又为其建立了个人祠庙。⑧

民众为推官所立个人祠庙，又分生祠与逝后所立之祠。刘宗寅、姜应龙、陈文显等推官之祠为生祠，高州府推官袁怡之祠则属后者。其实建立何种类型的祠庙并没有明确的限定，这都取决于民众。多数情况下，民众往往会在推官离任之后不久即建立生祠，类似袁公祠则属于个别情况。因而为推官立祠祭祀仍主要以生祠为主。这同时也说明生祠往往与官员贤能挂钩，以至于后来成为别有用心者追求权力的工具。

---

① 正德《松江府志》卷二四《宦绩下》，台北：成文出版社有限公司，1983年，第1125页。
② （明）何三畏：《云间志略》卷十七《陆大参敬斋公传》，《四库禁毁书丛刊》史部第8册，北京：北京出版社，1997年，第510页。
③ 道光《广西通志》卷八十《乡贤》，《景印文渊阁四库全书》史部第567册，第354页。
④ 道光《广东通志》卷一五〇《建置略二六》，《续修四库全书》史部第672册，第297页。
⑤ 乾隆《汀州府志》卷四十《艺文二》，台北：成文出版社，1967年，第469—471页。
⑥ 乾隆《泉州府志》卷三十《名宦二》，《中国地方志集成》福建府县志辑第23辑，上海：上海书店出版社，2000年，第54页。
⑦ 光绪《重修安徽通志》卷一七九《人物志》，《续修四库全书》史部第653册，第351页。
⑧ 道光《广东通志》卷一五〇《建置略二六》，《续修四库全书》史部第672册，第297页。

二、明代民众推官崇拜特征

有别于"青天"崇拜,明代民众对推官的崇拜并非指对推官这一群体的整体崇拜,也非对这一官职的崇拜。换言之,并非明代所有推官都会成为民众崇拜的对象。民众的推官崇拜其实是对部分担任过推官的官员个人崇拜的集合体,本质上是一种对个体官员的崇拜。但因其同为推官,职掌相同,政绩性质大同小异,因而民众崇拜的部分推官具有一定共通性,可归为一类探讨。

明代民众对推官的崇拜与其他民间诸神不同,推官乃现实存在的人物,表现更多的是民众对其实实在在的功绩、能力和品性的崇拜,带有强烈感激之情,且望其能守护当地,永葆公正与安乐。江西巡抚马森在为汀州府推官刘宗寅生祠所作之记中讲道:

> 观侯之在连也,盖将以其身与连之城相为存亡。其去连也,又将以其心与连之邑相为安危。即侯之他日显陟崇阶,而其精神必常往来于莲峰苍谷之间,期于莫其四封,庇其人民以永谧而无事……连人戴侯之恩,生祀侯也宜矣。

连城县民众为汀州府推官刘宗寅建立生祠,除感激他的活命与平乱之恩外,也希望他即便不在连城县也能与其"相为安危",精神长存于连城,镇守四方,庇佑当地民众"永谧而无事"。而其长存之精神就寄居于生祠塑像之上。"立生祠于县治之左,塑像以祀侯。"刘宗寅的生祠与连城县衙并立。在民众眼中,他虽人不在连城,但却以另一种方式在连城处理政务,庇佑连城民众。[①]

马森之文是对明代推官崇拜内涵的完美诠释。立祠祭祀的目的是如此,口口相传也是为此。既是感激,也是希望将推官精神留存下来,继续充当地方守护者。这也同样是在推官离任之后不久即建立生祠的原因所在。在民众看来,这能够更多地将推官精神留存至该地。而推官去世之后所立祠庙除表达纪念、追思外,还带有一定招魂性质,望其逝后来此镇守。本质而言,明代民众崇拜的推官从朝廷或制度的角度看其实就是一类"循吏"。所谓"循吏"按《明史》的观点即为具备"畏法""洁己""爱民"品质的官员。[②]廉洁奉公、爱民如子为"循吏"的基本内涵。

民众习惯用崇拜的方式表达对该类推官的感激和崇拜之情。而明朝政府则将其看作王朝的未来或官员的后备力量,甚至为之开设了一条快捷晋升渠道,即"推知行取"制度。所谓"推知行取"主要是指在弘治以后的官员选拔中,"推举地方的推官和知县成为六科给事中和监察御史候选人的制度"。[③]直接将在地方表现卓越的推官提拔为科道官,可见对其的重视。

---

① 乾隆《汀州府志》卷四十《艺文二》,第 469—471 页。
② (清)张廷玉等:《明史》卷二八一《循吏》,北京:中华书局,1974 年,第 7185 页。
③ 吴艳红:《制度与明代推官的法律知识》,《浙江大学学报》(人文社会科学版)2015 年第 1 期。

《(光绪)永济县志》记载,正德间,史鲁担任镇江府推官:

> 群阉擅政,豪猾满郡属,公治其尤者数人,一郡肃清,江东皆曰史公青天也。然又决久冤之狱而人祀其惠,寝怀金之谢而众服其廉,裂大宰之刺而人莫敢干以私。三年政成颂兴,当道交荐曰循良吏也。①

史鲁担任镇江府推官期间,惩治土豪恶绅,重审冤假错案,而又公正无私,民众称之为"青天",为之建祠祭祀,上级官员则称之为"循良吏",极力向朝廷推荐。世俗与神话、民间崇拜与王朝制度在此达成完美统一。可见明代推官崇拜其实是民众与朝廷的双重诉求。

明代官员祠庙的建立,有的是由朝廷直接下令建立,有的则是由民众自发建立。通常情况下,官员于朝廷有大功如朱元璋与陈友谅鄱阳湖之战死难诸将,或者在道德上具有全国性的示范意义,往往会由皇帝下令,命当地官员为之建立祠庙。洪武元年(1368)七月,"南海贼冯简等作乱,县人关敏倡义击贼,死之"。朱元璋认为他"未授官而能仗义讨贼,殁于王事,特赠敦武校尉,兵马指挥司副指挥,表其乡曰忠义,令有司立祠,岁时祭焉"。②关敏以民众之身而能为国家守土死节,乃忠臣义士,朱元璋亲自下令赠官,并为之立祠祭祀。而推官祠庙的建造则往往先出于民众自发。

嘉靖间广东承宣布政使翁大立为汀州府推官袁怡的袁公祠所作之记曾言:"士民以钟山君至止,乃益重思公,更为公立祠,而请予记。""钟山君"乃袁怡之子。③江西巡抚马森为汀州府推官刘宗寅所作生祠记中言道:"侯三载考绩将上天曹,连之民戴侯之功,思无报,乃相与鸠工治材,立生祠于县治之左,塑像以祀侯,二三父老复不远千里来请记于余。"④隆庆间大学士许国为严州府推官陆树德生祠作记,其中讲道:"陆侯既以治行卓异,诏入为给事中,严民借之不可相与,貌侯而俎豆之。今上即位,侯由给事中迁尚宝卿。是时侯去郡久矣,某等复走币数千里,属余书其事于石。"⑤

推官祠庙的建立往往是由当地士绅、德高望重的长者或基层管理者组织发起,筹集资金,购买石材、木材等建筑材料,招募工匠建造,并依照推官面貌为之塑像。而祠庙建成后仍由士绅、长者等寻求高官如承宣布政使、巡抚、大学士等为之作记,一者为记录、表彰推官政绩,二者也为得到明朝政府的认可和支持。来自民间的崇拜行为因之有了官府背书。而在官方史书中,也常有关于生祠等官员祠庙的记载,可见这是得到明朝政府支持的。《明武宗实录》载,汀州知府吴文度"九载满,郡人生祠之"。⑥官员祠庙能被收录历代皇帝实录中,可见推官祠庙也应被纳入朝廷祀典,由官府派人祭祀。而从前引史料可知,当地士民百姓也会自发到推官祠庙进行祭祀。

当然推官祠庙的建立需在官府备案,由上级官员审核,报于礼部。据《明神宗实录》记

---

① 光绪《永济县志》卷十九《艺文》,《中国地方志集成》山西府县志辑第67辑,南京:凤凰出版社,2005年,第471页。
② 《明太祖实录》卷三二,洪武元年七月丁酉条,第575—576页。
③ 道光《广东通志》卷一五〇《建置略二六》,《续修四库全书》史部第672册,第297页。
④ 乾隆《汀州府志》卷四十《艺文二》,第469—471页。
⑤ (明)许国:《许文穆公集》卷二《严州府推官陆侯生祠记》,《四库禁毁书丛刊》集部第40册,第385页。
⑥ 《明武宗实录》卷六九,正德五年十一月癸酉条,台北:"中研院"历史语言研究所,1962年,第1536页。

载:"万历十年正月甲申,礼科给事中聂良杞题,乡贤名宦关系祀典,今多滥冒,及司府州县等官建立生祠,徒长奔竞,宜核。礼部覆给事中言是。上诏各抚按提学官严黜冒滥,仍报部以凭稽考,以后应入祀者务严禁之。"①可见在万历十年之前,生祠等官员祠庙的建立审核相对宽松,出现官员强令民众建立,滥竽充数的现象,至此之后审核越加严格,不再完全听任民间所报。

徐忠明在《中国传统法律文化视野中的清官司法》中曾就清官崇拜属于官方意识还是民间行为展开讨论,他认为古代清官意识和信仰主要体现的是其民间性。②但由上文可见,对作为清官的推官的崇拜行为其实是在民众与官府互动之下展开的,介于官民之间。

至于推官祠庙建立的位置同样比较讲究。汀州府推官刘宗寅的生祠位于县衙之左。高州府推官袁怡的生祠建在南门外,在太平关内又有祭祀推官陈立本的陈公祠。③万历间泉州府推官区联芳、姜应龙的生祠皆建于该府紫云寺西。因区联芳曾主持修葺紫云寺,而紫云寺又为当地名寺,香火兴盛,风景优美。④推官祠庙要么建在各城的关键和显要位置,要么与其他象征民间信仰的寺庙等建在一起。建在衙门旁显示其政治地位和警示效果,建在城门外强调其为一域守护者的重要性,建在寺庙旁则彰显其在民间的信仰体系中的地位。从一定程度上看,推官崇拜其实是政治崇拜和民间信仰的结合。

另外,推官崇拜具有明确的地域性特点。不管是"神明"或"青天"称颂,还是立祠祭祀,都是以推官所在府为地域展开。或者是在本府,或者具体到辖属县。汀州府推官刘宗寅的崇拜主要在连城县,严州府推官陆树德则主要在严州府,南昌府推官黄廷聘的青天声名主要在南昌府流传。虽然由于巡按御史、总督、巡抚等的因素,推官有时也需要跨府办公,但这在推官崇拜方面体现并不明显。推官崇拜的地域与其现实中的任职地域几乎重合。这也证明推官崇拜易受现实因素影响。

最后,推官崇拜源于其在任职期间的政绩,这也使得他的影响力在一定程度上容易缺乏持久性。推官在一府任职期限一般为三至九年。汀州府推官刘宗寅任职三年即调至中央。这也是民众为之建祠,并邀请文人高官作记的原因之一,希望后人始终记得其功绩,让崇拜行为延续下去。而清代乾隆、道光等朝编纂的方志中对明代推官"青天"民谣及其祠庙、祠记等的大量记载从一定程度上也说明明代的推官崇拜现象在清朝的延续。

三、明代民众推官崇拜原因

任何民间信仰的产生都有其缘由,往往是因其直接解决了民众最为关心的问题。不管这种解决问题的方式是创编的神迹,还是实实在在的政绩,都从某些方面说明,其多与民生息息相关。

---

① 《明神宗实录》卷一二〇,万历十年正月甲申条,台北:"中研院"历史语言研究所,1962年,第2246页。
② 徐忠明:《中国传统法律文化视野中的清官司法》,《中山大学学报》(社会科学版)1998年第3期。
③ 道光《广东通志》卷一五〇《建置略二六》,《续修四库全书》史部第672册,第297页。
④ 乾隆《泉州府志》卷三十《名宦二》,《中国地方志集成》福建府县志辑第23辑,第54页。

如古代民间有掠刷神,即古人认为财富分配不均,希望冥冥中有神灵能解决此事而创造的一种信仰。"掠刷神掌财富之有余者,咸刷而掠之,生人贫富有分,勿越命以强求。"而占有财富多少的标准应与其努力或勤劳结合在一起。民众试图借此改变社会上"十指不沾泥,鳞鳞居大厦""遍身罗绮者,不是养蚕人""不读书有权,不识字有钱"等分配不公的社会现象。①

明代民众的推官崇拜本质上其实是民间信仰的一种。

《(万历)明会典》规定:"凡各府推官,职专理狱,通署刑名文字,不预余事。凡有解到罪囚,必先推详实情,然后圆审,各衙门不许差占。"②明代推官职专理刑,民众对其的崇拜往往也与该职掌密切相关。

地方刑狱事关民众切身生命财产安全,稍有错漏就会造成其倾家荡产、身死道消。明初儒士贝琼有言:"治天下之事非一,而事莫重于司刑。"③明代为避免出现历史上刑狱混乱的局面,设置了诸多制度。如省一级设提刑按察使司,将司法权独立于军事与行政之外;府级设推官专职理刑;对于重罪狱囚设立自县达于中央、皇帝的层层复审复核制度。其他全国性的政策有如春审、热审、冬审、五年大审等恤刑制度。

但现实却恰恰相反,这些制度的设立并未带来根本改变,明代地方刑狱冤抑现象仍普遍存在。广平府推官刘麟曾指出民众苦难之事有七:"一曰水火,二曰盗贼,三曰疾病,四曰死丧,五曰孤弱,六曰诬枉,七曰贫乏。"④所谓诬枉即刑狱冤抑,被认为是明代民众七大苦难之一。景泰间内阁首辅陈循总结地方刑狱之事言道:"大灾大患又孰有大于狱之冤,诚推向之御大灾与捍大患之心加于平狱,则其获报之隆又岂特在于其躬而已。"⑤明代地方刑狱冤抑危害已然高于自然灾害,但地方官员却未能真正重视,让事情越来越糟。

松江府华亭人顾清,字士廉,弘治间进士,历仕弘治、正德、嘉靖三朝,曾在翰林院、南京兵部、礼部、南京礼部任职,官至南京礼部尚书。⑥他曾就松江府刑狱混乱的局面发论:

> 始吾居乡,见人之有争者,群造乎里胥而辨焉。从而听焉,其曲直了然也。而里胥者或左之,或右之,类不称其所言。问之则曰:嘻,某贿也,某势也,某与某不若也。当时固已叹之。少长,游邑庠,见有辨于有司者,其曲与直亦了然也,而有司者之左右之,或不异于里胥,而乃或甚焉。

民众产生纠纷到里甲长处寻求公正,但他们却因贿赂、权势或私人恩怨,无视是非,导致民间矛盾积聚。有人将纠纷上诉至华亭县,知县不仅不辨曲直,反而变本加厉。即便到了松江府依然如此。这让顾清十分愤慨。如果说里甲长只是普通民众,道德和职业素质较低,但知县、知府等地方官员乃"推于乡,选于州,间群而养之于黉序,既成而宾之,以兴于春官,

---

① 马书田:《中国民间诸神》第六章《财神》,北京:团结出版社,1997年,第230—232页。
② (明)申时行等:《明会典》卷一七七《刑部十九》,北京:中华书局,1989年,第901页。
③ (明)贝琼:《清江贝先生集》卷十一《送嘉兴知事雨斋徐公上淮安推官序》,《四部丛刊初编》集部第1527册,上海:商务印书馆,1936年,第60页。
④ (明)刘麟:《清惠集》卷十一《杂著》,《景印文渊阁四库全书》集部第1264册,第452页。
⑤ (明)陈循:《芳洲文集》卷四《序》,《续修四库全书》集部第1327册,第482—483页。
⑥ (清)万斯同等:《明史》卷二八四《列传一三五》,《续修四库全书》史部第329册,第78页。

其及等者为进士,不及犹所谓鹿鸣之宾也"。这样的地方官员反不如各乡里甲长,又如何能得到民众信任?这种局面下,民众要么"郁抑而死",要么铤而走险,啸聚山林,起而反抗朝廷。多年后已然成为高官的顾清仍无法介怀,深以此为忧,并谆谆告诫琼州府推官刘尧不要重蹈覆辙。①

松江府的刑狱冤抑现象并非个案。绍兴府山阴县人汪应轸,字子宿,正德间进士,历任翰林院庶吉士、泗州知州、户科给事中、南京户科给事中、江西按察司佥事,终官江西学政。②胡实孚被任命为绍兴府推官时,因绍兴为汪应轸家乡,曾问政于其。汪应轸曾言:"豪右恃势迫胁凌恣,狱积不决,几于玩戏。威以凭之,则慑贿赂交私,是非倒置。金银生气,钱楮有神,廉以靖之则沮。"③这是当时绍兴府的情况,也是明朝各地的普遍现象。

地方刑狱为当地豪强所把控,金钱贿赂、权力关系成为其工具,刑狱在他们看来如同儿戏。许多冤假错案情节其实并不复杂,多是因地方豪强势力妨碍调查或与官员勾结而起。

除地方豪强、势力、贿赂、私人恩怨等因素外,包括推官在内的地方官员的专业素养、对问题的认知和理刑态度很多情况下也会直接导致地方刑狱冤抑。

汪应轸在与胡实孚的问政中还提到两点。一是古代理刑决狱需要考虑的因素较多,法律并不构成唯一的参照,将案件处理的合乎情理法比较困难,多半依赖于司法官员的个人素养。

> 世之言刑官者,以法律精密、利剖巧断、织文奏当、不致参驳者为最,其存忠厚、种阴德、为子孙计者则又。概例平反,冤滞不雪,一失之察,一失之纵,均非中刑也。夫德之有刑,犹春之有秋,不可偏废。是故轻重出入,惟其自取,而一任之以无私法也。轻之不可而重之,出之不可而入之。惨于色而悲于中者,心也。

一以法律条文判决容易成为酷吏,轻入人罪,太过宽松则易于导致罪犯脱罪,冤案得不到公正判决。过于苛求,或过于纵容,都非理刑之本意。这对推官等地方官员提出了非常高的专业要求。但大部分官员却很难做到这一点。这是地方刑狱越加混乱的重要原因之一。汪应轸指出的第二点是地方官员在处理聚集性违法案件等时会受地方社会影响,更多地受制于地方宗族的观点,束手束脚。

> 迫穷戚而贴危亡,苟于求活,廉耻道丧,白昼而剽大都,啸聚而遁山谷。尽法以驱除之,则不可,曰胡及济闾阎。茕茕渎乱伦纪,以少屈长,以贱辱贵,溺于情欲而忘礼义,家诛而户戮之,则不可,曰胡及训。④

因贫穷而啸聚山林、渎乱伦常之类案件,地方官员过于迁就乡里或家族,一味依法驱除

---

① (明)顾清:《东江家藏集》卷十八《北游稿》,《景印文渊阁四库全书》集部第1261册,第530—531页。
② (清)张廷玉等:《明史》卷二〇八《列传九六》,第5486—5487页。
③ (明)汪应轸:《青湖先生文集》卷二《送绍兴府推官胡实孚之任序》,《四库全书存目丛书》集部第73册,第363页。
④ (明)汪应轸:《青湖先生文集》卷二《送绍兴府推官胡实孚之任序》,《四库全书存目丛书》集部第73册,第363页。

或诛戮,反而容易引起地方社会反噬,很难做出相对公平的判决。这是地方刑狱案件处理中难以摆脱的困境。

有的地区如西南一带多民族共处,或地处偏僻,山高林立,远离京城,文教不行,告讦繁兴,地方官员在断案时往往区别对待,或颠倒黑白,无所顾忌,导致地方矛盾尖锐,刑狱混乱,甚而爆发起义。

袁怡担任广东高州府推官期间,曾向两广总督进言:

> 郡中民猺数出侵劫,良民何择焉?夫猺亦民也,并生天地,自食其力,奸民导之,乃始为梗。今岭海澒敳,细苛衣冠,而猺者多也,释此不治乃治猺,得无舛乎?

这类强盗抢劫现象多由当地奸民引导"猺"人而为。地方官员一旦涉及该类案件即将问题推到"猺"人身上,以"猺乱"上传总督,请其发兵平之,终导致矛盾激化。袁怡的建议得到两广总督的认可,"擒其导患者数人,置诸理而罢征兵,猺亦怙服"。问题得到根本解决。①

严州府位于徽州府与浙江交界之所,地处山谷灌莽之中,地方官员"率以粗犷待其民,而以礧斧行其令,故其民骇而刑烦"。当地民众被当作"法外之民"对待,官员一味重刑威慑,导致民怨沸腾,刑狱不畅。②

顾清在劝诫琼州府推官刘尧时也曾指出:"璚(琼)州在大海中,去京师万里,真所谓望帝城如天上者。其地民夷杂处,虽今王化远被,而终异乎中州。司刑者以为远而不加之意焉,或举而倒置焉,愤而弗泄,亦何所不至哉。"③琼州府远离京师,交通不畅,时常被推官等理刑官认为是法外之地。不加在意或颠倒黑白是琼州府官员的理刑常态。

有的地方官员为了政绩不择手段,一味曲意逢迎上级,不顾民众利益。这也是明代地方刑狱混乱的重要因素。广东承宣布政使翁大立讲道:"今之吏辄视大吏意向为进止。御史喜刻深,理官即杀人以媚;抚臣邀功赏,贼曹即导以穷兵。"④地方官员为取得巡按御史等上官的欢喜,刻意夸大案件,或者不计真相,为结案而结案,这都是较为普遍的现象。推官、捕盗同知、知府等地方官员皆不能免俗。明人胡直为平乐府推官刘方兴所作墓志铭中提到:

> 平乐当孔道,又边府,江寇窟,号难治……囚有以四命抵一人死者,久冤不服,公竟辩释其三。梧州有白昼攫人,杀行商于市,疾散而莫知犯者,遂坐居民,滥逮数人。公心疑之,乃微行廉得凶首,而数人始尽释。其亭疑雪冤类此。⑤

平乐府有案件发生,当地官员为追求速度,避免影响政绩,并取悦上级,随意逮捕民众顶罪或直接连坐,导致真正罪犯逃脱法律制裁,并让无辜百姓深陷牢狱之灾。这从另一个角

---

① 道光《广东通志》卷一五〇《建置略二六》,《续修四库全书》史部第672册,第297页。
② (明)许国:《许文穆公集》卷二《严州府推官陆侯生祠记》,《四库禁毁书丛刊》集部第40册,第385页。
③ (明)顾清:《东江家藏集》卷十八《北游稿》,《景印文渊阁四库全书》集部第1261册,第530—531页。
④ 道光《广东通志》卷一五〇《建置略二六》,《续修四库全书》史部第672册,第297页。
⑤ (明)胡直:《衡庐精舍藏稿》卷二五《平乐府节推刘公墓志铭》,《景印文渊阁四库全书》集部第1287册,第563—565页。

度也说明地方官员断案能力低下或不用心断案同样会影响地方刑狱正常运行。

在明代这样复杂的地方司法背景下,部分推官能洁身自好,摒除外在影响,谳狱娴熟,秉公断案,推诚待民,解民于倒悬,必然引起民众情感上的共鸣,进而产生崇拜之情,将其神化。

严州府推官陆树德上任后,一改前任推官的偏见和严刑峻法。"讼者至庭,俟咨嗟而进之。惴恐蒲伏,则亲而拊之。謇呐不能言,则从容开之,降色而审听之。发愤不平者柔下之,恣睢者目摄之,有冤色则徐察之。无深文,无苛责。"谦恭待民,具体案件具体分析,真正诠释了何为父母官。在理刑之余,陆树德又协助兴文学、均里甲、平输兑、饬兵防。在其任上,严州府盗贼屏迹,文事斌斌,无一大辟重案。民间有言:"数十年来乃始遘今司理"。"司理"即推官别称。严州府数十年始遇这一为民着想之推官。可见民众对其的祭祀与崇拜有深厚根源。① 其他为民崇拜之推官遭遇多类于此。

另外,推官本身地位特殊,有足够职权影响地方刑狱。明代文学家李攀龙曾言:"盖推官于一郡业,鞫一郡狱也。无论郡守若县令,奉职无讼也。即县令之所不能决,移郡守;郡守所不能决,移我矣。"② 推官负责一府刑狱,即使知府不能审理的案件也会转交推官,可见其在一府地位之尊崇。而随着总督、巡抚、巡按御史等在各省的派遣,推官往往成为他们的得力下属,且能影响其决定。高州府推官袁怡的建议即直接改变了两广总督的用兵决议。巡按御史庞尚鹏"于属吏鲜当意者,独至树德则曰:廉士,廉士"。③ 严州府推官陆树德深得巡按御史信任。而明代推官又常署理知府、知县等掌印官,其职权范围不断扩大。如平乐府推官刘方兴曾一度署理该府知府④,汀州府推官刘宗寅曾署理连城县知县⑤。可见,在明代地方司法体系中,推官实际上处于相对比较核心的地位。

足够的职权、较高的专业素养和道德品质,能解决长久困扰民众的刑狱冤抑问题,民众对该类推官的崇拜便显得顺理成章。

四、结论

基层制度多与基层社会相呼应,直接关系民生。面对无法逃避的现实困境,明代民众只能将希望寄托于地方基层官员。相比于皇帝或部院官等,府州县官尤其是府级官员在一定程度上是各地民众能够接触到的最高品级官员,也是明代制度在民众生活中的主要体现。如果基层制度长期存在问题,民众诉求无法实现,极易导致民怨积郁。这最终只会产生两类结果:一是贤能官员出现,集中疏导民众积怨,民众感激之情井喷式爆发,进而形成对该官员的崇拜;二是啸聚山林,揭竿起义,寻求自己解决问题,走向明朝廷对立面。从基层社会角

---

① (明)许国:《许文穆公集》卷二《严州府推官陆侯生祠记》,《四库禁毁书丛刊》集部第40册,第385页。
② (明)李攀龙:《沧溟集》卷十七《送泉州袁推官序》,《景印文渊阁四库全书》集部第1278册,第387页。
③ (明)过庭训:《本朝分省人物考》卷二六《南直隶松江府二》,《续修四库全书》史部第533册,第543—544页。
④ (明)胡直:《衡庐精舍藏稿》卷二五《平乐府节推刘公墓志铭》,《景印文渊阁四库全书》集部第1287册,第563—565页。
⑤ 乾隆《汀州府志》卷四十《艺文二》,第469—471页。

度看,明代历史的发展基本是沿着这样的脉络展开。

推官崇拜是明代民间地方官员崇拜的典型。相较其他官员,推官崇拜解决的是地方刑狱长期混乱或冤抑的问题,反映的是民众对于谳狱公正或司法公平的极度渴望,本质上其实是一种司法崇拜。明代各府除云南、湖广、四川、广西等部分少数民族聚居地外,基本都设有推官。①有的府甚至设有两名推官,如江西吉安府。②康熙六年(1667)下令裁撤推官时,全国共有一百四十二名推官。③而在将近二百八十年的明代历史中,担任过推官的官员不可胜计,但能真正解决民众刑狱诉求者却较少。明人梁潜曾言:"凡郡之治有贤守矣,而不得推官之贤者。"④如陆树德这样的推官在严州府更是数十年不遇。史籍中对该类推官记载总量虽多,但具体至不同时代、不同府,其实比较少。

当然这也并不意味着大部分推官都是彻底无能或贪腐之人,如严州府推官陆树德上任之前,"往司郡理者非不桀然才也。始至,而视严之郡在山谷灌莽中也,率以粗犷待其民,而以礛斧行其令,故其民骇而刑烦"。⑤不能放下偏见,不能深入了解当地民众所需,即便有能力同样人浮于事,不能解决民众诉求而为其所认可。这应是明代推官较为普遍的现状。

对部分推官的崇拜反映了民众司法公正的渴望,但却不能真正解决明代刑狱冤抑问题。整体而言,明代大部分推官不能真正了解当地现实,缺乏足够的法律素养和道德素质,无法胜任其制度使命,无法突出其在司法实践中的重要性,再加上其佐贰官的身份,这应是清初推官被当作冗官裁撤的重要原因之一。⑥

作者简介:张纪伟,新疆大学历史学院讲师。

---

① 张纪伟:《明代推官研究》第六章《清初推官被裁撤的原因》,博士学位论文,南开大学,2016年,第186—188页。
② 方志远:《明代国家权力结构及运行机制》,北京:科学出版社,2008年,第334—335页。
③ 《清圣祖实录》卷二三,康熙六年七月甲寅条,北京:中华书局,1985年,第4册,第315页。
④ (明)梁潜:《泊菴集》卷五《送郭推官序》,《景印文渊阁四库全书》集部第1237册,第254—255页。
⑤ (明)许国:《许文穆公集》卷二《严州府推官陆侯生祠记》,《四库禁毁书丛刊》集部第40册,第385页。
⑥ 《清圣祖实录》卷二三,康熙六年七月甲寅条,第4册,第315页。

【宗族社会】

塑造"世家":宋元四明陈氏的形成

张 斌

【摘 要】四明陈氏是宋元时代士人家族的典型个案。元朝平定江南前后的政治、军事活动,客观上缩小了四明士人家族之间的差距。作为南宋遗民的陈著,深谙因时制宜、植根地方的策略,一方面鼓励诸子出任新朝学官,另一方面注重加强与本地主流士人圈的联系。陈氏家族的第二代成员虽然在仕途上进展有限,但难能可贵地传承了家学传统。及至陈著孙辈的陈朴、陈樫等人,通过立言著史、求诗作画等多种途径,最终将四明陈氏塑造成为了宋元时代的"世家"。四明陈氏既具有士人家族的普遍性,亦不乏独立的研究价值。

【关键词】四明陈氏;士人家族;宋元时代;《通鉴续编》;历史书写

宋元时代的四明(明州、庆元)士人家族是学界关注的热点问题。根据柳立言先生统计,以"宋代四明家族"为主题的论著,总计有二十余篇。①其中,楼氏、史氏、袁氏、汪氏和高氏五个地方大族,成为海内外学者探讨的主要对象。相较于宋代四明家族极为丰赡的研究成果,元代的专论仅有李家豪《没落与再生:论元代四明地区的士人与家族》一篇。②晚宋以降,四明士族的普遍衰落虽成事实③,但部分家族尤其是非典型意义的地方士族,在入元之后的生存状况仍有较多可供探讨的空间。近年来,宋元四明地区"士人家族史"的研究路径,呈现出向"地域士人群体"过渡的趋势。④这种趋势固然与长期备受关注的遗民现象联系紧密⑤,在某种程度上也意味着宋元四明士人家族研究在汲取既有学术积累的基础上,仍有拓宽视野、发掘个案的必要。

四明陈氏几乎从未以完整的面貌出现在研究者的著述之中。由于身处宋元之际的特殊时代,加之《本堂集》"卷帙浩博",陈著(1214—1297)赢得了较多的关注。元史专家陈得芝先生将陈著归入南宋进士"隐遁不仕者"之列。⑥日本学者森田宪司指出,陈著虽然并未出仕元朝,但为地方官府撰写了大量碑记,这体现了从"地域社会"重新审视江南士人与元朝之间

---

① 柳立言:《宋代明州士人的家族形态》,《"中央研究院"历史语言研究所集刊》第81本第2分,2010年。
② 李家豪:《没落与再生:论元代四明地区的士人与家族》,硕士学位论文,台湾大学,1998年。
③ 李家豪:《没落与再生:论元代四明地区的士人与家族》,第27—54页;黄宽重:《政治、地域与家族——宋元时期四明士族的衰替》,《新史学》2009年第2期。
④ 包伟民:《略论元初四明儒士的遗民心态》,《中国史研究》2011年第1期;何忠礼:《宋元易代之际的南宋士大夫——以浙东地区的士大夫为主》,《宁波大学学报》2018年第3期。
⑤ 洪丽珠:《何为遗民——宋元以降夷夏视阈下的易代士人研究》,《四川大学学报》2019年第3期。
⑥ 陈得芝:《论宋元之际江南士人的思想和政治动向》,《南京大学学报》1997年第2期;后收入氏著:《蒙元史研究丛稿》,北京:人民出版社,2005年,第581—584页。

关系的新视角。①涂静文的硕士学位论文《宋末元初文人陈著研究》，对陈著的家世、宦迹、交游和著述进行了较为系统的考察，也具有一定的参考价值。②

有关陈著先辈较为集中的记载，见于陈著之孙陈桱所著《通鉴续编》。《通鉴续编》（以下简称《续编》）是成书于元末的纲目体史书，纪事上起盘古、高辛，下迄崖山之战，尤以宋元史料价值为高。③《续编》中保存了相当数量的四明陈氏家族史料。依照《续编》所记，陈著高祖陈显曾任户部尚书、祖父陈伸曾任吏部尚书、父亲陈德刚曾任工部尚书，可谓仕宦显赫，世代簪缨。然而，明清学人如黄溥（1411—1479）、钱大昕（1728—1804）及四库馆臣皆怀疑《续编》所载陈著先世事迹的真实性。当代学者张韶华、刘荣平、李香珠、王瑞来等人先后通过比勘《续编》与其他宋元文献的记载，认定陈桱所述之不实。④陈著诸子的记载则相对零散。及至孙辈陈桱，以往研究侧重于史学层面的评述，对其生平事迹只是偶有涉及。⑤

整体而言，四明陈氏的先行研究较为分散，而且存在不少的缺环：第一，《续编》所载陈氏家族成员事迹几乎被完全否定；第二，四明陈氏在宋元时代生存、赓续的基本情况依旧模糊不清；第三，陈桱"为何"以及"如何"塑造先世事迹的问题还没有得到合理的解释。笔者搜集史料，并且结合前贤研究，试图勾勒出宋元时期四明陈氏的实景，进而探析其典型意义。

一、四明陈氏世系考略

陈桱在书前自序中谦称，编纂《续编》的初衷，是有病于元修《宋史》"繁而寡要"，不过加以笔削，以备参考而已。《续编》叙述"宋三百年之治乱兴亡"的同时，也随之附记了作者的家史。⑥这些由陈桱本人记录下来的家族事迹，自然成为认识四明陈氏最先需要讨论的材料。

---

① ［日］森田宪司：《从碑记的撰述看宋元交替时期的庆元士大夫》，载北京师范大学古籍所编：《元代文化研究》第1辑，北京：北京师范大学出版社，2001年，第61—69页；日文版见同氏：《元代知識人と地域社會》，东京：汲古书院，2004年，第213—232页。

② 涂静文：《宋末元初文人陈著研究》，硕士学位论文，南京师范大学，2014年。

③ 关于陈桱《通鉴续编》的专题研究，参见黄时鉴：《〈通鉴续编〉蒙古史料考索》，载中华书局编辑部编：《文史》第33辑，北京：中华书局，1990年，第211—230页，后收入氏著：《黄时鉴文集Ⅰ：大漠孤烟——蒙古史、元史》，上海：中西书局，2011年，第134—156页；曹金成：《史事与史源：〈通鉴续编〉中的蒙元王朝》，北京：社会科学文献出版社，2020年；王瑞来：《义理史学的实践——陈桱〈通鉴续编〉得失论》，《中华文史论丛》2021年第4期；张斌：《〈通鉴续编〉所载1246—1264年宋蒙史料考原》，载刘迎胜主编：《元史及民族与边疆研究集刊》第34辑，上海：上海古籍出版社，2021年，第99—112页；张晓慧：《〈通鉴续编〉"蒙元纪事"史源新探》，载邢广程主编：《中国边疆学》第15辑，北京：社会科学文献出版社，2022年，第85—102页。

④ 张韶华、刘荣平：《陈著生平事迹系年》，《闽西职业技术学院学报》2010年第1期；傅宗璇、王兆鹏主编：《宋才子传笺证·陈著传》（刘荣平、张韶华执笔），沈阳：辽海出版社，2011年，第800—812页；李香珠：《南宋浙江遗民词人陈著先祖考辨》，《古籍整理研究学刊》2016年第3期；王瑞来：《史学史上一个罕见的特例——陈桱〈通鉴续编〉编纂隐衷发覆》，《历史教学》2022年第7期。

⑤ 黄时鉴：《〈通鉴续编〉蒙古史料考索》，第134—136页；钱茂伟：《元末浙东学人陈桱史学述略》，《宁波大学学报》1992年第2期；张伟：《陈桱史学再探》，《史学史研究》2000年第3期；曹金成：《史事与史源：〈通鉴续编〉中的蒙元王朝》，第13—14页。

⑥ （元）陈桱：《通鉴续编》自序，日本国立公文图书馆藏元刻本，第15页b。

依照常理而言,后辈难免溢美其先祖事迹,但鲜有可能故意编造家族世系。《续编》所载四明陈氏世系如下:

$$? \text{------} 显 \to ? \to 伸 \to 德刚 \to 著①$$

虚线表示世代不详,箭头表示代际传承,问号则表示人名暂缺。不难发现,《续编》记载的世系有待结合其他材料进行补充、完善。

首先是陈著曾祖父以及四明陈氏的始祖姓名。陈著是宋宝祐四年(1256)的进士。该年的《登科录》幸得保存,其中记录了陈著曾祖、祖父、父亲的姓名:"曾祖宏,祖伸,父德刚"。②可知陈著曾祖之姓名为陈宏。《续编》之所以没有提到陈宏,很有可能是因为他没有担任过较高级别的官职。而陈氏始祖之名,见于袁桷(1266—1327)所撰的《陈县尉(观)墓志铭》:

> 君讳观,字国秀,尝调临安府新城县尉。十世祖棠,尉奉化,因占籍焉。子孙日蕃,其最显者曰太学博士著,于君为兄。博士倅贰临安,君馆于其家,君之考承务亦在馆。既策名客馆,其兄复贺其父,人咸荣之。③

陈著既然同族为兄,"十世祖(陈)棠"即四明陈氏的始迁祖。据涂静文考订,陈观(1238—1318)应为陈著叔父之子。④由《墓志铭》可知,陈观祖父不显,曾祖父仅为迪功郎。这印证了前辈学者的观点,四明陈氏至少不像《续编》所记载的那般显赫。

其次为陈著的后代。余大钧先生编著的《元代人名大辞典》以及涂静文的硕士学位论文都搜集了不少信息,也存在一些疏漏。陈著诸子可考其名者,共有五人。最直接的依据是《本堂集》卷三四《四子名字说》:

> 吾四男子,一母所出,而禀气不同。吉初,吾欲其潜而有本也,名以深,字汝资。麟儿,吾欲其流而有归也,名以瀹,字汝海。都儿,吾欲其明而有信也,名以洵,字汝都。朝儿,吾欲其正而有守也,名以湜,字汝沚。吾老矣,汝等懋之,尚观厥成。德祐元年五月廿五日,书于天府之芙蓉堂。⑤

---

① 陈显事迹见《通鉴续编》卷一一,第 31 页 a;卷一二,第 4 页 a。陈伸事迹见《通鉴续编》卷一七,第 2 页 a—3 页 a;卷一九,第 17 页 a。陈德刚事迹见《通鉴续编》卷二十,第 37 页 b—38 页 a;卷二一,第 4 页 a、41 页 b;卷二二,第 3b、7a 页。陈著事迹见《通鉴续编》卷二三,第 21 页 b—22 页 b;卷二四,第 15 页 a—15 页 b、32 页 a—32 页 b。
② 《宋宝祐四年登科录》卷三,《景印文渊阁四库全书》第 451 册,台北:台湾商务印书馆,1986 年,第 87 页。
③ (元)袁桷:《袁桷集》卷二九《陈县尉(观)墓志铭》,长春:吉林文史出版社,2010 年,第 429 页。
④ 涂静文:《宋末元初文人陈著研究》,第 5 页。
⑤ (宋)陈著:《本堂集》卷三四《四子名字说》,《景印文渊阁四库全书》第 1185 册,台北:台湾商务印书馆,1986 年,第 159 页。

又《名幼子泌字汝泉说》云：

> 幼子及冠，易名曰泌。泌，喻水之泉也，因字汝泉。……老父八十四岁书于本堂。①

按，陈著八十四岁，时在元大德元年（1297），其幼子方及冠，故能推知陈泌之生年在元至元十五年（1278）②。陈著五子之名依次为深、瀹、洵、湜、泌。元人王逢（1292—1364）为陈泌之子陈朴作序时，只提到了他三位伯父的名字"深、沆、洽"。③涂静文考证指出，陈著次子瀹又名沆。④从陈著次子瀹（沆）、幼子更名为"泌"的现象可以推测，王逢《梧溪集》中提到的"洽"，应当是"洵""湜"之中的一位。陈著《本堂集》中有《洵纳采黄氏启》一篇，提到其成年婚娶之事，而"湜"极有可能早夭。⑤

前引《梧溪集》称，陈著其余四子，"并仕元儒学官"。次子陈沆，历任台州、昌国学录。⑥三子陈洵具体任职无载。只有长子陈深、幼子陈泌事迹稍可考述。

关于陈著之子陈深，涂静文认为他"字汝资，号宁极先生，又号清泉"，有《宁极斋稿》存世；其子陈植，字叔方，自号慎独痴叟，著有《慎独叟遗稿》。⑦然而，除陈深之字外，其他信息皆为张冠李戴。《四库总目提要》开篇便明确指出："《宁极斋稿》一卷，宋陈深撰。深字子微，号清全，平江人。"⑧无论是字（此陈深与陈著皆字子微）还是籍贯，都不能与陈著之子陈深相对应。文渊阁四库全书本《慎独叟遗稿》卷首收有陈植墓志，此文亦见于郑元祐（1292—1364）《侨吴集》。其述陈植先世称"曾祖考德一，配张。祖暹，配柳。宁极先生讳深，字微静，配周"⑨。这进一步说明，《宁极斋稿》的作者陈深，与陈著之子陈深，显然不是同一人。陈著之子陈深，元初曾任月泉书院山长，有陈著《本堂集》卷三三《送儿深赴婺之月泉山长》、方回（1227—1307）《桐江续集》卷二九《月泉铭》为证。⑩

陈著幼子陈泌，曾在后至元二年（1336）左右担任西湖书院山长。⑪元末陈基（1314—1370）所撰《跋陈汝资先生书其弟汝泉诗后》云：

> 余年二十许时，及识四明陈先生汝泉翁。翁时年已五十余矣。……呜呼！翁今不可复作，而嗣子桱伯仲又能以家学为己任，引而勿替，君子之泽，其未艾乎！至正二十年九

---

① （宋）陈著：《本堂集》卷三五《名幼子泌字汝泉说》，第168页。
② 涂静文考订陈泌的生年在至元十六年（1279），应是换算有误。见《宋末元初文人陈著研究》，第6页。
③ （元）王逢：《梧溪集》卷五《题陈子章先世所居剡源九曲图后（有序）》，北京：北京师范大学出版社，2016年，第396页。
④ 涂静文：《宋末元初文人陈著研究》，第5页。
⑤ （宋）陈著：《本堂集》卷七八《答白廷玉（埏）》，第401—402页。
⑥ （宋）陈著：《本堂集》卷三三《送沆赴台州学录》，第152—153页；卷三三《送儿沆赴昌国学录》，第156—157页。
⑦ 涂静文：《宋末元初文人陈著研究》，第5—6页。
⑧ （清）永瑢等：《四库全书总目》卷一六五《集部·别集类一八·宁极斋稿》，北京：中华书局，1965年，第1419页。
⑨ （元）郑元祐：《郑元祐集》卷一二《慎独陈君（植）墓志铭》，杭州：浙江大学出版社，2010年，第300页。
⑩ （宋）陈著：《本堂集》卷三三《送儿深赴婺之月泉山长》，第154—155页；（元）方回：《桐江续集》卷二九《月泉铭》，《景印文渊阁四库全书》第1193册，台北：台湾商务印书馆，1986年，第609页。
⑪ （清）阮元主编：《两浙金石志》卷一四《元加孔子号诏碑》，杭州：浙江古籍出版社，2012年，影印本，第352页。

月甲子,临海陈基识。①

跋文提到"嗣子樫伯仲",可知陈泌育有二子,其一为陈樫,另一位就是前引王逢《梧溪集》中的陈朴。集中称"朴字子章,于逢最友善"。陈朴为陈樫之兄,依据为《大明一统志》卷八《苏州府·流寓》：

> 陈朴,明州奉化人。至正间,与弟樫同游吴,遂家长洲。樫博学有史才,所著有《通鉴续编》《尺牍筌蹄》。朴亦有《味道编》《云轩集》。②

余大钧先生编纂的"陈朴"词条,不仅揭出《大明一统志》中的关键材料,还提示了刘仁本(？—1367)《羽庭集》的相关卷次。③《羽庭集》卷三有《送陈子章赴台州儒学教授》诗、卷五有《送台州儒学教授陈子章之任序》文,又以序文为详。序文介绍了陈子章的身世,"郡前别驾勿庵公令子也,今藉荫补此官";而"勿庵先生尝进《大一统赋》",又"出使海外万里夷国"。④由其庵号、行实判定,"勿庵先生"即陈孚(1240—1303),《元史》有传。⑤因此,《羽庭集》中提到的"陈子章",与陈朴(字子章)应为两人。⑥

陈朴后代尚无文献可征。陈樫似有一子名"官",事迹亦难考索。⑦四明陈氏见诸文献的记录便由此而止。本节主要依据文献资料对四明陈氏家族世系进行了还原。始迁祖陈棠以下,自陈显至于陈樫,连续可稽考者共七世,兼跨了宋、元、明三个朝代。

二、植根地方与进退有道：陈氏家族的生存策略

陈氏家族尽管在大族遍布的四明地区稍显逊色,但作为普通士人家族的代表,在百年之间两经政权更迭而得以存续、发扬,可谓兼具典型性与独特性。

元朝平定江南后,陈著作为前朝进士,或许经过了诸多层面的考量：身体老迈且年过六旬、再仕艰难又无人举荐、忠义观念的影响与新朝治下现实处境的权衡等等。陈著在仕隐出处之间,看似"隐遁不仕"⑧,但实际选择的却是某种似隐非仕的"第三条道路"。此种植根地

---

① (元)陈基：《陈基集》卷三二《跋陈汝资先生书其弟汝泉诗后》,长春：吉林文史出版社,2009年,第268页。
② (明)李贤等：《大明一统志》卷八《苏州府·流寓·陈朴》,西安：三秦出版社,1990年,第157页。
③ 余大钧编著：《元代人名大辞典》,呼和浩特：内蒙古人民出版社,2016年,第440页。
④ (元)刘仁本：《羽庭集》卷五《送台州儒学教授陈子章之任序》,《景印文渊阁四库全书》第1216册,台北：台湾商务印书馆,1986年,第90—91页。
⑤ (明)宋濂等：《元史》卷一九〇《陈孚传》,北京：中华书局,1976年,第4338—4339页。
⑥ 《元史·陈孚传》载,"子遘,江浙行省左右司员外郎,致仕。"又《陈孚圹志》云："子遘,庆元路总管府知事"。参见马曙明、任林豪主编：《临海墓志集录》,北京：宗教文化出版社,2002年,第86页。据此可知,陈孚只有一子,而子章或为陈遘之字。
⑦ (元)陈樫：《〈续编〉宋史辨》,载(明)顾元庆：《顾氏四十家小说》,上海国粹扶轮社印本,第5页a。
⑧ 陈得芝：《论宋元之际江南士人的思想和政治动向》,《蒙元史研究丛稿》,第581—584页。

方、出处有道的策略,又可拆解为三个不同的层面。

第一,积极参与地方事务。森田宪司指出,陈著尽管没有出仕新朝,但依然为地方官府撰写了《奉化县学参前亭记》《奉化升州记》等碑石文字;而且与地方长官保持了良好的关系。陈著《本堂集》中有《庆元路治中贝降奉议德政记》《庆元路达噜噶齐(达鲁花赤)伊噜通议德政记》及《答州长官罕察[察罕]求馆驿堂名书》诸篇为证。①除了《本堂集》的自证,任士林(1253—1309)《松乡集》也提到了陈著为当地重修书院做出的贡献:

> 至元十八年,改扁"文公书院"。山长李之皓、王镃主之,既亦废弛。先是,前朝请大夫赵公崇焘有志改筑,卒不就。橄下日,其犹子必摹图宝鹿山以进,其婿前太学博士陈先生著规示之。于是州达鲁花赤察罕、知州事李侯炳与其贰星侯㮕、李侯居安议允协,其属臧君涓、郑君元均赞甚力,以工给其役,以吏董其事,木石之费,一不以侵官士。②

任士林与陈著所处时代重叠,所记同时、本地之事,应属可信。清人冯云濠(1807—1855)评述此事称:"陈君力足以任斯文之寄,而不屈于贰道。足以起学者之慕,而不闲于欲。故创置书院凡九云云。是先生之于学事尤为有力焉。"③陈著兴学地方之功,后人未尝得忘。

第二,勉励诸子出任学官。陈著四子"深、瀹、洇、泌"皆出仕元朝学官。长子陈深曾任浦阳月泉书院山长,次子陈沆(瀹)任台州、昌国学录,陈著分别作《送儿深赴婺之月泉山长》《送儿沆赴昌国学录》予以嘱托。两篇歌行大同小异,无外乎勉励诸子在外勤恳向学、注重开拓眼界、勿以亲老为念。陈著自身之隐,并没有影响到其子出仕。陈著不仅支持其子出任新朝学官,甚至还动用社会关系为之积极谋求。④彼时儒士数量众多,学官虽品秩低下,升迁缓慢,但却长期处于僧多粥少的状态。⑤对于陈氏而言,学官与读书本业最近,而且适合作为谋取生计的主要方式。陈著此举,通过保存家族的读书种子,为陈氏立足地方社会奠定了相当的基础。

第三,融入地方主流士人圈。陈著在宋亡前后,与知名学者黄震(1213—1280)、胡三省(1230—1287)等结为姻亲。⑥陈、黄、胡三人同为宋宝祐四年进士,于谊当属同年。⑦同年又结姻亲,形成了比较稳固的关系。此外,陈著《本堂集》中寄赠唱酬最多的对象当属戴表元

---

① [日]森田宪司:《从碑记的撰述看宋元交替时期的庆元士大夫》,第67—68页;包伟民:《略论元初四明儒士的遗民心态》,《中国史研究》2011年第1期。笔者附按,《本堂集》卷八十有《答州长官罕察求馆驿堂名书》,其中"罕察"应作"察罕",这不仅见于《本堂集》其他篇目,也符合元代蒙古语的译音。
② (元)任士林:《松乡先生文集》卷一《重建文公书院记》,哈佛燕京图书馆藏明永乐刻本,第4页b。
③ (清)王梓材、冯云濠:《宋元学案补遗》卷八六《东发学案补遗·东发学侣·知州陈本堂先生著》,北京:中华书局,2011年,第5175页。
④ 包伟民:《略论元初四明儒士的遗民心态》,《中国史研究》2011年第1期。
⑤ 萧启庆:《元代的儒户:儒士地位演进史上的一章》,载氏著:《内北国而外中国:蒙元史研究》,北京:中华书局,2007年,第404—406页。
⑥ 涂静文:《宋末元初文人陈著研究》,第14—16页。
⑦ 宋人对同年关系极为看重。对此问题较为系统的论述,参见祁琛云:《北宋科甲同年关系与士大夫朋党政治》,成都:四川大学出版社,2015年,第30—67页。

（1244—1310）。①黄震、胡三省、戴表元再加上陈著的族弟陈蒙的姓名及事迹,皆见载于袁桷的《先大父师友渊源录》中。从现有文献来看,袁桷虽与陈著曾见过面②,而《渊源录》并无陈著之名。由此可见,即便在陈著的主观努力下,陈氏家族在宋元之际四明主流士人圈中还处在相对边缘的位置。

议论及此,需要对前述陈著植根地方的诸种策略进行一些补充说明。自韩明士(Robert P. Hymes)提出南宋士人"地方化"的观点以来,赞同及批评者兼而有之。其中不少反思性的意见,都采用个案检验的方法,来重新审视所谓"抚州模式"的局限。四明地区的士人家族,文献资料更为丰富,研究路径也趋于成熟,自然成为衡量韩明士研究结论的首选标尺。③柳立言先生曾针对"地方化"问题提出了两组对立的概念:(一)"地方"与"中央";(二)"选择性"与"策略性"及其对立面。④在第(二)类中,前者强调主观意志,后者则偏重被动选择。笔者无意对士人地方化问题展开讨论,只能依托宋元时代四明陈氏的个案略谈一些浅见。

与"中央"相对的"地方",是无数"地方"之集合。而作为组成要素的"地方",彼此之间也具有某种互斥关系。陈著长子陈深卸任月泉书院山长后,张伯淳(1242—1302)撰有《题陈汝资(深)送行诗卷》:

> 汝资于余为通家子,至元己丑岁以来,多留余家。比长浦江之月泉书院,会有求复其身者,鹈梁半席,遂欲夺而有之,使汝资三年间无宁迹,禄又不堪,仰亦良苦。今既及代,归装所有,惟送行诗卷。……今本堂先生虽远在数百里外,出处不同,而汝资之贤固有所自来也。余知之素,期之远,而所以勉之者,尚拳拳焉。⑤

张伯淳此文提供了不少重要的信息。元灭南宋之后,陈深出任山长一职,似乎也承担起了核定当地儒户的任务。⑥"鹈梁半席,遂欲夺而有之","鹈梁"之典出自《诗经·候人》⑦,意思是"小人"占居书院讲席之半,并且企图争夺书院山长之位。这极有可能是指浦江本地的大族。根据邹艳的研究,"月泉书院的山长最初是由吴氏家族成员担任"⑧。作为四明异地赴任的学官,陈深损害了当地士人家族的利益。"远在数百里外"无意间描绘出了这种不同地方之间的疏离感,而陈深在任"三年无宁迹",最终又回到四明也就不难理解了。

---

① 涂静文:《宋末元初文人陈著研究》,第16—17页。值得注意的是,在戴表元《剡源集》中似乎找不到陈著的身影。
② (宋)陈著:《本堂集》卷四七《书四明衣冠盛世录后》,第226—227页。
③ 包伟民:《精英们"地方化"了吗?——试论"地方史"研究方法与韩明士的〈政治家与绅士〉》,载荣新江主编:《唐研究》第11卷,北京:北京大学出版社,2005年,第653—670页;周鑫:《评韩明士:〈官宦与绅士:两宋江西抚州的精英〉》,载常建华主编:《中国社会历史评论》第7卷,天津:天津古籍出版社,2006年,第411—420页;柳立言:《士人家族与地方主义:以明州为例》,《历史研究》2009年第6期。
④ 柳立言:《士人家族与地方主义:以明州为例》,《历史研究》2009年第6期。
⑤ (元)张伯淳:《养蒙先生文集》卷五《题陈汝资(深)送行诗卷》,中国国家图书馆藏元刻残本,第12页a—13页a;《养蒙文集》卷五《题陈汝资(深)送行诗卷》,《景印文渊阁四库全书》第1194册,台北:台湾商务印书馆,1986年,第475页。
⑥ 萧启庆:《元代的儒户:儒士地位演进史上的一章》,第387页。
⑦ (清)阮元校刻:《十三经注疏·毛诗正义》卷七《候人》,北京:中华书局,2009年,第820页。
⑧ 邹艳:《月泉吟社研究(增订本)》,北京:人民出版社,2013年,第19—20、54—95页。

从陈深的案例可以看出，在政治中心北移与南方士人出仕管道日趋狭窄的大环境下，不同地方之间的区隔在元初显得尤为突出。陈氏家族的植根地方与绝大多数南方士人家族的一样，并不具备"故意"与"选择性"的可能。但如何在出处之间做出选择、如何在地方经营自己的家族，却需要策略性的智慧。

陈著已然年老，为全名节而坚作遗民，自然举措得宜。接踵而后的陈深一辈选择出仕，也无可厚非。张伯淳文中所言"出处不同"，便很好地概括了四明陈氏两代人的差异。陈著诸子继续植根地方，扮演"乡先生"的角色，既能维持生计，亦可绍续家学。① 入元后的第三代陈朴、陈桱，可能参加过科举考试，但终究没有取得理想的结果。直到元末群雄割据，张士诚（1321—1367）等独立、半独立政权皆极力延揽士人②，陈朴兄弟遂往求仕。陈桱居留张士诚幕府，为其广结名士、著书立说提供了更为便利的条件。朱元璋翦灭张吴政权后，陈桱继续担任史官之职，官至正五品的翰林直学士。③

"进退有道"也是元明之际的学者戴良（1317—1383）对四明陈氏家族的仕宦选择做出的整体评价。④ 尽管如此，四明陈氏的家族成员深知，唯有出仕才是显扬先世、光大家族的最佳途径。而即便出仕，元代正、从三品以上的官员才有推恩二代的资格，明初也大致如此。⑤ 出仕本就不易的陈桱，品秩还远达不到这一标准，也就只能另求他途了。

三、史图并存：陈氏"世家"的二重构造

通过前文的考述，四明陈氏在元代的基本情况有所呈现。陈桱作为入元后第三代，其塑造先祖事迹的行为，值得追索的疑问有二。第一，后人依据《本堂集》尤其是元修《宋史》等文献质疑《续编》中的记载固然不差，但忽略了陈桱同样能看到这些材料，甚至获取更为便利的事实。第二，通过单一文本形式塑造"世家"的效果可能有限，生活在元中后期的陈朴、陈桱兄弟是否采取了其他措施来巩固其"世家"的形象，也有待深入考察。⑥

（一）立言：基于元修《宋史》的文本加工

元至正三年（1343），诏修"辽、金、宋三史"⑦；至正五年（1345），中书右丞相阿鲁图（？—1351）上表，《宋史》修成；⑧ 至正六年（1346），中书省移咨浙江等处行中书省进行刊刻。⑨《宋史》

---

① （元）陈旅：《安雅堂集》卷六《历代纪统序》，中国国家图书馆藏明祁氏澹生堂抄本，第43页a—44页b。
② 张建松：《选贤与外交：元末明初群雄活动的两个面相》，《史林》2017年第1期。
③ 《明太祖实录》卷五四"洪武二年正月戊申条"，台北："中研院"历史语言研究所，1962年，第770页。
④ （元）戴良：《戴良集》卷一一《剡源记》，长春：吉林文史出版社，2009年，第128页。
⑤ 王晓帆：《元代封赠制度三题》，硕士学位论文，中央民族大学，2013年，第28—29页。
⑥ 关于世家概念的界定，王善军曾指出，"在政治上世代占据高官厚禄，仕宦人数又众"的家族，一般可以称之为"世家"。见王善军：《宋代世家初探》，载朱一夫主编：《文史》第48辑，北京：中华书局，1999年，第69页。近年来，王善军对"世家"的定义更为宽泛，认为"世家"即"世代官宦的家族"。参见王善军：《宋代世家个案研究》，北京：人民出版社，2019年，第1—2页。
⑦ （明）宋濂等撰：《元史》卷四一《顺帝纪四》，第868页。
⑧ （元）脱脱等撰：《宋史》附录《进宋史表》，北京：中华书局，1985年，第14255页。
⑨ （元）脱脱等撰：《宋史》附录《中书省咨文》，第14261页。

问世距离元朝灭亡仅有二十余年的时间,仍然得到了诸如黄溍(1277—1357)、杨维桢(1296—1370)、宋濂(1310—1381)等众多学者的关注与批评。①这些学者几乎都是南士,其留心《宋史》的共同原因,主要是对元朝官方认定的"各与正统"体例的不满。陈桱同样归属此列。

陈桱编撰的《续编》,以《宋史》为主要史源,却不取元修三史之义例。辽、宋、金三朝的正统论定,毕竟属于公议层面。反复批阅过《宋史》的陈桱,会留意到另一问题——篇幅长达四百九十六卷的《宋史》,居然没有半句有关直系先祖的记载!由《宋史》的"无",如何衍生出尽量可信的"有",还需要进行一系列的文本加工。如果处置得宜,又能侥幸逃过读者法眼,《续编》反能收实证之效。

仔细比对《续编》与《宋史》记载存在的差异,陈桱露出了破绽。陈桱在文本处理上颇费了一番心思,可以归纳为"信中带疑"与"制造偶然"两种不同的方式。

首先是"信中带疑"。若凭空增入先世事迹,则必无所凭依,难以令人信服。一方面,陈桱以《宋史》纪、传为基础,如陈伸上札辨党禁之诬、陈德刚兼任侍读之事、陈著疏言公田法之弊等,所涉时间、事件以及提到的其他人物皆有史可考;再将先祖事迹厕入其中,使得纪事呈现出半真半假、难以辨析的样貌。另一方面,也是遵循类似的逻辑。陈著《本堂集》称陈蒙为弟,《续编》亦称陈德刚是陈埙之族兄。《本堂集》《续编》两者所记世代相合,加之陈埙、陈蒙父子在《宋史》皆有传,然而,这些并不能证明《续编》记载陈德刚等人事迹之可信。

其次是"制造偶然"。梳理陈显到陈德刚的宦迹,便能发现其中的共性。《续编》提到陈显罢任户部尚书、陈伸罢任国子祭酒、陈德刚罢任工部尚书,但并未言及其获任时间以及任职期间的政绩;他们虽然都在中央政府高居显位,但又只是昙花一现。最令后世怀疑的是陈德刚曾担任签书枢密院事,而《宋史·理宗纪》及《宰辅年表》查无此人。②熟读《宋史》的陈桱,自然知晓有违常理,故而试图进行弥合。《续编》给出的解释是,"德刚居位七日而卒,帝深惜之"③。试想,单从《理宗日历》《理宗实录》阙佚不完的文献背景来看④,《宋史·理宗纪》缺少一位仅仅在任七天的宰执的记载,似属意料之内;但如果将这一系列的偶然性事件联系起来,再佐以其他宋元文献,便不难发现陈桱的"苦心"。

"信中带疑"与"制造偶然",终归停留在技术层面。四明陈氏事迹的塑造,其核心更在于陈桱深谙《宋史》背后蕴藏的价值评判体系。明人黄瑜《双槐岁钞》已经抉出《续编》中陈显、陈伸、陈著分别上书进言蔡京(1047—1126)、韩侂胄(1152—1207)、贾似道(1213—1275)之奸的事迹。⑤而蔡京等三人,皆被打入《宋史·奸臣传》。至于陈德刚"请复济王官爵"之事,《续编》尽管直接指涉史弥远,但没有避讳陈德刚与史弥远的同乡及远亲关系。这或许与史弥远不在《奸臣传》密切相关。"济王之冤"是南宋理学家及元朝史官的共识,《续编》笔下的陈德刚同样站到了政治正确的一面。⑥

---

① 王宇:《简论元人对〈宋史〉的评说》,《国际社会科学杂志》2020年第3期。
② 李香珠:《南宋浙江遗民词人陈著先祖考辨》,《古籍整理研究学刊》2016年第3期。
③ (元)陈桱:《通鉴续编》卷二二,第7页a。
④ (元)苏天爵:《滋溪文稿》卷二五《三史质疑》,北京:中华书局,1997年,第425页。
⑤ (明)黄瑜:《双槐岁钞》卷一《宋史通鉴》,北京:中华书局,1999年,第7页。
⑥ (元)脱脱等:《宋史》卷二四四《宗室传一》,第8666页。济王始末及其之后引发的争议,参见方震华:《破冤气与回天意——济王争议与南宋后期政治(1225—1275)》,《新史学》2016年第27卷第2期。

陈樴的文本加工在一定范围内获得了成功：陈氏后裔编修的族谱自然而然地接纳了《续编》的说法，《(成化)鄞县志》亦予采信，《双槐岁钞》的撰者黄瑜也没有怀疑《续编》所载陈氏先世事迹的真实性。立言著史产生的影响，往往彰显乎身后。家族荣誉感的现世营造，还可以借由当时更为风靡、更加直观的艺术形式予以表达。

（二）入画：《剡源图》绘制始末

除了立言撰述外，陈樴还决定将先祖居住之地绘成画卷。陈樴自己并不具备这项技艺，只得辗转请托，找到了著名画家倪瓒（1301—1374）。倪瓒撰有《答张藻仲书》作为回应，其略云：

> 瓒比承命，俾画陈子樴《剡源图》，敢不承命惟谨。自在城中，汩汩略无少情思。今日出城外闲静处，始得读剡源事迹。……仆之所谓画者，不过逸笔草草，不求形似，聊以自娱耳。近迂游，偶来城邑，索画者必欲依彼所指授，又欲应时而得，鄙辱怒骂，无所不有。冤矣乎！讵可责寺人以髯也。是亦仆自有以取之耶！①

张藻仲，本名张瑄，后改为宣。②陈樴与倪瓒并不相识，而是通过张宣联络传达。陈樴很有可能附上了先祖事迹（即"剡源事迹"）以及相应的作画要求。所谓"剡源图"，剡源在四明奉化，是陈樴先祖的居地所在。陈樴背井离乡前往长洲，绘制《剡源图》有"以示不忘乡都之意"③。绘画这种艺术形式在元末士人圈内具有较强的传播效力，经常呈现出一画多诗、一画多跋等的情况。书画题跋成为士人之间文化交流与互动的重要表现形式。④而以画家身份为标识的士人，其人、其画通常能在士人圈中占据关键地位。凡倪瓒所成卷轴，历来不乏题款跋文之人。这一点在顾瑛（1310—1369）编订的《草堂雅集》中，有较为集中的反映。除去一般的诗歌唱酬外，雅集士人还有大量的题画诗。⑤陈樴向倪瓒提出绘制《剡源图》的请求，极有可能是希望借助倪瓒及其画作在士人群体中影响力，起到宣扬家族声望的作用。

不过，从《答张藻仲书》来看，"必欲依彼所指授""又欲应时而得"，倪瓒已经流露出某种不满的情绪。在倪瓒现存画作目录及相关的题跋文字中，找寻不到《剡源图》的踪迹。可以推想，陈樴似乎未能得偿所愿，但这并不意味着陈樴乃至陈氏家族成员放弃了将祖居山水"入画"的尝试。

陈樴"图其剡源之境"的设想，终于另求他途，得以实现。图成之后，陈樴请戴良为之作序，陈樴长兄陈朴亦向其好友王逢求诗。马玉麟《东皋先生诗集》中亦收录了一首七言古诗，

---

① （元）倪瓒：《倪瓒集》卷十《答张藻仲书》，杭州：浙江人民美术出版社，2016年，第313页。
② 《明史·张宣传》载："张宣，字藻重，江阴人。"见（清）张廷玉等：《明史》卷二八五《张宣传》，北京：中华书局，1974年，第7321页。但其同时代人戴良《九灵山房集》卷一七《壁游题张藻仲》、高启《高太史凫藻集》卷四、陶宗仪《书史会要》卷七及前引倪瓒《答张藻仲书》皆作"藻仲"，或为清修《明史》之误。
③ （明）朱存理：《珊瑚木难》卷二《荆溪图》，杭州：浙江人民美术出版社，2019年，第138页。
④ 萧启庆：《九州四海风雅同：元代多族士人圈的形成与发展》，台北："中研院"、联经出版事业股份有限公司，2012年，第187页。
⑤ 相关诗作参见（元）顾瑛编辑，杨镰、祁学明、张顾青整理：《草堂雅集》，北京：中华书局，2008年。

题为《剡溪九曲为陈子经作》。①戴良与王逢所述内容仿佛,但王逢诗序言简意赅,记叙陈氏世系与事迹更为全面。故节略征引于下:

> 陈氏,为奉化著姓。粤自初祖棠,在季唐使吴越,遭中国乱,就吴越奉化尉,卜居剡源乡。……其佳陇腴田,入陈氏十五六。陈历廿世四百年,族蔓衍四方,实唐相夷行后至今,昆仍多才德,若朴其一也。朴,文简六世孙。祖秘监著,负直节,贾似道忌之,遂弗仕。伯父深、沆、洽,与父泌,并仕元儒学官。讵非山川所钟造,德泽所深厚,而得蕃且久耶?②

王逢此诗题为《题陈子章先世所居剡源九曲图后》。据诗前序可知,是图尽收九曲于尺幅之间,每曲又各有景观名迹。《剡源九曲图》主旨或与倪瓒所谓之《剡源图》及"必欲依彼所指授"暗合。《剡源九曲图》的作者必另有其人。陈朴向好友王逢出示《剡源九曲图》,与图并行的陈氏先祖世系也得以保存下来。

按照陈朴的叙述,四明陈氏一支,最早可追溯到唐代宰相陈夷行(?—844)。《旧唐书》称其籍贯为颍川,《新唐书》记载稍详,"其先江左诸陈也,世客颍川"。③始迁祖陈棠曾仕吴越国,其子文雅入宋。而后数代无载,直至"陈文简公显"。此"文简"似为陈显谥号。陈显之后又有三代阙记,但陈朴仍然保留了陈著冒犯贾似道而被贬官的事迹。陈显及陈著的仕宦经历,又可与陈樫《续编》的记载相互呼应。由此,陈朴陈樫兄弟通过立言著史、求诗作画等多种途径,阶段性地达成了塑造"世家"的目的。

四、结语

宋元四明陈氏家族作为"新个案",我们有必要对其典型性与独特性进行总结。四明陈氏的典型性在于反映了宋元时代的普通士人家族的生存状况。陈著在咸淳四年获得进士身份后,不得不立即投身"选海"。宋代尤其是南宋士人宦途之难,应为当时社会的普遍现象。④因此,如何获得推荐与征辟,成为摆在求仕者面前的问题。陈著并不像陈朴、陈樫所塑造的那样,能直陈公田法之弊,而且敢于忤逆当轴。相反,钱大昕早已据《本堂集》指出,贾似道、赵与訔(1213—1265)等人,都在陈著的仕宦生涯中起到了重要作用。⑤仕途——而非道德评价体系,或许才是士人权衡进退得失的关键因素。显然,陈著本人便是一位务实主义者。入元以后,陈著的诗文中虽然时常流露出南宋遗民的心境,但这并不意味着与新政权的决绝。陈著仍然与地方长官保持了较为密切的联系,也热心参与各项社会公共事务。与此同时,随着入仕渠道日益狭窄,地方社会呈现出某种"扁平化"的样貌,士人家族之间的差距也在逐

---

① (元)马玉麟:《东皋先生诗集》卷二《剡溪九曲为陈子经作》,南京:江苏古籍出版社,1988年,影印本,第30—31页。
② (元)王逢:《梧溪集》卷五《题陈子章先世所居剡源九曲图后(有序)》,第396页。
③ (后晋)刘昫等:《旧唐书》卷一七三《陈夷行传》,北京:中华书局,1975年,第4494页;(宋)欧阳修、宋祁等:《新唐书》卷一八一《陈夷行传》,北京:中华书局,1975年,第5345页。
④ 参见王瑞来:《近世中国:从唐宋变革到宋元变革》,太原:山西教育出版社,2015年,第215—299页。
⑤ (清)钱大昕:《潜研堂文集》卷一九《杂著三·鄞县志辨证·陈著》,南京:凤凰出版社,2016年,第302—303页。

渐缩小。这对四明陈氏而言,未尝不是追赶地方大族的契机。一方面,通过婚娶联姻,陈氏逐渐接触到本地主流的士人圈;另一方面,陈著对于诸子出任新朝学官,也流露出较为积极的态度。陈著子辈基本上遵循了乃父的规划,在四明地域社会也稍有声名。先求生存,再图发展;植根地方,出处有道。这十六个字或许能够较好地概括四明陈氏在宋元之际所秉承的策略。及至陈朴、陈樫,正好赶上了元末群雄割据的时代,大部分江南士人始有出仕的机缘。陈朴兄弟不惜背井离乡,前往张士诚帐下任职。张吴政权败亡后,陈樫又转而投奔朱元璋。元明易代与宋元鼎革的具体情形虽然存在不少差异,但陈氏家族成员求仕的基本趋向却并未发生根本改变。

四明陈氏的独特性表现在通过多种途径塑造先世历史上。宋元时代的墓表碑传等家族材料中,对先祖事迹溢美、隐恶的例子比比皆是。像四明陈氏这样系统地、有计划地塑造家史的行为,恐怕并不多见。以往研究虽然对《续编》所载四明陈氏事迹的真伪有所甄别,但忽略了陈樫背后的原始动机,乃至文本加工的具体处理过程。《续编》在吸收《宋史》系年纪事及其评价标准的同时,又需要择机补入事迹,并制造出一系列的巧合,才能尽量不露出破绽。除此之外,陈朴、陈樫兄弟还曾请人绘制反映陈氏祖居之地的《剡源九曲图》,希冀其"世家"的形象得以在士人圈内流传。

上述两个维度又分别与四明陈氏的"实景"和"影像"相对应。总而言之,"实景"的还原,为宋元时代士人家族的研究增添了新的个案与启示;而"影像"的呈现,则为我们提供了认识家族历史书写的绝佳视角。

附录　四明陈氏世系简图

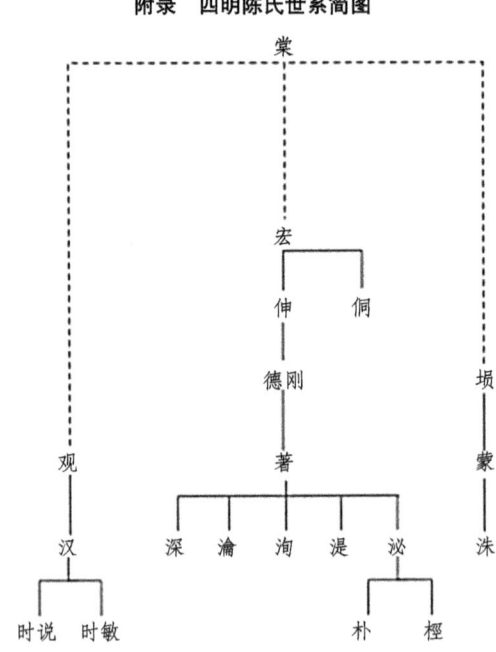

(注:虚线表示世代关系不详。)

作者简介:张斌,南开大学历史学院暨宋元史研究中心博士研究生。

徽州小姓的家族建设:明末以降黄岗铺郑姓考察*

郑小春　陶良琴

【摘　要】祁门县黄岗铺郑姓曾为佃仆出身,在康熙二年之前与房东方姓脱离了名分约束关系。在脱离仆籍前后三百多年里,郑姓通过分房立户、购置田地、迁居建祠、举办会社、教育子弟、拓展生计等一系列家族建设活动,融入了地方宗族社会。小姓的家族建设具有一些共性特征:脱离仆籍获得自由是前提,购置田地积累资源是基础,家族组织化建设则是关键,在此基础上,通过开展各种社会文化、生产经营等活动主动适应地方社会生活,再加上地方宗族社会的包容,方能由小姓之家成功转变为普通庶民家族,从而顺利融入地方主流社会。脱离仆籍者与未脱仆籍者彼此开展家族建设的身份角色及社会环境是不同的。

【关键词】徽州;佃仆;小姓;家族建设;黄岗铺郑姓

明清徽州是一个等级森严的宗族社会,在其社会底层存有一个非常特殊的小姓[①]群体,其出身卑贱,习业低微,与大姓望族存在主仆名分,生存环境十分恶劣。关于小姓,学界研究成果已相当丰富。[②]尽管如此,有关小姓长时段的生存发展、家族建设实态等系列重要问题,一直鲜有专论,具有深入探讨的学术空间。刘伯山编著《徽州文书》第四辑收录了祁门五都五保黄岗铺郑姓文书共51件,其中明代7件,清代36件,民国8件。[③]最早的系1558年《明嘉靖三十七年方学传同弟方学仪立津贴山地契》,最晚的为1949年《民国三十八年陈星辉

---

* 基金项目:本文系国家社科基金一般项目"明清徽州民间纠纷文书整理与研究"(批准号21BZS069)、教育部人文社科重点研究基地重大项目"政治变动与明清徽州乡村社会的日常生活"(批准号15JJDZONGHE001)的阶段性成果。

① "徽州有小姓。小姓者,别于大姓之称。大姓为齐民,小姓为世族所著家僮之裔,已脱奴籍而自立门户者也。"参见(清)徐珂:《清稗类钞》第4册《种族类·小姓》,北京:中华书局,1984年,第1904页。

② 徽州小姓主要指佃仆群体。2006年之前有关徽州佃仆研究的学术史,参见邹怡:《徽州佃仆制研究综述》,《安徽史学》2006年第1期。之后的成果,参见陈学文:《庄仆非佃户考略——以隆庆五年胡初庄仆约为中心》,《中国经济史研究》2007年第3期;王振忠:《明清以来徽州村落社会史研究》,上海:上海人民出版社,2011年;李甜:《雍正开豁世仆令与清代地方社会——以"宁国世仆"为中心》,《清史研究》2011年第4期;陈瑞:《清代徽州境内大、小族对保甲组织主导权的争夺——以乾隆年间休宁县西乡十二都三图渠口分保案为例》,载卞利主编:《徽学》第7卷,合肥:黄山书社,2011年;黄忠鑫:《清代徽州边缘村落的大小姓纠纷——以〈跳梁记事〉为中心》,载卞利主编:《徽学》第8卷,合肥:黄山书社,2013年;吴秉坤、陈正:《清代徽州佃仆制的变异——以新发现的佃仆文书为线索》,《黄山学院学报》2013年1期;冯剑辉:《明代徽州"义男"新探——以嘉靖祁门主仆互控案为中心》,《安徽大学学报》(哲学社会科学版)2014年第6期;赵懿梅、刘铁红:《民国徽州庄仆制的调查及研究——以祁门黄龙口为例》,《黄山学院学报》2014年第4期;黄忠鑫:《清代徽州佃仆的宗族意识与族谱书写》,《安徽师范大学学报》(人文社会科学版)2018年第6期;王浩:《试论清代徽州的佃仆宗族——以祁门三四都汪家坦黄氏为中心》,《农业考古》2020年第1期,等等。

③ 刘伯山编著:《徽州文书》(第四辑)第4卷,桂林:广西师范大学出版社,2011年,第167—211页。

立杜出卖山骨契》,时间跨度391年。文书数量尽管不算多,但其内容较为丰富,透露了明末以降佃仆出身的郑姓在脱离仆籍前后持续开展家族建设的信息,为系统考察徽州小姓家族建设实态提供了原始个案资料,弥足珍贵。

一、黄岗铺郑姓及其佃仆出身

郑姓原非世居黄岗铺。根据文书记载,郑姓至迟在明天启年间即建立了"郑应元户"户籍,在具体描述其籍地时,记为"城都二图四甲""在城二图四甲"①。据同治《祁门县志》记载:"祁门境内仍二十二都,而在城及各都仍四十九图,康熙三十年新增图三,共为五十二图。"其中,"城都图四……县治前直下至叶牌坊,西抵饶家坞口及金粟庵,为二图"②。可见郑姓籍地"城都(在城)二图四甲",应住居在祁门县城内。

郑姓后来"迁居黄岗铺基地",地处祁门县"五都五保"。据载:"五都图一,其村胥岭(县北十里)、檡墅(县东北十五里)、仰村(县东北十五里)、于村(县东北十五里)。"③五都地处县城东北方,辖有4个村子,却不见黄岗铺。显然,黄岗铺是一土名,地处五都所辖的某个村子,距离原籍地"城都二图四甲"十到十五里,不算太远。至于迁居黄岗铺的时间,据《清乾隆七年郑桂九、郑进亨、郑有传三房人等立议墨合同》记载,郑姓在迁居黄岗铺基地之后造厅屋祠堂,"不应于康熙四十七年祸遭祝融"④(即火灾)。由此可以推断,迁居的时间当在康熙四十七年(1708)之前。

关于郑姓的世系源流,未见谱牒遗存,难以考述。然而,据《明天启七年郑永富等立合同分单》记载,郑姓曾经是佃仆出身:

> 立合同分单人郑永富、郑元保、郑(应)祖、郑应记等,原有承祖住歇房东方 名下庄基屋一条,系上、下二房各住一边无异。今因房东各有变卖,分籍不同,一边原有仓基地屋系是希胜、希义二公,各该一半。今(希)义公一半,亦上分人同买,应主亦□□人同应,苦乐不均。今同众托凭房东丈量明白,多寡贴补,揔撞对半之数,其仓屋地,除贴补步数、存路均匀外,仍实共地伍拾陆步,分为四阄,各得壹拾四步有零,画图钉界明白,各管各业。以后应主,照前八股均管。自立文后,各宜遵守,毋得悔异,如违听自告禀房

---

① 栾成显研究了明代几种立户情况,指出:"立户籍者必须告明官府,以确保其编入里甲,作为正管户当差。"且户的移动,也"必须告明官府"。参见栾成显:《明代黄册研究》(增订本),北京:中国社会科学出版社,1998年,第191—192页。由此可见,"郑应元户"正式立户时,理将其籍地、田产、人口等信息如实告明官府,因而"城都(在城)二图四甲"应该是佃仆郑姓的真实籍地,其与无户籍佃仆的寄户现象不同。
② 同治《祁门县志》卷三《舆地志三·疆域·都图》,《中国方志丛书·华中地方(第240号)》,台北:成文出版社,1975年,第189页。
③ 同治《祁门县志》卷三《舆地志三·疆域·都图》,第191页。
④ 刘伯山编著:《徽州文书》(第四辑)第4卷,第189页。

东呈治。今恐无凭,立此合同一样四纸,各收一纸为照。

  天启七年六月二十九日立 合同分单人:郑永富、郑元保、郑灶乞、郑岩兴

                  郑应祖、郑应记、郑应麟、郑应玄

中见房东:方敦吾①

  在遗存文书中,这是一件最早出现郑姓人名的文书,尽管文字不多,却提供了有关郑姓出身等方面诸多重要信息:

  其一,郑姓祖上的身份出身。合同分单中"原有承祖住歇房东方 名下庄基屋一俉""应主亦□□人同应"等文字表明,郑姓的祖上已经住歇房东方姓名下庄基屋,亦即上庄投主应役。方姓是郑姓祖上的房东,而郑姓祖上则系方姓的佃仆,二者在天启朝之前即已形成主仆关系。至于应役内容,合同分单以及其他文书皆无明确记载。但身为佃仆,显示郑姓祖上出身卑贱,习业低微。

  其二,合同分单签立时郑姓与方姓的关系。在徽州,佃仆应役与之承住庄屋及承种田地有关,一旦房东将庄屋及田地进行转卖,那么佃仆应役一般亦随之从原房东转向新房东,这在徽州十分常见。例如康熙三年(1664),祁门县十西都谢上材等将承祖庄基地出卖与族弟时规定:"所有在地住歇庄仆黄、李、许三姓,悉听买人叫唤应赴。"②以上合同分单即与之相关。从签立的原因来看,郑姓因房东各有变卖,庄基屋分籍发生变化,在应主服役上发生冲突,于是郑姓托凭房东丈量庄基屋,占阄分业,画图钉界,此后应主按股均管。其中,根据"以后应主,照前八股均管""自立文后,各宜遵守,毋得悔异,如违听自告禀房东呈治"等记载可知,合同分单签立时,郑姓依旧是方姓名下佃仆,在分清各自住屋权利后,仍然按照规定去为方姓应役。且在违背约定时,"听自告禀房东呈治",房东具有直接责罚或呈官究治的权利。此外,合同分单中的中见人记作"中见房东:方敦吾";又,《明天启七年方廷元立卖契》记载,方廷元将山地"托中出卖与在城二图四甲郑 名下",中见人为"房东中见人:方必照、方福元"③。以上诸多信息显示,天启七年(1627)时,方、郑二姓之间依然维系着主仆关系。

  其三,郑姓的门房组织及人口状况。合同分单记载,"系上、下二房各住一边无异""一边原有仓基地屋系是希胜、希义二公,各该一半"。可见,郑姓发展到天启年间已有了分房行为,"上、下二房"是此时郑姓的门房组织。此外,自祖上一人,到上、下二房,再到"以后应主,照前八股均管"(即合同分单中画押的八个人每人一股分担),一定程度上还显示了此时郑姓的家族化演进态势以及人口发展状况。

  其四,郑姓的房东信息。"房东"亦叫"东主",系佃仆对其主家的称呼。合同分单显示郑姓的房东为方姓,此外没有过多记载。其他文书则提供了一些相关信息。据《明嘉靖三十七年方学传同弟方学仪立津贴山地契》记载:"今因轮该三十二年分里役,系(方)可田分充当,今该兄弟分津贴月夫军需工费等项,及递年差役军需,是身无措……自愿将该分山地合坞,尽数立契津贴(方)可田管业无词。"④这是一件方姓宗族内部山地转让契,其中"今因轮该三

---

① 刘伯山编著:《徽州文书》(第四辑)第4卷,第169页。
② 刘伯山编著:《徽州文书》(第三辑)第7卷,桂林:广西师范大学出版社,2009年,第390页。
③ 刘伯山编著:《徽州文书》(第四辑)第4卷,第168页。
④ 刘伯山编著:《徽州文书》(第四辑)第4卷,第167页。

十二年分里役"一句显示,方姓在当地承值里长一役。根据明代里长的选定标准来看①,方姓在当地属于一大户,经济实力较强,社会地位较高。

方姓住居何处呢?诸多文书提供了方姓族人住居信息,例如天启七年推单记载"一都三图七甲方成大户户丁方振"、康熙四十六年推单记载"在城一里二甲方日洪户方幼占"、雍正十一年(1733)推单记载"城都三图八甲方成泰户丁舜华"、雍正十二年推单记载"一都三图七甲方懋德户户丁方得裕等"、乾隆四年推单记载"一都三图七甲方东旭户户丁方得裕"②,等等。其中"在城一里二甲""城都三图八甲"显示的是在城住居。"一都三图七甲"也是方姓的居住地。据方志记载,"一都图三……城内饶家坞、珊璜村、朴墅、柳树下、秀水桥及城外十王寺、大洪山张村,为三图"③。可见一都三图与城都连成一片,相距很近。综上,方姓住居城都一带以及周边地域,且以在城住居为主。这与郑姓一开始在城居住的记载相吻合,因为上庄应役一般不会远离房东居住地。

又,根据《新安名族志》记载,祁门县在城方姓主要有两支:一是聚居在城西北隅及北隅,皆"出伟溪派",唐学士方谕之子方禀"自唐迁祁门伟溪","为伟溪始祖";二是聚居在城西崇善坊,唐太常博士方可通弃官隐此。④本文所述之方姓可能世出其一,系祁门县大姓望族,郑姓曾为之世代服役。

二、黄岗铺郑姓脱离仆籍及原因

从前文介绍即知,郑姓自祖上即为方姓佃仆,直至天启七年依然没有变化。那么,郑姓后来有没有与方姓脱离名分约束关系呢?若有,又在什么时间,出自何因呢?对此,郑姓文书没有直接记载,但相关文书透露了这方面的信息。

首先,来看《清康熙二年郑天生、得盛、文寿、得明四大房人等立议约》提供的信息:

> 立议约人郑天生、得盛、文寿、得明四大房人等,今因各造屋多寡不便,论将族议,复丈明白,听各家造屋,凑便管业。里分人等原租到上分地,递年地租少欠,里分人等自愿将地退还上分人等,听造房屋,画图钉界,各管各业。众存路阴沟在外,实在地四十五步有零,照步均分。日后无得争论。立议约一样四纸,各收一纸,永远存照。
> 康熙二年正月廿日立议约人:郑天生、得盛、得明、文寿、天寿、光福、法科、得尚
> 丈旧里中见人:江贵卿⑤

---

① 洪武十四年(1381)正月,"命天下郡县编赋役黄册,其法以一百一十户为里,一里之中,推丁粮多者十人为之长,余百户为十甲,甲凡十人。岁役里长一人、甲首十人,管摄一里之事。"参见《明太祖实录》卷一三五,洪武十四年春正月丙辰条,台北:"中研院"历史语言研究所,1962年,第2143页。
② 刘伯山编著:《徽州文书》(第四辑)第4卷,第170、178、182、182、187页。
③ 同治《祁门县志》卷三《舆地志三·疆域·都图》,第190页。
④ (明)戴廷明、程尚宽等:《新安名族志》前卷《方》,合肥:黄山书社,2004年,第128—131页。
⑤ 刘伯山编著:《徽州文书》(第四辑)第4卷,第175页。

根据议约记载,郑姓在人口不断扩大的情况下,"各造屋多寡不便",于是四大房议定了造屋规划。该造屋规划实属郑姓独立行为,未见原房东方姓人员参与其中,明显不同于前引《明天启七年郑永富等立合同分单》有关庄屋的调整变动。要注意的是,郑姓此时若仍系方姓佃仆,应该住居房东方姓提供的庄屋,自己不能够独立规划造屋别居,否则就有"出屋退庄"之嫌,恰恰不被允许。①这也说明,在该议约签立之前,亦即康熙二年(1663)前,郑姓应已脱离了仆籍。

其次,来看《清康熙二十年房弟郑福保立还约》提供的信息:

> 立还约房弟郑福保,原身父外赘生身,不幸被母本管强霸为仆,族内人等不忿,具告何爷台下,蒙拘断回,承接宗枝。是房兄法春去费银五两陆钱赎回,抚养成人,与身婚娶已毕,又蒙交授田地山场房屋等项,与身为业。身愿将递年贴工十个,以为受业抚养娶亲之恩,日后不得短少。恐后无凭,立此还约存照。
>
> 　　康熙二十年十月初一　日立还约房弟:郑福保
> 　　　　　　　　　　　　　亲:方五毛
> 　　　　　　　　　　　　　族:郑得茂、郑亮泰、郑法贵、郑法明
> 　　　　　　　　　　　　　依口代笔:王尔游②

按照徽州惯例,郑福保之父无论是何出身,一旦外赘婚娶佃仆妻女,即会沦为佃仆妻女本管宗族之仆,所生之子郑福保亦当为仆。③关键是官府"蒙拘断回,承接宗枝",即同意被"强霸为仆"的郑福保归宗。这点说明,不管郑福保是不是佃仆,但在"房兄法春"将其赎回归宗时,郑姓应该不再是佃仆身份,否则官府不会做出如此裁断。④又,根据该还约所立时间来看,康熙二十年(1681)时郑福保已被抚养成人,且婚娶已毕,可见其应该出生于康熙初年,被赎回的时间也应在康熙初年。由此可以推断,郑姓应该在康熙初年之前即已脱离仆籍。这与以上康熙二年之前脱离仆籍的推断相吻合。还要注意的是,该还约押署中有一"亲:方五毛",方五毛与族人郑得茂等四人同为"中见人"。方五毛是否为原房东方姓族人?若是,则说明郑姓已与原房东建立了亲友关系,而不再是主仆关系。另外,还约中"族内人等不忿""房弟""房兄"等文字,还显示了郑姓的家族化建设程度。

又,据《清乾隆七年郑桂九、郑进亨、郑有传三房人等立议墨合同》(详后)记载,康熙四十七年,郑姓在黄岗铺所建之厅屋祠堂遭遇火灾,说明在这之前郑姓业已大规模迁居黄岗铺。根据徽州宗族对佃仆的管理制度来看,"住主屋"是佃仆上庄应役进而建立主仆名分关

---

① 明天启《郑氏誊契簿》(原件藏安徽省博物馆)记载:休宁县许尚富的先祖住郑姓之屋,佃郑姓之田,且于隆庆年间立有文约。天启元年,许尚富"另构新居,欲逃庄仆之名",由此被郑姓告到了官府;又,明万历《洪氏誊契簿》(原件藏安徽省博物馆)记载:祁门县胡姓自成化年间上庄成为洪姓名下佃仆,此后胡姓子孙繁衍,一直到万历年间,洪姓皆不断提供庄屋、坟地,而胡姓也屡立文约承诺世代服役、不迁居别地。
② 刘伯山编著:《徽州文书》(第四辑)第4卷,第176页。
③ 叶显恩:《明清徽州农村社会与佃仆制》,合肥:安徽人民出版社,1983年,第245页。
④ 此类现象再如:吴汝琨,清代太学生。"一家化之皆好善,弟汝琩见族有鬻其身者,为赎归,授室给田以养之。"参见同治《祁门县志》卷三十《人物志八·义行》,第1365页。

系的一个重要标志,房东提供庄屋给佃仆世代住居,不允许佃仆出屋另居,更不会允许大规模迁居。①由此可以看出,郑姓迁居黄岗铺且建立厅屋祠堂,应该是脱离仆籍之后的事,换言之,郑姓在康熙四十七年之前一段时间已经脱离仆籍。这与以上康熙二年之前脱离仆籍的推断总体上亦相吻合。

综上分析,明天启七年郑永富等立合同分单时,郑姓尚为方姓之佃仆,在之后三十几年间,即清康熙二年之前,最终脱离了仆籍,获得了自由,不再是佃仆身份,否则无法解释郑姓异地迁居建祠、规划造屋别居等一系列与佃仆制相悖的现象。

那么,郑姓又是如何脱离仆籍的呢?应该与明清鼎革社会背景、郑姓自身发展等因素有关。

明清鼎革之际,社会变动加剧,阶级矛盾激化,各地下层民众受李自成起义影响,纷纷揭竿起事。徽州亦然。据载,明末清初时期徽州的佃仆斗争异常激烈,爆发了诸多轰动一时的大事件。例如徽州地区万黑九、宋乞、朱太领导的佃仆暴动就异常激烈。②又如顺治二年(1645),地仆朱老寿等人"聚众结寨,倡乱劫掳放火",并"行劫本县西门汪容剑刀行……乱砍家主住基对面坟山荫木数十根造寨"③。可见明清鼎革易代之际,受全国各地下层民众起事影响,徽州地方主仆矛盾异常紧张并趋于激化。在此背景下,徽州大姓望族的控制力遭到了冲击和削弱,主仆关系出现松动,由此一部分佃仆(包括郑姓)通过争取最终脱离仆籍获得自由,是完全可能的。对此,同治《祁门县志》转引康熙本县志亦说:"近缘剿防驻兵,呼卢博雉,年少效尤矣,至下户贱厮向奉法不敢望见官府,今则越分跳梁者比比,是为厉阶。"④

此外,还有一重要因素不容忽视,即明末清初时,郑姓自身发展较快,已具有相当的经济实力和独立性。郑姓共遗有4件明末购产文书,来看其中两件最早的推单:

1.立推单人方成象同侄得式,今将五都五保土名黄岗铺下路边,系畎字四百七十五号,计仓基地内取壹拾步,今遵新例,照则推割与在城二图四甲郑应元户供解。立此推单为照。
天启七年七月二十二日立推单人:方成象、侄方得式
中见人:方必照⑤

2.一都三图七甲方成大户户丁方振,今奉新例,随即将前田税五分九厘又塘税七厘,推与在城二图四甲郑应(元)户供解无辞。立此存照。
天启七年八月廿日立推单人:方振
中见:方成象
代笔:方(必)照⑥

---

① 例如唐宋以降至清,休宁县首村派朱氏造庄屋给地仆黄姓"自祖相传居住,看守坟墓",黄姓从未迁居或另居。参见刘伯山编著:《徽州文书》(第三辑)第4卷,第450、454页。
② 嘉庆《黟县志》卷十五《艺文·国朝文·乙酉纪事》,《中国地方志集成·安徽府县志辑(56)》,南京:江苏古籍出版社,1998年,第483—484页。
③ 王钰欣、周绍泉主编:《徽州千年契约文书》(清民国编)第1卷,石家庄:花山文艺出版社,1991年,第11—12页。
④ 同治《祁门县志》卷五《舆地志五·风俗》,第238页。
⑤ 刘伯山编著:《徽州文书》(第四辑)第4卷,第170页。
⑥ 刘伯山编著:《徽州文书》(第四辑)第4卷,第170页。

两件推单同为天启七年所立,提供了两点重要信息:一是郑姓尚存佃仆身份时即已购买田地,具备一定的经济实力;二是郑姓拥有独立户籍"在城二图四甲郑应元户",可以独自购产过户供解。推单记载:"今遵新例,照则推割与在城二图四甲郑应元户供解。""今奉新例……推与在城二图四甲郑应(元)户供解无辞。"这里的"供解",实为"供解税粮"之意;所谓的"新例",则指"推收过割"制度新例。在明代,推收过割制度一度变化较大。天启朝之前,一般仅在十年大造黄册时推割田税。若不在大造之年交易田地,一般在交易后产权虽已转移,但田税仍留在卖方名下,直到大造之年才推收过割给买方。如万历二十四年(1596)王銮立卖山契记载:"候造册之年,扒推买人户内供解无词。"①若正赶上十年大造之年,即可随即推割,如万历二十年王廷桂立卖基地赤契记载:"所有税粮悉照新丈,随即推割入户,供解无词。"②万历四十年王阿余立推单:"今当大造,将前山并地税……推与本图詹 户供解。"③天启年间,徽州地区因辽饷事,田土买卖由十年税契改为随买随税④,随即推割田税,由此买卖契中正式出现"新例"记载。所引两件推单即是例证。这种情况一直延续到清初,如顺治八年(1651)盛阿凌立卖屋基地赤契记载:"所有税粮随即推割与买人供解,再不另立推单。"⑤由此可见,两件推单有关"今遵新例""推割与在城二图四甲郑应元户供解"之类记载说明,郑姓在明末清初时期可以随时购产过户,独自供解其税,具备很强的经济独立性。

但要注意的是,明清时期,佃仆在法律上被认定为主家之仆,寄居主家之下,一般没有独立户籍,不属编户齐民,非但不能承担差役⑥,而且"地产丁粮,必寄居主户完纳"⑦。而"在城二图四甲郑应元户"至迟于天启七年即为独立户籍,可以随时购产过户,且独自供解税粮,实与普通民户没有多大区别。较之于其他佃仆而言,郑姓尚存佃仆身份即已获得独立户籍,确实是一个比较特殊的案例⑧,实则显示郑姓的经济实力及独立性更为突出。而这可能正是郑姓能够在明清鼎革之际脱离仆籍的重要原因之一。

总之,郑姓脱离仆籍与明清鼎革、自身发展等诸多因素的共同作用有关。⑨然而,囿于资料,我们难以得知郑姓究竟是通过何种方式脱离仆籍的。但从方、郑二姓一直以来的互动信息来看,方姓的态度较为包容,协商解决的可能性较大,没有发生诸如诉讼之类的过激事件。而协商解决的手段,估计与备价取赎有关。据万历《(休宁)商山吴氏宗法规条》记载:"主

---

① 刘伯山编著:《徽州文书》(第四辑)第1卷,第106—107页。
② 刘伯山编著:《徽州文书》(第四辑)第1卷,第105页。
③ 刘伯山编著:《徽州文书》(第四辑)第1卷,第108页。
④ 栾成显:《明代黄册研究》(增订本),第92页。
⑤ 刘伯山编著:《徽州文书》(第四辑)第1卷,第116页。
⑥ 万历《程典》即有"客家小户有损千金而乞役不得者"记载。参见(明)程一枝:《程典》卷二一《籍役志》,明万历刻本,第648页。
⑦ 《清乾隆休宁县状词和批示汇抄》,原件藏安徽省图书馆。
⑧ 佃仆拥有户籍的现象是存在的,中岛乐章研究认为:"在某种程度上,拥有土地的佃仆具有自己的户籍,有时还担任里甲制下的甲首职务。"[日]中岛乐章:《明代乡村纠纷与秩序:以徽州文书为中心》,郭万平等译,南京:江苏人民出版社,2012年,第251页。
⑨ 方姓出卖田地的原因,明末一契约记为"因管业不便",入清以后多记作"钱粮无措""无银使用,出(缺)少钱粮无措"等,甚至在雍正七年方姓"四大房人等,因节欠钱粮无措,鸣官告理"。从中可见,明末以降方姓似乎出现了衰落的迹象,若确实,也可能是郑姓顺利脱离仆籍的一个原因。

仆分严,徽称美俗。近来各乡巨室之仆,每每侵渔致富,赎身出屋……"①可见在明末佃仆通过备价取赎获得自由比较常见。前引康熙二十年立还约中的郑福保亦由其"房兄法春去费银五两陆钱赎回"。咸丰九年(1859),祁门县溪头坞江姓同样通过备价取赎最终获得了开豁,从此改贱从良。②

三、黄岗铺郑姓的家族建设

根据文书记载,郑姓在脱离仆籍前后三百多年里持续开展了一系列家族建设活动,最终顺利地融入了地方宗族社会。主要表现在六个方面。

第一,分房立户。

家族组织的形成需要一些必要的条件,最基本的就是代际的繁衍和世系的延续,否则发展不会长远而终归于消亡,自然不可能形成瓜瓞绵绵的家族。

据前引《明天启七年郑永富等立合同分单》记载,此时郑姓已经有"上、下二房"之分,且二房"八股均管"应主。据《明崇祯六年郑德荣立卖契》记载,郑德荣因亲伯身故,缺少使用,将身该一亩山地"出卖与族兄"郑得岩、郑得周兄弟。③"上、下二房"之分以及"族兄"等文字表达,显示了明季郑姓的家族化建设程度。又,据前引《清康熙二年郑天生、得盛、文寿、得明四大房人等立议约》记载,康熙初年郑姓又有了新的"四大房"分,且在家族化不断发展和人口持续增长的情况下,住居造屋空间出现了紧张。考虑到家族情谊,四大房经过"族议",最终议定了造屋规划,并将议定之造屋规划图附录在议约之后。根据前文分析,此时的造屋规划已属脱离仆籍之后的家族建设活动。

以上诸多信息表明,郑姓在明末清初时已有房分,代际繁衍比较顺利,人口规模不断扩大,从而为干支谱系的积累乃至家族化的发展奠定了基础。然而,此时郑姓的家族建设应处于早期阶段,主要表现为血缘层面的系谱体系建设。至于出现"族议"之类的文字,显示家族性活动已经存在,但是否表明完备的家族组织已经形成,尚待考证。

此外,在内部分房的同时,在天启七年遗存的几件推单中,"在城二图四甲郑应元户"正式出现,这一方面说明郑姓尚处佃仆身份时业已独立建户,可独自购产入户供解;另一方面也显示郑姓已被编入了地方里甲,纳入了国家户籍管理体系。因而,独立建户具有重要意义,为日后脱离仆籍,进而获得家族建设所必需的物质基础和社会认同,准备了必要条件。这与始终寄居在房东户籍下的佃仆存在很大区别。

第二,购置田地。

徽州是一个典型的山区,山多田少,地狭人稠,有限的田地资源是家族生存发展必备的物质条件。为此,郑姓要想获得生存发展,尤其是在脱离仆籍、摆脱对房东经济依附之后开展家族建设,就必须要开展田地购置。

---

① 万历《(休宁)商山吴氏宗法规条》,明万历钞本。
② 刘伯山编著:《徽州文书》(第五辑)第1卷,桂林:广西师范大学出版社,2015年,第32页。
③ 刘伯山编著:《徽州文书》(第四辑)第4卷,第172页。

郑姓文书的主体部分即为田地买卖契约，共有36件，时间从天启七年一直延续到民国三十八年，说明郑姓在发展过程中始终关注田地资源的获得。又，自天启七年到乾隆十六年（1751）期间，"在城二图四甲郑应元户"购入田地达12件，显示郑姓的独立建户在早期的家族建设过程中起到了至关重要的作用。

据统计，郑姓直接参与田地买卖的36件文书中，买入27件，涉及方姓14件、马姓4件、饶姓3件、陈姓2件、胡姓1件、程姓1件、毕姓1件、叶姓1件；卖出9件，其中5件系郑姓内部买卖，2件卖给"胡郑二姓社会名下""郑胡社会名下"，基本上也是郑姓内部买卖，只有2件明确卖给了外姓。可见，郑姓的田地买卖主要是买入，卖出的极少，显示对已获田地资源尤为珍惜，绝不轻易让之流失。

郑姓买入最多的来自原房东方姓，14件全部集中在明末到乾隆初年之间，且买入的田地大都位于五都五保，即郑姓迁居所在地黄岗铺附近。在12件"在城二图四甲郑应元户"购入田地中，就有9件来自方姓，皆位于五都五保，具体为："（山）一亩零四厘""仓基地内取壹拾步""田税五分九厘，又塘税七厘""分丈田一百四十步九分""（田）计税六分二厘整""（田）计税八分三厘整并塘在内""计田塘税四分二厘五毫""计山三亩五分并基地二号""田皮八十亩"。①说明郑姓在开展家族建设期间，大量的田地（主要是田皮）购置来自原房东，且通过此项活动，为郑姓家族建设准备了较为坚实的基础。

还要注意的是，徽州各类生产资源非常紧张，故而在日常生产生活中，围绕着有限资源发生一些矛盾冲突也就在所难免。然而，田地资源是家族发展的物质基础，获得极为不易，为此郑姓非常看重对已有田地的保护，一旦发生纠纷争执，即会联合起来共同应对。据《清嘉庆二十一年郑汝茂等三大房经首人等立清白约》记载，郑姓三大房原有山业四亩，"不料于嘉庆二十年腊月，被在城马文炳、文模混争，具控郑丹林、来发、东林、辉彩四人"，为了维护山业，三大房"不忍坐视""眼同议定"，以山业柴薪等作为补偿，由郑丹林等四人承管讼费，联合赴讼。②利用纠纷诉讼之契机联合起来共同维护有限资源，不但能够促进族人之间相互沟通联系，还有助于增强同宗共祖意识以及凝聚力，对于家族建设具有重要作用。

第三，迁居建祠。

对于郑姓而言，分房立户和购置田地分别是家族建设的前提和基础，要想顺利融入徽州宗族社会，最为关键的是必须在不断扩大的小姓之家的基础上建立稳固的家族组织，从而为族人应对地方社会竞争提供保护。根据文书记载，郑姓在脱离仆籍之后通过迁居和建祠等活动，开展了家族组织化建设。来看《清乾隆七年郑桂九、郑进亨、郑有传三房人等立议墨合同》记载：

> 立议墨合同三房人等郑桂九、郑进亨、郑有传，吾姓迁居黄岗铺基地，壬山丙向造厅屋门帮，收山纳水，益吾族者重莫大焉。不应于康熙四十七年，祸遭祝融，致赤穷囊罄，人心不齐，遂成荒地。今因癸亥年壬丙大利，各房邀率，齐集啇议，每丁出银壹两入众，以备木料砖瓦匠工之费，其银各丁齐心付众，毋得躲闪执拗，如有执拗不出银者，本

---

① 刘伯山编著：《徽州文书》（第四辑）第4卷，第168、170、170、178、182、182、187、192、194页。
② 刘伯山编著：《徽州文书》（第四辑）第4卷，第196页。

族婚姻丧祭,日后子孙不得入族。各念宗祖夺志心勤,上奉香火,下妥先灵,是天伦之乐事。昭穆有序,则族之老者安如松柏,少者怀于期顺,仓箱足望,吾姓蕃昌,不亦自此而复兴乎。再者,银两不救,照丁出一半,亦要照锅头出一半。其木料到栈出细,照锅头供饭无词。其杂工挑砖瓦,照老幼丁搬到屋栈;其大料,照壮丁扛抬。其厅屋做造成工,不论新正拜节、婚姻喜事,三房人等各分大小有论,亦不得无义族论,各家父母子女如有不尊〔遵〕者,民〔鸣〕官理论无词。如有执拗不尊〔遵〕,合文甘罚白银贰两公用,仍依此合文。一样三纸,各房收一纸,永远存照。

乾隆七年十二月廿日　立议墨合同人:郑桂九、起盛、进亨、进祥、有传、有财
　　　　　　　　　　　　　　　起进、三富、起祐、起祯、进杰、进寿
　　　　　　　　　　　　　　　进伦、海寿、五士、长花、进达①

以上三房人等议墨合同立于乾隆七年(1742),却透露了郑姓在脱离仆籍初期开展家族建设的重要信息:一是"吾姓迁居黄岗铺基地";二是"壬山丙向造厅屋门帮,收山纳水,益吾族者重莫大焉";三是"不应于康熙四十七年,祸遭祝融,致赤穷囊罄,人心不齐,遂成荒地"。以上三点显示,郑姓在脱离仆籍之后迁居到了五都五图黄岗铺,在此建基立业,繁衍生殖。所造"厅屋门帮"实指宗族活动之祠堂②,没想到建成之后,在康熙四十七年遭遇火灾,给家族建设造成了巨大冲击,且一直到乾隆七年方才立下议墨合同举全族之力进行重建。

结合前文分析,郑姓在脱离仆籍之后正式迁居,并于康熙四十七年火灾之前建成了厅屋祠堂。另外,议墨合同中诸如"如有执拗不出银者,本族婚姻丧祭,日后子孙不得入族"等规定,显然具有族规家法的性质。大规模迁居、祠堂建造以及族规家法建立等一系列重要信息显示,郑姓家族的组织化建设基本完成。换言之,郑姓在脱离仆籍之后,进行了大规模迁居和建设,并以厅屋祠堂建造为重要标志,顺利地实现了由小姓之家向庶民家族的转变。

要注意的是,家族的组织化建设还包括族长、房长以及谱牒的编修等。郑姓在分房之时,房长之类的机构应该是存在的。至于族长、谱牒之类,郑姓文书没有提供相关信息,留待考证。

第四,举办会社。

有6件文书记载了郑姓举办会社的信息,具体包括"郑胡二姓社会"(又记作"胡郑二姓社会""郑胡社会")以及"郑七户社会""三大房清明会""五门总祭会"等。③"郑七户社会"应是郑姓独立举办的社会,"郑胡二姓社会"则属郑、胡二姓联合举办的社会,这在徽州皆十分常见。而"三大房清明会""五门总祭会"则是郑姓共同祭祀祖先之会,皆属家族化的组织,在徽州同样非常普遍。6件文书反映的是这些会社置产的信息,置产则是为了保障其活动能

---

① 刘伯山编著:《徽州文书》(第四辑)第4卷,第189页。
② 宗族所造之"厅屋"多指祠堂性质的建筑。例如成化十六年,祁门县坳上谢氏宗族五大房合议"做造厅屋两重"以"供奉香火",所附厅屋图又注曰:"五分共造,百世同居。"参见刘伯山编著:《徽州文书》(第五辑)第1卷,第101页。又,雍正三年方汪公派下子孙合议共建宗祠亦载"合造厅屋,以安香火"。参见俞江主编:《徽州合同文书汇编》(第十册),桂林:广西师范大学出版社,2017年,第391页。
③ 刘伯山编著:《徽州文书》(第四辑)第4卷,第180、181、183、184、188、199页。

够常年顺利开展。①这些会社皆属民间组织,具有显著的家族化特点,多属春祈秋报或迎神赛会之类,具有娱乐、祭祀、经济和教化等功能。会社的活动开展,丰富了家族的日常生活,凸显了家族性活动的仪式感,也扩大了家族在地方上的影响。

郑姓举办会社主要是在康熙朝后期,处于脱离仆籍之后着力开展家族建设时期,具有特殊意义。郑力民研究认为:"祠只表示一族之成立,而社更表示一族之在一地的存在。所以,即使是在世俗生活中,社重于祠的观念如说在单一族姓的村落无从体现,那么在诸姓合处的村落就有强烈反映。"②可见,郑姓举办会社之举,除了加强与地方其他族姓交流之外,更多的是在宣告其存在感和影响力,进而借之彻底摆脱和抹去曾经的小姓身份及卑贱经历,帮助家族尽快融入地方主流社会。

第五,教育子弟。

这方面的信息未见直接记载,但文书透露了这方面的信息。清至民国期间,郑姓参与的不少买卖契,其代笔人或亲笔人即为郑姓人员。例如《清乾隆十四年郑三富等立卖山契》由郑三富亲笔,《清光绪十二年郑义清立杜出卖田皮契》由郑义清亲笔;《清嘉庆二十一年郑武宗等三大房经首人等立清白约》代笔人为郑列三,《民国四年郑柳枝立杜出卖毛厕地契》代笔人为郑济馀,而《清光绪十八年郑振根立杜出卖田租契》《清光绪廿六年郑顺元立出卖茶柯坦契》《清宣统元年毕养泉立杜出卖坦皮契》以及《民国十八年叶尚文立杜出卖田皮契》代笔人皆为郑荫(应)青。说明在脱离仆籍之后,郑姓主动适应徽州社会重教兴文之风,注重通过子弟教育去塑造和提升家族的社会形象,不断提升家族的社会认可度。

此外,郑姓人员还时常充当田地买卖的中见人。例如《清道光□年程张氏同媳程汪氏、孙涌源立杜卖田租契》《民国四年郑柳枝立杜出卖毛厕地契》的中见人分别为郑有泰、郑季清,而《清光绪十二年郑义清立杜出卖田皮契》《清光绪十八年郑振根立杜出卖田租契》的中见人皆为郑玉书。郑姓人员时常介入地方社会经济活动,有助于家族融入地方主流社会。

第六,拓展生计。

根据文书记载,郑姓购置的田地主要是田皮、田坦之类,因而耕种收获应该是其主要生计途径。然而,"祁地山多田少,上产不足给居民之食,旧志所谓饷不支三月是也"③。耕作的自然环境非常恶劣,所获难济日常生活所需。为此,徽人在耕获之余,多从事一些其他生计活动以维系和支持家族的发展。清休宁人赵吉士在《寄园寄所寄》中即指出:"徽处万山中,其田土所产啬于他郡;生其间者,不得不裹粮服贾,奔走四方以谋食。"④

在家族发展过程中,郑姓族人也在不断拓展生计途径。根据文书记载,郑姓族人至少还有以"撑簰度活"者,亦即充当所谓的"簰夫"。祁门县属于典型的山区,多种松柏杉枫槐等木。⑤所出之木材,多通过水路放簰出山出徽发卖。有关放簰的情形,《寄园寄所寄》载道:"徽

---

① 乾隆二十一年(1756),祁门县王姓即因清明会内空乏,无银买办祭仪标挂坟茔,只得将祖产出卖置办。参见刘伯山编著:《徽州文书》(第四辑)第2卷,第25—26页。
② 郑力民:《徽州社屋的诸侧面——以歙南孝女会田野个案为例》,《江淮论坛》1995年第4期。
③ 同治《祁门县志》卷一六《食货志四·物产》,第597页。
④ (清)赵吉士:《寄园寄所寄》卷十一《泛叶寄》,合肥:黄山书社,2008年,第856页。
⑤ 同治《祁门县志》卷十六《食货志四·物产·木之属》,第601—602页。

处万山中,每年木商于冬时砍倒,候至五六月梅水泛涨,出浙江者由严州,出江南者由绩溪,顺流而下,为力甚易。"①此外,郑姓也置有山地,所出木材等也可能通过放簰出售。因而,郑姓族人充当簰夫并不奇怪,放簰成为从业谋生的一个重要手段。又,宋歙人罗愿曾指出:"祁门水入于鄱,民以茗、漆、纸、木行江西,仰其米自给。"②据两件诉讼状词草底记载,乾隆早期,郑姓族人"撑簰糊口,耕种为业",由于矛盾纠纷,方见伯等人在"身等撑簰必由咽喉之地,屡屡抢夺棉衣米袋等物","本月十九,复又抢去米一斗"。③诚如罗愿所说,郑姓族人在放簰时似乎也从外地带回"米货"之物,或则返乡经营获利,或则直接供给家族日常生活。

要提醒的是,充当簰夫是一个非常辛苦且极具危险的职业,除了途中米货时常被抢等人祸之外,往往还要面对恶劣的自然风险。④为此,从事这样的职业,一定程度上也反映了郑姓族人日常生计和家族建设之艰辛不易。⑤

四、结 语

郑姓的家族建设过程显示,徽州小姓的家族建设具有独特性。较之于普通家族,郑姓的家族建设比较有特点:一是在脱离仆籍上,应于雍正五年(1727)开豁为良谕旨颁布之前即已获得了自由。这种情况在徽州非常不易,即便在开豁为良谕旨颁布之后,又历经乾隆三十四年(1769)、嘉庆十四年(1809)、道光五年(1825)等多次推动,徽州佃仆也未必能够尽数得到开豁。事实上,徽州宗族仍然控制着相当规模的佃仆群体。⑥郑姓为何能够顺利脱离仆籍?应该与明清鼎革之际的社会变动以及郑姓的自身发展等诸多因素相关;二是在家族建设上,在尚存佃仆身份时已经独立建户,并集中在五都五保黄岗铺一带持续开展田地购置,从而为日后的大规模卜迁建址以及家族建设奠定了坚实的基础;三是在脱离仆籍之后的家族建设上,持续开展了诸如迁居建祠、组织建构、购置田地、举办会社、教育子弟、拓展生计等一系列活动,最终促成由小姓之家成功转变为普通庶民家族,很好地适应了地方社会生活,顺利地融入了地方主流社会。

地方宗族社会对郑姓的家族建设反应较为平和,显示具有一定的包容性。明清时期,徽州小姓因试图摆脱名分等级束缚而引发的纠纷冲突非常激烈。⑦然而,郑姓在脱离仆籍以及

---

① (清)赵吉士:《寄园寄所寄》卷十一《泛叶寄·故老杂纪》,第877页。
② (宋)罗愿撰,萧建新、杨国宜校著:《〈新安志〉整理与研究(上篇)》卷一《州郡·风俗》,合肥:黄山书社,2008年,第17页。又见同治《祁门县志》卷五《舆地志五·风俗》,第235页。
③ 刘伯山编著:《徽州文书》(第四辑)第4卷,第185—186页。
④ 明末抄本《珥笔肯綮》(原件藏江西省婺源县图书馆)之"灭杀事"记载:因所放之木存有纠纷,纠纷一方"统凶多人""赶杀簰工";又,"乞悯旱灾救整蚁命事"记载:"本月某日簰至滤港安泊,塞遭狂风暴作波浪涌江,铁锚四口落水无踪,大缆十根俱断。"可见,充当簰夫确实是一个充满着风险的职业。
⑤ 据《清光绪祁门县十五都保甲册》记载,一些庄仆除了应役之外还以"驾舟"为业,估计与"簰夫"类似。参见李琳琦主编:《安徽师范大学馆藏千年徽州契约文书集萃》(五),芜湖:安徽师范大学出版社,2014年,第1949—1950页。
⑥ 例如道光二十九年,休宁西乡某一家族仍有"庄户男妇约一百四十余人"。参见刘伯山编著:《徽州文书》(第三辑)第9卷,第332页。
⑦ 郑小春:《谱牒纷争所见明清徽州小姓与望族的冲突》,《安徽大学学报》(哲学社会科学版)2016年第3期。

三百多年的家族建设过程中,与原房东方姓似乎一直保持着良好的互动关系。郑姓早期购置的大量田地主要来自方姓,说明方姓并没有因为名分等级而固执成见,这为郑姓早期的家族建设提供了重要的物质基础和宽松的社会环境。此外,即便双方发生纠纷,亦力求通过协议来和解。据载,方姓四大房曾在雍正七年(1729)"因节欠钱粮无措",将祖遗黄岗铺等处田皮八十亩,"批典郑光三等前去耕种,管业收租"。然而到了乾隆十六年(1751),方姓族人"复行生端","至郑姓控理,蒙批中处",最终双方签下一纸加卖契约,四大房将前项田皮八十亩尽数出卖与郑应元户郑起进等名下管业,"三面议定时值价银四两整"。[1]即双方做出妥协让步,最终通过找价得以和解,没有让彼此关系走向恶化。种种迹象表明,徽州宗族社会似乎并非绝对封闭禁锢,而是具有一定的弹性和包容性。[2]

郑姓的家族建设实态,为考察徽州小姓的家族建设提供了一个典型案例。寓目所及,目前所能看到的较为完整的小姓家族建设案例非常少,除了黄岗铺郑姓之外,祁门二都九保溪头坞江姓亦非常典型。[3]通过系统考察和比较,可以看出小姓家族建设具有一些共性特征:脱离仆籍获得自由是前提,购置田地积累资源是基础,开展家族组织化建设则是关键,在此基础上,通过开展各种社会文化、生产经营等活动主动适应地方社会生活,再加上地方宗族社会的包容,方能由小姓之家成功转变为普通庶民家族,从而顺利融入地方主流社会。由此可见,与普通家族建设相比,小姓的家族建设过程显然更为艰辛和不易。然而,这些都是基于现实生存发展的需要,因为只有如此,小姓家族方能置身于宗族社会之中应对各种竞争。

尚需指出的,本文考察的是脱离仆籍小姓的家族建设情况,其实在徽州也存在未脱仆籍但同样开展家族建设的现象,但二者的身份角色以及所要面对的社会环境是不同的。脱离仆籍者开展家族建设,是以庶民身份融入地方社会,且在脱离仆籍三代后,所生子孙即可捐考。[4]未脱仆籍者则以贱民身份开展家族建设,难以排除地方社会的歧视甚至是主家的抵制,且诸多权利受到法律限制。例如同治十二年(1873),歙县木瓜坦村洪姓依靠自身经济实力编修了家谱,将曾经的佃仆身份信息抹去,看似摆脱了主家札溪吴姓的控制。但实际上,自清初开始吴姓即与洪姓打了多起官司,并在家谱中专门附录"跳梁记事"以昭世人。[5]洪姓试图以"新的身份"融入地方社会,却遭到了以主家吴姓为代表的地方宗族的排斥。又如道光某年,"皇恩抚恤万民耆老,颁行赏赐顶戴……所有耆民请领顶戴,务须各乡保查明身家清白,出具切结,以杜混冒",但在祁门县南乡十西都竟有"细民"冒请,"今身约内□□□,实系细民,胆敢擅行顶戴,公然乡曲。事关恩典重大,诚恐宪恩稽查,或细民际此进身混冒,一旦发觉,身乡约宁不大干隐瞒之咎,不得不禀明"。[6]"约内□□□"估计已有相当发展,故而"胆敢擅行顶戴",但身为细民小姓遭到了地方社会的反对,该地乡约随即禀明官府以揭露

---

① 刘伯山编著:《徽州文书》(第四辑)第4卷,第194页。
② 有关徽州社会具有弹性和包容性的论述,又见王振忠:《晚清民国徽州的日常生活与乡村治理——以稿本〈开检可观〉为例》,《安徽大学学报》(哲学社会科学版)2020年第1期。
③ 郑小春:《开豁为良与徽州小姓的家族建设——以祁门县溪头坞江姓为中心的考察》,《清史研究》2020年第1期。
④ 《清仁宗实录》卷二二三,嘉庆十四年己巳十二月庚戌。北京:中华书局,1986年,第1009页。
⑤ 黄忠鑫:《清代徽州佃仆的宗族意识与族谱书写》,《安徽师范大学学报》(人文社会科学版)2018年第6期。
⑥ 刘伯山编著:《徽州文书》(第四辑)第2卷,第522页。

抵制。可见,未脱仆籍者在其家族建设过程中,即便发展了经济、编修了家谱甚至兴建了祠堂,还是很难排除地方社会乃至国家法律的歧视,故而只要有机会总是千方百计地脱离仆籍。①脱离仆籍是小姓开展庶民化家族建设的前提,在顺利融入地方主流社会中具有特殊意义。

作者简介:郑小春,安徽师范大学历史学院教授;陶良琴,安徽师范大学历史学院博士研究生。

---

① 据《开检可观》记载,祁门县二十一都锦溪查正序堂尽管兴建了祠堂,但还是在民国五年(1916)通过捐英洋600元、认先年讼费洋400元后,最终得到主家认可脱离了仆籍。同一年,田源叶姓通过捐英洋700元,也脱离了仆籍。参见王振忠主编:《徽州民间珍稀文献集成》第26册,上海:复旦大学出版社,2018年,第224、220页。

"之罘在肘海当面"：一个滨海小县家族17世纪的历史

马奏旦

【摘　要】本文考察山东福山王氏家族在17世纪的历史。该家族一般以晚清时期"耕读传家"的面貌示人，而在17世纪实为一个与渤海相依为命的贫寒家庭。本文指出，王氏祖先虽然深度参与海洋事业，在家族借此兴旺以后，家族后人便渐渐将这种记忆抹去，以"耕读"构建家族形象。为何会有这样的转变？本文给出了两条线索。明线是康熙时期的国家大政，王氏祖先突出的海上经历，不符合当时国家的意志，即短时段的政治风气，影响了家族历史的书写方式。而在这样的政治风气下，祖先入乡贤祠，又将这一书写方式固定下来。换言之，这种对海事的选择性遮蔽有一定的偶然性。隐线则是，王氏祖先的海上经历实不登大雅之堂，有违传统中国"耕读传家"的儒家精神。因此，家族后人便将这段家族记忆悄然抹去，这自然是一种更深层的文化观念与传统，而展现出中国历史发展的必然性。

【关键词】山东福山王氏；海运；渤海；家族历史；明清

康熙十二年（1673），时任刑部江南司郎中的王鹭，因病暂时去职，在其家乡山东登州府福山县静养调理。该年，知县罗博响应北京"令各省征志"以汇编《大清一统志》的号令，组织了纂修县志的工作。王鹭自称"虽病不得辞"，作为"纂修人"之一也参与其中，且为《福山县志》题写了一篇序言。王序之外，另有两篇，一出自知县罗博，另出自长沙府清军同知致仕回乡的邑人鹿兆甲。相较罗、鹿二序，单以长度计，王序洋洋洒洒，便可知并非奉承之作。罗、鹿二序都表达了该类文章中司空见惯的地方修志以"彰往诏来，移风善化"的主题。对此，王序亦未能免俗。但其特殊之处，在于作者以近似一个现代史学家的口吻，强调了新志在历史书写上的突破。作者批评万历四十六年（1618）的旧志[①]"仅寥寥具目"，新志因此"正其体式，广其条例，网其放失，芟其芜陋，经营几如创始矣"。更重要的是，新志的历史书写不仅是在内容上记"史乘之所未及"，更"凡事之不典实者，不敢滥；文之不雅驯者，不敢逭。而经其简核者，一事一议，皆可至于天子之前，而供其采择"[②]。言下之意，强调了新志在历史书写上的实证主义。

然而，王鹭刻意强调新志在史实上经得起推敲，恰是为了矫饰新志所载其家族建构的历史。今人的诸多研究已经指出部分中国传统地方志的族谱性质，即地方士绅把持方志修撰，并借机将其家族史嵌套入地方史。这样的家族史，在事实上或真或假，但一旦载入地方

[①] 《福山县志》现存者，凡有四：万历四十六年刻本、康熙十二年刻本、乾隆二十七年刻本、民国二十年刻本。民国本题为《福山县志稿》。

[②] （清）王鹭：《序言》，康熙《福山县志》序，康熙十二年刻本，第12a—22a页。

志,则变成了阖族公认的历史记忆,得以永续传承。①这样的情况同样适用于康熙《福山县志》的修撰。王鹭对于其家族历史的建构,尤其是对于其父王道增生平事迹的书写,超越了"为尊者讳"的春秋笔法,将似有联系,实无关联的历史事件加于乃父,建构出一个立德处士的形象,同时渲染了福山王氏自古便是诗书礼仪之家的印象。②如此建构出来的"家族前史"影响深远。康熙后的各地方志都是将其削删后录入史乘③,王氏后人更是几乎一字不差地将其载入族谱④,甚或有当代专业的历史学者合盘纳入,不予辨析⑤。故此,探幽发微,解开福山王氏家族前史的"实情",便是本文的任务之一。

当然,"实证"并不是本文的根本重点所在,本文真正关心的是王氏家族和宏大历史的关系。这种关心基于"个人即政治(the personal is political)"的前提,也就是说,唯有领悟大的历史进程对于微小个体的影响,才能充分理解前者,而反之也亦然。⑥本文将说明的是,福山王氏17世纪的命运与明末海运息息相关,后者则发轫于福山的地理与经济结构,以及明清战争的战备需求。然而,当王氏在清初成为精英家族,并营求国家认可之时,最终还是抹去了家族那段一度赖以为生的海上经历,而这又源于清初的禁海政策、于七起义、登州水师重组。现有的研究断层式地聚焦于福山王氏人才辈出的清代⑦,多现象描述,少深刻分析,并

---

① 于此,Joseph Dennis 对于明代诸本《新昌县志》以及地方士绅关系的研究颇具有启发性。作者明确指出,《新昌县志》可以被认为是"一本大家庭的公共族谱"(a public extended-family genealogy)。其专书中亦提示了若干有关地方志与家谱关系的研究。见 Joseph Dennis, *Writing, Publishing, and Reading Local Gazetteers in Imperial China,1100-1700*, Cambridge and London: Harvard University Press, 2015, pp.64-114.

② 当然没有直接的证据证明康熙《福山县志》中有关王氏家族的记载出于王鹭之手。但王鹭作为在籍京官,亦是县志的纂修人之一,志中家史若未得王鹭的首肯,亦不可想象。

③ 乾隆《福山县志》卷五,乾隆二十七年刻本,第 12b—15a 页;民国《福山县志稿》卷七 – 三,民国二十年刻本,第 5b—8b 页;光绪《增修登州府志》卷四十七,光绪七年刻本,第 11 页;雍正《山东通志》卷二十八 – 三,文渊阁四库全书本,第 103b—104a 页。

④ (清)王崇焕:《古现王氏世谱》,《天津图书馆藏家谱丛书》第 497 册,天津:天津古籍出版社,2011 年,不分页;王佑铨:《王氏大司农本支谱书》,福山:广东印书局,1937 年,第 20b—25b 页;烟台地方史志办公室:《王懿荣世家人物传记》,烟台:烟台地方史志办公室,2005 年,第 44—46 页。

⑤ 例见[韩]徐源翊引乾隆《福山县志》,见氏著《明清交替期东江镇的地位和经济基础》,《明清史研究》2020 年总第 53 期,第 127 页;赵世瑜、杜洪涛引民国《福山县志稿》,见氏著《重观东江:明清易代时期的北方军人与海上贸易》,载赵世瑜编:《长城内外:社会史视野下的制度、族群与区域开发》,北京:北京大学出版社,2016 年,第 85 页。

⑥ Joseph Esherick, *Ancestral Leaves: A Family Journey through Chinese History*, Berkeley: University of California Press, 2011, p.xiv.

⑦ 有清一代,福山王氏共出了 26 位进士,58 位举人,400 余位生员,为官者逾百人。这样的科场成绩,以及随之而来的仕宦经历、文化成就,也就自然成了今人研究福山王氏的重点。例见佟守琴:《福山科举家族王氏研究》,硕士学位论文,辽宁大学,2002 年;王甜甜:《清代福山王氏家族研究》,硕士学位论文,山东师范大学,2016 年。

用一种"事后诸葛亮"式的目的论探讨一个家族的成功,把结局当做开端。①本文则将视线拉回 17 世纪,将家族崛起历史的开端当做开端,考察被卷入地缘政治巨变中一个家族的变化。

一、福山的地理与经济

福山是地处山东半岛北岸的一个县,隶属登州府。隆庆五年(1571)年,山东布政司借编纂《山东经会录》的机会对下辖州县进行了一次行政区评级。按照"钱粮多寡""地当孔道"两项标准,分别给予"上、次、下"以及"冲、不冲"的考语。登州府所属在这次评级中表现尴尬。除了附郭县蓬莱被评为"次、冲",黄县、招远得语"下、冲",其余五县皆为"不冲"。②言下之意,其地理位置非据冲要,因而没有特殊的战略意义。其财政税收之少,更不言自明。从国家的角度来看,这五个县似乎并不重要。福山便是这五分之一。

诚然,福山县始终都不是富庶的地方。当 15 世纪的鲁西、鲁中地区因为大运河漕运经济的带动而开始商业繁荣③,对于福山所在的鲁东地区的描述,仍旧是"男子多务农桑",但是"僻在东陲,土田狭窄,埒卤半之"。④当地滞后的农业经济到了明末仍旧没有显著改观。这是因为福山县"居丛山中"⑤,北部的芝罘山与西部的磁山占据了县境的大部,余下的丘陵地带也不适合大规模垦田,更不消说滨海成片的盐碱地。另外,始自 16 世纪中叶长达两个世纪的小冰河期,带来低温、干旱。⑥尤其是后者,对于"第种陆田,不知水利"⑦的福山农民来说

---

① 这种针对本体论式研究的批评也适用于对于其他山东家族的研究。当然,不能否认的是,这类研究对于家族文献材料的挖掘、运用,对于家族历史的介绍为我们理解山东家族提供了实证基础。例见朱亚非等:《明清山东仕宦家族与家族文化》,济南:山东人民出版社,2009 年。总体而言,山东,乃至华北的家族研究,相较江南、华南地区的家族研究,尚显薄弱。后者的研究往往结合了更大的历史场域(例如,地方社会、文化流变、王朝历史等),而显示出更宽广的研究视野与理论深度。例见章毅:《理学、士绅和宗族:宋明时期徽州的文化与社会》,杭州:浙江大学出版社,2017 年,第114—221 页;David Faure, *Emperor and Ancestor: State and Lineage in South China*, Stanford: Stanford University Press, 2007, pp. 125-250。但值得一提的是,对于山西地区的家族史,现有研究结合民俗学、历史人类学,勾勒出"宗族建构"的发展史,也为华北的家族研究提供了新的视角与方法。例见赵世瑜编:《大河上下:10 世纪以来的北方城乡与民众生活》,太原:山西人民出版社,2010 年,第 211—322 页。

② 香港中文大学历史系编:《山东经会录》卷十,济南:齐鲁书社,2017 年,第 811—813 页。

③ 大运河之于整个明清山东的影响尚未见系统研究,实属遗憾。现有的研究多为个案分析,如济宁、临清、张秋(安平)。参见 Jinghao Sun, "A Jiangnan Identity in North China: The Making of Jining Urban Culture in the Late Imperial Period", *Late Imperial China*, Vol.33, No.2, 2011, pp.39-43; Timothy Brook, *The Troubled Empire: China in the Yuan and Ming Dynasties*, Cambridge and London: Harvard University Press, 2013, pp.113-114;许檀:《明清时期山东商品经济的发展》,北京:中国社会科学出版社,1998 年,第 171—172、177—178 页。山东的整体经济变化也反映在社会风气之中。尤其是鲁西、鲁中 16 世纪以降的奢侈之风反映出该地区的经济发展,而鲁东地区则鲜有这样的变化。参见常建华:《明代宗族组织化研究》,北京:故宫出版社,2012 年,第 455—464 页。

④ (明)李贤等纂修:《大明一统志》卷二五,台北:台联国风出版社,1980 年,第 1702 页。

⑤ 康熙《福山县志》卷二,康熙十二年刻本,第 2a、4b 页。

⑥ 小冰河期是全球气候历史问题,因而国内外都有诸多研究。有关其对于中国历史的影响,参见 Timothy Brook, "Nine Sloughs: Profiling the Climate History of the Yuan and Ming Dynasties, 1260-1644", *Journal of Chinese History*, No.1, 2017, pp.27-58。

⑦ 民国《福山县志稿》卷一–三,第 5 页 a。

是致命性的。有明一代，旱情带来的饥荒在县志中都历历在案。特别是万历四十三年（1615）那场被后人称为"大祲"的大旱，席卷了整个山东，并在其后几乎所有的地方史志中留下了记载，成为当地人恒久的历史伤痛。时任福山县令的宋大奎意欲摆脱被干旱摆布的命运。翌年，他下令沿着县境内逶迤北上入海的清洋、大姑二河建造了三十多架水车，用以农田灌溉，并将陆田改作水田。这样的公共建设，立刻带来了粮食的丰产，但短暂的成功，终究没有摆脱人去政息的命运。万历四十八年（1620），宋离任，水车"竟废"。①

而后，便是接连不断的社会动荡：崇祯六年（1633）吴桥兵变，崇祯十六年（1643）清军围城，顺治十八年（1661）于七起义。和周边同样惨遭兵燹的州县一样，福山县在明末清初，人口损失，田亩抛荒，经济破败。在经过漫长的恢复期之后，18世纪的观察者重新看到了15世纪的景象，当地人"勤耕织"，"犹有先民遗意"，然而"丛山滨海，非尽平原，斥卤硗确，难言膏腴"②，经过三个世纪的历史变动，其农业经济似乎仅是回到了原来的水平。

农业之外，和几乎所有描述沿海州县社会的地方史志相似，《福山县志》也提示了所谓"渔盐之利"的濒海生计。在福山离岸的芝罘岛附近，"春月捕鱼货者，络绎不绝"。鱼货之中，尤以对虾闻名。③同时，在县城北十五里的城后海口附近，"登宁场盐课司煮盐于此"④。而且自宋代以来，登州地方便不食官盐，只要不在盐商的专卖区，便可自煎自晒，民运民销，处置有相当的自由。⑤这些都提示了当地人靠着捕鱼、制盐而生存。卜正民（Timothy Brook）在考察了明代诸城县之后，对这样的说法则颇不以为然。诸城位于山东半岛的南岸，卜声称，诸城被大海挡住了出路，对此它体验到的与其说是机会倒不如说是障碍。⑥

诚然，捕鱼、制盐的濒海生计"存在着结构性的短缺，是一种不能完全自给自足的经济"⑦。但与诸城不同的是，福山因为地处北岸，在明朝之初，当地百姓就已经卷入到跨渤海的航运之中，尤其是与辽东保持着时开时阖的经贸联系。历史的渊薮要追溯到朱元璋出于功伐北元与建设北境的需求，而命令内地各省输运粮食物资，山东便是承担运务的省份之一。为此，其北岸开辟了多条通达辽东以及永平府的海上线路。虽然洪武三十年（1397）辽东因为屯田的发展而声称已能自足，永乐十三年（1415）会通河通，南货北上付诸漕运，但山东至辽东的航线仍旧畅通。15世纪，朝廷仍不时要求山东海运大批布花钞锭，岁赏辽军。⑧16世纪，嘉靖帝为了抵抗倭寇而采取了严格的海上防御政策。同时，山东的物料征输在赋役折银

---

① 乾隆《福山县志》卷五，第75页b。
② 乾隆《福山县志》卷五，第50页a；卷六，第82页a。
③ 李玉尚：《海有丰歉：黄渤海的鱼类与环境变迁（1368—1958）》，上海：上海交通大学出版社，2011年，第185页。
④ 康熙《福山县志》卷二，第10页a。
⑤ 李玉尚：《海有丰歉：黄渤海的鱼类与环境变迁（1368—1958）》，第128页。
⑥ Timothy Brook, *Praying for Power: Buddhism and the Formation of Gentry Society in Late-Ming China*, Cambridge and London: Harvard University Press, 1993, p.228.
⑦ 鲁西奇：《中古时代滨海地域的"水上人群"》，《历史研究》2015年第3期版，第63页。
⑧ 明实录中有关15世纪山东海运济辽的记录甚多，枚举几例：《明英宗实录》卷十三、卷二百七十七，正统元年正月壬申、景泰三年六月戊子，第233、4691页；《明宪宗实录》卷一百六十一，成化十三年正月丁未，第2948页。本文所引《明实录》为黄彰健校勘版本，见《明实录》，台北："中研院"历史语言研究所，1966年。

改革中变成了诸如"胖袄"之类的折色税目,海运因此一度中断。①但16世纪末爆发了壬辰之战(1592—1598),大批军需物资从山东登莱地区中转辽东旅顺,再运抵朝鲜半岛西岸诸港,又恢复了海上的运输线,同时打通了山东—辽东—朝鲜的海上联系。运输官方物资以外,随船的海员、官员夹带私货贩卖,渤海南北互通有无,自不待说。②

大战甫息,海禁绳其后,又在"大祲"的万历四十三年(1615)重新开海。该年,在没有明确得到山东抚院批复的情况下,时任登州知府的陶朗先向辽东招商运米,两年间得商米二十余万石至登,"而孑遗之众始欣然庆更生矣。"在山东余境"有抱金而自缢者,为荒为乱,皆起于无可疗饥耳"的情况下,陶朗先依靠海商,使得登州府"以辽粟焱至乃免此厄"③。在福山,知县宋大奎得以"赈济得法,全活甚众"④,自然也是受惠于此。

三年之后,海运再起。其时,努尔哈赤以"七大恨"起兵,并于年初攻占抚顺。为了遏制后金,备战日后闻名的萨尔浒之战(1619),明廷在户科给事中官应震的建议下,下令山东登州海运米豆至辽东金州。时任山东巡抚的李长庚虽然以海运价格不菲推脱,但甫任登莱道副使的陶朗先却急于表现。凭借其三年前海运的经验,并动员了登州府境内所有的渔民、船户以及在登的海商,上任仅十三天,就成功发运了第一批一万三千余石米豆。而后的两年中,海运规模逐步扩大。至泰昌元年(1620),岁运额达六十万石,所涉地方,也从登州一府,延及莱州、青州、济南。福山为登州之属,当地百姓自始至终都参与到海运之中。县城西北四十里的八角海口,自古即为良港,"可湾百十余只"⑤,"海运由此发钉。往来者俱以停泊为便,遂为四方贸易所"⑥。而在这"往来者"之中,便有福山王氏子弟的身影。

二、王鹭的记述

王氏是明初从云南迁至福山的移民家族。⑦有明一代,一共八世,"廪生、贡生不过六人,增生、附生不过八人"⑧。科举时代,所谓地方望族,自然首先要用子弟在考试中的表现来衡

---

① "胖袄"见香港中文大学历史系编:《山东经会录》卷五,第459页。有关明代赋役折银的研究汗牛充栋,故不赘。有关山东对北方运输本色折银的研究,参见范传南:《明代九边京韵年例银及其经管研究》,博士学位论文,东北师范大学,2011年,第77页;杨维:《明代北方五省民运粮研究》,硕士学位论文,辽宁师范大学,2013年,第19—21、31页。
② Jing Liu, "Beyond the Land: Maritime Interactions, Border Control, and Regional Powers between China and Korea, 1500–1637", PhD Dissertation, Syracuse University, 2019, pp.119-187.
③ (明)陶朗先:《登辽原非异域议》,《明清史料丛书》第4册,北京:北京图书馆出版社,2005年,第73页。
④ 康熙《福山县志》卷七,第12页a。
⑤ (明)梁梦龙:《海运新考》卷上,明万历间刊本,第26页b。
⑥ 康熙《福山县志》卷二,第10页a。
⑦ 山东的云南移民传说,与山东枣强移民传说、山西洪洞大槐树传说相类,都是移民有关祖先和家园的集体记忆。许多学者强调其长时段的建构性,张金奎则认为这种传说有其历史真实性。张以福山王氏为例,王氏子弟于清代两次往云南寻根,因此判断王氏祖传的云南移民说法并非无稽之谈,本文取其说。见氏著《明代山东小云南移民浅谈》,载《明史研究论丛》第13辑,北京:中国广播电视出版社,2014年,第154—166页。对于云南移民传说为建构的集体记忆的研究,例见徐晓青:《胶东半岛上云南与"小云南"移民的集体记忆》,《民俗研究》2019年第3期,第56—63页。
⑧ 王佑铨:《王氏大司农本支谱书》,第14页a。

量。王氏族人科场取进者不仅少,且都是低级功名。同时,族人又没有取得值得夸耀的文化成就或商业成功,因此,福山王氏在明代自始至终都未能进入山东的精英界。唯有到了家族第九代,王瞀于顺治十二年(1655)首中进士,后于康熙三十三年(1694)以户部尚书致仕,才使得该族开始成为山东地区的望族。

根据王瞀的记述,积极参与到陶朗先主持的海运之中的,是乃父王道增。王道增为家族第八世,生于万历四年(1576),卒于顺治十四年(1657),无功名,亦不仕。在康熙十二年(1673)出版的《福山县志》中,王瞀首次谈到了乃父海上的经历:

> 东岛初设镇,运道久埋,无敢应运务者。增凿空漫汗,极危险,卒致军需。岛师奇而礼之,留幕职,辞不就。归图所经岛屿纤近,上当事者。登岛通运自公始。
>
> 尝孟冬过石城,其屯千兵,现粮不支一月。守将池凤高垂泣乞命,增怜之,归聚米。已仲冬,海口冰合,乃弃故道,纵大洋,直抵其寨屯。众焚香号呼,庆更生。①

三年之后,王氏家族为王道增立"八世祖碑"。王瞀因此为乃父作《行状》以勒石,在康熙《福山县志》的基础上,增添了诸多细节:

> 昔年平岛初设镇,运道未开。防抚陶公檄郡县,募官商,无敢应者。先君曰:"东江不在天上,风波何畏哉?"出应命,遂乘巨舰,盛载军需,茫茫洪涛,冥行几危。越十四昼夜,抵其处。时岛屯军民数万,多绝粮。先君所载狼戾,观者喧哗,声振山海,人人争识丰采。既而岛帅欲留幕职,辞不就,归。图所经岛屿道里纤近献陶公,以示官商。登岛通运自先君始。
>
> 尝孟冬道经石城,素善其将池某,过存之。池将言其麾下千兵,"见粮不支一月,计至春运,予众久腊孤屿矣"。先君不忍曰:"时至此,海道万不能行,吾当屡危济公。"公归,聚米促载。将行,时仲冬初旬也。海口冰合,狂飚滔天。诸刺楫者皆恐,相怨曰:"宁君以命徇人者。"因谕曰:"彼千命保吾此行。业已许人,信不可爽。且阴霁循环,过此当日惠风也。"卒弃故纤道,纵大洋直往,不三日达其寨。池将粮且尽,率弁兵焚香趋近,相庆更生。乃复凿冰归,往返终十七日。至今谈海运者,率叱为奇。②

王瞀的两个文本并没有本质的区别,概括起来,即两则故事:一、陶朗先开展海运,主要接济名为"平岛"的军镇,王道增参与首航,为日后海运的展开奠定基础。二、在冬日不宜远洋航行的情况下,王道增海运接济石城岛,信守了为其守将池凤高输粮的诺言。不习明清史的读者一定会觉得王道增勇气、诚信兼备。但比照史实,许多情节则经不住推敲。

先看故事一。其叙事在时间线上颇为混乱,将万历末陶朗先开海运与天启初山东参与

---

① 康熙《福山县志》卷九,第 14b—15a 页。
② 《行状》的内容及来历,皆载入光绪十七年(1891)出版的(清)王崇焕:《古现王氏世谱》,《天津图书馆藏家谱丛书》第 497 册。需说明的是,族谱中该《行状》题为《赠光禄大夫户部尚书加一级仰池府君行状》。该题为康熙四十一年(1702)王道增授赠光禄大夫户部尚书加一级后所加。至于原题为何,则已不可知。为了避免误导读者,正文中皆用《行状》以指代。

鲜运混为了一谈。如前述,万历四十六年(1618),陶朗先任登莱道副使,首开海运济辽。接济的对象主要是前线备战的明军,因此粮草海运抵岸后尚需陆运至辽阳,山东运船的目的地也是辽东半岛西岸诸港。天启元年(1621)初,后金军攻占辽沈,明廷失去辽河以东所有国土,海运因此被叫停。至该年六月,明廷为恢复辽东,根据熊廷弼"三防布置策",于登莱设巡抚,陶朗先任,而"登莱巡抚"即王鹭故事中所谓"防抚",但此时已无海运。①至天启二年(1622)四月,陶朗先遭言官弹劾,被迫致仕,"防抚"之职由袁可立接任。②六月,明廷正式加封身在平岛的毛文龙为署都督佥事、平辽总兵官,自此才有故事中所谓"平岛初设镇"。③平岛,又称"皮岛",朝鲜史料多称"椵岛",位于朝鲜平安道铁山郡西南,孤悬海上,地瘠多风,本为朝鲜豢马之所。④天启元年(1621)冬,数月前才攻占辽东镇江堡的明将毛文龙,不敌后金军围攻,东渡鸭绿江至朝鲜。其后,毛文龙部又于宣川郡林畔驿再遭后金军攻剿,便撤退入平岛,并于该岛开设军镇,号曰"东江",毛称"岛帅"。东江镇是明军在辽东后方牵制后金的重要力量,明廷因此恢复海运为之接济,是为"鲜运"。但鲜运之初,则由天津发运。山东参与鲜运则要推迟到天启五年(1625),并且山东方面只备粮豆饷银,不负责船只运输。天津运船头运结束,回空到山东北岸,再二运军需至东江。⑤而此时,"防抚"为武之望,袁可立已于去年去职,而陶朗先则于该年病逝。

就故事中诸多细节来看,也颇多错误。首先,根据万历四十七年(1619)年任莱州府潍县县令吴甡的回忆,陶朗先主持海运,"督课甚剧"。吴甡为治下百姓请命,希望酌减运额,陶反而予以惩戒,在原来的基础上再加四万石。⑥而且陶往往以行政命令强迫当地官商完成运额。故事中所谓"募官商,无敢应者",言下之意,参与海运与否出自官商自愿,这似乎并不符合历史的真实。其次,渤海秋冬间有南北双向流动的洋流"黑潮"(Black Current)⑦,为了避免海难,"有清明前不开洋之忌",海运此被严格限定在春夏之间,取其"风柔水燠,飞挽速竣"⑧。在这样的条件下,山东运船往往能在二至五日内抵达辽东。故事中所谓去程"越十四昼夜",耗时未免太长。再者,根据毛文龙塘报,天启二年(1622),"天津委官陈汝明等解到米豆八万三千石,布二万匹"⑨。并未见山东运粮,更不见"岛帅欲留幕职"云云。最后,根据陶朗先的自述,首开海道者为黄胤恩。黄时为登州卫的一名千总,被陶称作"熟谙海务者"⑩,天启时升任海运参将加衔都司,崇祯间任临清副总兵、淮安海运副总兵。故事中所谓"登岛通运自先君始"似乎是抢了他人的功劳。

---

① 《明熹宗实录》卷十一,天启元年六月辛未条,第543页,天启元年六月丙子条,第550页。
② 《明熹宗实录》卷二一,天启二年四月庚午条,第1048页。
③ 《明熹宗实录》卷二三,天启二年六月戊辰条,第1127页。
④ 《朝鲜端宗实录》卷七,端宗元年七月辛未条,第7页a。本文所引《朝鲜王朝实录》,皆为韩国国史编纂委员会所辑版本,见《朝鲜王朝实录》,首尔:国史编纂委员会,1958年。
⑤ 张金奎:《明代山东海防研究》,北京:中国社会科学出版社,2014年,第411—415页。
⑥ (明)吴甡:《忆记》卷一,明万历钞本,第5页a。
⑦ Angela Schottenhammer, "Connecting China with the Pacific World?" *Orientierungen*, Vol.31, 2019, p.111.
⑧ 佚名:《海运纪事》,《北京图书馆古籍珍本丛刊》史部地理类第56册,北京:书目文献出版社,1993年,第53c、67b页。
⑨ (明)毛承斗:《东江疏揭塘报节抄》,《明末清初史料选刊》,杭州:浙江古籍出版社,1986年,第105页。
⑩ 佚名:《海运纪事》,《北京图书馆古籍珍本丛刊》史部地理类第56册,第31页d。

再看故事二。考虑到前述混乱的时间线,分析这则文本的首要问题便是判定故事发生的时间。池凤高驻石城岛,是解谜的关键。石城岛,位于辽东复州以东,平岛以西,地处"鲜运"海道之上,是天津运船必经之处。该岛在东江建镇之初便被纳入势力范围之内,东江军士在岛上屯种,亦有专任将官分守该岛。譬如降清的毛文龙旧部尚可喜,在东江时便有所谓"石城岛都司"的头衔。① 但池凤高并非东江岛官,而是宁锦水兵将领,杨嗣昌称其为"宁远岛官"②。池至石城岛是在崇祯十年(1637)六月,目的是为了招抚已经退至该岛的东江镇残部。③ 该年四月,清军攻陷平岛,东江覆灭。④ 五月,明廷决定"撤岛",将岛上军民移驻宁锦地区。⑤ 同时,东江残部中发生内乱。沈世魁的侄子沈志祥为了争夺领导权,杀死监军黄孙茂,副总兵白登雍侥幸逃生,沈志祥则"走降于清兵"⑥,招抚余下的岛众也因此变得刻不容缓。七月,池曾携部分岛民回宁远,后又奉敕再次前往石城招安。⑦ 有资料显示,池于该年十一月曾向岛众发招抚票文⑧,考虑到石城岛冬季海口冰封,不能出船,池可能在岛上度过了冬天。至翌年五月,岛民基本撤离完毕,"岛事初定",而池也暂时消失于史籍中。⑨ 其后,石城岛转为登莱巡抚管辖,登莱方面调派水军左营一名千总,将该岛纳入巡哨的范围,但显然并没有再在岛上大量驻军。⑩

池凤高再次出现在史料中是崇祯十三年(1640)。该年,他作为辽东巡抚方一藻麾下的中军副将参与到松锦大战(1639—1642)中。⑪ 明军在战争中大败,但池显然并没有殒命。至顺治元年(1644),他与一众"潜屯海岛"的明将出现在清廷招降的敕书中。⑫ 潜屯海岛的原因是因为随着三月北京陷落,华北局势变得扑朔迷离,一些渤海沿海将官便携家眷逃往海岛,"听候京中实信","相机进止",而池凤高便是其中之一。⑬ 已存的史料未能提供池的具体下落,但可以确知的是,他并未在石城岛。该岛自七月即由登莱水军游击马登洪,以及投明的朝鲜平安道兵使林庆业所据。翌年二月,马、林率部乘船向南京,欲投奔弘光帝朱由崧,遂人去岛空。⑭ 综上所述,池凤高驻石城至多从崇祯十年(1637)六月至十一年(1638)五月。那么,王道增冬季输粮至岛也应该发生在这段时间内。

---

① 《崇祯实录》卷六,崇祯六年十二月癸未条,第185页。
② (明)杨嗣昌:《杨嗣昌集》卷十七《岛众原有忠心疏》,长沙:岳麓书社,2008年,第393页。
③ (明)杨嗣昌:《杨嗣昌集》卷十六《复兵科叛兵听抚疏》,第355页。
④ 薛戈:《从沈世魁看晚明中朝关系》,硕士学位论文,山东大学,2013年,第42—50页。
⑤ (明)杨嗣昌:《杨嗣昌集》卷十四《复山永巡抚海岛情形疏》,第321页。
⑥ (明)杨嗣昌:《杨嗣昌集》卷十七《复应按急报贼情疏》,第378页;《崇祯实录》卷十,崇祯十年五月壬午条,第305页。
⑦ (明)杨嗣昌:《杨嗣昌集》卷十七《御前发下红本疏》,第394页。
⑧ (明)杨嗣昌:《杨嗣昌集》卷二十《复登监反侧之心未安疏》,第460页。
⑨ (明)杨嗣昌:《杨嗣昌集》卷二四《复登抚岛事初定疏》,第554页。
⑩ 《兵科抄出登莱巡抚杨文岳题本》,《明清史料乙编》第3本,上海:商务印书馆,1936年,第234页a。
⑪ 《兵部为辽东巡抚方一藻题报清军进攻宁远行稿》,《崇祯十三年辽东战守明档选-下》,《历史档案》1983年第3期,第7—8页。
⑫ 《摄政王招抚海岛明将徐标等敕》,《明清史料丙编》第5本,上海:商务印书馆,1936年,第423页a。
⑬ 《奉差出海各岛招抚游击沈观筹等揭帖》,《明清史料丙编》第5本,第465页a。
⑭ 《奉差出海各岛招抚游击沈观筹等揭帖》,《明清史料丙编》第5本,第465页a;《朝鲜仁祖实录》卷四六,仁祖二十三年五月丙午条,第37页a。

但考虑当时的历史情境,王的"壮举"应该是不可能的。因为自四月明廷得知清军攻陷皮岛之后,"沿海水陆,处处堪忧"①,宁锦、天津、登莱各镇便积极开始调兵驻防陆海要冲。②就登莱地区而言,登莱水兵,"于皇城、长山二岛安置壁垒,扼守津、登门户";陆兵,副总兵"冯大栋回镇","贴登战守"。③至于登莱各府、州、县"应有保民方略",各海口"责成青、登、莱、顺、永、河各道亲自巡查,州县有司团练土著,就近协防"。④就福山县而言,冯大栋管辖下的"陆左营"驻防八角海口⑤,严防海上袭击的同时,"片板不能下海"的意图也十分明显。翌年"撤岛"之后,登莱巡抚杨文岳,兵部尚书杨嗣昌都认为,"制奴只有关门正着,更无用海奇着"⑥,言下之意是认为可以战略重心转移,放松登莱海防,紧固山海关陆防。但未等明廷回应,九月清军入关,南下转掠二千余里,攻下济南等七十余府州县,兵锋抵临清地区,直接威胁大运河运输命脉。崇祯十二年(1639)正月,明廷决定内移登莱总兵于临清。⑦至此,"海防战略大踏步内缩"⑧,沿海地区的戒严状态才逐渐松弛。考虑这样的历史背景,王道增能够在重重防御之下出海输粮,实在是难以想象。

综上所述,这两则故事疑点颇多,很难作为有力的证据来解释王道增的生平。故事的作者王鹭试图让王道增"参与"到真实的历史事件中,从而营造出乃父勇、信兼备的形象。但如此建构起来的历史,虽然看似自恰,但忽略了人、地、物等各要素之间"客观"的逻辑联系,因而经不起仔细推敲。但也不得不承认,王鹭的故事和明末海运息息相关。我们不禁要问,王氏家族和海运之间是否真的存在联系?

三、王氏与海运

除却王鹭的记述,没有史料记载王道增曾有海上的经历。然而,有坚实的证据可以证明,其仲兄王道隆曾参与到明末的海运之中。万历四十六年(1618)六月二十三日,陶朗先在一篇呈送山东巡抚的报告中,详述了因海运济辽而雇募本地船户的情况。其中,福山县运米共一千石,雇渔船七只,在八角海口,船户六人,其中一人即为"王道隆"。⑨如前述,这次海运

---

① (明)杨嗣昌:《杨嗣昌集》卷十一《惊闻皮岛溃失疏》,第223页。
② 天津的军事布置,参见《兵科抄出天津巡抚贺世寿题本》,《明清史料乙编》第2本,上海:商务印书馆,1936年,第168页;宁锦,参见《兵科抄出辽东巡抚方一藻题本》,《明清史料乙编》第2本,第170页a。
③ (明)杨嗣昌:《杨嗣昌集》卷十一《惊闻皮岛溃失疏》,第223页。
④ (明)杨嗣昌:《杨嗣昌集》卷十一《惊闻皮岛溃失疏》,第224页。
⑤ 《崇祯长编》卷六四,崇祯五年十月壬申条,第3685页;乾隆《福山县志》卷二,第16b、19b页。有关登莱水陆各营,见光绪《增修登州府志》卷十二,光绪七年刻本,第4b—5a页。崇祯八年,登莱水陆十营重组为五营,各营将官亦随之调更。据《登莱巡抚陈应元题本》,《明清史料甲编》第9本,上海:商务印书馆,1936年,第843a—845a页,冯大栋本为水中营副总兵,该营被裁,冯改任陆左营。
⑥ 《兵部题"兵科抄出登莱巡抚曾樱题"稿》,《明清史料乙编》第6本,上海:商务印书馆,1936年,第555页a。
⑦ 《崇祯实录》卷十二,崇祯十二年正月壬申条,第357页。道光《重修蓬莱县志》、光绪《增修登州府志》误将移镇时间记为崇祯十一年。张金奎对此做过辨析,见氏著《明代山东海防研究》,第515页。
⑧ 张金奎:《明代山东海防研究》,第520页。
⑨ 佚名:《海运纪事》,《北京图书馆古籍珍本丛刊》史部地理类第56册,第16页d。

是在陶朗先上任十三天内仓促而就,因此对雇募的船只、船户都未严加择选。陶也因此对这批船户评价颇低,认为他们"皆一时乌合之众,所领雇价俱修舱,并食费,大半无存"①,应募海运纯粹是为了一时生计,并不考虑自己能否胜任。而后发生的若干起船户"拐粮逃脱","盗粮诈死"的案件②,也坐实了陶的判断。幸亏有黄胤恩全程监督,并缉拿犯罪船户,才没有造成大的损失。此外,陶在第二年的海运之前,三令五申船户不许夹带禁物、私物,亦不能偷载私人③,可见这样的事情应该在之前发生。由此可知,这批受雇的船户属于较低的社会阶层,经济上并不富裕,而参与海运不仅能获得官府的酬劳,也能借走私获利。王道隆以渔船应募,而本地渔船"往来天津及滨沾内海,素未入外洋"④,若不是因为海运的高回报,想必也不会如此冒险。

虽然史料未载,但想必王道隆在陶朗先主持的海运当中表现优异,并和主管官员黄胤恩合作无间。以至于到了天启二年(1622),天津巡抚毕自严首开"鲜运",黄胤恩升任"总理朝鲜海运都司",而王道隆也再次隶于其麾下,参与到海运之中。该年七月,一百六十只运船以"明王慎德,四夷咸宾"字号,分成前后两帮,先后从天津开洋,而王道隆即是分押后帮四号船只的官员。船队在运输途中多次遇到了风灾,船只有漂损,但好在大部分粮料还是送到了毛文龙手中。如此一波三折的过程被毕自严记录在案,并上疏朝廷,这也成为了有关王道隆在天启年间唯一的记录。⑤

在这次风灾中,王道隆幸得无虞,并在之后的几年中始终航行在海上。至崇祯二年(1629),厄运到来,他罹遭海难,但所幸未死,漂至朝鲜半岛南部的珍岛,为当地人所获。该年十二月二十一日,"郑基广以礼曹意启曰,珍岛地漂流唐人王道隆等十名,今已入来,令承文院撰出咨文,别定译官,依近例押送板岛(作者按:即平岛)"⑥。但朝鲜方面经过一番询问之后,知道王道隆为"守备差官","虽未知职秩,而皆是军门差官"。此处"军门"特指兵部尚书兼右副都御史,督师蓟、辽,兼督登、莱、天津军务的袁崇焕。该年三月,袁为了遏制毛文龙,设东江饷司于宁远,令天津运船从觉华岛中转,再至东江。两方遂势同水火,袁因此于四月斩毛,分其兵众二万八千为四部,以其部将分统之。⑦袁崇焕此时位极人臣,对其属下,朝鲜方面自然也不敢轻慢,因此决定"接待之事,不可与漂流之人例为之,而入接处所则太平馆,副总差官方为入接"⑧。王道隆等人在汉城至少逗留到了翌年九月,在这期间,还受到了仁祖国王"出御崇政殿以见之"的礼遇。王道隆最终下落如何,仁祖曾要求"修葺以遣之"⑨,即朝鲜方面出资准备船只,将其遣返回明。至于他最终是否离开朝鲜,则不得而知了。

有关史料虽然有限,但也可以勾勒出王道隆在明末的活动主线。他起自微末,以渔船主

---

① 佚名:《海运纪事》,《北京图书馆古籍珍本丛刊》史部地理类第56册,第19页a。
② 佚名:《海运纪事》,《北京图书馆古籍珍本丛刊》史部地理类第56册,第67页d。
③ 佚名:《海运纪事》,《北京图书馆古籍珍本丛刊》史部地理类第56册,第30页a。
④ 佚名:《海运纪事》,《北京图书馆古籍珍本丛刊》史部地理类第56册,第6页d。
⑤ (明)毕自严:《督饷疏草》卷二《鲜运屡罹风波粮饷幸获接济疏》,明天启间刊本,第23页a。
⑥ 《承政院日记》,首尔大学奎章阁藏笔写本,第28册,第146页a。
⑦ 陈建宏:《军粮供需与明清辽东战争(1618—1642)》,博士学位论文,台湾师范大学,2018年,第163—165页。
⑧ 《承政院日记》,首尔大学奎章阁藏笔写本,第28册,第146页a。
⑨ 《朝鲜仁祖实录》卷二五,仁祖九年九月辛巳条,第15页a。

应募陶朗先的海运济辽。这段海上的经历,让他升任小官,继续参与到"鲜运"之中。最后,他隶属于袁崇焕关宁军麾下,在一次出海中失事,漂流到朝鲜。至于说王道隆和池凤高的关系,两人在崇祯时都隶属关宁军,互相认识也不足为奇了。将王道隆班班可考的真实经历比照王骘的故事,完全可以认为,后者是在前者基础上的再创作。王道增参与海运的故事,其原型就是王道隆的真实事迹。

王道增是否也有海上的经历呢?并不能排除这样的可能性。前文已述,海运虽然风波危险,但实则是高回报的产业。尤其是到了"鲜运"时期,毛文龙发展了渤海湾内的海洋贸易。以东江镇为中转站,南抵登莱,西至天津,北临辽东,中国内陆的粮豆布绸,满洲的皮草,朝鲜的人参在跨渤海的运输网络中互通有无,因此吸引了大量的商贩。[①]既然王道隆已经参与海运多年,且小有成就,那么王道增通过仲兄的关系入行从业,也不足为奇。

也唯有如此,才能解释王骘在《行状》中所载,崇祯时王道增不断输粟于郡的善举:崇祯五年(1632),孔有德叛军攻陷攻掠登莱地区,王道增输粟百石,襄助县令朱国梓守城;六年(1633),福山经济凋敝,物价飞涨,王道增买商人粟输赈,以平抑米价;十四年(1641)春,福山大饥,王道增设厂煮粥;同年,因军兴加派,村内数十人不堪重税苛责,王道增便代为输纳。[②]以上种种显然都需要经济实力的支持。福山王氏是富有资财的豪门么?根据《行状》,答案是否定的。万历三十年(1602),王道隆的父亲王久任以山西文水县主簿,赠王府纪善,回籍候缺。[③]此时,王久任一族已有子孙四十余人,经济收入全靠二顷石田,"常忧饥寒"。王久任五年的仕宦经历非但没有为家族带来任何经济上的收入,回乡之后,反而典卖了三十亩田产,用以支付所欠路费。《行状》虽然没有明言,但想必这成了分家的导火索,所以"产析为三"。但这次分家对于三兄弟的经济情况没有带来实质性的改善。以至于到了万历三十五年(1607)王久任去世,"殓葬费不资",兄弟三人拿不出足够的现钱,因此"多贷自市廛"。为了还贷,王道增"质已产于里人,得二百金,悉偿诸费"[④]。由此,王道增经济上的困窘可见一斑。那么王道增又如何积累财富,以至于可以输粟于郡?王骘并没有给出解释。对此,出版于民国二十六年(1937)的《王大司农本支谱书》,虽然几乎全盘采纳了王骘的故事,但也看出了其中逻辑上的罅隙,因此毫不讳言地说:"公亦遂自置运船以为生计。"[⑤]

由此,王道增也一定是加入明末海运从而获利的一员。与明清史籍中提示的诸多无名海商相类,他可能也是沿着海上运道,贩卖咸鱼米面的商贩之一。[⑥]互通有无之间,积攒了可

---

① 赵世瑜,杜洪涛:《重观东江:明清易代时期的北方军人与海上贸易》,载赵世瑜编:《长城内外:社会史视野下的制度、族群与区域开发》,第84—88页。

② (清)王骘:《赠光禄大夫户部尚书加一级仰池府君行状》,《古现王氏世谱》,《天津图书馆藏家谱丛书》第497册,不分页。

③ 明末官员升任王府职实则是一种"明升实贬"的惩戒手段,详见拙作《明代王府文官迁转制度》,《宁波大学学报》(人文科学版),2022年第35卷第1期。根据族谱记载,王久任因为抵制地方上借万历帝"矿税"之名的科征,而与知县抵牾,因此被迫归籍。

④ (清)王骘:《赠光禄大夫户部尚书加一级仰池府君行状》,《古现王氏世谱》,《天津图书馆藏家谱丛书》第497册,不分页。

⑤ 王佑铨:《王大司农本支谱书》,第22页 a。

⑥ 例见"(顺治元年九月)二十九日,见桑岛有小船二只,重载守风,问其所装何物。回云,咸鱼米面,装向山海货卖等语。"《奉差出海各岛招抚游击沈观筹等揭帖》,《明清史料丙编》第5本,第465页 a。

观的财富。但这仅仅是商贾之利,既不符合儒家重农的精神,也不符合朝廷政治的需求,因而史料未载,而王道增也逐渐湮没于历史之中。所幸多年之后,王骘将乃父重新"挖掘"了出来。

四、从"遗贤"到"乡贤"

对于王骘来说,康熙十二年(1673)编纂《福山县志》是一个光宗耀祖的机会。王骘虽然是从本县走出的进士,但在当时,福山王氏尚在上升期,远不是当地第一等的名门望族。王家既没有可观的祖产,也没有祠堂。本县的郭氏家族,自明至清都有仕宦产出,是当仁不让的第一大族。还有鹿氏、萧氏,他们的子弟在科场上的表现,较之王氏也是略胜一筹。①因此,县志的编纂,也就使得王骘能够重新书写家族历史,以示后人。六年前,王道增因为王骘任职户部浙江清吏司员外郎的关系,诰封为"奉政大夫"。②但这种完全根据血缘关系援授的荣衔并不能兑现为地方望族可资利用的社会声望,真正能被社会认可的还是符合儒家正统的立功、立言、立德。王骘的先世中,既没有立功的将、官,也没有立言的大儒,所以只能在立德上做文章。

因此,王骘的父亲在县志中被归入"遗贤"。问题是,乃父海上行商的经历实登不上大雅之堂,更不用说所谓立德之行。但对于王骘来说,历史的真相并不重要,真正重要的是他的父亲如何配得上"遗贤"的称号。可以说,王骘几乎没有什么记录"客观"历史的企图。相反,他感兴趣的是后人如何了解、解释、利用他书写的历史。如有神助的是,王道隆没有嗣子,结果便如前述,王骘伯父乘风破浪的经历归于乃父名下,而王道隆在王骘的故事中也就不得不以一句"仲兄早卒"而被草草了却了一生。此外,王骘还加上了乃父崇祯间输粟的故事。由此,福山县的历史上便出现了一位"心地光明,气量宏阔,坦坦荡荡"③的"遗贤"。

王骘替福山县"找回来"的遗贤引起了地方上的注意。康熙十八年(1679),福山县的士人公举王道增入乡贤祠,春秋配享祭祀。这样的祀典虽然在地方举行,但在明清时代始终都属于国家对地方教化控制的重要举措,因此也就牢牢控制在朝廷的手中。明初的地方先贤祀典大多是祭祀名宦,大概在弘治末年,朝廷允许地方各级庙学分别建立"名宦祠"和"乡贤祠"。这个制度得以延续到清代,王道增也因此能以白身入祠。为了应对入祠范围扩大而导致的冒滥,朝廷也随之加强了入祠的准入管理,到了清代便发展出一套严格的程序:由地方士人公举,再经县、州、府、省层层勘结,最后由礼部批准。④可见,想要入祠首先是要得到地方有力人士的奥援。⑤这一点在王道增入祠的过程中颇为明显,最有力的证据就是该年十月

---

① 这样的情况,从县志的选举志中,即可窥见一斑,见康熙《福山县志》卷八。
② (清)王崇焕:《古现王氏世谱》,《天津图书馆藏家谱丛书》第 497 册,不分页。
③ 康熙《福山县志》卷九,第 16 页 b。
④ 牛建强:《地方先贤祭祀的展开与明清国家权力的基层渗透》,《史学月刊》2013 年第 4 期。
⑤ 林丽月以明末淮安府学教授颖子义为例,也同样说明了地方奥援在入乡贤祠过程中的重要性。见氏著《俎豆宫墙——乡贤祠与明清的基层社会》,载黄一农编:《中国史新论——基层社会分册》,台北:联经出版社,2009 年,第 337—338 页。

进呈的《公举乡贤呈》。①比照王鹭的《行状》,该文在论证王道增何以入祠上并没有新意。但重要的是,福山县内二十五名各路绅衿的联合署名表达了对此事的支持(详见表1)。由此也能看出,王氏与福山县的其他精英有着紧密的联系。

表1 康熙十八年《公举乡贤呈》署名单

乡宦	郭诗
	吕封齐
	鹿廷瑄
进士	鹿廷瑛
	陈汝弼
举人	萧文蔚
	刘逢甲
	鹿廷鎏
贡生	鹿兆坤
	迟瑝
	时星焕
	郭蔼
	孙炤
	王道光
	刘廷试
	郭元枢
	王琦
	王应枢
	王础
监生	王廷巇
县学廪、增、附生	吴于铭
	时蛟
	曾孔脉
乡耆	康廷吉
	赵尔忍

但这样的联系并非向来如此。直接的证据是,天启七年(1627),当王道增开始学着地方精英开始不断赞助当地公共建筑的营建,以期获得社会声望的时候,地方上始终没有一篇文章歌颂他的善举。与他过从甚密的,也是诸如王好仁、孙寡妇这类史籍不载的普通邑人。②顺治六年(1649),王道增独资赞助移建原位于磁山的阴主庙至马山。"不烦他人一钱",因为新址是王家的"别墅地",也不动用公家的土地,这才邀请到时任知县李圣龙于该年七月前来致祭。而以文记之的,是时为拔贡的王鹭,因此颇有自我宣传的嫌疑。③直到顺治十二年(1655)秋,王道增年届八十,捐资修建剀岜寺,他才从致仕回乡的举人萧文蔚那里求得了一篇序文。④这篇序文除了表达"善与人同",表彰王道增乐善好施之外,其内容空洞含糊,言之

① 《公举乡贤呈》,《古现王氏世谱》,《天津图书馆藏家谱丛书》第497册,不分页。
② 乾隆《福山县志》卷十二,第32、34、35b页。
③ (清)王鹭:《移建阴主庙记》,乾隆《福山县志》卷十一,第47b—49b页。
④ (清)萧文蔚:《修剀岜寺序》,乾隆《福山县志》卷十一下,第5a—6b页。

无物,可算是奉承之作。该年三月,王骘恰好高中进士。那么萧文蔚赐序,真是因为王道增"乐善好施",还是因为王骘科场取进,不好拂了新科进士父亲的面子,答案不言自明。

因此,康熙十八年(1679)福山士人公举王道增入乡贤祠是福山王氏赢得地方士人认可为精英家族的结果。截至该年,王道增的六个儿子,除仲子王铎二十岁早卒之外,都是有功名的读书人。科场表现最优的长子王骘在乃父殁后也开始了宗族建设,购置了名为"义圃"的族田,并于其中开设号为"素养堂"的私塾教子弟读书,俨然一副世代诗书传家的样子。①

然而,福山县士人康熙十八年公举王道增入祠的申请并没有成功,其后想必有多次尝试,但礼部的最终批准至康熙三十年(1691)才姗姗来迟。②延宕如是,研究明清乡贤祠的学者,可能会认为这是朝廷严审入祠的资格,国家权力渗透至基层的结果。③这样的解释固然不能说是错误。但考虑到王骘的祖父王久任康熙二十年(1681)由福山士人公举入祠,来年即获礼部批准来看④,朝廷审查的尺度也是因人而异。

为何唯独对王道增如此苛刻呢?答案还是要从国家大政中来找。顺治十八年(1661),为了在经济上遏制台湾郑氏集团,清廷下达迁界令,要求山东至广东的沿海居民迁入内地,施行严格的禁海政策。⑤这项国策对于山东一省而言固然影响相对较小,但具体到登莱地区,则差别甚深。因为南邻福山的栖霞县人于七,在顺治五年(1648)接受招安之后,于十八年(1661)秋再次举起了抗清的大旗。起义军在短时间内占领了登州,兵锋危及临近各县。在沿海戒严的大背景下,清廷不再招抚姑息,以雷霆手段,结集重兵围剿,并于翌年结束战事。⑥这次军事行动遗留的一个影响深远的结果,便是登州水师的重组。前述崇祯十二年(1655)登莱总兵内移至临清的登莱镇,在顺治十八年(1661)被重新调回登州。此时的登莱军为陆军,没有水军。康熙六年(1667),增置了水师营,水兵三百八十六名,驻扎登州水城,分防东西各海口。这种重兵防守的态势在康熙二十二年(1683)平定台湾,"展界"之后,依旧持续存在。登莱地区非但没有松弛海禁,相反还额外部署了海上防军。康熙四十三年(1704),增设游击二员及守备以下各官,增水师为一千二百人,分巡东西海口,东至宁海州,西至莱州府,分为前后二营,各专其职。直到康熙五十三年(1714),驻守登州的水军被裁撤,登莱的海禁才算松弛。⑦雍正十年(1732),时任光禄寺卿的王骘之弟王洊,因为该年福山县大饥,上《请开海运疏》,要求朝廷准许登莱商人往盛京海运米谷通商。⑧由此可知,登莱商人出海经商尚有诸多限制。至于清代史料中常见的山东沿海帆船航运,则是以半岛南岸的胶州为中心,至迁界令彻底废黜之后,才逐渐浮现的荣景。⑨

---

① (清)王枢:《义圃记》,乾隆《福山县志》卷十一,第 54 页。按:王枢为王骘弟。
② (清)王崇焕:《古现王氏世谱》,《天津图书馆藏家谱丛书》第 497 册,不分页。
③ 牛建强:《地方先贤祭祀的展开与明清国家权力的基层渗透》,《史学月刊》2013 年第 4 期。该文为通论,又有专题研究也表达了类似的观点。例见陈冬冬:《清代湖北士绅李道平的地方事业与入祀乡贤祠》,《荆楚学刊》2016 年第 6 期。
④ (清)王崇焕:《古现王氏世谱》,《天津图书馆藏家谱丛书》第 497 册,不分页。
⑤ Xing Hang, *Conflict and Commerce in Maritime East Asia: The Zheng Family and the Shaping of the Modern World, c. 1620–1720*, Cambridge, UK: Cambridge University Press, 2016, pp.218–219.
⑥ 赵尔巽等:《清史稿》,北京:中华书局,1977 年,第 167 页;光绪《增修登州府志》卷十三,第 17 页。
⑦ 赵尔巽等:《清史稿》,第 4002 页;光绪《增修登州府志》,卷十三,第 1 页。
⑧ (清)王洊:《请开海运疏》,乾隆《福山县志》卷十一,第 12b—14a 页。
⑨ [日]松浦章:《清代山东沿海帆船航运》,《海洋文化学刊》2008 年第 4 期,第 98 页。

考虑上述的政治背景,以及王道增被浓墨重彩书写的海上经历,清廷不予批准其入祠,便有了合理的解释。毕竟,国家认可的奉祀对象,首先要符合国家的意志。因此,康熙三十年(1691),山东按察使杨廷耀为王道增作"事实",便包含了这样的政治考量。这份文件是杨上报礼部复核入祠者呈文的一部分,开列了王道增的主要生平事迹:奉养父母兄嫂,资助子侄婚嫁;邻县士人为仇家击伤,设法营救并为其经营葬事;曾被怨家诬告,不计前嫌,反周济其家;弥留之际,聚族众,以忠孝勖长子,以读书穷理勖诸子;逝后,祭奠者甚多,家人多不识其姓名。① 显然,这份"事实"多有罅漏,只字未提王道增参与海运的经历。但也恰是这些不完整的事实满足了国家的需求,就算是掩耳盗铃,礼部从中看到的也是一个忠孝礼义的处士形象,推而广之,便可以"扶世教、淑人心"。机缘凑巧的是,该年,已是户部尚书的王骘,因去年坠马,屡次乞休,康熙帝温旨挽留②,礼部也就顺水推舟批准乃父入祠作为慰留王骘的恩典了。

五、结语

乾隆二十八年(1763),王氏在福山以南的栖霞县购置了五顷十七亩田地作为族田。③ 明末七世祖王久任在世时,家中田产不过二顷,至此时,单这块族田就已经倍之。显然,福山王氏的财力已经远迈当初。就传统农业而言,本县滨海成片的盐碱地本来就不是能够获利的地方。但与其先祖被迫北上入海谋生活不同,此时的王氏已经能够在他邑置产,或自耕或食租。秉承八世祖王道增"读书穷理"的遗训,族中子弟业已不忧生计,而专心举业,结果也甚是喜人。有清一代,共出了26位进士,58位举人,400余位生员,为官者逾百人。以至于当第十六世王懿荣在中药龙骨上发现了甲骨文,当代的观察者评论道:"从家族传统来看,福山王氏家族书香世传,世代以耕读为业。"④ 他们被"耕读传家"的历史结局迷惑了双眼,丝毫没有注意到,在历史的开端,福山王氏实则是一度与渤海相依为命的贫寒家族。

而本文就旨在说明这一点。所用的策略则是文本分析以证时人记述的建构性。但和仍旧时髦的福柯(Michel Foucault)式的"知识考古学(The Archaeology of Knowledge)"不同,本文是回归历史学家"实证"的传统技艺。前者在于探求"话语"(discourse)作为观念史(history of ideas)载体的自在形成、流变与意义,⑤ 而本文则旨在探求建构"话语"之人试图隐藏,但终

---

① (清)杨廷耀:《事实》,《古现王氏世谱》,《天津图书馆藏家谱丛书》第497册,不分页。
② 《清圣祖实录》卷一四四,康熙二十九年二月丙子条,北京:中华书局,1986年,第591页b;卷一五二,康熙三十年六月壬午条,第681页b。
③ (清)王杲:《捐置义田呈》,乾隆《福山县志》卷十一下,第84a—85b页。
④ 王甜甜:《清代福山王氏家族研究》,硕士学位论文,山东师范大学,2016年,第49页。
⑤ Michel Foucault, A. M. Sheridan Smith trans., *The Archaeology of Knowledge*, London and New York: Routledge, 2002, pp.151–156.

又不得不言说的历史"真相"①。

"真相"就是,17世纪的王氏家族始终和海洋联系在一起。但与其说是海洋,倒不如说是涵盖渤海的地缘政治。因为无论是王道隆、王道增参与海运,还是王道增入祠被抹去海上的经历,都和国家大政联系在一起:陶朗先海运济辽、毛文龙"鲜运"、清初海禁、于七起义、登州水师重组。这个类似"家国相依"的论点也许看起来不证自明或是析论冗长,只是当今的观察者用历史结局看开端的结果。

诚如柯文(Paul Cohen)所言:参与"历史事件"的个人,事先对整个事件发展进程并无清晰的预见。他们不知道局势会如何演变,会有什么样的结果。这种模糊性对他们的意识有非常大的影响,致使他们以根本不同于历史学家事后回顾和叙述历史的方式来理解和认识他们自身的经历。②17世纪贫苦的王氏子弟不能展望家族18世纪以降的锦绣前程。他们尝试着理解政治动荡的外部世界,仰赖的无非是唾手可得的周遭事物。这些事物包括福山固有的地理和经济环境——北邻渤海、农业落后、渔盐之利,当然也包括自家难保温饱的二顷石田和几艘渔船。基于此,他们做出了他们以为合理的人生决断。

康熙九年(1670)冬,王鹭衣锦还乡,福山还是那个落后的滨海小县。和灾害频仍的明末一样,该年因为旱灾发生了饥荒。③挨饿受冻的邑人盗伐了王氏家族所有的松林。知县对此相当重视,毕竟是当朝大员的族产。但王鹭不以为意,认为要"不忘百姓之病",自家被盗的产业不过是施以赈济的区区"小惠"。④来年正月,王鹭骑马观海,一路北上,"墟落惨澹如无人",他不禁慨叹"陵谷奈何且徘徊"。但好在"之罘在肘海当面"⑤,待到春天"风柔水煖",邑人又可出海谋生活,正如半个世纪之前王鹭父辈所做的那样。只是王氏子弟再也不会做出类似的决断,他们已经是"耕读传家"了。

作者简介:马奏旦,宁波大学历史系讲师。

---

① 历史学家当然要时刻牢记后现代主义带来的对于所谓"客观历史"的警告,但这也不妨碍历史学家坚持以写作"信史"为使命。所谓"信史",即"史学真实",亦即史料证据支持的可靠的知识。对于"史学真实"与"客观真实"关系的论述,可参见李剑鸣:《历史学家的修养和技艺》,上海:上海三联书店,2006年,第83—89页。有关中国史学与后现代主义的争论,可参见 Arif Dirlik,"Postmodernism and Chinese History",*Boundary 2*,Vol.28,No.3,2001,pp.19-60.

② Paul Cohen,*History in Three Keys:The Boxers as Event,Experience,and Myth*,New York:Columbia University Press,1997,p.61.

③ 乾隆《福山县志》卷一,第5页a。

④ (清)王鹭:《苦雪》,乾隆《福山县志》卷十一下,第46b—47a页。

⑤ (清)王鹭:《辛亥正六日马上观海》,乾隆《福山县志》卷十一下,第47页b。

明清家族庙宇的运行、纠纷与家族组织*

——以闽北邵武地区为例

李 军

【摘　要】 唐宋以来,闽北乡间存在着众多具有族产属性的家族庙宇,与家族组织存在着密切和复杂的关系。施主与住持人通过订立规约,明确双方的职责与权利。施主承担捐施资产、代缴课赋以及不得借势欺压的责任;住持人也需遵规护庙,向施主备办饮福和提供礼仪服务。为争夺庙宇支配权,家族间及僧俗间常起纷争,有的甚至成为扩大家族结合的契机。全族"有份"的庙宇,有助于促进家族内部的维系与整合,而房支所有的庙宇,则有利于该支系族众的结合,但对于家族而言,则加剧了房支的离散与分化倾向。

【关键词】 明清;闽北;家族庙宇;家族组织

明清时期,在家族制度普及、庶民家族兴起的历史进程中,祖先崇拜与神明信仰的关系极为密切和复杂,学术界对此较为关注。早在1980年代初期,傅衣凌即已指出,明清福建有不少乡族集团"集建有形形色色的乡有或族有的寺庙庵观等","由于财产系乡族所捐给寺庙的僧道等管理人员,对于该乡族集团往往带有较强的依附关系"。①其后,傅衣凌的弟子陈支平、郑振满对此展开论述,揭示出"家族寺庙"的基本形态。②常建华考证宋明以来宗族祭祖形态的演变,指出祖先祭祀历经了由寺观立祠向祠祭的转变。③川胜守、臼井佐知子、康健探讨明清徽州的宗族与宗教,尤其关注僧俗关系的变化。④朴元熇以明代徽州柳山方氏为个案,论析庙产争夺案对于家族统合与扩大的重要影响。⑤徐斌从信仰与地域性两个层面,提

---

* 基金项目:本文系西南大学人文社科基金后期资助项目"宋明以来闽西北地区的大众信仰与社会"(项目号 SWU 1909008)、西南大学乡村振兴先导项目"百年乡村建设历史资料收集、整理与研究"的阶段性成果。

① 傅衣凌:《休休室治史文稿补编》,北京:中华书局,2008 年,第 359 页。
② 陈支平:《明清福建的民间宗教信仰与乡族组织》,《厦门大学学报》(哲学社会科学版)1991 年第 1 期,后收入氏著《近五百年来福建的家族社会与文化》,北京:中国人民大学出版社,2010 年,第 138—144 页。郑振满:《明清时期闽北乡族地主经济》,载氏著《乡族与国家:多元视野中的闽台传统社会》,北京:生活·读书·新知三联书店,2009 年,第 15—20 页。
③ 常建华:《宗族志》,上海:上海人民出版社,1998 年,第 139—151 页;《明代福建兴化府宗族祠庙祭祖研究》,载张国刚主编:《中国社会历史评论》第 3 卷,北京:中华书局,2001 年,第 117—134 页。
④ [日]川胜守:《明清徽州地方的宗族社会与宗教文化》,载周绍泉、赵华富主编:《1998 国际徽学讨论会论文集》,合肥:安徽大学出版社,2000 年。[日]臼井佐知子:《明清时代之宗族与宗教》,《上海师范大学学报》(哲学社会科学版)2004 年第 1 期。康健:《明清徽州宗族与基层社会治理——以祁门南源汪氏为例》,《原生态民族文化学刊》2022 年第 2 期。
⑤ 朴元熇:《明清徽州宗族史研究:歙县方氏的个案研究》,北京:中国社会科学出版社,2009 年。

出"香火庙"的概念,系统考察鄂东地区的祖先崇拜、神祇崇拜与宗族发展的关系。① 张小军探讨明代闽南泉州开元寺檀越祠的宗族化,巫能昌考察泉州的宗教与社会经济的互动关系。② 上述成果大大拓展了家族制度与宗教信仰的研究视野,但是对于一些重要问题,例如地方庙宇的运行实态、僧俗关系的维系、庙产所有权的归属、庙宇对家族发展的影响,仍值得深化探讨。为此,本文尝试将这些问题置于具体的历史情境中,从地方社会的演进脉络中进行解答。不当之处,敬祈方家指正。

一、家族庙宇的基本形态

近年来,笔者在闽北邵武地区进行社会史考察过程中发现,根据控制权的不同,大致可将地方庙宇分为家族型、村社型与独立型三类:家族庙宇(以下简称"族庙")在当地又被称为"家庙""家庵"③,是指受到一个或数个家族的供养与支配,被视为家族所私有的庙宇;村社庙宇是指由一个或数个村社共有,并服务于村社联盟的庙宇④;一些大型寺庙,如宝严寺、城隍庙,或由名僧住持,或受官方赞助,保持着较高的独立性,具有超家族、超地域的特性。地方庙宇的属性并非恒定不变,在一定条件下,可以相互转化。

明清时期邵武家族与宗教的密切关系,突出地表现为家族庙宇的大量存在。笔者依据当地现存近百种族谱,并结合田野考察所得,梳理出 40 个家族庙宇事例,整理成表 1,以作分析。

表 1 明清邵武地区家族庙宇概况表

序号	名称	地点	奉祀神灵	修建情形	家族/支派	资料来源
1	光源寺	罗前	佛祖、梁姓祖先灵牌	宋绍圣间梁唐英建祖父母坟寺;明万历、清乾隆间梁氏、罗氏捐修	梁、罗	《仁顺梁氏族谱》
2	化乾庙	坪上	福善王夫妇、佛像19尊	宋政和四年梁闻舍地施金倡建;明洪武、正统、正德,清乾隆修	梁氏恭、宽、信3房	《仁顺梁氏族谱》
3	祥云庵	坪上	佛像	明宣德建;清康熙、嘉庆、同治修	梁氏恭、宽2房	《仁顺梁氏族谱》
4	翠云庵	坪上	佛像	唐代建;黄姓与梁姓祖施田山;清嘉庆修	梁氏恭、宽2房,黄	《嘉靖邵武府志》《仁顺梁氏族谱》
5	拱北祠	坪上	佛像、观音	乾隆初恭房各股共建,施田、庙坛、念佛田、园地;咸丰十年修	梁氏恭房22股	《仁顺梁氏族谱》
6	观音堂	坪中村	观音	清代中村族众捐修	梁氏恭房4股	《仁顺梁氏族谱》

---

① 徐斌:《明清鄂东宗族与地方社会》,武汉:武汉大学出版社,2010 年。徐氏指出,鄂东地区的"香火庙"又被称作"家庙""户庙",是指"由一姓或数姓奉祀香火,主要奉祀非祖先的族外神祇的寺观"。(第 148、165 页)
② 张小军:《佛寺与宗族:明代泉州开元寺的历史个案研究》,载陈志明、张小军等主编:《传统与变迁:华南的认同和文化》,台北:文津出版社,2000 年,第 93—107 页。巫能昌:《明清时期福建泉州的宗教与社会经济——以〈福建宗教碑铭汇编·泉州府分册〉为中心》,载向荣、欧阳晓莉主编:《前工业时代的信仰与社会》,上海:复旦大学出版社,2019 年,第 247—271 页。
③ 桂林《嵊衢黄氏族谱》第五章《嵊衢揽胜》,2009 年 11 修,第 591 页。按,本文所引族谱均存于邵武市境内,引用时只标注所在的乡镇名。
④ 关于闽北村社庙宇的探讨,参见李军:《神人共享:一个闽北村落庙宇的历史变迁及其权力意涵》,《中国社会历史评论》第 16 卷,天津:天津古籍出版社,2015 年,第 51—76 页。

续表

序号	名称	地点	奉祀神灵	修建情形	家族/支派	资料来源
7	总管庙	坪上崇瑞坪	总管神	明万历十九年梁文林施入祖田	梁氏信房福澄公裔	《仁顺梁氏族谱》
8	长坑庵/东林寺	坪上	佛像	明永乐四年梁梓贤施山建;清嘉庆、1940年重修改名	梁梓贤公裔各股、李氏3股	《仁顺梁氏族谱》
9	胜公庙	坪上	佛像等	创建时间不详;1944年梁图政施	梁志壹公支下子孙	《仁顺梁氏族谱》
10	安吉庵	坪上村下炉洋	古佛、天官、福善王	宋咸淳九年梁伯甫买房倡建;元大德、泰定,明万历中修;各房施迎神田、念佛田、灯会田	梁氏信房全部;恭、宽房各3股	《仁顺梁氏族谱》
11	留仙峰	坪上	佛像、邱王郭三仙	宋代创建;明洪武间黄姓施田;嘉庆六年寺废,黄氏收回施田	黄	《仁顺梁氏族谱》
12	善济庵/南山庵	沿山	佛像、四姓祖先位牌	明正统元年僧人向四姓募捐创建;乾隆中重修	何、叶、吴、徐	《南阳叶氏族谱》《樵西古潭何氏族谱》
13	玉云庵	金坑大常	观音、三济祖师	明永乐、宣德间张文一、仲清父子施田创建;景泰、成化、清道光间修	张氏仲清公子孙	《清河张氏宗谱》
14	瑞云庵	道峰山	三佛祖师、檀越主牌	唐开元间张危建;清康熙、乾隆中张氏永贵公支系助田重建	张氏永贵公子孙	《清河张氏宗谱》
15	安定庵/憩庵	谢厝	佛像	清代檀越道仙公施田重建	张氏道仙公支系	《清河张氏宗谱》
16	半庵	道峰山	佛像	唐开元间张危建;清康熙时毁,乾隆时迁建,又毁	不详	《清河张氏宗谱》
17	龙安寺	坎下坑池	佛像	唐开成间张二十郎公坟庵;明前期大常张显、张仲礼等助田;天启间裔孙重立碑	坑池张氏二十郎公裔孙;大常张显、张仲礼裔孙	《清河张氏宗谱》、坑池《张氏宗谱》
18	广福庵	金坑大常	佛像、福善王、忠靖王	明代大常张仲礼公助田;清乾隆间黄大超施田	大常张氏仲礼公支系;嵊衢黄大超裔孙	《清河张氏宗谱》《嵊衢黄氏族谱》
19	福云庵	桂林大放	三佛祖师	宋代大放张氏始祖原公施基创建;清道光、光绪间原公裔孙添置迎神田;明代黄清甫舍田	大放张氏原公支系;嵊衢黄氏	《清河张氏宗谱》《嵊衢黄氏族谱》
20	不详	篁山井	佛像	宋钦宗二年置丁朝佐公坟庵;清顺治间重修,建造庵堂、神像	丁朝佐公支下子孙	《祝岭丁氏族谱》
21	增口祠	肖家坊	黎氏大中公及太忠公夫妇神像	宋政和六年黎大中施山场、园地建立一社;淳熙十三年大中孙太忠葺建	黎、黄	《樵南黎氏族谱》
22	善缘寺	泰宁县上高堡	佛像	元大德间黄氏仁祖父子施田,以护祀祖坟;明成化五年铸立铁碑竖寺	桂林嵊衢黄氏	《嵊衢黄氏族谱》
23	观音堂	桂林嵊衢	观音	清乾隆黄大超施田	嵊衢黄氏	《嵊衢黄氏族谱》
24	报恩寺	桂林嵊衢	观音	清代黄国蕃施田	嵊衢黄氏	《嵊衢黄氏族谱》
25	聚奎庵	旧市街	佛像、黄六臣牌位	与聚奎塔并建于万历,黄六臣有鼎建之功,配祀于庵;族众亦捐银助田	敦睦堂黄氏、东垣黄氏	《黄氏宗谱(敦睦堂)》《东垣黄氏族谱》
26	坪地庵	和平坪地	不详	明万历间黄圣灵施田二十秤	东垣黄氏等	《东垣黄氏族谱》
27	三华寺	路下田	佛像	元代危孝本为母寺供佛,后为危氏坟寺,延续至清	危	危冲《危氏族谱》
28	万灵庵	张厝祝岭	三佛祖师	约建于宋代,明清时张氏捐施田地	张	祝岭《张氏族谱》
29	三峰庵	乌石村	灵济祖师	明嘉靖间熊氏迁建,并捐施田地	熊	乌石《熊氏族谱》
30	延喜庵	旧市街	佛像、黄氏默夫公神主	元大德间黄氏购得庵宇,为其祖默夫公魂庵,设神主;明万历、清光绪黄李各姓捐银助田	竹栗黄氏、敦睦堂黄氏、庆亲里李氏、恒盛李氏	《庆亲里李氏宗谱》《黄氏宗谱(敦睦堂)》《恒盛李氏宗谱》
31	皇泽祠	肖家坊登高村	总管元帅、陈汉琮公塑像	宋靖康间创建,明正德间、清康乾、道光间修缮	陈	《石壁义门陈氏族谱》

续表

序号	名称	地点	奉祀神灵	修建情形	家族/支派	资料来源
32	层峰祠	肖家坊层峰	不详	宋时陈部公于王氏祖妣葬处立坟祠，拨田千余秤，归住祠人耕作	陈氏丙三公支下子孙	《石壁义门陈氏族谱》
33	会圣岩	肖家坊坳上	佛像、祖先牌位	宋咸淳年间杨印端建祖祠，虑香火有缺，乃立佛殿，招僧住持	杨	《锦溪杨氏族谱》
34	云谷庵	肖家坊黎源	不详	明永乐间杨伯舟创建	杨	《锦溪杨氏族谱》
35	忠勇祠	肖家坊黎源	忠靖尊王	明永乐间杨伯舟捐地与邻人共建	杨	《锦溪杨氏族谱》
36	宝林寺	宝积	佛像	北宋高氏捐建；清中后期何氏长法、福龄、善教、振授先后施田	高、4位何氏施主子孙	《樵南宝积何氏族谱》
37	伏龙庵	将乐县丑坑坊	不详	清雍正间何秉兴子孙将1处祭田拨庵，以为醮祖之费	何秉兴子孙	《樵南宝积何氏族谱》
38	王公庙	宝积	王爷神	清中期何起昶子孙将1处祭田拨庙，以作念佛敬神之费	何起昶子孙	《樵南宝积何氏族谱》
39	文昌阁	宝积	文昌帝君	清中后期何起洞、正岳子孙各将1处祭田拨庙收租	何氏2位施主子孙	《樵南宝积何氏族谱》
40	金谷庵	宝积	不详	清中期何珠七施建	何珠七子孙	《樵南宝积何氏族谱》

1.庙宇类型。表1庙宇除1座名称不详外，其余39座都有确切名称。其中，庵19座，寺6座，祠5座、庙4座、堂2座，以山峰、山岩、阁命名者各1座。家族庙宇以庵、寺为主的现象，反映了佛教信仰与祖先崇拜的紧密结合。庵、寺都是佛教修行、奉佛之所，但两者的规模和地位有别。明人冯梦龙指出："庵堂为缁流私建，举坠不常；寺则大香火，有司宜稍存恤，令之永久。"① 庵堂多由个人创建，规模较小，陈设简陋，对施主家族有较强的依附性。元代以降，闽北地区庵堂的大量出现可能与佛教的民间化、世俗化有很大的关系。② 这40座族庙仅有11座被载入方志③，占总数的28%，这意味着其余大部分都是没有得到官方授权的乡间小庙。

2.奉祀神灵。家族庙宇所祀神灵可分为两大类：一类是佛道与民间神明；一类是施主家族的某位祖先。前者既包括释迦牟尼、观音菩萨等常见的正统佛教造像和流行于闽西北的三济祖师、三佛祖师等地方佛教神明，也有盛行于闽赣地区的邱王郭三仙信仰、三官信仰等道教神仙，还包含福善王等民间神祇。④ 值得注意的是，这些神明崇拜并非以传统的儒释道三教的形式存在，而是以地方庙宇为中心，以兼容并蓄的样貌呈现。⑤

表1庙宇中有10座在供奉宗教神明的同时，还兼供祖先牌位。这些"祖先"的身份可分作两类。一类是建庙者本人，他们生前施产建庙，死后作为功德主，被子孙奉祀于庙中。例如瑞云庵，"系唐开元时祖（张）危公建造"，历经劫难，乾隆间重建，"大殿左龛照旧立有檀越主

---

① （明）冯梦龙：《寿宁待志》，福州：福建人民出版社，1983年，第111页。
② 王荣国：《福建佛教史》，厦门：厦门大学出版社，1997年，第295页。
③ 它们分别是：宝林寺、光源寺、龙安寺、三华寺、东林寺、憩庵、翠云庵、安吉庵、祥云庵、福云庵、万灵庵。参见光绪《邵武府志》卷二八《古迹·寺观》，台北：成文出版社，1967年，第770—775页。
④ 关于福善王欧阳祐的研究，参见张侃、朱新屋："'正统'的层累及流动——以唐宋闽北地方神欧阳祐为例"，《学术月刊》2013年第5期；李军："唐宋以来欧阳祐信仰的演变、传播与闽北地方社会"，（韩国）《全北史学》第48号，2016年5月。
⑤ 谭伟伦主编：《民间佛教研究》，北京：中华书局，2007年，第7页。

牌一座"①;明万历间黄六臣"鼎建聚奎塔有功,配享祀于庵"②;明正统元年僧人向何、叶、吴、徐四姓募捐创建善济庵,"因祖施有田产山场,檀越设有各祖先位牌"③。另一类是建庙者的父祖。宋明之际,朝廷对于立祠祭祖有着严格的等级限定,于是广大士庶为祭祖、护墓之便,常于寺庙设立檀越祠,将祖先牌位奉祀其中,或在祖坟附近创建寺院庵堂。④例如,宋绍圣间梁唐英在其祖父母十一郎公及夫人吴氏、危氏的坟旁建立光源寺,"复于(正殿)东偏别构数椽,中龛安梁祖木主三,以志因坟建寺、因寺念祖之意"⑤;宋咸淳间杨印端于会圣岩创建祖先祠宇,"虑其香火有缺,乃立佛殿,塑佛像,备钟鼓,招僧住持"⑥,实现了寺祠合一,祭祖与奉佛并举。

3.空间分布。就全国而言,家族庙宇在家族制度盛行的区域都很普遍,尤其是鄂东、皖南、江西、福建等南方地区。陈支平认为明清福建寺庙的家有、族有的现象极为常见,"未建立家庙、乡庙的乡族,是十分罕见的"⑦。就邵武而言,家族庙宇几乎都位于南部的和平、大埠岗、肖家坊三镇,以及西部的沿山、金坑、桂林等山区村落,而邵东与邵北地区则基本空白。造成这种分布格局的原因,可能与地理区位密切相关。邵东北地区因闽江干流富屯溪流经,交通便利,在历次战乱中所受冲击也较大,导致人口迁徙频繁,家族规模较小,存世家谱不多。相对而言,邵西南地区大山环绕,相对闭塞,受战乱的波及较小,家族延续时间长,规模大,势力强,留存的家谱数量也多。邵西南有不少单姓,或以一两个大姓为主的山村,是家族庙宇的主要分布地。

4.时间分布。邵武最早的一批家族庙宇的始建于唐代,有 4 座。宋代与明代是族庙创建的两个高峰期,分别建有 12 座和 10 座,占了总数的近六成。清代尽管只新建了 6 座族庙,但原有的庙宇大都在此时期获得捐修。族庙的修建时间与佛教的传布趋势大体一致:佛教于隋代传入邵武,在唐代获得快速发展,兴建了 42 座寺院;宋元时期佛教依然保持良好的发展势头,修建了 89 座寺院;明清新建的寺庙数量虽下降到 20 座以下,但大量庙宇都获得了重建和修缮。⑧族庙在形成之初,其规模大多较小,庙产单薄,此后施主的子孙或族人往往持续参与捐施或重修,扩充庙产,延续香火。因而,不少族庙得以延续数百年,与施主家族维持着稳固的从属关系。

5.修建者及其目的。表1族庙中有 12 座是由某姓族众或数姓村民共建,它们在建立之初便具有了家族公产的性质。其余 28 座庙宇由个人创建,占了总数的70%。这些创建者皆为当地家境殷实的富民,几乎都没有功名和官职。有些庙宇在创立之初还只是个体捐建的

---

① 谢厝《清河张氏宗谱》卷尾《寺观志》,光绪三十二年6修,第69页。
② 和平《东垣黄氏宗谱》卷八《助田》,2000年8修,第72页。
③ 沿山《樵西古潭何氏族谱》卷尾三《契券·南山善济庵序》,1944年7修,第31页。
④ 参见郑振满《宋以后福建的祭祖习俗与宗族组织》,《厦门大学学报》1987年增刊;黄敏枝《宋代佛教社会经济史论集》,台北:学生书局,1989年,第241—271页。常建华:《宗族志》,第139—151页。
⑤ 《光源寺碑记》(乾隆二十八年),碑存邵武市和平镇罗前村光源寺。《仁顺梁氏族谱》亦收录碑文,但未列出寺坛、山场、田塅坐落。
⑥ 肖家坊:《锦溪杨氏族谱》卷六《会圣岩原记》,1934年5修,第20页。
⑦ 陈支平:《近五百年来福建的家族社会与文化》,北京:中国人民大学出版社,2010年,第138页。
⑧ 李军:《宋代以降闽北邵武和平镇的信仰生活》,博士学位论文,南开大学,2015年,第56页。

产物,并不具有族产属性,但其控制权可以代代相传,随着创建者子孙及族人的繁衍与不断捐施,庙宇逐渐成为了家族庙宇。因实力的差异,各家族所有之庙宇的数量也不等。一些大族拥有多座族庙,一些富民同时捐施数座庙宇。如清河张氏的 7 个支派共有 7 座庙宇;坪上梁氏则拥有 10 座族庙,分属于数十个支派;嵊衢黄大超将约计 170 秤的三处田产,分别施入观音堂、广福庙、广福祠"以赡香灯之费"及"庆贺神诞之费"①。

家族及其族人为何热衷于施产建庙并相沿不辍呢?究其原因大体有三:一是通过建庙崇祀祖先或守护祖坟。如前揭元大德间和平黄氏购得延喜庵,作为其祖默夫公"魂庵",安设神主。不过,此类习俗主要出现在宋元时期,明代以后随着祠堂祭祖的普及,寺庙立祠及坟庵的现象已不多见。②二是出于对神明的崇信,祈求保佑或还愿答谢。如清代嵊衢黄国蕃"将上岚报恩寺坑口,及下岚前排田,共载租八石五斗,以赡报恩寺观音大士香灯之费,计粮一斗,递年本寺住持输纳"。③三是出于控制山林资源的需要。明清时期,随着人口的剧增和林业商品经济的发展,闽北的山林成为重要的经济资源。④各族往往通过修建坟地、立庙招僧、保护"风水"等形式加以占有。

概言之,宋明以来,家族庙宇因兼具祖先崇拜、神明信仰与控制山林资源等重要功能,而被闽北山区民众所接受,族庙的修建和维护成为家族组织的一个重要任务。族庙一般由族人创建,招"住持僧"负责日常管理。因此,如何实现对族庙的有效控制,成为施主家族需要面对的问题。

二、家族庙宇的僧俗关系

为了维持庙宇的有序运行,施主与住持人之间一般都会明确各自的职责与权利⑤,甚至专门为之订立规约。邵武的族谱中载有大量此类规约,成为我们探讨该问题的重要资料依据。为便于讨论,兹引 3 份规约如下:

规约 1:崇瑞坪总管庙合同

> 全都立合同议约人梁文林、傅经常。原文林之祖福澄公有水田一处,坐落崇瑞坪地名七十丘埂下,计田二十秤,载粮二升,大小二丘,施归崇瑞坪总管庙以赡香灯。当日议定:每年冬,庙中住持请梁姓二人饮斋一席,外领糍二斤,煎豆心半斤。自后不得短少。其田民粮未推入庙,现存梁宅户内,每年庙中交得业铜钱三十文归梁宅,其钱梁宅亦不

---

① 桂林:《嵊衢黄氏族谱》卷十三《祭田·大超祖施田》,1926 年 9 修,第 49 页。
② 清代普通民众一般通过祠堂祭祖,只有少数人因无子嗣而向庵庙施产,以便死后得到奉祀。如炉阳梁氏"图政公原因年老,膝下乏嗣,住持中村胜公庙。即将自己置有田产概行拨归胜公庙,以为奉祀香灯之费"。见坪上《仁顺梁氏族谱》卷十六《文类》,1997 年 9 修,第 55 页。
③ 桂林《嵊衢黄氏族谱》卷十三《祭田·国蕃祖施田》,第 51 页。
④ 郑振满:《乡族与国家:多元视野中的闽台传统社会》,第 15 页。
⑤ 本文所言"住持人"是指闽北乡村庙宇的日常管理者和主要看护人。这是个较为宽泛的群体,既包括僧人、火居道士等职业仪式专家,也包括斋公、斋婆等普通老年信众。其中,以僧人住持庙宇的情况居多。

收,仍归庙中以作买香灯之资。恐口无凭,立合同议约二纸。各执一纸为据。

万历十九年七月十六日立

合同议约人:梁文林　傅经常　梁茂寿

眼同人:傅　进　傅　孜

代笔人:梁茂泳　李象贤①

规约2:南山庵承请议字

立承请字人僧普照,原南山庵系僧等师祖讲经设法之地。自明迄今,颇有名声。僧自幼已迁出别庵。今南山遭回禄,众施主召回撑持此庵。其庵中田园产业,俱交僧管理,不得荡败。日后殿宇重新,各施主祖牌仍照从前奉祀,且轮值陆年。冬成敦请何、吴、徐、叶每姓施主,额定陆年冬斋壹次,不得欠缺。恐口无凭,立承请回庵并议明合同字为照。

乾隆四十三年三月二十六日立　承请字人　僧普照

经议人　陈德柄

在见眼同人　蔡胜儒

代笔人　僧本明

以上俱押

今将冬斋规额例载明:一、敦请叶姓施主上房共六位,下房共八位。何姓施主六位。吴姓施主六位。徐姓施主六位。二、冬斋席上,饮糍、煎豆腐、青菜、酒,各席肆瓶。②

规约3:南山善济庵规条

兹知远才入该庵,不谙从前备办各项规条,敦请何、徐、叶、吴四姓人等诣庵,公立簿据五本。互相载明各业坐落,各项规条。编定"闲、来、景、自、幽"五个字号……僧知远执存幽字号一本。俾知远得以照簿管业办事,该庵神灵香火亦得以永保勿替云。……今将该庵四姓祖施田产山场檀越,及从前住持各僧赎置田塅列后……

又将规条列后:

一、每年国课,僧务须早完,免致差催滋事。

二、该庵各业,僧不得出卖。

三、住持僧须恪守清规,不得游荡及存面生歹人,亦不得在庵开庄赌博。

四、施主不得霸耕田塅,以栽讼根。亦不得串僧盗砍、盗拼护蔽各树木,并不得入庵借贷银钱、米谷,及与僧饕其酒肉,致骚扰朋烹荡败。如有此情,查出鸣官究治。

五、每年正月初二日,务亲到各施主家拜贺新年,施主家代饭二餐。

六、每年清明日,亲送铜钱五百文到古山街何姓,交办合族清明者收,以作津贴。何姓办清明者款待午饭,并给煎腐、籼糍与僧带回庵中。

---

① 坪上《仁顺梁氏族谱》卷十六《文类》,第48页。

② 沿山《樵西古潭何氏族谱》卷尾三《契券》,1944年7修,第30页。

七、每年清明次日,僧亲送铜钱二百五十文交叶姓收,叶姓款待午饭,并给煎腐、籼糍与僧带回庵中。

八、冬斋各规条,照先年指办,俱不得增减。

九、每逢己、甲之年冬月,僧敦请何、叶、徐、吴四姓施主到庵饮盘查酒,人数照前。住持僧请其酒席,定籼糍、煎腐、素菜,酒各席四瓶。凡到饮盘查酒者,僧奉籼糍二斤,果品照旧。

嘉庆廿三年岁次戊寅黄钟月上瀚吉旦

公同立簿据施主:何长旺、叶茂富、徐世南、吴毛子

(四姓共38人,余略——引者注)

公举新住持僧:知远

眼同:江兴、欧富贵、黄天寿、饶思赐

代笔:廖毓堂 以上俱押①

上述3份明清规约涉及2座庙宇,5个家族。第1份是明代崇瑞坪梁文林将其祖福澄公遗下的一处水田施助总管庙时,同住持傅经常所立。第2份是清乾隆间古山的南山庵失火重建时,原施主何、吴、徐、叶四姓召请僧普照回庵住持时所订。第3份亦是四姓施主同南山庵僧所约,嘉庆间四姓斥退了侵吞租谷的僧祯悟,邀请僧知远来庵住持,双方重新立约,并议定了9项规条。

立约过程一般遵照"惯例"进行。除当事双方外,还邀请"经议""眼同""代笔"等人来见证庙产交割过程,他们多为施主的姻亲、近邻或乡保等。这些参与者都须签字画押,由此,规约获得了公众认同,具有了更强的约束效力。规约内容一般包括庙产来源、坐落、数量(面积)、课赋完纳方式、施主与僧人的职责等信息。

(一)施主对庙宇的责任

1.施助田地和财物。庵庙的建造与修缮,乃至日常的运行开支,莫不有赖于施主及其后裔的捐施才得以维持。如规约1中梁文林等将祖产水田施予总管庙"以赡香灯"。又如明永乐十七年(1419),大常张文一施建玉云庵,"给赡唯恐不及,数年方构草庐"。其后,文一之子仲清继续赞助,"周密护特,朝暮调治,油盐粮食,唯恐有阙"。至成化十六年(1480),住持道兴又在仲清之孙张茂的支持下,向乡民募捐,"重新殿宇、门廊、饭室、厨房、仓囷、禾场、半栏猪牢等屋,莫不安措得宜……家间器皿粗细俱备"②。明清时期的族庙往往会有各种迎神赛会活动,家族也多在族产中设置相应的念佛田、迎神田、神明会祀田。

一般而言,田地一旦施助,施主虽然仍有监督的权利,但不得视为己有,其出佃和管理都由住持负责,收益归庙宇支配。除非遭遇动乱、失火,或僧人盗卖等情形,以致庙宇难以为继,施主家族不得轻易收回田产,干涉经营。

2.缴纳税赋。受明清户籍赋役制度的影响,施主虽将田产舍为庙产,但其税赋仍只能在施主所在的粮户名下完纳,因此"这些庙宇并未脱离捐建者所在的以'户'为单位的赋役系

---

① 沿山《樵西古潭何氏族谱》卷尾三《契券》,第31页。
② 《玉云庵砧基记》(景泰六年)、《玉云庵重兴记》(成化十八年),载谢厝《清河张氏宗谱》卷尾《寺观志》,第56页。

统"。①至于庙产税赋的完纳,有的施主全部包办,如乾隆间梁义九施助祥云庵田产,双方定议"庵内丁差、里役悉系义九公子孙承当,不涉庵中之事",以"梁发花户"名义完纳。

更常见的是由庵庙承担,住持将钱粮交予施主家族,请后者代缴。如规约1中梁氏施舍总管庙水田,税粮二升,"其田民粮未推入庙,现存梁宅户内",每年庙中帮贴铜钱三十文,只是此钱梁宅不收,仍捐入庙中。规约3更是强调"每年国课僧务须早完,免致差催滋事",要求每年清明日,南山庵僧人须分别向何、叶二姓亲送五百文与二百五十文铜钱,以作课赋津贴。②

3.不得借势欺压,妄加索取。如规约3强调施主族人不得霸耕田塅;不得串通僧人盗砍、盗拼护蔽树木;不得向庵庙借贷银钱、米谷;不得引诱僧人吃喝酒肉,骚扰庵宇,荡败庙产。又如1944年梁氏重建东林寺,召僧住持,双方约定:"梁氏子孙不得将寺产认为己产,无故欺压僧人,增加冬斋等情。"③

(二)住持人应尽之职责

1.恪守清规,看护庙产。庙宇是清修之地,遵守清规戒律自然是僧众的基本职责。如明弘治年间南山庵众施主告诫新任住持明祚:"务要安守清规,毋得私怀搬运,亦不许饮酒食肉,结交朋辈,以至破荡。"④清嘉庆间僧知远来庵住持,四姓施主也明令"住持僧须恪守清规,不得游荡及存面生歹人,亦不得在庵开庄赌博"(规约3)。

庙产是庙宇长久维持的根基,也是施主家族监督的重点,规约都有明令禁止僧人出卖和荡败庙产。新旧住持的交接仪式,必须邀请施主家族到场主持,这既是对施主施助之功的尊重,也便于施主清点庙产。如明成化四年(1468)"与众施主商议,将本庵家计等项,交脱师弟何善明掌管"。至弘治年间,善明年及七旬,"于是邀集众施主前来,将本庵常主器用,稻谷猪羊,什物农器等件,点数交付亲徒明祚,接续承管"⑤。清嘉庆间发生过南山庵盗卖庙田之事,此后施主对庙宇的监管更加严格,规定:"南山庵僧人交家,请吾族六股子孙,每股一人,到庵饮酒,以便清查交盘。"⑥此外,还有每隔五年一次的盘查,"每逢己、甲之年冬月,僧敦请何、叶、徐、吴四姓施主到庵饮盘查"(规约3)。

2.备办饮福,酬谢施主。施主家族对于庙宇的支配权,主要通过饮福活动得到展演。饮福本是古代祭祀礼仪。《周礼》云:"凡祭祀之致福者,受而膳之。"郑玄注:"致福,谓诸臣祭祀,进其余肉,归胙于王。"⑦祭祀完毕,参加祀礼之君臣及执事人员,共饮祭酒、吃祭肉。明清时期则泛指各类祭祀完毕后的宴饮、会餐。闽北的族庙一般于清明或冬月举行祭祀仪式,置办斋筵,邀请施主赴筵,并在散席后向参与者分发糍粑、豆腐、酒食。如规约1总管庙"每年冬,庙中住持请梁姓二人饮斋一席,外领糍二斤,煎豆心半斤"。规约2中南山庵与四姓施主约定六年置办一次冬斋,每次"敦请叶姓施主上房共六位,下房共八位;何姓施主六位;吴姓

---

① 徐斌:《明清鄂东家族性庙宇的经营与管理》,《武汉大学学报》(人文科学版)2013年第2期。
② 乾隆四十三年订立的《南山庵议明抵兑字约》也明确约定:何氏所施田产,须缴粮税二斗,"清明之日,年例,(庵僧)交何姓铜钱五百文,帮纳国课之费,亦不得少欠。"参见沿山《樵西古潭何氏族谱》卷尾三《契券》,第28页。
③ 《善济南山庵砧基记》,载沿山《南阳叶氏族谱》,2011年铅印本,第131—132页。
④ 坪上《仁顺梁氏族谱》卷十六《文类·重建东林寺添购田产登记序》,第53页。
⑤ 《善济南山庵砧基记》,载沿山《南阳叶氏族谱》,第131—132页。
⑥ 沿山《樵西古潭何氏族谱》卷尾二《契券·南山庵规仪》,第8页。
⑦ (汉)郑玄注,(唐)贾公彦疏:《周礼注疏》卷四《天官冢宰·膳夫》,北京:中华书局,1980年,第660页。

施主六位;徐姓施主六位"。冬斋席上菜品为糍粑、煎豆腐、青菜等,各席四瓶酒。至嘉庆重订约条时,仍然强调"冬斋各规条照先年指办,俱不得增减"(规约3)。

施主家族对饮福至为重视,其原因并非是为满足口腹之欲,更重要的是借机盘点庙产,保持约束,防止盗卖。同时,饮福具有的强烈的象征意义——族人被邀请赴宴即意味着僧人对于施主家族之于庙宇控制权的认可。通过定期的会餐、受胙,不断地确认双方的主从身份关系。对此,清代梁氏族人馨瑞有很精辟的说明。他说祖先所施庙田,任凭僧人耕种、管业,施主本不得视为己物,但若年久失据,则败荡难免。"故当年斟酌既立券据,复设冬斋,非以扰僧,特欲借此当约束、便稽查,为永远供佛计,意良悫耳。"①不唯如此,通过出席每年的饮福宴席,施主子孙的家族认同和庙宇的族属观念都得到强化,对于家族组织的发展具有深远影响。

3. 为施主提供祭祀礼仪服务。坟寺/庵在祀奉神祇的同时,也往往供奉安葬于此的某位施主或其先祖,为其荐福、守坟成为寺僧的分内之事。对此前文已有述及,兹不再赘。此外,在一些特定的日子,庵庙中也会举行相关祭祀活动。如清乾隆间炉阳梁氏与光源寺约定:"每岁十月初十秋祭,僧人建忏一部,祀梁先祖于右廊神堂,以伸酬答之意,仍邀梁姓子孙一十五人到寺破散斋仪。"②又如,前引炉阳梁图政公,膝下无子,将己产捐予胜公庙,"年规六月十二日图政公忌辰之日,住持人请先生二人诵经一旦……以为永远纪念不忘也"③。

综上可知,通过订立规约,施主与住持明确了各自的权责,施主需承担捐施资产,代缴课赋以及不得借势欺压、索取的责任;相应地,住持人也需尽到遵规护庙,备办饮福,提供礼仪服务的职责。由此,双方形成了一种各尽其职的主从关系,"类似于当代的股东与职业经理人的关系"④,共同推动着庙宇的运行。规约是在异姓亲属和乡邻的认可和见证下签订的,具有较强的约束性。双方对此都很重视,规约多是一式两份或一式数份,各执保管。施主家族更是将其载入族谱、庙簿,乃至刻之碑石,世代相传。

三、围绕庙宇支配权的纠纷

尽管施主与住持通过订立契约规条,举行饮福活动,确认双方的从属关系,但在历史发展过程中,因各种天灾人祸,家族不免经历兴衰沉浮,加之现实利益的复杂纠葛,家族对庙宇的掌控并非易事,纠纷在所难免。这些纷争既可能发生在住持同施主家族之间,也可能出现于异姓家族或同姓各房支之中,还可能产生于庵庙的僧人之间。

僧人盗卖庙田、租谷的现象屡见不鲜,施主家族一旦发现,通常会做出强烈反应,甚至借助诉讼的形式"鸣官究治",以斥退僧人,捍卫庙产。如乾隆四十二年(1777)南山庵突遭火灾,施主家族清查庙产发现,住持僧权一"不守清规,将何施主所施产业盗卖一光","何姓查

---

① 坪上《仁顺梁氏族谱》卷十六《文类·施田小引》,第20页。
② 坪上《仁顺梁氏族谱》卷十六《文类·光源寺春秋二祭规额》,第19页。
③ 坪上《仁顺梁氏族谱》卷十六《文类》,第55页。
④ 徐斌:《明清鄂东宗族与地方社会》,武汉:武汉大学出版社,2010年,第207页。

明,速欲鸣官究治",新任住持普照极力调解,"因力劝何姓念在三宝佛上,又兼旧腊庵遭回禄,姑从宽宥"①,并愿意将师祖置买的皮骨田一坵,载民粮二斗正,以为抵兑。何姓准从,这才没有闹到官府。

嘉庆二十二年(1817),又发生"远近不肖之徒"串通僧祯悟盗卖庙产之事。何、叶、吴、徐四姓施主层层上诉,"始构于捕厅,继控于军府、县宪暨上制县"。县令断语:"押退该僧,追限不肖等缴吞租谷,并饬另举妥僧住持"。四姓遂征召观济庵僧知远来住持香火,并申请军、县二宪颁给告示,"以杜樵采,并不肖流丐、匪徒、诸邑人等覆辙骚扰"②。

南山庵的例子中,四姓施主合力追究僧人的违约行为,由于双方力量对比悬殊,胜负一目了然。但若是势均力敌的异姓家族间发生庙宇支配权的纷争,则过程往往会漫长而曲折。以下不妨以坪上梁氏、罗前罗氏与光源寺三者之间的纠葛为个案进行分析。

光源寺是邵武南乡的著名古刹,对于其来由,撰于乾隆五十三年(1788)的《光源坑坟山序》有详细记录,其文曰:

> 光源坑葬七世祖十一郎名聪公、祖妣吴氏佛娘、副妣危氏。其地四周宽广约二余里,俱梁氏族业。初未有寺也,至九世祖唐英公,家席丰,好施济,尤笃于亲亲……爰于宋绍圣年间捐坟麓左侧山坪造佛寺。查初名先元寺,以山名之也。后因避元至元国号改光源寺。中为正殿,备极装[庄]严。旁益以僧寮、客舍、香积。复于东偏别构数椽,中龛安梁祖木主三,以志因坟建寺、因寺念祖之意。且春秋子姓登山,偶值风雨不时之夕,得依之而托宿,毋滋僧扰计施重产米租七十一石一斗五升。招妥僧住持管业、供佛外,又拨米租一十八石,中仍以半数归僧,又其半与僧酌定每岁寒食节前,代备米八斗及祭物品数,届期交梁族主祭,助祭登山醮墓。③

由上可知,光源寺是宋代梁唐英为其祖父母所建的坟寺。除了建造正殿、僧寮、客舍外,还在寺院东偏建有祠堂,安放梁祖木主三尊,"以志因坟建寺、因寺念祖之意"。唐英向寺中舍田供佛、赡僧,僧人则负责管理庙产,为梁氏祖先荐福、守坟,且每年须备好八斗米及祭品,于寒食节交梁族以助墓祭。

延及元明,双方的约定仍大体维持,只是增加了秋祭仪式,要求"僧人每遇十月初十日,诵经备祭,邀梁姓子孙到寺饮福"④。明中叶,光源寺开始向地缘性的乡村庙宇方向转化,寺僧也在尝试摆脱檀越家族的控制。正德二年(1507),僧人迟误饮福,梁氏"具控县主"。经邻乡罗福成、虞又美等劝释,双方于重新订立规约,约定:"在后住持僧人每岁照依上年设斋办祭,敦请梁姓子孙九名,永为定规。嗣后惠成等不许违议减少,梁姓子孙亦不许越约加多。倘有前弊,执此经官。"⑤这份合约表面是对原有秋祭饮福活动的维护,实质是再次确认了梁氏

---

① 沿山《樵西古潭何氏族谱》卷尾三《契券·南山庵议明抵兑字约》,第28页。
② 《南山善济庵序》《县宪、军府批示》,载沿山《樵西古潭何氏族谱》卷尾三《契券》,第31—41页。
③ 坪上《仁顺梁氏族谱》卷首《序·光源坑坟山序》,第43页。
④ 坪上《仁顺梁氏族谱》卷十六《文类·光源寺合同议约》,第17页。
⑤ 坪上《仁顺梁氏族谱》卷十六《文类·光源寺合同议约》,第17页。

的施主身份及其对光源寺的支配权。

明中叶以后,光源寺所在村落的居民结构发生变化。据《仁顺梁氏族谱》记载,和平梁氏的始迁祖日成公于后周由鄱阳迁徙到和平里仁顺东堡,经过几代繁衍,形成梁家坊,但到宋中叶,各支派分迁外地,而留在本村的族人不断减少,直至清初梁家坊祖地成为废墟。其中一支迁至十几里外的炉阳山区,即今坪上村。"族虽渐繁,而住址星散"①,使得梁氏对光源寺控制力大为减弱。与此同时,邻近的罗氏家族逐渐崛起。从族谱可知,罗氏始迁祖洁公于南宋理宗时期,由江西建昌迁至本地,至明中期,罗姓人丁兴旺,形成了罗前村,光源寺便位于其境域。②

明万历间,梁氏修缮光源寺,悬题"正大光明"匾额,落款"万历三十八年岁次庚戌,宋檀越梁唐英嗣孙众立"。此后,因寺屋损坏,罗氏介入捐赀修葺事宜,成为"重修施主",获得了同"创建施主"梁氏一样的饮福待遇。其时,"梁罗二姓均属檀越,历久相安,从无争论"③。光源寺的性质也从梁氏一族的坟寺,转变为由两姓共同支配的家族庙宇。

两姓的冲突始于清代。乾隆元年(1736),光源寺僧本厚盗卖殿后花台与罗家璧葬父,被梁氏发现,元槐等5位族人"具控遏卖"。县令批词:

> 查光源寺乃一古刹,为宋时所建。梁祖创造于前,罗祖重修于后。但业既归僧,则施主不得视为己物,为子孙者,亦不得擅自变卖。况近奉新例:凡寺院产业不许售卖。如已经典卖,即今设法募化回赎。续置者,亦申请入册。私行变卖者,治罪。通行钦遵在案。寺僧本厚何得违例卖地? 尔亦不得扦葬。候押,该僧给还原价。尔另觅地葬父可也。族谱发还。④

这段判词饶有意味,县令先是分别确认了梁罗二姓对于光源寺的创建与重修之功,但接着指出"业既归僧,则施主不得视为己物,为子孙者,亦不得擅自变卖",强调了庙宇运行的相对独立性。最后根据清廷新近颁布的禁售寺产例,判定寺僧卖地违例,交易无效,应退还原价,罗家璧则另觅地葬父。可见地方官员力图兼顾三方的利益,维持原有的权利分配格局。

然而两姓围绕光源寺的纠纷并未就此终结。乾隆十八年(1753),住持僧去世,罗氏未同梁氏商议,自行招僧希天住持。乾隆二十三年(1758),该僧同罗氏将寺内"正大光明"四字换为"法相庄严"匾,旁将梁氏名字划除,只书"檀越罗仲权"字样。此外,寺僧原本应向交梁罗二姓各交纳祭米八斗,希天只照原额交送罗氏,而交梁氏的祭米只有一斗六升。寺僧与罗氏的做法,再次打破了先前的利益平衡,严重威胁到了梁氏对光源寺的支配权,让其感到极大愤慨。乾隆二十六年(1761)梁氏鸣官,在诉状中写道:"该奴又欺凌(梁)姓已甚矣! 今梁玉川等见匾已更,名已划除,虑将来施主之名归于湮没,祖舍田产遭僧荡败,遂控告到县。"⑤随后

---

① 坪上《仁顺梁氏族谱》卷首《序·光源坑坟山序》,第43页。
② 罗前《仪阳罗氏宗谱》卷首《序·重修仪阳罗氏宗谱序》,1999年7修,第53页。
③ 坪上《仁顺梁氏族谱》卷十六《文类·光源寺谳语》,第7页。
④ 坪上《仁顺梁氏族谱》卷十六《文类·光源寺谳语》,第6页。
⑤ 坪上《仁顺梁氏族谱》卷十六《文类·光源寺谳语》,第7页。

县令做出如下判决：

> 查梁姓现在式微，住居离寺颇远。罗姓隔寺甚近，人复众多，该僧希天欺梁而附罗，情属可恶。着令将新匾额上仍照原式添刊"檀越梁唐英嗣孙众立"字样，同罗仲权之名并列，俾免争论。所有寺后山地，梁罗二姓日后均不许扦葬。应纳梁罗二姓祭米，着僧希天各照原额均以捌斗同祭品交送。该僧势利起争，应予责罚，嗣后倘敢不守清规，梁玉川等系老檀越子孙，许其据实指禀，以凭究逐。①

这份判决目的仍是平息事端，维持原状。官府考虑到梁罗二姓与光源寺的渊源，及二姓力量的变化，判定恢复两姓共同支配寺宇的惯例，即所谓"古制"。要求寺僧应平等地履行对两姓檀越的义务，不得偏颇。梁氏对此判决较为满意，他们随即将先祖施田情形刊碑竖立寺内。

大部分罗氏族人对此并无异议，但罗家璧与住持僧希天都难以释怀，并将判词碑抬去藏匿。乾隆二十七年（1762）三月清明日，梁玉川到寺中收祭米，又与希天师徒及罗家隆、罗家增发生冲突，玉川遭殴伤。于是，讼争再起。先是梁玉川堂兄鲁川、期远等赴县禀报。五六月间，罗氏族人玉成、文锦、康行等也先后赶赴延平、福州，向分巡道、布政使、总督各衙门控告。

同年十月，邵武知县判决："（罗家隆）照手足殴人成伤律，杖一百，折责四十板。罗家增、罗宁祐、罗文耀互殴伤人，俱属不应，请照应重律杖八十，折责三十板。僧希天趋附罗姓，屡次滋事，实为祸首……除照不应重律杖责外，押逐还俗，毋许再入光源寺，以绝衅端。玉川等所立之碑，已被罗家璧抬去，押应令交出，竖立寺内。"②罗家隆等人因犯殴人成伤律受到责罚。住持僧希天则被认定"趋附罗姓，屡次滋事，实为祸首"，依"不应"重律受到杖责，并被"押逐还俗，毋许再入光源寺"。随后邵武知府批准了此项判决。

乾隆二十八年（1763）七月，应新任住持明远之请，邵武知府向光源寺开具了护寺禁示，再次确认了梁、罗二姓对该寺的支配关系："光源寺原系梁玉川等之祖创建于前，罗玉成之祖重修于后。断令匾额内同刊创建、重修姓氏。仍将石碑竖立寺内。"同时，也强调了对寺庙秩序的保护："示仰该都练总、梁罗二姓及僧人等知悉，嗣后务遵示禁，毋许罗家璧等顽抗争耕，强割盗砍滋事，以及容留面生匪类、流丐人等在寺内肆行强讨借宿，聚赌偷砍该寺竹木等情。"③至此，这场旷日持久的庙宇纷争方告平息。

此后，为了防止类似事件复发，梁氏采取了一系列的巩固措施：

其一，刊立碑记，昭示产权。乾隆二十八年梁氏邀请同乡生员萧辰撰写《光源寺碑记》，记述先祖梁唐英施田建寺的缘由，住持僧希天"改削古制，背礼忘本"引发讼争的经过，以及县令的判决、梁祖所施寺田山场的面积、坐落。④并以"宋檀越梁唐英嗣孙众立"的名义，刊立

---

① 坪上《仁顺梁氏族谱》卷十六《文类·光源寺谳语》，第7页。
② 坪上《仁顺梁氏族谱》卷十六《文类·光源寺谳语》，第9页。
③ 坪上《仁顺梁氏族谱》卷十六《文类·光源寺谳语》，第12页。
④ 在邵武市罗前村光源寺内至今仍保留着乾隆二十八年立《光源寺碑记》，大殿正中亦悬挂"正大光明"匾。《仁顺梁氏族谱》也收录了此碑文。

于寺,借以昭示其对于光源寺的所有权。

其二,清查寺产,编订簿册。梁氏认为光源寺之所以出现"不肖僧人业去粮存,寺作民卖"的弊病,皆因"寺久年湮,全无契簿可稽"。因此,会同住持僧彻底清查寺产,编订《光源寺印册》。《印册》除了登载田产坐落、赋税钱粮等信息外,还将以往施主同住持所签的饮福规约、光源寺历次讼争文书及官府谳语、寺产碑文等,"逐一详载册尾"。俾后起者各识木本水源,且知恪守僧规。又将《印册》造立三本,"一存卷,一存寺,一存施主。俾官民确有可核,僧俗杜侵荡"。①

其三,饮福颁胙,表彰"义举"。在光源寺纠纷案中,梁氏荣振、金元、期远、鲁川、玉川、永旺等 6 位族人表现突出,"甚费心力"。为此,梁氏议定了《颁胙仪注》,规定每年清明祭祖时,向每人颁授胙肉 1 斤,且"子孙世领,以奖仁孝,以酬勤劳"②。乾隆三十三年(1768),梁氏同光源寺订立《光源寺春秋二祭规额》,约定各支派参加饮福的名额,而上述 6 人作为"曾为祖坟效力者","皆得与饮,不在五房分派之例"。③

从明正德至清乾隆的二百五十多年间,围绕光源寺的所有权,梁氏与寺僧及罗姓发生了数次纷争,显示出梁氏对于族庙的强烈产权意识。讼争平息后,梁氏又采取了一系列的措施,巩固寺产。以此为契机,梁氏加速了家族组织化的进程。

四、家族庙宇对于家族组织的影响

家族庙宇的存在,对于明清闽北家族组织的形成与发展,有着重要的影响。闽北山多田少,农业资源禀赋相对较弱,宗族聚居规模较小,组织形式也较为简单。当地的"绝大多数聚居宗族,直到清中叶以后才开始建祠堂、修族谱"④。在此之前,各族的祖先祭祀多与敬神奉佛交织并举。如万历《邵武府志》记言:

> 人疾病,辄延师巫祈禳……丧事多用浮屠,葬昵风水……祠堂不立,神主不设,只书昭穆香火数字,甚至塑神佛像以并祀者。无四时祭,惟忌祭、墓祭,然皆不遵《家礼》仪节。间有行者,人皆非笑。亦有欣慕者,但循习既久,未能悉受变尔。⑤

以上记载反映了明末邵武的礼俗样貌:佛教与巫觋在乡民的日常生活中有广泛和深刻的影响,而以朱熹《家礼》为代表的儒家礼仪并不被人们接受,只有少数士绅在艰难地尝试。在祭祖方面,人们不单独建祠堂,不设祖先神主;家祭、祠祭(寺庙立祠)、忌祭、墓祭亦不遵《家礼》,祖先与佛像及诸神像杂处并祀。尽管这类民间祭祖习俗并不符合儒家礼制,但对于

---

① (清)僧明远:《光源寺印册序》,载坪上《仁顺梁氏族谱》卷十六《文类》,第 16 页。
② 坪上《仁顺梁氏族谱》卷十六《文类·为光源坑坟山颁胙小引》,第 23 页。
③ 坪上《仁顺梁氏族谱》卷十六《文类·光源寺春秋二祭规额》,第 19 页。
④ 郑振满:《明清福建家族组织与社会变迁》,北京:中国人民大学出版社,2009 年,第 93 页。
⑤ 万历《邵武府志》卷十《舆地志·风俗》,万历四十七年刊本,第 8 页。

强化人们的族属认同，促进同族结合，仍有非常重要的意义。①以下仍以坪上梁氏为例，进行分析。

据族谱资料记载，坪上梁氏始迁祖日成公，于后周显德元年（954）由江西鄱阳徙居邵武和平里仁顺东堡，子孙繁衍，形成梁家坊。日成公传五世至学政公，生五子，其中四子外迁，惟第三子留下。宋中叶，本地族人逐渐向邻近的坪上（炉阳）迁徙。坪上地处邵武西南、武阳山区腹地，下辖近十个小村。清中叶地方文人李大戴的《炉阳里居记》对当地形胜有详细记载，其文曰：

> 岭势超递，由麓拾级，非越刻逾时未由造巅入境。故地距最高，几于冷际。为近左右重峦蜿蜒，叠谷奔驰曲折，中阡陌横斜，坪坡不一，广半里或不及半里。村落连缀，望衡对宇，各随地势布置……厥土砂砾，无平畴沃衍，仅宜稻，无他土产。厥田惟下下，望畦圩皆从山半，鳞次叠比而下，势若帘垂。②

可知，坪上地势高寒，山多田少，村落和稻田零散地分布于山间谷地，坡上虽有不少梯田，然皆非沃壤。这种山区地形势必对村落和家族的组织形态产生影响。一方面，坪地少，无法维持大规模的村落聚居形态，乡民被迫不断地外迁，形成散居宗族。另一方面，山岭河谷将各聚居点分隔开来，使其保持相对独立的发展。

大约在北宋中期，坪上梁振谟名下又分作五大支脉，清乾隆间始修的族谱将其表述为"恭、宽、信、惠、敏"五房：恭房居上村大丘田；宽房居中村；信房本居中村，后移西坑、夹磜、交溪；敏房原居中村，后迁杨家畲；惠房回迁梁家坊。明代，宽房子孙又分居西坑、横排、萧坊。③坪上梁氏虽属同族，但由于不断分房及族众散居，因而在事实上各房独立发展，自成体系。

清中叶以前，梁氏虽无祠堂，亦未修谱，但各房支大都拥有自己的庙宇，如表1所示，梁氏恭、宽、信3房有化乾庙；恭、宽2房有祥云庵；恭房有拱北祠、观音堂；信房有总管庙、安吉庵等。庙宇一般有各种神明祭祀活动，如安吉庵"每年正月初六日庆贺古佛神诞期，上元日庆贺上元天官赐福。八月初五日庆贺福善尊王，届期每建忏三部：杯醮出宫，两坊各建忏一部；尊王归宫，共建忏一部"④。此外，梁氏各房支还为神明祭祀活动置立了规模不等的祀产。恭房大圩田族众有迎神田420秤，开路田25秤；灯会田2石，弥陀会典租2石；宽房大股福兴、福常、福深三支派有迎神田9处，220秤；宽房梓贤公派下有迎神田10处，150秤。⑤在家族组织化、制度化尚未完成的宋明至清前期，梁氏各房支通过相关的族庙，维持着家族群体意识，凝聚着族人的向心力。

清中叶以后，特别是进入乾隆朝，闽北家族的组织化程度逐渐增强，祠堂建筑成为乡村

---

① 郑振满：《宋以后福建的祭祖习俗与宗族组织》，收入氏著《乡族与国家：多元视野中的闽台传统社会》，第103—116页。
② （清）李大戴：《炉阳里居记》，载坪上《仁顺梁氏族谱》卷首《序》，第42页。
③ 坪上《仁顺梁氏族谱》卷首《序·梁氏本源纪略》，第12页。
④ 坪上《仁顺梁氏族谱》卷十六《文类·下炉洋安吉庵檀越施田记》，第56页。
⑤ 坪上《仁顺梁氏族谱》卷十六《文类·迎神田》，第61—69页。依当地习惯，1秤约定于10市斤。

的常见景观。邵武"乡村多聚族而居,建立宗祠,岁时醵集"①。民俗也由俭入奢,"旧时邵、光、泰三县之民,鲜为商贾,商贾亦少至。财源啬薄,安于食稻衣布,故其俗朴。近来乐商贾,筵宴服饰,往来酬赠,渐尚华侈"②。这一转变背后的动力主要在于山区商品经济的发展,纸业、茶叶与林木等贸易规模的持续扩大,刺激了闽北山区的开发热潮。③在此过程中,山区各族姓人群为了争夺资源而产生了激烈的竞争,长期的纷争又促进了家族组织的强化与扩大。

乾隆年间,梁氏与罗氏围绕光源寺的支配权屡起讼争。为了应对烦杂而漫长的诉讼,梁氏各房不得不联合起来,家族形态也由先前的涣散走向统合。乾隆元年(1736),因光源寺僧本厚盗卖寺产与罗家瘗葬父,梁氏极为不满,元槐、廷枢、君珍、以妍、永旺等5人愤而赴县具控。此时的梁氏五房尚不能发挥统合功能,而是依靠族内几位有力之士的付出,其中信房的梁元槐更是负担了大部分的费用。梁元槐家境优渥,父子都热心家族事务。其父梁守瑞经商致富后,置办祭田、排解纠纷,"为乡里所敬服"。④元槐考童子试未中,转而学医,"排难解纷,倾囊不吝;矜贫恤寡,开廪不辞",被誉为"一乡之善士"。⑤

从乾隆二十六年(1761)起,梁姓再次因光源寺与罗姓"诘讼连年"。在此阶段,梁氏最热心的族人当属信房的玉川、鲁川和宽房的期远。梁玉川先是为了维护梁氏对光源寺的支配权,"不避仇雠,逞身理禀";接着,又因往寺中收取祭米,而遭殴伤。鲁川和期远则代表族人赴县呈控。寺产屡遭侵犯及族人被殴伤事件极大地刺激了梁氏一族,家族内部也趋于团结,各房积极响应,共同分担诉讼费用,"恭房出银贰股,宽房出银三股,信房出银三股,敏房出银壹股",惠房虽未出银,亦有出力。⑥

乾隆二十八年(1763),梁氏最终获得了有利的判决,家族意识更加高涨。在光源寺纠纷案中发挥着骨干作用的几位族人,转而将热情投向联宗收族活动。五年后(1768),在期远、玉川、荣振及鲁川之兄亨亲等人的倡导下,梁氏首次编修了族谱。⑦为了加强对光源寺的管理和寺产的保护,梁氏和光源寺重新订立《光源寺春秋二祭规额》⑧,约定了光源寺僧人对于梁氏春秋二祭的应尽职责,以及梁氏族人间的利益分配方式。就僧人而言,每年春祭须向梁族交纳八斗祭米和八百文祭品折钱;秋祭时,应于寺中右廊神堂,建法忏一部,以祀葬于此地的梁族先祖。二祭均须邀梁姓子孙参与饮福筵席。就族人而言,光源寺的祭祀和饮福参与权,按照股份与房份相结合的方式被分成了9股,每股都是"清明三名,秋祭一名"。其中,恭房得龙公、贵公支下2股;宽房梓政公、梓贤公、梓厚公支下3股;信房佛生公、顺生公支下2股;敏房庆保公、惠房长公支下各1股。

上述规额表明,围绕光源寺的祭祀仪式,形成了梁氏九个支派联合管理的格局。春祭祭品"照九房轮流值收",二祭的饮福共同派人参加。同时,也反映出此时的梁氏依然延续着寺

---

① 乾隆《邵武府志》卷六《风俗》,清乾隆三十五年刻本,第4页。
② 乾隆《邵武府志》卷六《风俗》,清乾隆三十五年刻本,第3页。
③ 徐晓望:《明清东南山区社会经济转型》,北京:中国文史出版社,2014年。
④ 坪上《仁顺梁氏族谱》又卷首《守瑞公传》,第21页。
⑤ 坪上《仁顺梁氏族谱》又卷首《植三梁公传》,第24页。
⑥ 坪上《仁顺梁氏族谱》卷十六《文类·光源寺春秋二祭规额》,第19页。
⑦ 坪上《仁顺梁氏族谱》卷首《序·梁氏本源纪略》,第12页。
⑧ 坪上《仁顺梁氏族谱》卷十六《文类·光源寺春秋二祭规额》,第19页。

祠合一的祭祖习俗,祖先崇拜尚未从寺庙中脱离出来。从某种程度而言,光源寺扮演了大宗祠的角色。每年春秋的祭祖和饮福活动,将族人团聚在一起,密切了九派间的合作,增强了大家的家族认同感,为日后进一步的家族整合打下基础。乾隆四十八年(1783),梁氏九派在炉洋动工修建大宗祠,以祀迁邵武之始祖日成公,乾隆五十二年(1787)落成。① 同年,启动族谱重修。② 至此,坪上梁氏家族的组织化过程大体完成,梁氏被整合为制度化的、内部关系更为密切的家族组织。

值得注意的是,尽管清中叶以来,闽北各族普遍建立了祠堂,家族获得了统合,但家族庙宇并未被废弃,而是继续得到族人的供养和维护,而且庙产也同祭田、学田等被族产一道被载入家谱,受到家族的珍视。可见,族庙对于族众的日常生活有深刻的影响,并不能被祠堂所取代。首先,族庙是地方社会的公共信仰空间,能够满足民众对于神明信仰的精神需求。其次,族庙具有强烈的族产色彩,庙产的税赋往往依托施主家族缴纳,与之相关的山场、坟山、林木更是重要的经济资源,因而受到族人极力捍卫,不许他姓染指。再次,族庙被视为祖先的善举和遗泽,维护其香火不辍,"以彰先人美迹,以表后人继善之心"③,是子孙孝道的体现。

郑振满指出,清代闽台的大族一般会形成了支、派、房之类的亲属集团。"族产的权益也分属于家族内部各种亲疏有别的亲疏集团","只有创置者的支系后裔才有权分享"。各类族产都是"'按份共有'的股份所有制"。④ 家族庙宇的管理权和饮福参与权也同样如此。按照捐资者或出力者的"股份"分配,并世代相承,"无份"的旁系族人则被排除在外。例如,光绪《清河张氏宗谱》规定,玉云庵,"四至界内尽系仲清之业",住持僧人每年十一月初三,备整斋仪,邀请仲清子孙赴宴,"文四子孙迁移脱售已久,亦不得借联谱牌冒领紊争"。⑤ 瑞云庵,"现所助田亩俱系永贵公支子孙。其他房未赠田归庵,及庵众事未出力者,公议每年冬斋不得与食与领。其愿与食与领者,仍须赠田归庵,及同出力经理众事"。⑥

随着世系的繁衍,家族内部不断分化和扩大,形成大小支系交错的房支结构⑦,族庙的所有权也相应地复杂化了。有些庙宇属于整个家族共有,有些则由一个或数个房支所有。族庙所有权的差异,对家族组织产生的影响也不尽相同。例如,光源寺由宋代梁唐英所建,其名下所有子孙皆"有份",寺中的祭祖和饮福活动由各房派人参加。因而,光源寺对于梁氏一族起到了归整和凝聚的作用。此外,梁氏各房支也大多拥有自己的庙宇,各自举行仪式,显示出较强的独立性和排他性。这些庙宇对于强化"有份"房支子孙的集体意识,促进房支的融合与维系,具有积极意义,但对于整个家族而言,它们的存在则可能是一股离散力,加剧

---

① 坪上《仁顺梁氏族谱》卷首《序·建祠序》,1997年9修,第49页。
② 坪上《仁顺梁氏族谱》卷首《序·梁氏二修谱序》,1997年9修,第12页。
③ 坪上《仁顺梁氏族谱》卷十六《文类·重建祥云庵记》,第38页。
④ 郑振满:《乡族与国家:多元视野中的闽台传统社会》,第4、67页。
⑤ 谢厝《清河张氏宗谱》卷尾《寺观志·大常玉云庵规约》,第152页。
⑥ 谢厝《清河张氏宗谱》卷尾《寺观志·道峰山》,第144页。
⑦ 关于"房"的含义及其与家族的关系,参见陈其南:《房与传统中国家族制度:兼论西方人类学的中国家族研究》,《汉学研究》第3卷第1期,1985年,第130页。钱杭关注到华北宗族存在与"房"型系谱不同的"门"型系谱,参见钱杭:《沁县族谱中的"门"与"门"型系谱——兼论中国宗族世系学的两种实践类型》,《历史研究》2016年第6期。

了房支的独立与分化倾向。

清中后期,不少已有大宗祠的家族,又纷纷建立了支祠。如横排的梁氏宽房族人,"久欲设法区处,建立享祠,尊厥宗敬厥祖",同治十年(1871)创立"福海公享祠",奉祀由明代从中村迁此开基的福海公神主。①同年,交溪信房族人也建立祠堂,祀交溪始祖十七郎公及配位,下设昭穆。②下西坑宽房子孙亦于光绪二年(1876)建造支祠,以祀开基祖仲彰公及妣上官氏。③宗祠与支祠功能不同,时人梁羽仪对此解释道:"始祖庙以联散处之子孙,使知报本反始","支祖庙以联一脉之子孙,使知由近溯远,亲亲之有其杀也"。④家族组织的形成与结构性变迁是多种因素综合作用的结果,而家族庙宇的影响恐怕不容忽视。

五、结语

综上所述,地方庙宇与家族组织存在着极为密切的互构关系。唐宋以来,闽北邵武乡村民众大量施产建庙,其后代子孙亦不断捐施,世守不失,形成了众多具有族产属性的家族庙宇。族庙兼具祖先崇拜、神明信仰与控制山林资源等重要功能,一般由施主家族创建,招"住持人"管理。双方通过订立规约,明确各自的权利与职责。施主承担捐施资产、代缴课赋及不得借势欺压的责任。住持人也需尽到遵守清规,维护庙产,备办饮福,提供礼仪服务的职责。

尽管有规条约束,但施主家族与住持人及其他家族间,因争夺庙宇支配权而引发的纷争,屡见不鲜。从明正德至清乾隆间,坪上梁氏为保护光源寺的控制权,与寺僧及罗姓发生了数次纠纷。这一过程增强了族人的家族认同感和凝聚力,成为扩大家族结合的契机。讼争结束不久,梁氏先是首次编修族谱,接着又创建了大宗祠,原本相对松散的梁氏各房支被整合为内部关系更为密切的家族组织。

不过,家族庙宇之于家族组织的影响并不能一概而论,应考虑其所有权的差异。全族共有的庙宇,有助于凝聚族人的向心力,促进家族内部的维系与整合。而房支所有的庙宇,则有利于该支系族众的结合,但对于家族而言,则加剧了房支的离散与分化倾向。这也提醒我们族庙与家族的关系充满着复杂性与变动性。

作者简介:李军,西南大学乡村振兴战略研究院(中国乡村建设学院)助理研究员。

---

① 坪上《仁顺梁氏族谱》又卷首《横排新建福海公享祠记》,第10页。
② 坪上《仁顺梁氏族谱》又卷首《新建十七郎公祠堂记》,第19页。
③ 坪上《仁顺梁氏族谱》又卷首《坪上宽房仲彰公享祠地基对约》,第12页。
④ 坪上《仁顺梁氏族谱》又卷首《新建仲彰公享祠堂图》,第14页。

【地方社会】

安史乱后河东承天军的妒神崇祀与区域治理*

史正玉

【摘　要】 在安史之乱的剧烈冲击下,唐廷和地方都急需建立新的社会秩序稳固统治。河东镇向来忠顺朝廷,又与河北诸镇毗邻,其治乱兴衰直接关系到中央对地方的控制效果。大历十一年河东节度辖下承天军建立妒神碑,碑文反映了河东地方长官拱卫中央、效忠皇室的理念和利用地方传统怀柔百姓、重建社会秩序的地方治理效果;碑后题名则揭示了承天军的建制发展及其职能。尤其碑阴题名,长久为人忽视,价值极高。承天军在妒神祠举行祭祀立碑等活动,信仰因素只是表面原因,妒神祠的交通、水源等区位优势及军事价值,是承天军控制妒神祠的根本原因。结合碑的建立时间、地点、动机和主持者,可知河东与中央的互动对树立中央权威、重塑中央地方秩序的作用,以及河东镇对河北诸藩感化兼震慑的双重影响。

【关键词】 安史之乱;妒神碑;承天军;河东;区域治理

安史之乱的剧烈冲击,引起唐王朝社会面貌的巨大变化。安史乱后藩镇林立,深刻影响了唐朝中央与地方的关系,无论唐廷还是地方都在尝试建立新的社会秩序以稳固统治。在众多节镇中,河东镇忠于王室、坐镇太原,又与桀骜难驯的河北诸镇毗邻,地位尤其特殊。张国刚将其列为控扼河朔、屏障关中的中原防遏型藩镇,概括了河东镇的核心特征。[①]近日,笔者于太原纯阳宫探访唐大历十一年(776)所立妒神碑,根据碑文留存历史信息,认为河东镇除肩负防御河朔藩镇的职责,还在宣扬王化、怀柔百姓、重建社会秩序等方面发挥着重要作用。妒神碑为祠庙碑,金代诗人元好问最早记录此碑[②],明成化《山西通志》简单著录此碑信息[③],清代学者开始对此碑进行研究[④]。唐长孺、史念海等现当代学者主要利用此碑探讨军制

---

* 基金项目:本文系国家社会科学基金中国历史研究院重大历史问题研究专项"中国历史上地方治理的实践及启示"(项目号22VLS005)、教育部人文社会科学重点研究基地重大项目"石刻资料所见隋唐地域社会生活与地方官府制度运作研究"(项目号22JJD770046)的阶段性成果。

① 参见张国刚:《唐代藩镇研究(增订版)》,北京:中国人民大学出版社,2010年,第44—45、50—53页。
② (金)元好问著,狄宝心校注:《元好问诗编年校注》卷五《游承天镇悬泉》,北京:中华书局,2011年,第1388页。
③ 成化《山西通志》卷十七《碑目》,北京:中华书局,1998年,第1475页。
④ 清人以碑史互证的方法考察建碑年月、祠庙位置、所涉史事、职官称谓等,并多立足儒家道德观念对妒神信仰加以批判。典型如朱彝尊、钱大昕所作跋语。参见(清)朱彝尊:《曝书亭序跋》卷十五《平定州唐李谌妒神颂跋》,上海:上海古籍出版社,2018年,第235—236页;(清)钱大昕:《潜研堂金石文跋尾》卷七《唐四·元·妒神颂》,南京:凤凰出版社,2016年,第173页。

演变和祠神信仰两类问题。①总体上看,相关研究取得不少成绩。但笔者管见,前代金石学著作著录此碑,皆遗漏碑阴文字②,因此以往学者大多未能寓目碑阴,对碑文剖析尚有剩义;碑本身的物质信息也可再作发挥。笔者在实地访碑后,拟从安史之乱后河东地区社会秩序重建角度,对大历年间的立碑活动及碑文撰写进行重新解读,以就教于方家。

一、立碑地点、文化传统与怀柔民众

妒神碑立于大历十一年五月十六日,原立娘子关附近妒神祠(又名妒女祠)前,现存山西省太原市纯阳宫(今山西省艺术博物馆)。碑现存形制为螭首方趺,碑首高93厘米、宽118厘米,碑身高169厘米、宽102.5厘米、厚19.5厘米。③碑额隶书"妒神碑"三字;碑文李諲撰(无书人姓名),行书。碑身保存相对完好,左上角有断裂痕迹已拼接修补,拼接处个别字迹残损;碑身左下角残缺较多,但多为空白,损字不多;右下角微残几字,其余字迹清晰。碑阳共32行:左起第一行,为碑题"妒神颂并序"④;次一行为撰者署名;序与铭共23行,满行53字;题名7行,满行39字,题名整体位于碑左上方。碑阴右上角接碑阳有题名15行,满行20字左右;唐代题名左侧有明代题名一处,再左有清光绪朝题名一处,唐代题名下方有清乾隆朝题名一处。以上为碑身文字布局。⑤

元好问游承天镇悬泉,过妒神祠作诗云"颇怪祠前碑,稽考失莽鲁"⑥,可见此碑至金代仍立于妒神祠前,并在悬泉(妒女泉)附近,也即妒女泉、妒神祠、妒神碑三者集中于一处区

---

① 唐长孺利用此碑考察折冲府府号存废情形,参见其著《唐书兵志笺正》,北京:中华书局,2011年,第32页;史念海利用题名讨论唐代前后期"军"一级的军将建制变化,参见白寿彝总主编,史念海主编:《中国通史(第二版)》第六卷《中古时代·隋唐时期》上册,上海:上海人民出版社,2015年,第836—837页;贾志刚通过对比《妒神颂》与《承天军城记》题名变化,考察唐朝基层兵制演进,参见贾志刚:《唐代河东承天军史实寻踪——以五份碑志资料为中心》,《人文杂志》2009年第6期。王永平认为妒女属于民间信仰中的水神,参见王永平:《论唐代的水神崇拜》,《首都师范大学学报》(社会科学版)2006年第4期;雷闻则云碑中所载妒神祭祀具有官方性质,参见雷闻:《唐代地方祠祀的分层与运作——以生祠与城隍神为中心》,《历史研究》2004年第2期,后收入其著《郊庙之外——隋唐国家祭祀与宗教》,北京:生活·读书·新知三联书店,2009年,第225页;智宇晖较为全面地考察了并州地区妒神信仰的流传,参见智宇晖:《并州妒神考》,《广西社会科学》2015年第6期。近年对中古时期妒女信仰研究最全面的成果当属王力平《唐高宗出幸并州相关史实辨证》及《关于隋唐并州妒女崇拜现象的探讨》二文。前者主要以传世文献、后者以碑传结合的方式考察了妒女祠的地理位置、妒神信仰的社会基础及变化、妒女祭祀与承天军的关系等问题。参见王力平:《唐高宗出幸并州相关史实辨证》,载杜文玉主编:《唐史论丛》第25辑,西安:三秦出版社,2017年,第69—74页;《关于隋唐并州妒女崇拜现象的探讨》,载常建华主编:《中国社会历史评论》第23卷,天津:天津古籍出版社,2019年,第146—158页。

② 叶昌炽云:"《妒神颂》碑阴,为当时将吏题名,自碑移阳曲傅青主祠,方有传拓。以其为唐碑有阴而罕传者",参见(清)叶昌炽撰,柯昌泗评:《语石、语石异同评》卷三《碑阴五则》,北京:中华书局,1994年,第175页。叶昌炽曾见碑阴拓片,但流传至今的金石学著作却未见有收碑阴文字者。

③ 数据为笔者于2021年4月28日实地测量所得。

④ 以下引用碑文时简称《妒神颂》。

⑤ 因此碑著录较少且各家录文互有出入,尤其是碑阴题名失于著录,笔者据原石及拓片,并参校各家录文,整理出完整碑文。录文仅录唐代文字,明清题刻不录。参校录文主要为《全唐文》及(清)胡聘之编《山右石刻丛编》。

⑥ (金)元好问著,狄宝心校注:《元好问诗编年校注》卷五《游承天镇悬泉》,第1388页。

域。因此,厘清妒女泉、祠位置,便可考知立碑之地。《元和郡县图志》"太原府广阳县"条载:"泽发水,一名皂浆水,亦名妒女泉,源出县东北董卓垒东"[1],"董卓垒,在县东北八十里","妒女祠,在县东北九十里,泽发水源"[2]。可知唐代妒神祠在广阳县,位于妒女泉源头。大历元年(766)所刻《承天军城记》[3]云"此城邻子房之古戍,借箸可追;接妒女之灵泉,洗兵非远"[4]则承天军也在妒女泉附近。[5]金大安二年(1210),赵秉文"与客游于承天之废关,置酒乎妒女祠之侧",作《游悬泉赋》并刻石于泉下石壁。[6]大蒙古国宪宗二年(1252),元好问再游悬泉,诗云"闲闲老仙仙去久,石壁姓名苔藓滑",表明妒神祠所在悬泉为行人游览胜景。诗又云"只知晋阳城西天下稀,娘子关头更奇崛","不知承天此水何所本","平地突出随崩奔","凭崖下视心魄动","少东水帘亦潇洒,珠玑一一明朝暾"等句道出悬泉位于娘子关,为平地出水、经断崖形成瀑布的景致。而"神祠水之浒,仪卫盛官府。颇怪祠前碑,稽考失莽鲁"则指出祠在水畔、碑在祠前的位置关系。[7]

方志所载也与前代石刻、诗文相互印证。成化《山西通志》载:"妒女祠有二","一在平定州东九十里承天镇",又载:"承天镇在平定州北九十里,古妒女祠在焉,俗谓娘子关。唐建承天军为太原恒山之界,后唐庄宗会赵王镕于承天军,即其地也。旧有城已名承天,都其地。有张果老洞,唐人多题咏。"[8]万历《太原府志》载:"绵山,在平定州东九十里娘子关,一名紫金山,泽发水出焉。介之推避文公处,中有介子庙、妒女祠。承天山,在平定州东八十五里,山形峭拔,上薄层霄,中有老君洞丹炉遗址。故关山,在平定州东九十里,两山险隘,关居其中。隘口有巡检司,今裁革,盖晋之咽喉,即古井陉口";又载"水帘洞,在娘子关妒女祠下半崖间,泽发水悬流,散漫如珠帘"。[9]今山西省阳泉市平定县娘子关镇有娘子关景区,内有瀑布景点,景区西南 2.5 公里处有城西村,村后承天山上有唐宋承天军城遗址,半山处老君洞内有《铁元始像赞》及《承天军城记》等石刻。根据上述传承有序的历代石刻、诗文、方志及当代自然与文化遗迹,可以确定,妒神祠及碑正位于今天娘子关景区瀑布的上方平地。

通读碑文可知,文章主要记叙唐代河东地区妒神信仰的流传及大历年间河东地方长官

---

[1] (唐)李吉甫:《元和郡县图志》卷十三《河东道二》"太原府·广阳"条,北京:中华书局,1983年,第373页。
[2] (唐)李吉甫:《元和郡县图志》卷十三《河东道二》"太原府·广阳"条,第374页。
[3] 《承天军城记》为唐代摩崖石刻,现存今山西省平定县娘子关镇城西村的老君庙石壁。(清)陆耀遹《金石续编》卷八《唐五·承天军城记》,陆注云:"高、广详《铁元始像赞》,此刻《赞》后,行书,三十三行,行三十字至三十三字不等。石缺下方右角,在山西平定州。"上海:上海古籍出版社,2020年,第693页。另见《山右石刻丛编》卷七相关信息。参见(清)胡聘之修,(清)胡延纂:《山右石刻丛编》卷七《唐四·承天军城记》,太原:三晋出版社,2018年,第561页。
[4] (清)胡聘之修,(清)胡延纂:《山右石刻丛编》卷七《唐四·承天军城记》,第561页。
[5] 王力平对妒女泉、祠地理位置的考证较为详细,参见王力平《唐高宗出幸并州相关史实辨证》《关于隋唐并州妒女崇拜现象的探讨》二文有关妒女泉、祠地理位置考证部分。今在其基础上结合后世方志及诗文记载,进一步确定妒神祠的具体位置。
[6] (清)张金吾编纂:《金文最》卷一《游悬泉赋》,北京:中华书局,2020年,第12页。"《游悬泉赋石刻》,大安二年九月。赵秉文撰并书,旧在平定州娘子关",参见(清)杨笃:《山右金石记》卷七《碑碣·辽金》,太原:三晋出版社,2018年,第620—621页。
[7] (金)元好问著,狄宝心校注:《元好问诗编年校注》卷五《游承天镇悬泉》,第1388页。
[8] 成化《山西通志》卷五《祠庙》,第186页;卷七《古迹》,第339页。
[9] 万历《太原府志》卷八《山川》,载安捷主编,太原市地方志编纂委员会整理:《太原府志集全》,太原:山西人民出版社,2005年,第189页。

治绩。妒神信仰历史悠久、影响深远,碑云"晋东之美者,有妒水之祠焉。其神周代之女介推之妹",道出妒神原为春秋时期晋文公大臣介子推之妹;又云:

> 自古及今,非军则县。未尝不揆月撰日,备其享礼。春祈秋赛,庶乎年登。巫觋进而神之听之,官僚拜而或俯或仰。既而坎坎伐鼓,五音于是克谐;峨峨侧弁,三军以之相悦。①

总之,妒神信仰辐射范围自河东及于河北,信众涵盖士农工商各个阶层,是当地悠久深厚的文化传统。仔细推敲妒神碑的行文措辞,可以窥见地方官在此祭祀并建碑旌德,目的欲借重妒神信仰的民众基础,将施政理念和忠君思想广泛传播。②传世文献所载并州妒神最早见于南梁任昉《述异记》③,《魏书·地形志》载并州乐平郡下辖石艾县,有注云:

> 石艾前汉属太原,后罢,晋属。真君九年罢,孝昌六年复。故名上艾,后改。有井陉关、苇泽关、董卓城、妒女泉及祠。④

石艾县即唐代广阳县,可见至迟在北魏时期,当地已开始流传妒神传说。隋郎蔚之《隋图经》载:

> 泽发水,今俗亦名妒女泉,大如车轮,水色青。百姓祀之。妇人不得艳妆,衣新彩临之,必兴雨雹,故云妒女,即介子推妹也。⑤

此则说明至少在隋代妒女已受到百姓崇祀,妒神信仰渗透到民间。关于祭祀方式,唐人张鷟所记更为具体:

> 并州石艾、寿阳二界有妒女泉,有神庙,泉水沉洁澈千丈。祭者投钱及羊骨,皎然皆见。俗传妒女者,介之推妹,与兄竞,去泉百里,寒食不许举火,至今犹然。女锦衣红鲜,装束盛服,及有人取山丹、百合经过者,必雷风电雹以震之。⑥

---

① (清)董诰等编:《全唐文》卷四〇八《妒神颂》,北京:中华书局,1983年,第4176页。
② 有关妒神信仰的研究,王力平等探讨已十分深入,在此需要说明的是:本节无意于补充妒神信仰的细节,而是通过分析撰碑时的内容选择及碑文传达信息,探讨地方官选择此地开展祭祀活动并建碑的动机。
③ 四库馆臣认为此书"为后人伪托","或杂采类书所引《述异记》,益以他书杂记,足成卷帙"。参见(清)永瑢等撰:《四库全书总目》卷一四二《子部·小说家三·述异记》,北京:中华书局,1965年,第1214页。但是结合下文所引《魏书·地形志》的材料,可知与妒女有关的传说在南北朝时期已经流传。
④ (北齐)魏收:《魏书》卷一〇六上《地形志二上》,北京:中华书局,1974年,第2468页。王力平在《唐高宗出幸并州相关史实辨证》中对中华书局点校本《魏书·地形志》在"石艾"县注文中将参校诸本之"宏女泉"径改为"妒女泉"的做法进行考辨,提出"'宏女'很可能并非错字,而是自有来历",但她也指出"宏女泉及祠,无疑是《元和郡县图志》中妒女泉及祠的前身。"据此,妒女信仰应当在北朝已经产生。
⑤ (宋)李昉等撰:《太平御览》卷六四《地部二十九》"河北诸水·澤发水"条,北京:中华书局,1960年,第307页。
⑥ (唐)张鷟:《朝野佥载》卷六,北京:中华书局,1979年,第135页。

上述自南北朝至隋唐的不同文献,记载的妒神形象、个性及手段都十分相似,且多与碑文"顺之则风雨应期,违之则雷雹伤物"的描述吻合,说明该信仰有连续性,始终在当地保持影响力。这些文献都提到妒女"兴云雨""兴雨雹"的"神力",在古代农耕社会,收成好坏相当程度取决于气象等自然条件。而妒神在民众心目中拥有掌控气象、决定风雨的能力,可以直接影响作物收成,因此令当地百姓长久敬畏。①

这种对妒神的敬畏心理在河东民间广泛流传,并自下而上影响到地方官府和地方长官,甚至波及皇帝。《旧唐书·狄仁杰传》载:

> 高宗将幸汾阳宫,以仁杰为知顿使。并州长史李冲玄以道出妒女祠,俗云盛服过者必致风雷之灾,乃发数万人别开御道。仁杰曰:"天子之行,千乘万骑,风伯清尘,雨师洒道,何妒女之害耶?"遽令罢之。高宗闻之,叹曰:"真大丈夫也!"②

此事的真伪受到部分学者质疑③,但与之类似的记载还出现在《通典》④《封氏闻见记》⑤《唐语林》⑥等史籍中,说明作为历史故事的高宗"道出妒女祠"之争至少在唐代已广泛流传,折射出唐人观念。概括诸书记载:唐高宗巡幸并州,计划途经妒女祠;并州长史李冲玄受盛装过妒女祠会招致风雷之灾的民间传说影响,打算别开御道令乘舆经过,被狄仁杰阻止。狄仁杰在江南任上毁淫祠⑦,对怪力乱神之事一贯不以为然。但李冲玄作为地方长官,应对本地风土人情相当了解,同时他兼具皇族成员的身份⑧,在面临皇帝大驾与地方神祇的冲突时,他顾虑妒神发怒,为避免纠纷宁愿选择令皇帝改道,并不惜征发数万人推进此事。这充分说明,妒神在并州本土有广泛的信仰基础,对当地百姓的生活有重大影响。这种影响自下而上渗透到并州官府,左右到长官决策。

此外,其他文献中关于妒女泉、祠的记载,也为妒神传说增添了神异属性。《元和郡县图志》卷十三《河东道二》"太原府·广阳"条:

> 泽发水,一名皋浆水,亦名妒女泉……泉傍有祠,土人祀之……故老传此泉中有神似鳖,昼伏夜游。神出,水随神而涌。其水东北流入井陉县界。⑨

---

① 有关妒神信仰在并州地区发展演变的更多细节,参见王力平:《关于隋唐并州妒女崇拜现象的探讨》。
② (后晋)刘昫等:《旧唐书》卷八九《狄仁杰传》,北京:中华书局,1975年,第2887页。
③ 刘全波认为高宗所幸为晋阳宫,参见《唐高宗幸汾阳宫献疑》,《中国典籍与文化》2010年第4期。王力平《唐会要》载此事年月及狄仁杰任官提出质疑,并认为高宗幸并州并未取道妒女祠,见王力平:《唐高宗出幸并州相关史实辨证》。但无论如何,不同史书都提到这一事件,且事件核心与相关人员都高度一致,说明"道出妒女祠"无论是否成行,都确实发生过由此事而引发别开御道的争论。
④ (唐)杜佑:《通典》卷五四《吉礼十三·巡狩》,北京:中华书局,1988年,第1500页。
⑤ (唐)封演撰,赵贞信校注:《封氏闻见记校注》卷九《刚正》,北京:中华书局,2005年,第81页。
⑥ (宋)王谠撰,周勋初校证:《唐语林校证》卷三《方正》,北京:中华书局,2008年,第189页。
⑦ (后晋)刘昫等:《旧唐书》卷八九《狄仁杰传》,第2887页。
⑧ (后晋)刘昫等:《旧唐书》卷六十《宗室传》,第2350页。
⑨ (唐)李吉甫:《元和郡县图志》卷一三《河东道二》"太原府·广阳"条,第372页。

这则材料除了提到妒女,还记载妒女泉中有一昼伏夜出、声势浩大的鳖形神灵,相关传说在当地口耳相传。此神居住在妒女泉中,它的神异性质与妒女传说结合,增添了妒女的神秘色彩。《大唐新语》则记载了一位颇具神话色彩的传奇人物与妒女祠的关联:

> 张果老先生者,隐于恒州枝条山,往来汾晋。时人传其长年秘术。耆老咸云:"有儿童时见之,自言数百岁。"则天召之,佯尸于妒女庙前。后有人复于恒山中见。①

张果老有许多眩目传说,在唐代已闻名天下。他居然在妒女庙前假死以避武则天之召,可以想见此事必在当时引发轰动并随使者还朝传至中央。甚至到元代,仍有诗云"妒女庙前空宣旨,肯为阿婴三征起"追述此事。②这样一件朝野瞩目的事件,发生在妒女庙前,则与妒女相关的传说多多少少会随此事流传而得以扩散。

当地的妒神信仰历史悠久,对百姓生活影响深远,且以不同形式与中央甚至皇帝发生关联。在创作碑文时,李谔充分尊重当地文化传统,不仅描述了当地积薪焚柴的文化风俗,还将"百日斫柴一日烧"的俗语吸收到碑文正文;关于本地的妒神崇拜,他引用儒家经典《礼记》中的名句"其有废之,莫敢举也。其有举之,莫敢废也"③,表示支持。李谔具有官方身份,他的行文表达,既体现了对当地民间知识和文化传统的接受态度,也为崇祀妒神寻求到儒家经典的理论支持。地方知识与官方经典的交织表达,为妒神信仰赋予了官方肯定,这是地方官员开展活动、宣传教化的重要前提。士人阶层通过阅读文字,领会碑文主旨;基层民众,则通过盛大的祭祀与立碑活动,感受到官方的诚意和威严。

那么立碑活动究竟有多大影响,碑文传播效果又如何?高适的诗作《观李九少府翥树宓子贱神祠碑》④描述了唐代立碑场面,记录了参与立碑的宾从"二十四老翁",以及被碑感化的行人,并写此碑"形胜驻群目",引起广泛关注。高适描述的立碑活动现场感十足,从中也足见一块碑的营建,参与者众、影响广泛。而同为祠庙碑的妒神碑,也应像宓子贱神祠碑那样,在建立时有不同身份的社会人员参与。根据妒神碑文的描述,参与者有巫觋、官僚、军士等,不难想见妒神碑建立现场也是热闹非凡。而此碑的影响也相当深远。

前引金代元好问游历此地所作诗云"颇怪祠前碑,稽考失莽鲁",表明他阅读了此碑并对碑中所载史事有所考证,又云"稗官小说出闾巷,社鼓村箫走翁媪",元好问自注曰"至有'百日积薪,一日烧之'之语。乡社至今以百五日积薪而焚之,谓之祭妒女云"⑤,说明他以所见金代此地风俗与碑文印证。可见此碑会被人阅读,能起到宣传效果。此外,明人王爱作《绵

---

① (唐)刘肃:《大唐新语》卷十《隐逸二十三》,北京:中华书局,1984年,第155页。类似记载又见(唐)郑处诲:《明皇杂录》卷下,北京:中华书局,1994年,第30页。
② (清)顾嗣立编:《元诗选初集》辛集《铁崖先生杨维桢·龙眠居士画扎虱图》,北京:中华书局,1987年,第2026页。
③ 《礼记·曲礼》云:"凡祭,有其废之,莫敢举也。有其举之,莫敢废也。"见《礼记正义》卷五《曲礼下》,(清)阮元校刻:《十三经注疏》清嘉庆刊本,北京:中华书局,2009年,第2746页。李谔之语,典出于此。
④ (唐)高适著,刘开扬笺注:《高适诗集编年笺注》第一部分《编年诗·观李九少府翥树宓子贱神祠碑》,北京:中华书局,1981年,第127页。
⑤ (金)元好问著,狄宝心校注:《元好问诗编年校注》卷五《游承天镇悬泉》,第1389页。

山道中》云:"烟犹遗俗禁,庙许妒人还。立马看唐碣,神林不可攀。"①也提到看碑的举动和相关风俗。清代同治年间秦宝玑亦有诗曰:"娘子关前祀妒神,至今陋俗笑焚薪。"②由上述各朝诗作可知,妒神信仰自唐代后仍在当地普遍流传,祭祀活动不断,而唐碑在信仰传承中发挥了重要作用,至少士人阶层的元好问和王爱都有研读"祠前碑"或"立马看唐碣"的举动。后世影响尚且如此,那么由官方主持祭祀并立碑的活动,在唐代的影响范围和传播效力自不可小觑。

总之,以尊重地方文化为前提,以开展祭祀为手段,以树立丰碑为形式,承天军长官对本土知识传统的了解与尊重,以有形的方式得到直观展示;而忠于王室、屏障中央的理念和本道节度使、军使的文治武功,也在同一块碑上被集中表达。借助碑的建立,地方长官将更好地达成宣传教化作用,增进百姓认同,整合当地社会秩序。

二、妒神祠的军事意义与承天军府秩序建设

如前所述,碑文内容反映了地方长官对民众的怀柔、教化。值得注意的是,与州县行政长官负责祭祀境内神祠的一般情形不同,主持祭祀妒神并立碑的长官为承天军使党升,参与活动并列名于碑的是承天军各级军将。结合碑阳、碑阴丰富的题名信息所揭示的军府建制和发展状况,可知大历年间的祭祀立碑活动带有浓厚的军方色彩。为何出现这种情况呢?这首先要从妒神祠的地理位置及其与承天军城的位置关系进行考察。

碑文描述妒神信仰的辐射范围称"东北至土门之口,西南距磐石之山。方圆百里,别成一境",铭文强调神祠位置云"井陉西南,太原东北。妒祠之水,澹为黛色"。井陉故关在广阳县东北八十里。韩信东下井陉击赵王,井陉口为屯兵交战之地。《元和郡县图志》载:"今按井陉亦名土门。盘石故关,在县东北七十里",又言"井陉口,今名土门口,县西南十里。即太行八陉之第五陉也,四面高,中央下,似井,故名之。"③而碑文称"天宝中,以贼臣背化,国步犹艰。涂炭生灵,焚烧甲第。伊我遗庙,岿然独存",可见妒神祠位于交通要道,附近地区在安史之乱中受到战火波及。根据上节考证,可以确知承天军城位于今平定县城西村桃河与温河两水交汇处的承天山上,把控自西向东两条通往河北交通线路的结点。而妒神祠则位于承天军城东部不远的另一处高地,自太原往东从井陉前往河北境内必经此地。严耕望在《唐代交通图考》中对"太行井陉承天军道"(即太原经井陉至河北之交通线)有极详尽的考证。④不过结合方志所载及卫星地图,今人可对严先生考证稍作修订。

光绪《山西通志》考订此区域的水系较详尽:"桃水,古绵蔓水也,出寿阳县东南桃源沟,会芹泉水,东流迳平定州北,左合中潭水,右则阳泉水入焉。又东南,川水自州南来,北流注

---

① (清)朱彝尊编:《明诗综》卷五七《王爱一首·绵山道中》,北京:中华书局,2007年,第2864页。
② 钱仲联主编:《清诗纪事》同治朝卷《秦宝玑·山右访碑诗十二首》,南京:凤凰出版社,2004年,第3036页。
③ (唐)李吉甫:《元和郡县图志》卷十三《河东道二》"太原府·广阳"条,第373—374页;(唐)李吉甫:《元和郡县图志》卷十七《河北道二》"恒州·获鹿"条,第480—481页。
④ 严耕望:《唐代交通图考》第五卷《河东河北区·太行井陉承天军道》,北京:北京联合出版公司,2021年,第1441—1457页。

之。文谷水,自盂县来,南流注之。又东至娘子关,与泽发水合,出关入直隶井陉县界。"①其中,文谷水据成化《山西通志》载"文谷水有二","一出盂县经平定州承天山下合桃水",可知此水即为今温河。②则桃水自寿阳县西流至平定州,在州城东部东北流向娘子关。对照方志中留存的部分村镇名称和河谷位置,可知平定州城位于今阳泉市桃河以南城区,也即唐代广阳县治在阳泉市区。唐代太原经榆次县、寿阳县,再到广阳县,继续东进至河北境,必须沿桃河河谷前行,如此则必经承天军城下,再东经妒神祠下;若从寿阳东北方向的盂县出发,前往河北,较为便捷的通道则是沿文谷水(温河)河谷行至承天军城,经妒神祠从井陉入河北。承天山当两水交汇之枢纽,正如乾隆《平定州志》所言:"自唐于此筑承天军,遂为历代行师要冲,其路当随桃水而下。"③而在承天军城下游的妒神祠,同样是交通必经之地。又因"泉涌祠下,蓄为碧潭。飞入大河,喷成瀑布……灌木扶疎,引柔条而接影;纎苗霍靡,夹高岸而随风",妒神祠地处水源要地,成为承天军屯田洗兵之地。

据贾志刚考证,承天军创建于至德二载(757)④,张奉璋为首任承天军使。张奉璋在营建承天军城时,"又于黄沙口筑德化城,示怀也;慕荣隘筑灭胡城,示威也。复联建三堡,绝细迳也。由是南北千里,东西两乡,飞禽走兽,不得横绝矣"⑤。他筑造三城三堡等军事据点,控扼要塞,进可攻退可守。妒神祠就位于这些关城堡塞之间,兼具交通与水源之利。妒神泉既是军士日常生活的用水地,也提供了屯田灌溉所需,保障了承天军水源、粮食等后勤所需。祠庙本身作为军事据点与承天军城、德化城、灭胡城及其他军事堡塞组成联动的军事防御体系,因此,妒神祠一代是承天军必须掌控经营的军事要地。

大历元年所刻《承天军城记》,追述了张奉璋创建承天军的历程和规模,其后的题名正可与妒神碑题名对照,探究十年间承天军的发展及其在当地社会所起作用。⑥为便行文,现将两碑题名不避繁冗移录于下:

> 大使、特进、太常卿、上柱国、南阳县开国子食邑五百户张奉忠;管乐□副使、特进、太常卿、太原县开国子王丕;副使、节度经略副使、云麾将军守左金吾卫大将军、试鸿胪卿、上柱国陈遵峤;杞梓欸;游弈副使同讨击副使、特进、试鸿胪卿、濮阳县开国子、上柱国吴庭珍;营田副使、游击将军守左金吾卫大将军、上柱国张如珪;防城副使、光禄大夫、试光禄卿、上柱国廉明;都虞候、宣威将军守左金吾卫大将军、兼试少府监、上柱国孙希晏;将、云麾将军守左金吾卫大将军兼试卫尉卿、上柱国步光庭;将、云麾将军守左金吾卫大将军、兼试光禄卿、上柱国张鸾;子将、云麾将军守左金吾卫大将军、兼试光禄卿、上柱国武怀进;将、云麾将军守左金吾卫大将军、兼试卫尉卿、上柱国刘浩;将、定远

---

① 光绪《山西通志》卷四二《山川考一二》"清漳水·冶水"条,太原:三晋出版社,2015年,第2294页;卷四二《山川考一二》"清漳水·冶水"条,第2295页。
② 成化《山西通志》卷二《山川》,第76页。
③ 乾隆《平定州志》卷十《杂志·古迹》,乾隆五十五年涌云楼刻本,第3页。
④ 贾志刚:《唐代河东承天军史实寻踪——以五份碑志资料为中心》,第125页。
⑤ (清)胡聘之修,(清)胡延纂《山右石刻丛编》卷七《唐四·承天军城记》,第560页。
⑥ 贾志刚的研究也对照两碑题名,对笔者启发极大。但他未注意到妒神碑阴保存的大量题名,其文中统计数据有所遗漏,所得结论也有可商榷的余地。

将军守左金吾卫大将军、试光禄卿、上柱国王引;将、云麾将军守左金吾卫大将军兼试少府监、上柱国聂庭宾;将、云麾将军守左金吾卫大将军兼(下阙)守左金吾卫将军试少府监上柱国曹龙兴;将、(下阙)上柱国步元英;押衙、宁远将军守左金吾卫将军(下阙)。①

《承天军城记》共有大使张奉璋以下各级军官题名17人,其中两人姓名失载。
以下为妒神碑题名:

碑阳题名:
副使同经略副使、特进、试鸿胪卿、上柱国廉明;
游弈副使、云麾将军守左金吾卫大将军、试卫尉卿、上柱国步光庭;
都虞候、冠军大将军守左金吾卫大将军、试太常卿、上柱国王昙;
将:太常卿杨进朝,光禄卿张鸾,太常卿聂庭宾;
散将:卫尉卿刘浩,太常卿马崇俊,太常卿崔元英,太常卿蔡希胜,太常卿梁昱,鸿胪卿巨超俊,殿中监葛日新;
判官、节度逐要官:凉王府司马许勉,左武卫将军郭崇隽,左武卫翊府中郎将辟间珣;
孔目官:太常卿张崇琛;
节度随身官:右翊府中郎将燕润国;
副将:太常卿孟大津,太常卿曹龙兴,太原府、丰川府折冲郭季膺;
衙官:代州别驾姚庭秀,左清道率刘广成,
总管:太常卿□□僧,左金吾卫大将军窦光超,左武卫翊府中郎将陈洽;②
碑阴题名:
子将:太常卿周知远,鸿胪卿阳济,光禄卿薛□□光禄卿杨朝氲,少府监李敬林,左金吾将军王元□;
百人将:光禄卿赵庭芬,太常卿皇甫进,少府监殷秀愣,少府监李乂,左武卫将军侯回惠,右武□将军吕鸾子,左金吾卫将军王延寿;
押官:左羽林军大将军靳元茂,光禄卿刑崇爱,光禄卿梁□璇,少府监王承训,少府监吴待运,少府监高□□,少府监张南阳,将军杨加琰,将军高庭光,将军□□峻,将军周开炅,率高履金,折冲韩休琳;
衙内虞候:太常卿樊景升,将军武茂璆,将军霍玥□□□□□,将军张嘉祐;
都虞候判官:率□子颜;
游弈判官:果毅荆沛;
将判官:将军王庭林,中郎将□贞羡,率杨元晖;
回易官:少府监李还;
库官:太常卿杨怀珎;
草场官:将军张昌祚;

---

① (清)胡聘之修,(清)胡延纂:《山右石刻丛编》卷七《唐四·承天军城记》,第561—563页。
② 妒神碑碑阳题名录文可参考(清)胡聘之修,(清)胡延纂:《山右石刻丛编》卷七《妒神颂并序》,第594页。

关官:将军□奋晏,郭益;

灭胡城党官:宝南;

巡官:李景朝。①

妒神碑题名有 68 人,加上碑文所载军使党升则有 69 人。两碑题名变化透露出如下信息:

首先,题名反映的军府人员构成及军府规模。仅从题名来看,承天军有职任的军官人数增长三倍,建制等级更加复杂,职能分工不断细化。并且,《承天军城记》题名中有 6 人列名妒神碑(引文中加下划线者),当年题名《承天军城记》的军将,有超过三分之一在妒神碑建立时仍效力承天军。题名先后,反映了各人在军府中地位高低。十年前,这 6 人的题名先后次序为廉明、步光庭、张鸾、刘浩、聂庭宾、曹龙兴;十年后则为廉明、步光庭、张鸾、聂庭宾、刘浩、曹龙兴。除刘浩、聂庭宾两人顺序调换,其他几位题名先后没有变化,说明军府内部升迁大体循序而进,但也不排除个别人凭借功劳实现地位跃升。考虑到军事活动中伤亡概率较高,上述 6 人能连续在军中任职,一定程度上反映了承天军建制构成的稳定性;排名顺序的相对固定则反映了军中人事调动整体平稳有序、上升渠道相对固定,表明这一时期军府秩序较为稳定。

其次,题名所见军府职名变化与权力划分。两碑题名不论职级高低,多带卿、大将军等文武职事官及散官、勋官。《资治通鉴》载安史乱后官爵名器之滥:

> 是时府库无蓄积,朝廷专以官爵赏功,诸将出征,皆给空名告身,自开府、特进、列卿、大将军,下至中郎、郎将,听临事注名。其后又听以信牒授人官爵,有至异姓王者。诸军但以职任相统摄,不复计官爵高下。②

纵观两碑题名所见诸将结衔,正与此合。而到大历十一年,职、散、勋官更加泛滥,无从标识地位尊卑,妒神碑多数题名也不再赘记,而最能反应诸人地位高下的是其军府职任。《承天军城记》17 人题名中结衔完整、军职清晰的有 15 人,按先后次序分别胪列其职任:大使;管乐副使;副使、节度经略副使;游弈副使同讨击副使;营田副使;防城副使;都虞候;将;将;子将;将;将;将;将;押衙。其中"大使"为承天军使;"管乐副使"③当为某种专职副使,职掌不明,但地位颇高,仅次于承天军使。贾志刚指出"节度经略副使""游弈副使""讨击副使""营田副使"等职名见于《唐六典》,"防城副使""都虞候""押衙"等新出职名于是开元新兵制的

---

① 碑阴题名未见著录,引文为笔者据原碑及拓片著录。

② (宋)司马光等撰,(元)胡三省音注:《资治通鉴》卷二一九《唐纪三十五》"肃宗至德二载四月"条,北京:中华书局,2011 年,第 7141—7142 页。

③ 此职可能为"管乐营副使",崔致远《桂苑笔耕集》有《客将哥舒珰兼充乐营使》,其注释对乐营使的解释为:"唐代藩镇皆设乐营,掌'迎送于燕台郑驿',负责迎来送往事务,安排食宿宴饮",参见[新罗]崔致远撰,党银平校注:《桂苑笔耕集校注》卷十四,北京:中华书局,2007 年,第 463 页。又,李商隐《为濮阳公补卢处恭牒》有:"勿骄予官事须补充乐营使",参见(唐)李商隐著,刘学锴、余恕诚校注:《李商隐文编年校注》编年文《为濮阳公补卢处恭牒》,北京:中华书局,2002 年,第 532 页。

变化。①"将"与"子将"次序令人费解,从《承天军城记》题名来看,难以判断二者职级高下。

到大历十一年题名妒神碑时,承天军职级名称大幅增加。除碑文中党升担任的承天军使,题名中出现副使同经略副使,游弈副使,都虞候,将,散将,判官、节度逐要官,孔目官,节度随身官,副将,衙官,总管,子将,百人将,押官,衙内虞候,都虞候判官,游弈判官,将判官,回易官,库官,草场官,关官,灭胡城党官,巡官等 25 种职名,等级之多、分类之细、体系之完备远远超过大历元年。同《承天军城记》题名相比,"管乐副使""讨击副使""营田副使""防城副使"等副使之名消失。贾志刚认为"营田副使的缺失,说明承天军在大历十一年兵数可能已不足万人"②。但据妒神碑文:"水碾成而永逸,聚米难俦;军井达而常闲,伏波不竭。"③则承天军的屯田活动并未停废,尤其是水碾的运用和水井的开凿,在粮食生产、加工方面效果显著。④安史乱后,地方军制处于大的调整阶段⑤,兵员定制早已有别开元定制(详见下文分析),不能根据开元年间军职设置与兵员人数的对应关系,来反推大历年间军职减省代表统兵数量下降。大历十一年,承天军虽不再设置专门的营田副使,但屯田建设却未中断,说明部分专职副使虽被取消,其职能却有人兼领,高级别军职的省并代表军府高层权力得到集中。与之对应,中下层军职则不断细化,职责分工更加明确具体。仅军将之名就从原来的"将""子将"两类细化为"将""散将""副将""子将""百人将"五等,且"子将"等级明确排在"将"之后。《唐六典》载:"凡诸军、镇每五百人置押官一人,一千人置子总管一人,五千人置总管一人。凡诸军、镇使·副使已上皆四年一替,总管已上六年一替,押官随兵交替。"本注云:"副使、总管取折冲已上官充,子将已上取果毅已上充。"⑥贾志刚据此推测,千人子总管可称为子将。笔者以为,据《唐六典》载,开元年间"总管""子总管""押官"皆为统兵军将,因兵员多寡分为三级,且"子将"与"子总管"互通。大历十一年承天军建制,兼用"总管""押官"等开元旧称,设"子将"而舍"子总管"之名,与前文所列五等将名合而观之,则承天军统兵之将有将、散将、副将、总管、子将、百人将、押官七等。但各将统领兵员已与《唐六典》定规差距悬殊。若子将依《六典》为千人子总管,统兵千人,则押官当统兵五百,但其题名却排在百人将后;《六典》规定统兵五千的总管在题名中有三位,则总管统兵就有一万五千人,总管之上尚有将、散将、副将三级十余人,而承天军全部兵员在创建时不过"虎贲万计"⑦,十年发展兵

---

① 贾志刚:《唐代河东承天军史实寻踪——以五份碑志资料为中心》,第 128 页。
② 贾志刚:《唐代河东承天军史实寻踪——以五份碑志资料为中心》,第 129 页。
③ (清)董诰等:《全唐文》卷四〇八《妒神颂》,第 4176 页。
④ 王力平列举了唐前期并州屯田的成就,并指出承天军借助妒女泉兴修水利补充军饷,效果显著。参见其著《关于隋唐并州妒女崇拜现象的探讨》,第 155—156 页。有关唐代农业水利修建和河东地区水利发展的研究可参看阎守诚:《唐代的农田水利建设》,《晋阳学刊》1986 年第 2 期;张剑光:《关于唐代水利建设重心的一些思考——以浙东、浙西和河南、河东四道为核心》,《山西大学学报》(哲学社会科学版)2012 年第 4 期。
⑤ 贾志刚也提到此点,他指出"专职副使的增加,新职名的出现,预示开元新兵制也在发生变化,显示出唐朝基层军将职名正在经历又一场变化。"参见贾志刚:《唐代河东承天军史实寻踪——以五份碑志资料为中心》,第 128 页。
⑥ (唐)李林甫等:《唐六典》卷五《尚书兵部》"兵部郎中、员外郎"条,第 159 页。
⑦ 出自《承天军城记》,此类表述多半为文学虚指或言其大概,即便为写实,则大历初承天军人数也就在万人左右,十年间很难急剧增长。

员不至增长数倍,因此各级军将统兵人数远不及开元定制。① 开元旧制的将名虽存,其统兵人数则变化巨大,且军府各级军将所统兵员差距不会太悬殊,至少相近两级之间不会有数倍之差。

最后,除了军将等级分化,妒神题名中还新增众多官名,计有判官、节度逐要官,孔目官,节度随身官,衙官,押官,都虞候判官,游弈判官,将判官,回易官,库官,草场官,关官,灭胡城党官,巡官等十四种。值得注意的是判官系统:判官、都虞候判官、游弈判官、将判官等职称,既反映了其本身在军府地位高下,也表明带此职者服务对象的尊卑次序。其余回易官、库官、草场官、关官、灭胡城党官等,皆因事设官,从官名可大致推知其职掌。其中需留意者为灭胡城党官。据《承天军城记》,张奉璋筑承天军城时还营造了德化城及灭胡城及三座堡垒。大历十一年的题名仍存灭胡城党官,可见张奉璋营建的军事要塞仍在发挥作用,有专人管理。这证明承天军虽经历上层军使变动和众多副使合并裁省,但基本军事职能一直在发挥作用,基层事务划分不断细化且任专人负责,军府建制不断完备。

总之,妒神碑的题名内容反映了河东节度辖下承天军府内部权力结构的整合。结合上节,撰文的军府判官李谞,代表官方肯定当地文化传统,为崇祀妒神寻求到儒家经典支持;军府开展祭祀活动,为承天军祈福的同时,吸引当地百姓,宣传长官治绩和朝廷教化,增进百姓认同。碑后题名则反映了承天军在相对平稳有序的情况下进行权力调整:合并高级军职,军府权力集中在少数高层职任手中;增设新职任,中下级军职人数大量增加,基层职能分工不断细化,军府从上到下秩序井然。正如碑文所云:"巫觋进而神之听之,官寮拜而或俯或仰。既而坎坎伐鼓,五音于是克谐;峨峨侧弁,三军以之相悦。"② 在祭祀活动中,不仅有神职人员"巫觋"的身影,还有地方长官、三军以及"逷迩奔凑,奉其如在"的士农工商各阶层。广泛的社会人员参与表明,承天军作为河东节度使的下辖军府,履行了军事和社会治理双重职能。

三、中央地方秩序的再强调

妒神碑建立的大历十一年夏,距离安史之乱爆发的天宝十四载(755)冬不过二十年,距离乱平的宝应二年(763)仅十余年。妒神祠所在的井陉一带,是往来河东、河北的必经之地,

---

① 贾志刚论述折冲、总管在大历年间的变化云:"但不论是折冲,还是总管,在大历十一年的军府题名中,只能名落碑尾,甚至于排在众散将、副将之后,这种现象反映出旧官职在新序列中变得无足轻重,或已经变成闲散杂任之流。"参见贾志刚:《唐代河东承天军史实寻踪——以五份碑志资料为中心》,第129页。实际上碑阳的题名并非全部,因此碑阳题名靠后的丰川府折冲郭季膺和三位总管,在整体军府题名中属于中间位置,地位并不算低。并且,"丰川府折冲"是郭季膺所带职事官,他在军府的职任为副将,也就不存在折冲"排在众散将、副将之后"的现象。另,碑阴还有折冲韩休琳,在军府担任押官。
② (清)董诰等:《全唐文》卷四○八《妒神颂》,第4176页。

无论是安史乱军还是官军,都多次在这一区域展开军事活动。[1]妒神祠所在地区为烽火所及,曾疮痍满地。故碑文云:"天宝中,以贼臣背化,国步犹艰。涂炭生灵,焚烧甲第。伊我遗庙,岿然独存。"[2]官军在与安史乱军战斗中曾在妒神祠附近占得上风[3],故在承平时期,承天军将修葺祠庙、装饰神像,令"簪裾迭叶于当时,庭宇更新于往日"[4]。值得注意的是,碑文对安史之乱的定义:

> 今幸边尘不动,海水无波。蕞尔小戎,曷足为患。昔虞舜至圣,尚有苗人之诛;殷汤至明,岂无葛伯之伐。[5]

碑文以极轻蔑的口吻,将安史之党斥为不足为患的"蕞尔小戎",将李唐皇帝比附为至圣至明的虞舜、殷汤等上古圣君,安史之乱的结局如古史记载中的苗人、葛伯之乱那样。这些逆乱分子反抗圣朝圣主的行径,影响不过是"边尘不动,海水无波",微不足道。碑文虽极力夸饰李唐王朝、贬斥安史乱党,但是安史之乱的影响却是时人耳闻目接,恐非碑文三言两语能够消解。但是,虞舜、商汤的典故,传达了如下信息:即便是古今公认的圣主,其治下也难免发生叛乱,但在乱平之后,李唐皇室会像历史上国祚长久的虞舜、殷商那样再次崛起。

接着碑云"盖以君为元首,臣作股肱。飘飘辕门,藩屏王室"[6],对君臣秩序及中央与地方的关系进行阐述。早于此碑十年的《承天军城记》,开篇便云:"《易》称设险,《诗》曰干城,盖陈述公侯,藩捍王室者也"[7],表达的也是地方拱卫中央、诸侯屏障王室的理念。并且巧合的是,与《承天军城记》同作者且同刻一石的《铁元始像赞》[8],评价安史之乱曰"有苗于焉来格"[9],同样使用了虞舜有苗之乱的典故。可见针对安史乱党以下犯上的行径,毗邻河北的河东地方官员一直在努力消解其负面影响,在不同场合、不同石刻上不断强调中央与地方及君臣之间的主从关系,提倡地方藩屏王室、臣下忠顺君主的政治秩序。

---

[1] 相关史事可参看(宋)司马光等撰,(元)胡三省音注:《资治通鉴》卷二一七《唐纪三十三》"玄宗天宝十四载十一月"条,第7054—7055页;(后晋)刘昫等:《旧唐书》卷一一〇《李光弼传》,第3304页;(宋)欧阳修、宋祁等:《新唐书》卷一三六《李光弼传》,北京:中华书局,1975年,第4584页;(后晋)刘昫等:《旧唐书》卷一一〇《李光弼传》,第3305页;(宋)司马光等撰,(元)胡三省音注:《资治通鉴》卷二一九《唐纪三十五》"肃宗至德二载正月"条,第7133—7134页。
[2] (清)董诰等:《全唐文》卷四〇八《妒神颂》,第4176页。
[3] (宋)欧阳修、宋祁等:《新唐书》卷二二五上《逆臣传上·史思明》,第6428页;(宋)司马光等撰,(元)胡三省音注:《资治通鉴》卷二一九《唐纪三十五》"肃宗至德二载正月"条,第7133—7134页。
[4] (清)董诰等:《全唐文》卷四〇八《妒神颂》,第4176页。
[5] (清)董诰等:《全唐文》卷四〇八《妒神颂》,第4176页。
[6] (清)董诰等:《全唐文》卷四〇八《妒神颂》,第4176页。
[7] (清)胡聘之修,(清)胡延纂:《山右石刻丛编》卷七《承天军城记》,第559页。
[8] 二文刻于一石,陆耀遹:《金石续编》卷八《铁元始像赞》,陆自注云:"高三尺五寸,广五尺二寸,前刻《铁元始赞》,后刻《承天军城记》,并行书。《赞》序八行,行三十一字至三十四字不等,在山西平定州东北九十里,娘子关坡底老君庙内。"同卷《承天军城记》,陆注云:"高、广详《铁元始像赞》,此刻《赞》后,行书,三十三行,行三十字至三十三字不等。石缺下方右角,在山西平定州。"参见(清)陆耀遹:《金石续编》卷八,第691页、第693页。
[9] (清)陆耀遹:《金石续编》卷八《铁元始像赞》,第692页。

但安史之乱影响巨大，广德元年（763）仆固怀恩又叛，吐蕃军再入长安，代宗避乱陕州。①数年间，京师两入敌手，皇帝再度蒙尘，中央权威大跌。地方兵变、叛乱频发，虽未颠覆唐朝政权，却显示出代宗时代唐廷中央对地方的掌控失序。

河东镇作为王化所及之地，毗邻骄兵悍将占据的河北诸藩，它的治乱兴衰直接关系到中央对地方的控制效果。除了规范本道社会秩序，承天军将主持祭祀并立碑，还有使河东地区成为"模范管理区"，为河北诸州作"示范"的目的。妒神祠虽位于河东境内，但碑文云：

> 河北数州、山西一道，或衣以锦绣，或奠以珍羞，无昼夜而息焉，岂翰墨之能谕。咸以商者求之而获利，仕者祷之而累迁，蚕者请之而广收，农者祈之而多稔。不然，则奚能遐迩奔凑，奉其如在。②

妒神信仰的影响越过河东一道，辐射河北数州。伴随着高调祭祀活动的举行和盛大立碑活动的开展，河东长官的治绩和重塑中央地方秩序的倡导，将被河北信众目睹、阅读并流传到河北地区。碑文描绘的"路不拾遗，人皆乐业。长筵继日，士忘其劳。细柳垂阴，众歌其美"③的河东军民生活图景将传播至河北地区，河东地区的治理成效和上下一心、军民一体的治理模式，将在河北诸镇流传，起到示范宣传的效果，增进中央王朝的向心力和凝聚力。

这种示范作用通过"威"与"德"两种方式来保障。所谓"威"，是河东镇武德之盛、兵力之强。如《承天军城记》云，隶属于河东节度的承天军，"铁骑千匹，虎贲万计。旗拂霄红，甲曜日白"④，可谓军容甚盛，令河北诸藩不敢轻举妄动。而"德"，则是河东地区治风优良、百姓乐业，吸引河北百姓思慕归顺。碑文将薛兼训的军功与党升的治绩并举，呈现出秩序井然、百业兴旺的繁荣景象，这种威、德并重的行文安排，目的正是令河北地区畏威怀德，向化中央、归心唐廷。

同时这种宣传示范，既具有普遍性，也具有针对性。翻检史书，不难发现大历十一年这一立碑时间具有特殊含义。据《旧唐书·田承嗣传》，大历十年（775）四月，代宗命中使宣慰魏州，魏博节度使田承嗣不奉诏，作乱。为此，代宗下诏，"委河东节度使薛兼训、成德军节度使李宝臣、幽州节度留后朱滔、昭义节度李承昭、淄青节度李正己、淮西节度李忠臣、永平军节度使李勉、汴宋节度田神玉等，掎角进军。如承嗣不时就职，所在加讨，按军法处分。"⑤最终田承嗣恐惧请罪，此事才得以了结。田承嗣是安史旧部，薛兼训为李光弼旧将；据《安禄山事迹》⑥及《旧唐书·仆固怀恩传》⑦，在平安史之乱中，薛兼训所在方多次胜过田承嗣方。朝廷任

---

① 相关史事参见（宋）司马光等撰，（元）胡三省音注：《资治通鉴》卷二二三《唐纪三十九》"代宗广德元年十月"条，第7269—7272页。
② （清）董诰等：《全唐文》卷四〇八《妒神颂》，第4176页。
③ （清）董诰等：《全唐文》卷四〇八《妒神颂》，第4176页。笔者在此需要说明的是：碑文记述的是否为河东地区治理状况的客观事实，无从判断，但碑文的真实性在某种程度上并不重要；更重要的是如此行文的意图、想要传达的理念和追求的宣传效果。结合立碑者、撰文者和受众群体的身份立场，才能真正把握建碑的功用。
④ （清）胡聘之修，（清）胡延纂：《山右石刻丛编》卷七，第560页。
⑤ （后晋）刘昫等：《旧唐书》卷一四一《田承嗣传》，第3838页。
⑥ （唐）姚汝能：《安禄山事迹》卷下，北京：中华书局，2006年，第109页。
⑦ （后晋）刘昫等：《旧唐书》卷一二一《仆固怀恩传》，第3481页。

命薛兼训坐镇河东,本就有借重其威望稳定地方局势的意图。大历十年,河东军又在讨田承嗣的军事行动中出力,故妒神碑文特别强调本道节度使薛兼训运筹帷幄、料敌制胜的军事才能,夸耀河东军威以震慑河北。

由承天军主持在妒女祠祭祀建碑,这样的安排,还有两处细节需再次关照。承天军之名乃皇帝御赐①,代表了中央的认可。由带有皇帝赐号荣誉、保障地方安宁的承天军主持建碑,既有地利之便,又体现了地方与中央的互动、宣扬了中央权威,正得其宜。而祭祀妒神,也不仅因其为地方文化传统。前引高宗道出妒女祠之争,最终结果是皇帝权威胜过了妒神威势。尽管妒神作为地方神祇影响甚大,差点令皇帝改道,但"天子之行,千乘万骑,风伯清尘,雨师洒道"②,作为人间至尊的皇帝,必不能被地方神祇胁迫。这隐含了中央权威压制地方力量的意思。因此,祭神、建碑并传播妒神传说,并非简单的因循传统或例行公事,而是有深刻的地方与中央的隐喻,并借以达成政治秩序的重塑。

概言之,碑文以苗人、葛伯之乱比附安史之乱,夸饰李唐王朝、贬斥安史乱党,传达了李唐在乱后会再次辉煌的思想;在历经安史之乱、仆固怀恩之叛,唐廷权威大跌的情况下,忠于朝廷的河东镇,维护中央权威、宣示地方服从中央的政治秩序,并通过上年出兵河北的特殊的时间点及妒神信仰的隐喻,将"藩屏王室"、忠于职守的理念,以刻碑的形式传之不朽。

大历十一年末,薛兼训卒,副手鲍防接替他成为新任节度使。鲍防在任上,辑睦军民、移风易俗,延续了薛兼训治下的稳定秩序。因治理河东卓有成效,鲍防获得图形别殿的殊荣。③但他长于理政,短于治兵,结果大败于回纥。其后,继任节度使马燧,因"太原承前政鲍防百井败军之后,兵甲寡弱",练精骑、造战车,效果显著。④在马燧的经营下,河东镇恢复了军事优势。贞元元年(785),马燧平河中之乱⑤,河东积累的军事力量是平叛的必要保障。除了本道治理,马燧也十分注重与中央互动。兴元元年(784),德宗赐杜希全《君臣箴》褒奖其直言进谏⑥,之后马燧上表请德宗同赐并于太原建碑刻石,表云:"请于碑首正面,刻作'御制箴铭'四字,其下刻年号月日字建,《箴》《铭》二首并《序》。其碑首阴面,伏请准起义堂颂碑例,刻年号月日字建。其下刻臣所上表疏、伏蒙批表勅语及所赐臣手诏。"⑦起义堂颂碑是玄宗巡幸太原时的御制碑,表达了去武周影响、树李唐权威的政治意图,并成为李唐政权在太原地

---

① 《承天军城记》云:"城成,帝嘉之,号承天,信承于天也。"参见(清)胡聘之修,(清)胡延纂:《山右石刻丛编》卷七,第560页。
② (后晋)刘昫等:《旧唐书》卷八九《狄仁杰传》,第2887页。
③ 《新唐书·鲍防传》载:"薛兼训帅太原,被病,代宗授防少尹、节度行军司马,召见,慰遣之。俄知留后,兼太原尹、节度使。人乐其治,诏图形别殿。"见(宋)欧阳修、宋祁等:《新唐书》卷一五九《鲍防传》,第4949页。《鲍防碑》云其治绩:"兵自勇厉至于辑睦,人自安业至于移风,政自无阙至于有典。代宗嘉叹之不足,图写公形,列于别殿,盖麟阁名臣之次也。"(清)董诰等:《全唐文》卷七八三《鲍防碑》,第8190页。碑文虽不免谀辞,但结合《新唐书》,仍可知鲍防长于理政。
④ (后晋)刘昫等:《旧唐书》卷一三四《马燧传》,第3692页。
⑤ (后晋)刘昫等:《旧唐书》卷一三四《马燧传》,第3696页。
⑥ (后晋)刘昫等:《旧唐书》卷十二《德宗纪上》,第345—346页;《旧唐书》卷一四四《杜希全传》,第3921页。
⑦ (宋)李昉等:《文苑英华》卷六〇八《为河东副元帅马司徒请刻御制箴铭碑表》,北京:中华书局,1966年,第3153页。

区的一处象征。①马燧请德宗赐御制《君臣箴》并欲于太原建碑纪念,体现了马燧对德宗、对中央的恭顺态度;与起义堂碑并立的位置规划,则显示出马燧欲以此碑彰显皇室权威、巩固地方统治的目的。不过,马燧的这次请求并未得到德宗批准。后马燧平乱有功,德宗才亲撰《宸扆铭》《台衡铭》赐之。马燧回到太原,于起义堂西勒石刻铭,德宗亲自题额②,马燧在太原建御撰碑的心愿终于达成。由此可见,碑的建立并非主持者一时兴到之举,而是有着复杂的时代背景和动机;同时,地方长官建碑的举动既是加强地方治理的手段,也是维护中央地方关系的重要形式。

四、结语

秩序的建立并非一朝一夕之功。至妒神碑建立的大历十一年,河东地区在地方治理和拱卫王室方面取得一些成效。碑本身并不能直接巩固治理效果,却能将地方官员的施政理念和治绩长久传承、广泛传播,为继任者提供参考借鉴,从而使地方治理具有连续性和针对性。

借助祭祀活动的开展,河东地方长官试图重新建立受安史之乱冲击的统治秩序,其中包含两重秩序:一是河东本地的治理秩序;二是中央与地方的秩序,强调地方服从中央、藩屏王室,这是受到安史之乱冲击破坏最严重的一面。河东与河北相比,在安史之乱中所受破坏较少,但也是劫后余生、百废待兴。地方长官不但要通过施政举措改善民生,还要用百姓乐见、易于接受的方式来宣传施政努力、树立官方权威。地方神祇信仰就是极好的切入点,通过开展尊重地方传统的祭祀活动,既拉近了地方官与当地百姓的心理距离,又能够让官员施政获得"神力"加持,官员公信力、权威性大大加强。军府官员各守其位、秩序井然参与祭祀活动,将尊卑有序、等级森严的政治秩序直观呈现在百姓面前。官员的治绩善政和维护中央权威、宣示地方服从中央的政治理念,以碑石为物质载体,以数量众多的信众为阅读者、传播者。在资讯传播并不发达的古代社会,这是一种相对高效便捷的传播方式。而在"祭祀——建碑——传播"这一系列活动中,地方官员的施政努力映入围观百姓眼中,为后续施政措施的落实打下基础,从而使地方社会尽快回归到正常有序的状态。

中国古代社会由地方政府主持建碑,虽不鲜见但也绝非轻松可以完成的小事。妒神碑的建立,不但是地方长官用来展示治绩的宣传手段,同样是一种高效的施政举措。通过人力物力的集合,举行盛大仪式,最大程度的扩大宣传效果。借助妒神信仰传统怀柔本地百姓、感化河北信众,潜移默化地达成民生秩序整合;而碑后题名,增进了军府官员的参与感和归属感,题名顺序展示了军府权力结构,也界定了军府秩序;对节度使军功的夸耀和承天军使治绩的褒扬,则体现了河东军事、民生两方面的自信,描摹了服从中央、遵奉王化下地方治理达成的美好图景,既强调了中央与地方的主从关系,也吸引河北地区归心唐廷。无论是建

---

① 参见李永:《拆毁与营建:唐玄宗开元时期都市景观的历史变迁》,载夏炎主编:《南开中古社会史工作坊系列文集(一):中古中国的都市与社会》,上海:中西书局,2019年,第260页。
② (后晋)刘昫等:《旧唐书》卷一三四《马燧传》,第3696页。

碑者、建碑时间还是内容取材,都体现了承天军在地方治理、军府建设、与邻道关系及中央地方关系上的价值取向,传递了树立中央权威、强化地方管理以及震慑兼感化河北诸藩的复杂动机,凸显了妒神碑的建立在重塑河东社会秩序方面的特殊意义。

作者简介: 史正玉,南开大学中国社会史研究中心暨历史学院助理研究员。

矿产、社会和生态：明清时期赣东北地区的矿业研究*

夏方胜

【摘　要】 赣东北成矿地质环境优越，矿产资源丰富。明清时期赣东北开发的矿产资源主要有金、银、铜、铁、铅、锰、硫磺、煤炭和陶土，晚清时期矿业实现近代化转型。明代赣东北时常发生"矿乱"，严重扰乱当地民众生活和社会稳定。镇压和招抚是明代国家应对矿贼的主要策略。清代赣东北陶土开采引发了社会纠纷，官方通过介入调解、明订开挖制度和禁止开采方式来处理。明清赣东北矿业开发也危害生态环境，采挖矿藏引发地质灾害，清洗陶土导致水土流失、冶炼金属矿产和烧制陶瓷消耗大量森林植被、废弃尾矿造成化学污染。矿业开发对木柴资源的消耗也间接性地提高了民众种植和保护山林的生态意识。

【关键词】 赣东北；明清；矿产资源；"矿乱"；纠纷；生态环境

矿产资源为工业经济建设和发展的基础，关乎国计民生与国防建设，是制作生活用具、金属货币、工业器械、交通设施和国防武器等的必备原料，关乎国计民生。江西为矿业大省，矿产资源不仅种类繁多，而且蕴藏总量还特别大，尤以钨、铜与陶土的开发和生产最为著名。《江西矿业之趋势》言："江西矿产素称，种类繁多而储量丰厚，其中以煤之藏量最多。"① 江西省现有赣南（赣州）、赣西（萍乡、宜春和新余）、赣北（九江）及赣东北（上饶、鹰潭和景德镇）等四大矿产开发和生产地理板块群。② 每年为本省和全国乃至全世界提供众多的矿业原料与产品。

矿产开采、生产和贸易也是史学界关注的重点话题，已有诸多学者专门撰文编著探讨，

---

* 基金项目：本文系江西省社科"十四五"（2021）规划项目"明清赣东北地区的矿业开发与社会生态变迁"（项目号21LS10）、江西省社科"十三五"（2019）规划项目"明清近代景德镇瓷业燃料消耗与地区环境演变研究"（项目号19LS08）、国家社科基金重大项目"多卷本《中国生态环境史》"（项目号13&ZD080）的阶段性成果。

① 《江西矿业之趋势》，江西省政府经济委员会编：《经济旬刊》1933年第1卷第18期，第11页。
② 《中国矿床发现史·江西卷》编委会：《中国矿床发现史·江西卷·江西省主要矿产分市图》，北京：中国地质出版社，1996年。

通史性、断代性和区域性的论著均有。①江西作为矿业大省,历史时期的矿产资源开发与生产状况也受到不少历史研习者的青睐。作为江西省四大矿业开发和生产地理板块的赣东北,位于赣、闽、浙、皖等四省的交界地带,境内山高林密,矿藏也非常丰富。虽然目前学界也有若干史学文章简要论及到明清赣东北的矿业开发史实②,但还未出现专门讨论明清赣东北矿业开发的论著,故其还颇有探索空间。实际上,有关赣东北地区矿产资源开发的历史记忆有诸多文献资料可寻。赣东北有哪些矿产资源,明清赣东北发生了哪些"矿乱"和社会纠纷案件、官方是如何处理的,矿业开发对当地的生态环境造成什么影响? 学界对此还未做出专门分析。故笔者欲据文献事实和前贤时彦论著,从生态环境史视角具体探究该问题,以求教于方家学者。

一、引言:赣东北地理环境与矿产资源

(一)赣东北地理环境概述

笔者所称的赣东北,即今江西省东北部,包括上饶、鹰潭和景德镇市的全部及九江市的星子县与都昌县,大致对应的明清时期政区为南康府、广信府和饶州府。该地域西部毗邻鄱阳湖,地势平缓、河流纵横;东部是山地丘陵地区,境内主要有怀玉山和武夷山两座山脉,山势连绵起伏,山峰、丘陵、岗地和峡谷交错分布,森林植被丰富茂盛。赣东北地区的东部是与安徽、浙江和福建交界的山区,这里官府的政治管治力量相对薄弱,明时因山区"矿乱"而被封禁,但山高林密的生态造成境内人口数量相对较少,明清时有许多流民和棚民涌入山区求生。清代康熙初年,曹鼎望《咨询地方利弊条陈》指出:"信属界连三省,江南、浙江、福建之民,往往有因原籍年荒差烦,而逃入本境认垦荒田者。"③道光《浮梁县志》称,乾隆十八年(1753)《禁冒籍碑文》云:"(浮梁县)境多棚户,五方杂处。自婺民戴应蛟支下冒考以来,纷纷

---

① 相关论著如:胡寄馨:《明代的矿贼和盐盗》,《社会科学》1947 年第 3 卷第 1、2 期;白寿彝:《明代矿业的发展》,《北京师范大学学报》1956 年第 1 期;中国人民大学清史研究所、中国人民大学档案系中国政治制度教研室编:《清代的矿业》,北京:中华书局,1983 年;李华:《清代湖南农村的采矿业》,《中国社会经济史研究》1990 年第 2 期;李仲均、李卫:《中国古代矿业》,天津:天津教育出版社,1991 年;陈庆德:《清代云南矿冶业与民族经济的开发》,《中国经济史研究》1994 年第 3 期;刘利平:《明正统以降银矿盗采活动及政府对策》,《兰州学刊》2006 年第 11 期;唐立宗:《坑冶竞利:明代矿政、矿盗和地方社会》,博士学位论文,台北政治大学,2011 年;杨煜达:《清代中期(公元 1726—1855 年)滇东北的铜业开发与环境变迁》,《中国史研究》2004 年第 3 期;温春来:《清前期贵州大定府铅的产量与运销》,《清史研究》2007 年第 2 期;衷海燕:《明清粤东山区的矿产开发与生态环境变迁》,《学术研究》2009 年第 10 期;周雪香:《流民、矿乱与社会秩序的重建——以明代中叶粤东山区为例》,《厦门大学学报》(哲学社会科学版)2013 年第 1 期;林荣琴:《清代湖南的矿业——分布·变迁·地方社会》,北京:商务印书馆,2014 年;赵长贵:《明代矿业政策演变的历史考察》,《郑州大学学报》(哲学社会科学版)2018 年第 4 期,等等。

② 比如有张斐然:《江西矿产沿革史》,江西省建设厅 1930 年版;《中国矿床发现史·江西卷》编委会:《中国矿床发现史·江西卷》,北京:中国地质出版社,1996 年;赵治花:《明清时期赣东北的社会动乱与族群关系》,硕士学位论文,南昌大学,2010 年,等等。

③ 同治《广信府志》卷十一《艺文·文征》,清同治十二年刻本,第 8 页。

入籍者不下数千户,故江右诸邑,惟浮冒籍最多。"①地处山区,管治力弱,政府封禁,加之有大量陆续涌入的流民与土著居民争夺矿藏、土地和森林等生存资源,这样的时况样态造成赣东北山区非常容易发生动乱和社会纠纷。

(二)明清赣东北开发的矿产资源

矿产资源是地壳经过长期运动演变而生成的产物。江西北部"自中元古代始长期处于扬子、华夏两个古板块及其间结合带的构造格局控制之下,曾有多次构造—沉积—岩浆—变质—成矿事件,特别是燕山运动时期,由于陆内收缩和欧亚板块与太平洋板块相互作用,陆内强烈造山,形成了十分有利的成矿环境。"②《江西矿产沿革史》载:"饶州多为含炭砂岩层、与石炭层而成",乐平"系含炭砂岩石及石炭岩层构成"。③赣东北良好的成矿地质环境孕育了丰富的矿产资源。迄今为止,赣东北已被发现和开挖的矿产资源种类数量繁多,有金、银、铜、铁、铅、锡、锰、锌、高岭土(陶土)、石灰岩和滑石等金属、瓷土及岩石矿产资源。④赣东北矿产资源开发历史非常悠久,传世文献记录的最早时期为汉朝。鄱阳为刘汉王朝金矿开采的重要基地。《汉书》载:"鄱阳,武侯乡右十余里有黄金采。"颜师古注云:"采者,谓采取金之处。"⑤西晋时代赣东北铅山还探明并发掘了铜、铁、银和铅等。⑥

明清赣东北地区开发的矿产资源数量也很多样,除了大宗的陶土开挖和烧制之外,还有铜、金、银、铁、锰、硫磺和煤炭等。《大明一统志》载:饶州府德兴县土产有铜,广信府土产有银、铜、铅和铁。⑦铜是赣东北金属矿业生产中的核心。宋时由于胆水浸铜法的推广和应用,赣东北铜产总量空前庞大,成为全国铜产中心。⑧明代赣东北的铜仍处在全国主导地位,明初全国铜矿生产基地只在赣东北。《明史》载:"铜场,明初,惟江西德兴、铅山。"⑨后因全国用铜量不断增加,四川和云南等地也相继开发铜矿。明代德兴和铅山县仍采用胆水浸铜法

---

① 道光《浮梁县志》卷二二《杂记·禁冒籍碑文》,清道光十二年刻本,第 2 页。有关明清时期赣东北的流民涌入问题,可以参考曹树基《明清时期的流民和赣北山区的开发》,《中国农史》1986 年第 2 期。
② 杨明桂等:《江西北部金属成矿地质》,北京:中国大地出版社,2004 年,第 1 页。
③ 张斐然:《江西矿产沿革史》,江西省建设厅,1930 年,第 124、125 页。
④ 《中国矿床发现史·江西卷》编委会:《中国矿床发现史·江西卷·江西省主要矿产分市图》,第 22 页。
⑤ (汉)班固撰:《汉书》卷二八上《地理志第八》,北京:中华书局,1962 年,第 1593 页。
⑥ (明)笪总良《铅书·食货五》记载:西晋泰始时期(265—274)"……高将军猎逐白鹿,得宝丰铜坑。寻迹苗脉,循至积翠岩及今铅山,即杨梅山北坞,鸱鹅源等是也。产铅及铜,置两场(宝丰场、铜坑场),而铁、铅、银、青矾、朱石皆采之作供云。"转引自《中国矿床发现史·江西卷》编委会:《中国矿床发现史·江西卷》,第 69 页。
⑦ (明)李贤等:《大明一统志》卷五十《饶州府》、卷五一《广信府》,西安:三秦出版社,1990 年,第 801 页、第 812 页。
⑧ 宋代饶州和信州的铜矿产量庞大。《舆地纪胜》云:饶州布衣张甲献言:"可用胆水浸为铜",绍圣元年(1094),朝廷令行走差"厢军兴浸,其利渐兴。"是时信州炼铜场所达 204 槽,每年铜产达 89,000 斤。(宋)王象之撰:《舆地纪胜》卷二一《江南东路·信州》,北京:中华书局,1992 年,第 955 页。"至是江东转运使马承家奏存饶、信二州铜场,许之。二场皆产胆水,浸铁成铜,元祐中始设饶州兴利场,岁额五万斤。绍圣三年又置信州铅山场,岁额三十八万斤。其法以片铁排胆水槽中,数日而出,三炼成铜,率用铁二斤四两,而得铜一斤云。"(宋)李心传:《建炎以来系年要录》卷五九,绍兴二年冬十月条,北京:中华书局,2013 年,第 1182 页。南宋十二州军的铜产(黄铜和胆铜)总量为 263,169 斤,其中信州胆铜总量为 96,500 斤、饶州胆铜总量为 23,400 斤,两州胆铜总量为 119,900 斤,约占全国总量的 45.56%。(宋)李心传:《建炎以来朝野杂记》甲集卷十六《铜铁铅锡坑冶》,北京:中华书局,2006 年,第 354 页。赣东北的铜场(南康府不产铜)总数及其所占全国比重足以说明其生产规模庞大,成为全国铜产中心。
⑨ (清)张廷玉等:《明史》卷八一《食货五》,北京:中华书局,1974 年,第 1973 页。

炼铜,宣德三年(1428)两县的铜产总数达到50余万斤的辉煌年产规模。①明清时期赣东北地区的金矿生产规模不大。《天工开物》云:明代江西乐平和新建等县产金,但由于生产成本较高,产量不高。"江西乐平、新建等邑,皆平地掘深井取细沙淘炼成,但酬答人功,所获亦无几耳。"②晚清时期,弋阳发现了金矿。《弋阳招宾王家来龙山金矿调查报告》言:"王家来龙山金矿系何时发现,沿革已湮没无考。传闻在废清光绪三十余年,土人曾大量采掘,被掘范围甚广,益金产于石英脉中,其脉颇多。"③但是弋阳县的金矿开发也未成气候。

饶州乐平县有锰矿。明清及其以前因时人不识,误以为是铁,当铁矿开采冶炼。谢光远《乐平铁山峰锰矿调查报告》载:"乐平铁山峰锰矿,为本省(江西)名矿产地之一,采取简易,矿质优良,在清季以前,既有采掘之纪录,然其经营简陋,方法不良,且当时罔知其为锰质,咸以铁目之,故名铁山峰。民国后知其为锰。"④晚清时期,德兴县有硫磺矿被发现和开掘。傅春官《江西农工商矿纪略》云:德兴县"略产土磺,时挖时停",光绪三十二年(1906)江西农工商矿总局曾批示德兴县政事核查和整顿私挖硫磺工厂。⑤

煤炭为能源资源,我国汉朝时已有开掘和应用。赣东北开发利用煤炭资源时间尚晚,据乐平县赵家村的碑文透露的信息,可知县"官木岭矿区在明成化二十三年(1487)就曾土法开采。"⑥这是目前发现的最早辑录赣东北地区有煤炭开发的史料。明至清初时赣东北的煤炭挖掘规模很小,直到清中后期才逐步繁荣发展兴盛起来。乾隆及其以后编修的地方志等史料记载,是时饶州和广信府有多地发现并开采了煤炭。乾隆《铅山县志》载:"石炭,即乌金石……俗呼为煤,可以饮爨,大为民利,人多凿山为穴入十数丈取之。"⑦乾隆《广信府志》曰:"郡中(广信府)多童山,樵采甚难,炊爨尽资石炭……石炭,铅山、兴安为良",石炭"惟上饶应家口、铅山湖坊出产颇盛"。李照梅《煤洞行》云:铅山"湖坊上港、港东数十里间,居民业煤炭者十常七八。"⑧乾隆五年(1740)七月,江西巡抚岳浚在奏折中指出,乾隆朝之前,广丰县各处煤炭开采规模有所限制。"广丰之十九都等处产煤,从前开采无几,亦因地近民间庐墓、村庄,且与封禁山相连,禁止开采在案,似呼照旧仍行封禁,以靖地方。"乾隆朝初年赣东北的煤炭开采地点有所增加,"现在开采之处,如……广信府属之上饶、铅山二县有萧公桥、蔡家坞等处产煤;饶州府属之乐平、浮梁二县有涌山、江村等处产煤"⑨。

(三)晚清赣东北矿业经营方式的近代化转型

乾隆朝为赣东北煤炭生产规模由小到大的转折期。这主要是因为乾隆时期赣东北人口渐趋增长和矿业等经济的发展,民众生活和社会经济发展对燃料的需求量不断提高,刺激了煤炭的扩大化开采。晚清时期由于资本主义生产方式和生产关系介入赣东北地区的矿业

---

① 《明宣宗实录》卷四七,宣德三年十月乙丑条,台北:"中研院"历史语言研究所,1962年,第1157页。
② (明)宋应星著,钟广言注释:《天工开物》下卷《黄金》,香港:中华书局香港分局,1978年,第338页。
③ 江西省社会科学院历史研究所:《江西近代工矿史资料选编》,南昌:江西人民出版社,1989年,第541页。
④ 江西省社会科学院历史研究所:《江西近代工矿史资料选编》,第514—515页。
⑤ 江西省社会科学院历史研究所:《江西近代工矿史资料选编》,第384页。
⑥ 《中国矿床发现史·江西卷》编委会:《中国矿床发现史·江西卷·江西省主要矿产分市图》,第22页。
⑦ 乾隆《铅山县志》卷四《物产》,清乾隆八年刻本,第62页。
⑧ 乾隆《广信府志》卷二《地理·物产》,清乾隆四十八年刻本,第69页。
⑨ 祁守华、钟晓钟编:《中国地方志煤炭史料选辑》,北京:煤炭工业出版社,1990年,第251页。

之中,煤炭开采经营模式也向近代化转型,公司和募股集资制的开发方式兴盛起来。《弋阳招宾马鞍山煤矿调查报告》载:"(弋阳县招宾马鞍山煤矿)系何时发现,不得其详,据当地人士所知者,在清咸丰年间,曾由土著集资采掘数处,其经过情形如何,今已失传,惟知当时产煤颇多,且行销信江下游及南昌一带,后井内水大,已法捧出,乃告停顿,现所余者尚有废井十余处,皆小规模之遗迹耳。"①咸丰时期(1851—1861)招宾马鞍山煤炭被运销到南昌等地销售,生产数量应有相当大的规模。该矿为土著居民集资开采,虽说经营模式并不一定就是近代化的公司合作制,但它已展示出资本主义生产方式已出现在赣东北的煤炭开发之中。

光绪朝时煤炭开发模式的公司制和募股集资制已比较普遍。《江西农工山矿纪略·铅山县·矿务》载:光绪二十九年(1903)崔道佛荫投资专门建立同孚煤矿公司开采铅山县佛母岭煤矿。②乐平县的鸣山和桥头丘煤矿在康熙至嘉庆年间就已被民间私人开采,清季时被商人集资合办的公司收购开办。"光绪末年(1902),商人集资,先后有春丰公司、丰乐公司、复兴公司、浙赣公司和波乐公司分别对桥头丘和鸣山矿区进行开采,1942年因战争被迫停产。"③光绪三十一年(1905)十二月,乐安县汪都良上表,希望官方能够开展招商集股开采煤炭,以增加政府财政收入。表文称乐安县:"二十二郡有山产煤,居民向用柴薪,弃而不取。当经批饬招商集股开采,以濬利源。"④与煤矿经营方式相同,赣东北金属矿产的开发也实行了近代化的募股集资制和公司制。傅春官《江西农工商矿纪略·德兴县·矿务》云:光绪三十三年(1907)二月,德兴县令杨景星上表称该县:"铜厂磺矿,奉批饬立公司,请领执照,已经出示晓谕绅民,集股开办。"⑤

优良的成矿地质环境造就了赣东北蕴藏有丰富的矿产资源。明清时期赣东北地区开发的金属矿产有金银铜铁铅等,其中铜是当地最具优势的金属矿产。明中期赣东北发现并挖掘利用了煤炭,可到乾隆朝时当地煤炭资源的开采才兴盛繁荣起来。晚清以降,我国各种工业向近代化转型是大势所趋,在产业与资本运作模式大转化的背景影响之下,募股集资制和公司制介入赣东北的煤炭与金属等矿产开发经营中,矿业经营实现近代化转型。

二、明代前中期赣东北的"矿乱"和官方治理

金属矿产是制造货币、农具、炊具和武器等的原料资源,有很高的商业价值利益。历史上有颇多矿工或流民为了生计或谋取私利,聚集采挖和偷盗矿产,引起"矿乱"的记录。文献所见赣东北最早发生的"矿乱"是宋真宗时期。宋真宗曾"诏罢(铅山)县募民采铜",矿工因失业、无以为生,便分散为盗。铅山知县、任城人荣宗范奏请复开铅山铜场、重新招集矿工以

---

① 周道隆、谢光远:《弋阳招宾马鞍山煤矿调查报告》,载江西省社会科学院历史研究所编:《江西近代工矿史资料选编》,第503页。
② 江西省社会科学院历史研究所编:《江西近代工矿史资料选编》,第504页。
③ 《中国矿床发现史·江西卷》编委会:《中国矿床发现史·江西卷·江西省主要矿产分市图》,第22页。
④ 江西省社会科学院历史研究所编:《江西近代工矿史资料选编》,第384页。
⑤ 江西省社会科学院历史研究所编:《江西近代工矿史资料选编》,第384—385页。

熄盗窃事故。①明代前中期是赣东北"矿乱"发生较为频繁的时段。

(一)明代早期的"项三之乱""叶宗留之乱"和官方治理

明代赣东北发生最早的"矿乱"在宣德七年(1432),《封禁考略·历代法令》云:是年,"浙江豪民项三等聚众潜入铜塘(山),又于四十二等都地名包公尖、五十都地名横山头、五十都地名洪水坑等处,起立炉场一十三座"。以项三为首的矿徒总数发展到万余人,除非法采矿外,他们还打家劫舍、抢盗村民。后来抚按三司向朝廷禀报实情,官方调派福建行都司合兵镇压,项三被抓,遂被"槛送伏诛"。②《封禁考略》载:"永乐、宣德间,矿徒入山,久之矿乏山崩,没死者甚众,今名陷坑,俗名'陷人坑'。"③文中所言"矿徒"就是以项三为首的为乱矿贼。

"项三之乱"虽很快被官府镇压下去,但拉开了明代赣东北"矿乱"暴发的序幕。明代赣东北规模最大的"矿乱"肇始于正统七年(1442),直到正统十三年(1448)才被剿灭,持续六年之久,贼首是叶宗留等人。史载:正统七年"浙江处州贼王能、郑祥、四苍、大头、叶宗留等,聚众千人,入山(铜塘山)盗矿"。正统十年,(1445)矿贼"掠永丰(县)",官方调"南昌前卫广、铅二所官军及六县民壮与王能战",官军惨败,随后官方派永丰知县邓颙和老人余斌进山招抚王能等人,官府承诺以"永丰二十四都瘠荒田地给与耕种",王能等人接受招抚。之后官方以计诱杀郑祥、四苍和大头等三百多人,叶宗留逃脱。叶氏逃脱后,活跃于赣浙闽界邻山区。正统十三年叶氏势力壮大,频繁劫掠山区州县乡村居民,赣浙闽官府组织兵力镇压,十一月"贼至黄柏铺,戴礼兵击之,死伤相半,宗留衣绯率众前,中流矢死,官兵不知为宗留也"。叶氏残贼后又追随叶希八为乱,不久亦被官军剿灭。④

叶宗留声势浩大的暴动源自盗矿,波及赣浙闽三省,官方虽然将其镇压下去,但代价惨重,折损多名军官,牺牲军官有福建参议竺渊、佥事王晟、督佥事陈荣、指挥刘真、都指挥吴刚和龚礼以及永丰知县邓颙等。⑤"叶宗留之乱"还迫使官府封禁铜塘山,并加强山区的治安和军事管理。"(金濂)因与守臣会议善后事宜,乃奏以附近民山凡去铜塘数十里内者,悉加封禁。如上饶五十二都三堡至八堡民田粮七十八石,及五十三、四等都,东至永丰十五等都,西至铅山十三等都,山塘等皆不耕种。"⑥铜塘山也因此封禁而又被称为"封禁山"。

(二)明中期的"矿乱"和官方治理

明中期赣东北"矿乱"时兴时熄,次数颇多。正统十一年(1446)福建和浙江银场盗矿贼越界到江西广信府上饶县等地劫掠为乱。"江西广信府上饶等县地接福建、浙江银场,贼徒偷矿出没必由此地掠劫居民、行旅财物,为害殊甚。"江西监察御史李玺奏请朝廷派官军镇压。英宗"命都察院移文监察御史柳华搜捕此贼,以除民患",并"令江西三司推选廉干指挥一员"参与巡捕,并规定:官兵"若推奸避害、纵贼恣肆",则判"重罪不宥"。⑦景泰(1450—1456)时被封禁的铜塘山(封禁山)再次发生"矿乱"。"福建沙县寇邓茂七盗冶铜铁,剽掠永

---

① (元)脱脱等:《宋史》卷三三二《荣譄传》,北京:中华书局,1977年,第10707页。
② (明)李鸿:《封禁考略》,(清)顾炎武:《天下郡国利病书》卷五,上海:上海古籍出版社,2012年,第2647页。
③ (明)李鸿:《封禁考略》,(清)顾炎武:《天下郡国利病书》卷五,第2645页。
④ (明)李鸿:《封禁考略》,(清)顾炎武:《天下郡国利病书》卷五,第2647—2649页。
⑤ (清)张廷玉等:《明史》卷一七二《张骥传》,第4591页。
⑥ (明)李鸿:《封禁考略》,(清)顾炎武撰:《天下郡国利病书》卷五,第2649页。
⑦ 《明英宗实录》卷一四〇,正统十一年四月戊辰条,第2773页。

丰,知县邓显追捕遇害,久之患始平。"邓茂七暴乱被镇压后,官府派兵设置隘口戍守,更加严格地禁止铜塘山的矿藏开采。①

天顺间(1457—1464),浙江处州矿贼聚众数千,跨过省界盗采广信府永丰县银矿,被知府谢士元率兵平定。《明史》载:"永丰有银矿,处州民盗发之,聚数千人。将士惮其骁骥,不敢剿。(谢)士元素勒兵趋之,贼遮刺士元,伤左股,裹创力战,获其魁,塞矿穴而还。"②谢氏领兵身先士卒,在受伤的情况下仍然奋战矿贼,最终抓获贼首,堵塞矿场凯旋返回。

明宪宗成化十五年(1479),山贼刘陈在广丰县"平洋坑凿山烧炭,妄言银矿之利,诱煽闽贼,聚近万采凿。"矿贼"既无所得,劫掠居民,焚荡室庐",并杀害前来镇压的官军及统兵将领谢士元等,官军伤亡众多,"死者相枕藉道路"。后"赖都御史闵、太监邓,亲冒矢石,督励士卒,攘却鼠辈。"此次"矿乱"虽然被镇压平定,但是贼首(刘陈)并未被抓获。此事之后,官方在平洋山隘口建立屯堡,并"编缉机快、架木叠石,以为险固",附近百姓也因之才得以有安全保障。③光绪《江西通志》云广丰县平洋山:"旧有坑曰平洋坑,出银矿,其地去仙霞仅十五里,明时以盗贼窥伺,设兵戍守。"④引文中的"盗贼"即指刘陈。正德十年(1515),有奸民违禁偷入铜塘山聚众伐木采铁,并"应铅山民周、吴、李为乱",江西巡抚都御史韩雍亲率军队征剿,"尽获乱民",并在山岭旧界"立石示禁",且于每个隘口设立寨官,增设驻防官兵,与乡村里老协同管守。⑤

嘉靖四十五年(1566),"浙江开化、江西德兴矿贼作乱,劫掠直隶、徽、宁等处,其势日炽。二月中乃突入婺源县,焚烧县治,大掠而出"。中央朝廷派遣浙江巡抚刘畿、南京科道官员甄霈、刘庠等调派军队驻守徽州、衢州、饶州和严州等地并封锁山场,以相机剿杀矿贼。是年十月,矿贼劫掠玉山县民,并与"西安新贼东西相应",势力发展壮大。刘畿派遣都指挥陈大成和成大器领兵镇压,两路大军在紫家村攻破西安贼、在章村消灭遂安贼,双双取得大捷,矿贼"余党奔循",两军乘胜追击,尽杀余寇,取得全面胜利。⑥嘉靖四十一年(1562)龙游人祝十八,聚矿徒数百欲"分劫平阳铜坑,为官兵所拒",败退常山后又集结四百多人杀伤县兵,贼将余狗在玉山县屯吴村"为柘阳巡检司所执"。⑦

(三)明代赣东北"矿乱"发生的原因

赣东北"矿乱"是多种因素综合造成的结果,除嘉靖以来福建沿海的海盗兴起和倭寇猖獗,官方忙于应对外患,政治军事力量被海寇牵制,这给矿贼偷矿作乱提供外部有利契机外⑧,内部因素主要有以下两个。

---

① (清)顾祖禹:《读史方舆纪要》卷八五《江西三·广信府》,北京:中华书局,2005年,第3961—3962页。
② (清)张廷玉等:《明史》卷一七二《谢士元传》,第4599页。
③ (明)祝廷璜:《上孙中丞罢矿坑议》,广丰县地方志编纂委员会编:《广丰县志》卷四一《文献辑存》,北京:方志出版社,2005年,第1015—1016页。
④ 减力禾等编:《中国古今地名大辞典》,上海:上海书店出版社,2015年,第211页。
⑤ 李鸿:《封禁考略》,顾炎武:《天下郡国利病书》卷五,第2649页。
⑥ 《明世宗实录》卷五五六,嘉靖四十五年十月庚申条,第8949—8950页。
⑦ (明)李鸿:《封禁考略》,(清)顾炎武:《天下郡国利病书》卷五,第2650页。
⑧ "银,出石阳坑,旧因闽海盗起,窃矿生乱,有封禁,其山民免荼毒几及百年矣。"康熙《广永丰县志》卷一六《物产志》,清康熙四十一年刻本,第3页。

首先,矿徒谋取矿产利益。金属尤其是金银铜矿产的高利润,吸引了不少农民或流民甘愿冒险偷盗开挖。铜塘山"为亡命渊薮,其(矿贼)始托名采木,实则利于铜铁,或妄意其间有银矿也。考之往牒,大抵盗首以此诱聚流民,流民不知,从而聚集。始则各挟所有,以铜铁贸易,往往相矜以利"①。项三等聚众偷矿无非是想借开矿谋利赚钱,建立13座冶炼炉,矿场有相当大规模。盗矿所得无多是矿贼劫掠乡民的重要缘由。开发矿产需勘察、采挖和冶炼技术,矿贼如对矿床的品位和矿体估测不准、开发技术不成熟,会直接提高成本和降低利润,矿场一旦亏本,就会因资金无法链接而破产倒闭,矿徒的生活也就会失去基本保障,他们便会因生计所迫而走上抢劫偷盗为乱的道路。叶宗留在浙江处州"聚众千人入山盗矿"的直接目的本来是谋取矿利,但正统十年(1445)因矿场利润不足,才去掠劫永丰县乡民。成化十五年(1479),刘陈在广丰以"银矿之利"煽动福建百姓参与偷矿,也是因无所得,遂转向抢盗附近百姓财产。

其次,复杂地理环境是孕育"矿乱"的温床。赣东北有怀玉山和武夷山等山脉,并和闽、浙、皖交界,境内山高谷深、峻岭陡峭、林密纵深,居民强悍好斗。广信"地多深山大谷,人有巢穴其间者,数轻生好斗"②。同治《玉山县志》云:"老农尝述,乾隆初,怀玉开山,树木丛杂,竹菁蒙密。"③封禁山(铜塘山)"西北属江西之饶、丰二县,东南与浙之衢、闽之建宁接界通道,周回三百余里,层峦叠嶂,密菁深林,人迹罕到。明时以匪奸藏匿,特封此山,故名封禁"④。矿贼大多数是流民,无固定生存空间和生业,也未得到官方和地方社会的认同,盗矿、抢劫成为他们维持生计的不得已手段。矿贼多藏匿于老林山区,因为这里官府管治力薄弱、是政令的真空地带。陈金《请建万年县疏》指出:饶州府姚源山路险阻,"虽余干所管,实鄱阳、乐平、贵溪四县之中,府县窎远,人民强梗,官府平日不到,法度有所不加,各村人民全无管束,欺公玩法,狂悍冥顽,差役不当,税量弗纳,恃强顽抗,习以为常"⑤。这种"内陆边缘"型的森林密布山区回旋余地特别大、官方军队也短时难以进入征剿。明宪宗成化十五年(1479)山贼刘陈及其党羽并未全部被官军抓获剿灭,祝廷璇解释说:"盖夷獠之情,蜂屯蚁散,深居简出,山林隈集,草树茂密,错于断蹊绝壑之间,此夷獠之所以为障蔽阻固,而官军之所以不能诛讨穷治者也。"⑥

---

① (明)李鸿:《封禁考略》,(清)顾炎武:《天下郡国利病书》卷五,第2645—2646页。
② 光绪《江西通志》卷四八《舆地略·风俗》,清光绪七年刻本,第15页。
③ 同治《玉山县志》卷一下《地理志》,《中国地方志丛书·华中地方》第247册,台北:成文出版有限公司,1975年,第336页。
④ 谢国桢选编:《明代社会经济史料选编(校勘本)》(下册),福州:福建人民出版社,2004年,第445页。
⑤ 同治《万年县志》卷九《艺文志·奏疏》,《中国地方志丛书·华中地方》第258册,台湾:成文出版有限公司,1975年,第1442—1443页。
⑥ (明)祝廷璇:《上孙中丞罢矿坑议》,广丰县地方志编纂委员会编:《广丰县志》卷四一《文献辑存》,北京:方志出版社,2005年,第1016页。

三、晚明和清代赣东北陶土开发中的社会纠纷

晚明和清代赣东北"矿乱"事故没有明代前中期多见,但陶土开发纠纷比较突出。赣东北尤其是景德镇的陶瓷生产古今闻名,瓷土是制作陶瓷的重要原料,珍贵瓷土有高昂的商业价值,如"麻仓官土,一百斤值银七分"①。可景德镇等地的瓷土开发引发不少社会纠纷或诉讼。

(一)晚明和乾隆时期的陶土纠纷及应对

康熙《浮县梁志》载,浮梁县新正都的麻仓山有很多民众以开挖陶土售卖为生,但万历三十二年(1604)"镇土牙戴良等赴内监,称高岭土为官业,欲渐以括他土也,檄采取"。戴良等人括地采土,妨害采陶农民的生计利益,酿成一起发生在官民之间关于陶土资源开采权的争夺纠纷,后经守道叶云仍和知县周起元的努力调解与争取,戴良等人最终取消括地开采政策。②

清前期赣东北的陶土纠纷事件,史见甚少,到乾隆年间则有兴起。浮梁县高岭土属优质陶瓷土矿资源,有较高的商品价格,高岭土挖掘不仅在官民之间引发争夺权的矛盾,在民与民之间也造成了纠纷。乾隆朝(1736—1795)浮梁县高岭冯氏宗族为阻止婺源人盗挖高岭山陶土引发了纠纷。该纠纷持续三年之久,还造成人员死亡,最后经官府查证调解,判决禁止开挖。光绪《高岭冯氏宗谱》卷三《冯光发传》载:"因土名麻石坳等处之山,被婺源邑在山搭有篷厂数百,人数千,强取磁(瓷)土,伤害数村龙脉,并伤田租二万八千零,强横无敌,事延三载。系星(冯光发)舍身丧命以救数村人烟居住之生,蒙本省大人乐,又蒙县宪田,同南昌张审结究办,嗣后奉示严禁,不许挖取。"③

乾隆五十九年(1794),浮梁县又发生类似纠纷事件,碑文《勒石严禁开挖磁土》言:浮梁"境内山场多产磁(瓷)土,每有棍徒钻谋开挖,无知业主贪利租售,以致侵碍良田,损伤坟脉,讼端繁兴,贻累无休。"同碑还说:"近有婺源民人洪光祖等,谋挖高岭、天宝堂等土,酿成人命。"矿主为谋取私利,肆意开挖瓷土,不仅破坏当地农田、损伤坟脉,还造成工伤,酿成矿主和民众之间的诉讼。该纠纷经官府介入勘查调解平息。官方为此刻石立碑规定各方订立契约并划定具体开挖边界,明确挖掘范围和规章制度,违者追责。约定云:"不论大小山场,俱须照契管蓄,不许租挖磁土致碍田墓。即有将山出卖,亦不论附近有无田墓,务于契内载明买主不得挖土字样,仍着立约人等互相稽察。倘有无知业户听信棍徒钻谋租挖,许即呈约指名赴县禀报,以凭摯察,慎勿徇隐以及借端诬累,各宜凛遵毋违,特示。"④

(二)晚清星子县白土案及其调解

晚清光绪朝,南康府星子县发生一起影响比较大的陶土开发诉讼案,该案持续五年之

---

① 熊廖主编:《中国陶瓷古籍集成(注释本)》,南昌:江西科学技术出版社,2000年,第175页。
② 康熙《浮县梁志》卷四《陶政·陶土》,转引自熊廖主编《中国陶瓷古籍集成(注释本)》,第186页。
③ 熊廖主编:《中国陶瓷古籍集成(注释本)》,第201页。
④ 熊廖主编:《中国陶瓷古籍集成(注释本)》,第238页。

久,前后经官方多次调查和审核方才水落石出。道光十七年(1837)徐坤牡等人在星子县租山开办49家陶土开挖场,由于土场清洗陶土的泥沙淤积当地河港农田并破坏祖坟而被村民告发,民众期望官方封禁土场。"星子县合邑土民因伊(徐坤牡)等洗土淘沙,冲入港堰,有碍农田,挖山穿岭,伤害坟墓,控府饬县封禁,拆毁篷厂,复奉道府示禁。"①官方经过调查,认为村民所言无误,判定场主即刻关闭土场、禁止继续开挖陶土,但徐氏等场主并未遵守和执行官方的判决规定,而是依然作业。

道光二十年(1840)三月,星子县令朱懋勋协同绅民和地保等进行实地调研,发现陶土开挖确实破坏山体和坟墓、淤积和堵塞河港与农田,还摸查发现徐氏开挖的不是真正的高岭土,而为价格低廉但利润丰厚的庐山白土。是时朱懋勋杖责和关押了徐坤牡,以示惩戒,并勒令各家土场停业整顿。同年六月,星子县民项家福和李正等人又向南康府官员谎称星子县陶土开发关乎国计和民生,如若关闭徐坤牡等人土场会妨碍景德镇瓷业发展,十几万窑民将面临失业,并诡辩称:"县主(朱懋勋)经承串通绅民,勒索不遂,耸县将自行投到只徐坤牡杖责一百,关押班房,至今不释。又先行勒结,及至诣勘,并不秉公勘断,又不全行踏勘,仅听经书捏图详覆,希冀了事,竟舍国用民生于不问。"项家福还声称:"此土果有碍该处田园庐墓,或应封禁。今无碍而称有碍,任承捏详,死不甘心,只得照绘实山土图。哭叩大台前,俯准亲临踏勘,或另委公正大员诣勘详复。"

项家福诉状实乃虚言。南康府官员经过两年的实地调研核查及取证,证实星子县土民所言并非枉词,徐坤牡等人"以牟利之故,争愿开采"陶土,而且"因封禁无可藉词,捏称无土配用,有碍官窑,影射朦混,以冀遂其谋利诡计。"土场挖土确实破坏了祖坟、洗淘泥沙淤塞了农田。道光二十二年(1842)南康府官方做出最后判定:"照旧封禁,毋许开挖。"长达五年的星子县陶土开挖纠纷案(白土案)最终以土民的胜诉而结束。②

要之,陶土纠纷规模虽不及"矿乱"规模大,但对社会稳定也造成不小负面影响。晚明和清代赣东北瓷土所有权的争夺、盗取他人土矿、挖土损毁农田和破坏祖坟是造成纠纷的主要原因,官方的介入调解、明订开挖制度和禁止开采则是应对这类社会矛盾的主要方式。

四、矿产开发对赣东北生态造成的影响

由于有资源优势,赣东北成为江西省乃至全国的重要矿产基地。明清是赣东北矿产开发的一个高潮时期,矿产开发虽可为当时该域的社会经济发展提供强大的驱动力,但也对生态环境带来了若干负面影响。

(一)植被毁坏、大量消耗林木燃料及其危害

矿产开发有找矿、开采、冶炼(烧制)和尾矿处理等多个环节。找矿,也即探矿,在山高林密的赣东北挖井凿洞探矿需要砍伐地表植被。《弋阳招宾王家来龙山金矿调查报告》载:

---

① 熊寥主编:《中国陶瓷古籍集成(注释本)》,第196页。
② 同治《南康府志》卷四《白土案》,《中国地方志丛刊·华中地方》第98册,台北:成文出版有限公司,1970年,第89—94页。

"(弋阳县)王家来龙山金矿系何时发现,沿革已湮没无考。传闻在废清光绪三十余年,土人曾大量采掘,被掘范围甚广,益金产于石英脉中,其脉颇多,且分歧而走,采掘者沿此等脉之露头追探,信其所之而进行,故掘迹几遍全山。"①这是一件典型的因找矿而破坏生态的实例。土民沿着所谓的"金脉"地层无规律地去挖掘淘金,必然会大量地破坏矿脉上的林木植被。在对矿产进行规模化开采之前,还必须修筑道路和建设山场等各项生产及生活服务设施,这也需要砍伐矿区周边的诸多植被。

开挖矿产干涉了蕴藏矿石、陶土的山体与地层,倘若凿井和挖洞的深度范围超过山体与地层的自我承载能力,便会引发山体滑坡、山崩、地陷和地裂等地质灾害,即破坏了原有地貌环境。永乐至宣德时期(1403—1435)流民违法入铜塘山盗挖矿藏,开掘矿产造成山崩,形成陷坑。②星子县大排岭山"有吴姓坟山一障。坟山之左,有徐时英土厂一处,厂左山土俱已掘挖崩塌。"③道光时星子县某"厂户挖洞取土(陶土),绵亘数里,年深月久,山崩土裂,坟墓伤残,牲畜跌毙"④。光绪三十二年(1906)十一月,德兴县令杨景星称:"铜厂等处,于前数年被水之后,山裂出磺,土人煎而售卖。"⑤铜山在被雨水冲刷之后,周边土层变松软,引发山崩、塌陷,对居民和牲畜也会造成危险。

对林木资源破坏规模最大的是烧制陶瓷和冶炼金属矿产,它们要消耗大数燃料,这些燃料多源自山林,获取燃料必需砍伐大面积森林。景德镇陶瓷业从宋代逐步兴盛起来,清代中后期至民国初年间达到顶峰。"景德一镇僻处,浮梁邑境,周衺十余里,山环水饶,中央一洲,缘瓷产其地,商贩毕集,民窑二三百区,终岁烟火相望,工匠人夫不下数十余万,靡不借瓷资生。"⑥辉煌的瓷业生产背后是消耗了大量林木燃料。"一里窑,五里焦。"⑦晚清至民国,景德镇本地林木燃料已无法满足烧制陶瓷需求,出现燃料危机,须从周边州县购买。据罗仁霖口述:"清末民初,景德镇瓷业生产已有相当规模。据说,最兴旺的时候,柴窑达到108座之多。随着瓷业的发展,窑柴的需求量也就越来越大。窑柴产地,不仅是浮梁四乡,而且扩展到鄱阳、乐平、余干以及安徽祁门等地。"⑧1932年杜重远指出:"景德镇瓷窑向来少柴,其柴皆取自附近山中。国人对于森林,徒知采伐,不知培养,是以取柴日远一日,近来即需由三百里以外运来。柴价既贵,运费日高,赣瓷不易发达者二。"⑨杜氏所言虽是1930年代实况,但其绝非朝夕间形成,当为长时间酝酿而成,想必在清季就已出现,民国时愈趋严重。景德镇从外地高成本采购燃料烧制陶瓷,折射出本地处在木柴燃料不足、森林资源已被消耗殆尽

---

① 江西省社会科学院历史研究所:《江西近代工矿史资料选编》,第541页。
② "永乐、宣德间,矿徒入山,久之矿乏山崩,没死者甚众,今名陷坑,俗名'陷人坑'。"(明)李鸿:《封禁考略》,(清)顾炎武:《天下郡国利病书》卷五,第2645页。
③ 同治《南康府志》卷五《白土案》,第93页。
④ 同治《南康府志》卷五《白土案》,第91页。
⑤ 傅春官:《江西农工商矿纪略》,载江西省社会科学院历史研究所编:《江西近代工矿史资料选编》,第384—385页。
⑥ 道光《浮梁县志》卷八《食货·陶政》,清道光十二年刻本,第43页。
⑦ 道光《浮梁县志》卷八《食货·陶政》,第27页。
⑧ 罗仁霖口述,冯忠华整理:《保柴公所》,中国人民政治协商会议景德镇市委员会文史资料研究委员会:《景德镇文史资料》(第11辑),乐平市印刷厂,1995年印制,第132—133页。
⑨ 杜重远著,杜毅、杜颖编注:《杜重远文集》,上海:文汇出版社,1990年,第25页。

的窘境中,即山林植被遭到大量地砍伐和破坏。

因缺乏具体数据,虽然无法建模确切估测明清赣东北矿业开发消耗的森林数量,但可以肯定的是矿产和陶瓷开发的数量越庞大,消耗的燃料就越多,被砍毁的林木数额也就越高。可实际情况比这还要复杂,倘若再加上伐木以支撑矿洞和矿工生活用柴等耗费的林木,森林树木被砍伐和破坏的数量将会更多,甚至可以夸张点说:有矿业开发的山区,森林草木数量绝对少见。乾隆时广信府就已"多童山,樵采甚难",民众只能"炊爨尽资石炭"。①木柴燃料短缺现象出现的根本原因就是当地森林树木已被砍伐殆尽,无法及时恢复供应。尽管森林资源的枯竭并不完全是由冶炼金属和烧制陶瓷的因素造成,但冶金和制陶无疑在其中起到巨大的推动作用。

(二)尾矿引起水土流失和造成环境污染

矿产资源的冲洗和尾矿的处理还会直接引起水土流失问题。比如陶土资源需冲洗后做成土块,才能售卖、运输和制陶。漂洗陶土造成的水土流失规模也特别巨大。同治《南康府志·白土案》载:1斤陶土资源,冲洗后只能得到3两陶土,有7两废土被冲洗掉。大量被冲洗掉的废土,顺河水而流下,会淤积河港和堵塞农田。"所挖之土,必须用水淘洗,做成土块,方可售卖。各厂俱在贴近港堰处所开池,堵水淘洗,三分成土,七分成沙,土渣堆积成山,一遇天雨冲激下流,不但港堰俱塞,两岸田亩亦俱被淤。"星子县"夏家坳、余家斜、猪头山三处,毗连有自北至南水堰一道,俱被沙土壅塞,两旁俱系田亩……自余家斜至猪头山,毗连两山,俱已崩塌成洞,绵延数里"。星子县的大排岭、七溪坳、夏家坳、余家斜、五福港等处,也因土场"俱在贴近港堰处所开池,堵水洗土,做成土块,运往景镇售卖,所有洗处沙泥,或顺水流入港内,或堆积港边"。②道光年间星子县因厂家大肆开挖白土,造成系列性的塌方和山崩。

宣德三年(1428)"先是,二县(德兴和铅山两县)铜场岁侵铜得五十余万斤。"③史料缺载明代德兴和铅山县铜矿资源冶炼得到的实铜之比数,现参考清代云南铜的冶炼率来估算。倪慎枢《采铜炼铜记》指出,云南"约计万斤之矿,用炭八九千斤,不过得铜五六百斤"④。就以10,000斤铜矿资源能够冶炼到500斤铜估算,即大约需要20斤铜矿资源才能炼出到1斤实铜,剩下了19斤铜矿渣石,以这个数值比来推算明代德兴和铅山两县一年剩余废弃的铜渣总量。两县年产50余万斤的实铜,就以55万斤实铜计,需1100万斤铜矿资源来冶炼,剩下1045万斤铜矿渣石,即当时德兴和铅山两县每年仅仅废弃的铜矿渣石总数就超过千万斤。金、银、铁和铅等金属矿藏的冶炼也会残剩和废弃数以千万斤的尾矿渣石,年复一年的叠加累计,渣石数量必然更加庞大。尾矿渣石若得不到有效处理和利用就堆存在矿场周边,不仅占用山地,形成固体废弃物污染,还会在降雨时节顺着水流而下,造成水土流失,淤塞江河、港湖或农田。

尾矿也会引起生态环境污染问题。金属、煤炭、硫磺和石灰等矿产资源属于化学物质,

---

① 乾隆《广信府志》卷二《物产》,清乾隆四十八年刻本,第69页。
② 同治《南康府志》卷四《白土案》,第91页。
③ 《明宣宗实录》卷四七,宣德三年十月乙丑条,第1157页。
④ 倪慎枢:《采铜炼铜记》,(清)吴其濬纂,杨黔云总主编,马晓粉校注:《滇南矿厂图略》,成都:西南交通大学出版社,2017年,第65页。

在开采、淘洗、冶炼和废渣处理等环节中,若不科学合理地措置还会对土壤、水质与庄稼等环境要素造成化学污染。贵溪"银垆岭,明开矿于此,今黑土成阜,草木不生"①。银垆岭是贵溪冷水坑银铅锌矿田的一部分。②银垆岭实际上为金属矿产基地。银垆岭是明代贵溪县的金属矿产基地,矿场冶炼矿产废弃了大量的矿渣是当地矿产开发兴旺繁荣的侧面反映,但废弃矿渣也会污染矿场周边土壤,形成重金属污染,有毒土壤不能给植被提供正常的成长养分,造成草木无法生存。

光绪三十二年(1906),德兴县令杨景星称:"铜厂等处,于前数年被水之后,山裂出磺,土人煎而售卖,其产磺之山,皆一龙发脉,该处田土甚稀,且经磺水灌溉,收成歉薄。"③硫磺属于酸性化学物,浸润硫磺土的水有很大可能变成强酸水,硫磺矿井中的井水、浇灭冶炼炉的炉水,还有雨水或地表径流淋溶或侵蚀废弃的矿渣或尾矿渣土后都可能变成强酸性。"土法炼磺在冶炼过程中除用少量的冷却水外,主要是由于冶炼矿渣堆积受降水淋浸溶出而引起的水污染。"④这些强酸水质如果流入生活区或农田,便会污染居民饮用水源和破坏农业庄稼,对民众生命和生产造成危害。

(三)林木燃料的人工种植和保护

矿业开发给环境造成的并非只有负面影响,也有积极方面。赣东北原先未曾开发的森林密布、杂木丛生和毒蛇猛兽活跃的山林地带,不是特别适合人类生活居住,但因有矿产开发,当地开通了道路、采伐了杂木并驱赶了野兽,有些山地还被改成农田,种植上庄稼和蔬菜等,先前原始性的生态逐渐被开发改善成可供人类生存的环境,即开矿优化了居民的生存环境。在古代作为燃料资源的森林植被数量会影响制约矿业开发规模。不可否认,明清景德镇的陶瓷生产确实消耗和采伐了大量森林,对生态造成破坏。但也正是因为木材燃料的重要性,无木柴根本无法烧陶,景德镇人也增强了种植树木和保护山林的生态意识。

为保证有充足燃料作为烧制陶瓷之用,晚清浮梁官方曾刻石立碑规定禁止伐木烧炭、保护山林。立于光绪十九年(1893)十一月、原先位于景德镇市东部瑶里曹家坂河边上的碑刻之碑文《勒石永禁》载:"无山材,则瓷土无有舂,故国有民生之裕,悉取资于山材。而山材之荒,则以锯柴烧炭为易竭。"浮梁县东乡新正都公山和己山上的林木本只作为烧制陶瓷之用,不能砍伐烧炭,几十年来百姓也很自觉地遵守该规定,但"近因人心不古,积久易忘,诚恐贪利违禁,贻害于后",当地民众便主动申请浮梁县知事为此做禁止无故伐木的批示。批示以警示性的语言告知居民业户人等"嗣后都内各处山场,听凭业主蓄植树木,毋得钻谋私采,起棚烧炭锯柴,倘敢故违,许该处地保及都内业主人,指各赴县具禀,以凭提案,绝不宽贷,各宜凛遵毋违"。⑤官方以行政命令的方式禁止人户伐木烧炭之直接目的是为保证烧制陶瓷有充足的燃料,但这一举措实际上也间接性地保护了当地森林植被。

---

① 道光《贵溪县志》卷五《山川》,清道光四年刻本,第17页。
② 肖茂章:《江西省冷水坑银铅锌矿实物地质资料开发利用工作经验与教训》,载国土资源实物地质资料中心编:《实物地质资料管理论文选编(3)》,北京:地质出版社,2014年,第172页。按:肖茂章的引文"银岭矿,明开矿于此……"中的"银岭矿"是"银垆岭"之误。
③ 傅春官:《江西农工商矿纪略》,载江西省社会科学院历史研究所编:《江西近代工矿史资料选编》,第384—385页。
④ 杨黔生、郑竞成、武曼鑫:《贵州土法炼磺水污染影响研究》,《环保科技》1994年第1期,第32页。
⑤ 熊廖主编:《中国陶瓷古籍集成(注释本)》,第238—239页。

程光辉回忆,清末民国时景德镇有些地主严格管理和看护自己山地上种植的、可作为窑(瓷窑)柴的松林,"解放前,景德镇的窑柴,以松柴为主",地主"对松林的管理非常注重,订有严格的规章禁律,并将松林划分若干地段,每处雇佣一个长工看守",长工的"主要任务是看管山林,若发现有人砍伐和偷窃,即报告主人,轻者罚酒、罚款,打爆竹赔礼道歉,重则送官府究办"。也正是因为地主有意识、有目的地严加保护,"当时山林,都是郁郁葱葱,非常茂盛。这给景德镇的烧窑户提供了大量的燃料"。①尽管当时景德镇地主种植和保护松林的直接目的是卖柴谋利而并非美化环境,但其行为却可有效地遏制森林被无端遭遇砍伐和破坏,间接性地保护了山林。总之,景德镇等地陶瓷燃料的紧缺驱动官民栽植并保护森林,这对丘陵山地植被生态的恢复和维护有积极意义。

五、结语

资源、社会和生态是组互动型的关系链。资源是人类社会维持基本运作和向前发展的必备物质资料,开发资源会造成社会和生态的剧烈变迁。明清时期赣东北开发的矿产资源种类和产量均比较丰富,其中以铜矿、陶土和煤炭为大宗,开发规模也最具优势,乾隆时代是赣东北煤炭开挖规模由小到大的转折期。晚清时由于公司制和募股集资制的生产和经营模式介入,赣东北的矿业实现近代化转型。

明代是赣东北"矿乱"的多发期。"矿乱"不仅扰乱赣东北居民生活,还妨碍地域社会和政治的稳定,明代国家主要采取派兵镇压和招收策略应对矿贼。"矿乱"的发生,和矿贼谋取矿产利益、偷矿所获无多有关。赣东北地区山高林密的自然环境也是矿贼活跃于山区作乱的重要缘由。晚明福建沿海兴起的海盗和倭患也为赣东北矿贼作乱提供了有利的政治军事契机。清代赣东北地区"矿乱"虽不多发,但陶土开采纠纷却比较常见。引起陶土开采纠纷的主要原因有:陶土开发所有权的争夺、盗取他人陶土和挖土破坏风水、农田与祖坟等,介入调解、订立开挖规章制度及禁止开采是官方处理这类矛盾纠纷案件的主要方式。

矿产开发是人类与自然资源的互动,会引起环境的剧烈变动。矿产开发是对先前林茂树密的原始生态的改善,可优化矿区及其周边居民的生存环境。但开矿或挖矿是人类对蕴藏矿物地质环境的干涉,还会对原有地理环境造成负面影响。找矿和挖矿都必须砍伐矿区的森林植被,凿井和挖洞采矿会引起山崩、地陷或地裂等地质灾害;土壤松动的矿山和漂洗陶土会引起水土流失、流失土壤又会淤塞江河湖港和农田;废弃尾矿大量堆积会形成固体废弃物污染和化学污染,对山区草木植被和农田庄稼造成危害。

冶炼金属矿产和烧制陶瓷需要消耗大量的木柴燃料,而获取木柴燃料则要砍伐树木山林。这就是说炼矿和制瓷会损毁大量的森林植被,这也是清代赣东北矿业生产对生态环境造成的最具典型性的负面影响。晚清民国时期景德镇本地木柴不足、供不应求,烧制陶瓷的燃料出现供给危机。但也正是因为这种燃料危机的出现,当地居民也增强了禁止滥伐林木

---

① 程光辉、郑惟馨:《窑柴的产、运、销》,载中国人民政治协商会议景德镇市委员会文史资料研究委员会编:《景德镇文史资料》(第11辑),第112页。

烧炭和种植树木及保护山林的意识,这对当地森林植被资源的恢复和维护有积极意义。

自然资源、人类社会和生态环境组成了互动型的关系链。自然资源是人类社会维持基本运作和向前发展的必备物质资料,人类开发自然资源不仅会造成社会变动,还能引起环境的剧烈变迁。当今社会正处于自然资源过度消耗和供应不足以及生态环境恶化的窘迫背景中,如何保持和维护资源开发、社会稳定与生态环境三者之间的平衡,是当下必须面对和解决的一个核心问题。史学研究并不能为解决生态问题提供立竿见影的灵丹妙药,但以史为鉴,窥探历史事实可以让我们更加清楚和理性地认识资源、社会和生态之间复杂的互动关系。我们必须以历史实例为教训,总结经验并做出反思,明清赣东北因开发资源而不断造成社会动乱和矛盾纠纷及破坏生态环境即是一个鲜明的反例。

作者简介:夏方胜,江西财经大学历史系讲师。

近代大矿与地方社会的矿权博弈*

——以萍乡煤矿矿界案为中心

刘 洋 郭 莹

【摘 要】萍乡煤矿是由清廷特许设立的大型机矿,通过承顶、入股等萍乡传统的煤井产权交易方式垄断了区域矿权。辛亥革命后,赣省绅商响应李烈钧重划矿界、开发官矿之举,纷设私井,并依托省议会抵制萍矿垄断、呼吁由地权得矿权。在农商部主持下,江西省政府组织绅商、萍矿等先后四次会勘矿界,终未达成归并官矿、封禁私井之议,关键在于各方矿权之争本质上是经济利益的零和博弈。清末矿章中矿权国有的新规与矿权依附地权的民间惯习相冲突,各级政府却未出台过渡性的法规与政策,也未能构建萍矿与地方社会的沟通机制,是矿界案延宕的重要因素。这表明,中国矿业近代化不但仰赖生产技术的机械化,也需要政府在产权交易等方面提供合理的制度安排。

【关键词】萍乡煤矿;矿权;矿界;国家治理

清末,机械化工矿的设立冲击了内陆乡村的经济体系,激起了矿局与地方绅商在矿权、矿界上的长期博弈。"界"是中国传统产权实践的核心概念之一,"产权之界是人们在土地山林川泽上确立、宣示排他性权利的结果"。[①]矿权从山林地权中剥离、转归国家所有是中国近代经济利权的重大变革之一,而观念与利益的错位使得地方矿权分配困难重重,在实践中多呈现为矿界纠纷。萍乡煤矿由张之洞、盛宣怀于1898年奏请清廷建立,是清末规模最大的煤铁联营企业汉冶萍公司的核心矿区[②],其与萍地绅商就矿权、矿界激烈交锋,一直持续到1920年代,是近代中国大型煤矿与地方社会产权纠纷的典型,对学界从个案视角考察矿业法在国家治理中的作用亦有裨益。

近代中国民间资本屡弱,列强乘隙染指大矿,酿成直隶开平、河南福公司等矿案,从民族主义角度考察矿权易主的过程是矿业史研究的热门[③],而从社会史视角探究大型煤矿与

---

* 基金项目:本文系国家社科基金重大项目"汉冶萍公司档案的搜集整理与研究"(项目号14ZDB044)的阶段性成果。
① 杜正贞:《中国传统产权实践中的"界"——区域史视野下的山林川泽产权研究》,《近代史研究》2022年第5期。
② 萍矿至1907年方建成,"其技术先进、规模宏大的机械化选煤和炼焦设施以及机制煤砖厂、耐火材料厂,均为中国首创"。《中国煤炭志》编纂委员会编:《中国煤炭志·江西卷》,北京:煤炭工业出版社,1997年,第3页。
③ 云妍指出开平煤矿选择由英国庇护,是欲用列强间的矛盾掌握主动权;王天根从庚子政潮及其对中外开平矿权纠葛的影响出发,讨论了晚清官场与市场的交融与对峙;王守谦发现英国福公司靠其在中国政界的私人关系网络取得了矿业权。参见云妍:《晚清开平矿案的生成》,《近代史研究》2022年第6期;王天根:《庚子政潮及对中外开平矿权纠葛的影响——兼论1907—1912年前后官场与市场之离合》,《史学月刊》2016年第11期;王守谦:《政治变迁中的中外企业竞争》,博士学位论文,华中师范大学,2007年。

土井矿权纷争的成果则付之阙如。具体到萍矿界案,学界注意到机矿的开发对地方社会的冲击及江西军政府夺矿之举,并部分涉及矿界议题,但并未明晰萍矿与绅商在界案中的矿权博弈,更未觉察该案迁延的根源在于清末民初脆弱的司法体系与国家治理能力。[①]本文立足于台湾"中央研究院"近代史研究所、湖北省档案馆等机构资料,探究了萍矿、绅商及各级政府在界案中的博弈思路,发现该案本质上是垄断型煤矿与赣省官绅围绕矿权的斗争,反映了近代矿章与萍乡民间惯习在煤井产权交易上的冲突,亦表明清末民初政府在统筹企业发展与地方利益上缺乏必要的制度安排。

一、萍乡煤矿的垄断开采与矿界争议的肇始

萍乡煤矿由张之洞、盛宣怀于1898年奏请清廷设立,旨在供应汉阳铁厂煤焦,其对本地煤炭资源的垄断可分为设局收煤、官商分办、垄断经营三个阶段。

早在1892年,张之洞即派湖北候补知县、萍乡人欧阳炳荣赴萍采运油煤,并建立了官办的汉阳铁厂萍乡煤务局。张氏仅将萍乡视为煤焦源地,无意开采,一方面是因为萍乡路遥、开采成本过巨,另一方面则在于萍乡土法采煤相沿已久,形成了从士绅到厂户再到商号的完整利益链,外人很难渗入。受新工业刺激,萍乡煤窿在光绪年间达260余处,年产煤20万吨左右,有"多家集资、乡绅出面组织开办、山主自开、商人向山主租山开业"等多种经营形态,而厂户从大族士绅处承租煤窿、开采后再交由商号运销则是主流模式。[②]经过长期发展,萍乡煤井在产业来源、产权转移方式及山主权利等方面形成了自身的特色。一般而言,萍乡传统的煤炭采挖与煤井交易主要由以宗族势力为基础的民间习惯法维系,矿权连同山场地权分散在地方大族手中,多以公产形式呈现,大致包括族产、堂产、会产和祠产等四类,按产业来源可分为自业、置业、管业和遗业四种,自业即业主自有产业,置业即业主添置的

[①] 美国学者霍尼布鲁克考察了萍煤的早期开采,认为"官员张之洞和商人盛宣怀在推进地方工业化时形成了遏制地方士绅的联盟";曾伟指出萍矿"通过争顶土井、入股和争夺供应商等方式"取得了对绅商的阶段性胜利;李超认为江西对萍乡煤矿的争夺反映了民初企业生存的复杂政治生态。参见 Jeff Hornibrook, "Local Elites and Mechanized Mining in China:The Case of the Wen Lineage in Pingxiang County,Jiangxi", *Modern China*,Vol.27,No.2,April 2001,pp.202-228;Jeff Hornibrook, "Riding the Tiger:Merchant-State Alliance in a Coalmine Modernisation Scheme", *Business History*,Vol.45,No.2,April 2003,pp.35-51;Jeff Hornibrook,*A Great Undertaking:Mechanization and Social Change in a Late Imperial Chinese Coalmining Community*. Albany,NY:SUNY Press,2015;曾伟:《近代萍乡煤炭资源开发中的官商关系》,载常建华主编:《中国社会历史评论》第16卷下,天津:天津古籍出版社,2015年;李超:《民初政局下企业的生存境遇——以1912年江西省接办萍乡煤矿为中心的考察》,《湖北社会科学》2019年第6期。

[②] "萍乡几个主要产煤地区比较大的商井和山主,有安源的贾姓,紫家冲的文姓,王家源的张姓、钟姓、黄姓,高坑的欧阳姓,双凤冲的甘姓,天磁山的彭姓,锡坑的周姓,城北大平山的许姓,城西大屏山的邓姓,胡家坊的胡姓、甘姓等。而这些土法开采的商井,有的是山主自开,有的是商人向山主付纳租金,租山开业,打井挖窿。为便于对外营业,这些商井均设有牌号,如龙泉冲的太和,安源的万盛,高坑的全利,紫家冲的复顺等。有些土窿商则联合几家组成一个商号,如和茂福商号,同荣福商号,合和福商号等。"李为扬:《李寿铨与安源煤矿》,载江西省政协文史资料研究委员会、萍乡市政协文史资料研究委员会合编:《江西文史资料选辑》第23辑《萍乡煤炭发展史略》,南昌:《江西省文史资料选辑》编辑室1987年,第6页;萍乡矿务局志编纂委员会:《萍乡矿务局志》,内部资料,1998年,第59页。

产业,管业即经管的产业,遗业即业主通过继承方式获得的产业。① 煤井产权转移有卖、批、顶、合股等方式,其中,山主将山场的煤井作为独立物业租给矿井业主,称为"批",井主将煤井或股份转让给新业主,称为"顶",若干井主合伙经营某个煤井,称为"合股"。在将山场煤井批与井主时,山主可以获得进山礼与押规、粪草、收租等三项权益:"进山礼"是矿主为取得山场煤井开发权向山主缴纳的礼金,不可返还,而"押规"是井主承租山场时缴纳给山主的押金,可用于抵扣欠租,在煤尽时退还;粪草指人畜粪便、植物腐败形成的绿肥等农业肥料;"收租"包括货币形式的行租和实物形式的炭租两类。

由上可知,萍乡煤井的产权交易方式基本上是围绕士绅大族的权益设计的。其一,矿井使用权频繁更替,士绅则始终掌握山场所有权。山主将山场租给业主,后者在资金短绌时可与他人合股挖井,亦可将煤井或股份作为独立物业进行转让,煤井交易多立顶契而不立卖契,但其效力几乎等同,不同的是须每年向山主纳租;其二,井主欲取得开采权,需履行多项义务。在进山开挖时须向山主缴纳"进山礼",还需按年缴纳行租、炭租等租金,以"押规"担保,山场粪草也须交原山主收管;其三,"山场的完整权利包括山皮、山骨以及山场物业的使用权利",山主只是将部分矿业权让渡给井主,仍保留着山场所有权,具有强势地位与超然身份。② 应当指出,萍乡煤业产权交易中山主与井主的权利分配与传统地权一脉相承,煤矿开采权与山场所有权分别对应了田面权与田底权,在实践中呈现为"双重所有权"。杨国桢指出,佃农"永佃权"在长期的自由转让中成为俗例,便拥有了对土地的部分所有权,"原来地主的土地所有权便分割为田底权和田面权",在同一块土地上出现一田两主的形态。③ 黄宗智补充道,佃农因种"熟"了从地主处承租的荒地这一贡献,获得了与地主的田底权相分离的田面权。④ 而萍乡井主在承批山场后需投入资金、人力开挖煤井,这类似于把土地种"熟",井主也因此获得了不受山主干涉的自由出顶煤窿或股份的权利。但无论井主如何变更,均须向山主缴纳租金,煤井产权呈现出与地权"一田数主"类似的"一矿数主"的形态。产权交易的基本逻辑是在保持地主/山主所有权的基础上灵活转移使用权,这与中国传统乡村的经济权力结构相契合,在保证士绅大族利益的同时提升了煤业资源的利用效率。然而,矿权乃开发地底资源之权,错杂的煤窿并不完全适用地权的管理方式,而不甚明晰的矿权常引发激烈的矿界冲突,"各山土井林立,密如蜂房,甚至数丈之内并开两井,窿内挖穿,则灌水薰烟,持械聚众,以致酿成巨案"⑤。张之洞将油煤交给绅商代理,且专门派萍籍官员采运,就在于避免煤务局陷入与地方的商业纠纷中。

由于控制萍乡煤焦产销的士绅常因运输等问题短交汉厂煤焦,且屡屡要求矿局提高收购价,矿局遂欲借官商分办之机获取萍煤开采权。1896年,盛宣怀接办汉阳铁厂,延续了张之洞在萍设局收煤的做法,并派员与萍绅文廷式领衔的广泰福商号订约,由后者代收厂户煤焦。不久,广泰福因履约乏力,不得不接受矿局委员卢洪昶"官商分办"之议,即煤务局与

---

① 曾伟:《晚清民国萍乡煤矿产业契约与产权交易》,《第三届汉冶萍国际学术研讨会论文集》,2018年,第315页。
② 曾伟:《清代民营煤矿产权形态分析:萍乡煤矿产业契约研究之一》,《第一届汉冶萍国际学术研讨会论文集》,2014年,第397页。
③ 杨国桢:《明清土地契约文书研究》,北京:中国人民大学出版社,2009年,第70页。
④ [美]黄宗智:《法典、习俗与司法实践:清代与民国的比较》,上海:上海书店出版社,2007年,第83页。
⑤ 湖北省档案馆编:《汉冶萍公司档案史料选编》(上),北京:中国社会科学出版社,1992年,第206页。

广泰福号分别从厂户处收买煤焦。①卢洪昶认为"萍人惟利是图,商号既敢存垄断之私,各厂户日久生心,更难保无把持居奇之事"②,自产自炼较外包与厂户、商号更为合算,再加上官商分办后官局煤窿与民井时有冲突,遂于1896年底通过承顶、入股等萍乡传统的产权交易模式并购了高坑、安源等处八座煤井,并与之订立了契据,试以矿局并购蔡姓煤井为例加以说明:

> 立出顶煤井字人蔡福金。缘我等在紫家冲合挖煤井一只,井名利顺,与萍煤官局自挖之元顺官井相距不远,因恐日后二井同挖到一处取煤,致起争端。凭中召到萍煤官局承顶一半,此井派作20股,官局管10股,我管10股,成本各派一半,其掌井之人即由元顺官井掌井之人兼管,所有此井日出之煤无论块末,除官局自管一半外,余我所管一半之炭一概卖与官局炼焦施为,不得另卖他人,其炭价块末均照时价。后我管10股如再召顶,先尽问官局,方可另召他人。两无异言,立此为据。
> 　　凭中　张业斋、姚锦堂均押
> 光绪丙申廿二年十二月初十日　蔡初成笔③

该契据首先说明了官煤局与蔡姓合股办矿的原因——避免煤窿冲突,继而规定了双方合股经营的具体办法——官煤局承顶蔡姓利顺井一半股权、掌握管理权,最后确定了产品分配方式——蔡姓所管煤炭按时价卖与管局。与普通商业交易有别,该合同强调蔡姓所管之煤须卖与矿局,矿局享有承顶蔡姓股份的优先权,有利于保证汉厂的煤焦供给,是日后矿局与民井订立契约的基本范式。可见,矿局土井作为"官井",在与民井角力时优势明显,通过与其订立合股章程掌握了开采权与管理权。官商分办后,矿局发现熟悉煤情的广泰福绅董早已占据旺窿,便以高价竞买多数股份的方式并购新井。但由于挖不得法,新井所产煤焦不敷厂用,盛宣怀遂派汉阳铁厂提调张赞宸赴萍整顿,伺机并购了亏损严重的广泰福商号。"官商分办"本是针对萍商供煤不足的制度改进,矿局趁此楔入萍煤产销体系,为其勘明萍煤储量进而启动西法开矿奠定了基础。

1898年4月,张之洞、盛宣怀会奏用机器开办萍矿并筑造运煤铁路,指出萍矿乃"铁厂全局利钝所系","诚恐萍煤运道开通,经营有绪,复有商人别立公司,纷树敌帜,多开小窿,抬价收买,以坏我重费成本之局……拟请嗣后萍乡县境援照开平不准另立煤矿公司,土窿采出之煤应尽厂局照时价收买,不准先令他商争售",得到清廷"随时申禁"的保证。④通过引入国家权力,萍矿摒除了其他大公司的潜在干扰,确立了垄断收煤权,保障了后续建设的顺利推进。为尽快站稳脚跟,萍矿当局一面采取经济手段归并煤山土井,一面对未并之井加强管理,其政策经历了从羁縻到严格管控的转变。建矿初,总办张赞宸即认识到土矿在与民井竞争中的作用,认为"官多一土矿,系多一抵制民矿隐助洋矿之法,将来民矿力竭,势必全归

---

① 陈旭麓等主编:《盛宣怀档案资料》第4卷《汉冶萍公司(上)》,上海:上海人民出版社,2016年,第267页。
② 湖北省档案馆编:《汉冶萍公司档案史料选编》(上),第193页。
③ 《土字第10号》,1897年1月12日,萍乡矿务局档案馆藏,档案号:2-7-115。
④ 顾琅编:《中国十大矿厂调查记》第3篇《萍乡煤矿》,上海:商务印书馆,1916年,第5、6页。

洋矿,此收效于自然,利在远大"①,设法并购了机矿周边五百余亩矿山,所订契据如下:

> 立允批字。据安源合境山主所管山场东至三丘田,南至王坑,西至长岭下,北至坝上冲等处,概愿凭绅董允批与官矿局。当日公同面议:每年实纳行租共计七四花边一百元整,由局如数交绅董缮册,按户分领。若官矿局择定何处开井,议定进山礼洋一百元,山租、炭租、粪草仍照安源旧章,自批之后该处周围一带山场不得另开新井,其山皮、土产仍归各山主栽种、收摘、启伐,官办矿局不得过问。如损坏竹木照章赔偿,有碍屋宇、坟墓之处,开井亦宜斟酌办理,不得相妨。开井近处恐有损坏田业,每收租一石议给业主洋三十元,此系官矿局体恤至意,我等亦不得违议。公事毕后仍将原批交在场绅董,悉听山主各管各业,行租应即停止,恐后无凭,立此允批为据。
> 安源合境山主张逢春等均押,在场绅董张吉春等均押。
> 再批:损坏屋宇由官矿局以旧换新,照式赔偿,安源附近烧煤仍照旧章出售,又据。
> 光绪廿四年间三月 日公订。
> 再批:官矿局所批安源合境山场即各山主,或有情因正用必须出售者,应将向官矿局声明,将应得租洋拨交新业主承受,仍须在卖契上载明"只售山场,不准开矿"字样,倘故朦混,除追还该山主历年所领租洋外,公同酌罚。此批。张国瑞笔。②

矿局通过此约承批了机械化开采所需的矿山,划定了四至范围,重点确认了山主与矿局的权利和义务。矿局获得了山场煤井的开采权,除了要缴纳进山礼外,还需按年缴纳货币性质的行租以及实物性质的炭租、粪草,损坏坟墓、田业等均须赔偿;山主依然拥有山皮、山骨的所有权,但须在转卖山场时声明"只售山场,不准开矿",使得萍矿在维护山主权利的同时垄断了煤炭开采权。对不愿归并的数十口煤窿,张氏协助各窿主组织保合公庄,举派董事、妥立章程,由萍矿分别灰磷轻重收买其所产煤焦。1903年初,盛宣怀鉴于汉厂存焦过多,令官商各井一律停炼,公庄绅董被迫将32口土井折价20余万元归并矿局,并承诺遵照湖南矿章不在已并各井四至三里内挖煤。以这次大规模土井归并为契机,萍矿加强了垄断地位,先是收购了部分距机矿较远但煤旺质佳的土井,选出14处按四至三里之标准栽立界石③,初步确立了矿界,继而规定未并之井"只准挖卖烧煤枯块,不准砌炉炼焦,并不准私炼粗炭"④,用政治手段杜绝了土井分利的可能。1906年夏,张赞宸派员清查矿界及土井情况,发现"矿局自开及归并商井,总计正井通风水巷合共井口321只……所有东南一带自县城外教场坪起,中经大罗坪、竹篙坡、双凤冲、社上、黄泥塘、许家坊、周家坊、大塘下、燕塘里、乱石岭、何田坳等处,复环绕至教场坪止,周围共长92.7165里,面积总共504.506方里",次

---

① 陈旭麓等主编:《盛宣怀档案资料》第4卷《汉冶萍公司(中)》,上海:上海人民出版社,2016年,第735页。
② 《土字第10号》,1898年4月,萍乡矿务局档案馆藏,档案号:2-7-130。
③ 14处土井分属如下6地:1.天滋山发顺井;2.紫家冲通顺井;3.小坑福顺井、合顺井、金顺井;4.龙家冲太顺井、恒顺井、盛顺井、同顺井;5.黄家源谦顺井;6.高坑仁顺井、森顺井、信顺井、泰顺井。见陈真编:《中国近代工业史资料》第3辑,北京:生活·读书·新知三联书店,1961年,第450页。
④ 孟震:《萍矿过去谈》,载近代史资料编辑部编:《近代史资料》总102号,北京:中国社会科学出版社,2002年,第83页。

年4月,盛宣怀向两江总督端方、江西巡抚瑞良呈送土井清册及矿图,指出"萍乡各山土井业经设法购尽,派员清查,机土各矿依脉十里、三里四至境界,周围共长九十余里内并无私开商窿,此后萍矿永无外权侵入之患"。①至此,经过十数年的机矿工程及土井并购,萍矿最终实现"特许采掘之地区旦于全邑,且有禁他人附近采煤之特权"②。

掌握山林地权的萍乡士绅搭建了煤焦的产销网络,把控着呈分散状态的矿权,盛宣怀选择在张之洞派员收煤的基础上改由广泰福代理,甚至在后者表现欠佳时仍倡导官商分办,旨在确保铁厂煤焦供应的同时减弱对萍乡经济秩序的冲击,反映了张、盛在处理与享有矿权的地方精英的关系时的审慎姿态。但另一方面,官商分办之策使得双方关系从合作走向竞争,背靠清廷的萍矿通过顶井、入股等萍乡煤业产权交易制度取得了民井开采权,奠定了萍矿产业的基石。及至清廷授权机矿垄断开采,萍煤既有的由世家大族主导的产销秩序被彻底打乱,取得竞争优势的矿局最终夺取了萍煤开采权,重塑了萍乡的社会经济秩序。萍矿垄断程度持续加强,表明外来权力、资本与本地煤炭资源的逐渐整合,但这一产权归并的过程高度依赖政治威慑,且损害了土井绅商的利益,尤其是山主仍掌握山场所有权,这令萍矿的垄断地位潜藏着危机,而辛亥军兴造成的政治失序使得这场危机加速到来。

二、江西军政府对萍乡矿权的争夺与矿界争端的爆发

辛亥革命后,汉冶萍公司失去了盛宣怀这枚政治护符,公司潜在的军工生产能力受到厂矿所在的鄂、赣及运煤必经的湘省的觊觎。其中,财政困窘的赣省将萍矿视为大利所在③,赣督李烈钧先以破除垄断为名允准集成公司在萍矿界内开井,继而蓄谋接办萍矿,遭抵制后又欲通过开办省有官矿破坏矿界,是萍矿与土井间矿界争端的导火索,也使得萍乡矿权的天平再度向士绅倾斜。

授权集成公司在机矿周边开井是赣督李烈钧染指萍矿的开端,双方围绕矿区范围论辩激烈。1912年5月,李烈钧指出"萍乡官矿,前清盛宣怀开办,创为官矿十里、土矿三里之议,嗣后十里五里愈推愈远,竟使无数煤矿封闭不开,货弃于地,贫民失业,垄断罔利",授权集成公司在机矿附近开井。④ 6月17日,汉冶萍咨赣督李烈钧、湘督谭延闿,声明萍矿矿权乃商业并购所得,并非垄断,且曾奉谕禁止商人别立公司、多开窿口,请赣督关停集成土井。⑤ 7月5日,公司又向工商部申诉,称湖南矿章规定机矿十里、土矿三里内他人不得另开窿口,"萍矿安源机井外另开土井多处,此十里、三里之约应各就各井起算,集成公司统以安源总矿相距里数为言,显系砌词破坏",请其查禁。⑥李烈钧辩称集成公司不碍安源,而工商部

---

① 陈旭麓等主编:《盛宣怀档案资料》第4卷《汉冶萍公司(中)》,第583页。
② 李建德:《中国矿业调查记》,台北:文海出版社,1987年,第48页。
③ 据江西军政府公布的"民国元年度财政决算",岁入512万两,支出1042万两,赤字高达530万两。见江西省地方志编纂委员会编:《江西省财政志》,南昌:江西人民出版社,1999年,第16页。
④ 湖北省档案馆:《汉冶萍公司档案史料选编》(上),第283页。
⑤ 陈旭麓等主编:《盛宣怀档案资料》第4卷《汉冶萍公司(下)》,上海:上海人民出版社,2016年,第280页。
⑥ 陈旭麓等主编:《盛宣怀档案资料》第4卷《汉冶萍公司(下)》,第291页。

则指出其"对于各省大公司虽有特别推广矿界之条,然必察其计划,度其功能,始行酌定方里之数……矿权悉归于掌握,终难免垄断之嫌",要求调查萍矿地契等材料。[①] 8月12日,因附有汉冶萍股份,工商部派矿务司矿业科科长张轶欧赴沪参加股东大会,并计划于会后赴萍查勘矿界。

出乎张轶欧意料,集成案未结,他即遭遇赣省接办萍矿之波澜。8月12日,李烈钧欲以接济之名侵占萍矿,并委任实业厅次长欧阳彦谟为总理。13日,汉冶萍分电工商部、李烈钧,"务恳工商部查照大总统批示,电咨赣都督取消委状,实行按法保护"[②],并请求持有公司股份的湘省协力维持[③]。多方压力下,李烈钧辩称萍矿因战事"工停将及十月,又值水灾民饥,失业工人恒与勾结,四出肆劫",接办萍矿实为保卫地方、维持实业起见,不会畏难中止,欧阳彦谟受此激励,扬言于9月5日接收萍矿,局势陡然紧张。[④] 9月4日,公司分电中央及湘、赣两督,谴责"赣员以强权限交矿产,违背《约法》人民保有财产及营业自由之条文",并请孙中山等调解,接收日期得延至12日。[⑤] 11日,李烈钧电达国务院,称萍矿在前清为一姓私产,"兹民国告成,或由国家收回,或由地方接办,未便放弃",国务院正告李氏"该公司经工商部注册有案,工商部又确有股本百数十万之多,其非一人私产,毫无疑义"。[⑥] 由于萍矿员工强烈反对、中央屡电谴责,尤其是"湖南省现派兵士保护,黎元洪注意不法行为"[⑦],日本驻汉口领事松村贞雄也以有损债权为由要求赣督取消成议[⑧],李烈钧未敢在12日贸然接管。

接办受阻后,李烈钧转以萍矿矿区超过矿章限额为由,派萍绅文启等前往划界,并试图通过建立省有官矿破坏矿界,工商部和汉冶萍强调萍矿情形特殊,坚决抵制李氏划界之举。10月11日,委员张轶欧函报工商部,称集成公司已引发三四十座私井效尤,赣督复以萍矿超过前清矿章九百六十亩之限制为由派员划界,实属有意破坏,"矿上现役工人已逾五千,划界员至,人心必乱"。[⑨] 工商部规劝赣督收回成命:"萍矿营业投资已逾千万,规模宏大,即欲量予限制,然于该公司预定计划之延长线亦须保存。"[⑩] 18日,公司恳求工商部令赣督撤回委员、封闭私井,指出"九百六十亩之限不适用于各省已著成效之大矿……赣员误引矿

---

① 陈旭麓等主编:《盛宣怀档案资料》第4卷《汉冶萍公司(下)》,第303、308页。
② 《汉冶萍公司董事会赵凤昌等电一件:请查照大总统批示电赣督取消委状按法保护以顺商情由》,1912年8月15日,"中研院"近代史研究所档案馆藏,档案号:07-24-15-001-02,第4页。
③ 因无力偿还湖南省株萍铁路运煤款五十余万元及湖南之大清、交通两银行借款三十余万元,汉冶萍同意将此八十余万元欠款兑换为公司股票。见武汉大学经济学系编:《旧中国汉冶萍公司与日本关系史料选辑》,上海:上海人民出版社,1985年,第393页。
④ 《江西都督电一件:赣省为维持实业起见不得已投资代办于原有股东权利初无妨碍请勿误会由》,1912年8月20日,"中研院"近代史研究所档案馆藏,档案号:07-24-15-001-02,第18页。
⑤ 陈旭麓等主编:《盛宣怀档案资料》第4卷《汉冶萍公司(下)》,第331页。
⑥ 湖北省档案馆编:《汉冶萍公司档案史料选编》(上),第289、290页。
⑦ 湖南"派兵到矿抵制赣军,并以股东名义电责赣督,最后目的以运道为抵制之计",是阻止赣省没收萍矿的关键力量。陈旭麓等主编:《盛宣怀档案资料》第4卷《汉冶萍公司(下)》,第339、1291页。
⑧ 《江西都督电一件:驻汉日领事电询汉冶萍公司前年与横滨正金银行立约借款时同在抵押之例,今将来往电文电陈即希察核由》,1912年9月15日,"中研院"近代史研究所档案馆藏,档案号:07-24-15-001-03,第6—9页。
⑨ 陈旭麓等主编:《盛宣怀档案资料》第4卷《汉冶萍公司(下)》,第1295页。
⑩ 《电江西都督:请撤回萍矿划界委员并禁止私挖以维矿政由》,1912年10月14日,"中研院"近代史研究所档案馆藏,档案号:07-24-15-001-04,第4页。

章,致启萍人违禁争夺之心,不特破坏萍矿已成之局,恐此端一开,各省效尤,开滦、峄、晋无一可以保全,实业前途何堪设想"。① 19日,李烈钧复工商部若萍矿因规模大便可肆意扩充,是"凭恃强权垄断独登",国务院指出"此时划界不惟妨害萍矿,且恐滋生事端",仍要其撤销前令。② 11月,经湘都督府张子武联络,公司请李烈钧之师广西都督王芝祥及陆军总长黄兴斡旋,并派代表赴赣商议,局面稍缓。但李烈钧未肯作罢,他一面与鄂督孙武商议共同接收汉冶萍厂矿③,一面继续推进购地划界计划。1913年3月,赣省已购八十余处地皮,并在机矿边缘开挖井口,欲强行阻遏萍矿煤窿。④受官矿刺激,绅商先后开挖百余座私井,公司向赣省申诉"成案具在,契约具在,政体虽改,断无听其破坏之理",请其停止划界、封禁私井,未得回应。⑤ 5月,为应对与北洋政府的斗争,李烈钧撤回办矿委员,但不久即在二次革命中落败,赣省转被袁世凯委任的都督李纯控制,而军政府所购土井山田及规划设立的江西省萍乡煤矿总局却被作为公产保留下来。⑥

赣省军政府对萍乡矿权的争夺历经令集成公司挑起矿界争端、武力接管萍矿、设立官矿破坏矿界三个阶段。其对萍矿的指摘主要有两点:一是强调萍矿属于曾供职于专制政权的盛宣怀的私产,必须收归公有;二是认为萍矿垄断了萍乡矿权,矿界超过矿章九百六十亩之限,必令收缩。工商部通过声明其享有承自清政府的汉冶萍公司股份驳斥了第一点,对于第二点则只是强调萍矿投资巨大、不能随意缩减,却并未给出有说服力的理由。在博弈过程中,赣省军政府咄咄逼人,而汉冶萍公司及工商部则屡屡受挫,这反映了辛亥后地方势力的崛起和中央权力的衰弱。讽刺的是,由于同样觊觎萍矿的湘军的声援及李烈钧的军事失利,萍矿才得以在混战中保全,这凸显了民初政治环境的暴戾与法制的失语。因汉冶萍在盛宣怀被褫职后失去官方屏障,萍矿垄断特权大打折扣,手握地权的萍地绅商在军政府支持下遍开土井牟利,在与萍矿的矿权博弈中扳回一局,萍矿被迫卷入到并官矿、禁私井的长期矿界争议中。

三、多方博弈下矿界争议的持续及勘界行动的流产

1913年8月,盛宣怀获悉江西民政长仍由曾被李烈钧集团排拒的汪瑞闿担任,欲利用北京政府与李烈钧之矛盾解决萍矿界案,他向汪氏声明李烈钧"先拟砌词没收,继思武力占

---

① 《汉冶萍煤铁厂矿有限公司关于请阻止在萍矿划界并封闭私井的电》,1912年10月18日,湖北省档案馆藏,档案号:LS056-002-0022(1)-0023。
② 《江西都督电一件:萍矿仍宜速为划清界限以息纷争由》,1912年10月19日,"中研院"近代史研究所档案馆藏,档案号:07-24-15-001-04,第37、38页。
③ 汉冶萍欲靠收归国有抵制鄂、赣争夺,但该案由于政府缺乏资金等原因流产。见谢国兴:《民初汉冶萍公司的所有权归属问题(1912—1915)》,《"中央研究院"近代史研究所集刊》1986年第15期。
④ 《赣省萍乡自创新矿之大规画》,《申报》1913年3月6日第6版。
⑤ 陈旭麓等主编:《盛宣怀档案资料》第4卷《汉冶萍公司(下)》,第493页。
⑥ 因缺乏资本,官矿并未建成,由汉冶萍公司赔付其耗费的13.7万元公款被赣省列为封禁私井的重要条件。见陈维、彭戬:《萍乡安源煤矿调查报告》(江西省政府统计室1935年版),载李文海主编:《民国时期社会调查丛编》二编《近代工业卷(下)》,福州:福建教育出版社,2014年,第614页。

据,终以破坏矿界、私凿土井为摧残实业之计划",请其令萍乡县封禁私矿。①但由于盛宣怀在辛亥后影响力大减,且曾与袁世凯在实业领域明争暗斗,加之赣省士绅极力声索萍乡矿权,受命于袁的江西政界并未如盛氏所料在界案中偏向汉冶萍公司。在农商部主持下,江西省署先后四次组织绅商、萍矿等联合勘界,各方在矿区界限、赔偿金额、矿山权利等方面展开了激烈博弈。

第一次会勘及谈判从1913年底持续到1914年7月,因各方在官私各井赔偿金额上的分歧而破裂。1913年12月,汉冶萍派夏敬业同赣省代表陈方铨会勘矿界,确认李烈钧所开官矿侵入萍矿界内,但赣省承江西旅沪公会刘凤起、陈三立等绅之请②,以公司偿还十一万元损失为封禁官矿私井之条件,而公司只酌补两三万元的表态令绅商颇为愤慨。③1914年初,绅商控诉萍矿矿区远超矿章限额,汪瑞闿向农商部请示如何处理,被后者严斥:"该矿开办系在矿务章程颁布以前,与初次试办之矿情形迥殊,所占多地或已开通隧道,或已盖有厂房,必令拆毁房屋、闭塞隧峒以就前清矿条九百六十亩之限,不独官府不忍出此点,于该地士绅何利之有……应由该民政长严训告诫,毋任嚣张。"④5月,为安抚绅民,代理民政长戚扬⑤与赣绅及公司商定,由公司填股十万、以契据为凭封禁各井。戚扬派员审查公司所呈卖契、矿图,"查得光绪二十九年保合公庄绅商所售土井四十契,计价洋二十四万二百元,因沪寄契未到,即各派委员会同安矿委员照契簿绘图,遂经安委指点查勘,确系相符"⑥。戚扬要求"如私挖在无契地面或有控告从前未得地价者,须公司暗中料理"⑦,而公司欲用十万填股同时封禁官私各井,不肯额外打点私井,再度激起赣绅怨愤。

第二次会勘及余波从1914年夏持续到1915年底,双方延续了赔偿金额上的分歧,还在矿界依据及矿场权利分配上争论不休。1914年8月,萍乡人民代表李有架、北京实业研究会萍绅刘景烈等坚称界址未清,向省署请愿复勘矿界、以释群疑,戚扬只得同意。⑧11月

---

① 汪瑞闿(1873—1941),字劼荀,盱眙县人,1912年12月16日被袁世凯任命为江西民政长,以实行军政分治、削弱李烈钧权力,1913年2月11日受江西各界反对,被迫返京,8月22日继任民政长。参见陈旭麓等主编:《盛宣怀档案资料》第4卷《汉冶萍公司(下)》,第633页。

② 刘凤起(1877—1933),字未林,南城县人,光绪二十九年进士,授任翰林院编修,曾赴日本考察法政,民初任江西民政部长;陈三立(1853—1937),字伯严,修水县人,湖南巡抚陈宝箴之子,1905年与李有棻等创办江西铁路公司,先后担任协理与名誉总理。参见陈旭麓等主编:《盛宣怀档案资料》第4卷《汉冶萍公司(下)》,第715—716页;湖北省档案馆编:《汉冶萍公司档案史料选编》(上),第305页。

③《李寿铨、夏敬业关于封禁土井贴还损失的电》,1913年12月29日,湖北省档案馆藏,档案号:LS056-001-1371(2)-0013。

④《令江西民政长:指示解决赣绅与萍矿争执矿地办法由》,1914年1月30日,"中研院"近代史研究所档案馆藏,档案号:08-24-15-003-01,第7—8页。

⑤ 戚扬长期在江西任职,1913年9月被民政长汪瑞闿保举为民政署内务司长,1914年1月21日任代理江西民政长,3月29日转正,后因江西改官制,6月4日由民政长继任巡按使,1916年7月由巡按使改任省长。江西省地方志编纂委员会编:《江西省人事志》,南昌:江西省出版局,1993年,第63、76页。

⑥《萍矿陈委员(方铨)、王知事(剑秋)关于绅商归并土井案的电》,1914年6月18日,湖北省档案馆藏,档案号:LS056-001-1361-0008。

⑦《萍矿李寿铨关于合并归并土井的函》,1914年7月16日,湖北省档案馆藏,档案号:LS056-001-1361-0009。

⑧《萍矿刘代办关于戚巡按使迎合绅商重勘矿界并建议公司妥善应对的函》,1914年11月7日,湖北省档案馆藏,档案号:LS056-001-1361-0019。

6日，赣省委员解鸣珂抵萍，与官矿经理陈方铨、萍矿代表刘康遐等照矿图会勘，认定"官局所购王家源之老山里等处以及民间所开新旧各井"均在萍矿界内，但李有架坚持以契据为凭定矿界，强调"有契虽无图亦当有效，无契虽有图亦难承认"，刘康遐辩称"业凭契管，界凭契划，此系管业权非开采权，所谓开采权者，即专利之谓也"。①萍矿所争矿界是开采权而非管业权，李有架则咬定萍矿缺失土井契据，而乡民天然地享有管业权，在此开井合理合法。见双方思路两歧，戚扬定案无方，井商乘机纷辟新矿。当选汉冶萍董事会会长后，孙宝琦②认为界案关系公司根本，于1915年8月赴萍调查。戚扬致电孙氏，仍要公司"顾及地方绅民感情"，额外补贴私井③，公司则声明无法负担赔款。戚扬转而提出先并官矿、再禁私井，孙宝琦赞同此议，但强调"务绝私井根株"④，而当李寿铨电请陈方铨交接官矿时，陈氏却以"事未商妥、京绅电阻"⑤等语回绝。公司指责戚扬"专徇绅意，事经垂成又复翻议"⑥，请农商部咨赣履约，却未得复，案件再次停摆。

第三次会勘及争论从1916年底持续到1919年5月，萍矿、士绅对新矿图态度迥异，界案愈发焦灼。此间，汉冶萍公司为抓住一战刺激下的钢铁市场红利期，欲靠开发高坑矿满足汉、冶两厂新炼铁炉煤焦之需，令萍矿"先行测量，以免停待"。⑦出乎公司意料，仅测绘即引发江西官绅抗议，重勘矿界的呼声四起。1916年11月，省议会议员黎景淑指责萍矿在高坑测绘、砌立新石基是为日后扩张张本，要求清矿界、保利权。⑧1917年4月，省有矿地代表黎景淑与技术员戴德馨、文永言共赴萍乡，同萍矿坐办李寿铨等第三次勘界，李氏坚持以矿图定界，黎景淑抱怨绘图者"均安局之委员，萍邑绅商管有矿井矿地者实未与闻其事"，要求重绘界图。⑨1918年2月，新矿界图绘成，黎氏指责图中界址、山名有误，要求取销，汉冶萍则认为该图系公勘所得，恳请农商部定案。农商部发现此图将绅商所争各井悉划在内，"由部判决恐多窒碍"，仍交赣省处置。⑩1919年3月，黎景淑在议会谴责李寿铨、文永言"串通舞

---

① 《萍矿李寿铨关于重新勘定矿界结果的函》，1914年12月19日，湖北省档案馆藏，档案号：LS056-001-1361-0021。

② 孙宝琦（1867—1931），字慕韩，浙江钱塘人，历任外交部顾问、外长、代国务总理、审计院长等职，与袁世凯、盛宣怀均有姻亲关系，1915年6月24日以审计院长身份被选为汉冶萍公司董事会会长。

③ 《汉冶萍煤铁厂矿有限公司董事会孙会长（宝琦）关于提议关于妥善解决合并私井的电》，1915年8月10日，湖北省档案馆藏，档案号：LS056-001-1361-0023。

④ 《汉冶萍煤铁厂矿有限公司关于停并官矿、封禁私井同时进行的函》，1915年10月，湖北省档案馆藏，档案号：LS056-001-1361-0031。

⑤ 《萍矿李寿铨关于停闭私井的函》，1915年11月19日，湖北省档案馆藏，档案号：LS056-001-1361-0035。

⑥ 《汉冶萍煤铁厂矿有限公司董事会关于请孙宝琦会长致函江西戚巡按使办理高坑矿界的函》，1915年11月29日，湖北省档案馆藏，档案号：LS056-001-1361-0037。

⑦ 湖北省档案馆编：《汉冶萍公司档案史料选编》（上），第506页。

⑧ 《江西省议员黎景淑关于建议萍乡煤矿区域与汉冶萍煤铁厂矿有限公司清理机土矿界的议案》，1916年12月1日，湖北省档案馆藏，档案号：LS056-001-1361-0047。

⑨ 《黎景淑会同省委技术员文永言、戴德鑫履勘第一次报告》，1917年5月，"中研院"近代史研究所档案馆藏，档案号：08-24-15-003-01，第173页。

⑩ 《实业厅呈复省长准部咨详查汉冶萍公司函送会测矿图稿一件》，1918年11月，"中研院"近代史研究所档案馆藏，档案号：08-24-15-003-01，第122页。

弊虚作伪图,枉法违令",请议长咨省长依法惩戒,并遴员重测确图。①4月,汉冶萍向农商部控告井商在黎景淑支持下盗挖萍矿煤井,农商部询问赣省长该案"是否仍系划界一案未经了结致起争执",令其妥筹办法。②5月,戚扬复称"此次测绘萍矿矿图原为将来解决本案之枢纽",但部分议员质疑矿图舞弊,慎重起见,只得饬实业厅派员与两造重勘矿界,农商部表示认可。③

迟至1920年2月,实业厅技术员邹邦珏等方抵萍第四次勘界。在与萍矿测绘员及黎景淑所请技术员会勘一周后,邹邦珏复实业厅"前图大致不错,似可不必再行测绘",黎氏大为不满,指控邹受贿,要求另派贤员重勘,李寿铨则指责黎景淑与李有架在萍私设矿业维持会,"本拟乘厅委复行测绘之机重敛各私井之费,又可藉此翻案"。④第四次会勘确认了新矿图之准确,但因背离省议会的翻案预期,在争议中草草收场。此后,省议会一面试图堵截机窿,一面鼓励广开私井,令萍矿叫苦不迭。李寿铨提议仿保合公庄例建立私井联盟,由萍矿收其所出煤焦,但因故未成。⑤可见,汉冶萍意识到满足绅商利益是界案之锁钥,只是时移事易,失去垄断光环的萍矿在羁縻私井时显得力不从心。

李烈钧失势后,萍矿军事压力骤减,汉冶萍欲通过农商部向赣省施压,一举结案。集聚议会的绅商为重获矿权,在赔偿金额、矿界成图、矿山权利等方面与萍矿激烈博弈,在1913年至1921年间先后四次发起勘界。双方在1916年前的两次会勘中尚能商讨解决方案,其后则陷入互相指责的泥潭,关键在于绅商在前期仍心存借民国矿例颁布之机获取矿照之念,且不愿因少量偿金回到由萍矿垄断矿权的局面,在被汉冶萍及农商部多次批驳后则转而靠暗开私井牟利。这表明,以煤井产权交易为核心的萍乡经济惯习在政权、法律更迭后依然饱具韧性,这与士绅阶层维护地方利益的呼声紧密相连。此后,债务缠身的萍矿进退维谷,无力应对此起彼伏的私井⑥,界案最终不了了之。

四、国家治理视域下萍矿界案之检讨

围绕萍矿界案,各方诉求不一。萍地绅商反对封禁土井,力求重获矿权;萍矿强调其矿权是通过商业并购取得,并非垄断,积极寻求中央支持;作为官矿所有者及地方行政核心,赣省署追求公私两利,令公司同时弥补官矿、私井损失;北洋政府农商部参照法律及煤井契

---

① 《黎景淑八年三月二十四日议会报告》,1919年3月24日,"中研院"近代史研究所档案馆藏,档案号:08-24-15-003-01,第144页。
② 《令江西实业厅:据汉冶萍公司函称甘鼎卿盗挖该矿探井各节仰查照分别办理由》,1919年5月7日,"中研院"近代史研究所档案馆藏,档案号:08-24-15-003-05,第91页。
③ 《江西省长咨一件:咨明萍矿矿图已令厅另派委员妥为勘测各情形》,1919年5月17日,"中研院"近代史研究所档案馆藏,档案号:08-24-15-003-01,第157页。
④ 湖北省档案馆编:《汉冶萍公司档案史料选编》(下),北京:中国社会科学出版社,1992年,第486页。
⑤ 《汉冶萍煤铁厂矿有限公司董事会关于请饬萍乡煤矿拟呈收买私井煤焦章程的函》,1921年6月3日,湖北省档案馆藏,档案号:LS056-001-0700-0002。
⑥ 因界案未决,官厅无法禁阻,仅"1922年和1923年两年内,矿区内土煤井又增加百余口"。萍乡矿务局志编纂委员会:《萍乡矿务局志》,第72页。

据,总体上支持公司维护矿权,但碍于赣省官绅反对,只得一再令各方妥商。从国家治理①的角度考察,该案反映了近代中国政府在法律供给及社会管理两方面的不足。

首先,清末民初出台的数部矿业法关于矿界、矿权的规定不尽相同,难以为矿界案提供有效的法律支持,此间复杂暴烈的政治环境也制约了法律的实施效果。萍矿界案中,机、土矿区的范围是矿、绅的争议焦点。萍乡在机矿创立前即土井林立、界案纷繁,矿权随宗族势力盛衰转移,直至县令顾家相将民间惯习"甲开有井地方四至百丈之内,他人不得开挖新口"②作为标准,界案才有了初步的处理规范。清末民初矿章中关于矿界的规定颇多,但细节则有异(见表1),矿、绅双方在辩论时均援引于己有利的条文,使界案在法理上难得定论。这既与辛亥鼎革造成的政治断裂有关,更与传统习惯法向近代成文法过渡时的参差相关联。

表1 近代部分矿业法关于矿界的规定

矿章及颁布时间	关于矿权、地权及矿区面积的规定
《开办湘省矿务疏》 1896年3月11日	"遇有大矿用机器开采者,仿开平例,依脉十里内,无论何人之业,均不得另开窿口;其小矿用人力开采者,依脉三里内,无论何人之业,均不得另开窿口。均要指定一窿起算计里,不得游移,以图多占地段"
《筹办矿务章程》 1902年3月17日	"申请开矿者须照市值购买土地,地主原有不从之权……倘该地关系国家必须开办之故,其地主虽有不从之权,亦应听顺国家之意"
《大清矿务章程》 1907年9月20日	第六章第十四款"地面地腹权利之区别":"地面权利除业主准其自用外,至承办地腹各矿之矿商并不能有地面业主应有一切之权利"; 第八章第三十款"矿地面积界限":"一人所领矿地无论若干界,每人至多不得过面积九百六十中亩(即160英亩)"
《酌拟续订矿章》 1910年9月29日	第五章第十四款"地权、矿权释义":"应领矿地之大小须视实有资本之多寡以为等差,资本在二万两以内,领地至多不过一方里,资本每加二万两,准多领一方里,以三十方里(16200亩)为限,如实在著有成效,须特别推广者,应随时由劝业道查察情形,详情容若核夺,不在此例"
《矿业条例施行细则》 1914年3月31日	第二章"矿区"第十六条:"煤矿以二百七十亩以上、十方里(5400亩)以下为限……如因特别情形,农商总长认为必要时得增减之"

资料来源:汪叔子、张求会编:《陈宝箴集(上)》,北京:中华书局,2003年,第99页;傅英主编:《中国矿业法制史》,北京:中国大地出版社,2001年,第98、108、112、156页;《外务部具奏附矿务章程》,光绪二十八年二月初八日,"中研院"近代史研究所编:《矿务档》第1册,台北:"中研院"近代史研究所1960年,第88、89页;中国第二历史档案馆编:《中华民国史档案资料汇编》第3辑《工矿业》,南京:江苏古籍出版社,1991年,第42页。

由上表可知,清末民初主要矿章关于矿界的计算方法经历了从圆形占位法向区域限制法的转变。湖南巡抚陈宝箴于1896年颁发的矿章沿袭了开平矿的圆形占位法,规定大矿十里、小矿三里内不得另开窿口③,是萍矿与绅商勘定矿界的主要依据,这种方法延续了民间惯习,亦与彼时大矿的特许设立制相契合,更多地保障了既有矿场的利益。清末新政时期,政府为促进矿业发展,颁布了取法欧日的新矿章,将开矿改为准则制,还对矿界作了细致规

---

① 在政治学领域,西方学者将"治理"(governance)定义为政府放权和向社会授权,强调去除或弱化政治权威;中国学者则将国家作为治理主体,认为"国家治理"主要指处理国家与社会、市场的关系,引申出"政府治理""社会治理"等分支。本文取后者意,指中央政府的法律供给及江西省政府对企业与绅商关系的处理。见王浦劬:《国家治理、政府治理和社会治理的含义及其相互关系》,《国家行政学院学报》2014年第3期;彭莹莹、燕继荣:《从治理到国家治理:治理研究的中国化》,《治理研究》2018年第2期。
② 《清理萍乡矿区之建议》,《民国日报》(上海版)1916年11月6日第6版。
③ 汪叔子、张求会编:《陈宝箴集(上)》,北京:中华书局,2003年,第99页;熊性美、阎光华主编:《开滦煤矿矿权史料》,天津:南开大学出版社,2004年,第14页。

定：1907年光绪朝矿章定明矿区不得过九百六十中亩，1910年宣统朝续订矿章相对灵活，规定矿区可按资本额伸缩，至高三十方里（16200亩），"如实在著有成效、须特别推广者，应随时由劝业道体察情形，详情咨部核夺，不在此例"①，1914年矿例将煤矿面积限定在十方里（5400亩）内，"如因特别情形，农商总长认为必要时得增减之"②。上述矿章均限定了矿区面积，较晚的宣统朝及民国矿章尤具弹性，专为大矿预留了伸缩空间，但此左右逢源之法在断案时却难以着力。当李烈钧等欲按光绪朝矿章将萍矿限制在九百六十亩内时，汉冶萍则依据宣统朝矿章主张萍矿应与开平等大矿一样被纳入"著有成效、须特别推广者"之列，其五百余方里矿区并无违案。农商部鉴于双方均有法可依且论辩激烈，难以妥当判决，故令江西省署多次组织勘界，但利益相悖的各方终未达成妥协。其中，萍乡私井绅商欲乘1914年民国矿例颁布之机获颁矿照，令其与萍矿的矿界之争迅速白热化，可见政局与法规的变迁对经济秩序的深刻影响。

围绕矿界分歧，萍矿与绅商在矿权（开采权）、地权（管业权）等权利归属问题展开了激烈辩论，而此间矿产资源所有权从私人向国家的变迁加剧了双方的对立。前文提及，萍矿背靠清廷权力与资本，通过承顶和入股这两种萍乡煤业传统的产权交易惯习垄断了本地煤炭开采权，但若依照地权管理逻辑，掌握山场所有权的山主仍掌握着矿场的所有权。本来，这种"一矿二主"的产权形态与"田面——田底"式的地权制度相契合，是受各方认可的产权组织形式，但这种地方惯习在国家收回矿产权后遭到了挑战。1902年矿章定明开矿者须按地主意愿照市值购买土地，另一方面又规定地权在必要时须服从国家意志，即"政治权力体现为最高产权"③；1907年矿章明确地权（在地面进行与矿务无关的耕种、建筑等活动）为地主所有，而矿权属于国家，这从根本上否定了山主对矿山的所有权，换言之，即使是地主自身开矿也需取得国家许可。萍乡绅商李有架等声称萍民有管业权即有开采权，反映了萍乡传统的煤井产权交易思想，却不合矿章两权分离之规，表明民间惯习相较于成文法的滞后性。应当指出，矿章中关于矿产资源国有化的规定打破了山主对矿山的完整所有权，却未能为两者的衔接提供必要的制度安排。此后，萍地山主虽仍能靠地权获得地价赔偿，却失去了煤井交易中的进山礼、租金等收益，这也是绅商在界案中吁请收回矿权的重要原因。另一方面，矿、绅虽均主张依法维护矿权，却又笃信政治强力、军事威势的关键作用，仅把矿业法视为打击对手的手段，使得依法定案难以成功。萍矿在建厂初即以"官矿"自居，欲靠承顶、入股等萍乡传统的煤井产权交易方式获取萍煤开采权，此"以金钱换主权"之策符合矿业用地制度中"由官收买"的形式④，但其顶购煤井多趁原主资金紧张时，还借政府之力严禁萍乡另立煤矿公司、废止土井焦炉，充分表明其借权力巩固垄断之企图。以李烈钧为首的赣省官绅意图打破萍矿对矿权的垄断，同样欲靠武力接管萍矿，还通过设立省有"官矿"破坏矿界，令界案愈发难解。不同政权下的"官矿"易位，生动说明双方在司法实践中以权势为本的博弈思路。

---

① 傅英主编：《中国矿业法制史》，北京：中国大地出版社，2001年，第112、156页。
② 中国第二历史档案馆编：《中华民国史档案资料汇编》第3辑《工矿业》，南京：江苏古籍出版社，1991年，第42页。
③ 杜恂诚：《中国近代国有或政府控制企业的产权和治理结构》，载朱荫贵、戴鞍钢主编：《近代中国：经济与社会研究》，上海：复旦大学出版社，2006年，第400页。
④ 骆云：《中国近代矿产资源法律制度研究》，北京：法律出版社，2015年，第54页。

其次,赣省绅商以议会为平台抵制萍矿垄断,声量颇高,而赣省政府在李烈钧时期欲靠接管萍矿缓解财政危机,在界案中则偏袒绅商,未能建立缓解企业与绅商争端的沟通机制,凸显出其社会治理能力之不足。萍矿界案中,以黎景淑、李有架为代表①的绅商在民初即趁李烈钧之势越级上书工商部,声索"解除苛禁、加提吨捐、招募土工、赔偿损失"②等四项权益,在议会中鼓吹划界,是一股强大的在野力量。此外,江西旅沪公会刘凤起(清进士、民初赣民政部长)、陈三立(陈宝箴之子、江西铁路公司协理)等亦在与汉冶萍的交涉中发挥了重要作用。这些绅商或考取或捐纳,多有清朝功名,还经营实业,"集绅与商的双重身份和双重性格于一身,上通官府,下达工商,构成官与商之间的缓冲与中介"③,是谴责萍矿垄断的先锋,他们"代表了地方社群的非正式权力,与各个层级的正式权力都有联系,也正是这种联系使他们享有影响地方官吏的权力",而京沪巨绅"与权力系统(power hierarchy)有更密切的联系"④,直接影响了赣省决策。绅商以议会为平台,自1913年至1921年先后四次发起勘界,在未果的界案中赢得了主动权和实质利益,表明中国传统士绅在新政治体制下不断调适社会角色,并以新的组织形式保持了影响力。作为地方主政者,江西省政府本应秉公执法,设法从共生共利的角度缓和企业与地方团体的关系,但其却在绅商压力下多次推翻成案,并默许绅商阻挠萍矿拓展煤窿,这是土井禁而不绝的重要政治条件,也是萍矿经营失败的原因之一。

萍矿界案反映了近代中国在司法实践和社会治理上的诸多困顿。其一,政治乱局抬高了权势在案件中的地位,打击了本应作为界案标准的矿业法的公信力,使后者沦为控辩双方互相指责的工具;其二,地方政府未能建立企业与地方社会的沟通机制,也未能公正划分双方的利益配额,地方绅商在频繁上诉中耗费了大量社会资源,萍矿也因界案迁延难以扩大生产,萍乡煤炭行业在双方多年的内耗中逐渐式微,这对近代萍乡乃至江西的近代化而言都是重挫。

五、结语

马克思指出,一旦"现有的产权制度与新技术的生产潜力之间产生不适应",制度即会发生变迁。⑤萍乡煤矿与土井绅商围绕矿权激烈博弈,既在于旧有的由绅商主导的煤业体制

---

① 附贡生黎景淑作为传统士绅,曾参与镇压哥老会起义、筹办学堂等事务,但其还曾赴日留学、担任保合公庄总董,与人合办瓷业公司,同文廷式等争取上朱岭铁矿权益,任省议员期间被推为省有矿地代表,锲而不舍地推动萍矿划界;萍乡人民代表李有架"由监生纳捐两淮盐大使,加花翎五品衔……关怀桑梓,为萍矿与官矿划界一事尤为苦心孤诣",并身体力行开办集成公司、同黎景淑组织矿业维持会抵制萍矿垄断。见李少军编译:《武昌起义前后在华日本人见闻集》,武汉:武汉大学出版社,2011年,第195页;(民国)刘洪辟纂修:《昭萍志略》,南昌:江西教育出版社,2016年,第433—434页。
② 《萍乡绅商学界代表呈一件:呈明从前矿局专制情形集会议决敬陈请愿数条乞主持由》,1912年10月15日,"中研院"近代史研究所档案馆藏,档案号:07-24-15-002-01,第27—33页。
③ 马敏:《官商之间:社会剧变中的近代绅商》,武汉:华中师范大学出版社,2003年,第88页。
④ 瞿同祖:《清代地方政府》,北京:法律出版社,2003年,第299页。
⑤ [美]道格拉斯·C.诺思:《经济史中的结构与变迁》,上海:上海人民出版社,1994年,第68页。

与机械化生产的龃龉,亦与矿产所有权从山主向国家的流转密切相关。首先,在萍乡传统煤业中,附着于山林地权的矿权归大族士绅所有,井主承批山场后获得开采权;其次,背靠清廷的萍矿通过承顶、入股等产权交易惯习垄断了区域矿权,实现了矿权从私人向大型煤矿的转移;最后,矿业法将矿权从地权中剥离,规定矿产资源为国家所有,矿业权是国家授予的开发、转让矿产资源的权利。如此,在矿章颁布前即获矿权的萍矿可继续保有开采权,失去煤井所有权的山主则无法维持旧有权益,地方产权观念、经济利益与国家新法顿起冲突。在民初强支弱干的政治格局下,赣督李烈钧蓄意通过设立官矿、重划矿界争夺矿权,而绅商依托省议会影响省署决策、先后四次发起勘界,与萍矿在矿权辩论中争相援引矿章中的利己条款,并靠土井之利在未果的界案中赢得了主动权。农商部察觉界案纠葛重重后便置身事外,一再令赣省署组织各方会勘,却没有为矿产所有权由私人向国家的流转提供过渡性的法规与政策,亦未能构建缓和萍矿与地方社会冲突的沟通机制,是界案延宕的重要因素。这表明,中国矿业近代化不但仰赖生产技术的机械化,也需要政府在产权交易等方面提供合理的制度安排。

作者简介:刘洋,湖北大学历史文化学院博士研究生;郭莹,湖北大学历史文化学院教授。

【研究评述】

从帝国礼制系统看四十年来的宋元明清神祀研究

杨 英

【摘 要】四十年来海内外学者们有关宋元明清神祀的研究可分为三部分,第一,国家祀典中的岳镇海渎体系对地方诸神进行"标准化"的研究;第二,对各地"伪标准化"的研究,包括植根于各地宗族村落及不同行业生计的"伪标准化"神祀及它们在迁徙、流播中产生的变异;第三,大一统礼制层级对佛、道等"异端"因素的消融。以上研究成果丰硕,不足之处在于多数学者仅从民俗学、宗教学角度进行考察,在采用"国家的在场"概念时,对"礼"是如何作为"国家"的重要组成部分缺乏足够了解,今后随着"乡里礼秩"的研究走向深入,有关研究将走上新的台阶。

【关键词】乡里礼秩;"标准化";"伪标准化";"异端";消融

一、前言

中国古代的礼,包含了一整套的政治制度和社会规范,它由传统礼学、庙堂礼典、乡里礼秩①三部分构成。其中,乡里礼秩主要包括旨在收族的宗族祭祖礼、旨在序齿的乡饮酒礼以及各地多样化的民间神灵祭祀(下文简称民间神祀),它跟庙堂礼典共同构成了帝国的整体礼制系统。民间神祀是乡里礼秩中的重要组成部分,它除了构成普通百姓精神生活的重要内容之外,还是帝国礼制系统中层级祭祀的最终端——各地林林总总的民间神祀合起来构成一张整体网络,被帝国礼制系统消融在其层级结构中。目前对民间神祀的学术总结均是从民间宗教角度或社会史角度②进行的,民间宗教(folk religion)或"民间信仰(folk belief)"有多种定义③,大体说来,它涉及众多神灵及对之的日常崇拜仪式,几乎没有系统化、中心化的组织,也没有明确稳定的师传、教义、仪节,但可以拥有仪式专家;它通常建立

---

① 传统礼学即历代对"三礼"的训诂之学,庙堂礼典即历代施行于庙堂的吉凶军宾嘉"五礼"以及施用于统治阶层的物化礼乐,"乡里礼秩"是指从中晚唐开始,经过宋元明清礼制下移,在乡间逐步形成并凝结的包括祭祖、祀神等的仪式,见杨英:《改革开放四十年来的中古礼学和礼制研究》,《文史哲》2020年第5期。
② 常建华:《改革开放40年以来的中国社会史研究》,《中国史研究动态》2018年第2期;孙颖、李长莉:《改革开放40年来的中国近代社会史研究:反省与寻求突破》,《广东社会科学》2018年第6期。
③ 乌丙安认为"民间信仰"是对自然物、幻想物超自然力的崇拜,见乌丙安:《中国民间信仰》,上海:上海人民出版社,1995年,序第1—3页。

在区域社会或乡里宗族基础上(祭祖被认为是民间信仰中的组成部分)。①西人多从宗教学、人类学角度研究中国古代神祀,杨庆堃提出"弥漫性"和"制度性"宗教的观点②,柯若朴(Philip Clart)③、凯瑟琳·贝尔(Catherine Bell)④、韩森(Valerie Hansen)、万志英(Richard von Glahn)等多位学者对此进行过概念清理或个案研究,太史文(Stephen F. Teiser)对这些成果进行了归类和总结。⑤大陆学者从20世纪80年代开始使用"民间宗教"概念,但这一时期多是对民间神祀进行简单归类,如程民生⑥、刘黎明⑦、王曾瑜⑧对宋代神祀的研究,钟国发⑨、王守恩⑩、吴真⑪、王健⑫以"民间宗教"为关键词展开了阶段性学术总结。进入21世纪以来,王见川、皮庆生的专著体现了这一课题的研究深度和国际化水平大有提高;⑬葛兆光从研究领域的分类和方法论角度作了归纳;⑭路遥提出从"宗教的社会网络看中国民间信仰的建构"的思路;⑮蒋竹山更是综括了美、日学者的研究并作了全面总结⑯。这些总结均从民俗学或宗教学视角进行,不足之处在于:源出西方的宗教学、民俗学研究理路过于注重现象分析,但中国古代民间神祀的性质除了是宗教行为外,还是存在于基层的一个个礼制个案,帝国礼制系统的制度设计和实践做到了将民间宗教信仰消融在自己的层级化网络体系中,中国古代的"礼"有自身独特的概念体系和组织方式,而这恰是研究民俗学、宗教学的学者(尤其海外学者)所不熟悉的。本文希望从帝国礼制系统的视角切入,对四十年来学界有关宋元明清神祀的研究成果作出梳理和总结,同时探索宋元明清时期"礼"在基层的复杂发展过程,不当之处还望方家批评指正!

---

① Xing Zhou,Juwen Zhang,Natalie Zhang and Bill Long,"Folk Belief and Its Legitimization in China",*Western Folklore* vol.76:2,*Special Issue:Intangible Cultural Heritage in China*,Spring 2017,pp.151-165.

② 杨庆堃:《中国社会中的宗教:宗教的现代社会功能与其历史因素之研究》第十二章"中国社会中的弥散性和制度性宗教",范丽珠译,成都:四川人民出版社,2016年,第228—264页。

③ Philip Clart,The Concept of "Popular Religion" in the Study of Chinese Religions:Retrospect and Prospects,载魏思齐(Zbigniew Wesolowski)编:《辅仁大学第四届汉学国际研讨会——"中国宗教研究:现况与展望"论文集》(*The Fourth Fu Jen University Sinological Symposium:Research on Religions in China:Status Quo and Perspectives*),台北:辅仁大学出版社,2007年,第166—203页。

④ Catherine Bell,Religion and Chinese Culture:Toward an Assessment of "Popular Religion",*History of Religions*,Vol.29:1,Oct.1989,pp.35-57.

⑤ Stephen F. Teiser,"Chinese Religions:Popular Religion",*Journal of Asian Studies*,Vol.54:2,May.1995,pp.378-395.

⑥ 程民生:《神人同居的世界——中国人与中国祠神文化》,郑州:河南人民出版社,1993年;程民生:《论宋代的神祠宗教》,《世界宗教研究》1992年第2期。

⑦ 刘黎明:《论宋代民间淫祀》,《四川大学学报》2004年第5期。

⑧ 王曾瑜:《宋辽金代的天地山川鬼神等崇拜》,《云南社会科学》1997年第1期。

⑨ 钟国发:《20世纪中国关于汉族民间宗教与民俗信仰的研究综述》,《当代宗教研究》2004年第2期。

⑩ 王守恩:《论民间信仰的神灵体系》,《世界宗教研究》2009年第4期;《民间信仰研究的价值、成就与未来趋向》,《山西大学学报》2008年第5期。

⑪ 吴真:《民间信仰研究三十年》,《民俗研究》2008年第4期。

⑫ 王健:《近年来民间信仰问题研究的回顾与思考:社会史角度的考察》,《史学月刊》2005年第1期。

⑬ 代表作是王见川、皮庆生:《中国近世民间信仰:宋元明清》,上海:上海人民出版社,2010年。

⑭ 葛兆光:《葛兆光序》,载皮庆生:《宋代民众祠神信仰研究》,上海:上海古籍出版社,2008年,序言第2页。

⑮ 路遥:《中国民间信仰研究述评》,上海:上海人民出版社,2012年,第58—63页。

⑯ 蒋竹山:《宋至清代的国家与祠神信仰研究的回顾与讨论》,《新史学》卷8第2分册,1997年,第187—219页。

二、对地方神祀"标准化"的研究

中国古代国家祀典(imperial pantheon)的框架及各种相关的等级化物质形式,构成了从庙堂到乡里的完整"礼仪标识"体系。"礼仪标识"(significant ritual marker)的概念由科大卫提出,科氏认为它是"地方社会的成员所认为是重要的、客观且可见的礼仪传统标识",他罗列的具体内容包括称谓、拜祭核心(神、祖先等)、建筑模式(比如家庙)、宗教传统、控产合股、非宗教性的社会组织等。[①]其实"礼仪标识"并非地方社会才有,庙堂礼典中的"礼仪标识"(如郊坛、宫殿)更是规模宏大且象征着国家的权威。除了"礼仪标识"具有层级性之外,以天神地祇、日月星辰、岳镇海渎,加一部分功臣圣贤所构成的国家祀典神灵体系更是具有美国学者华琛概括的"标准化"(standardization)[②]特点,其存在具有象征政治秩序权威的意义。"标准化"包括神灵世界的标准化和仪式的标准化,宋元明清时期各种神祀或被获准加入,或被剔出国家祀典,但其基本内核是稳定的,这是神灵世界的标准化。仪式的标准化是指国家祭祀各种神灵的仪式为地方的祀神提供了一个可供借鉴但不可僭越的样本,学者们的个案研究成果丰硕,详下文。

三、宋元明清国家祀典中的岳镇海渎体系对地方诸神的"标准化"

中国古代岳镇海渎体系是国家祀典的重要组成部分,它反映了大一统原则下神灵世界的等级结构。国家根据《礼经·祭法》的原则,将"赐额""赐号"颁赐给各地"能御大灾"的神灵,大量神祀因此被"标准化",获得国家的认可。学界研究较多的有五岳四海、天妃妈祖、碧霞元君等,下文便是具体介绍。

(一)五岳四海及其从属神灵

宋元明清五岳祭祀研究中,系统化的深入探讨首推牛敬飞的研究,他考察了明清时期在经学遗义下,再造北岳文化以及该文化背后的军事背景。[③] James Robson 考察了南岳祭祀中的佛教因素。[④]四海神中,南海神的研究成果较多。在《礼记·祭法》的年代,"四海"只是

[①] 赵世瑜:《结构过程·礼仪标识·逆推顺述——中国历史人类学研究的三个概念》,《清华大学学报》(哲学社会科学版)2018年第1期。

[②] "标准化"由华琛(James L. Watson)提出,他认为国家建构了一个文化整合的社会系统,在这个社会系统中,正统实践及其模糊性(ambiguity)允许很高程度的文化多样性(variation)。该文中文版为[美]华琛:《神明的标准化:华南沿海天后的推广,960—1960年》,载刘永华主编:《中国社会文化史读本》,北京:北京大学出版社,2011年,第122—149页。中文世界对华琛理论影响的介绍见徐天基:《帝制晚期中国文化的研究框架与范式——反思华琛的标准化理论》,《世界宗教研究》2013年第6期。

[③] 牛敬飞:《古代五岳祭祀演变考论》第七章"明清北岳移祀考论",北京:中华书局,2020年,第219—265页。

[④] James Robson, "Buddhism and the Chinese Marchmount System(Wuyue 五岳): A Case Study of the Southern Marchmount(Mt. Nanyue 南岳)", in John Lagerwey ed, *Religion and Chinese Society: Ancient and Medieval China*, Hong Kong: The Chinese University of Hong Kong Press, 2004, pp.341-384.

想象中的虚拟,到隋开皇十四年(594)南海神庙终于在广州南海镇建立,王元林追溯了南海神屡次封号的情况及其与岭南地方的关系,考证了广州南海东庙的位置及跟扶胥港、琵琶洲港及"海上丝绸之路"的关系;①还对宋朝南海神庙的《六侯之记》碑作了考释。②东海神性质跟南海神类似,王元林也作了具体研究。③保佑漕运的金龙四大王信仰同样吸引了学者们的注意力,王元林④、蔡泰彬⑤、王云⑥、申浩⑦等考察了不同时段、地区的金龙四大王崇拜。岭南地方特色的水神——龙母崇拜,也有学者从人群迁徙角度作了研究。⑧这些均属于对岳镇海渎系统中的神灵作个案研究,厘清了各具体神祀订立的由来、变迁。

(二)天妃妈祖和碧霞元君

另一位在国家祀典中拥有显赫地位的是天妃(后)妈祖。学界对天妃妈祖的研究相当充分,除了华琛著名的"天后"研究之外,李伯重较早将妈祖形象归结为福建"乡土之神""公务之神"和"全国海商之神",将妈祖与福建民间百姓生活、国家对东南海域社会的控制以及海商经济的发展联系起来⑨,是大陆学者20世纪后期重要的妈祖研究论文。此外,李献璋、徐晓望对宋元明清的妈祖信仰⑩、林美容对台湾各地妈祖庙的分布与结构⑪均作了深入而系统的考证,其中林美容的"祭祀圈""信仰圈"理论模式虽然没有最终成熟⑫,但吴晓美、周金琰对湄洲岛十四间妈祖宫结构下祭祀组织的研究⑬明显受此理论影响。此外,有关妈祖信仰各细节的考证也全面展开,郑丽航考察了妈祖从起源到进入国家祀典获得赐额的详细过程;⑭王元林研究了海南妈祖信仰的地理分布⑮及天妃和郑和下西洋之间的关系,⑯郑衡泌、俞黎媛用统计学的方法证实了妈祖信仰分布与海岸线存在密切关系;⑰陈衍德考察了闽南粤东妈

---

① 王元林:《宋南海神东、西庙与广州海上丝路》,《海交史研究》2006年第1期。
② 王元林:《宋南海神庙〈六侯之记〉碑考》,载纪宗安、汤开建主编:《暨南史学》第四辑,广州:暨南大学出版社,2005年,第142—152页。
③ 王元林、李华云:《东海神的崇拜与祭祀》,《烟台大学学报》2008年第2期。
④ 王元林:《国家祭祀视野下的金龙四大王信仰变迁研究》,《暨南学报》2009年第2期。
⑤ 蔡泰彬:《明代漕河四险及其守护神——金龙四大王》,载吴智和主编:《明史研究专刊》10,宜兰:明史出版小组1992年,第83—148页。
⑥ 王云:《明清时期山东运河区域的金龙四大王崇拜》,《民俗研究》2005年第2期。
⑦ 申浩:《近世金龙四大王考——官民互动中的民间信仰现象》,《社会科学》2008年第4期。
⑧ 王元林、陈玉霜:《论岭南龙母信仰的地域扩展》,《中国历史地理论丛》2009年第4期。
⑨ 李伯重:《"乡土之神"、"公务之神"与"海商之神"——简论妈祖形象的演变》,《中国社会经济史研究》1997年第2期。
⑩ 李献璋:《妈祖信仰研究》,澳门:澳门海事博物馆,1995年;徐晓望:《妈祖信仰史研究》,福州:海风出版社,2007年。其中李著撰成较早,有不可避免的时代局限,徐对妈祖信仰研究史作了较为全面的总结,见该书绪言第4—14页。
⑪ 林美容:《妈祖信仰与台湾社会》,台北:博扬文化事业有限公司,2001年;《妈祖信仰与汉人社会》,哈尔滨:黑龙江人民出版社,2003年。
⑫ 周大鸣:《祭祀圈理论与思考——关于中国乡村研究范式的讨论》,《青海民族研究》2013年第4页。
⑬ 吴晓美、周金琰:《浮动的"中心":湄洲岛妈祖信仰空间考察》,《民俗研究》2015年第1期。
⑭ 郑丽航:《明代国家祭祀体系中的天妃考述》,《中国海洋大学学报》2009年第4期;《宋至清代国家祭祀体系中的妈祖综考》,《世界宗教研究》2010年第2期。
⑮ 王元林、邓敏锐:《明清时期海南岛的妈祖信仰》,《海南大学学报》2004年第4期。
⑯ 王元林:《天妃、南海神崇拜与郑和下西洋》,《暨南学报》2005年第6期。
⑰ 郑衡泌、俞黎媛:《妈祖信仰分布的地理特征分析》,《福建师范大学学报》2007年第2期。

祖信仰与经济文化的互动,及其17—20世纪在东亚的传播;①李宏伟考察了妈祖信仰在14世纪至19世纪东亚华夷秩序这一背景下传入琉球并得到广泛传播的过程。②谭世宝、徐晓望对澳门妈祖庙的地望和神祀性质进行了争论。③叶明生对妈祖信仰形成的巫道背景、妈祖信仰和道教文化之间的关系作了研究。④王福梅认为南宋时期道教就试图把妈祖纳入自己的神灵体系,入明以后道教对妈祖从降生到生平行事做了全面的铺张,妈祖祭典中的祭坛设计也深受道教的影响。⑤

元代以来妈祖信仰北传得到了关注。李倩考察了元代漕运中跟海运有关的妈祖崇拜;⑥尹国蔚考察了自东南沿海随着漕粮北运而诞生的河北、京津的妈祖信仰;⑦张富春考释了河南省长葛市的清朝《创建天妃宫碑记》内容,认为此碑是回迁至中原的唐初徙至闽南的移民后裔所立;⑧张小军从"文化资本"和"共主体经济"的视角探讨了元代以来漕运中的天后信仰及其对漕运经济的作用,认为天后信仰不仅是贡粮经济的重要组成部分,还进入国家的祀典,从仪式上强化了漕运的国家权威,国与商、官与民紧密结合。⑨此外,肖海明对历代肖像式妈祖图像进行了系统梳理和分层考证,是对华琛、科大卫等提出的"标准化"模式从图像学角度作出的研究回应。⑩

另一位进入国家祀典的重要女神是碧霞元君。田承军对碧霞元君的由来作了考辨;⑪邓东、曹贤香认为北宋崇宁五年宋徽宗封泰山玉女为碧霞元君体现着泰山玉女与碧霞宝光的结合;⑫闫化川根据"大宋辛酉"《东岳元君香火社碑》认为"碧霞元君"封号于宋天禧五年(1021)前已出现,又据明正德二年(1507)《御告文碑》认为自本年起碧霞元君信仰正式从民间私祀成为国家认可之神⑬。周郢不赞同此观点,具体说来,碧霞元君经历了"立像""建祠""赐额"三个阶段,完成了从民间俗神到道教神仙,再到国家神灵的转变,其中道教的吸纳是关键的一环。⑭王元林、孟昭锋认为在"立像""建祠""赐额"每个阶段都可以看到道教的影响。⑮

---

① 陈衍德:《闽南粤东妈祖信仰与经济文化的互动:历史和现状的考察》,《中国社会经济史研究》1996年第2期;《妈祖信仰在东亚传播的特点——以新加坡天福宫和长崎福济寺为个案的研究》,《东南亚研究》2016年第5期。
② 李宏伟:《琉球王国妈祖祭祀活动之研究》,《海交史研究》2016年第2期。
③ 谭世宝:《从澳门看天妃(后)与妈祖信仰的名实演变》,《世界宗教研究》2013年第1期;徐晓望:《澳门妈祖阁与妈祖信仰相关问题研究—兼答谭世宝先生的质疑》,《世界宗教研究》2014年第5期。
④ 叶明生:《妈祖信仰与道教文化——民间道坛之妈祖信仰相关科仪及文化形态考探》,《福建师范大学学报》(哲学社会科学版)2009年第3期。
⑤ 王福梅:《妈祖信仰与道教关系调查研究》,《宗教学研究》2010年第4期。
⑥ 李倩:《试论元代的妈祖崇拜》,《中南民族大学学报》2005年第6期。
⑦ 尹国蔚:《妈祖信仰在河北省及京津地区的传播》,《中国历史地理论丛》2003年第4期。
⑧ 张富春:《河南长葛营坊村〈创建天妃宫碑记〉考释》,《中原文物》2013年第4期。
⑨ 张小军:《天后北传与漕运贸易——一个文化资本的视角》,《南京大学学报》2016年第4期。
⑩ 肖海明:《宋元明清肖像式妈祖图像的综合考察》,《世界宗教研究》2016年第5期。
⑪ 田承军:《碧霞元君与碧霞元君庙》,《史学月刊》2004年第4期。
⑫ 邓东、曹贤香:《北宋崇宁五年的泰山碧霞元君封号》,《齐鲁学刊》2008年第4期。
⑬ 闫化川:《碧霞元君封号问题的新考辨》,《世界宗教研究》2007年第1期。
⑭ 周郢:《碧霞元君封号问题的再考辨——与闫化川先生商榷》,《世界宗教研究》2008年第3期。
⑮ 王元林、孟昭锋:《论碧霞元君信仰扩展与道教、国家祭祀的关系》,《世界宗教研究》2010年第1期。

赵世瑜通过对明清时期北京祭祀碧霞元君和东岳庙二者关系的探讨,认为国家通过区分正祀、民间杂祀和"淫祀"为神灵信仰划定了疆界。①

明清两代,碧霞元君与妈祖之间的关系变得复杂。周郢以新史料佐证崇祯十三年九月敕封元君为"青灵普化慈应碧霞元君",受赐封者是泰山娘娘,清初的《天妃经》称明崇祯朝曾加封妈祖为"碧霞元君"是道士假托。②李俊领、甘大明的观点跟周郢类似③,但孙晓天、李晓菲则认为周郢依据的《颜神镇志》是可信度不高的孤证,崇祯十三年明皇室敕封妈祖为"碧霞元君"之事有大江南北信仰实践中的广泛流布和尊奉,以及清廷官方的默认,故此事为实的可能性较大。④学者们对这些细节的充分考察,基本理清楚了碧霞元君和妈祖之间的关系。

(三)获准加入国家祀典的功臣圣贤

在国家祀典"标准化"的框架下,宋元明清时期,各地存在的大量历史人物、功臣圣贤、动物神等也纷纷进入国家祀典,学者们考察了其中的大量个案。程宇昌、温乐平探讨了明清鄱阳湖地区的神灵信仰;⑤李绍强、李修龄考察了明清山东的民间信仰;⑥张晓虹分析了陕西民间信仰;⑦凌富亚考察了明清以降关中祭祀系统的兴衰和社会互动;⑧林移刚分地域探讨了清代四川民间信仰的变迁和地理分布;⑨孙语圣认为朱熹倡导的礼仪规则是徽州人生活行事的圭臬,社会更倾向于儒家伦理下的祖先崇拜和人神崇拜;⑩丁希勤认为徽州在佛道衰落以后不断加强忠烈庙、世忠庙、通真庙等官方支持的地方信仰;⑪罗兆均采用"标准化""正统化"概念考察了湘黔桂界邻地区飞山公信仰的形成和传播、飞山公"灵应"故事的建构等内容。⑫这类研究多取某一地区的神祀作为研究对象,在大大丰富了个案研究的同时也存在明显的问题,那就是神祀分类简单,研究方法单一,说明大部分研究者目前对"礼"的框架及"礼"是如何将神祀包括进去的尚缺乏了解。但近来这种情况正在改变,刘永华对明清省一级祀典仪式的演进作了既提纲挈领又具体深入的研究⑬,是对"标准化"进程的最新考察。

此外值得注意的是从区域社会史的角度对地方神祀进行的大量个案研究,这些区域性神灵一般已处在国家的"标准化"框架下,它们体现着"标准化"在各地的细部存在状况,比

---

① 赵世瑜:《国家正祀与民间信仰的互动——以明清京师的"顶"与东岳庙为个案》,《北京师范大学学报》1998年第6期。
② 周郢:《明崇祯朝敕封"碧霞元君"考辨——兼论泰山娘娘与妈祖信仰之关系》,《世界宗教研究》2014年第4期。
③ 李俊领、甘大明:《清代妈祖封号附会碧霞元君问题新探》,《世界宗教研究》2016年第2期。
④ 孙晓天、李晓菲:《妈祖与泰山娘娘共享"碧霞元君"称号再考辨》,《世界宗教研究》2019年第4期。
⑤ 程宇昌、温乐平:《试论明清鄱阳湖区域民间信仰的道教化》,《江西社会科学》2012年第12期。
⑥ 李绍强、李修龄:《论明清时期山东民间信仰的特点》,《济南大学学报》2008年第1期。
⑦ 张晓虹:《明清时期陕西民间信仰的区域差异》,《中国历史地理论丛》2000年第1期。
⑧ 凌富亚:《明清以降关中祭祀系统兴衰与社会互动(1368—1949)》,博士学位论文,陕西师范大学,2016年。
⑨ 林移刚:《清代四川民间信仰地理研究》,博士学位论文,西南大学,2013年。
⑩ 孙语圣:《神灵与宗教:明清时期徽州与淮北民间信仰之比较》,《社会科学》2018年第2期。
⑪ 丁希勤:《明清民间宗教信仰嬗变及社会影响——以徽州为中心的考察》,《安庆师范学院学报》2008年第8期。
⑫ 罗兆均:《神明"标准化"、"正统化"下国家与地域社会之间的互动——基于湘黔桂界邻地区飞山公信仰研究》,《云南民族大学学报》(哲学社会科学版)2014年第6期。
⑬ 刘永华:《祀典仪式视野下的明清省制演进》,《历史研究》2021年第4期。

如赵世瑜认为晋祠背后或是不同的村落、家族，或是其他组织，总之是一个充满信仰竞争的场所；①王元林对水神萧公神三世系谱（伯轩、祥叔、天任）作了梳理，并考察了宗族信仰进入国家神祀并获得认可的过程。②但是，要深入探讨"标准化"在各地千姿百态的状态，就不能不注意到在各地"结构过程"③中，各地对国家"标准化"的歪曲即"伪标准化"，从"伪标准化"的角度切入，能更多摆脱各地神祀的表象而触及本质，这将是下文的总结具体内容。

四、对"伪标准化"及其具体内容的研究

科大卫指出，民间神灵的"标准化"在某些局部并没有达到国家的预期，它实际上最终形成了一种"伪标准化"（pseudo-standardization），其性质并不符合国家的期许。2007年1月出版的英文《近代中国》（Modern China）第33卷第1期以"中国的仪式、文化标准化与正统行为：华琛理念的再思考"为主题做了一个专号（简称《华琛专号》），围绕华琛提出的"标准化"来理解中国文化的整合，其中收录的五篇论文包括彭慕兰（Kenneth Pomeranz）对碧霞元君祭祀仪式的考察，宋怡明（Michael Szonyi）对福州祭祀祖先中"五帝"的考察④，康豹（Paul R. Katz）对"瘟元帅"和"祭旗"的考察⑤，Melissa Brown对边疆地区服从"王化"的考察，苏棠栋（Donald Sutton）对葬礼仪式的考察⑥。几位作者认为明清时期不同地方的确广泛存在着作者们所谓的"异端行为"和"伪正统行为"（pseudo-orthoprax，即将地方祭祀塞进国家祀典以谋取合法名分），并且跟所谓的"官方式样的标准化"（official-styled standardization）相比呈现出很大的歧异性。"伪标准化"的内容比"标准化"复杂得多，本文试图从帝国礼制系统的角度归纳学者们的研究成果。

四十年来的前二十年，已有一些研究成果及其研究方法可被归入科大卫所说的"伪标准化"的领域，如马书田《中国民间诸神》⑦、李乔《中国行业神崇拜》⑧、郭春梅、张庆捷《世俗迷信与中国社会》⑨、贾二强《唐宋民间信仰》⑩等，但当时这些成果的分类和研究方法太过简单。同时期的三部海外学者的专著起了拓宽视野的作用。首先是美国学者韩森的《变迁之

---

① 赵世瑜：《晋祠礼俗文化的分合》，《山西日报》2017年7月5日第12版。
② 王元林、郭学飞：《水神萧公信仰的形成与地域扩展》，《世界宗教研究》2012年第2期。
③ 赵世瑜：《结构过程·礼仪标识·逆推顺述——中国历史人类学研究的三个概念》，《清华大学学报》（哲学社会科学版）2018年第1期。
④ 中文版为：[美]宋怡明：《帝制中国晚期的标准化和正确行动之说辞：从华琛理论看福州地区的仪式与崇拜》，载刘永华主编：《中国社会文化史读本》，北京：北京大学出版社，2011年，第150—170页。
⑤ Paul R. Katz, "Orthopraxy and Heteropraxy beyond the State: Standardizing Ritual in Chinese Society", Modern China, Vol.33:1, 2007, pp.72-90.
⑥ Donald S. Sutton, "Ritual, Cultural Standardization, and Orthopraxy in China, Reconsidering James L. Watson's Ideas", Modern China, Vol.33:1, 2007, pp.3-21.
⑦ 马书田：《中国民间诸神》，北京：团结出版社，1997年。
⑧ 李乔：《中国行业神崇拜》，北京：中国华侨出版公司，1990年。
⑨ 郭春梅、张庆捷：《世俗迷信与中国社会》，北京：宗教文化出版社，2001年。
⑩ 贾二强：《唐宋民间信仰》，福州：福建人民出版社，2002年。

神——南宋时期的民间信仰》,作者利用宋人笔记小说、文集、方志、碑刻等资料勾勒出了11—13世纪宋代发生深刻社会变革之际,各种神祀的生灭变迁及其跟经济发展、区域市场形成、生计的多样性相交织的情景。虽然作者的研究从民间信仰角度而非礼仪层级结构的角度展开,但触及了"伪标准化"内容,如五显、梓童、天妃、张王等几位典型的区域性神祇播散和扎根的过程。①其次是日本学者滨岛敦俊的《明清江南农村社会与民间信仰》。②作者考察了明清江南农村诸神(总管、李王、周孝子、刘猛将)的来历,作者没有运用"标准化"概念,但注意到了明清祭祀体系的整备,并通过对州县城隍、乡村土地庙的考察复原出神祀所反映的乡村聚落层级,还运用了"萨满"的概念(第三章第二节),但是这一概念的使用未免反映出作者对江南民间信仰中的道教因素缺乏足够估量。赵永翔对此书对此给予了高度评价。③再有就是美国学者万志英的《左道:中国宗教文化中的神与魔》,该书对整个中国古代(商周至明清)的民间神祀作了贯通性脉络梳理,重点是考察宋代中国宗教文化转型背景下五通神从淫祀到财神的演变,生动地反映了民间信仰、国家认可的宗教活动和道教教义传统之间相互影响的复杂性。④

以上三部专著均采用了全景式视角,勾勒了"伪标准化"现象之下各种神灵复杂而生动的面貌,但因为西方学者对中国古代的礼制系统缺乏了解,所作解读均有仅涉及表相之嫌。较明显的偏差出现在商伟《礼与十八世纪的文化转折——〈儒林外史〉研究》上,该书提出"二元礼"和"苦行礼"的概念并以此作为剖析《儒林外史》的基础⑤,作者显然对中国古代"礼"的学理和制度缺乏了解。陈来认为作者立论展开的"二元礼""苦行礼"不能成立,因为这个提法远不能真正掌握明清的礼的本体和功能⑥,这一评价是中肯的。本书作者对礼学、礼制的内容未有深入了解便建立一套话语进行诠释,假如能对帝国礼制的层级结构有真正深入的了解,分析泰伯礼、颜李学派等是如何在乡里"结构过程"中充当了让地区礼仪走进国家礼制体系的关键性角色,并成为其中"伪标准化"的内容,或许能作出更令人信服的分析。

综上所述,笔者认为对民间神祀研究的全景化视角需要建立在对帝国礼制系统有深入了解的基础上。若将全景化视角再切分成不同角度的镜头,"伪标准化"可分为大类:一、各地基于不同的基层组织方式和生计状态所产生的"伪标准化"神祀;二、各种神祀在迁徙、流播中产生的、性质属于"伪标准化"变异,详下文。

(一)基于不同基层组织形式和生计方式下的"伪标准化"神祀

1.植根于宗族村落、行业生计的"伪标准化"神祀

有些地方性神祀虽然进入了国家祀典,但更多保留了宗族信仰在地方"结构过程"中留下的烙印。王善军认为宋代宗族除了要祭祀自己的祖先外,还要祭祀对宗族发家过程起过

---

① [美]韩森:《变迁之神——南宋时期的民间信仰》,包伟民译,杭州:浙江人民出版社,1999年。
② [日]滨岛敦俊:《明清江南农村社会与民间信仰》,朱海滨译,厦门:厦门大学出版社,2008年。
③ 赵永翔:《滨岛敦俊著〈明清江南农村社会与民间信仰〉解析》,载常建华主编:《中国社会历史评论》第12卷,天津:天津古籍出版社,2011年,第498—502页。
④ [美]万志英:《左道:中国宗教文化中的神与魔》,廖涵缤译,北京:社科文献出版社,2018年,第140—363页。
⑤ [美]商伟:《礼与十八世纪的文化转折——〈儒林外史〉研究》,严蓓雯译,北京:生活·读书·新知三联书店,2012年,第16—21页。
⑥ 陈来:《二元礼、苦行礼的概念成立吗?》,《中华读书报》2013年4月10日第9版。

重要作用的神灵。①此外田野调查方法方兴未艾：王斯福（Stephan Feuchtwang）从民间宗教、节庆的角度探讨帝国利用信仰、仪式和里社等基层组织缔造底层的社会结构；②郑振满、丁荷生（Kenneth Dean）通过对莆田过去二十多年的研究发现珠三角和莆田地区乡村分别以宗族祠堂和地方神庙代表正统性，这种差别隐含着两地所经历的历史不同。③还有学者开始有了探寻"礼制"的自觉意识——陈春声认为宋明潮州的双忠公崇拜经历了从宋至清数百年的过程，该过程与潮州地区乡村社会逐步融入"国家"体制过程一致。④他认为华南乡村社庙的出现正是明王朝在乡村地区推行里甲制度的结果⑤，这说明了里甲制在"结构过程"中起了重要作用，使神祀植根于其上。刘永华主编《中国社会文化史读本》（北京大学出版社，2011年版）收录郑振满、丁荷生等多篇代表性论文，他们考察了唐宋以来华南乡村神祀在"结构过程"中与国家影响的关系。虽然华南学派研究中对礼制的自觉意识目前仍在起步阶段，但该研究范式大大促进了研究个案数量的增长。⑥

除了华南之外，徽州是另一个宗族势力强大的地方。陶明选认为宗族是徽州民间诸神活动的基本单位，并以关帝会、祝圣会、目连戏为中心考察了徽州的信仰活动与演戏娱神习俗。⑦王浩对此予以充分肯定。⑧王守恩考察了山西乡村社会中存在的"神亲"（即神缘亲属）；⑨钱杭从忠义传说、祭祀组织入手，考察了浙江省平阳县腾蛟镇薛氏忠训庙的历史与现实；⑩这些均是对扎根于宗族基础上的神祀的考察。

总之，以上研究在考察村庙、宗祠等地方神灵时，均充分注意了社区"结构过程"的因素，大部分研究以"民间信仰"为关键词展开，有少数研究出现了关注礼制层级的意识。社区"结构过程"所造就的丰富民间神祀内容，正是乡里宗族以"伪标准化"为手段，将代表自己利益的神祀塞进帝国礼制系统的结果，反映了帝国礼制层级结构对民间信仰具有强大的兼容能力。

---

① 王善军：《宋代的宗族祭祀和祖先崇拜》，《世界宗教研究》1996年第3期。
② [美]王斯福：《帝国的隐喻：中国民间宗教》第三、四章，赵旭东译，南京：江苏人民出版社，2008年，第71—147页。
③ Kenneth Dean, Zheng Zhenman, *Ritual Alliances of the Putian Plain: A Survey of Village Temples and Ritual Activities*. Vol.1: Historical Introduction to the Return of the Gods, Leiden and Boston: Brill, 2010; Kenneth Dean, Zheng Zhenman, *Ritual Alliances of the Putian Plain: A Survey of Village Temples and Ritual Activities*, Volume Two. Leiden and Boston: Brill, 2010.
④ 陈春声：《宋明时期潮州地区的双忠公崇拜》，载郑振满、陈春声主编：《民间信仰与社会空间》，福州：福建人民出版社，2003年，第43—73页；陈春声：《"正统"神明地方化与地域社会的建构——潮州地区双忠公崇拜的研究》，《韩山师院学报》2003年第2期。
⑤ 陈春声：《信仰空间与社区历史的演变——以樟林的神庙系统为例》，《清史研究》1999年第2期；陈春声：《正统性、地方化与文化的创制——潮州民间神信仰的象征与历史意义》，《史学月刊》2001年第1期。
⑥ 如朱亚坤：《莆田民间宗教"谢恩拜忏"仪式研究》，《世界宗教研究》2019年第3期，此外还有相当数量的硕、博士论文以民间神祀为研究对象，兹不枚举。
⑦ 陶明选：《明清以来徽州信仰与民众日常生活研究》，北京：光明日报出版社，2014年。
⑧ 王浩：《徽州民间信仰研究的一部新作——读〈明清以来徽州信仰与民众日常生活研究〉》，载常建华主编：《中国社会历史评论》第17卷，天津：天津古籍出版社，2016年，第276—280页。
⑨ 王守恩：《山西乡村社会的村际神亲与交往》，《世界宗教研究》2012年第3期。
⑩ 钱杭：《忠义传说、祭祀圈与祭祀组织——浙江省平阳县腾蛟镇薛氏忠训庙的历史与现实》，《史林》2002年第1期。

2.不同生计方式与行业的"伪标准化"神祠

多样化的地方神祠还植根于不同生计方式和行业中,它随着宋至清商品经济的发展、人员的流动甚至战乱的频繁而流布、变化。王健研究了明清苏松地区家族与地方寺观的各种利害关系;①他还通过研究明清方志,发现明清官方祀典与民间淫祠之间存在着一个更为广阔的私祀地带。②申浩认为明清江南的商品经济发展催生了庞大复杂的社会网络,各种民间神祠及相关庙会构成了基层社会管理的重要因素,民间信仰与江南社会在互动中发生变迁,但是这种变迁缺乏近代化的精神。③此外还有行会主导的神祠,赵世瑜以华北地区的庙会为切入点研究了"庙"的分布、庙会的功能,他认为黑山会的故事反映了明清宦官政治与民间社会的关系;④北京东岳庙西廊有许多行业寺庙,这些行业组织大多有邻里街区的特点。⑤

以上研究说明,帝国礼制的系统化层级结构不仅囊括了乡村的宗族聚落,还涵盖了城市工匠、市民的居住街区等等,民间神祠作为乡里礼秩的组成部分,以"伪标准化"的方式存在于帝国礼制系统中并加入大一统,但它们绝不能成为威胁政权的异端(见本文第三部分)。

(二)神祠在迁徙、流播中产生的"伪标准化"变异

宋元明清时期因战乱、经商、官吏迁徙等因素,移民频繁发生,神祠也因此流播并产生了"伪标准化"。布迪厄(Pierre Bourdieu)提出的概念和模式在神祠个案研究中起到了强大的解释作用,景军引进布迪厄"象征资本"⑥的概念,对中国北方某省两座孔庙进行了实地考察。⑦但学界对这些概念尚未彻底消化,目前仍然更多是运用正史、档案、碑刻、各种契约与账簿等资料,勾画民间信仰的播迁情况以及它们固定下来后对区域社会结构的影响。王元林、孙廷林对原来属于"标准化"祀典中忠烈崇拜的宋代三圣神信仰作了研究;⑧王东杰以清代四川移民会馆建构的"乡神"与地域认同间的关系为对象,探讨移民过程中形成的神祠变迁;⑨朱海滨考察了浙江地区民间信仰中关羽、周雄、钱塘江神等的来源和变迁,试图解析宋以来中央王朝与地方社会集团在参与、主导民间信仰中的权力结构重组;⑩范正义以闽台保生大帝信仰为中心,考察了南宋以来国家、地方官府、民间社会与保生大帝信仰之间的关系,以及祖宫之争背后的集体记忆形成与演变的过程⑪,这些均丰富了区域神祠的个案研究。

此外,许多研究者在"国家——社会互动"视角下进行探索,涉及"伪标准化"的方方

---

① 王健:《明清江南地方家族与民间信仰略论——以苏州、松江为例》,《上海师范大学学报》(哲学社会科学版)2009年第5期。
② 王健:《祀典、私祀与淫祀:明清以来苏州地区民间信仰考察》,《史林》2003年第1期。
③ 申浩:《明清民间信仰视域中的江南社会》,《徐州师范大学学报》2008年第2期。
④ 赵世瑜:《狂欢与日常——明清以来的庙会与民间社会》,北京:生活·读书·新知三联书店,2002年;赵世瑜、张宏艳:《黑山会的故事:明清宦官政治与民间社会》,《历史研究》2000年第4期。
⑤ 赵世瑜:《远亲不如近邻:从祭祀中心看城市中的行业与街区——以明清京师东岳庙西廊诸神为出发点》,《东岳论丛》2005年第3期。
⑥ 见[法]皮埃尔·布迪厄:《实践感》,蒋梓骅译,北京:译林出版社,2003年,第177—192页。
⑦ 景军:《知识、组织与象征资本——中国北方两座孔庙之实地考察》,《社会学研究》1998年第1期。
⑧ 王元林、孙廷林:《三圣神崇拜与宋代军民的忠烈信仰》,《历史研究》2017第6期。
⑨ 王东杰:《"乡神"的建构与重构:方志所见清代四川地区移民会馆崇祀中的地域认同》,《历史研究》2008年第2期。
⑩ 朱海滨:《祭祀政策与民间信仰变迁——近世浙江民间信仰研究》,上海:复旦大学出版社,2008年。
⑪ 范正义:《民间信仰与地域社会——以闽台保生大帝信仰为中心的个案研究》,博士学位论文,厦门大学,2004年。

面,但是注意到"国家"的礼制层级因素的不多,能注意到的学者往往有独到发现,如科大卫、刘志伟注意到了珠三角乡村最引人瞩目的建筑是宗族祠堂,莆田地区则是地方神庙,这反映出两地表达正统的分别是宗族和地方神崇拜,也反映了两地所经历的历史不同。①在这个"结构过程"中,师传与正统、文字与教化等因素对民间神祇以及各宗族的祭祖礼加入国家大一统的方式施加了综合性影响——地方神祇通过"伪标准化"加入国家祀典,宗族祭祖则通过"礼下庶人"的仪制规定加入了大一统之下的祭祖礼层级体系,最终共同形成从庙堂到乡里,多面相、层级性的网状礼秩结构。②刘永华以闽西四保村落群为个案,对礼生及其礼仪、宗族与祭祖仪式、乡约组织、神庙与神明祭祀等方面作了深入探索,他注意到了礼制层级作为代表"国家"的重要因素向社会伸张的过程,以及在这过程中产生的"伪标准化";③刘永华等还通过田野调查发现以庙宇为中心的跨村落网络早就成形,说明国家的宏典大政与地方社会的利益诉求在调适的同时,创造出一个极为多元又极具一统能力的中华文化。④冯贤亮考察了明清江南的正统寺庙、民间信仰与政府控制之间的关系,认为明太祖的改革试图重建一个正统儒家思想指导下的层级信仰体系,佛教也被纳入其中。⑤在"国家——社会互动"视角下还出现了许多硕士、博士论文⑥,这些个案研究主要涉及神殿中神灵们的进出消长,对其中的仪式过程仍然多处于描述现象的阶段。

除了仅默许和包容民间神祇的"伪标准化"行为外,帝国礼制系统还有对民间神祇中"异端"的消融,最终达到使它不可能与国家力量抗衡的地步,详下文。

(三)大一统礼制层级对佛、道等"异端"因素的消融

在正统儒家的眼里,佛、道一直都是异端,但在民间,因为传播方式受民众接受方式的限制(口传抑或书面),佛、道、民间信仰三者之间的界限并不清楚。在古代中国,帝国礼制系统消融"异端"的具体手段有:(1)在制度上将某些宗教神灵纳入礼制层级(如城隍),对正规的佛教则实行度牒制度,使其规模不能抗衡于国家;(2)将有可能抗衡国家的思想消灭在萌芽状态,使之成为仅保护民生的民俗信仰,比如佛教的地藏、观音信仰;(3)在组织方式上,尽量使民间不能形成秘密会社。这些措施的叠加使"异端"根本无法在古代中国的社会肌体(在基层是宗族)中成长到跟国家抗衡的地步。于是,佛、道等各种儒家眼里的"异端"均在"标准化"的帝国礼制层级中被消融,变成其组成部分,详下文。

1.将道教因素纳入帝国礼制系统

从宋代开始,道教神灵系统就不断模拟官僚体系的层级因素,松本浩一对宋代的这一

---

① 科大卫、刘志伟:《"标准化"还是"正统化"?——从民间信仰与礼仪看中国文化的大一统》,《历史人类学学刊》2008年第6期。

② 科大卫、刘志伟:《宗族与地方社会的国家认同——明清华南地区宗族发展的意识形态基础》,《历史研究》2000年第3期。

③ 刘永华:《道教传统、士大夫文化与地方社会:宋明以来闽西四保邹公崇拜研究》,《历史研究》2007年第3期;刘永华:《礼仪下乡:明代以降闽西四保的礼仪变革与社会转型》,北京:生活·读书·新知三联书店,2019年。

④ 卜永坚、刘永华、巫能昌:《宗教仪式、地域社会、历史脉络——婺源县玉坦村2009年11月仙水老爷醮考察报告》,《地方文化研究》2014年第4期。

⑤ 冯贤亮:《明清江南的正统寺庙、民间信仰与政府控制》,《江苏社会科学》2002年第3期。

⑥ 如沈宗宪:《国家祀典与左道妖异——宋代信仰与政治关系之研究》,博士学位论文,台湾师范大学,2000年;还有一些议题相近的学位论文,兹不枚举。

情况作了具体考察。①道教神灵中最有代表性的是城隍,城隍神从宋代起被正式列入国家祀典,明代城隍庙跟礼制层级已经完全融合,到明中后期,城隍信仰随着市镇经济蓬勃兴起日渐深入社会,甚至伴随着华人的脚步流传到了东南亚各国。②海外学者的城隍研究中,美国学者姜士彬(David Johnson)的《唐宋时期的城隍信仰》从考证8世纪中期苏州春申君祭祀仪式入手,说明地方长官支持下的苏州城市保护神之祭非常兴盛;9世纪袁州保护神灌婴被广泛地认为是江西赣江地区的保护神,并创造出了相应的祭祀仪式。该文在90页的篇幅中大量利用正史、笔记小说、碑刻、口传故事等资料,在从个案到个案的场景移动中考察唐宋城隍的由来、实况和变迁,较早矗立了城隍研究的范式。③日本学者小岛毅对城隍信仰的出现、发展、变化与历代政府对其赐额等作了详细考证。④滨岛敦俊注意到了帝国礼制系统对城隍的控制以及城隍祭祀的层级化,他认为洪武二年改制使城隍祭第一次作为完整的制度出现在国家祭祀体系中;洪武三年改制使城隍神非人格神化,改革的背景是观念派和习惯派的政治斗争。⑤但因作者对中国礼制并不真正熟悉,此文存在一定局限。赵轶峰认为滨岛的研究忽略了明太祖本人在明初宗教制度、政策中的决定性地位,因此造成一系列含混和自相矛盾的地方⑥,这反映了中国学者研究水平有了大幅度提高。

国内学者的城隍研究中,近四十年的前二十年主要是通过传世文献梳理城隍神的流变⑦,代表论文是张泽洪《城隍神及其信仰》⑧以及周祝伟对明代浙江城隍信仰分布的研究⑨,专著的代表则是郑土有、王贤森的成果⑩。后二十年,学者们对各地区城隍个案的考证加深,王颋、宋永志考察了宋代城隍神赐额的情况;⑪赵晓寰对《全元文》收录的全部52篇《城隍文》逐篇细读,认为元代城隍庙祭始终没有上升到国家祭祀的地位;⑫朱海滨对杭州城隍周新信仰的产生作了考察;⑬张传勇的多篇论文对明清城隍信仰各方面都作了考察⑭,是迄今有关城隍最广泛细致的研究。

加入帝国礼制系统的基层城隍面貌因地而异。赵永翔考察了明清陕西三原县城隍庙的

---

① [日]松本浩一:《宋代の道教と民间信仰》,东京:汲古书院,2006年。
② 郑土有:《"城隍出巡"仪式与民间传统信仰中的道德关怀》,《中国艺术报》2017年4月21日第7版。
③ David Johnson, "The City-God Cults of T'ang and Sung China", *Harvard Journal of Asiatic Studies*, Vol.45:2, Dec. 1985, pp. 363-457.
④ [日]小岛毅:《城隍庙制度の确立》,《思想》第792卷,1990年,第197—212页。
⑤ [日]滨岛敦俊:《朱元璋政权城隍改制考》,《史学集刊》1995年第4期。
⑥ 赵轶峰:《明初城隍祭祀——滨岛敦俊洪武"三年改制"论商榷》,《求是学刊》2006年第1期。
⑦ 赵杏根:《论城隍神信仰》,《浙江师大学报》1993年第1期;丁常云,《道教的城隍信仰及其社会思想内容》,《中国道教》1997年第3期。
⑧ 张泽洪:《城隍神及其信仰》,《世界宗教研究》1995年第1期。
⑨ 周祝伟:《略论明代浙江的城隍信仰》,载《明史研究》第七辑,合肥:黄山书社,2001年,第230—240页。
⑩ 郑土有、王贤森:《中国城隍信仰》,上海:上海三联书店,1994年。
⑪ 王颋、宋永志:《宋代城隍神赐额封爵考释》,《河南大学学报》2006年第3期。
⑫ 赵晓寰:《元代城隍信仰:以〈全元文〉为中心的考察》,《世界宗教研究》2016年第4期。
⑬ 朱海滨:《明代浙江城隍周新信仰成立考——兼论省城隍神的诞生》,《上海师大学报》2016年第5期。
⑭ 张传勇:《都城隍庙考》,《史学月刊》2007年第12期;《省城隍庙考》,《清史研究》2004年第3期;《附郭城隍庙考》,《世界宗教研究》2006年第1期;《试论城隍庙的建造依据——兼与郑土有、王贤森两同志商榷》,《民俗研究》2005年第2期;《明清山东城隍庙"异例"考》,《聊城大学学报》2004年第6期;《明清城隍封爵考》,《史林》2017年第5期。

情况,该庙日常管理权被大幅度让渡于民间会社,进而形成了官府、会社、教团三方共掌城隍庙的权力分配格局;①单磊认为在豫北地区,城隍神所代表的清代朝廷和土地神所代表的、有离心倾向的地方势力进行了广泛而激烈的争夺;②唐晓涛梳理了广西兴业县城隍村东迁,以及城隍信仰所反映的俍兵群体由"狼"而"民",最终消失于人们的视野中的过程;③李鹏以国家与社会的关系为视角,说明帝国为了教化边疆把城隍带入中渡的过程;④廖建夏对广西城隍进行了类似研究。⑤

城隍祭祀同样体现出该地生计的影响。乌再荣、鲍家声立足于明清江南市镇考察了作为"镇庙"的城隍庙址的迁徙,勾勒出市镇空间集聚与扩散的过程;⑥李天纲以上海市郊金泽镇所存地方信仰祭祀形式为例,认为其格局延续了明清儒家祠祀体系;⑦申浩研究了明中叶以后江南地区的镇城隍甚至村城隍;⑧郑土有从民俗角度研究了上海城隍庙的区域经济;⑨苏智良、姚菲认为从晚清到民国,上海城隍信仰体现了精英文化与民间文化、信仰与商业在近代上海社会生活中的博弈与重构。⑩这些都是跟生计有关的江南地区城隍个案研究。

帝国礼制系统中的城隍从管理方式到祭仪都有浓重的道教色彩,这些对于国家祀典而言仍偏向"异端",海外学者对此显出浓厚兴趣。美国学者司马虚(Michel Strickmann)发现了西南瑶民中间的宗教文献,认为华南土著的"汉化"过程大致上就是道教在本地区渗透的结果。⑪法国学者高万桑(Vincent Goossaert)考察了19世纪城隍庙反映的人员和宗教成分多元化。⑫清代江南少数道教精英往往控制着数个包括火居道士和一般信众网络的核心宫观,城隍庙中交流的社会群体包括地方官、道士、衙役和地方精英,他们分别反映了帝国统治体系、基层社会的宗教执事者、地方百姓所构成的"权力网络"。⑬他还考察了五通等民间神祀

---

① 赵永翔:《明清正祀的民间化——以三原县城隍庙为中心的考察》,《陕西理工大学学报》2017第2期。
② 单磊:《城隍神与土地神祭祀在清代豫北地区的争夺》,《河南教育学院学报》2014年第5期。
③ 唐晓涛:《城隍信仰的世俗化与"狼兵":族群身份认同的变迁》,《广西民族大学学报》(哲学社会科学版)2016年第11期。
④ 李鹏:《中渡城隍"巡街"的人群与社会——兼论祭祀圈理论的解释力》,《云南民族大学学报》2017年第1期。
⑤ 廖建夏:《明清时期的城隍崇拜与广西地方社会》,《广西民族师范学院学报》2016年第2期。
⑥ 乌再荣、鲍家声:《明清江南民间信仰与市镇空间结构》,《城市规划学刊》2011年第2期。
⑦ 李天纲:《江南镇乡祭祀体系中的地方与国家:以金泽镇及苏、松二府为例》,《华东师范大学学报》2014年第4期。
⑧ 申浩:《明清民间信仰视域中的江南社会》,《徐州师范大学学报》2008年第2期。
⑨ 郑土有:《共生互荣:城隍信仰与中国古代城市经济关系研究》,《上海大学学报》2006年第4期。
⑩ 苏智良、姚菲:《庙、市民、社区:从城隍信仰看近代上海城隍庙社区》,《社会科学》2007年第1期。
⑪ [美]司马虚:《道在瑶中:道教与华南的汉化》,巫能昌译,载刘永华主编:《仪式文献研究》第三辑,北京:社科文献出版社,2016年,第13—17页。
⑫ Vincent Goossaert, "Managing Chinese Religious Pluralism in in Nineteenth-Century City God Temples", in Thomas Jansen, Thoralf Klein and Christian Meyer ed, *Religion in Chinese Societies*, Vol.7, *Globalization and the Making of Religious Modernity in China: Transnational Religions, Local Agents, and the Study of Religion, 1800-Present*, Leiden: Brill, 2014, pp. 29-51.
⑬ [法]高万桑:《清代江南地区的城隍庙、张天师及道教官僚体系》,曹新宇、古胜红译,《清史研究》2010年第1期。

被龙虎山系统的道教吸纳并经典化(canonization),进而渗入地方官僚机构的过程;①在研究方法上堪称是探索帝国礼制如何消融"异端"的代表。

2.对佛教因素的兼容——地藏和观音

帝国礼制系统同样消融了源于佛教的众多民间神祀,其中最有代表的是地藏和观音信仰被消融在礼制层级中。地藏、观音信仰体系有经典可循,有大量造像、有主神崇拜,有灵验故事,有法会忏仪,起初它随着中古时期佛教传入而来,宋以后融入民间。近四十年来涌现众多研究成果。尹富通过研究,认为民众日常生活中的地藏信仰包括地藏忏仪、地藏菩萨诞日及相关宗教民俗活动;②王振忠则利用田野调查搜集到的民间文献研究齐云、九华(天台)朝山习俗以及与之相关的日常生活,认为地藏信仰是一种民间组织的存在依托。③观音研究的代表作是美籍华裔学者于君方的《观音——菩萨中国化的演变》,该书涉及观音的经典、仪式、图像、著录传说及口传文本、道场形成等众多专题,并围绕着漫长时段中观音的本土化、女性化,深入考察了观音信仰在经典、仪式、图像、民俗活动等各层面发生时的来龙去脉;④李利安的《观音信仰的渊源与传播》介绍了古代印度观音信仰的起源、发展、变革(密教观音信仰的产生、流变),从第六章开始全面考察观音向中国的输入及在中国的发展,分析了观音信仰中国化的基本结构。⑤李永斌分阶层考察了宋元明清汉地观音信仰在社会各阶层中的传播情况⑥,白若思(Rostislav Berezkin)研究了宝卷中的观音信仰⑦,此外民间观音信仰也被融入礼制层级,陈国灿、胡先哲研究了浙东地区观音信仰的海神化⑧,刘正刚对宋元以来珠江三角洲的观音信仰作了全面研究,认为宋元时期以观音信仰为主体的寺庵已在珠三角各地呈点状分布,并形成了"观音借库"和"观音会"等民俗,成为广东民间大规模的庙会之一。⑨

五、结语:成就与不足

本文从帝国礼制系统的角度对四十年来宋元明清民间神祀的研究作了总结。海内外学者研究成果丰硕,这些成果奠定了宋元明清神祀以"标准化"为骨干,由"正统""异端"等概

---

① Vincent Goossaert, "A Question of Control: Licensing Local Ritual Specialists in Jiangnan, 1850—1950", 载康豹、刘淑芬主编:《信仰、实践与文化调适:第四届国际汉学会议论文集》,台北:"中研院",2013年,第569—604页;Vincent Goossaert, "The Heaven Master, Canonization, and the Daoist Construction of Local Religion in Late Imperial Jiangnan", *Gahiers d' Extreme-Asie*, 20(2011), *Buddhism, Daoism, and Chinese Religion*, pp.229-245.

② 尹富:《地藏菩萨诞日的产生时代及相关宗教民俗活动论述》,《中华文史论丛》2007年第1期。

③ 王振忠:《华云进香:民间信仰、朝山习俗与明清以来徽州的日常生活》,《地方文化研究》2013年第2期。

④ [美]于君方:《观音——菩萨中国化的演变》,陈怀宇、姚崇新译,北京:商务印书馆,2012年。

⑤ 李利安:《观音信仰的渊源与传播》,北京:宗教文化出版社,2008年。

⑥ 李永斌:《宋元明清汉地观音信仰在社会各阶层中的传播》,博士学位论文,西北大学,2016年。

⑦ Rostislav Berezkin & Victor H. Mair, "The Precious Scroll of Bodhisattva Guanshiyin from Jingjiang and the Confucian Morality", *Journal of Chinese Religions*, Vol.42:1 2014, pp.1-27.

⑧ 陈国灿、胡先哲:《略论古代浙东沿海地区观音信仰的海神化》,《浙江师范大学学报》(社会科学版)2018年第2期。

⑨ 刘正刚:《宋元以来珠三角地区观音信仰研究》,《宗教学研究》2016年第3期。

念为研究辅助的神灵结构框架,反映了帝国礼制系统囊括并消解了民间神祀,作为乡里礼秩组成部分的民间神祀在凝聚基层社会的同时加入了大一统。但四十多年来的神祀研究也存在明显不足,那就是在仅从民俗学、宗教学角度进行研究的强大思维惯性下,1."结构过程"探讨不细,流于粗放,于是大量的个案研究套用的是简单的分析法,并已形成模式化运用;2.海外汉学中值得借鉴的分析法尚未被吸收消化,如高万桑提出的民间神祀"(道教)经典化(canonization)"及具体分析方法,需建立在对道教的经典(canon)体系和民间文献形成过程有深入了解的前提上,国内研究目前尚未看见比较好地吸收此研究范式的成果;3.因为对"礼"的了解有限,在采用"国家的在场"和"大一统"的概念时,对"礼"是如何作为"国家"的重要组成部分的缺乏足够了解,考察"国家——社会互动"时未曾触及到"国家"是如何通过礼制秩序和礼仪展演实现"在场"的。这些不足,需等未来学界对礼制的根本性质和层级结构有进阶了解的基础上,对大一统下民间神祀的内涵才能做出能作更准确、更丰富、更深刻的解读。

作者简介:杨英,中国社会科学院古代史研究所研究员。

我国家谱研究的热点问题、前沿演进与未来展望*

——基于 CiteSpace 的知识图谱分析

曹大明　周　敏

【摘　要】家谱作为一种重要的文书,具有深厚的文化底蕴与学术价值,受到历史学、民族学、人类学等诸多学科的关注。为更好地掌握近三十年的研究动向和趋势,有必要对我国家谱研究进行全面的梳理和总结。运用文献计量法,结合 CiteSpace 软件绘制的知识图谱分析,发现 1998—2022 年间,家谱研究呈现出波动上升的趋势,整体发文量较为稳定。我国家谱研究机构多集中于高校与图书馆,研究热点围绕少数民族家谱研究、徽州家谱研究、家谱价值研究、家谱数据化与可视化研究、家谱档案研究五大主题展开。未来的家谱研究,应当正视宏观视野不足、缺乏比较研究、既有研究较为分散等问题,深入挖掘家谱中的共性文化,加强对于家谱的比较研究,注重家谱研究与相关技术的结合,顺应古籍修复的热潮,从而促进其研究迈向新的高度。

【关键词】CiteSpace;家谱;家谱价值

家谱作为一种重要的文书,具有深厚的文化底蕴与学术价值,受到历史学、人口学、社会学、民族学、人类学等诸多学科的关注。家谱是记载一姓世系和重要人物事迹的谱籍,又名"族谱""宗谱""家乘",与正史、方志并称为中华民族历史的三大支柱。[①]家谱以表谱的形式记载了一个以血缘关系为主体的家族世系繁衍及重要人物事迹,产生于上古时期,完善于封建时代。[②]血缘是维系家族与宗族的重要纽带,而家谱在一定程度上可以看作为凝聚家族与宗族血缘或虚拟血缘的实物载体。记载本族世系的家谱,最早出现在夏朝的王室。后来商、周的王室也纷纷效仿,开始编纂本族家谱,于是先后出现了《五帝德》《帝系》《世本》等帝王谱牒。司马迁作《史记》时,曾研究过上述谱牒。[③]此外,在商代发现的甲骨文,被认为保留着世界上最原始、最古老的实物家谱,其中有三件甲骨片可以确认为是最古老的家谱。这三件甲骨片上所记载的名字,均非商代王室成员。可见早在三千多年前,除了王室以外,其他一些家族也有自己家族的家谱。[④]家谱历史悠久,挖掘家谱所蕴含的丰富内涵,有利于进一

---

* 基金项目:本文系国家社科基金重大项目"近代浙江畲族文书的搜集、整理与研究"(项目号 20&ZD213)的阶段性成果。

① 夏征农、程至立:《辞海》,上海:上海辞书出版社,2009 年,第 1757 页。
② 徐建华:《中国的家谱》,天津:百花文艺出版社,2010 年,第 3 页。
③ 王华北:《北方少数民族家谱整理与研究——以蒙古族、满族、朝鲜族、回族、锡伯族为个案》,北京:中央民族大学出版社,2018 年,第 1—2 页。
④ 王俊:《中国古代家谱与年谱》,北京:中国商业出版社,2017 年,第 4—5 页。

步增强家族之间、邻近地域之间的历史记忆与情感凝聚力,实现从血缘到地缘的跨越,从而促进从家族共同体到民族共同体再到中华民族共同体的认同。

关于家谱的研究可以回溯到千年前,但对民间家谱的研究却是近些年的事。民国以来,学界开始挖掘民间家谱在经济、历史、文化、社会等方面起到的作用。梁启超先生在《中国近三百年学术史》中谈到:"我国乡乡家家皆有谱,实可谓史界瑰宝。将来有国立大图书馆,能尽集天下之家谱,俾学者分科研究,实不朽之盛业。"[1]史学家柳诒徵认为,家谱是"中国最特别的一种书","要考校我们中国民族的优点,最好是研究家谱"。[2]顾颉刚先生曾将家谱称之为"史籍"。[3]对家谱进行研究,不仅可以实现家谱的情感价值与文化价值,同时也可以将家谱的历史价值与学术价值最大化。

20世纪90年代至今,学界对于家谱研究的成果较多。众多专家学者为家谱研究奠定了良好的基础,并且展开了丰富的个案研究。但通过梳理已有研究成果,发现学界对于家谱的研究大多是从单一角度出发对家谱进行解读和分析,缺乏对于家谱研究的系统性梳理。本文拟对中国知网数据库收录的家谱研究成果进行统计,在此基础上分析我国家谱研究的热点问题与前沿演进,同时对未来研究提出展望。由于家谱别名较多,因此本文在进行文献检索时,除"家谱"一词外,还对"族谱""宗谱""谱牒"三个词语进行检索。运用中国知网高级检索功能,点击学术期刊一栏,在篇名处分别输入家谱、族谱、宗谱以及谱牒,并将范围限定为C刊及以上,共得到1998—2022年的相关文献473篇,除去人物传记、新闻报道、平台建设等后剩下文献366篇,本文以CiteSpace为工具,对366篇文献作知识图谱绘制并进行分析。

一、我国家谱研究的数据分析

(一)逐年发文量分析

发文量可以看出研究的整体发展趋势和研究热度,绘制1998—2022年我国家谱研究的发文量年度趋势图(图1)。由图可知,我国家谱研究自1998年以来呈现出波动上升的趋势,整体发文量较为稳定。我国家谱研究的发文量趋势大致可以分为3个时期:2005年以前、2006—2017年、2018年至今。2005年以前,我国家谱研究方面整体发文量较少,其中2002年产出最低;2006年起到2018年,每年的发文量基本都在15篇以上,呈现出波动上升的趋势,整体态势向好,其中2007年达到了顶峰值26篇;2018年以后,我国家谱研究的发文量呈现出逐步下降的趋势,在2021年仅有9篇。

---

[1] 梁启超:《中国近三百年学术史》,石家庄:河北人民出版社,2004年,第353页。
[2] 于海燕:《民国时期江苏家谱纂修研究》,博士学位论文,扬州大学,2016年,第1页。
[3] 于海燕:《民国时期江苏家谱纂修研究》,第1页。

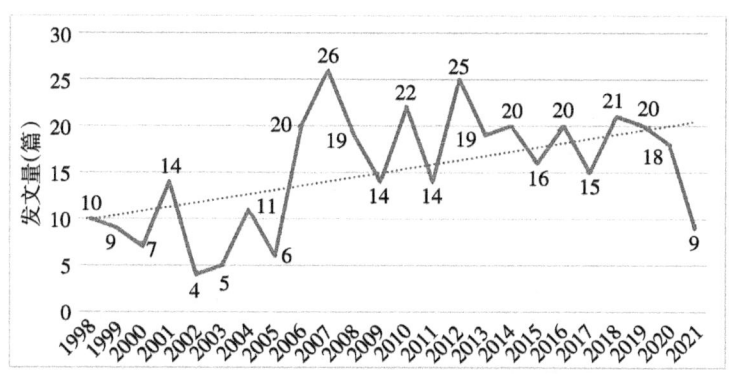

图 1　1998—2022 年我国家谱研究的发文量年度趋势图

20 世纪 90 年代以来,学界展开了对于家谱收集的田野调查工作,搜集了大量的民间家谱,这在一定程度上推动了家谱研究的热潮。同时,进入新世纪以后,我国经济不断发展,人民的物质生活水平得到提升,随之而来的是对于精神需要的追求。对于重视血缘关系的国人来说,寻根问祖的意愿更加强烈。家谱研究刚好顺应这一时代需求,发文量呈现出逐步上升的趋势。

(二)发文机构分析

分析发文机构,不仅可以看出相关机构在某一领域的研究实力,同时也可看出各学术机构之间的学术合作关系。利用 CiteSpace 软件,在 Node Types 一栏中选择 institution(机构),绘制 1998—2022 年我国家谱研究的机构合作网络图(图 2),图中机构名称文字的大小代表发文量。图 2 中机构节点(N)有 293 个,连接线(E)有 0 条,密度(Density)为 0。

图 2　1998—2022 年我国家谱研究的机构合作网络图

由表 1 可知,上海图书馆关于家谱研究的发文量最多,有 12 篇,其次是国家图书馆 10 篇、南开大学中国社会史研究中心 9 篇、安徽大学徽学研究中心 8 篇、吉林师范大学历史文化学院 8 篇、中国社会科学院历史研究所 7 篇、南开大学历史学院 7 篇。同时安徽师范大学历史与社会学院、厦门大学历史系、安徽师范大学社会学院、中国人民大学信息资源管理学院、洛阳理工学院图书馆等机构对于家谱研究也有所涉猎,发文量均在 3 篇以上。由此可知,研究我国家谱的机构较多,但相关机构之间联系较少,尚未形成具有合作关系的学术共同体,均以自身学术机构为主体对家谱进行研究。

表 1　1998—2022 年我国家谱研究机构发文统计表

序号	机构	发文量(篇)	所占比重
1	上海图书馆	12	3.28%
2	国家图书馆	10	2.73%
3	南开大学中国社会史研究中心	9	2.46%
4	安徽大学徽学研究中心	8	2.19%
5	吉林师范大学历史文化学院	8	2.19%
6	中国社会科学院历史研究所	7	1.91%
7	南开大学历史学院	7	1.91%
8	安徽师范大学历史与社会学院	6	1.64%
9	厦门大学历史系	5	1.37%
10	安徽师范大学社会学院	4	1.09%
11	中国人民大学信息资源管理学院	4	1.09%
12	洛阳理工学院图书馆	3	0.82%

根据图 2 可知,我国家谱研究机构大致可分为两种类型。第一大类以高校二级学院及历史研究所、研究中心为主体对家谱展开研究,该类家谱研究机构注重家谱文献本体的同时也积极挖掘家谱的价值,如中国社会科学院历史研究所、南开大学历史学院、南开大学中国社会史研究中心、厦门大学历史系、吉林师范大学历史文化学院等。此外,受徽州文书繁荣发展的影响,安徽大学徽学研究中心、安徽师范大学历史与社会学院、安徽师范大学社会学院等机构更加注重徽州家谱的研究;第二大类机构则偏向于对家谱进行数据化的分析或进行家谱平台的搭建,以政府部门及高校图书馆为主体,如上海图书馆、国家图书馆、洛阳理工学院图书馆等。

(三)作者分析

绘制作者合作网络图可以看出某一领域内的学术活跃人员及作者之间的学术联系,作者名字越大,表明其在该领域学术贡献越大。根据我国家谱研究的作者合作网络图(图 3)可看出,该网络图中共有作者节点(N)338 个,连线(E)103 条,密度(Density)为 0.0018。合作网络整体呈散点状分布,网络结构较为松散。虽然各作者之间有一定的合作关系,但联系并不紧密,除文少卿、李辉、蒙海亮、杜盼新、包若瑜、王凌翔、熊健雪、韩昇等人形成了一个家谱研究学术合作网络外,其余作者仍是 2—3 人的合作,未形成紧密合作关系。同时,既有的合作关系均是在同事或师生之间建立的,跨单位、跨地域之间的学者合作有待加强。

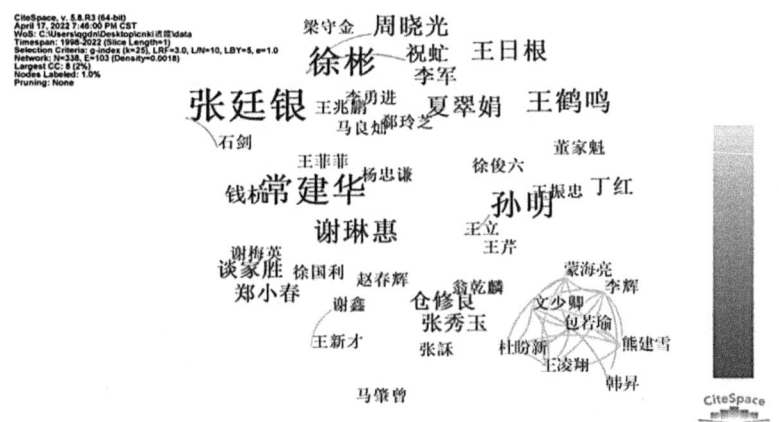

图3　1998—2022年我国家谱研究的作者合作网络

分析家谱研究的高产作者，有助于掌握家谱研究的学术动态。本文将引入计量学中的公式 M=0.749(Nmax)1/2 来计算高产作者，Nmax 表示在统计数据中科学工作者所写的最多论文之数量。[①]当作者发文量大于 M 时，可以判定其为高产作者。根据统计可知，学者张廷银的发文量最多，为12篇，由此设定 Nmax 的值为12，可以计算出 M≈3，所以本文将发文量多于3篇的作者列为高产作者，共得出17位高产作者（表2）。以上17位高产作者的发文量总计为82篇，在366篇的总数中占比仅为22.4%，该比例与普赖斯定理所提到的"高产作者应完成所有该专业论文总和的一半"有一定的差距，这表明虽然我国家谱研究虽然有一定数量的高产作者，但并未形成联系紧密的核心作者群。

表2　1998—2022年我国家谱研究的高产作者统计

序号	作者	发文量（篇）	所占比重
1	张廷银	12	3.28%
2	常建华	9	2.46%
3	徐 彬	8	2.19%
4	孙 明	7	1.91%
5	王鹤鸣	5	1.37%
6	谢琳惠	5	1.37%
7	王日根	4	1.09%
8	夏翠娟	4	1.09%
9	周晓光	4	1.09%
10	钱 杭	3	0.82%
11	谈家胜	3	0.82%
12	郑小春	3	0.82%
13	仓修良	3	0.82%
14	张秀玉	3	0.82%
15	祝 虹	3	0.82%
16	李 军	3	0.82%
17	丁 红	3	0.82%

---

① 丁学东：《文献计量学基础》，北京：北京大学出版社，1993年，第232页。

二、我国家谱研究的热点问题分析

(一)关键词主题分析

运用 CiteSpace 软件对 1998—2022 年我国家谱研究的相关文献进行关键词分析,在 Node Types 一栏中选择 keyword(关键词),绘制出 1998—2022 年我国家谱研究的关键词共现图谱(图4)。生成关键词共现图谱后,可知共有关键词节点(N)522 个,连线(E)873 条,密度(Desnity)为 0.0064。关键词名称的大小以及节点的大小代表着关键词出现的频次,关键词的名称以及节点越大,关键词出现的频次越高。通过关键词可得知某一领域的研究热点,由图 4 可知我国家谱研究的关键词较多,研究主题总体上呈现出多元化的特征。其中家谱和族谱位于关键词的中心位置、节点最大,此外频次较高的关键词还有宗族、谱牒、徽州、徽学、明清时期、清代、史料价值、图书馆等,这些关键词体现出了 1998—2022 年我国家谱研究的趋势。由图 4 可看出,在关键词共现图谱中,与徽州家谱有关的关键词有 5 个、与明清时期有关的关键词有 4 个、与民族有关的关键词有 4 个、与价值有关的关键词有 3 个……总之,这些关键词都在一定程度上反映出 1998—2022 年我国家谱研究的热点问题,对于分析我国家谱的学术价值具有借鉴意义。

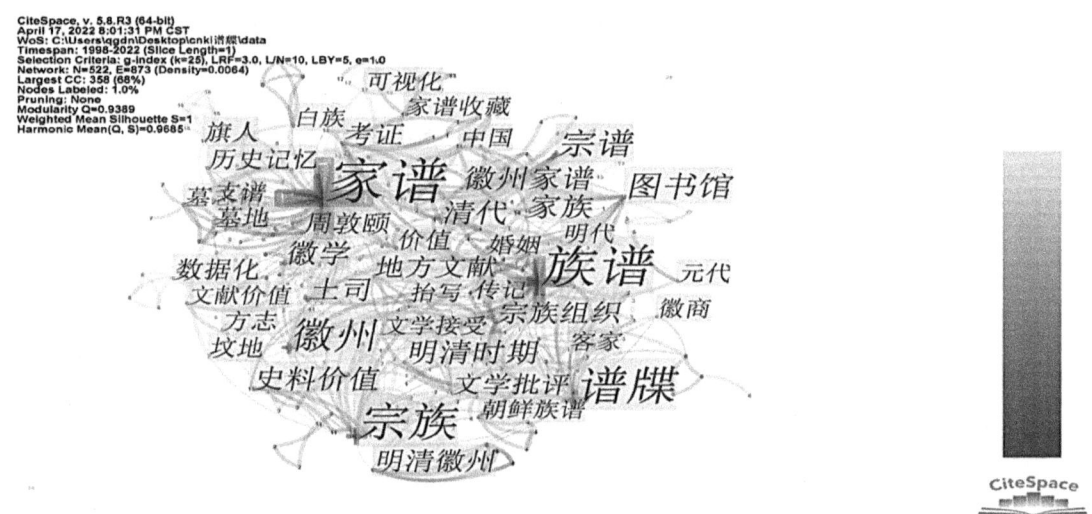

图 4 1998—2022 年我国家谱研究的关键词共现图谱

在关键词共现图谱的基础上生成关键词聚类图谱(图 5)。聚类分析能通过算法的形式,将某一领域的研究数据转换成分类集群,再通过这些集群分析该领域研究的相关主题。图 5 中共生成关于 1998—2022 年我国家谱研究的聚类及聚类所对应的关键词 17 个。聚类模块值(Modularity Q,简称 Q 值)和平均轮廓值(Mean Silhouette,简称 S 值)是评判图谱绘制效果的依据。一般而言,Q>0.3 就意味着划分出来的社团结构是显著的,当 S 值在 0.7 以上时,聚类是高效率令人信服的,若在0.5以上,聚类一般认为是合理的。[①] 1998—2022年我国家谱研究的聚类图谱中,Q值为0.7579,大于0.3的标准,说明主题聚类效果显著;S值为0.8392,大于0.5的标准,说明主题聚类结果合理。本文将聚类结果和相关文献进行整合,梳理得出1998—2022年我国家谱研究主要围绕以下五大主题展开。

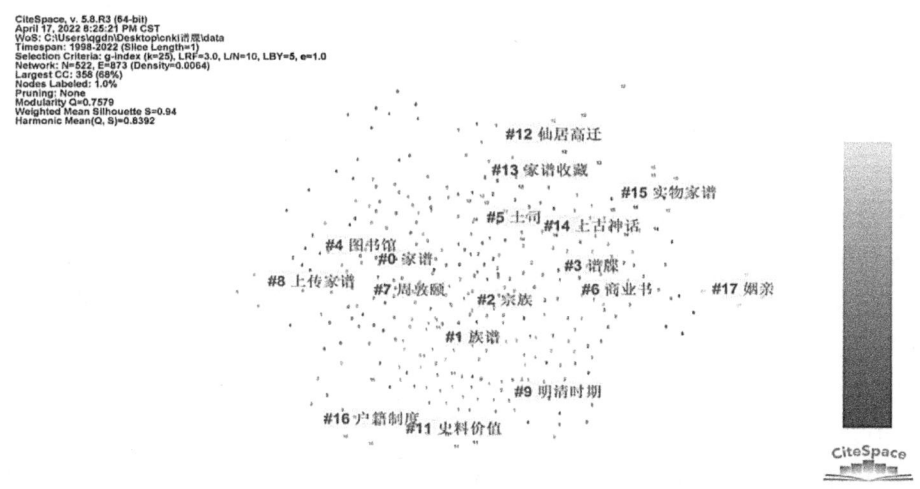

图5　1998—2022年我国家谱研究的关键词聚类图谱

主题一:少数民族家谱研究。该主题聚类下的关键词主要包括土司、族群认同、回族、满族等。这一主题下的研究主要聚焦于少数民族家谱的特点、少数民族的谱牒文化、家谱与宗族、族群认同四个方面。在少数民族家谱的特点方面,学者们从各民族的历史渊源、体例内容、形式及宗教等方面进行分析,指出各民族家谱所具有的特点。如李小凤分析了回族家谱的特点[②]、于鹏翔等分析了东北满族家谱的特点[③]、寻霖分析了湖南少数民族家谱的特点[④]等。各少数民族族谱除具有各自民族的特点外,也存在一些共性,如编纂时都会有意或无意地和中原文化挂钩、体例内容较为简略、形式丰富以及各民族编纂家谱时会不同程度地受到宗教因素影响等。在少数民族的谱牒文化方面,不同研究者站在不同民族的角度上进行分析,挖掘少数民族谱牒中所蕴含的民族文化。少数民族家谱详细记载了代表自身民族特色的文化,也记录了如时代大事件、经典文学作品与周边民族的互动往来等内容。可见,少数民族家谱既是承载自身民族文化的生动载体,也是体现不同民族间互相借鉴学习的鲜活记录仪。在家谱与宗族方面,学界透过家谱来看宗族组织,分析家谱对宗族组织的意义。家谱的编纂能够增强宗族认同、区别宗族身份[⑤],从而对宗族组织的巩固或瓦解产生一定影响,同时家谱对于分析宗族组织、宗族意识的演变也具有重要意义;在族群认同方面,学界认为

[①] 陈悦,陈超美等:《CiteSpace知识图谱的方法论功能》,《科学学研究》2015年第2期。
[②] 李小凤:《论回族家谱的特点和史料价值》,《西北第二民族学院学报》(哲学社会科学版)2008年第3期。
[③] 于鹏翔、许淑杰:《中国东北满族谱牒特点研究》,《社会科学战线》2010年第4期。
[④] 寻霖:《湖南少数民族家谱的特征》,《图书馆》2006年第5期。
[⑤] 张银锋、张应强:《姓氏符号、家谱与宗族的建构逻辑——对黔东南一个侗族村寨的田野考察》,《西南民族大学学报》(人文社科版)2010年第6期。

家谱是少数民族表达或增强族群认同的一种工具或手段。通过家谱构建家族意识,能够增强或重构民族认同。① 1998—2022年我国家谱研究中,少数民族家谱研究占据了重要地位,其中研究满族家谱、回族家谱的文章数量较多,研究时间也较早,该部分研究已较成体系,有大量的研究成果。同时,学界对畲族、土家族、白族、苗族、侗族和傣族等南方少数民族的家谱也有所研究。通过研究少数民族家谱,可知我国各民族在家谱编纂中较为明显地受到汉族及周边其他少数民族的影响。透过家谱也可以看出各民族之间早已形成"你中有我、我中有你"的紧密关系,这也是不同历史时期各民族交往交流交融的生动体现。

主题二:徽州家谱研究。该主题聚类下的关键词主要包括徽州家谱、徽学、徽商、明清徽州、徽州等。这一主题下的研究主要聚焦于徽州家谱的内涵和特点、徽州家谱的价值和作用、徽州家谱的编纂、徽州家谱的谱禁与徽州家谱综述五个方面。在徽州家谱的内涵和特点方面,学界认为徽州家谱作为记录家史的文献,受到当地文化和思想的影响,在编纂时会独具徽州谱牒的特色,如在体例、类目上有自身独有的特点,但也具有一般家谱的共性;在徽州家谱的价值和作用方面,学界注重挖掘徽州家谱的社会价值及徽州家谱对于徽商的影响。徽州家谱作为重要的民间文献,记载了当地的社会风俗,反映出当地社会间的互动。而徽州家谱中关于徽商相关内容的记载,也有利于徽商规模的扩大;②在徽州家谱的编纂方面,学界对于徽州家谱编纂的原因、内容与结构、要求、组织等方面进行了研究。除受血缘关系、寻根问祖等传统观念影响,陈琪等人认为,徽州名族的修谱决定还受到良好的修谱传统、原谱年久失修、遭受兵燹破坏等因素的影响。③卞利指出,明代徽州大部分谱牒纂修都要成立专门的组织和机构,如谱局、谱馆和谱堂等,推选专门的纂修人员,负责组织与管理。④除此之外,徐彬则对家谱编纂者进行了研究。⑤在徽州家谱的谱禁方面,学界从徽州谱禁的内容以及实施谱禁政策对徽州地区的影响两方面入手展开研究。清代乾隆时期实行的谱禁政策,是我国家谱发展历程中的一个重大事件。谱禁政策虽实施时间不长,却对民间修谱产生了重要干预,也对谱牒编纂产生了积极影响。在徽州家谱综述方面,学界从徽州家谱的研究现状、个案、不足和未来展望等角度出发,对近年来徽州家谱研究作了系统化梳理,并提出了自己的看法。由此可知,学界对于徽州家谱的研究已成体系,研究涉及徽州家谱的各个方面,有一定深度和广度,综合性较强。明代徽州是典型的宗族社会,研究徽州家谱尤其是明代以后的徽州家谱,对了解血缘在徽州乃至全国所产生的凝聚作用都具有重要意义。

主题三:家谱价值研究。该主题聚类下的关键词主要包括价值、历史记忆、史料价值等。该主题下的研究主要聚焦于家谱的文献价值与史料价值、家谱的社会文化价值及家谱承载的历史记忆三个方面。在家谱的文献价值与史料价值方面,学界的研究大致分为两类:一类从整体观的角度出发,阐释家谱文献的综合性价值;另一类则采用个案研究的方法,分析单个家谱文献对某一姓氏或家族所具有的价值。无论从哪个角度出发,都承认家谱中所记载

---

① 哈正利:《建构家族意识拯救民族认同——刍议南方回族谱牒中的文化认同》,《回族研究》2010年第1期。
② 董家魁:《明清徽州家谱对徽商发展的积极作用》,《图书馆理论与实践》2018年第2期。
③ 陈琪、胡筱艳:《清末徽州民间宗谱纂修活动研究——以光绪二十三年祁门竹源陈氏宗谱文书为例》,《安徽史学》2006年第6期。
④ 卞利:《明代徽州谱牒的纂修、管理及其家国互动关系研究》,《江海学刊》2010年第1期。
⑤ 徐彬:《"谱之废与兴,人也"——徽州学者的家谱编者论》,《史学史研究》2009年第2期。

内容丰富,涉及各个学科领域,为学界开展研究提供了丰富的史料。在家谱的社会文化价值方面,学界从家谱中记载的优秀传统文化出发进行研究。无论是哪一时期、哪一地区的家谱,其中均会记载优秀传统文化的内容,以代表其家风家训影响后人,从而发挥出家谱的教化作用,这有助于社会和谐发展。在家谱承载的历史记忆方面,学界认为家谱可以构建、保留并强化历史记忆,通过历史记忆凝聚宗族、家族等共同体,从而为现实服务。历史记忆在一定程度上是主观的,可以被书写与塑造,因此有时会顺应社会发展或某一家族发展的需要,成为某一群体表达诉求的工具。不难发现,家谱所承载的历史记忆更多是通过关键时间点、重要事件或关键人物所体现并强化的,家谱编纂者在编纂族谱时会受到自身主观意识的影响或家族等共同体的影响,选择性地记载或书写相关的历史记忆。因此,不少学者认为通过家谱书写的历史记忆,其可靠性还有待论证。家谱作为凝聚一个家族、宗族乃至一个民族的实物载体,其价值体现在方方面面,但在进一步挖掘家谱所具有的各方面价值时,也应该主动辨别家谱所记载信息的真实性和准确性,以促使家谱价值得以最大化发挥。

主题四:家谱数据化、可视化研究。该主题聚类下的关键词主要包括图书馆、数据化、实物家谱、上传家谱等。这一主题下的研究主要聚焦于平台搭建、家谱数字化与可视化技术、家谱资源的利用与建设三个方面。在平台搭建方面,研究主要围绕各类家谱服务平台的设计、开发、构建等方面展开。研究者在进行平台设计与建设时,从多角度考虑,力争搭建出综合性的家谱服务平台。在家谱数字化与可视化技术方面,学界不断探索,将各类技术手段应用在家谱研究中,具体体现为碎片化家谱数据的融合技术、家谱文本信息抽取方法、关联数据在家谱研究中的应用、数据库检索系统的建设、电子族谱的编纂等。家谱的数字化与可视化不仅是技术层面的提升,也是情感认同方面的强化。家谱数字化与可视化带来的便利,使得原本许多因为各种原因无法寻根的人获得了寻根的途径,通过在线查找或阅读家谱,更多的人得到了归属感,尤其是对于已经远离家乡多年的人来说,家谱的数字化及可视化帮助他们跨越了时空的限制,增强了对于家族、宗族乃至民族的认同。在家谱资源的利用与建设方面,学界从多角度分析了如何借助互联网技术,通过现代化的手段更好地整合、利用及建设家谱资源,如胡迪等提出通过 GIS 技术整合家谱资源,更好地发挥家谱的作用。[①]陈彬强指出可以将家谱中的文字符号转换成数字符号,通过计算机等现代技术进行识别,更好地整合家谱资源。[②]在当今社会,家谱资源的利用、整合与建设和现代技术是密不可分的。我国家谱研究的一大特色,就是不仅进行定性研究,同时结合各种技术手段,进行量化研究,实现了跨学科的结合。家谱数字化、可视化的推进,不仅有利于保存古籍,也有利于家谱研究的系统化、规范化与便捷化。同时,家谱的可视化、数据化也让家谱更加立体化和动态化,使得家谱的纽带作用更好地得以发挥。

主题五:家谱档案研究。该主题的聚类主要包括档案属性、历史档案、民间档案等关键词。这一主题下的研究主要聚焦于家谱档案的属性、家谱档案的特点与价值两个方面。在家谱档案属性方面,学界认为家谱并非传统意义上的档案文件,而是具有档案属性的文献。同时家谱的档案属性是随着社会发展及历史变化而不断变化的,但总体上离不开凭证属性和

---

① 胡迪、温永宁等:《基于 GIS 的家谱资源整合集成研究》,《人文地理》2012 年第 1 期。
② 陈彬强:《闽南与台湾族谱文献资源建设和利用》,《国家图书馆学刊》2013 年第 3 期。

信息属性。如焦艳婷认为家谱的档案属性与不同历史时期家谱的具体形态挂钩,非文字形态时期家谱无档案属性,传统家谱时期家谱的档案属性逐渐强化,数字化形态时期家谱档案的真实性有待证实。[1]祝虻指出,由于官修家谱向私修家谱转变,家谱档案属性也由族人政治凭证过渡为家族社会凭证。[2]在家谱档案的特点与价值方面,学界的一派从宏观的角度漫谈家谱的档案价值,另一派则聚焦于少数民族家谱的档案价值上。如许华安探讨了家谱档案的学术研究价值[3],谢滨探讨了福建畲族族谱档案价值[4],杨艺探讨了现存白族谱牒档案价值[5]。无论是从宏观角度分析家谱的档案价值,还是聚焦于少数民族家谱的档案价值,都不可否认家谱的档案价值十分丰富,这对档案学的研究也具有重要意义。家谱是我国较为独特的一种档案,也是我国民间档案的典型代表。研究家族文化或宗族文化均离不开家谱档案库,因此挖掘家谱的档案属性、重视家谱的档案价值,深入分析不同历史时期的家谱档案,有利于我国家谱文化与档案文化的借鉴交流与综合利用,使得我国家谱研究更加成体系化。

(二)时区图分析

在关键词共现图谱的基础上,选择 Control Panel 中的 Layout,并在 Visualizations 中下拉选择 Timezone View,生成关键词共现时区图(图6)。根据时区图能看出关键词的变化趋势,从而分析研究热点的变化,图中连线表示关键词间的关系。由图6可知,我国家谱研究在1998—2022年大致可分为4个阶段。第一阶段为1998—2005年,第二阶段为2006—2012年,第三阶段为2013—2017年,第四阶段为2018年至今。这四个阶段虽都有研究时间聚焦、个案分析较多、研究对象集中、与宗族联系紧密等特点,但在研究中,每个阶段又有各自不同的侧重点。

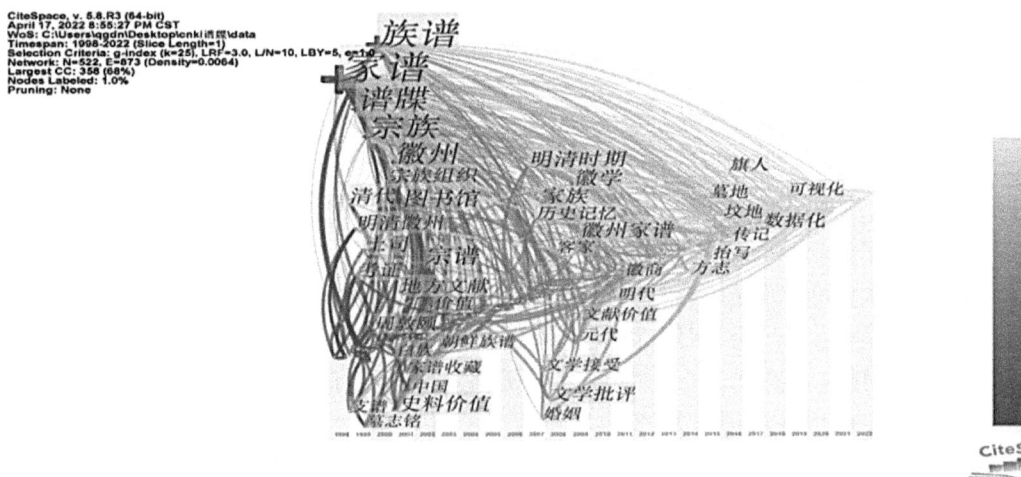

图6 1998—2022年我国家谱研究的关键词共现时区图

---

① 焦艳婷:《从家谱发展史看家谱档案属性的演变》,《图书馆工作与研究》2005年第2期。
② 祝虻:《现存民间家谱档案属性研究——以徽州家谱为中心》,《档案学通讯》2016年第6期。
③ 许华安:《重视族谱档案的研究价值与收集工作》,《档案学研究》2000年第4期。
④ 谢滨:《福建畲族族谱档案及其价值》,《档案学研究》2001年第5期。
⑤ 杨艺:《现存白族谱牒档案述评》,《中央民族大学学报》(哲学社会科学版)2000年第3期。

在第一阶段(1998—2005年),学界对于家谱的研究更多从家谱本身出发,分析家谱记载的文本内容,探讨家谱的文献价值和史料价值。该阶段的研究多是从家谱文本和所记载的史料中了解某一个家族或一个地区的发展演变,研究家谱中所记载的某一家族的源流、迁徙、人物传记、地方史志等内容,从而使得家谱本身所具有的意义和价值最大化,同时这一阶段的家谱研究和档案研究关联性较高。该阶段的家谱研究较成体系,涵盖范围广阔,涉及各个民族、各个地区的家谱,并且与宗族研究联系紧密,为之后的家谱研究奠定了良好的学术基础。

在第二阶段(2006—2012年),该阶段除了研究家谱本身之外,许多研究开始挖掘家谱中的文学价值,因此出现了文学批评、文学接受等关键词。这类研究一般对家谱资料中所记载的文人学士或文学作品进行评判,因此在这一层面来看,家谱更多地被当做一种文学辅助或验证材料。此外,该阶段的家谱研究在注重家谱文献价值和史料价值的基础上,开始进一步研究家谱的社会价值,开始分析家谱对于现实生活的作用、功能和特点,于是相关研究更多地和历史记忆、文化认同、凝聚、纽带等关键词相联系。与此同时,该阶段的家谱研究相对于上一阶段更加系统全面,产生了众多的研究成果,因此谱牒研究的评述与综述也成为这一阶段的一大特点。

在第三阶段(2013—2017年),学界对于家谱的研究不仅只局限于家谱自身,而是开始把家谱和相关的地方志或者历史文献结合起来,将家谱放在时代的大背景或地区发展演变中进行分析。把家谱资料和其他资料相结合起来看地方认同、社会文化等,更能发挥家谱价值,从而将家谱研究推上一个新的高度。同时,这一阶段的研究开始聚焦家谱关于墓志的记载,具体包括祭文类型、祠堂、祖茔及庙宇建设等内容,这也可以看出学界对于家谱的研究越来越精细和深入。

在第四阶段(2018年至今),我国家谱研究呈现出更加现代化的趋势。这一阶段的家谱研究开始与数据化、可视化、数据库、数字家谱、基因家谱等与互联网技术相关的关键词联系起来,这也是家谱研究的一大特色,使得家谱研究更加专业化,同时跨学科的研究也体现出了我国家谱研究的综合性。而在"三交"、铸牢中华民族共同体意识等学术热点兴起后,从家族文献中看族群认同、通过家谱实现从血缘到地缘再到中华民族共同体的跨越等也成为这一阶段的热点问题,家谱所体现出的寻根意识对于共同体的探讨具有积极作用。这一阶段的研究体现了我国家谱研究与时俱进的特点。

从时区图来看1998—2022年我国家谱研究的演变趋势,可知我国家谱研究涵盖范围广、研究内容逐步深入并且与时俱进。这些研究热点虽然出现的时间有所不同,但每一个热点的出现都具有相当的学术价值。近三十年来,我国家谱研究的内容涉及各个方面,同时又根据时代背景不断发展变化,增添新的内容,与时俱进。虽然每一阶段研究侧重点不同,但并不能将这些研究热点割裂来看。大部分研究热点从家谱研究开始时就存在,只不过在不同阶段成了热点,学界对其关注更为明显和突出,这一点根据时区图中的连线也可以看出。我国家谱研究的主题与热点是一脉相承的,并非独立存在,各个热点问题之间相辅相成,形成了当今家谱研究的繁荣局面。

三、我国家谱研究的前沿演进与未来展望

(一)我国家谱研究的前沿演进

根据 1998—2022 年我国家谱研究的关键词形成我国家谱研究的突现图谱,通过关键词的突现分析可以看出我国家谱研究领域的动态变化,并检测相应的研究前沿。图谱中 Keyword 代表突现词,Strength 代表突变强度,Begin 与 End 分别代表开始与结束突变的时间,较粗的线段代表关键词成为热点持续的时间。

由图 7 可知,1998—2022 年期间,我国家谱研究共出现了 17 个突现词。2000 年的突现词为"宗族组织",该词突现最早并持续 3 年,突现度为 1.6864,可见家谱与宗族文化之间联系的紧密性。"价值"一词是我国家谱研究中突现时间最久的词,从 2002 年开始一直到 2011 年结束。突现词中与价值相关的词有数个,由此可见家谱价值的重要性,因此学界一直将家谱各方面的价值作为研究的重点。虽然在突现图中价值作为突现词的时间截止于 2011 年,但在实际研究中,直至现在学界对于家谱进行研究时也离不开价值一词。此外,"徽州家谱"(2009—2013)、"徽州"(2011—2016)也是持续时间较长的突现词,体现了徽州家谱在我国家谱中占有的重要地位。突现度最高的三个词分别为"史料价值"(2.1429)、"徽州"(2.5269)、"土司"(2.0345),这几个突现度最高的词也与上文提到的研究热点相呼应。2018 年以来,"土司"和"清代"成了我国家谱研究的突现词,并具有较高的突现度,由此可以窥探我国近

Top 17 Keywords with the Strongest Citation Bursts

Keywords	Year	Strength	Begin	End	1998 - 2022
宗族组织	1998	1.6864	2000	2003	
图书馆	1998	1.7733	2000	2001	
家谱收藏	1998	1.5399	2001	2006	
价值	1998	1.5357	2002	2011	
太极拳	1998	1.71	2005	2007	
墓志铭	1998	1.3065	2006	2009	
文学接受	1998	1.7721	2007	2008	
文学批评	1998	1.669	2007	2008	
学术价值	1998	1.4974	2007	2010	
史料价值	1998	2.1429	2008	2009	
徽州家谱	1998	1.3405	2009	2013	
明代	1998	1.468	2010	2013	
《京兆翁氏族谱》	1998	1.3699	2010	2014	
徽州	1998	2.5269	2011	2016	
族谱	1998	1.3229	2017	2018	
土司	1998	2.0345	2018	2020	
清代	1998	1.7432	2020	2022	

图 7 1998—2022 年我国家谱研究的关键词突现图谱

年家谱研究的视野聚焦于此,并且有继续延续的趋势,是当今家谱研究的前沿主题。"土司"和"清代"并不是第一次作为我国家谱研究的关键词出现,但现阶段再次成为我国家谱研究的前沿,这与当前我国大力推行铸牢中华民族共同体意识分不开关系。土司作为少数民族地区的官职,其家谱研究对于促进国家认同、铸牢中华民族共同体意识具有重要意义,由此可看出其再次成为突现词的必然性。

可见,我国家谱研究的热点和前沿虽然在不同阶段有不同的突现词,但从始至终都离不开宗族、家谱价值、徽州、明清时期、土司等关键词,在近三十年的研究中,这些关键词已经成为我国家谱研究中较成熟的主题,并仍具有一定的研究热度。

(二)我国家谱研究的不足

通过梳理既有研究,可知学界对于我国家谱已进行了广泛研究,产生了丰富的学术成果,为后人进行家谱研究奠定了良好的基础。目前我国家谱研究整体上呈现出系统化、与时俱进等特点,但综合来看,仍有以下几点不足值得改进。

1.宏观视野不足

我国家谱研究大多为微观研究,多从个案入手分析某一家族或某一地区的家谱。虽说微观研究能够更加细致地分析家谱文献的价值,但聚焦于个案家谱进行分析,难免会出现个案样本是否具有足够的代表性,以点带面是否能够有效代表所有地区的家谱等问题,在一定层面缺乏普遍的说服力。同时,家谱是民间文献的重要组成部分,现有研究有时会存在就家谱论家谱的情况,没能将家谱放在整个的民间文献或古籍当中进行分析探讨,也未从整体性的角度进一步分析家谱作为民间文献的重要资料,在民间文献中所具有的重要地位以及所发挥的作用。

家谱所承载的历史记忆对于构建从血缘到地缘、从家族到民族再到国族的认同具有重要意义。微观研究虽然也可将落脚点最终落在家国认同上,但仅依靠个案或微观研究,很难将这一点深化,说清其中具体的联系;抑或是需要很多的个案才能更好地说明,但个案与个案之间又有可能会出现联结不紧密的情况,无法串联起来,产生脱节。因此仅从个案入手对家谱进行微观研究,可能无法更好地站在更高角度对家谱进行整体性研究,发挥出家谱的综合性价值。

2.缺乏比较研究

我国现有家谱研究更多是围绕某一民族或某一地区的家谱进行分析,虽然对某一个案进行了深入分析,但没能将其与其他民族或地区的家谱联系起来,也没能将不同时期的家谱进行整理比较,形成对比研究的新局面。将视野集中于自身进行深入延展,能够将自身家谱的特点与价值发挥到最大,但无法对比分析各民族、各地区家谱,从中找出不同家谱的差异或共性,从而更好地把握不同地区、不同民族家谱的特色,感悟不同地区、不同民族的风土人情和社会文化。

虽然我国家谱研究已经较为成熟,但相对而言既缺乏横向的比较研究(即对同一地区不同姓氏不同民族、不同地区同一姓氏同一民族、不同地区不同姓氏不同民族家谱的对比分析);又缺乏纵向的比较研究(即对不同时期、不同年代、不同历史背景下同宗族或同家族一整套新旧家谱的对比分析),从新旧家谱的变化中分析社会变化及其背后的原因。我国家谱文献数量众多,但现有研究却未能很好地做到将不同的家谱放在一起进行比较,无法将丰富的家谱资料价值最大化。

3.既有研究较为分散

根据上文可知我国家谱研究已经形成了专题研究,但即便这样,从整体上来看既有研究仍然具有多而杂的特点,较为分散。既有研究的分散主要呈现为以下三个方面:一是研究作者分散,虽然现在我国研究家谱的学者之间存在一定的合作关系,但联系并不紧密,合作更多地是以同事或师生关系展开,鲜有跨学校或跨专业的合作研究;二是研究地区分散,我国家谱研究的地区以高校所在地为主,主要分布于安徽、上海、北京等地,福建、河南和天津也有涉猎,其余地区的高校虽也有对家谱进行研究,但并未形成专门研究家谱的学术团队。以上各地区高校研究家谱或多或少都是由于地理或资源优势,抑或是根据自身与家谱相关的特性进行研究,如安徽大学的徽州家谱研究和上海图书馆对于家谱数据库的研究,整体而言较为分散;三是研究内容分散,研究内容的分散体现为既有研究更多的是专题性的研究,均针对某一类家谱或主题对家谱进行分析,没能将这些专题或主题整合起来分析家谱的共性,更好地体现出家谱的价值。

(三)未来展望

更好地推进我国家谱研究,需要突破以上不足,进一步深化家谱研究的内涵,更大程度地发挥家谱的价值。同时要紧跟时代潮流,发挥家谱研究与时俱进的特点,使得我国家谱研究能够在保持现有研究的基础上继续走向新的繁荣,创造出更多高质量高水平的成果。

1.深入挖掘家谱中的共性文化

我国家谱研究的一大特色就是少数民族家谱研究,但少数民族的家谱并非只与少数民族相关。大部分少数民族家谱中都会记载该民族与周边民族的互动交流,这些互动交流一般通过家谱中的迁徙路径、捐款芳名、经济往来、族规祖训、名人及世系表等相关内容呈现出来。同样,汉族地区的家谱也如此,当中会记载着其与周边各地区居民之间的互动往来,这些互动往来包括经济交易、婚姻关系、买卖纠纷、重大事件等各个方面。这些内容都可以看作是一个家族、一个民族、一个地区间通过家谱所呈现出来的共享文化。这些共享文化不仅能够体现出不同群体之间的互动,更重要的是能够在其所辐射的范围中产生凝聚力,增强当地居民的认同感,从而实现从血缘到地缘的跨越,这对于当今铸牢中华民族共同体意识具有重要意义。

挖掘家谱中的共性文化有利于推进我国家谱的宏观研究,也有利于从整体观的视角探讨家谱的作用,使得家谱研究更具有综合性。家谱研究需要拓宽视野,深入挖掘家谱中的共性文化,将家谱放在整个民间或古籍文献中、放在整个国家中进行宏观研究,而不是仅聚焦于某一家族、某一民族或某一地区。

2.加强家谱的比较研究

我国家谱资料丰富,各地家谱既具有自身独特的特点,也具有中华文化的共性。因此,要对家谱进行比较研究,从不同角度不同层面对比分析不同地区不同民族不同姓氏的家谱,既能够看出各地各民族各姓氏的特点,了解不同地区的风俗习惯,把握各地特色,同时也能够领悟到中华文化在各地各民族的鲜明体现,透视不同民族在历史变化中的交往交流交融。

除了将内容作为比较对象,对不同地区、不同民族、不同姓氏的家谱进行比较研究外,还可以对不同时期的家谱进行纵向的比较研究。既可以划分一个界限,以某一时间为界,将该时间线前后的家谱进行比较研究,分析新旧家谱之间的差异和共性,从而探讨新旧家谱的演变规律与发展趋势;也可以专门针对于某一地区、某一民族、某一姓氏甚至某一家族不同时期的家谱进行研究,探讨某一地区家谱的变化趋势,从而来看这一地区的兴衰发展。

通过比较研究,能够看出不同时期各地在编纂家谱时的差异,从这些差异中把握各地家谱的特点及所独有的特色,从而进一步分析各地不同的风土人情和社会文化。虽然各地家谱都有自身的特点和体例,但作为中华民族共有的文献资料,总有一些共性的东西值得学界挖掘和研究。因此,日后的家谱研究,可适当加强比较分析。

3.注重家谱研究与相关技术的结合

未来家谱研究的一大趋势就是与互联网技术相结合,具体体现在数字家谱、家谱平台建设、家谱资源的整理、家谱上网等方面。互联网技术与家谱的结合,不仅具有促进家谱的使用与保护等现实意义,同时也为学界的研究带来极大便利。数字家谱与家谱平台的建设,能够将家谱的查找和读取更加快捷和系统化,也使得学界对家谱进行研究时更加便捷。因此,在未来的家谱研究中,与互联网技术结合是必然的趋势,学界应该加大对该方面的研究力度,使我国家谱研究迈上新的台阶。

提到家谱与技术相结合时,一个避不开的话题就是基因家谱的研究,近些年来基因家谱研究逐渐成为一个热点。基因家谱研究将遗传学与传统谱牒学结合在一起,通过基因检测技术,建立个体之间的关系以及不同家族之间的遗传距离,从而判断文献的可靠性。对于熟悉基因分析的系谱专家来说,只需要大概看一下基因图谱,简要分析一致性就能够判断出群体之间的亲缘关系。基因家谱应用的领域十分广泛,但涉及基因就会不可避免地与隐私相挂钩,因此在未来的研究中,如何深化基因家谱研究还值得考虑。

4.顺应古籍修复的热潮

家谱作为民间文献的一种,对家谱进行研究时离不开对于文献的探讨研究。大部分家谱文献历史都较为久远,因此家谱具有古籍文献的特性。1981年,中共中央下发《关于整理我国古籍的指示》;2007年,"中华古籍保护计划"启动;2022年3月,"加强文物古籍保护利用"首次并写入政府工作报告;2022年4月,中共中央办公厅、国务院办公厅印发《关于推进新时代古籍工作的意见》,对推进新时代古籍工作提出具体要求。该意见的发布,使得古籍事业迎来新的发展机遇。家谱作为古籍文献的一种,其中记录了各地区、各民族的历史演变,生动地体现了各地区、各民族间的交往交流交融。因此,在未来的家谱研究中,可以把握住古籍修复这一热潮,顺应新时代古籍工作的发展趋势,从古籍保护、古籍修复、古籍发展的角度入手,发挥出家谱的古籍特性,从多领域进一步推进我国家谱研究。

四、结论

家谱是中华民族大家庭中血缘姓氏的历史载体和联系纽带,也是世界历史上中华民族独有的一种文化。学界通过对家谱这类一手文献资料的研究,将其蕴含的社会文化进行展现。随着社会的发展,越来越多的人站在新时代的高度,结合社会主义新思想来看待家谱,弘扬中华优秀传统文化。可以说,家谱在一定程度上见证了各民族共同开拓辽阔疆域的历史,记录了各民族间的交往交流交融,是构筑中华民族共有精神家园的重要资源。

通过中国知网进行检索,结合 CiteSpace 软件绘制 1998—2022 年我国家谱研究的知识图谱并进行分析,可知 1998—2022 年我国家谱研究的热点围绕少数民族家谱研究、徽州家谱研究、家谱价值研究、家谱数据化与可视化研究、家谱档案研究五大主题展开,这一时期家谱研究虽都具有研究时间聚焦、个案分析较多、研究对象集中、与宗族联系紧密等特点,但在研究中又有各自不同的侧重点。纵观近三十年的演变,我国家谱研究虽然取得了一定的成绩,形成了系列的研究成果,但也存在宏观视野不足、缺乏比较研究、既有研究较为分散等局限。结合现有研究现状及发展趋势,认为未来我国家谱研究应深入挖掘家谱中的共性文化、加强家谱比较研究、注重家谱研究与相关技术的结合、顺应古籍修复的热潮几个方面入手,充分发挥出我国家谱研究的学术价值,与时俱进,更好地为现实服务。

作者简介:曹大明,三峡大学三峡文化与经济社会发展研究中心研究员;周敏,三峡大学民族学院硕士研究生。

【书评】

历史人类学视野下的制度史研究

——以宋怡明《被统治的艺术：中华帝国晚期的日常政治》为中心

吴舒岚

《被统治的艺术：中华帝国晚期的日常政治》①一书是哈佛大学宋怡明教授近出著作。学界关于此书的评论甚多②，或集中在作者本人的求学背景，从区域史研究出发，讨论"解域化"和"再域化"观点对于历史人类学的承继。又或者从历史社会学的角度，探讨书中"制度套利"的观点对于詹姆士·斯科特"逃避统治的艺术"③在中国本土的扬弃。

若一言以蔽之，《被统治的艺术：中华帝国晚期的日常政治》（以下简称本书）实为明代东南沿海军户演绎的一部"活的制度史"。然而本书的主要讨论背景——明代卫所制度却在众说纷纭中销声匿迹。因此，本文尝试爬梳书中关涉明代卫所的制度依据，从制度史的角度出发，观察其对于军户研究现状的推进，并提出几点思考。

一、本书的内容

卫所自洪武年间创设以来，两百余年间一直在军事上发挥着重要的作用，并一度延续到了清初。卫所制度错综复杂，如何区分其中人员也成为了学者进行研究的一大难题。依军

---

① [加]宋怡明：《被统治的艺术：中华帝国晚期的日常政治》，[新]钟逸明译，北京：华侨出版社，2019年。此外，该书英文版见 Michael Szonyi, *The Art of Being Governed: Everyday Politics in Late Imperial China*, Princeton: Princeton University Press, 2017；繁体中文版见[加]宋怡明：《被统治的艺术：中华帝国晚期的日常政治》，[新]钟逸明译，台北：联经出版社，2021年。

② 陈文元：《明代军户"被统治的艺术"》，《中华读书报》2020年6月3日第16版；朱迪：《宋怡明〈被统治的艺术：中华帝国晚期的日常政治〉》，载温春来主编：《区域史研究》第3辑，北京：社会科学文献出版社，2020年，第229—238页等。

③ [美]詹姆士·斯科特：《逃避统治的艺术：东南亚高地的无政府主义历史》，王晓毅译，北京：生活·读书·新知三联书店，2016年。

户来源,有从征、归附、谪发以及垛集之别。①照军户性质,又可在军官和军户中划分出舍人和余丁等身份。②而据军户职责,又有操备军和屯田军等不同。③因此,作者在融合卫所制度的基础上,根据于志嘉先生提出的方法,将二十七个家族分为"原籍军户"和"卫所军户"两类④,这也成为了文章结构的基础和故事开展的前提。

全书分为四个部分,七个章节。根据明代户籍制度,原籍军户实属民籍,归地方府县管辖,与其他民户一并纳粮当差。盖因其户内有一丁承军役,可免一丁之徭役。⑤在本书的第一部分("在乡村"),作者花费两章的篇幅介绍了原籍军户的故事。在此之中,又有独户军和复合军户两类。

依照作者的描述,书中所涉福建军户家族,大多是在明初被征调入伍,除却少部分明确记载为从征军(达埔屯林氏)和谪发军(福清县郭氏、湖头镇李氏)的家族外,大部分族谱对于本户入伍的情况语焉不详。据《明实录》的记载,洪武二十年(1387)江夏侯周兴德"以福、兴、漳、泉四府民户三丁取一为缘海卫所戍兵,以防倭寇"⑥。沿海备倭是明初福建卫所设置一大目的,据时间线可以推断,这些家族的入伍应源于当时实行的"三丁抽一"垛集之法。

"垛集"之法有二,一是民户家男丁数量达到标准,直接将本户转为军户,抽丁从军,称为"抽籍",类于金元时期的独户军。二是在两户的男丁数量之和达标时,由两户共同承担一个单位的军役,男丁较多的户出军,即为正军户,另外一户为贴军户。⑦通常而言,随着家族的繁衍,原籍军户与卫所军户之间关系日益疏远,二者的联系主要集中于军役的佥充、清勾,以及军装供办。关于前者的协议以独户军居多,后者则多出现在复合军户之间。

以书中第一章所引郑氏家族为例,漳浦郑氏在明初被编入军户,是典型的独户军。在第一次佥充军役时,次房因代兄从军之故,分到了家产的绝大部分。若干年后,在其因年老无力承役之际,家族内部经过商讨,决定由次房次子继续应役。作为回报,他被认定为家族"长房",可以享受在祭祀中的优先地位。⑧

而泉州府的颜朱军户,则是复合军户中进行供役协商的典型代表。颜朱两家在明初被编为复合军户,早年因颜家男丁数多,先行应役。直至宣德年间,始勾朱家男丁应役。随后朱

---

① (清)张廷玉等:《明史》卷九十《兵志二》,北京:中华书局,1974年,第2193页。关于"垛集"可参见于志嘉:《明代军户世袭制度》,台北:学生书局,1987年,第10—46页;于志嘉:《再论垛集与抽籍》,载《郑钦仁教授七秩寿庆论文集》编辑委员会编:《郑钦仁教授七秩寿庆论文集》,台北:稻香出版社,2006年,第197—237页,等等。
② 军户户下应充军役者称为"正军",其余户丁则称为"余丁"。卫所官隶籍"官户",除卫官本人外,其余户丁称为"舍人"。参见于志嘉:《卫所、军户与军役——以明清江西地区为中心的研究》,北京:北京大学出版社,2010年,第24页。
③ 《明太祖实录》卷二一六,洪武二十五年二月庚辰条:"天下卫所军卒自今以十之七屯种,十之三城守",台北:"中研院"历史语言研究所,1962年,第3184页。
④ 除二者外,于志嘉还在其分类中提及第三种"附籍军户",即"卫所军户中附籍于州县者"。参见于志嘉:《卫所、军户与军役——以明清江西地区为中心的研究》,第2页。此外,李龙潜也曾提出"在营军户"和"郡县军户"二分法。参见李龙潜:《明代军户制浅论》,《北京师范学院学报》1982年第1期。
⑤ 万历《大明会典》卷二十《户部七·户口二·赋役》:"洪武四年,又令各府县军户以田三顷为率,税粮之外,悉免杂役,余田与民同役",新北:文海出版社,1964年,第364页。
⑥ 《明太祖实录》卷一八一,洪武二十年四月戊子条,第2735页。
⑦ 若合役之户有三,则男丁最少一户为"凑军户"。张金奎:《明代卫所军户研究》,北京:线装书局,2007年,第40页。
⑧ [加]宋怡明:《被统治的艺术:中华帝国晚期的日常政治》,第31—35页。

家男丁相继逃亡,不断地清勾令原籍军户十分困扰。于是,两家在百年间先后三次签订协议,规定颜家按丁摊派人头费,以供朱氏正军的军装供办。①

同时,为了保证军役的正常派发,明代政府设立了一套完整的清理军籍、勾补军役制度,对原籍军户产生了深远的影响。第二章所载福清叶氏向我们展示了一个关于"清勾"的故事。根据族谱记载,叶氏一族在原籍受到了乡里"诸恶少年"的威胁,无奈之下只得派遣族人前往卫所②,索要本族并未缺伍的证据,并向服役之军送上军装。随后两边恢复了联系,并延续数代。③作者直言,原籍军户愿意与卫所远亲保持联系,动机至少有二。首先,保护自己免受清勾制度的骚扰。其次,维护自己在税务方面的特权。两点之中尤以前者为重。

明初,清勾制度实行并不严格。除了一些局地性的记载外,并不见以清军大规模派遣专人的记录。正统以后,明朝政府开始重视清军,固定三年一派。随后,各种清勾的弊端逐渐表面化。甚至到了明中后期,"妄勾"成为普遍之事。④因"其弊在里胥"⑤,故而这一制度对于原籍军户的困扰尤为严重。尽管叶氏族谱记载了一个看似温情的传奇故事,但归根结底,反映的是明中后期原籍军户如何在清勾制度之下实现趋利避害的过程。

与远在州县的原籍军户不同,卫所军户面临着新的社会关系网络和"在地化"考验。在明代卫所中,依据军户的职责,有操备军和屯田军两类。故在接下来的论述中,作者也依次分为"在卫所"(第三、四章)和"在军屯"(第五、六章)两个部分进行考察。

尽管题为"在卫所",但与先前学者多关注军士服役情况不同,作者更多是将卫所看作一个社会空间,观察军户在其中的生计、婚姻、信仰及教育问题。而之所以军事制度会衍生出如此复杂的社会问题,与明朝政府对卫所军余实行的安置政策密切相关。

明初,基于复苏地方经济的考量,政府对军户余丁采取"原籍主义"的态度,对在营有余丁者,希望他们能回原籍担负民差。随后,卫所军役内容渐趋多样,役占现象突出,卫军逃亡人数不断增多,这也迫使明朝政府不得不处心积虑设法增加兵源。宣德四年(1429)后,明廷始默许军士家属在营生活。⑥

这一政策的转变也使得大批卫所军户在当地扎根,军余数量日渐庞大,仅靠在编正军的微薄月粮显然无法供养。为求生计,卫所正军与余丁不得不另谋出路。⑦沿海走私成为了福建军户的普遍选择,这也就造成了作者在第三章描述的奇怪现象——卫所军户有时反而会加入本应由自己镇压的走私团伙。⑧

---

① [加]宋怡明:《被统治的艺术:中华帝国晚期的日常政治》,第2—8页。
② 推测这位代替全族前往万里之外的族人,正是军户制度中负责军装供应的"继丁"一角。参见于志嘉:《帮丁听继:明代军户中余丁角色的分化》,《"中央研究院"历史语言研究所集刊》第84本第3分,2013年9月。
③ [加]宋怡明:《被统治的艺术:中华帝国晚期的日常政治》,第87—91页。
④ 关于明代清勾制度的历史演变以及"妄勾"现象,可参见于志嘉:《明代军户世袭制度》,第二章。万历《大明会典》卷一三七《兵部二十·冒名》:"洪武二十六年定,有陈告本户系民籍,与与故军同名同姓,被里甲人等卖放正军",第1986页。可见早在洪武年间"妄勾"现象已经出现。
⑤ 《明孝宗实录》卷七五,弘治六年五月壬申条,第1408页。
⑥ 张金奎:《明代卫所军户研究》,第50—75页;于志嘉:《卫所、军户与军役——以明清江西地区为中心的研究》,第二章。
⑦ 关于卫所军户职业多元化的研究可以参见张金奎:《明代卫所军户研究》,第四章。
⑧ [加]宋怡明:《被统治的艺术:中华帝国晚期的日常政治》,第128页。

而屯军的部分,同样关涉明朝政府对卫所军余实行的安置政策。明代的卫所作为常驻于某地的军营,在训练作战之外,不可避免地要有一些日常的程序化的事务,直厅、守门等差役随之产生。宣德以后,由于操军的大量逃亡、国防形势的变化以及漕运的需要,大批屯军被征调操备或转为漕运军。弘治年间,占役现象日益严重,甚至从正军波及至余丁。①

也因此,大量由屯军原种的土地转归余丁合法耕种,明中后期甚至产生了"正军充伍,余丁拨屯,例也"②的说法。这就构成了本书第五章论述的所有田土诉讼的大前提——卫所余丁天然拥有对于屯田的所有权。可以看到,尽管是在福建这样屯、民田地错杂之地,即便是到了明代末期,州县推官仍然会为了保证屯田"原额",在军民两方的审讯中选择偏向军户。卫所制度影响之深,由此可见一斑。

除却另谋生计、诉讼频发外,卫所军余数量过剩同样引起了户籍管理上的问题。第六章湖头林氏的族谱记载了一个故事——失踪已久的侄子春仔回归故土,三位叔伯慷慨无私地献上了本该属于他的那份遗产。但根据其他资料佐证,这位春仔很可能是被林氏收养,代替家族完成军役之人。之后春仔的孙子通过向书吏行贿,完成了由军籍向民籍的转变。③

明代军户实行世袭制,与普通民户分属两套行政管理系统,二者理应泾渭分明,而春仔之孙却能通过一些"手段"转换户籍,制度依据在于明廷对"寄籍军户"实行的户籍管理政策。"寄籍"又称"附籍",即卫所军户多余人丁在附近州县有司购买民田,立籍当差。成化十八年(1482),军卫附籍法明确规定,卫所军户购买田产必须置于州县的管理之下,这类田产被称为"寄庄"。由于军民之间的相互利用和管理系统上的分隔,寄庄成为明朝政府管理的一大难题④,也在军役派发、赋税征收之际,给了寄籍军户游走于两套管理体制之间的机会。

入清以后,卫所制度被八旗绿营取代,普通军户何去何从?这就构成了第七章的主旨所在。顺治三年(1646),卫军被改为"屯丁"。⑤康熙、雍正年间,清廷大举裁撤卫所,除却无州县可归以及涉漕卫所之外,所有卫所尽归州县。⑥尽管名义上福建地区的卫所早已裁革,但在"原额主义"驱动之下的国家税收体制,却使得远高于民田的军屯田科则保留了下来。"同地不同科"成为了清代屯丁无法摆脱的枷锁。

而课税的特殊性,意味着屯丁无法完全融入周围的普通民户,进而使得前朝的卫所制度继续在其他方面发挥影响力——它们在乾隆年间胡王两家关于"逋赋"的诉讼中充当判决依据⑦,也在雍正年间大城所豁免税赋的请愿中被刊刻于石碑之上。⑧可见,卫所制度并未随着王朝鼎革而消失,与之相关的制度仍然"残存"在日常生活中。

---

① 关于屯军漕运的例子可以参见于志嘉:《卫所、军户与军役——以明清江西地区为中心的研究》,第三、四章。
② 《明世宗实录》卷八四,嘉靖七年正月丙申条,第1903页。
③ [加]宋怡明:《被统治的艺术:中华帝国晚期的日常政治》,第238—250页。
④ 关于卫所军户的寄籍问题可参见张金奎:《明代卫所军户研究》,第168—178页。
⑤ 《清世祖实录》卷二八,顺治三年十月乙未条,北京:中华书局,1985年,第238页。
⑥ 《清世宗实录》卷十九,雍正二年闰四月甲申条:"今除边卫无州县可归与漕运之卫所军民各有徭役,仍旧分隶外,其余内地所有卫所,悉令归并州县",第313页。
⑦ [加]宋怡明:《被统治的艺术:中华帝国晚期的日常政治》,第282—286页。
⑧ 大城所百姓援引的制度依据在于明代卫所军户可因其服军役之故,免除徭役征收。在清代徭役废除的情况下,废除附加税就成为了当地百姓的诉求。[加]宋怡明:《被统治的艺术:中华帝国晚期的日常政治》,第289—292页。

当然,以上对于书中所涉卫所制度的梳理难免挂一漏万,譬如作者提及的浙江徐氏军户科举"冒籍"之事,正是源于原籍军户和卫所军户在户籍管理上的不确定性而导致的一种普遍现象。①又或者,祁彪佳作为州县推官,有权单独审理关涉屯军之案,实属卫所司法独立逐渐被行政系统的法司侵夺。②诸如此类的制度细节,限于篇幅,文中不能一一罗列。

二、卫所、宗族和户籍制度

作为一部开拓性的研究著作,本书对卫所军户的制度细节做出了一定程度的推进,也为我们展现了明清宗族与户籍制度研究的更多可能性。

(一)对于卫所制度的发展

就"明代军户地位低下论"的经典讨论③,书中巧妙地运用族谱材料做出了回应:瑞云姚氏受到清勾困扰,只好另雇人应役。所幸原军并未缺伍,族人次年便又返回原籍。族谱中留有一条很有洞察力的评论——承担起兵役之责的广东姚氏支派"贻族以安","是在外之荣与在内之佚两相等也"。④时人的看法成为了明代军户地位并不低下的直接证据。此外,作者还根据家族间的各式协商合议文书,总结出了明代军户应对征兵的三种策略——"轮替""集中"和"补偿"⑤,是为明代军役研究的一大贡献。

同时,与早年学者以族谱佐证制度的研究路径不同,作者还借鉴历史人类学的方法,开辟了军户研究的新领域,例如书中对于军户婚姻以及信仰的关注。历史学和人类学的研究成果业已表明,女性通过她们的婚姻,将各个家庭和宗族联系到一起。作者通过对蒲岐所何氏世系图的分析看出,随着时间的推移,何家子孙中以军官之女为妻的比例日渐降低。换句话说,女儿和儿媳在卫所军户扎根新社群时,发挥了重大的作用。⑥

而卫所军户不论是由原籍带来信仰(这种行为被称为"分香"),抑或是在当地重建新的信仰,或多或少都受到了明初军队分派模式的遗泽,这也成为了观察卫所军户在当地社群关系的一个窗口。⑦这些领域恰好是传统制度史研究力所不逮之处。

最后,在福建区域史的传统议题上,作者还关注到相关人物特殊的军户身份,进而发现

---

① [加]宋怡明:《被统治的艺术:中华帝国晚期的日常政治》,第175页。
② [加]宋怡明:《被统治的艺术:中华帝国晚期的日常政治》,第202—211页。关于明代卫所司法权的演变可以参见张金奎:《明代卫所军户研究》,第181—200页。
③ "明代军户地位低下论"的观点最早见于王毓铨先生《明代的军户》(《历史研究》1959年第8期;又见氏著:《王毓铨史论集(上册)》,北京:中华书局,2005年,第650—671页)一文。随后于志嘉和张金奎分别从科举、任官和婚姻多种角度对此观点进行了批驳。详见于志嘉:《明代军户の社会的地位について——科举と任官において》,《东洋学报》第71卷第3、4号;《明代军户の社会的地位について——军户婚姻をめぐつて》,《明代史研究》第18号;张金奎:《军户与社会变动》,载万明主编:《晚明社会变迁:问题与研究》,北京:商务印书馆,2005年,第413—433页,以及《明代卫所军户研究》,第76—95页。
④ [加]宋怡明:《被统治的艺术:中华帝国晚期的日常政治》,第104页。
⑤ [加]宋怡明:《被统治的艺术:中华帝国晚期的日常政治》,第62页。
⑥ [加]宋怡明:《被统治的艺术:中华帝国晚期的日常政治》,第157—162页。
⑦ [加]宋怡明:《被统治的艺术:中华帝国晚期的日常政治》,第166—173、251—270页。

其背后所反映的卫所制度变迁。以本书第三章为例,嘉靖年间朱纨一事,实为明代福建沿海走私之公案,过往研究众多。①作者在此案之中,注意到了同为军户出身的林希元、俞大猷等人的身份,并将其作为观察明中期卫所军户生计问题的一个切入点。

以关帝作为共同祖先的铜山所军户同样在很早以前就受到学者的关注。早先研究者多将其作为清初基层行政组织的调整以及"粮户归宗"政策的表现②,进而证明福建沿海宗族作为"赋役共同体"的事实。但若注意到其原为明代军户的前提,便可以看到普通军户如何在前朝的制度惯性下,融入新王朝的基层行政体制。

(二)明清宗族与户籍制度的延伸

军户作为明代的一种特殊户役户,与其他户籍相比既有特殊性,也有共性。作者同样注意到了这一点,提出军户应对军役时采取的基本策略,也普遍出现在整个社会中,例如在民户应对里甲之役上。③这一观点毋庸置疑,但对于卫所军户背后所展现的明清户籍制度和民间宗族组织,可以有更多元的思考方向。

以明初户籍情况为例,陈支平认为,明初福建的许多家族,便利用"户口自实"的机会,想方设法隐瞒户口,一个偌大的家族,往往仅以一两户编入黄册,应役当差。同时,他还引福宁州孔、刘、谈、汤、贺等户之例,证明众姓合户、匿丁不报的现象在明代军户中也普遍存在。④

但就书中展示的明初福建军户"三丁抽一"实施效果来看,垛集之法留给民间"重构户籍"的空间似乎并不大。那么,卫所制度对于明初户籍的整理究竟达到什么地步?是否军户在明初受到了特殊对待,进而导致了不同户籍之间存在管理程度上的差异?这些问题仍有待观察。

此外,作者还提及出现在军户家族的"合户"现象,也普遍出现在徽州、广东一带的民户宗族之中,但二者关于族产的生成、运行机制显然存在差异。萧山田氏在清初卫所制度取消以后,修改了原先用于军装供应之田的用途,将其作为祭祀本家远祖的族产。⑤田氏家族的做法并非个例,祁门程氏在明初因谪充入伍,正德十五年(1520)宗族合议将山场"归众合业兴养",并呈县主批照,成为族产。⑥可见,军装田转化为宗族公产的时间远比清初更早。

作者在先前的研究中也曾指出,世袭兵役加给明代军户的压力,促使他们进行自我组织,并催生出公司式的宗族。⑦结合上述例子可以发现,早在军装供应制度出现时,"以田帮

---

① 参见[日]片山诚二郎:《明代海上密贸易と沿海地方乡绅层——朱纨の海禁政策强行とその挫折の过程を通しての一考察—》,《历史学研究》1953年第164期;廖大珂:《朱纨事件与东亚海上贸易体系的形成》,《文史哲》2009年第2期;张健:《论朱纨事件》,硕士学位论文,厦门大学,2007年,等等。

② 参见陈支平:《明代前期福建户籍的民间重构》,载氏著:《民间文书与明清赋役史研究》,合肥:黄山书社,2004年,第1—21页;刘永华、郑榕:《清初中国东南地区的粮户归宗改革》,《中国经济史研究》2008年第4期等。

③ [加]宋怡明:《被统治的艺术:中华帝国晚期的日常政治》,第323页。

④ 陈支平:《明代前期福建户籍的民间重构》《明代福建的户籍失控与民间私例》,载氏著:《民间文书与明清赋役史研究》,第1—41页。

⑤ [加]宋怡明:《被统治的艺术:中华帝国晚期的日常政治》,第286—289页。

⑥ 详见周绍泉、赵亚光:《窦山公家议校注》,合肥:黄山书社,1993年,第5页。关于军装田成为族产的过程,参见周绍泉:《明清徽州祁门善和程氏仁山门族产研究》,载中国谱牒学研究会编:《谱牒学研究》第2辑,北京:文化艺术出版社,1991年,第1—36页。

⑦ [加]宋怡明:《实践中的宗族》,王果译,北京:北京师范大学出版社,2021年,第三章。

贴"之法就为宗族族产的产生埋下了伏笔。换句话说,明初确立的卫所制度,成为了后期军户家族管理运行的内生动力。然而,根据郑振满的研究,明中叶前后,受到嘉靖年间"大礼议"影响,民间建祠之风盛行,福建沿海各地的依附式宗族得到了普遍发展。①军户家族在多大程度上由卫所制度塑造,又在多大程度上受到了明中后期民间宗族的发展脉络影响?上述问题值得进一步的思考。

最后,尽管作者着墨不多,但军户如何在制度中实现套利之事,也为我们思考国家与社会的二元关系提供了参照。根据作者的看法——明代法律中与兵役相关的各种章程、条律和案例,基本上就是为了修正"算法"而存在。②国家制定框架,并在民间"制度套利"的行为发生后进行修正和补充。不管是"由上而下的统治",抑或是"由下而上的制度史",都不足以全面概括二者的互动模式,国家与社会的关系仍有待后学探讨。

三、本文史料和"正军"概念的界定

当然,本书也存在一些不足。从历史学研究的角度而言,书中有关史料的问题以及一些制度概念的使用,仍有待于更进一步的分析。

(一)关于本文的史料

以族谱为中心的史料运用是本书一大特点。在明清区域社会研究中,谱牒材料历来受到广泛重视,以族谱展开军户研究,亦并非作者首创。早年罗香林③、于志嘉④以及张金奎等学者都曾利用军户族谱对明代卫所制度的一系列问题进行讨论。在这些传统的制度史研究中,族谱是作为一种辅助史料的面目出现,而在本书中,它构成了作者立论的基础。

但是,族谱作为一种宗族编修写的私籍,奉行"书美不书恶"的准则,不仅很多记载"掇拾讹传、不知考究",且多有删改、伪造的内容。因此,黄宗羲认为方志与族谱是为"天下之书最不可信者"。⑤这一说辞固然有偏颇之处,但也说明,历史研究须得在考虑族谱可信度的前提下,进行族谱文献学、文书学的分析。

此外,明代军役作为一个全国性的问题,福建军户的情况同样也出现在了南直隶徽州府。而徽州文书中保存了大量有关军户应役、军装田、卫所军户与原籍之间关系的史料,早在 20 世纪 80 年代,彭超、周绍泉等先生都曾围绕此进行过详细的讨论。⑥结合徽州文书中

---

① 郑振满:《明清福建家族组织与社会变迁》,第四章。
② [加]宋怡明:《被统治的艺术:中华帝国晚期的日常政治》,第 82 页。
③ 罗香林:《族谱所见明代卫所与国民迁移之关系》,载氏著《中国族谱研究》,香港:中国学社,1971 年,第 75—102 页。
④ 于志嘉:《试论族谱中所见的明代军户》,《"中央研究院"历史语言研究所集刊》第 57 本第 4 分,1986 年 2 月。
⑤ (清)黄宗羲:《淮安戴氏家谱序》,《黄宗羲全集》第 10 册《南雷诗文集(上)》,杭州:浙江古籍出版社,2012 年,第 71 页。
⑥ 彭超:《从两份档案材料看明代徽州的军户》,载中国社会科学院历史研究所明史研究室编:《明史研究论丛》第 5 辑,南京:江苏古籍出版社,1991 年,第 86—104 页;周绍泉:《明清徽州祁门善和程氏仁山门族产研究》,载中国谱牒学研究会编:《谱牒学研究》第 2 辑,第 1—36 页。

的相关材料,或许能为福建族谱中的文书史料提供更为可靠的旁证。

(二)"正军"概念的界定

本书"化制度于无形"的叙述性写作手法,充分展现了作者在明代卫所制度方面的深厚功底。然而美中不足的是,书中在使用"正军"一词之际有所缺憾。根据作者的解释:"当一家被编为军户,不是说所有家人都是士兵或须服役,而是说该家族有义务派出一名成年男丁参军,这名男丁被称为正军。我使用正军一词,描述实际上正在卫所服役的军户士兵,从而将他们与通过其他渠道参军的士兵(如募兵和营兵)区分开来。"①可见,作者以"正军"一词代指通过从征、归附、谪发或垛集之手段进入世袭军户系统,并且从原籍军户中佥选出来的承役之人。备查万历《大明会典》,"正军"一词大体上有四种含义:

> 洪武七年,令山东正军全免差役。贴军免百亩以下,余田与民同役。②

> 嘉靖三十年,各司府州县备查所属充发永远军犯,开行该管州县,将本犯本房人丁事产分出,另立军户……俱于本房丁内勾取,敢有止将正军人丁捏作旁枝,开作民户者,事发,官吏俱问枉法。③

> 洪武十五年,令北京所属卫所军士,全赏本色布花。辽东都司所属卫,分正军、恩军,有家小者绵布二匹,绵花一斤八两。④

> 弘治十三年奏准,都指挥跟随军伴六名,指挥四名,千百户、镇抚二名,不管事者一名。俱用余丁,不许摘拨正军。⑤

在涉及原籍军户的前两则材料中,"正军"存在两种用法。当与"贴军"相对应时,它代指明初因垛集之法所组成复合军户中的承役之户,通常是男丁较多之户。而在犯罪充军的场合下,"正军"指的是本犯本房,包括房内所有男丁,并不单指承役之人。可见在原籍军户中,"正军"实际代表着应承军役之户。

后两则材料属于卫所军户。"恩军"意为"凡以罪谪充军者"⑥,取"免死得戍,当怀上恩"之意。他们在卫所中受到集中管理,且待遇一般较其他军人来得差。⑦那么,与"恩军"并列的"正军"的含义便也不言自明。而在第四则材料中,"正军"确指卫所中服正役之人,这也是"正

---

① [加]宋怡明:《被统治的艺术:中华帝国晚期的日常政治》,第51—52页。此外,本书第35页漳浦郑氏的世系图也能够佐证作者的这一观点。
② 万历《大明会典》卷二十《户部七·户口二·赋役》,第364页。
③ 万历《大明会典》卷一三七《兵部二十·收补》,第1935页。
④ 万历《大明会典》卷四十《户部二十七·经费一·赏赐》,第735—736页。
⑤ 万历《大明会典》卷一一九《兵部二·铨选二·降调》,第1718页。
⑥ 《明太祖实录》卷二三二,洪武二十七年癸酉条,第3393页。
⑦ 于志嘉:《明代军户世袭制度》,第一章。

军"一词在明代最为广泛的用法。①就其内容而言,是为了与在营余丁的各项规定作出区分。

综合上述,尽管"正军"在明代典章制度中存在不同含义,但并无与明代中后期的募、营兵相对比之意。同时,是否能在"原籍军户"中使用"正军"一词表示承役之人,并与其他原籍户丁相区分,笔者以为仍有待商榷。②

总的来说,《被统治的艺术：中华帝国晚期的日常政治》一书在卫所制度之下为我们勾勒了一个个军户的生存策略,为传统卫所研究加入了迥然不同的"民间"视野,也开拓了全新的军户研究领域。诚然,以制度评价本书有"偏题"之嫌,但正如作者在导论所言,国家的制度和管理结构是世人生活背景的一部分。③只有把书中军户家族的行为放进制度框架内,才能更好地理解他们的选择,也更能清晰地看出民间如何运用"被统治的艺术",演绎一部"活的制度史"。

作者简介：吴舒岚,清华大学人文学院历史系博士研究生。

---

① 类似用法见(明)霍冀《军政事例》卷一《军卫条例·正军纳例》："各都司卫所今后正军遇例告要纳银冠带者,需查本军户下有余丁二名以上方许准理。若户无壮丁二名,不许纳银冠带,以致躲避差役",《北京图书馆古籍珍本丛刊》第51册,北京：书目文献出版社,1998年,第502页;《明世宗实录》卷二九三,嘉靖二十三年十二月庚辰条："宣大山西三关共少额军八万九千余,属者给帑银募军及改拨各省军填实行伍,类多虚弊,莫若取军户余丁收充正军,以补原额之缺",第5616页,等等。

② 万历《大明会典》卷一五四《兵部三十七·军政一·勾补》："隆庆六年,令凡清军御史今后清出军丁,除正军外,仍于户内另审一般实户丁听继,如有逃亡,即勾听继之人应补,"第2146页。这则材料"正军"可能有"从原籍军户中佥选的承役之人"之意。但到了明中后期,卫所军户早已在卫所开枝散叶。根据规定,除非在营人丁全部故绝,不得回原籍勾补。故其清勾是否涉及"原籍军户"有待考量。参见于志嘉：《明代军户世袭制度》,第80页。

③ [加]宋怡明：《被统治的艺术：中华帝国晚期的日常政治》,第10页。

中国前近代民众医疗生活的真正"传统"

——程国斌著《明清江南地区的医疗生活》评介与思考

董晓艳

中国医疗社会史研究,自1980年兴起以来,日渐受到史学界关注,特别是在近一二十年中,方兴未艾,取得了长足的发展,渐趋成为新世纪中国史学发展的新增长点。作为一门跨学科的史学研究分支,它主要通过对医学领域内相关议题的精心选择和深入研究,希冀重新呈现并更好地诠释长期以来为人们所遮蔽或忽视的重要历史面相。[①]伴随着近年来大陆医疗社会史研究的发展,许多未曾被传统史家过多留意的议题,渐次进入当代史学研究者的视野。[②]其中,医病双方的医疗活动一直是备受关注的议题,并取得了一系列高水平的研究成果。[③]爬梳这些研究成果,并不难看出,既有的研究多是基于士绅阶层乃至宫廷病家的资料,不太容易看到社会底层平民和礼法弱势群体在资源和权力上的缺失,正如祝平一先生所言:"医疗史的进程往往只是对卑微人类的嘲讽"[④]。自然地,由此得出的结论也往往反映的是有著书立说能力的医家与中上层社会的病家之间的双向互动。

实际上,立足于上层的医家与病家的医疗活动仅仅是中国前近代一个并不占据优势地位的一个组成部分。这种摒除传统社会不同阶层医病关系面貌差异的做法,就使得少数群体的医病关系面貌被孤立出来,并被视为代表着整个社会的主流。对此,于赓哲先生曾有过

---

① 余新忠:《中国疾病、医疗史探索的过去、现实与可能》,《历史研究》2003年第4期。
② 关于医疗社会史研究的过去、现状与未来前景,可参见余新忠:《中国疾病、医疗史探索的过去、现实与可能》,《历史研究》2003年第4期;余新忠:《当代中国医疗史研究的问题与前景》,《历史研究》2015年第2期。
③ 随着中国医疗社会史研究的日趋繁荣,传统医病关系的研究也渐成学界热点,代表性论著主要有:Christopher Cullen, "Patients and Healers in Late Imperial China: Evidence from the Jinpingmei", *History of Science*, Vol.31, No.2, 1993, pp.99-150;邱仲麟:《明代的医病关系与医疗风习》,载余新忠、杜丽红主编:《医疗、社会与文化读本》,北京:北京大学出版社,2013年,第315—349页;蒋竹山:《晚明江南祁彪佳家族的日常生活史——以医病关系为例的探讨》,载《都市文化研究》第二辑《都市、帝国与先知》,上海:上海三联书店,2006年,第181—212页;雷祥麟:《负责任的医生与有信仰的病人——中西医论争与医病关系在民国时期的转变》,《新史学》2003年第1期;祝平一:《药医不死病,佛度有缘人——明清的医疗市场、医学知识与医病关系》,《"中央研究院"近代史研究所集刊》第68期;余新忠:《中国家庭史·第四卷》,广州:广东人民出版社,2007年,第248—257页;马金生:《发现医病纠纷:民国医讼凸显的社会文化史研究》,北京:社会科学文献出版社,2016年;涂丰恩:《择医与择病——明清医病间的权力、责任与信任》,载常建华主编:《中国社会历史评论》第11卷,天津:天津古籍出版社,2011年,第149—169页;涂丰恩:《救命——明清中国的医生与病人》,北京:商务印书馆,2017年;张田生:《清代的医病矛盾与医家应对》,《福建师范大学学报》(哲学社会科学版)2015年第6期。
④ 祝平一:《药医不死病,佛度有缘人——明清的医疗市场、医学知识与医病关系》,《"中央研究院"近代史研究所集刊》第68期。

论述:"我们实在很难说以患者为中心的医患关系就是中国古代医患关系的主流。但是有趣的是,史料展现在我们面前的的确是这种医患关系,这无疑是一个矛盾。这一矛盾产生的根源在于现代人舍弃了历史上医患关系的种种,只关心我们所需要的那一部分,刚好中古的史料话语权始终掌握在士大夫阶层手中,两者契合,我们就将这种医患关系看作是中国传统医患关系的主流。"①但由于关注点不同,他对这一问题并未做出很多专门的阐述。因此,在医疗史与日常生活史的融合成为近年来关注的热点议题之一②的当下,如何寻找更贴近地面的传统,遂成为中国医疗社会史研究中一个迫切需要解决的问题。令人颇感欣喜的是,程国斌先生新著《明清江南地区的医疗生活》(东南大学出版社,2022年版)就较好地示范了这一点。

一、研究内容与路径

《明清江南地区的医疗生活》约45万字,除导论、结语和征引文献外,共六章。第一章明清江南医疗生活的历史背景,分别讨论了明清江南地区的一般社会状况和医学发展的一般背景;第二章明清江南的医疗从业者,从民间医疗生活视角出发,系统探讨了在明清江南地区活动的各种不同身份和社会阶层的医者,以及他们与地方社会的关系;第三章明清江南的医疗救助体系,分别阐述了官方医疗机构、民间组织化的医疗保障机制和医疗市场三大部分;第四章明清江南的求医影响因素,深度挖掘了阻碍就医的最主要因素——医疗成本,以及使医疗行为偏离市场法则的求医意愿;第五章明清江南的求医行为,全面分析了病家自医、求医机制与求医行为的演进;第六章明清江南的医疗活动与医患关系,通过医疗空间、在特定医疗空间中的活动秩序、医患互动的具体难题和应对策略这三个方面,对明清江南地区民间的医疗活动和医患关系展开了讨论,深入发掘出了将不同时空维度贯穿起来的最基础和最一般性的规律。

读完这一新著,我颇感震撼,其一,是该著通过将卑微的私人故事与社会历史背景联系在一起,从具体的历史情境出发对明清江南地区人们的日常患病行为、求医活动、医疗成本和医患互动等经验性内容进行了细致入理的描述与分析。在史料利用上,该著并非是以开掘新史料为主,而是通过对现有史料的总体历史背景、故事发生的社会环境、叙述者的身份及其叙事态度以及叙事结构中的情绪和价值观等信息不断解码,反向推理出在日常生活情境中的真实状况,使旧文献焕发出了新的生命。余新忠先生在谈及新文化史视阈下的史料利用问题时曾指出:"若拘泥于史料有限的字面信息,相关的探究根本无法展开。所以,往往会在对相关史料深入探析的基础上,采用合理的演绎、推测甚或假设等手段来让叙事变得更完整而更具意义。"③尽管作者并非历史专业出身,但其对史料深入解读和利用方面的能力是让人钦佩的,可以说,该著正是"深描"这一研究方法在史学实践中的一次绝佳应用。

---

① 于赓哲:《汉宋之间医患关系衍论》,《清华大学学报》(哲学社会科学版)2014年第1期。
② 常建华:《在具象而个性的日常生活中发现历史——社会生活史:建立以人为中心的历史学》,《北京日报》2020年12月7日第1版。
③ 余新忠:《新文化史视野下的史料探论》,《历史研究》2014年第6期。

其二，随着史学重心下移，人们往往会认为，历史必须回到一般老百姓的日常生活中，只有在看似平凡无奇的生活事件中才能找到历史的真正意义，甚至主张过去所忽视的"边缘人物"才应该是历史书写的中心。但这样做的结果，势必会陷入另外一个极端，正如常利兵先生指出的："笔者并不苟同那些仅将日常生活的研究内容锁定在下层民众身上的做法，原因之一就是'自下而上'的研究方法并非要彻底地替代'自上而下'的传统路数，而只是将两者置于一个较为合理的、平衡的分析框架中来解构历史，否则就是摆脱了一个极端又不自觉地走向了另一个极端；对于上层精英人物而言，他们也有自己的日常生活。"①该著也意识到并很好地实践了这一点，指出"如何克服历史叙事中主流文化意识形态、精英价值趣味和社会教化叙事习惯的影响，发现真实的生活，绝对不是一句'目光向下'就可以解决的"②。

其三，也是更为重要的一点，在于其发掘出的潜藏在民众日常医疗活动背后的心态、动机等长时段的、结构性的因素。这些因素并不是传统史学所关注的政治制度、社会结构、文化思想又或历史发展规律等宏观结构，而是从日常经验出发来去探究"行为如何经过重复成为习惯，习惯又如何转化为风俗，风俗怎么成为社会文化传统，文化传统又如何反过来规范人们的日常生活"③。它们内含于琐碎而繁复的生活杂事中，构成了这些宏大叙事得以成立的前提。随着现代社会日趋纷繁复杂以及生活主体和实践对象日趋多元化，"单一的记录、描述甚至重构过去的图景已满足不了学科的发展和社会变迁的需要。深挖过去人们社会行为背后的复杂动机、心态以及从以往生产和生活过程中积淀下来的传统习惯，业已成为解读现实社会中人们日常生活的必需"④。因此，为了使日常生活史不流于琐碎的叙事，该著紧扣打通个人与社会结构之间桥梁这一研究主旨，将其放入特定的历史脉络中，从而产生更具有穿透力的问题意识。该著在这一点上尤为出彩，甚至可以说，为将来中国前近代医病关系史研究提供了一个很好的范例。

二、学术价值与贡献

通过上述新学术理念的践行，该著在目前中国医史学界共同关注的诸多具体问题上得出了更加切合中国传统时期民众医疗生活实际的结论，令人耳目一新。兹列举几例颇具代表性的论点：

其一，对中国前近代医病信任关系及模式的新观点。在中国前近代医病关系史研究中，过往的研究多是立足于名医留存的医案以及历史文献中点滴记载的并未成形的医家治病的过程，将传统医疗生活当中的某些现象抽象成某种价值判断，如缺乏信任是中国古代医

---

① 常利兵：《日常生活研究的理论与方法——对一种社会史研究的再思考》，《山西大学学报》（哲学社会科学版）2009年第2期。
② 程国斌：《明清江南地区的医疗生活》，南京：东南大学出版社，2022年，第3页。
③ 程国斌：《明清江南地区的医疗生活》，第7页。
④ 常利兵：《日常生活研究的理论与方法——对一种社会史研究的再思考》，《山西大学学报》（哲学社会科学版）2009年第2期。

病关系的基本格局①,并且在医病之间对抗性关系的基础上,将上述判断普遍化,忽视了医病互动的条件性与复杂性。该著认为,在中国传统社会并不存在类似于现代医学及相关社会制度条件下的"制度信任",但存在一种建立在中国文化传统、宗族和社区伦理秩序以及熟人关系法则之下的独特信任机制,并进一步阐述了传统中国社会确立医病信任的方法:强烈的传统医学道德规则、强有力的社会文化和礼法制度、亲缘伦理机制、地缘关系和社会声誉。②循此,作者进一步反思了中国传统医疗社会史的书写中容易犯下的一个错误,就是将中国古代医学生活的某种特征抽象并孤立出来,然后把它树立为某种价值标准来展开对当代问题的批判或者借此建构某种解决方案,如用卓越儒医的道德故事来概述中国历史上儒学和医学的关系问题,并利用儒家医学道德观来批判和解决当代问题的思路。

其二,在中国前现代医病之间权力和地位问题上的新进展。为避免中国前近代医疗社会史书写中的上述误区,该著自始至终坚持"医疗是镶嵌在社会中的"这一原则,认为官民、上下、长幼、男女之别也同样作用于中国古代的医病关系,在大多数情况下,医生首先是以其原有的社会阶层角色出现在病家面前。在这一认知语境下,也使得该著在下述观点上有颇为出色的推进:20世纪80年代,医疗社会史开始出现新的研究取径:从病人的视角书写历史。③这样的信念鼓舞着越来越多的历史学者去检视历史上病家的求医行为以及与医家的互动,研究成果也从21世纪以前只有少量开拓性成果,进展到当下成为学界新的热点。这些研究也大致勾勒出了一幅传统中国医病关系的轮廓。其中,医病之间权力关系一直是一个颇受关注的议题。对这一议题的研究,自英国学者 Christopher Cullen 于1993年以小说《金瓶梅》为核心文本,指出明清时期的病家有相当大的发言权和主动权、医家则处于颇为弱势的地位至今,这一论断虽被少数学者略作修正,但并未受到任何根本性的质疑。④

程著通过引入阶层、性别、病种等因素,对这一议题也进行了颇为微观细致的考察,指出,医病双方的地位和权力关系并非是此消彼长的对抗性关系,而是随着疾病的发展和医疗服务重要性的变化而不断变化。医生并非不能在医疗过程中获得主导权,但其所获得的权力和地位都是对医疗需要具有高度依赖性的暂时性优势,既不可能在根本上突破社会规则的基本设置,在医疗活动结束后也会被打回原形。他进一步指出,将家庭在医疗决策中发挥作用的方式描述为"全家参与"过于简略,因为在病人全家参与的决策过程中,始终还有一个隐含的权力秩序,那就是中国古代的家长制。医疗决策者的第一顺位是家庭中的男性

---

① 关于医患信任的学术史梳理,可参见程国斌:《中国传统社会中的医患信任模式》,《东南大学学报》(哲学社会科学版)2017年第1期。

② 程国斌:《明清江南地区的医疗生活》,第323页。

③ Roy Porter, "The Patient's View: Doing Medical History from Below", *Theory and Society*, vol.14, No.2, Mar., 1985, pp. 175-198.

④ 英国学者 Christopher Cullen 于1993年以小说《金瓶梅》为核心文本,讨论了明清时期的医病关系,进而指出病家有相当大的发言权和主动权,参见 Christopher Cullen, "Patients and Healers in Late Imperial China: Evidence from the Jinpingmei", *History of Science*, Vol.31, No.2, 1993, pp.99-150. 这一论点很快就为学界所接受,以至于研究者往往不假思索地将其作为自己研究某一问题的情境。尽管雷祥麟和涂丰恩对这一论点进行了一些修正:医疗过程变成一个全家参与,又同多为医生磋商协调的复杂过程,没有人在其中有绝对的决定权,但并未对这一论点带来颠覆性的挑战,可参见雷祥麟:《负责任的医生与有信仰的病人——中西医论争与医病关系在民国时期的转变》,《新史学》2003年第1期;涂丰恩:《择医与择病——明清医病间的权力、责任与信任》,载常建华主编:《中国社会历史评论》第11卷。

家长,在大多数情况下,他对全家人的医疗拥有主导权和最终决策权。①

其三,对中国前近代医疗市场属性的颠覆性研究。自 1986 年 Harold Cook 在 The Decline of the Old Medical Regime in Stuart London 一书中首度引入市场概念以来,"医疗市场"便引起了中西方很多研究者的关注。②在具体的研究中,这一概念更多是作为将病人呈现为主动的行动者进而揭示前近代医疗服务供需之间复杂微妙互动的一种有力的分析工具,而对于传统时期医疗市场本身的属性这一基础性议题,现有研究通常仅仅是将中国古代的医疗生活场域描述为"一个开放的自由竞争市场"③,并以此为语境展开其他相关议题的研究。

与以往研究颇有不同,该著在中国前近代医疗市场的属性这一议题上,得出了具有一定颠覆性的结论。他认为,在中国传统社会中从来就没有存在过真正"开放的医疗市场",病人和医生都被束缚在特定的关系场域和规则之下,依从于特定的(政治、经济和文化)权威和社会秩序,并在其中发展出具体的医疗市场规范,影响甚至决定着地方社会中医生开业、医馆经营乃至病人求医等医疗行为。明清江南民间医疗市场的自由性也仅仅在于没有对开业者进行某种类似近代执照制度的专业化的入门审查,而民间社会存在的诸如里甲制度、乡绅治理、地方乡约、社会舆论、社区生活习惯等社会治理手段都会对医疗从业者在本区域内的合法性进行审查和监管。④该著将民间社会选择和组织管理本地正规医疗市场从业者的标准简明扼要地概括为专业性标准和自己人标准,即以一位医者的专业资质和社会身份是否符合当地社会的共识性要求,作为其是否能够在本地从事医疗职业活动的标准。

三、存疑与思考

当然,笔者在颇感震撼的同时,也有一些疑惑,在此提出,期待与作者进行讨论。不当之处,敬请指正。

其一,从事此项研究固然需要运用历史想象力窥测研究对象的主观感受,展现丰富的历史细节,并挖掘潜藏在民众日常医疗活动背后的心态、动机等长时段的、结构性的因素,但同时不容忽视的是运用恰当的方法对"他者"的文字如何形成及其背后的权力关系做深入剖析。一个最为明显的例子是,在揭示病家自医行为的危害时,援引的史料出自浙江钱塘名医魏之琇的《续名医类案》,该医案收录的类似自服药而不治的病案有三十多例,其病家下至普通平民,上至进士高官,自服药物既有民间验方偏方,也有取之于经典医书和市面上常见的方剂成药。在此,对名医立场稍作分析,便不难发现其留存的医案本身所具有的内嵌

---

① 程国斌:《明清江南地区的医疗生活》,第 290—317 页。
② [英]基尔·沃丁顿:《欧洲医疗五百年——1500 年以来的欧洲医疗社会史》,李尚仁译,上海:上海社会科学院出版社,2021 年,第 12—13 页、第 114—139 页。
③ 祝平一:《药医不死病,佛度有缘人——明清的医疗市场、医学知识与医病关系》,《"中央研究院"近代史研究所集刊》第 68 期;梁其姿:《宋元明的地方医疗资源初探》,载梁其姿:《面对疾病——传统中国社会的医疗观念与组织》,北京:中国人民大学出版社,2012 年,第 127—155 页;马金生:《明清时期的医病纠纷探略》,《史林》2012 年第 1 期。
④ 程国斌:《明清江南地区的医疗生活》,第 319 页。

价值及意义。笔者认为,一条由儒医、而世医、而业医、而女性医者、而补充医疗从业者的位阶上的等级秩序,仅仅是由有著书立说能力的医家在特定的社会语境下建构出来的,在病家眼里,未必有明显的等级之分。①那么,循着这一思路去进一步思考,就市场竞争力而言,一位正统医者未必必然胜过一位巫医。也正源于此,正统医家利用自己有能力著书立说的优势,极力在全社会呼吁如下观念:重视书本知识的作用,将巫医、女性医疗者、专科医、世医、自医等行为逐渐边缘化,强调医者德性,等等,旨在使自身与其他治疗者相区隔,塑造自身的专业正统地位。因此,在这样心态基础上,毫无疑问地,出自医案中的这些自医行为,后果必然是无效以致病情耽误,甚至造成了更严重的危害。这是名医的立场及叙事策略决定的,并不一定日常生活中亦如此。

若仅将名医医案作为史料来源去认定病家自医行为的危害性,那么,该如何解释明清社会以如下史料为代表的大量存在并获得良好医疗效果的自医行为呢?例如,嘉万间歙县方后山在闲暇之时颇好读书,"尤为用力处,乃在医经"。一开始,他"以疾废书",学成后则"以书治疾"。多年过去,疾病终于痊愈。到了晚年,又非常注重养生,"屏去膏腴,攻苦食淡而时以药物左之"。他历经了从疾病初始的自我疗愈到后来的病愈后的自我养护。晚年,他将自己的医学知识不光用于养护自身,而且推己及人,周围凡有疾病者,他还以自己对医学的理解以及自身的经验教授患病之人如何自疗。患病之人"试如公言,病竟愈。盖岁活者尝数十百人,而公卒亡德色也"。②

其二,如果按照更高标准来看,该书的遗憾之处还在于,它未能很好地解答一些值得我们好好深思的问题。例如,医学史与科学史学界受到库恩(Thomas Kuhn)有关科学革命范式学说以及福柯有关认识论断裂学说的影响,不少学者对于认识形式的不连续性有相当的着墨。从传统到现代,"病人的消失"这一说法,便是一明证。这一说法易让人认为医疗科技的兴起以及医学由技艺变成专业的过程带来的是医学的化约论倾向以及医病关系的"机械化"。实际上,近年来,欧美与中国台湾地区的研究显示科技与医疗的整合过程是复杂而多样的,绝非线性单一过程,而医生的技艺、病人的言说与经验,也没有这么简单地就被抹消。③该著也在一些方面看到了某种连续性,指出:"今天的大多数中国人都还是传统的中国人,使用着传统的方式来组织自己的医疗生活……在国家医疗服务体系主体上都已经按照西医模式设计和运作的情况下,中国病人仍习惯于借助传统的亲友关系来突破医疗的专业空间障碍:去医院时会首先想到如何'找关系',对医生的态度和信从程度同样遵循'差序格局'的基本原理"④。但这种连续性显然还不足以说明该著核心关注的议题。如果追问:明清

---

① 对这一观点的详细论述,可见董晓艳:《明清徽州民间医疗研究》,博士学位论文,安徽师范大学,2021年。

② (清)方扬:《方初庵先生集》卷九《族父后山公行状》,《四库全书存目丛书》集部第156册,济南:齐鲁书社,1997年,第566—567页。

③ Christopher Lawrence, "Science, Technology and the Clinical Art in Britain, 1850-1914", *Journal of Contemporary History*, Vol.20, No.4, 1985, pp.503-20. 此外,病家还发展出了偷渡、发声与出走等反抗策略,可参见吴嘉苓、黄于玲:《顺从、偷渡、发声与出走:"病患"的行动分析》,《台湾社会学》2002年第3期;张苙雲:《"逛医师"的逻辑:求医历程的分析》,《台湾社会学刊》1998年10月;甚至自行研究,挑战专业知识,可参见[美]Steven Epstein:《民主、专业知识和艾滋疗法社会运动》,程雅欣译,吴嘉苓校订,载吴嘉苓、傅大为、雷祥麟编:《科技渴望性别》,台北:群学出版社,2004年,第225—256页。

④ 程国斌:《明清江南地区的医疗生活》,第327—328页。

至近现代,医病权力和地位变迁以及信任关系等议题上呈现出怎样的连续性？明清时期医疗活动与同时期的西洋社会相比又有怎样的特征？透过这种跨国比较研究所揭示出来的相似与差异,我们能够对明清时期医疗活动有更为深入的理解。既然立足于江南地区,那么如何阐释医疗活动与地域性的关系？该著限于篇幅,显然无法有力地回应这一系列的追问。

此外,随着近年来日常生活史研究的日益深入,在新文化史所关注的身体、认同、记忆等文化阐释同经济——社会史的结构性分析等研究方法渐呈融合趋势的背景下,如何借鉴新文化史的研究路径对明清江南地区医疗活动进行更深度的思考,或许也是一个值得探讨的方向。

作者简介:董晓艳,皖南医学院马克思主义学院副教授。

史论结合　探微知著

——王善军《辽宋金社会史论集》读后

米欣悦

辽宋夏金时期,是我国古代历史上各种社会因素不断变动或变革的时代。其间既有政治上的分裂与对立,又有各地区、各民族之间各种形式的交往与沟通,同时伴随着各种文化的相互碰撞,推动着民族融合与社会更新。王善军先生在辽宋夏金史研究领域深耕多年,成果丰硕。2022年10月,王先生的第二部个人文集《辽宋金社会史论集》(以下简称《论集》)由人民出版社出版。捧读之余,愿介绍给广大读者。全书共收录论文22篇,依照内容可分为民族认同问题的研究,宗族与社会问题的研究,人物、文献与史实的考证以及研究方法和研究综述四个方面。本书既是作者近十余年来历史研究探索之缩影,也展现了其学术旨趣之所在。

一、整体史观的展现

对于从事辽宋夏金社会史研究的学者来说,能否深刻理解不同文化的交流现象,把握民族融合趋势,影响着对具体问题的判断与分析。因此,正确理解这一时期的民族交流问题至关重要。《论集》所收论文,不少围绕族际交往、民族认同以及中华一体意识展开,并对这些问题进行了深刻的探讨。作者认为,以"10—13世纪的中国"来指代五代辽宋夏金多政权并存时期,显示了以历史时段为对象,重新用整体性视角审视多政权的对立与融合的倾向[1]。作者始终坚持着中华一体的理念,旨在强调前后并存的辽、宋、夏、金各王朝之间的联系与影响。这与近年来学术界主流趋势颇为契合[2],在一定程度上体现出作者的前瞻性视野。

以往的社会史研究中,学界往往用"社会生活"一词囊括所有的日常行为,对其理解较为宽泛。对民族间以日常生活为中心的交往和融合问题,学界未给予足够的关注。[3]《10—13世纪中国日常生活中的中华一体意识》一文,通过阐述族际日常生活的交流及其特点,表明这一时期各民族在交往和交流过程中明显体现出中华一体意识。这种意识,在政治上

---

[1] 王善军:《辽宋金社会史论集》,北京:人民出版社,2022年,第296页。
[2] 李华瑞:《近二十年来宋史研究的特点与趋势》,《社会科学战线》2020年第6期。
[3] 常建华:《明代日常生活史研究的回顾与展望》,《史学集刊》2014年第3期。

表现为各民族政权在意识上大多向"中国"靠拢,在日常生活中则表现为各民族相处时产生的"天下一家"①意识。这种"一家"意识的产生和传播,在中华民族多元一体格局的形成过程中,有着举足轻重的作用。

受到地缘政治关系的影响,北方地区的民族融合更为明显。《家族嬗变与民族融合——从耶律倍到耶律希亮的个案家族考察》一文,从耶律家族的迁徙、社会互动、宗教及家族的政治观念等方面展现了辽宋夏金元民族融合的诸多面相。作者从耶律倍家族的嬗变过程来探讨族际互动的基本情况,由此清晰地反映了这一时期民族间交往的渐进历史过程。政权的变动使得这一时期族际交往更加频繁。从地域上看,民族融合的前沿在向南方推移,各迁居族群的融合不断扩展。《南宋社会中的契丹人》一文在论证南宋契丹人来源和社会状况等问题的基础上,着重指出南宋社会中的契丹人在政治上"溶合于汉人"②,在社会生活上也逐渐被认同为汉人。从南宋境内契丹族群的变迁中,可以看到这一时期作为中国历史上民族交往和融合的活跃阶段,无疑也是中华民族多元一体格局形成的关键阶段。

在对民族融合进行宏观探讨的基础上,作者对物质生活的基本内容也进行了微观考察。《辽宋西夏金时期族际饮食文化交流略论》一文,认为饮食文化对民族意识和民族观念认同的发展,具有十分重要的媒介作用。民族间饮食文化的广泛交流,有力地促进了各族人民相互认同意识的发展。

族际物质交流的加强,往往会推动各民族婚姻生活和文化习俗的交流。《辽代族际婚试探》一文,对具体的族际通婚形式进行梳理,得出族际婚作为民族融合的重要方式,带来的不仅是血缘关系的融合,也是文化的融合这一结论。通婚者的后代具有很强的包容性,这种包容性,对于辽朝后期"华夷同风""契丹、汉人久为一家"③等中华一体观念的形成,有着无法替代的作用。《生命彩妆:辽宋西夏金人生礼仪述略》一文,对这一时期人生礼仪所表现出的新特征和趋势进行了详细探讨。这些人生礼仪,在继承前代的基础上,吸收了各族礼仪的一些传统,表现出风俗逐渐下移并不断趋于认同的趋势。可以说,文化趋同的出现和发展是该时期日常生活发展的主流状态。

家庭与宗族作为构成社会的基本组织,是认识社会发展必不可少的方面。《辽代契丹世家大族家庭伦理的变迁及其原因》一文,从家庭伦理的角度来审视契丹社会"华夷同风"④的文化图景。作者从父子、夫妻、兄弟这三对基本的家庭关系入手,认为契丹族曾有着不同于中原汉族王朝的纲常理念,但随着文化交流的日益频繁,"尊尊亲亲""男尊女卑"等理念也逐渐为契丹人所接受。在汉文化的持续熏陶下,辽朝统治者有意将辽朝改造成一个儒法社会。当然,除了人为塑造的因素外,这也是民族融合不断加深的必然结果。《辽代的宗族字辈与排行》一文,通过解读具有代表性的辽代石刻文献,发现辽代确有字辈与排行。从某种意义上说,这一现象的普遍存在,也证明了在民族融合的过程中,民族特点逐渐减少,而民族共性却得到凸显。

---

① (元)脱脱等:《金史》卷一二九《佞幸·李通传》,北京:中华书局,2022年,第2937页。
② 陈述:《契丹政治史稿》,北京:人民出版社,1986年,第166页。
③ (元)脱脱等:《金史》卷七五《卢彦伦传》,第1823页。
④ (元)脱脱等:《辽史》卷二一《道宗纪一》,北京:中华书局,2017年,第289页。

要之,作者在研究中,很好地把握了研究对象与相关要素之间的联系,在整体史观的映照下,通过考察丰富的史料,展现出多视角的综合研究。

二、社会史研究的视角与方法

近年来,宋代社会史研究相较于政治史而言略显式微,这或许是因为史料的限制导致了议题的匮乏。因此,如何实现宋代社会史研究方法、视野、议题的突破,便显得至关重要。[①]《论集》中的相关研究,为我们观察中国社会史提供了重要的视角和方法。

以社会史的视角,重新审视政治史、制度史,无疑有利于深化传统议题的研究。旌表作为社会教化的重要方式,实现了国家政权与基层民众之间的互动。《宋代旌表制度述略》一文谈到,宋朝政府通过对不同群体、不同阶层的旌表,引导了社会价值导向,一定程度上扭转了五代以来的社会风俗。但是,宋代旌表制度的不完善之处,又给各个阶层带来了一些负面影响。《宋徽宗行"八行科"及其影响探析》一文,对宋徽宗时期"八行科"的制度设计、作用和影响进行全面评价,指出八行科在"正风俗"方面确实起到一些效果,但同时也造成了"天下相率而为伪"[②]的局面。可以看出,旌表制与科举制作为传统社会治理中的价值认同实践,一定程度上引导了社会风气与价值取向。《北宋末年举人群体的二相公信仰初探》一文,则是从北宋末年举人群体信仰出发,对于民间信仰与民间社会之间的关系进行探究,认为两宋之际二相公信仰的兴盛与衰落轨迹,反映了宋代民间信仰的多变性、功利性和竞争性。《积弱与奢靡并存的南宋社会》一文,将南宋上层统治者的穷奢极欲与同时期社会中民不聊生的状况做对比,揭示了南宋政权内外交困的根本原因。简而言之,这些文章聚焦于官方与民间的互动,体现了社会史与政治史的交融。作者由寻常的史料之中,揭露了隐藏在文献背后的历史景象[③],使读者得以深入观察宋代社会的本相,体现了史学研究的反思性。

统计分析方法运用在历史研究中,可以帮助我们从特殊事件中提取历史内在的一般规律。《宋代族谱序跋所涉家族的地域分布》一文,是在统计两宋时期90篇族谱序跋的基础上展开的。文章根据对族谱序跋在路、州、县分布情况的分析,得出宋代族谱序跋在地理上南多北寡,南北差异巨大;东南地区占据主导,其他地区甚微的分布特点。

个案与群体研究方法,在社会史研究中不可或缺。宗族作为中国传统社会发挥重要作用的组织,至今仍有着极其深远的影响。[④]《比较视野下唐宋官宦世家的个案与群体研究》一文,可说是作者对于此前宗族史研究方法的理论思考。在作者看来,学术界对唐宋的官宦世家进行个案与群体的研究时,应在相互比较中阐明其个性与共性。个案研究不仅要进行个案与个案的比较,也应对同一个案在不同发展阶段进行比较。群体研究应关注官宦世家在不同层次上的分类,避免以偏概全,管中窥豹。只有从群体视野下看待具体的个案,从具体

---

① 孙继:《书写的社会史——评〈文本与书写:宋代的社会史——以温州、杭州等地方为例〉》,《史学理论研究》2021年第1期。
② (元)马端临撰:《文献通考》卷三一《选举考》,北京:中华书局,2011年,第907页。
③ 王明珂:《反思史学与史学反思》,上海:上海人民出版社,2020年,第12页。
④ 章开沅:《宗族史与家族史研究:社会生活的绵延画卷》,《广东社会科学》2014年第5期。

个案中反观群体状况及其变迁,才能不断加深对问题的认识。

除上述研究方法的运用和总结外,《论集》还将历史学与考古学、社会学、民族学等学科的理论和方法相结合,从而使历史叙述更具科学性。

三、研究现状的认识与反思

研究综述的撰写,一方面展现了学者对于这一研究领域的宏观把控能力,另一方面也体现着学者的研究旨趣。《论集》收录的4篇综述,是作者从整体性视角对相关研究的回顾和思考。这有助于我们思考目前研究的薄弱之处,引导我们发现新问题。

《从族际交往到一体认同——20世纪以来的民族融合研究》针对宋代族际交往和民族交融展开探讨,从整体上梳理了宋与周边民族复杂且深刻的交往、交流和交融的过程,厘清了民族融合过程中的一些基本问题。前人的论述表明,模糊的边界意识为人口跨界流动创造了基本条件,战争、招抚政策等因素最终促成"四夷"内徙于"中国"的流动趋势。作者指出,宋代的边区开发政策,以及汉人躲避战乱的主观意愿,也加剧了人口流动的频率,使得"边界"地带逐渐形成民族杂居的局面。

在这一时期的民族融合中,族际通婚与文化交流同样是学界关注的对象。由于前代各族的通婚基础,加之外商来华活动频繁,宋代族际通婚与中外通婚更为频繁。而文化交流层面的现有研究,较族际通婚更为细致广泛。对此,作者认为,文化自身会在传播与融合的过程中进行取舍。宋朝社会在接纳和吸收外来文化的过程中,也将儒家教化传播到四夷之邦,不管是否出于"用夏变夷"[①]的政治目的,在客观上确实使得后者的社会风貌与世俗生活发生了明显而深刻的变化。在文化交流的影响下,民族间日常生活的交流逐渐升华为更深层的民族认同意识。

涉及边疆与民族问题时,作者比较了国内外学者的相应研究,分析了国内外学者之间的学术借鉴。美国、日本学者比较关注的是,在边疆展拓的过程中,宋代族群身份不断认可、文化习俗不断趋同的进程,以及由此引起的社会变迁。这与美国边疆史学的影响有关。国内学者则试图通过研究文化涵化、边疆管理来展示民族融合的广阔图景,并通过研究宋代政府对于边疆地区的吸纳过程,回应国外族群认同等理论。如果说,国外的研究强调边疆与社会的联结及其作用,那国内则是立足于民族融合的主题,以边疆研究的方式进行呈现。当然,在对比国内外不同的研究后,作者也明确指出,对待"族群边界""想象共同体"等西方史学理论,我们应该采取审慎的态度,在结合中国历史实际的基础上对其进行批判借鉴。

宋代社会史研究经过百余年发展,积累了比较丰厚的研究成果,值得总结。《宋代社会史研究的历程》一文指出,改革开放后,宋代社会史研究在继承前辈学者研究层面和理论方法的基础上,焕发出新的生机。作者不仅关注到群体研究的新进展,也注意到理论方法的创新对于学术研究的影响。计量史学、社会学理论等普遍为学者所接受,使得新世纪以来的研究成果呈现出多样化的走向。与此同时,国外宋代社会史研究也呈方兴未艾之势。作者所列

---

① 朱熹:《四书章句集注》,北京:中华书局,1983年,第260页。

的 20 余篇论著,集中展现出这一时期国内外学者在宗族与社会、都市与乡村、制度与思想等不同维度上的丰富探求。伴随着宋代社会史研究的进一步细化,许多新的研究方向被开辟出来。作者注意到,新世纪以来的社会史研究,一方面与政治史、经济史的融合日趋明显,另一方面研究问题更加细化,专题性的成果大量涌现。

相比于宋史研究的丰富成果,辽夏金史的研究目前还相对薄弱。《辽西夏金宗族研究综述》一文凸显了作者对几十年来学界相关研究的审视,以及对未来研究走向的展望。作者对宗族姓氏、宗族结构、宗族群体与个案等方面的研究成果逐一做了细致论述,认为目前辽夏金宗族研究各有侧重,但宗族社会的横向对比较为缺乏,还有待未来不断探索。

随着宋辽金元社会史研究的推进,日常生活史研究作为社会史的分支学科,日益呈现出丰富多彩的景象。《辽宋西夏金元日常生活史研究概述》一文对从城乡生活到物质生活、精神生活,再到婚姻家庭生活的研究,逐一进行爬梳。可以看到,国外在 20 世纪 70 年代出现了谢和耐(Jacques Gernet)等知名学者关照日常生活研究的情况,国内学界在 70 年代后不仅出现了交通史、医疗史等新兴研究方向,而且像精神生活领域的宗教史、群体领域的儿童史等方面也受到一定的关注。作者认为,生活史研究的论题正在不断细化,并与传统的研究领域逐渐结合,将催生出更丰富的学术成果。

在公允评价现有研究成绩的同时,作者也注意到目前研究中存在的一些不足和缺陷。现有的一些研究成果,或仅仅满足于具体历史事物的叙述,或是在微观研究的指引下,忽视了对整体历史的把握。对此,作者针对未来研究提出了自己的思考,认为,"社会史的研究决不能像有人担心的那样走向琐碎和庸俗","过度使用以小见大的方法,正像近年来有些论著所显示的那样,往往会拔高细微问题所具有的社会缩影意义,从而使史学研究出现失真现象"。[1]这些真知灼见,无疑是作者谨慎客观地盱衡全局,准确把握学科研究走向后得出的。

四、史料的精微考证与精细解读

梁启超曾说:"史料为史之组织细胞,史料不具或不确,则无复史之可言。"[2]历史研究离不开史料,对所搜集到的史料进行考证与解读,展现着一个研究者的基本功夫。辽金史研究以史料匮乏著称,作者除广泛搜集辽、宋、金、元等相关朝代的传世文献外,还十分重视考古资料。《辽代〈故贵妃萧氏玄堂志铭〉考释》一文立足于近年出土的墓志碑文,结合文献资料,就墓志撰者、志主生平以及志文特色等进行了深刻辨析。同时,通过玄堂志铭的书写特点,分析了契丹王朝于族源上的比附心理以及在国家教化中的深意。此外,作者还对拓本中的若干残损进行补正,更有利于今后学者的研究。

《五代北宋时期折家将作战对象考》一文,对折家将作战对象所属的政权范围进行考证,得出"折家将的作战对象,来自辽、金、西夏、北汉、交趾国等政权,包括了率兵亲征的帝王和太后、统帅国家军队的将领、朝廷任命的地方军队将领以及地方部族酋长等"这一结

---

[1] 王善军:《辽宋金社会史论集》,第 272 页。
[2] 梁启超:《中国历史研究法》,北京:中华书局,2009 年,第 48 页。

论。《翰林天文考》一文,则对史籍记载相互抵牾的官职"翰林天文"进行了严密考证,通过《景祐乾象新书》书中残本的记载,认为"翰林天文"实为两宋翰林院天文官的一种专称,而非翰林院天文官的简称。

文学作品有时也是历史的一面镜子。《薄命才女——萧观音传》一文,从萧观音家族谈起,对其一生作了详尽描述。这是作者在发掘萧观音诗词和辽小说作品《焚椒录》的基础上完成的。将萧观音的诗词内容与辽道宗一朝政治现状结合起来,在对萧观音诗词的解读中,刻画出历史人物栩栩如生的面貌,将其生动展示在读者面前。该文语言典雅流畅,是史实与文采的结合。

总之,《论集》一书聚焦于辽宋夏金时期各社会阶层在历史发展中的诸多面相,为我们观察这一时期的中国历史提供了重要线索和多元视角。同时,作者始终把握整体与局部的关系,在对具体问题进行深入研究的过程中,体现着对这一段历史整体的人文关怀。以上是笔者阅读《论集》后的一些感想,尚望王先生以及学界同仁教正。

作者简介: 米欣悦,西北大学历史学院硕士研究生。

编后语

本卷刊发专题论文六组 18 篇,研究评述一组 2 篇,书评一组 3 篇,文章共计 23 篇。

生活与制度一组 2 篇论文。罗桂林从上海门牌制度从租界向华界扩散的过程,考察门牌的推广所造成的空间编码化和管理数字化,关注门牌制度的推行对民众日常生活造成的影响。高思峰追踪考察青岛台头村日常生活与社会治理,发现其经历了民国时期的"非个体性"治理、集体化时期的"依附性"治理和改革开放以来的"自主性"治理三个阶段。

死亡与社会一组也是 2 篇论文。刘益民论述宋代丧仪中魂帛的渊源,解释了宋代皇室、官僚继续使用木制"重"的原因。夏文登从金革与出身的视角探讨宋代小使臣丁忧制度。

日常生活一组有 4 篇论文。冉艳红《秦统一前后非地著人群的生计方式及人际网络》一文,展现了国家乡里体系之外或边缘的民众生计、生活状态。纪昌兰论述宋代宴饮中的博戏,考察宋人的精神风貌和处世心态。还有两篇探讨明清烟草问题的论文值得关注,伍秋鹏整理明清考古发掘出土的烟斗、烟嘴资料,探讨了吸烟习俗在中国的传播等问题。崔思朋以烟草贸易为个案,讨论清代蒙古地区商业活动中的成瘾性消费品,具体论述了烟草的传布、贸易、烟税问题。

职业与社会一组 3 篇论文。陈立军讨论李昉家族的家世、阶层流动和同居共爨的问题,以推动对五代宋初文官家族的认识。畅海桦、薛敬亚对元明清碑刻中的职业阴阳展开研究,使用了难得的资料。张纪伟从民间信仰的视角,论述了明代民众的推官崇拜。

宗族社会一组收录 4 篇论文。张斌《塑造"世家":宋元四明陈氏的形成》一文指出,四明陈氏的典型性在于反映了宋元时代普通士人家族的生存状况,独特性表现在通过多种途径塑造先世历史上。郑小春、陶良琴考察明末以降黄岗铺郑姓,就徽州小姓的家族建设指出,脱离仆籍是小姓开展庶民化家族建设的前提,在顺利融入地方主流社会中具有特殊意义。马奏旦讨论一个滨海小县家族 17 世纪的历史,领悟大的历史进程对于微小个体的影响。李军以闽北邵武地区为例,探讨明清家族庙宇的运行、纠纷和家族组织与地方社会的演进脉络。

地方社会一组 3 篇论文。史正玉《安史乱后河东承天军的妒神崇祀与区域治理》一文,从安史之乱后河东地区社会秩序重建角度,对大历年间的立碑活动及碑文撰写重新解读。夏方胜从矿产、社会和生态的视角,论述了明清时期赣东北地区的矿业。刘洋、郭莹以萍乡煤矿矿界案为中心,论述辛亥革命前后垄断工矿与地方社会的矿权博弈问题。

研究评述收录 2 篇文章。杨英详细评述了四十年来的宋元明清神祀研究,曹大明、周敏基于 CiteSpace 的知识图谱分析,论述我国家谱研究的热点问题、前沿演进与未来展望。

书评共计 3 篇。吴舒岚以宋怡明《被统治的艺术:中华帝国晚期的日常政治》为中心,评述历史人类学视野下的制度史研究。董晓艳以程国斌著《明清江南地区的医疗生活》为例,评论中国前近代民众医疗生活的真正"传统"。米欣悦介绍了王善军《辽宋金社会史论集》一书。

总之,本卷多有新论,值得一读。

英文摘要
Abstracts in English

Rising of "House Numbering Politics": Spatial Governance and Urban Transformation in Modern Shanghai

Luo Guilin

Abstract: In order to expand tax collection, the Shanghai Concession authorities took the lead in nailing house plates, and popularized them in the extension of concession. Stimulated by the concession, the Chinese authorities also actively introduced the house plate system in the urban area. With the comprehensive nailing of house numbers, the administrative authorities had obtained the technical basis for grid monitoring of urban space, and subsequently developed the ability to "digital" governance of urban society. Although the house number promotion had created the monitoring technology of "equal treatment", it didn't bridge the existing social and economic inequality. Instead, it strengthened or even created more unequal coding space, forming a spatial confrontation between buildings and shantytowns, concession area and other areas, foreigners and the locals. The development of modern Shanghai's house number system represented the trend of digitization of modern China's spatial governance and showed some new trends of urban transformation.

Keywords: Shanghai; house number; spatial coding; grid governance; daily life

Between Tradition and Modernity: The Follow-up Investigation of Daily Life and Social Governance in Taitou Village, Qingdao

Gao Sifeng

Abstract: Taitou village is a famous academic and coastal village of Jiaodong area that with a strong cultural tradition and unique regional identity. Since the modern times, under the impact of the value of "modernity", the people of Taitou village began the governance transformation from traditional to modern. It has become a typical model in the process of rapid modernization of the coastal villages in North China. From the perspective of "life-regulation" with the history of daily life, to explore the "knowledge, action and feeling" formed by the people of Taitou village in the governance prospect. It went through three stages that experienced "Non-individual" governance in the Republic of China, and "dependence" governance in the period of collectivization, and "autonomous" governance since reform and opening up. It shows a distinctive background and regional characteristics of the times. They both have the conscious adjustment also abandonment of regional cultural traditions and have the dynamic renewal also rejection of modernity. Under the Change of the century governance, persists in the subjective status of the rural people, respects rural cultural tradition and promote "modernity" effects, constituting the historical enlightenment of the past for the new era with social governance.

Keywords: Taitou village; social governance; daily life; modernity

On the Origin of the Soul Drape in Funeral Rites of the Song Dynasty

Liu Yimin

Abstract: In the chapter *Funeral Rite* of the book *Etiquette*, *Zhong* and *Dian* are the two most important props for the sacrifice of the soul of the dead in the funeral ceremony, but in the actual operation of the Han Dynasty onwards, Dian, especially Zhaoxi Dian has a more important connection with the soul of the dead, and is completed through the establishment of the Spiritual Seat, which is in the daily life. The establishment of the Spiritual Seat makes the treatment of "dead souls" and "corpses" in funeral rites more distinct. The soul robe enshrined on the spiritual seat serves as a symbol of where the soul of the revenant is located, and becomes the source of the soul in the funeral rites of the late Tang Dynasty. Ordinary people in the Song Dynasty may only use soul drapes, but in official funerals, both soul drapes and *Zhong* were used, despite the role of *Zhong* was no longer important. Today, people think that the soul drape replaced *Zhong* in funerals is influenced by the writings of Sima Guang and Zhu Xi. After the Ming Dynasty, as the book *Zhuzi Family Rite* gradually became an official etiquette formality, and *Zhong* completely disappeared from society.

Keywords: funeral rites; *Zhong*; spiritual seat; soul clothes; soul drape

JinGe and Background:
An Analysis on the Small Envoy's Filial Mourning in the Song Dynasty

Xia Wendeng

Abstract: After the establishment of the Northern Song Dynasty, the junior envoys followed the tradition since the Five Dynasties, by the reason "JinGe Wu Bi" (warriors should fight in spite of sorrow), the Parent-Mourning System didn't relieve their posts conventionally. By the middle and later period of the Northern Song Dynasty, the scholar-officials began the discussion of the junior envoys' filial mourning system, they believed that civil and military officials should follow the standard of "the nobles and the humbles are equal", and finally applied for the opportunity for the junior envoys to relieve their posts and then observe mourning for their parents. Until the Southern Song Dynasty, the filial mourning system for junior envoys was finally established in the form of imperial edicts, and this group of officials from the imperial clan, inherited their family posts and selected from military examination obtained the same rights as the lower civil officials, but "JinGe Wu Bi" was always the main reason for breaking the system. On the one hand, the change of the junior envoys' Filial Mourning System was the result of scholar-officials' struggle in Song Dynasty, on the other hand, it also reflected the further penetration of the political culture that valued literary talent above martial arts among a group of military officials in Song Dynasty.

Keywords: Song Dynasty; junior envoys; filial mourning; JinGe; background

The Livelihood and Interpersonal Network of Non-settled Groups around the Centralization of the Qin Dynasty

Ran Yanhong

Abstract: The ways out for non-settled groups around the centralization of the Qin Dynasty generally include sponging on communities and markets, and escaping into mountains and lakes. The former mainly relied on parasite and employment, while the latter relied on fishing, hunting, collecting, looting, exchange and even tomb robbery. In the era of political separation, people could still flee to other countries and tend to resettle and farm. In the process of earning a livelihood, people formed a corresponding interpersonal network, which broadened the way of livelihood. People cooperated, helped, and traded in this network. The title and status of the state were not important in this network. At the same time, there was a corresponding connection between fugitives and farmers. Non-settled groups were often on the periphery or outside of the governing, becoming an alien of the local order and becoming an important force to overthrow the governing of the Qin Dynasty. Cao Can's policy of "not disturbing the prisons and markets" came out of this background. In the process of earning a living and creating a network of people, individuals have made different choices due to their different geographical, age, gender, personality and other characteristics.

Keywords: non-settled groups; livelihood; interpersonal network; escape; governing

Entertainment and Competition: Boxi in Banquets of the Song Dynasty

Ji Changlan

Abstract: Banquets in the Song Dynasty were usually accompanied by various entertainment activities, which were essential for entertaining guests. In terms of Boxi in banquets, compared to the competitive style of the Tang people, the Song people paid more attention to their entertainment functions, and did not deliberately care about the outcome of winning or losing. Boxi is highly attractive for its unique competitiveness and entertainment, and has been criticized and criticized since its inception. The wise people of the Song Dynasty criticized banquets and other entertainment, including Boxi, from a theoretical perspective under the pretext of luxury and laziness. In actual social life, the scholar officials actually "criticized by words but practiced by action", reflecting to some extent the social psychology of this class, which was full of ideas and concepts of comfort and pleasure.

Keywords: Song dynasty; banquets; Boxi; fashion

On the Popularization of Smoking in China during Ming and Qing Dynasties by Inspecting Unearthed Smoking Utensils

Wu Qiupeng

Abstract: In recent decades, a number of pipes and cigarette holders have been unearthed from kilns, tombs, wells, shipwrecks and sites during the Ming and Qing Dynasties. According to the state of preservation at the time of excavation, these smoking utensils can be divided into three types: complete cigarette rods, pipes and cigarette holders. Their ages can be divided into two periods: Ming Dynasty and Qing Dynasty. There is no obvious difference in the shape of smoking utensils in each period. By examining these unearthed cigarette sets, tobacco had been introduced into China in the Jiajing period of the Ming Dynasty at the latest. By the Kangxi period of the Qing Dynasty, smoking was widely popular throughout the country. Smokers in the Qing Dynasty, besides the Han nationality, there are Manchu, Daur, Hezhe and other nationalities. Smokers in the Qing Dynasty included not only men, but also women, as well as some yongsters.

Keywords: pipe; cigarette holder; smoking custom; Ming and Qing dynasties

Addictive Consumer Products in Commercial Activities in Mongolia during the Qing Dynasty: Taking Tobacco Trade as a Case

Cui Sipeng

Abstract: The academic circles have made a comprehensive and in-depth study on the commercial issues in Mongolia region in the Qing Dynasty, but the trade of addictive consumer goods has not yet attracted enough attention. As an addictive consumer product, tobacco is also known as a recreation crop. It originated in South America and spreaded to all parts of the world with the great geographical discovery and the opening of new routes. After tobacco was introduced into China during the Ming and Qing Dynasties, the custom of smoking was rapidly formed in China. In Mongolia region, record of smoking tobacco could be dated back to the Ming Dynasty. Since the Qing Dynasty, tobacco has become an important consumer product widely smoked in Mongolia, and the market demand for tobacco has expanded. Stimulated by Mongolian business brigades and private traders, in addition to accepting tobacco from other places, people in Mongolia region not only traded tobacco from its place of origin, but also managed to grow and process tobacco on their own on the Mongolian grasslands. The importance of tobacco in the commercial activities of Mongolia in the Qing Dynasty became increasingly prominent, and the tobacco trade also created great economic benefits for practitioners and became a local source of tax revenue.

Keywords: addictive consumer product; tobacco trade; the Qing Dynasty; Mongolia region; business activities

The Formation of a Civil Official Family in the Early Northern Song Dynasty from the *Epitaph of Li Zhao* at the Later Zhou Dynasty

Chen Lijun

Abstract: *Epitaph of Li Zhao* provides new historical materials for knowing the Li Fang family. By researches on this document, it was found that the Li Fang family was not a traditional bureaucratic family since the late Tang Dynasty, but an emerging family since Hou Tang period. It could become a civilian family in the early Song Dynasty because that the family members persisted to be men of letters, adjusted their academic direction to adapting to the needs of politics, and took official shade. The family cohabitation and wealth sharing had periodic characteristics. Li Fang family changed its county look and place of origin was to find the legitimacy in history for the establishment of a civilian family.

Keywords: *Epitaph of Li Zhao*; Li Fang family; Zhao County Li family; civilian family; co-habitation

National Institution and Local System: A Study of Professional Yin-yang in Yuan, Ming and Qing Dynasty Inscriptions — Centered on the Inscriptions in Shanxi

Chang Haihua, Xue Jingya

Abstract: The "Occupational yin-yang" are those who engaged in the study and practice of yin-yang. It was practiced throughout traditional Chinese society for thousands of years until the Yuan Dynasty when it was formally established by the state system. From the Shanxi inscriptions, the official yin-yang system in the Yuan Dynasty influenced all of Shanxi and was in an absolute leading position, while the folk professional yin-yang system was weak but still existed in the same period; the official professional yin-yang were numerous in the Ming Dynasty, and the folk professional yin-yang developed rapidly in the middle and late Ming period. Although yin-yang as a national system was not explicitly abolished in the Qing Dynasty, the system was already in an empty turn from the inscriptions, and the folk professional yin-yang was exceptionally active in this period, and its number far exceeded that of the official professional yin-yang. After the establishment of yin-yang as a state system in the Yuan Dynasty, the official and folk professional yin-yang inscriptions in Shanxi continued to change over the centuries as the times evolved, and the trend is that the official practitioners' skills gradually weakened, leading to the survival of the system in name only, while the folk practitioners rooted in local society and market-oriented, continued to strengthen their skills and even won the respect of the aristocratic families due to their superior skills, and began to take a leading position in local society in the late Qing Dynasty. The local society began to take a leading role in the late Qing Dynasty. During this period, the two sides interacted with each other in a harmonious and cooperative relationship.

Keywords: professional yin-yang; yin-yang system; local system; Shanxi inscriptions

Research on the Public Worship of the Prefecture Judges in the Ming Dynasty

Zhang Jiwei

Abstract: From the beginning of the Ming Dynasty, the people expressed their worship for part of the prefecture judges who mastered government office's judicial affairs with the glorification of "gods" or "blue sky". After Jiajing period, the people began to build temples to offer sacrifices for the prefecture judges. The temples include collective sage temples and personal temples. The personal temples were built after the prefecture judges left their positions, or after their death. The purpose was to retain the spirit of the prefecture judges in this area to protect local people. The temple was constructed by the locals, but it needed to be officially recorded and included in the imperial ceremony. In addition, the temples often invited senior local officials' literature to praise the achievements of the prefecture judges. To a certain extent, it was the result of the interaction between officials and people. The worship of the prefecture judges in the Ming Dynasty had regional characteristics, persistence and individuality. Judging from the judicial practice of the prefecture judges in the Ming Dynasty, chaotic local judicial acts had resulted in the judicial misconduct by local officials. Essentially, the public worship of the prefecture judges reflected the people's desire for judicial justice. Most of the prefecture judges in the Ming Dynasty were unable to guaranteed judicial justice, which was one of the principal reasons for the abolition of the prefecture judges in the Qing Dynasty.

Keywords: Ming Dynasty; prefecture judge; worship; temples to a living official; grievances

The Making of a "Great Family":
Formation of the Chen Clan in Siming during Song-Yuan Era

Zhang Bin

Abstract: The Siming Chen Family was a typical example of scholarly families in Song-Yuan era. The political and military activities of the Yuan Dynasty before and after the unification war objectively narrowed gaps among scholar families in Siming area. As a loyalist of Song, Chen Zhu had a mature and sensible attitude towards adapting to the time and rooting in the local. Chen Zhu not only encouraged his sons to serve as officials in the new government, but devoted to strengthening ties with pivotal local networks of scholars. The second generation of the family had never been senior officials, but adhered to the academic tradition in household. Till the grandsons of Chen Zhu, they shaped their own family into a "house of officials and literature" by writing history books, requesting savants for poetries and paintings. The Siming Chen clan is the representative of scholarly families, and has its special value for researches.

Keywords: Siming Chen Family; scholar families; Song-Yuan Era; *Tongjian Xubian* (*Sequel of History as a Mirror*); historiography

Family Construction of Huizhou Small Clans:
A Study on the Zheng Clan in Huanggangpu since Late Ming Dynasty

Zheng Xiaochun, Tao Liangqin

Abstract: The Zheng clan in Huanggangpu, Qimen County was once a tenant family. It got rid of the bondage and control of the Fang clan before the second year of Kangxi. In more than three hundred years, the Zhengs integrated into the local clan society through a series of family construction activities. The construction of the small clans has some characteristics: getting freedom is the premise, the accumulation of resources is the foundation, and organizational construction is the key. On this basis, through various social cultural activities, as well as production and management to adapt to the local social life, coupled with the tolerance of the local clan society, the small clan can smoothly integrate into the local society.

Keywords: Huizhou; tenant; small clan; clan construction; Zheng clan in Huanggangpu

A Family Living by the Sea: The Wang Surname of Fushan in Seventeenth-Century China

Ma Zoudan

Abstract: The Wang Surname of Fushan has long been recognized as a magnate since the late Qing dynasty. During the Qing, the family produced many descendants who excelled in the imperial examinations, and as a result, their surname became synonymous with an elite lineage that upheld the Confucian tradition of learning and farming. However, the family's origins were far humbler, dating back to the early 17th century, and their history was closely linked to the Bohai Sea. Specifically, the Wangs played an active role in maritime transport between Shandong and Liaodong, which brought them considerable wealth. Nonetheless, later generations of the Wang family gradually distorted this episode of their family history. This was due to several factors, including the development of their lineage after the Wangs produced a *jinshi* degree holder, the early Qing dynasty's maritime prohibition policy, and their application for ancestral worship in the local shrine. However, all these causes were driven by a desire to reshape the family's history to fit the narrative of a gentrified lineage.

Keywords: the Wang surname of Fushan; maritime transport; the Bohai Sea; family history; the Ming-Qing dynasties

Operation and Disputes of Familial Temples and the Changes in Lineage Organizations during the Ming and Qing Dynasties: A Case Study of Shaowu Area in Northern Fujian Province

Li Jun

Abstract: Since the Tang and the Song dynasties, there have been numerous familial temples which feature in being a part of the family property in northern Fujian villages. They have close and complex relationships with lineage organization. The benefactor and the abbot had established a contract to clarify the responsibilities and rights of both parties. The donor bore the responsibility of donating assets, paying taxes, and not oppressing monks. The abbots were also responsible for the maintenance of the temple, and providing appreciation feasts and ceremonial services to the donor. In order to compete for control of the temple, disputes often arose between families and monks, which also become an opportunity to expand the family union. The temple that the whole clan "shares" helped to promote the maintenance and integration within the clan. However, the temples owned by family branches which are conducive to the combination of members of the branch intensify the tendency of separation and differentiation of the branch from the whole clan.

Keywords: Ming and Qing Dynasties; northern Fujian; familial temples; lineage organization

The Worship of *Dushen* and Regional Governance of the Chengtian Army in Hedong after the An-Shi Rebellion

Shi Zhengyu

Abstract: Under the intense impact of the An-Shi Rebellion, both the Tang court and local governments urgently needed to establish a new social order and stabilize their rule. The Hedong Town had always been loyal to the court and adjacent to various military towns in Hebei. Its rise and fall in governance directly affected the effectiveness of central control over the local areas. In the eleventh year of the Dali calendar, the Chengtian Army under the jurisdiction of the Hedong Jiedu established the Dushen Stele, which reflects the concept of the Hedong local governor guarding the central government and loyal to the royal family, as well as the local governance effect of using local traditions to attract the people and rebuild social order. Titles at the end of the inscription reveals the institutional development and functions of the Chengtian Army. Especially the inscription on the back of the stone tablet, which has long been overlooked and of high value. The Chengtian Army held sacrificial activities such as erecting a monument at the Dushen Shrine, and the belief factors were only superficial reasons. The transportation, water source, and military value of the Dushen Shrine were the fundamental reasons for the control of the Chengtian Army over the Dushen Shrine. Based on the establishment time, location, motivation, and host of the monument, it can be seen that the interaction between Hedong and the central government plays a role in establishing central authority and reshaping central and local order, as well as the dual influence of Hedong Town on the influence and deterrence of Hebei military towns.

Keywords: the An-Shi rebellion; Dushen Stele; Chengtian Army; Hedong; regional governance

Mineral Resources, Society and Ecology:
A Study of Mining in Northeast Jiangxi during the Ming and Qing Dynasties

Xia Fangsheng

Abstract: Northeast Jiangxi has a superior geological environment for mineralization and abundant mineral resources. The mineral resources developed in Northeast Jiangxi during the Ming and Qing dynasties mainly included gold, silver, copper, iron, lead, manganese, sulfur, coal, and clay. During the late Qing Dynasty, the mining industry achieved modernization and transformation. During the Ming Dynasty, there were frequent "mining riots" in northeastern Jiangxi, which seriously disrupted the lives of the local people and social stability. Suppression and appeasement were the main strategies adopted by the Ming Dynasty to deal with mining thieves. The exploitation of pottery in northeast Jiangxi during the Qing Dynasty caused social disputes, and the authorities intervened in mediation, established excavation systems, and prohibited mining methods to resolve them. The mining development in northeast Jiangxi during the Ming and Qing dynasties also posed a threat to the ecological environment. Mining of mineral deposits led to geological disasters, soil erosion caused by the cleaning of clay, consumption of a large amount of forestry for smelting metal minerals and firing ceramics, and chemical pollution caused by abandoned tailings. The consumption of firewood resources by mining development indirectly increased people's ecological awareness of planting and protecting forests.

Keywords: northeast Jiangxi; Ming and Qing dynasties; mineral resources; mining chaos; dispute; ecological environment

The Mining Right Game between Large Mines and Local Society:
A Case Study of Pingxiang Coal Mine Boundary Dispute in Modern China

Liu Yang, Guo Ying

Abstract: Pingxiang Coal Mine was chartered by the Qing Court and monopolized the regional mining rights through the traditional coal mine property rights trading methods of Pingxiang, such as transference and shares. After the Revolution of 1911, the gentry in Jiangxi Province responded to Li Liejun's action of redelineating mining boundaries and developing official mines by setting up private wells. They also resisted the monopoly of Pingxiang Coal Mine by the provincial council, and claimed the mining right by land right. Under the host of the Ministry of Agriculture and Commerce, the Jiangxi Government, Hanyeping Company jointly surveyed the mine boundary for four times, but they still could not reach an agreement on the merger of official mines and the closure of private parts. The key lies in the fact that the dispute over mining rights is essentially a zero-sum game of economic interests. In the late Qing Dynasty, the mines were taken into public ownership in the new laws, which is conflicted with the conventional way that the mining rights were vested in private hands. However, governments failed to issue transitional laws and policies, and failed to establish a communication mechanism between Pingxiang Coal Mine and the local society, which was an important factor for the delay of the case. It shows that the modernization of China's mining industry not only depends on the mechanization of production technology, but also needs reasonable institutional arrangements provided by the government.

Keywords: Pingxiang Coal Mine; mining right; mine boundary; national governance

A Review under the Sight of Chinese Imperial Li Institution into the Forty Years' Research in Folk God Sacrifice during the Song, Yuan, Ming and Qing Dynasties

Yang Ying

Abstract: Our scholars' forty years' research of local gods' sacrifice during the Song, Yuan, Ming and Qing dynasties could be divided into three aspects: firstly, the standardization of royal pantheon to local provincial gods; secondly, the research of "pseudo-standardization", which includes gods emerged from different local patriarchal clans and different occupations, as well as their broadcasting and character-changing. Third, the dissolve of Buddhism and Taoism beliefs and gods under the Great Unity's classification. There are abundant research papers and works during these forty years, but most scholars only analyzed local and folk gods under folklore or religious studies. The institution of Chinese "li"(礼) and how it worked as the role of the regime had not been noticed enough. In the future, as the research of "countryside li institution" gets deeper and deeper, research of local gods' sacrifice will come up to a new grade.

Keywords: Countryside Li institution; standardization; pseudo-standardization; heterodoxy,

Hot Issues, Frontier Evolution and Future Prospects of Genealogical Research in China: A Knowledge Graph Analysis Based on CiteSpace

Cao Daming, Zhou Min

Abstract: As an important instrument with profound cultural heritage and academic value, genealogy has received attention from many disciplines such as history, ethnography and anthropology. In order to better grasp the research trends and tendencies in the past thirty years, it is necessary to conduct a comprehensive overview and summary of genealogical research in China. Using the bibliometric method, combined with the knowledge mapping analysis by CiteSpace, it is found that genealogical research has shown a fluctuating upward trend between

1998 and 2022, and the overall number of articles published is relatively stable. Most of the genealogical research institutions in China are concentrated in universities and libraries, and the research hotspots revolve around five major themes: genealogical research on ethnic minorities, genealogical research on Huizhou, genealogical value research, genealogical data and visualization research, and genealogical archival research. In the future, genealogical research should face up to the problems of insufficient macroscopic vision, lack of comparative research and scattered existing research, dig deeper into the common culture in genealogy, strengthen comparative research on genealogy, focus on the combination of genealogical research and related technology, and respond to the boom of ancient book restoration, so as to promote its research to a new height.

Keywords: CiteSpace; genealogy; genealogical value